JÜLICH
SCHULISCHE INTEGRATION IN DEN USA

BEITRÄGE ZUR HEILPÄDAGOGIK

Herausgegeben von
Günther Bittner und Andreas Möckel
unter Mitarbeit von
Konrad Bundschuh und Erich Hußlein

Ausschlaggebend für die Herausgabe dieser Reihe ist der Gesichtspunkt, daß Pädagogik ebenso das Gelingen wie das Versagen von Erziehung zu verstehen suchen muß. Indem sie letzteres tut und Wege aufweist, wie das Versagen kompensiert werden kann, wird sie zur Heilpädagogik. Pädagogik und Heilpädagogik sind zwei Seiten derselben Medaille, Heilpädagogik ist ein Aspekt der Pädagogik. Die Herausgeber, an der Universität Würzburg Pädagogik bzw. Sonderpädagogik lehrend, wollen mit dieser Reihe dazu einladen, problematische verfestigte Fächerstrukturen von „Sonderpädagogik" oder „Behindertenpädagogik" erneut durchlässig zu machen.

In dieser Reihe sind lieferbar:

Gottfried Biewer: Montessori-Pädagogik mit geistig behinderten Schülern. Bad Heilbrunn 1992.

Erwin Breitenbach: Unterricht in Diagnose- und Förderklassen. Neuropsychologische Aspekte schulischen Lernens. Bad Heilbrunn 1992.

Konrad Bundschuh: Praxiskonzepte der Förderdiagnostik. Möglichkeiten der Anwendung in der sonder- oder heilpädagogischen Praxis. Bad Heilbrunn, zweite grundlegend neugestaltete und erweiterte Auflage 1994.

Clemens Hillenbrand: Reformpädagogik und Heilpädagogik. Unter besonderer Berücksichtigung der Hilfsschule. Bad Heilbrunn 1994.

Christian Lindmeier: Behinderung – Phänomen oder Faktum? Bad Heilbrunn 1993.

Michael Wagner: Menschen mit geistiger Behinderung – Gestalter ihrer Welt. Bad Heilbrunn 1995.

SCHULISCHE INTEGRATION IN DEN USA

Bisherige Erfahrungen bei der Umsetzung des Bundesgesetzes
„Public Law 94-142"
- dargestellt anhand einer Analyse der „Annual Reports to Congress"

von

Martina Jülich

1996

VERLAG JULIUS KLINKHARDT · BAD HEILBRUNN

Die Deutsche Bibliothek – CIP-Einheitsaufnahme

Jülich, Martina:
Schulische Integration in den USA : bisherige Erfahrungen bei
der Umsetzung des Bundesgesetzes „Public Law 94–142" –
dargestellt anhand einer Analyse der „Annual Reports to
Congress". – Bad Heilbrunn : Klinkhardt, 1996
  (Beiträge zur Heilpädagogik)
  Zugl.: Würzburg, Univ., Diss., 1996
  ISBN 3-7815-0846-3

Eingereicht von Martina Koch.

D 20

1996.7.n. © by Julius Klinkhardt
Das Werk ist einschließlich aller seiner Teile urheberrechtlich geschützt. Jede Verwertung außerhalb der engen Grenzen des Urheberrechtsgesetzes ist ohne Zustimmung des Verlages unzulässig und strafbar. Das gilt insbesondere für Vervielfältigungen, Übersetzungen, Mikroverfilmungen und die Einspeicherung und Verarbeitung in elektronischen Systemen.
Gesamtherstellung: WB-Druck GmbH & Co. Buchproduktions-KG, Rieden
Printed in Germany 1996
Gedruckt auf chlorfrei gebleichtem alterungsbeständigem Papier
ISBN 3-7815-0846-3

Geleitwort

Manche gesellschaftlichen Strömungen, die in den Vereinigten Staaten auftreten, lassen sich einige Zeit später in Europa feststellen. Gedanken sind zollfrei, und zwar ganz gleich, ob sie verstanden oder mißverstanden werden, zum alten Kontinent passen oder nicht, dem flüchtigen Zeitgeist angehören oder Zukunft haben, - auch im Erziehungswesen. In einem zornigen Buch, "Killing the Spirit - Higher Education in America", schrieb der amerikanische Historiker Page Smith: "The first and most destructive disease of our time is `presentism´, that tireless lust for the new. Und er fügte ein Zitat von Dean Inge hinzu: "A man who marries the spirit of the age soon finds himself a widower".

Eine heilpädagogische Länderkunde hat die Aufgabe, kurzatmige Ansätze von langfristigen Programmen zu unterscheiden. Der erste Schritt hierzu ist eine möglichst genaue Bestandsaufnahme. Insofern erstaunt es, daß sich nur wenige Arbeiten mit der gesetzlich verankerten schulischen Integration behinderter Kinder in den Vereinigten Staaten befassen. Rudolf Schindele untersuchte empirisch "Behinderte Kinder in verschiedenen Unterrichts- und Erziehungsprogrammen" am Beispiel sehgeschädigter Kinder in den USA (Rheinstetten 1975). Eine Monographie von Günther Opp heißt "Mainstreaming in den USA - Heilpädagogische Integration im Vergleich" (München 1993). Ferner gibt es Aufsätze in Zeitschriften und Beiträge in Sammlungen zum Thema Integration, wie die Literaturliste dieser Arbeit zeigt. Doch kann keine Rede davon sein, daß das große nordamerikanische Realexperiment zur Integration schon ausreichend aufgearbeitet worden ist. An Übernahme des Ganzen oder an die Nachahmung von einzelnen Beispielen braucht zunächst niemand zu denken, auch wenn nicht vergessen werden soll, daß es heilpädagogische Vorbilder für Europa schon seit dem vorigen Jahrhundert gibt, wie der erfolgreiche Unterricht taubblinder Kinder, mit dem ein Institut in Boston, Massachusetts, den Anfang machte.

Martina Jülich stellt im Blick auf das berühmte Bundesgesetz zur Integration aus dem Jahre 1975 zurecht fest, es "fehlt derzeit noch eine Abhandlung, die nicht nur die Entstehungsgeschichte von P.L. 94-142, die Kerninhalte des Gesetzes und die bundesweiten Erfahrungen bei der Verwirklichung der einzelnen darin enthaltenen Forderungen ausführlich und systematisch schildert, sondern sich, soweit wie möglich, auch darum bemüht, Sonderpädagogik und Regelschulwesen sowie gesellschaftliche Gegebenheiten unter historischer und aktueller Perspektive in Beziehung zu setzen".

Sie beschreibt und beurteilt die Wirksamkeit des Gesetzes sowohl aus der Sicht der Bundesregierung, die dem Kongreß ausführliche Jahresberichte erstattet, ihrer Hauptquelle, als auch im Spiegel der öffentlichen Diskussion, und zwar beides sorgfältig getrennt. Sie verarbeitet umfangreiches Material auch an Sekundärliteratur und vermeidet unzulässige Verallgemeinerungen.

Martina Jülich nimmt die schulpolitische Kontroverse in den Ländern der Bundesrepublik zwar nur am Rande auf, sie ist in der Arbeit jedoch gegenwärtig, zum Beispiel bei der Auswahl der Untersuchungsschwerpunkte. Es geht ihr um Grundkonflikte, die überall dort eine Rolle spielen, wo mit Hilfe der Gesetzgebung behinderte Kinder in allgemeinen Schulen integriert werden sollen. Diese Konflikte haben mehr als nur regionale Bedeutung.

Zu wünschen ist, daß die reichen und anregenden Ergebnisse der Arbeit genau so differenziert aufgenommen werden, wie sie Martina Jülich vorgetragen hat. Sie wägt ab und blickt aufs Ganze der Erziehung, ohne jedoch dem Hauptanliegen der Integration gegenüber gleichgültig zu sein. Widersprüchliche Interpretationen der amtlichen Berichte stellt sie nebeneinander, zieht die Linien zur Verdeutlichung aus und läßt sie für sich sprechen.

Aufhorchen muß man, wenn Kritiker die knappen Finanzmittel im allgemeinen Schulwesen den Kosten für den Spezialunterricht gegenüberstellen. Das ist eine Argumentationsfigur, die im vorigen Jahrhundert den Aufbau des Sonderschulwesens in Deutschland begleitete, nach den Schandtaten in der Nazizeit eine Weile verstummte und heute wieder auftaucht. "The least restrictive environment is often interpreted in practice as the least expensive environment", zitiert Frau Jülich einen Praxisbeobachter.

Die Arbeit enthält viele interessante Einzelheiten, gerade weil die Unterschiede und Widersprüche in der Ausführung des Gesetzes in den einzelnen Bundesstaaten erstaunlich groß sind. Die Untersuchung informiert zuverlässig und kann die Integrationsdiskussion befruchten und auf die Langzeitperspektive des den behinderten Kindern gewidmeten Bundesgesetzes lenken.

Würzburg, im Mai 1996
Andreas Möckel

Inhaltsverzeichnis

0. Einleitung 11

1. Einordnung von P.L. 94-142 in den gesellschaftlichen, bildungspolitischen und historischen Zusammenhang 18

1.1 Gesellschaftliche Rahmenbedingungen des Schulsystems in den
   Vereinigten Staaten von Amerika 18
   1.1.1 Bevölkerung 19
   1.1.2 Natürliche Umweltbedingungen 20
   1.1.3 Produktionsverhältnisse 21
   1.1.4 Wertvorstellungen 21
   1.1.5 Sozio-Politische Strukturen 22
   1.1.6 Einzelpersonen 23
   1.1.7 Internationale Beziehungen 24

1.2 Das Regelschulwesen in den Vereinigten Staaten 24
   1.2.1 Rolle der Schule in der Gesellschaft und Bildungsziele 25
   1.2.2 Verwaltung 26
   1.2.3 Finanzierung 28
   1.2.4 Struktur des Bildungswesens 29
   1.2.5 Unterrichtsinhalte und -methoden im Schulbereich 31
   1.2.6 Lehrerbildung 33

1.3 Überblick über die Geschichte der Sonderpädagogik in den USA 34
   1.3.1 Das neunzehnte Jahrhundert: Schaffung von Institutionen und
         Heimschulen 35
   1.3.2 Beginn des zwanzigsten Jahrhunderts: Die Entstehung der
         Sonderklassen 38
   1.3.3 Ausbau des bestehenden Sonderschulwesens nach dem
         Zweiten Weltkrieg 42
   1.3.4 Die Zeit des Umbruchs: Die sechziger und siebziger Jahre 45
      1.3.4.1 Gesellschaftliche Veränderungen: 45
      1.3.4.2 Reformen im Regelschulwesen: 47
      1.3.4.3 Veränderungen und wachsende Kritik an der
              herkömmlichen Sonderpädagogik 49
      1.3.4.4 Rechtsstreite 54
      1.3.4.5 Bundesweite Gesetzgebung vor P.L. 94-142 58

**2. Public Law 94-142 - Der "Education for All Handicapped
Children Act" von 1975** 62

2.1 Vorbemerkungen 62
   2.1.1 Anmerkungen zum amerikanischen Gesetzeswesen 63
   2.1.2 Zur Stellung des "Education for All Handicapped Children Act" 63

2.2 Zielsetzung und Bezugsgruppe 65

2.3 Kerninhalte des Gesetzes 68
   2.3.1 "Zero Reject": Uneingeschränktes Recht auf Schulbesuch 68
   2.3.2 "Nondiscriminatory and Multidisciplinary Assessment":
       Richtlinien für die Diagnostik...71
   2.3.3 "Parent Participation": Mitwirkungsmöglichkeiten der Eltern..................72
   2.3.4 "Procedural Safeguards": Verfahrensrechtliche Vorsichtsmaßnahmen.......74
   2.3.5 "Least Restrictive Environment": Erziehung in der am wenigsten
       einschränkenden Umgebung..75
       2.3.5.1 Kontinuum verschiedener Schulformen........................78
       2.3.5.2 Exkurs: Begriffsklärung "Mainstreaming"....................82
   2.3.6 "Individualized Appropriate Education": Individualisierte und
       angemessene Erziehung 84
       2.3.6.1 Der individuelle Erziehungsplan 84
       2.3.6.2 IEP und Überweisungsverfahren..................................86
       2.3.6.3 Appropriate Education: Angemessene Erziehung.........88

2.4 Ergänzungen des Gesetzes seit 1975 90

3. Auswertung der "Annual Reports" 94

3.1 Allgemeine Beschreibung der "Annual Reports" und
   Vorgehensweise bei der Auswertung..94
   3.1.1 Aufgaben der "Annual Reports" und Datensammlung...................94
   3.1.2 Aufbau der "Annual Reports"...97
   3.1.3 Form der Auswertung der Jahresberichte......................................98

3.2 Populationsbeschreibung...100
   3.2.1 Zahl der Kinder und Jugendlichen mit "disabilities".....................101
   3.2.2 Behinderungsformen der Kinder und Jugendlichen mit
       sonderpädagogischem Förderbedarf.......................................104
   3.2.3 Aufteilung auf Altersgruppen..105
   3.2.4 Demographische Besonderheiten...106

3.3 Zero Reject 108
   3.3.1 Aktivitäten zur Identifizierung von Kindern und Jugendlichen mit
       sonderpädagogischem Förderbedarf.......................................108
   3.3.2 Werden inzwischen alle "handicapped children"
       sonderpädagogisch gefördert?..110
       3.3.2.1 Ergänzung der Fragestellung durch die Fachliteratur ...113

3.4 Diagnostik...118
   3.4.1 Allgemeine Umsetzung der diagnostischen Richtlinien................118
   3.4.2 Auffälligkeiten bei den diagnostischen Ergebnissen.....................121
       3.4.2.1 Unterschiede bei der Häufigkeit der Behinderungsformen
            in den Bundesstaaten...121
       3.4.2.2 Veränderungen über die Zeit 125
       3.4.2.3 Reklassifizierungsstudien...129
       3.4.2.4 Überrepräsentation von Kindern und Jugendlichen
            ethnischer Minderheiten...131
       3.4.2.5 Zur Problematik der Kategorie "Specific learning disabilities"...134
   3.4.3 Zunehmende Kritik an der kategorialen Sonderpädagogik 139

3.5 Beteiligung der Eltern 142
 3.5.1 Spezielle Fortbildungsmaßnahmen für Eltern 143
 3.5.2 Elterliche Beteiligung bei IEP-Konferenzen 144
 3.5.3 Erklärungshypothesen für die niedrige Elternbeteiligung 145

3.6 Due Process 150
 3.6.1 Due Process Hearings 151

3.7 Individualisierte und angemessene Erziehung 154
 3.7.1 Erfahrungen bei der Arbeit mit dem individuellen Erziehungsplan 155
  3.7.1.1 Darstellung der Erfahrungen in den "Annual Reports" 155
  3.7.1.2 Inhaltliche Ergänzung durch die Fachliteratur 158
  3.7.1.3 Abschließende Bewertung 164
 3.7.2 Related services 165
 3.7.3 Personal 168
  3.7.3.1 Bestand und Bedarf an sonderpädagogischem Personal 170
  3.7.3.2 Bedeutung der Personalaus- und -weiterbildung 174
 3.7.4 Kosten sonderpädagogischer Förderung 177
  3.7.4.1 Bundesweite Gesamtausgaben 178
  3.7.4.2 Differenzierte Kostenberechnungen 179
  3.7.4.3 Ergänzung durch die Fachliteratur 181
 3.7.5 Fremd- und Selbstbewertungen zur "Angemessenheit"
  sonderpädagogischer Förderung 187
 3.7.6 Exkurs: Zur Definition von "appropriate education" 190

3.8 Ergebnisse zur Umsetzung der LRE-Forderung 192
 3.8.1 Verteilung der Schüler und Schülerinnen auf die verschiedenen
  Schulformen im Schuljahr 1991/92 194
 3.8.2 Verteilung auf Schulformen in Abhängigkeit von der
  Behinderungsform 195
 3.8.3 Verteilung auf Schulformen in Abhängigkeit vom Alter 198
 3.8.4 Unterschiede zwischen den einzelnen Bundesstaaten 201
  3.8.4.1 Diskussion möglicher Einflußgrößen für die
   Variationen in der Fachliteratur 204
 3.8.5 Veränderungen seit Inkrafttreten von P.L. 94-142 207
 3.8.6 Ergebnisse der "State Plan Reviews" und der
  "On Site Monitoring Reviews" 217
 3.8.7 Exkurs: Ergebnisse der Untersuchung über Jugendliche
  mit sonderpädagogischem Förderbedarf im Sekundar-
  bereich der öffentlichen Regelschulen 218
 3.8.8 Ergänzung durch die sonderpädagogische Fachliteratur 220
  3.8.8.1 Effektivitätsforschung 220
  3.8.8.2 Nähere Beschreibungen der Förderung in den
   verschiedenen Schulformen 221
  3.8.8.3 Gerichtsverfahren zur Frage der Schulform 227
  3.8.8.4 Grundsätzliche Kritik an der Konzeption des LRE 228
  3.8.8.5 Abschließende Bewertung 232

3.9 Quellenkritik der "Annual Reports" 233

3.10 Gesamtbeurteilung der Erfolge und Probleme bei
der Umsetzung von P.L. 94-142 238

4. Barrieren bei der Umsetzung von P.L. 94-142 243

4.1 Grenzen und Möglichkeiten einer Reform "per Gesetz" 243

4.2 Zur Reformbereitschaft und -fähigkeit des Regelschulwesens 246
    4.2.1 Grundsätzlich innovationshemmende Charakteristika
    des Regelschulwesens 246
    4.2.2 Zielvorgaben des Regelschulwesens: Die Reformbemühungen
    in den achtziger Jahren 249
        4.2.2.1 Ausgangslage 250
        4.2.2.2 Darstellung der verschiedenen "waves of reform" 251
        4.2.2.3 Konsequenzen innerhalb der Regelschulpädagogik 254
        4.2.2.4 Implikationen für die Förderung von Schülern und
        Schülerinnen mit "disabilities" 257
        4.2.2.5 Zur Situation des Regelschulwesens in den neunziger Jahren 261
    4.2.3 Lehrkräfte 267
    4.2.4 Das Prinzip der Jahresfortgangsklassen 270
    4.2.5 Unterrichtsmethoden und Inhalte 273
    4.2.6 Schlußfolgerungen 277

4.3 Zum möglichen Einfluß politischer und gesellschaftlicher
Rahmenbedingungen 279

5. Zukunftsperspektiven der Sonderpädagogik in den USA: Reformen ohne Ende? 288

5.1 Kritikpunkte an der bisherigen sonderpädagogischen Praxis 289

5.2 Notwendige Modifikation der bisherigen Praxis 292

5.3 Bewertung der "Regular Education Initiative" innerhalb
der amerikanischen Sonderpädagogik 295

5.4 Die "Inclusive Schools"- Bewegung - eine Radikalisierung
der sonderpädagogischen Reformbemühungen? 300

6. Implikationen der dargestellten amerikanischen Erfahrungen für die deutschen Integrationsbemühungen 309

7. Literatur 324

8. Anhang 352

8.1 Zur Begriffsbildung in den USA 352

8.2 Definitionen der Behinderungskategorien 355

0. Einleitung

Anlaß und Zielsetzung
Die Legitimation, und auch die Effektivität, der Beschulung von Kindern mit Behinderungen im Rahmen des Sonderschulwesens wird in der Bundesrepublik schon lange diskutiert (für eine Übersicht der Kritik am Beispiel der Schule für Lernbehinderte siehe *Müller*, 1990, S. 414-416). Schon seit den siebziger Jahren (vgl. *Deutscher Bildungsrat*, 1973, S.15-16) wird die Forderung nach einer integrativen Erziehung, sowohl von seiten der Eltern der betroffenen Schulkinder als auch von seiten einiger Sonderpädagogen und -pädagoginnen, immer lauter (siehe z.B. *Eberwein*, 1989).

In jenen Bundesländern, in welchen ein integrativer Schulbesuch möglich ist (vgl. *Demmer-Dieckmann*, 1989; *Heyer*, 1992), werden seit einigen Jahren verschiedenste Organisationsformen erprobt. Es gilt herauszufinden, wie der Unterricht gestaltet werden kann und welche Rahmenbedingungen notwendig sind, damit sowohl das Kind mit einer Behinderung als auch seine Mitschüler und Mitschülerinnen von dem gemeinsamen Unterricht in kognitiver sowie sozial-emotionaler Hinsicht profitieren (z.B. *Feuser*, 1988; *Maikowski & Podlesch*, 1988; *Meier & Heyer*, 1988).

Im Rahmen derartiger Überlegungen wird zum Beispiel auch nach Möglichkeiten gesucht, nicht nur die beiden Alternativen Sonderschule oder Regelklasse zur Auswahl zu stellen, sondern je nach den erzieherischen Bedürfnissen des Kindes flexiblere Lösungen anzubieten (z.B. "Integrationsverordnung Saarland" von 1987, zit. nach *Kanter* 1991, S. 95-96; *Antor*, 1988). Dies ähnelt stark dem Grundgedanken eines Kontinuums mehrerer möglicher Schulformen, das von voller Integration über stundenweise Teilhabe am Unterricht in der Regelklasse bis zum Unterricht in der Sonderklasse oder sogar in einer separaten Einrichtung reicht, einem Prinzip, wie es in den USA seit 1978 auf der Grundlage eines Bundesgesetzes durch das Prinzip des "least restrictive environments", der am wenigsten einschränkenden Umgebung, landesweit praktiziert wird.

In diesem Gesetz aus dem Jahre 1975, "Public Law 94-142" (P.L. 94-142, auch "The Education for All Handicapped Children Act"), finden sich ferner auch Regelungen, die gewährleisten sollen, daß das Kind mit einer Behinderung in der Regelklasse seinen individuellen Fähigkeiten und Problemen gemäß auch adäquat gefördert wird. Auch dies ist ein Anliegen, das innerhalb der deutschen Integrationsdiskussion als zentraler Problempunkt immer wieder thematisiert wird (*Maikowski & Podlesch*, 1988, S. 138; *Wocken*, 1991, S. 107).

Aufgrund der andersartigen kulturgeschichtlichen und bildungspolitischen Voraussetzungen lassen sich aus den Erfahrungen mit integrativer Erziehung im Ausland zwar "keine unmittelbaren Lösungsvorschläge für die in der Bundesrepublik bei der Verwirklichung von Integrationsvorhaben auftretenden Probleme ableiten. Aber es können nützliche Anregungen für eine umfassendere, d.h. perspektivenreichere Auseinandersetzung mit dieser Thematik gewonnen werden" (*Becker-Gebhard*, 1990, S. 33; vgl. auch *Röhrs*, 1992, S. 187-188).

Für eine "perspektivenreiche Auseinandersetzung" wäre es allerdings nötig, daß die rechtlichen Grundlagen sowie die Erfolge und Probleme der Integrationsbewegung im Ausland auch korrekt und differenziert wiedergegeben und analysiert werden, und zudem auch die Rolle des gesellschaftlich geprägten Regelschulwesens bei den Integrationsbemühungen diskutiert wird: "Ein einhergehendes Studium der Entwicklung des Schulwesens der USA und der Durchführung und Auswirkungen der Integrationsgesetze könnte dazu führen, sachlichere und ausgewogenere Erfahrungen zu gewinnen" (*Radigk*, 1982, S. 667).

In der deutschsprachigen Fachliteratur finden sich inzwischen zahlreiche Beiträge, die sich mit den verschiedensten Fragen der schulischen und außerschulischen Sonderpädagogik in den USA beschäftigen. Häufig handelt es sich dabei jedoch um Erfahrungsberichte bzw. Kurzdarstellungen oder Artikel mit spezieller Schwerpunktsetzung (z.B. *Benkmann*, 1990, 1994; *Goetze*, 1991; *Kaschade*, 1992; *König*, 1982, 1986; *Murphy & Goetze*, 1993; *Muuss*, 1990; *Neuwinger*, 1987; *Opp*, 1991, 1993b; *Perabo*, 1993; *Vetter*, 1987). Viele jener Arbeiten, die sich thematisch auf die amerikanischen Erfahrungen mit schulischer Integration konzentrieren, konnten dagegen aufgrund ihres frühen Erscheinungsjahres die Inhalte von P.L. 94-142 bzw. die grundsätzlichen Probleme und Erfolge bei dessen Umsetzung noch nicht, oder nur basierend auf der Erfahrung einiger Jahre, schildern (*Buttlar*, 1982; *Kleber*, 1982; *Opp*, 1984; *Radigk*, 1982; *Rutte*, 1984; *Schindele*, 1975). Bei anderen fragt man sich wiederum, ob der mühsame Zugang zur amerikanischen Fachliteratur der Grund dafür sein könnte, daß die verwendeten Primärquellen eigentlich überaltet sind (*Buttlar*, 1990). Eine recht aktuelle und umfangreiche Abhandlung über die integrative Beschulung in den USA liefert dagegen *Opp* (1993a). Er beschreibt nicht nur die Entstehungsgeschichte von P.L. 94-142 und dessen Kerninhalte, sondern präsentiert auch eine Zusammenstellung einzelner Problembereiche bei der Verwirklichung der in dem Gesetz verankerten Forderungen. Dennoch fehlt derzeit noch eine Abhandlung, die nicht nur die Entstehungsgeschichte von P.L. 94-142, die Kerninhalte des Gesetzes und die bundesweiten Erfahrungen bei der Verwirklichung der einzelnen darin enthaltenen Forderungen ausführlich und systematisch schildert, sondern sich, soweit wie möglich, auch darum bemüht, Sonderpädagogik und Regelschulwesen sowie gesellschaftliche Gegebenheiten unter historischer und aktueller Perspektive in Beziehung zu setzen:

Umfassende Systemvergleiche im Bereich der Behindertenpädagogik müssen zahlreiche Aspekte berücksichtigen, wenn sie zu differenzierten Aussagen gelangen wollen. So darf die historische Dimension nicht aus dem Blick geraten, muß der Bezug zur allgemeinen Pädagogik beachtet werden, die Ebenen von Bildungspolitik und Bildungsorganisation erörtert werden und schließlich all diese Faktoren in Beziehung zur Erziehungswirklichkeit gesetzt werden (*Ellger-Rüttgardt*, 1994, S. 600).

Die Beweggründe für eine derartig breit angelegte Konzeption der vorliegenden Arbeit bedürfen vielleicht einiger Erläuterungen:

Die Autorin selbst hatte während eines neun-monatigen Studienaufenthaltes an der "State University of New York at Albany" (1989/90) feststellen müssen, daß ein Großteil ihres auf der Grundlage deutscher Literatur basierenden Vorwissens über die Sonderpädagogik und die Integrationsbemühungen in den USA sehr unpräzise, wenn nicht sogar falsch war. Beispielsweise werden innerhalb der deutschen Integrationsdiskussion bei Verweisen auf die Situation in den USA allzu leicht "Wunsch und Wirklichkeit argumentativ vertauscht, ... die Utopie [wird] als Realität ausgegeben" (*Stoellger*, 1990, S. 780). Dadurch entsteht oftmals der unkorrekte Eindruck, daß in den Vereinigten Staaten alle Schüler und Schülerinnen mit Behinderungen integriert werden. Der amerikanische Sonderpädagoge *Grangreco* (1989) hat auf diese Gefahr ausdrücklich hingewiesen: "A casual onlooker might be fooled into believing that the integration of students with severe disabilities was rampant in the United States"[1] (S. 139). Die Studienzeit vor Ort gab jedoch die Gelegenheit, diese Vorstellungen zu korrigieren und sich in die Thematik einzuarbeiten.

Eine wichtige Voraussetzung für ein ausreichendes Verständnis der Integrationsbemühungen in den USA ist beispielsweise eine Auseinandersetzung mit deren rechtlichen Grundlagen, die in dem schon genannten Bundesgesetz P.L. 94-142 verankert sind. Die Bedeutung der Inhalte läßt sich allerdings nur erfassen, wenn man sich zum einen der verschiedenen Beweggründe bewußt ist, die zur Verabschiedung des Gesetzes geführt haben, und zum anderen auch versteht, wie auf der Basis einer Vielzahl von Einzelregelungen versucht wurde, bundesweit für jedes Kind mit sonderpädagogischem Förderbedarf eine angemessene Förderung in *möglichst* integrativen Schulformen zu gewährleisten. Entsprechend galt es für die vorliegende Arbeit, sowohl die einzelnen Forderungen des Gesetzes als auch die Probleme und Erfolge bei deren Umsetzung ausführlich zu schildern und zu untersuchen.

---

[1] Ein nachlässiger Betrachter könnte dem Irrtum unterliegen, daß in den Vereinigten Staaten die Integration von Schülern und Schülerinnen mit schweren Beeinträchtigungen weit verbreitet wäre.

Dabei wurde versucht, die *bundesweite* Umsetzung des Gesetzes zu beleuchten. Aufgrund der, sich u.a. durch starke Dezentralisierung ergebenden, "Einheit und Vielfalt" im amerikanischen Bildungssystem (*Dichanz*, 1991) war zwar schon von vornherein abzusehen, daß das Ausmaß der Verwirklichung von P.L. 94-142 von Ort zu Ort stark variieren würde. Gerade diese lokalen Unterschiede bzgl. der Errungenschaften des Gesetzes und die Analyse eventueller Einflußfaktoren auf die Reformbereitschaft und -fähigkeit vor Ort sind aber durchaus aufschlußreich. Ein anderer Ansatz, nämlich die Praxis in *einzelnen* Schulen zu untersuchen, auch wenn selbst sorgfältig ausgewählte Beispiele keinen repräsentativen Einblick geben können, wäre sicherlich ebenfalls legitim und für die deutschen Leser und Leserinnen interessant gewesen. Vielleicht liefert die hier vorgelegte Studie, die sich eher das Ziel setzt, eine allgemeine und systematische Übersicht über die amerikanischen Integrationsbemühungen zu liefern, Grundlage und Anreiz für derartige weitere, auf einzelne Schulen und Regionen bezogene, Untersuchungen.

Integrative Erziehung kann nur dann erfolgreich verwirklicht werden, wenn das Regelschulwesen zu den notwendigen Veränderungen fähig und bereit ist (vgl. *Möckel*, 1983; *Muth*, 1989). Für das eigene Verständnis der speziellen Situation in den USA und das der Leser und Leserinnen erschien es daher angebracht, auch einzelne Charakteristika des amerikanischen Regelschulwesens zu beschreiben und in ihrer Bedeutung für die Integrationsbemühungen zu analysieren. Gerade, weil die Arbeit die integrativen Bemühungen in einem fremden Land beschreibt, wurde in diesem Zusammenhang auch ein Abriß der gesellschaftlichen Rahmenbedingungen des Bildungswesens in den Vereinigten Staaten für wichtig befunden.

Aufgrund dieser beschriebenen weiten Themenstellung, konnte nur eine Grundlage an Informationen geboten werden. Spezialfragen der Integrationsthematik, wie z.B. die Begründungen und Zielsetzungen integrativer Erziehung in den USA, der Stand der amerikanischen Forschung zur Effektivität verschiedener Förderungsformen oder methodische Überlegungen zu integrativer Förderung, konnten höchstens angeschnitten werden. Auch hier würden sich noch zahlreiche Ansatzpunkte für weitergehende Forschung ergeben.

Obgleich sich diese Arbeit bemüht, einen Beitrag zur "rationalen Diskussion" integrativer Förderung zu leisten (vgl. *Opp*, 1993a, S. 132), indem sie versucht, alle bekannten Vor- und Nachteile der amerikanischen Integrationsbemühungen offenzulegen (vgl. *Kanter*, 1991, S. 101), muß man doch eingestehen, daß gerade bei dem Thema "Integration" die eigenen Standpunkte trotz aller Bemühungen um Objektivität den Aufbau der Arbeit und die Auswahl der Inhalte prägen. Daher erscheint es mehr als angebracht, die eigene Position zumindest kurz zu umreißen: In dieser Arbeit wird unter schulischer Integration die Aufnahme aller Kinder und Jugendlichen mit Behinderungen in die Regelklassen der nichtbehinderten Altersgenossen in den jeweiligen Sprengelschulen bei möglichst weitgehender Einbeziehung in das Unterrichtsgeschehen sowie in das Schulleben verstanden. Die Autorin teilt beispielsweise die Position *Muths* (1983), daß es nicht (mehr) zu beweisen gelte, ob oder daß Integration möglich und für alle Schulkinder vorteilhaft sein kann (S. 18). Die Integration aller Schüler und Schülerinnen ist vielmehr eine humane und gesellschaftliche Aufgabe (*Eberwein*, 1989 S. 11), die Entscheidung für dieses Ziel ist eine ethische (*Schönberger*, 1988; vgl. auch *Biklen*, 1985b, S. 3). Insofern ist die Erforschung von positiven und negativen Auswirkungen integrativer Beschulung vor Ort (vgl. z.B. *Haeberlin*, 1991; *Preuss-Lausitz*, 1991; *Randoll*, 1991) notwendig, um die Integrationspraxis zu verbessern, da die Ergebnisse Ansatzpunkte liefern, die erforderlichen Rahmenbedingungen für einen gemeinsamen Schulbesuch aller Kinder herauszuarbeiten. Beobachtbare Vor- oder Nachteile dürfen dagegen nicht zu grundsätzlichen Urteilen pro oder contra Integration führen (*Langfeldt*, 1991).

Einordnung in die pädagogische Forschung und methodische Vorgehensweise
Die vorliegende Arbeit läßt sich in den Bereich der Vergleichenden Erziehungswissenschaften einordnen. *Froese* (1983) definiert diese als jenen "Teil der Erziehungswissenschaft, der Phänomen, Problem und Begriff der Erziehung bzw. Bildung in anderen geo-politischen und sozio-kulturellen Räumen zum Gegenstand einer `synkritischen´ Analyse macht" (S. 24).

Die Ergebnisse der Vergleichenden Erziehungswissenschaften können hilfreich sein für die Erkenntniserweiterung, die Politik- und Praxisberatung sowie die internationale Verständigung (*Klauer & Mitter*, 1987, S. 11-19). Sie regen an, bestehende Systeme zu hinterfragen, da beispielsweise die unterschiedlichen Strukturformen des internationalen Bildungswesens die enge Beziehung zwischen Gesellschafts- und Bildungssystem verdeutlichen (*Eckstein*, 1988, S. 9; *Reinartz*, 1977, S. 198).

Bei dem folgenden Beitrag handelt es sich um einen "impliziten Vergleich", da das eigene Bildungswesen zwar den Blick bestimmt, aber auf die systematische Gegenüberstellung des amerikanischen und deutschen Erziehungssystems verzichtet wird (*Froese*, 1983, S. 64-65; vgl. auch *Klauer & Mitter*, 1987, S. 13). *Noah* (1988, S. 11) nennt diese Vorgehensweise "country studies"; innerhalb der Vergleichenden Sonderpädagogik wird dieser Ansatz als "sonderpädagogische Länderkunde" bezeichnet (*Klauer & Mitter*, 1987, S. 19). Zwar hat die Beschreibung und Analyse eines ausländischen Bildungssystems sicherlich Nachteile, wie z.B. mangelndes Verständnis der Kultur, der Werte und Gewohnheiten. Allerdings bringt die Position der Außenstehenden auch Vorteile mit sich: Die vorhandene Distanz in Verbindung mit dem Versuch, sich auf die fremden Verhältnisse unvoreingenommen einzulassen, kann für den Verständnis- und Analyseprozeß sehr fruchtbar sein (*Bollnow*, 1982, S. 95;

Khoi, 1988, S. 108-109). Bei allen Bemühungen um Objektivität muß man sich jedoch bewußt sein, daß die Auseinandersetzung mit den Verhältnissen in einem fremden Kulturkreis immer auch eine "persönliche Verstrickung des Forschers in sein Untersuchungsfeld" (*Reimann*, 1991, S. 240) mit sich bringt.

Der Schwerpunkt der Arbeit liegt auf einem Teilaspekt der Sonder- und Regelschulpädagogik in den USA, nämlich der Thematik "Integration von Schülerinnen und Schülern mit Behinderungen in das Regelschulwesen". Diese Auswahl der Analyse einer bestimmten Problematik im Erziehungswesen eines anderen Landes folgt der Vorgehensweise des "problem approaches" (*Noah*, 1988, S. 11). Dieser Forschungsansatz versucht "Lösungsmöglichkeiten ..., also Mittel zur Erreichung bestimmter Ziele, zu überprüfen, die es erlauben, in der Bildungsplanung im eigenen Lande durch die Berücksichtigung vorausschaubarer Konsequenzen die Entscheidung für die Mittel - nicht die Ziele - rationaler werden zu lassen" (*Dobberstein & Dobberstein,* 1980, S. 87).

In den Vergleichenden Erziehungswissenschaften gibt es keine festgelegte Methode, sie sollte immer mit Rücksicht auf die spezielle Fragestellung ausgewählt werden (*Froese*, 1983, S. 63). Zwei Betrachtungsweisen sind derzeit vorherrschend: Die empirische und die hermeneutische Methode (*Posthlethwaite*, 1988, S. xix). Da diese Arbeit einen umfassenden Überblick und eine genaue Analyse der Integrationsbemühungen in den USA geben soll, wurde die letztere Methode gewählt.

Aufgrund der außergewöhnlich umfangreichen Literatur zur Integrationsdiskussion in den USA, insbesondere im Rahmen der Sekundärquellen, mußte diese stets in enger Abhängigkeit von der Fragestellung ausgewählt und bearbeitet werden. Die wichtigste Primärquelle, neben dem Gesetzestext von P.L. 94-142 und seinen Ergänzungen, boten die "Annual Reports" des "U.S. Department of Education". Diese werden jährlich vom "Office of Special Education Programs" herausgegeben und dokumentieren, teilweise recht detailliert, an bundesweit erhobenen Daten, die es im Rahmen dieser Arbeit natürlich auch zu interpretieren galt, die bundesweiten Fortschritte und Probleme bei der Umsetzung der einzelnen Richtlinien von P.L. 94-142. Die Sekundärliteratur diente hauptsächlich der weiteren Informationsgewinnung und Einordnung einzelner Aspekte in den Gesamtzusammenhang sowie dazu, die unterschiedlichen Positionen in der amerikanischen Fachdiskussion widerzuspiegeln (siehe dazu auch Kapitel 3.1). Die Zitierweise und die Aufstellung der Literaturliste orientiert sich an den Richtlinien der "American Psychological Association" (1991).

Bei der Auseinandersetzung mit den ausgewählten Texten wurde versucht, den Regeln der Textauslegung (*Klafki*, 1986, S. 134-153) gerecht zu werden. Alle drei Bedeutungen von "hermeneúein" spielten dabei eine Rolle. Fremdsprachige Texte mußten für die deutschen Leser und Leserinnen übersetzt werden, die inhaltliche Aussagen dargestellt, sowie diese interpretiert und erklärt werden (*Grondin*, 1991, S. 24-25).

Die *zentrale* Aufgabenstellung bestand allerdings darin, die Vielzahl an *Informationen* systematisch aufzuarbeiten und für die Lesenden, in die bildungspolitischen Zusammenhänge eingebettet, möglichst übersichtlich darzustellen und zu reflektieren.

Hinweise an die Leser und Leserinnen
Der Text ist so gestaltet, daß ergänzende Informationen zu einzelnen inhaltlichen oder methodischen Aspekten in den Fußnoten auftauchen.

Es wurde versucht, die doch recht zahlreichen englischen Zitate jeweils sinngemäß wiederzugeben. Teilweise wurde im Interesse der Verständlichkeit auch versucht, die amerikanischen Fachbegriffe bzw. Eigennamen, zumindest bei der ersten Einführung des Terminus, ins Deutsche zu übertragen. All diese Übersetzungen finden sich ebenfalls in den Fußnoten.

Viele Begriffe tauchen im Text allerdings durchgängig in Englisch auf. Dies schien die angemessenste Weise, dem Problem der unterschiedlichen Begriffsbildung in Amerika und Deutschland gerecht zu werden (vgl. auch *Klauer & Mitter*, 1987, S. 4-9; *Reinartz*, 1977, S. 203-204). Grundlegende Begriffe der amerikanischen Sonderpädagogik und die in den USA gesetzlich verankerten Definitionen der Behinderungskategorien, welche sich von denen in Deutschland teilweise stark unterscheiden, werden in einem Anhang am Ende der Arbeit erläutert.

Obgleich der Gebrauch des Terminus "sonderpädagogischer Förderbedarf" in der deutschen Sonderpädagogik recht unterschiedlich verwendet und kontrovers diskutiert wird, wird dieser Begriff in der hier vorliegenden Arbeit häufig zur Beschreibung jener Schüler und Schülerinnen verwendet, die in den USA zur Bezugsgruppe von P.L. 94-142 gehören. Dies erschien insofern zweckmäßig, als man viele der Kinder und Jugendliche, die in den Vereinigten Staaten als "handicapped" gelten, in Deutschland nicht unbedingt als "behindert" ansehen würde. Außerdem wird in dem genannten amerikanischen Bundesgesetz bei der Eingrenzung der sonderpädagogischen Population auch ausdrücklich darauf hingewiesen, daß unabhängig von der jeweiligen Behinderungsform eines Kindes auch der mit dieser Behinderung nicht unbedingt zwangsläufig verbundene *Bedarf* des Kindes nach einer speziellen, sonderpädagogischen Förderung dokumentiert sein muß (vgl. Kapitel 2.2).

1. Einordnung von P.L. 94-142 in den gesellschaftlichen, bildungspolitischen und historischen Zusammenhang

Bevor die Inhalte von P.L. 94-142 dargestellt werden, sollen zunächst einige Hintergrundinformationen gegeben werden, die für eine Einordnung des Gesetzestextes in den gesellschaftlichen, bildungspolitischen und geschichtlichen Zusammenhang notwendig sind.

1.1 Gesellschaftliche Rahmenbedingungen des Schulsystems in den Vereinigten Staaten von Amerika

"Schooling cannot be properly studied without reference to its cultural setting"[1] (*Eckstein*, 1988, S. 7). *Khoi* (1986) hat versucht, diese kulturellen Gegebenheiten eines Landes in einzelne Faktoren aufzuschlüsseln:

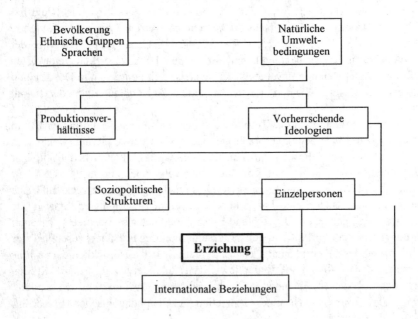

Abb. 1: Rahmenbedingungen von Bildungssystemen (*Khoi*, 1986, S. 18)

---

[1] Ohne Berücksichtigung der kulturellen Hintergründe kann ein Schulsystem nicht angemessen erforscht werden.

Die Berücksichtigung dieser Faktoren, die sowohl sich gegenseitig als auch die formale und informale Erziehung in einem Staat direkt und indirekt beeinflussen, dient als Bezugsrahmen, um das Schulsystem eines Landes besser verstehen zu können.

Im Rahmen dieses Bezugssystems sollen nur kurz die auffälligsten Besonderheiten der Vereinigten Staaten von Amerika angerissen werden. Diese Darstellung kann weder objektiv noch vollständig sein. Sie soll eher Anstoß geben, die folgende Beschreibung des amerikanischen Schulwesens und die anschließende Erörterung der Integrationsthematik im gesellschaftlichen Zusammenhang zu reflektieren.

1.1.1 Bevölkerung

In den Vereinigten Staaten von Amerika wohnen über 250 Millionen Menschen (*U.S. Bureau of the Census*, 1992, S. 8), im Jahre 1990 lebten knapp 80% der Einwohner in Großstadtregionen (*Helms*, 1993, S. 147-148). Eines der wesentlichen Merkmale der amerikanischen Bevölkerung ist die ethnische Heterogenität, die durch die verschiedenen Immigrationswellen bedingt ist. Den Hauptanteil der Bevölkerung machen bundesweit noch immer die Weißen aus (80,3%), 12,1% der Menschen in den USA sind Schwarze, 2,9% Asiaten und die restlichen 4,8% gehören verschiedensten Rassen an. Inzwischen sind auch 9% aller Bürger und Bürgerinnen hispanischer Herkunft (*U.S. Bureau of the Census*, 1992, S. 17). Die Bevölkerungsanteile der verschiedenen ethnischen Gruppen sind in den Bundesstaaten allerdings unterschiedlich hoch. So machen die Schwarzen z.B. im District of Columbia 66% der Bevölkerung aus, die Hispanics in New Mexico 38% (*Brockhaus*, 1994, S. 164). Aufgrund der schwächeren wirtschaftlichen Position und der zu beobachtenden sozialen Segregation (*ders*, 1994, S. 165), leben viele Angehörige der ethnischen Minderheiten geballt in den weniger attraktiven Innenstädten (*ders.*, S. 164). Daher setzt sich in manchen innerstädtischen Schuldistrikten die Schülerschaft fast ausschließlich aus Kindern und Jugendlichen hispanischer oder afro-amerikanischer Herkunft zusammen, während dagegen in etlichen Vororten die Schülerschaft fast ausschließlich anglo-amerikanischer Herkunft ist (*Sadovnik, Cookson & Semel*, 1994, S. 246).

Es ist abzusehen, daß der Bevölkerungsanteil der rassischen und sprachlichen Minderheiten weiter steigen wird (*von der Ohe*, 1992b, S. 342). Die unterschiedlichen Sprachen und Wertvorstellungen schaffen Probleme und gerade "die Institution Schule war und ist primäres Sozialisationsinstrument, um den unterschiedlichen Einwanderergruppen eine einheitliche nationale Identität und das Bewußtsein, ein amerikanischer Staatsbürger zu sein, zu vermitteln" (*Albrecht*, 1990, S. 494). Die immer noch zu beobachtende wirtschaftliche und soziale Benachteiligung der ethnischen Minderheiten, die auch im Bildungsbereich deutlich wird, zeigt jedoch, daß die USA noch weit von dem Ideal einer "multikulturellen integrierenden Gesellschaft" (*ders.*, S. 496) entfernt sind. Die Vorstellung, ihr Land sei ein Schmelztiegel, der es schaffen würde, die Einwanderer aus den verschiedensten Ländern zu assimilieren, mußten die Amerikaner schon lange aufgeben. Gerade auch die seit den 60er Jahren verstärkt zu beobachtende Wiederbesinnung auf das eigene kulturelle Erbe der verschiedenen Volksgruppen führte dazu, daß die USA heute eher einer "salad bowl" als einem "melting pot"[2] gleichen (*Helms*, 1993, S. 162).

Laut einer Erhebung des "U.S. Census Bureau" aus dem Jahre 1993 sind knapp ein Fünftel (49 Millionen) der Bürger und Bürgerinnen in den USA Menschen mit Behinderungen: "Thus, people with disabilities are the nation's largest minority"[3] (*National Organization on Disability*, 1994, S. 5). Diese sind nicht nur in der Arbeitswelt deutlich benachteiligt, sondern auch ihre Teilhabe am öffentlichen und kulturellen Leben ist deutlich niedriger als bei ihren Mitbürgern und Mitbürgerinnen ohne Behinderungen (*dies.*, S. 9-12, 21-26).

1.1.2 Natürliche Umweltbedingungen

Die Gesamtfläche der Vereinigten Staaten beträgt mehr als 9.000.000 km^2. Die Größe des Staatsgebietes, der Reichtum an Rohstoff- und Energiequellen, sowie die regionalen Unterschiede der klimatischen Bedingungen und der Landschaftsstruktur ermöglichen die Herausbildung unterschiedlicher und sich ergänzender Wirtschaftsräume. Es entwickelte sich ein eher industrialisierter Nord-Osten und ein agrarisch geprägter Mittelwesten, während der Süd-Osten eher zurückgeblieben und industriearm verblieb. Aufgrund des Strukturwandels in Landwirtschaft und Industrie sowie der Neubewertung von Standortfaktoren erscheint die herkömmliche Aufgliederung der USA in verschiedene Landschafts- und Produktionsgürtel inzwischen fraglich. Dennoch weist der Nord-Osten der USA auch heute noch eine starke Industriekonzentration auf, die mit einer entsprechend höheren Bevölkerungsdichte und höherem Pro-Kopf-Einkommen einhergeht (*Brockhaus*, 1994, S. 162-171).

---

[2] "Salatschüssel" bzw. "Schmelztiegel"
[3] Somit machen Menschen mit Beeinträchtigungen die größte Minderheitengruppe der Nation aus.

1.1.3 Produktionsverhältnisse

Das Wirtschaftsleben in den USA wird eindeutig von den Regeln der freien Marktwirtschaft bestimmt und beherrscht. Der Dienstleistungssektor hat am Bruttoinlandsprodukt einen Anteil von mehr als zwei Dritteln, die verarbeitende Industrie erwirtschaftet 26%, die Erträge der Landwirtschaft machen nur noch 2% aus (*Price & Domanski*, 1992, S. 578). Auf dem Arbeitsmarkt nimmt der Anteil der einfachen Arbeitskräfte stetig ab, die Nachfrage für hochqualifiziertes Personal wächst, und somit gewinnt die schulische Qualifikation immer mehr an Bedeutung (*Lichtenberger*, 1990, S. 477; *Scheuch & Scheuch*, 1992, S. 243).

Zwar gelten die Vereinigten Staaten weiterhin als größte Wirtschaftsmacht der Welt, sie verlieren ihre Vormachtstellung in Produktion und Handel allerdings immer mehr zugunsten von Japan und Westeuropa (*Brockhaus*, 1994, S. 168).

1.1.4 Wertvorstellungen

Natürlich ist es nicht möglich, das Wertesystem in den USA kurz und gleichzeitig auch richtig darzustellen, insbesondere da es den "homo americanus" (*Watzlawick*, 1989, S.137) nicht geben kann. Dennoch fallen einige Besonderheiten auf: Zum einen der "american dream", der beinhaltet, daß die USA, als "auserwähltes Volk", weltmissionarischen Auftrag haben (*Winter*, 1989, S. 42-73; vgl. auch *Zöller*, 1992, S. 295). Auch hat sich die Bezeichnung "american way of life" eingebürgert, welche "das als fast absolut interpretierte Recht zur Selbstenfaltung und zum Streben des einzelnen nach Glück und Erfolg, vor allem materiellen Gewinn" beschreibt (*Holzner*, 1990, S. 468). Als typisch beschrieben wird häufig auch die Überzeugung, daß jeder und jede in diesem besten aller Länder alles erreichen kann, wenn er oder sie sich nur richtig anstrengt, sowie der kindliche Glaube an Ideale, z.B. absolute Freiheit und Demokratie (vgl. *Lander*, 1988; *Lynd*, 1963; *Watzlawick*, 1989, S. 137-162). Besonders bemerkenswert sind aber gerade die Widersprüche in amerikanischen Wertvorstellungen (vgl. *Lynd*, 1963), wie z.B. die eigenartige Kombination von Individualismus bei gleichzeitigem Hang zum Kollektivismus (*v. Barloewen*, 1989, S. 57-58).

Über die Hälfte der erwachsenen Bevölkerung fühlt sich dem protestantischen Glauben zugehörig, 25% dem katholischen. Der jüdischen Religion sind 2% der amerikanischen Bürger und Bürgerinnen verbunden, 6% verschiedenen anderen Glaubensgruppen. Als nicht religiös bezeichnen sich 11% der Bevölkerung (*U.S. Bureau of the Census*, 1992, S. 58). Trotz der in der Verfassung verankerten scharfen Trennung von Staat und Kirche, aufgrund derer z.B. Religionsunterricht und Gebete in den staatlichen Schulen eigentlich nicht erlaubt sind, spielt die christliche Tradition im öffentlichen Leben und politischen Geschehen eine nicht unwesentliche Rolle (*Helms*, 1993, S. 163ff.).

1.1.5 Sozio-Politische Strukturen

Das politische System der USA ist das einer bundesstaatlichen Republik (50 Bundesstaaten und der District of Columbia) mit präsidentieller Demokratie. Die Einzelstaaten haben im Rahmen dieses föderalistischen Systems außergewöhnlich hohe Autonomie (*Hübner*, 1989, S. 49). Auffällig ist das Zwei-Parteien System in den USA, die starke Position des Präsidenten, sowie die Beeinflussung politischer Entscheidungen durch Interessensgruppen (*ders.*, S. 50-89, 102-139).

Obwohl die Vereinigten Staaten bezüglich des Bruttosozialproduktes pro Kopf der Bevölkerung an der Weltspitze stehen (*U.S. Bureau of the Census*, 1992, S. 223), gibt es nach wie vor viele soziale Probleme. Bedingt durch Arbeitslosigkeit bzw. niedrige Löhne und die Inflation, sowie verstärkt durch die fehlende soziale Absicherung, sind viele Menschen in den USA von Armut und Obdachlosigkeit betroffen. Insgesamt 13,5% der Bevölkerung leben unterhalb der Armutsgrenze (*Brockhaus*, 1994, S. 165). Besonders häufig handelt es sich dabei um Angehörige der ethnischen Minderheiten sowie alleinerziehende Frauen, und je niedriger die Schulbildung ist, desto größer ist die Gefahr, in die Armut abzugleiten (*von der Ohe*, 1992a). Auch der Anteil der Menschen mit Behinderungen, die mit einem Haushaltseinkommen von weniger als 15.000 Dollar im Jahr auskommen müssen, ist mit 40% doppelt so hoch wie die entsprechende Quote bei ihren Mitbürgern und Mitbürgerinnen ohne Behinderungen (*National Organization on Disability*, 1994, S. 10). Ähnliche Zusammenhänge lassen sich auch für Menschen ohne Obdach beobachten, da gerade Menschen mit Behinderungen oder auch psychischen Krankheiten überdurchschnittlich häufig ohne festen Wohnsitz sind (*Lichtenberger*, 1990, S. 479-481; siehe insbesondere *Kozol*, 1988). Es zeigen sich auch regionale Unterschiede im Wohlstand: In den Staaten im Nord-Osten ist das durchschnittliche Pro-Kopf-Einkommen besonders hoch, in jenen im Süd-Osten extrem niedrig (*Brockhaus*, 1994, S. 165).

Das Land "of equal opportunity"[4] ist in der Realität also weit entfernt von gleichen Einkommenschancen (*Helms*, 1993, S. 152). Trotz steigenden Wohlstands der Gesamtnation entsteht derzeit eine neue breite "underclass"[5] (*Lichtenberger*, 1990; *Helms*, 1993, S. 154). Die ausgeprägten Unterschiede

---

[4] "der Chancengleichheit"
[5] "(unterste) Unterschicht"

zwischen den sozialen Schichten werden "aber zu einem hohen Grad als akzeptabel verstanden, weil der Glaube an die Möglichkeit, durch eigene Entscheidungen Einfluß auf die Stellung im Sozialsystem zu nehmen, höher ist als in Europa" (*Scheuch & Scheuch*, 1992, S. 259).

Als weitere soziale Konfliktpotentiale sind vor allem wachsende Kriminalität und Drogenmißbrauch (*Wilson*, 1988), Vandalismus und Rassismus (*Winter*, 1989, S. 277 ff.), sowie die hohen Scheidungsraten, Gewalt in der Familie und Zerfall des Familienlebens (*ders.*, S. 358-361) zu nennen.

Besonders betroffen von den genannten sozialen und wirtschaftlichen Problemen sind die Kinder. Laut UNICEF lebt durchschnittlich eines von fünf amerikanischen Kindern unterhalb der Armutsgrenze: Dieser Anteil ist doppelt so hoch wie in anderen Industrienationen (*Adamson & Adamson*, 1994, S. 56). Von den Kindern afro-amerikanischer Herkunft leben sogar 46% in ärmlichen Verhältnissen, von jenen hispanischer Abstammung 39% (*U.S. Dep. of Ed., Nat. Center for Ed. Statistics*, 1994, S. vi). Auch unter der Obdachlosigkeit leiden viele Kinder: 31% der Menschen ohne Obdach in Amerika sind Familien mit Kindern. Die Impfrate ist erschreckend abgesunken, die Sterblichkeitsrate der schwarzen Neugeborenen ist höher als jene in Polen oder Kuba und ca. 8 Millionen Kinder sind ohne Gesundheitsfürsorge. Gewalt gehört für viele Kinder schon zum Alltag, die Anzahl der drogengeschädigten oder drogenabhängigen Kinder steigt stetig. Die generelle Kürzung vieler Wohlfahrtsprogramme in den 80er Jahren hatte insbesondere für die stark angestiegene Zahl der alleinerziehenden Elternteile fatale Auswirkungen (*Adamson & Adamson*, 1994, S. 56).

1.1.6 Einzelpersonen

Einzelpersonen, die direkt oder indirekt auf Erziehung einwirken, oder im Verlauf der Geschichte das amerikanische Bildungsverständnis geprägt haben, können hier nicht gesondert berücksichtigt werden. Es geht *Khoi* (1986) auch mehr darum, herauszustellen, daß nicht nur große Pädagoginnen und Pädagogen die Entwicklung des Erziehungswesens beeinflussen können, sondern jede politische und gesellschaftliche Reformbewegung auf charismatische Leitfiguren angewiesen ist, welche es schaffen, die Bevölkerung und die Verantwortlichen von der Notwendigkeit von Innovationen zu überzeugen (vgl. auch *Gaylord-Ross*, 1987, S. 125). Neben führenden Persönlichkeiten der Politik und des öffentlichen Lebens formen aber auch die direkt Betroffenen, wie Lehrkräfte, Eltern und Schülerinnen und Schüler, die Strukturen, Inhalte und das soziale Klima des Bildungswesens.

1.1.7 Internationale Beziehungen

Internationale Beziehungen wirken ebenfalls auf die Erziehung ein. Zum einen geschieht das durch den Austausch von pädagogischen Erkenntnissen mit anderen Ländern. Mindestens genauso wichtig sind aber politische und wirtschaftliche Verbindungen ins Ausland. Im Falle der USA wird das Erziehungswesen auch von der weltweiten politischen und wirtschaftlichen Vormachtstellung der Vereinigten Staaten geprägt, bzw. von den Bemühungen, diese Vormachtstellung zu erhalten (siehe z.B. *Valverde*, 1994, S. 6547).

1.2 Das Regelschulwesen in den Vereinigten Staaten

Nachfolgend sollen die wichtigsten Elemente des amerikanischen Regelschulwesens systematisch dargestellt werden. Besondere Probleme, speziell in Verbindung mit der Integration von Schülern und Schülerinnen mit sonderpädagogischem Förderbedarf, werden später nochmals aufgegriffen und erörtert. Vorerst gilt es, grundlegende Informationen zu bieten, die das Verständnis der Zusammenhänge erleichtern sollen.

Es muß allerdings schon vorweg betont werden, daß es *das* amerikanische Schulwesen schlechthin nicht gibt. Zum einen wird im folgenden nur das öffentliche Schulwesen beschrieben, obwohl die Schulen in privater Hand in den USA einen hohen Stellenwert einnehmen. So besuchten im Schuljahr 1989 14% der Schüler und Schülerinnen im Elementarbereich private Schulen, von den Jugendlichen im Sekundarbereich waren es 7% (*U.S. Bureau of the Census*, 1992, S. 138). Die meisten dieser Bildungseinrichtungen befanden sich in kirchlicher Hand (*dass.*, S. 158). Immer mehr Eltern, die mit dem öffentlichen Schulsystem aus akademischen, sozialen oder moralischen Motiven unzufrieden sind, sehen in den privaten Schulen eine Alternative, für die sie bereit sind, die hohen Schulgelder in Kauf zu nehmen (*Kirst*, 1984, S. 19-21).

Zum anderen gibt es aufgrund der starken Dezentralisierung nicht nur im Vergleich zwischen den Bundesstaaten, sondern auch innerhalb der über 15.000 Schulbezirke große Variationen (*Valverde*, 1994, S. 6539-6540; vgl. *Dichanz*, 1991).

Die Darstellung des amerikanischen Schulwesens folgt der Taxonomie, die von dem "International Bureau of Education"[6] vorgeschlagen wurde (*Holmes*, 1988, S. 133).

---

[6] "Internationales Büro zu Fragen des Bildungswesens"

1.2.1 Rolle der Schule in der Gesellschaft und Bildungsziele

Eckstein (1985) faßt die Hauptziele des amerikanischen Bildungswesen folgendermaßen zusammen: "To create unity out of diversity, to foster democratic ideals and practices, to assist individual development, to ameliorate social conditions, and to improve national progress"[7] (S. 5360). Auch in anderen Beschreibungen in der amerikanischen Literatur werden vergleichbare Zielsetzungen genannt und es fällt auf, daß abgesehen von der intellektuellen Förderung der Schüler und Schülerinnen immer auch soziale, politische und wirtschaftliche Aufgaben des Bildungswesens angesprochen werden, die manchmal auch miteinander in Konflikt stehen können (vgl. *Sadovnik et al.*, 1994, S. 22-23). Daher verwundert es nicht, daß die jeweilige Priorität einer der von *Eckstein* (1985) genannten Zielbereiche von den jeweils aktuellen wirtschaftlichen und sozialen Problemen der Gesellschaft abhängig ist.

So stand am Anfang dieses Jahrhunderts, als die Integration der vielen Immigranten der zweiten großen Einwanderungswelle gesellschaftliches Hauptproblem war, die Funktion des Schulwesens als integrierender "melting pot" im Vordergrund (*Shears & Matthews*, 1984, S. 89). Nach dem Sputnik Schock 1957 wurde hingegen durch den "National Defense Education Act"[8] (1958) der Hauptschwerpunkt auf fundierte akademische Bildung gelegt: "The security of the Nation requires the fullest development of the mental resources and technical skills of its young men and women"[9] (zit. nach *Lazerson*, 1987, S. 32). In den sechziger Jahren prägte wiederum das Streben nach sozialer Gerechtigkeit und Chancengleichheit pädagogische Reformbemühungen (*ders.*, S. 37-48).

Viele Autoren kritisieren, daß die amerikanische Gesellschaft die Eigenart habe, ihr Bildungswesen als "panacea", also als Allheilmittel für sämtliche sozialen und wirtschaftlichen Probleme anzusehen, und es damit völlig überfordere (z.B. *Bowles & Gintis*, 1976, S. 19; *Callahan & Clark*, 1983, S. 66; *Kirst*, 1984, S. 3; *Sarason*, 1983, S. 36-38).

---

[7] Einigkeit aus der Vielfalt zu schaffen, demokratische Ideale und Verhalten zu fördern, die persönliche Entwicklung des Individuums zu unterstützen, soziale Bedingungen zu verbessern und den nationalen Fortschritt zu steigern.

[8] sinngemäß vielleicht: "Bildungsgesetz im Interesse der Nationalen Verteidigung"

[9] Um die Sicherheit der Nation zu gewährleisten, muß diese die geistigen Reserven und die technischen Fähigkeiten ihrer jungen Männer und Frauen soweit wie möglich fördern.

1.2.2 *Verwaltung*

Entsprechend der Tradition der Dezentralisierung, obliegt die Verantwortung für das Schulwesen in den USA den einzelnen Bundesstaaten und deren Städten und Gemeinden:

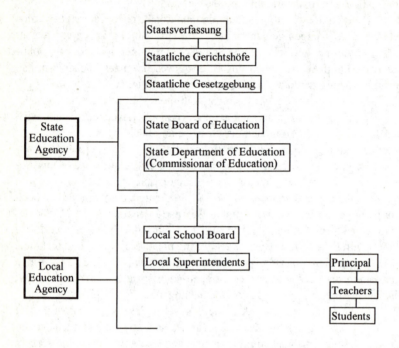

Abb. 2: Verwaltung des Bildungswesens in den USA (überarbeitet übernommen von *Callahan & Clark*, 1983, S. 141)

Durch die staatliche Gesetzgebung, in Einklang mit der Staatsverfassung und Urteilen der staatlichen Gerichtshöfe, wird die Aufgabenverteilung innerhalb der Organe festgelegt (*Callahan & Clark*, 1983, S. 140). Normalerweise erarbeitet das "State Board of Education"[10], dessen Mitglieder gewählt oder auch nur berufen sein können, das Schulrecht und die Richtlinien zur Finanzierung des Schulwesens für den jeweiligen Bundesstaat (*Eckstein*, 1985, S. 5362). Das "State Department of Education"[11] hat hauptsächlich administrative Aufgaben und wird

---

[10] "Staatlicher Ausschuß für Bildungsfragen"
[11] "Staatsministerium für Bildung"

gewöhnlich von einem "Commissionar of Education"[12] geleitet. Dieses Organ trägt die Gesamtverantwortung für die Einhaltung der gesetzlichen Vorschriften. Es beschäftigt sich z.B. mit den Lehrplänen, den Richtlinien für das Aufrücken in die nächsthöhere Klassenstufe und für Schulabschlüsse, den Anforderungen an die Lehrerbildung, den Arbeitsbedingungen des Lehrpersonals sowie Finanzierungsfragen (*ebd.*).

Für die praktische Durchführung sind die "local school districts"[13] der Städte und Gemeinden zuständig. In jedem dieser "districts" gibt es ein "local school board"[14], für welches die ehrenamtlichen Mitglieder entweder von der Bevölkerung gewählt oder z.b. vom Bürgermeister bestimmt werden. Das typische Mitglied der "school boards" ist allerdings "weiß, männlich, in den Vierzigern und wohlhabend" (zit. nach *Dichanz*, 1990, S. 328). Durch diese Gremien wird die Vertretung der Interessen der lokalen Bevölkerung bezüglich des örtlichen Schulsystems gewährleistet. Die Mitglieder des "local school boards" müssen zwar den staatlichen Richtlinien folgen, haben aber gerade bezüglich des Haushaltsplans, der Einstellung von Lehrkräften und der Ergänzungen des Lehrplans relativ große Autonomie. Sie wählen ferner den "lokal superintendent", eine Art Schulrat. Sitzungen des "local school boards" sind generell öffentlich (*Callahan & Clark*, 1983, S. 143-146). Die Verwaltung der einzelnen Schule verläuft ähnlich wie in Deutschland. Die "principals" entsprechen in etwa unseren Schulleitern und Schulleiterinnen.

Das beschriebene System der Dezentralisierung "ergab sich zum einen aus der geographischen Weite des Landes, zum anderen aus dem Wunsch der Eltern, die Kontrolle über das, was ihre Kinder in der Schule lernten, zu behalten" (*McGehee*, 1988, S. 131). Es hat Vor- aber auch Nachteile. Günstig ist sicherlich die große Flexibilität des Schullebens auf lokaler Ebene. Allerdings ergeben sich dadurch auch sehr unterschiedliche Standards zwischen den Gemeinden und Staaten bezüglich der Lehrinhalte und -methoden. Besonders kraß werden diese Unterschiede aber in Hinblick auf die finanzielle Unterstützung der Schulen (*U.S. Dep. of Ed., Nat. Center for Ed. Statistics*, 1994, S. vii; vgl. Kap. 1.2.3).

Im Laufe der letzten dreißig Jahre spielt aber auch die amerikanische Bundesregierung eine immer größere Rolle im Erziehungswesen (*Callahan & Clark*, 1983, S.149-150). Das von Präsident Carter 1979 wieder als eigenständiges Ministerium etablierte "U.S. Department of Education"[15] verwaltet den vom Kongreß bewilligten Erziehungsfonds und trägt Sorge, daß Entscheidungen des

---

[12] "Minister bzw. staatlicher Bevollmächtigter für Bildungsfragen"
[13] "lokaler Schulbezirk"
[14] "lokaler Schulausschuß"
[15] "Bundesministerium für Bildung"

"U.S. Supreme Courts"[16], welche das Erziehungswesen betreffen, in allen Bundesstaaten umgesetzt werden. Ferner kontrolliert es die Wahrung der Chancengleichheit und der Bürgerrechte im Bildungswesen sowie die Einhaltung akademischer und moralischer Standards (*Hadden*, 1992, S. 605; *Valverde*, 1994, S. 6543). Der Kongreß hat gerade seit dem Zweiten Weltkrieg wiederholt Gesetze verabschiedet, die bundesweite Gültigkeit haben und zumeist den unterprivilegierten Kindern und Jugendlichen zugute kommen sollten (*Wynn & Wynn*, 1988, S. 406-416). Die Forderungen der Bundesinstanzen werden häufig auf indirektem Weg über *finanzielle Unterstützung* der einzelnen Bundesstaaten durchgesetzt. Durch "categorical grants" werden den Staaten oder Kommunen Bundeszuschüsse für besondere Zwecke, die allerdings an strenge Auflagen gebunden sind, gewährt. "General aid" ist der seltenere Fall, bei dem die lokalen Schulbehörden die finanziellen Mittel nach eigenem Ermessen ausgeben dürfen (*Levin*, 1982). Die wachsende Einflußnahme des Bundes wird allerdings von vielen Seiten auch kritisiert, da dadurch die Autonomie der Einzelstaaten und Gemeinden beschränkt wird (*Lazerson*, 1987, S. 47; siehe auch die Diskussion im *Harvard Educational Review*, 52(4)).

Insgesamt kann man feststellen, daß die Beziehungen zwischen den einzelnen Verwaltungsebenen in den letzten Jahren komplizierter geworden sind und die Kompetenzbereiche von Bund, Staat und Gemeinde nicht mehr so klar voneinander abgegrenzt sind, wie dies früher der Fall war (*Murphy*, 1990, S. 42)

1.2.3 Finanzierung

Auch die Finanzierung des Schulwesens liegt fast ausschließlich in der Verantwortung der Staaten und Gemeinden, wobei historisch gesehen letztere die Hauptlast trugen. Da die Kosten des lokalen Schulwesens mittels der lokalen Einnahmen durch Umsatz- oder Vermögenssteuer gedeckt werden müssen, führte dies zu einer doppelten Benachteiligung ärmerer Bezirke. Aufgrund niedrigerer Einnahmen hatten diese weniger Geld für ihre Schulen zur Verfügung und mußten daher höhere Steuersätze erheben, um dieses Defizit wenigstens etwas abzumildern (*Johansen, Collins & Johnson*, 1990, S. 448-449).

In den letzten Jahrzehnten zeichnen sich jedoch gewisse Veränderungen dieses historischen Finanzierungsmodells ab. Zum einen erhöhte sich die finanzielle Beteiligung der einzelnen Staaten an den Kosten des lokalen Schulwesens auf durchschnittlich knapp 50%. Auch die Unterstützung durch den Bund stieg, ging in den achtziger Jahren allerdings dann wieder deutlich zurück (*Johansen et al.*, 1990, S. 446; *U.S. Bureau of the Census*, 1992, S. 154). Zum anderen versu-

---

[16] "Oberstes Bundesverfassungsgericht"

chen die Bundesstaaten das Ausmaß der finanziellen Unterstützung dem Wohlstand der betreffenden Gemeinde anzupassen, d.h., daß in ärmeren Bezirken der Hauptanteil der Kosten vom Staat getragen wird (*Johansen et al.*, 1990, S. 450). Es bleibt jedoch ein zentrales Manko des amerikanischen Bildungswesens, daß die zur Verfügung stehenden finanziellen Ressourcen, und somit auch die Qualität der schulischen Förderung, von Bundesstaat zu Bundesstaat sehr unterschiedlich sind. Beispielsweise waren die durchschnittlichen Ausgaben pro Schulkind im Bundesstaat Alaska während des Schuljahres 1991/92 fast dreimal so hoch wie in Missisipi (*U.S. Dep. of Ed., Nat. Center for Ed. Statistics*, 1994, S. 327). Ähnlich hohe Schwankungen zeigen sich auch in den verschiedenen Schulbezirken innerhalb eines Bundesstaates. Welche Konsequenzen derartige Variationen in der Finanzausstattung für das Bildungsangebot vor Ort nach sich ziehen können, ist von *Kozol* (1991) eindrucksvoll geschildert worden.

1.2.4 Struktur des Bildungswesens

Das Angebot des freien öffentlichen Bildungswesen ("public schools") in den USA beinhaltet in der Regel den Besuch des "kindergartens" gefolgt von zwölf Schulbesuchsjahren. Die Schulpflicht beginnt in den meisten Bundesstaaten mit sechs und endet mit sechzehn Jahren (*U.S. Bureau of the Census*, 1992, S. 136). Die Strukturen des Schulwesens verkörpern, trotz der in der Graphik zu erkennenden Variationen (siehe Abb. 3, S. 30), den Typ der Gesamtschule.

Die "nursery schools" (auch "preschools" oder "day care centres")[17] liegen meist in privater oder kirchlicher Hand und ihr Besuch muß von den Eltern finanziert werden. Der Anteil der Kinder, die derartige Einrichtungen besuchen, hat sich seit den sechziger Jahren verdoppelt und betrug 1991 bei den Dreijährigen 28% bei den Vierjährigen 53% (*U.S. Bureau of the Census*, 1992, S. 146). Der Grund dafür sind nicht nur die Erkenntnisse über positive Effekte einer qualifizierten vorschulischen Erziehung, sondern auch demographische Veränderungen, wie der Anstieg der Zahl alleinerziehender Mütter oder der Familien, in denen beide Eltern berufstätig sind (*Johansen et al.*, 1990, S. 382-383).

Da gerade auch Kinder aus sozio-ökonomisch benachteiligten Familien von einer vorschulischen Förderung profitieren können, diese aber oft aus finanziellen Gründen nicht genießen konnten, wurden in den siebziger Jahren die "kindergartens" in den meisten Bundesstaaten mit ins öffentliche Schulsystem eingegliedert und kompensatorische Vorschulerziehung durch das Programm "Head Start" mit Bundesmitteln gefördert (*Pulliam*, 1987, S. 127; *Warren &*

---

[17] "Kindergarten, Vorschule bzw. Kinderkrippe"

Davis, 1987, S. 763-764). Derzeit werden die "kindergartens" von ca. 86% der Fünfjährigen besucht (*U.S. Bureau of the Census*, 1992, S. 146).

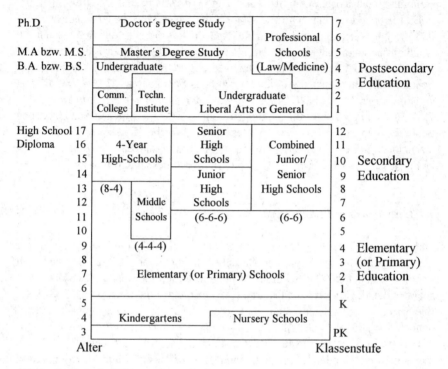

Abb. 3: Struktur des Bildungswesens in den USA (vereinfacht nach *Center for Education Statistics*, 1987, S. 5)

In der Regel verbringen die Schulkinder anschließend sechs Jahre in der "elementary school" (Grundschule), darauf folgen nochmals sechs Jahre im Sekundarbereich (*Center for Education Statistics*, 1987, S. 5). Das traditionelle Modell eines nur vierjährigen Besuchs der "high school" (Mittelschule), dem acht Jahre an einer "common school" (Volksschule) vorausgehen, hat inzwischen an Bedeutung verloren. Dafür sind weniger curriculare Überlegungen verantwortlich, als vielmehr die Hoffnung, den speziellen sozialen und emotionalen Belangen der Zwölf- bis Dreizehnjährigen durch eine Trennung von den jüngeren Schulkindern ("junior high school") und ggf. eine Angliederung an die älteren Jugendlichen ("combined junior-senior high school") eher gerecht zu werden (*Wynn & Wynn*, 1988, S. 212-213). Alle "high school" Formen führen zu einem Abschluß im Alter von ca. 17 bis 18 Jahren, den allerdings nicht alle Jugendliche erreichen. Zwar ist die sog. "drop-out-rate"[18] seit den fünfziger Jahren deutlich gesunken, aber dennoch verlassen noch 20% der Jugendlichen eines Abschlußjahrgangs die Schule ohne ordentlichen Schulabschluß ("high-school diploma"), wobei der Prozentsatz für Schüler und Schülerinnen der ethnischen und sprachlichen Minderheiten noch um einiges höher liegt (*Valverde*, 1994, S. 6540-6541).

Etwa 60% der "high school" Absolventen und Absolventinnen besuchen anschließend ein "college", für das sie Studiengebühren zahlen müssen. Die "colleges" sind in öffentlicher oder privater Hand, wobei sich knapp 80% der Studierenden aufgrund der niedrigeren Kosten für staatliche Institutionen entscheiden. 1991 hatten in den USA 21% der Erwachsenen über 24 Jahren für mindestens vier Jahre ein "college" besucht (*U.S. Bureau of the Census*, 1992, S. 145, 163-169). Nach dem "college"- Abschluß mit einem "bachelor of arts" oder "science"[19] (B.A. bzw. B.S.) besteht die Möglichkeit, an einer sog. "graduate school" das Studium fortzusetzen, um sich in einem Fachbereich zu spezialisieren und ein "master's degree" (M.A. bzw. M.S.), vergleichbar mit dem deutschen Magisterabschluß, oder einen Doktortitel (Ph.D.) zu erwerben. In bestimmten Fächern, insbesondere Jura und Medizin, sieht der Studienverlauf jedoch etwas anders aus. Die in manchen Gemeinden vorhandenen "Community Colleges" bieten dagegen eine zweijährige weiterführende Bildung vor Ort, sowohl im akademischen als auch im beruflichen Bereich. Sie sind für jene "high-school"-Abgänger interessant, für die entweder ein Studium außerhalb des Wohnorts nicht in Frage kommt bzw. zu teuer ist oder die sich über ihre Berufswünsche noch nicht ganz im klaren sind und sich den späteren Eintritt in ein reguläres "college" offenhalten möchten (*Johansen et al.*, 1990, S. 394). Die "technical institutes"[20] dienen dagegen ausschließlich der beruflichen Bildung (*Center for Education Statistics*, 1987, S. 3).

1.2.5 Unterrichtsinhalte und -methoden im Schulbereich

Als Folge der Dezentralisierung gibt es in den USA keinen bundesweit gültigen offiziellen Lehrplan. Die "state departments" geben Richtlinien für die Lehrpläne in den betreffenden Bundesstaaten heraus, die allerdings, wie schon erwähnt, den lokalen Schulbehörden noch einigen Freiraum zur Ausgestaltung lassen (*Eckstein*, 1985, S. 5364).

---

[18] "Prozentanteil der Schulabbrecher"
[19] "Bakkalaureat mit dem Schwerpunkt Geistes- bzw. Naturwissenschaften"
[20] "Berufsschule"

In den "kindergartens" liegt der Hauptschwerpunkt der Arbeit auf der Vorbereitung der Kinder auf das Schulleben. Gezielt werden kognitive, soziale und motorische Voraussetzungen für den Schulbesuch gefördert. Wesentliches Prinzip der pädagogischen Förderung ist "learning by doing" (*Johansen et al.*, 1990, S. 384; *Wynn & Wynn*, 1988, S. 168).

Der größte Anteil der Unterrichtszeit im Elementarbereich wird den "basic skills"[21] im Lesen, Schreiben und in der Mathematik gewidmet (*Shears & Matthews*, 1984, S. 94), wobei gerade in den Eingangsklassen der Leselehrgang einen zentralen Stellenwert hat (*Wynn & Wynn*, 1988, S. 191). Weitere Fächer sind Heimat- und Sachkunde, Musik, Kunst und Sport (*Pulliam*, 1987, S. 128). Wesentliche Elemente des Erziehungsauftrages sind aber auch die Förderung eines positiven Selbstbildes und der sozialen Fähigkeiten sowie die Anleitung zum verantwortlichen und selbständigen Arbeiten (*Wynn & Wynn*, 1988, S. 181). Zwar sind traditionelle Unterrichtsformen, wie Frontalunterricht in festen Jahrgangsklassen, in dem hauptsächlich mit Textbüchern gearbeitet wird, häufig noch die Regel (*Callahan & Clark*, 1983, S. 224). Vielerorts werden aber auch progressivere Methoden, wie Teamteaching, Gruppenarbeit, programmiertes oder experimentierendes, bzw. individualisiertes Lernen ausprobiert. Bisweilen werden die Kinder statt in festgelegten Klassenstufen auch jahrgangsübergreifend unterrichtet, das Wiederholen eines Jahrgangs ist dann im Elementarbereich nicht mehr nötig (*Pulliam*, 1987, S. 128-129; *Wynn & Wynn*, 1988, S. 192-195). Das durchschnittliche Lehkraft-Schüler-Verhältnis hat sich in den letzten Jahrzehnten deutlich verbessert, im Elementarbereich lag es 1990 derzeit etwa bei 1:19, im Sekundarbereich bei 1:15 (*Valverde*, 1994, S. 6544).

Der Lehrplan der "high schools" variiert dagegen stärker, insbesondere in Abhängigkeit von dem jeweiligen Typ. Das ursprüngliche Ideal der sog. "comprehensive high school" folgt der Tradition der Einheitsschule als sozialem "melting pot" (*Nash*, 1971, S. 109). Es soll versucht werden, allen Jugendlichen ein umfangreiches Bildungsangebot zu bieten, unabhängig davon, ob sie nach dem Schulabschluß direkt ins Berufsleben gehen oder studieren wollen[22]. (*Pulliam*, 1987, S. 132). Entsprechend breit ist auch der Fächerkanon (*Kirst*,

---

[21] "grundlegende Fähigkeiten"
[22] Das Prinzip der "comprehensive high school" beinhaltet eigentlich auch, daß jede Art der Klassifizierung und Selektion soweit wie möglich vermieden werden sollte (*Nash*, 1971, S. 110). Die Realität sieht allerdings anders aus: Innerhalb der "high schools" werden die Schüler und Schülerinnen meist in sog. "tracks" aufgeteilt. Diese Leistungsgruppen unterscheiden sich auch bezüglich der Qualität der Lehrinhalte und -methoden. Auffälligerweise findet sich in den unteren "tracks" eine überproportionale Anzahl an Jugendlichen aus sozio-ökonomisch benachteiligten Familien oder ethnischer Minderheiten (*Oakes*, 1986, S. 63), so daß die übliche Praxis des "tracking" oft auch deshalb kritisiert wurde, weil sie die Chancengleichheit im Bildungswesen untergräbt (z.B. *Bowles & Gintis*, 1976; *Oakes*, 1985).

1984, S. 3). Die sog. "vocational / technical high schools" zeichnen sich durch ihre starke Betonung der Berufsvorbereitung aus, wobei in den letzten Jahren der begleitende Unterricht in den traditionellen Kernfächern wieder an Bedeutung gewonnen hat (*Wynn & Wynn*, 1988, S. 207-208). Neben der weitgehenden Auflösung des Klassenverbandes zugunsten von Neigungs- und Leistungsgruppen ist für viele "high-schools" auch der Versuch typisch, die Schüler zu wachsender Selbsverantwortung und Experimentierfreudigkeit im Lernprozeß anzuleiten (*Wynn & Wynn*, 1988, S. 214). Allerdings herrschen häufig auch noch traditionelle Lehrmethoden und Organisationsstrukturen vor (*Callahan & Clark*, 1983, S. 245-252).

1.2.6 Lehrerbildung

Auch in der Lehrerbildung gibt es in den USA große Unterschiede zwischen und innerhalb der einzelnen Bundesstaaten. In allen Bundesstaaten ist jedoch inzwischen ein "bachelor´s" Abschluß notwendig, welcher ein vierjähriges Studium am "college" erfordert. Die Hauptinhalte des Studiengangs lassen sich meist drei Bereichen zuordnen:

Zum einen beinhaltet das Studium Kurse in "general education"[23], z.B. Englisch, Naturwissenschaften, Sozialwissenschaften, Fremdsprachen und Sport (*Wynn & Wynn*, 1988, S. 55)[24]. Das speziell erziehungswissenschaftliche Studium umfaßt unterschiedliche Seminare im Bereich der Psychologie und Pädagogik. Hinzu kommt die praktische Ausbildung innerhalb studienbegleitender und Blockpraktika (*Johansen et al.*, 1990, S. 30-31). Drittes Element ist das Studium eines Unterrichtsfaches (*Eckstein*, 1985, S. 5364; *Wynn & Wynn*, 1988, S. 55).

Mitte der achtziger Jahre gab es in den USA 1276 "colleges" und "universities", die Studiengänge zur Lehrerbildung anboten (*Wynn & Wynn*, 1988, S. 54). Da weniger als 50% aller Institutionen des tertiären Bereichs staatlich kontrolliert und mitfinanziert werden (*dies.*, S. 235), werden die verschiedenen Studiengänge für das Lehramt in der Regel vom jeweiligen "state department of education" oder einer unabhängigen Kommission bezüglich der Qualität des Studiums anerkannt ("accreditation" - *dies.*, S. 59). Um in einem Bundesstaat in den Schuldienst aufgenommen zu werden, braucht eine zukünftige Lehrkraft nicht nur den Universitätsabschluß, sondern auch ein "state certificate" (staatliches Zeugnis), das oft nochmals eine zusätzliche Prüfung erfordert

---

[23] "Allgemeinbildung"
[24] Derartige Seminare sind an den amerikanischen "colleges" in allen Studiengängen Pflicht, da die Erweiterung der Allgemeinbildung auf dem Universitätsniveau dem Ziel der Spezialisierung und Berufsvorbereitung mindestens gleichwertig ist (*Wynn & Wynn*, 1988, S. 240).

(*Johansen et al.*, 1990, S. 41-42; *Wynn & Wynn*, 1988, S. 60-61). In immer mehr Bundesstaaten wird in den letzten Jahren auch ein "master´s degree" verlangt, insbesondere von Lehrkräften an der "high school". Häufig ist dieses aber nicht unbedingt Voraussetzungen für die *Aufnahme* in den Schuldienst, sondern kann innerhalb einer bestimmten Anzahl von Dienstjahren nachgeholt werden (*Pulliam*, 1987, S. 168). Dies bedeutet dann jedoch, daß viele noch unerfahrene Berufsanfänger die Doppelbelastung von voller Unterrichtsverantwortung und gleichzeitigem Abendstudium auf sich nehmen müssen (*Howsam*, 1983, S. 101).

In den achtziger Jahren wurde die Unzufriedenheit der amerikanischen Öffentlichkeit mit ihren Lehrkräften vielfach diskutiert (vgl. *Kirst*, 1984, S. 137). Die Qualität der Lehrerbildung wurde in diesem Zusammenhang wiederholt wegen ihrer Inhalte und Strukturen kritisiert (vgl. *Pulliam*, 1985, S. 133; *Wynn & Wynn*, 1988, S. 57-59). So sehr diese Kritik an den Studiengängen berechtigt ist, muß auch berücksichtigt werden, daß die angeblich unzureichenden intellektuellen und sozialen Kompetenzen der Lehrerschaft nicht nur der Qualität der Ausbildung angelastet werden können. Die beruflichen Perspektiven für Lehrkräfte in den USA sind derzeit nämlich so unattraktiv, daß gerade begabte Frauen und Männer sich für andere Studiengänge entscheiden (*Howsam*, 1983, S. 101; *Kirst*, 1984, S.139) oder schon nach einigen Dienstjahren den Beruf wechseln (*Elam*, 1989, S. 786). Nicht nur die, verglichen mit anderen Berufen oder dem Lehrereinkommen in anderen Industriestaaten, zu geringe Bezahlung wird häufig beklagt (*Bracey*, 1994, S. 119), sondern auch der niedrige soziale Status und die ungünstigen Arbeitsbedingungen (*Elam*, 1989, S. 789).

1.3 Überblick über die Geschichte der Sonderpädagogik in den USA

Ein Überblick über die geschichtliche Entwicklung der Sonderpädagogik in den USA soll insbesondere dazu dienen, die gegenwärtige Sonderpädagogik und deren aktuelle Probleme besser verstehen zu können, denn "many of the issues and problems that beset contemporary special education have their roots in the past"[25] (*Winzer*, 1993, S. xii). Zudem macht die Geschichte auch deutlich, daß das Sonderschulwesen nur im gesellschaftlichen und bildungspolitischen Zusammenhang gesehen werden kann: "The history of special education is interwoven in the fabric of social history and conntected to events in related disciplines to

---

[25] ... viele der Streitpunkte und Probleme, die die akutelle Sonderpädagogik bedrängen, haben ihren Ursprung in der Vergangenheit.

such an extent that it cannot be easily untangled"²⁶ (*Kauffman*, 1981, S. 4; vgl. auch *Sarason & Doris*, 1979, S. 156-157).

Maynard Reynolds (1989) charakterisiert die geschichtlichen Veränderungen innerhalb des Sonderschulwesens als das kontinuierliche Bemühen um "progressive inclusion"²⁷ (S. 7; ähnlich auch *Winzer*, 1993): "Handicapped children have emerged from total neglect, first into isolated residential schools for just a few, then into isolated community settings, mostly special classes and special schools, and lately into much more integrated arrangements"²⁸ (*Reynolds*, 1976, S. 44).

Sämtliche Einflußgrößen und alle wichtigen Ereignisse, gerade auch für den Aufbau der *einzelnen* sonderpädagogischen Disziplinen, lassen sich in diesem Zusammenhang natürlich nicht darstellen. Stattdessen werden jene Aspekte ausschnittsweise und schwerpunktmäßig geschildert, die für die Einordnung von P.L. 94-142 und das Verständnis der Probleme bei der Umsetzung dieses Gesetzes besonders bedeutsam erschienen.

1.3.1 Das neunzehnte Jahrhundert: Schaffung von Institutionen und Heimschulen

In den frühen Jahren nach der Gründung der Vereinigten Staaten von Amerika lag die Verantwortung für Menschen mit Behinderungen im Bereich des Familienverbandes. Falls dieser nicht vorhanden war, und der betroffene Mensch keine eigenen finanziellen Mittel hatte, war die Heimatgemeinde für die Versorgung zuständig. Meist bedeutete dies die Aufnahme in ein Armenhaus (*Funk*, 1987, S. 9).

Die ersten systematischen sonderpädagogischen Bemühungen in den Vereinigten Staaten begannen Anfang des neunzehnten Jahrhunderts und wurden hauptsächlich von Geistlichen und Medizinern initiiert. Anstoßpunkt waren u.a. auch Berichte über entsprechende Bestrebungen in Europa (*Kauffman*, 1981, S. 4-5). 1817 wurde in Connecticut die erste Schule für gehörlose Kinder und

---

[26] Die Geschichte der Sonderpädagogik ist in das Gesamtgefüge der Sozialgeschichte geradezu eingewoben und hängt auch mit Ereignissen in verwandten Wissenschaftszweigen derart eng zusammen, daß es kaum möglich ist, die geschichtliche Entwicklung des Faches ungeachtet dieses Zusammenhangs zu analysieren.
[27] "fortschreitende Eingliederung"
[28] Behinderte Kinder haben, Schritt für Schritt, den anfänglichen Zustand völliger Vernachlässigung hinter sich gelassen und wurden zunächst in isolierte Internate für nur einzelne wenige aufgenommen, dann in separate Institutionen innerhalb der Gemeinden, zumeist Sonderklassen und Sonderschulen, und finden inzwischen Eingang in viel integrativere Organisationsformen schulischer Förderung.

Jugendliche unter Leitung von Thomas Hopkins Gallaudet eröffnet, 1832 begann Samuel Gridley Howe in Massachusetts in der ersten Schule für blinde Schulkinder mit dem Unterricht (*Winzer*, 1993, S. 98-108). In einem Seitenflügel dieser begannen dann im Jahre 1848 die ersten staatlich geförderten Unterrichtsversuche für Kinder und Jugendliche mit geistiger Behinderung (*dies.*, S. 113). Diesen Beispielen folgend, wurden in vielen anderen Bundesstaaten vergleichbare Einrichtungen gegründet (*dies.*, S. 103, 109, 115).

Im Zusammenhang mit dem Thema dieser Arbeit stellt sich natürlich die Frage, warum schon diese ersten Versuche der Erziehung und Betreuung von Kindern und auch Erwachsenen mit Behinderungen als separate Einrichtungen geplant waren. Die Motive hierfür werden in der Literatur nicht immer ganz deutlich. Wahrscheinlich war es eine Kombination aus pragmatischen Notwendigkeiten und gesellschaftlichen Einstellungen. Als notwendig erschienen die Institutionen in den ersten Jahren der amerikanischen Sonderpädagogik vielleicht wegen des akuten Personalmangels und der großen Entfernungen zwischen den Siedlungsgebieten. Insbesondere spielten aber wahrscheinlich auch Bemühungen um einen raschen und effizienten Aufbau sonderpädagogischer Schulen sowie finanzielle Überlegungen eine Rolle (*Lynn*, 1983, S. 26; *Winzer*, 1993, S. 134, 146). Ferner muß jedoch auch bedacht werden, daß "such a practice kept these undesirable and physically unattractive persons out of the public eye and thus out of public conscience"[29] (*Gearheart & Weishahn*, 1980, S. 7).

In der zweiten Hälfte des neunzehnten Jahrhunderts wurden viele professionelle Organisationen gegründet, wie z.B. 1850 die "Convention of American Instructors of the Deaf and Dumb" und 1871 die "American Association of Instructors of the Blind"[30] (*Winzer*, 1993, S. 228-229). Itards Schüler Seguin, der nach seiner Auswanderung in Amerika mit Samuel G. Howe eng zusammenarbeitete (*Kauffman*, 1981, S. 5), wurde 1876 der erste Vorsitzende der gerade gegründeten "Association of Medical Officers of American Institutions for Idiotic and Feebleminded Persons", heute die "American Association on Mental Retardation"[31] (*Winzer*, 1993, S. 230).

Gekennzeichnet war das späte 19. Jahrhundert durch einen dramatischen Zuwachs der Anzahl der Institutionen, der aber vielerorts gleichzeitig mit nachlassender Qualität der Förderung und Betreuung einherging (*Kauffman*, 1981, S. 6). Dabei zeigten sich jedoch Unterschiede je nach der Population der verschie-

---

[29] Eine derartige Verfahrensweise verbannte diese unerwünschten und körperlich unattraktiven Menschen aus dem öffentlichen Auge und somit auch aus dem öffentlichen Gewissen.
[30] "Zusammenschluß der amerikanischen Lehrkräfte für Taubstumme" und "Amerikanische Vereinigung der Lehrkräfte für Blinde"
[31] "Vereinigung medizinischer Vorstandsmitglieder amerikanischer Institutionen für idiotische und schwachsinnige Menschen", heute, sinngemäß übersetzt, die "Amerikanische Vereinigung zur Erforschung von `Mental Retardation´"

denen Einrichtungen. Solche für blinde oder gehörlose Menschen legten großes Gewicht auf die schulische Förderung mit dem Ziel, die sensorischen Ausfälle kompensieren zu helfen und auf Dauer eine Rückkehr und Eingliederung in die Welt der "Nicht-Behinderten" zu ermöglichen. Ganz anders verhielt es sich in Anstalten für Menschen mit geistiger Behinderung. Ein Grund für die nachlassende Qualität der Betreuung in diesen Institutionen war der Umschwung von äußerst optimistischen Erwartungen bezüglich der Bildungsmöglichkeiten hin zu aus ersten Erfahrungen gewachsener Ernüchterung (*Winzer*, 1993, S. 129-133; *Zigler & Hall*, 1986, S. 7). Die öffentliche Unterstützung für Einrichtungen für Menschen mit geistiger Behinderung, auch im finanziellen Bereich, ließ daraufhin deutlich nach (*Winzer*, 1993, S. 132).

Nach Ansicht von *Kauffman* (1981) sollte man in diesem Zusammenhang auch bedenken, daß die Vereinigten Staaten in jener Zeit vor einer Vielzahl politischer, wirtschaftlicher und sozialer Probleme standen, wie beispielsweise dem Bürgerkrieg (1861-65) und der folgenden wirtschaftlichen Inflation, der wachsenden Zahl an Immigranten sowie der beginnenden Industrialisierung und Verstädterung Amerikas (S. 6). Aber auch erste wissenschaftliche Ergebnisse über den Einfluß von Erbanlagen auf das Individuum veränderten die Einstellungen gegenüber Menschen mit geistiger Behinderung und selbst die "Association of Medical Officers of American Institutions for Idiotic and Feebleminded Persons" vertrat die Position, "that for their own protection ... and the maintenance of social order the retarded should be kept in large, efficiently operated institutions where they could live out brief, sheltered lives without any chance of propagation"[32] (*Kauffman*, 1981, S. 6).

Waren bis zum Anfang des 19. Jahrhunderts die Regelschulen noch hauptsächlich in der Hand der Kirchen, gewann das öffentliche Schulwesen bis zum Bürgerkrieg immer mehr die Oberhand. Der folgende Aufbau der "common schools", einer Elementarschule für alle Kinder in lokaler Kontrolle, stand in Einklang mit der Doktrin der Gleichheit aller Bürger und Bürgerinnen. Auch die "high school" als Alternative im Sekundarbereich begann sich immer mehr durchzusetzen (*Pulliam*, 1987, S. 65-74). Das bundesweite "Department of Education" wurde 1896 gegründet, ein Jahr später eine eigene Abteilung der Sonderpädagogik hinzugefügt (*Kauffman*, 1981, S. 6). Dennoch besuchte zu dieser Zeit nur ein Bruchteil der Kinder und Jugendlichen mit Behinderungen eine pädagogische Einrichtung. Teilweise waren die Kosten vielen Eltern zu hoch, und auch Stipendien wurden nur ungern angenommen, da die Eltern sich

---

[32] Zu ihrem eigenen Schutz ... und zur Aufrechterhaltung der sozialen Ordnung sollten die geistig Behinderten in großen, effizient geführten Institutionen bleiben, wo sie ein kurzes, beschütztes Leben führen könnten, ohne die Gefahr der Fortpflanzung oder Ansteckung anderer.

dabei wie Almosenempfänger gefühlt hätten. Die Tatsache, daß damals der Schulbesuch generell noch nicht als so wichtig angesehen wurde, mag ebenso eine Rolle gespielt haben. Viele Eltern wollten aber auch die für eine sonderpädagogische Förderung meist unvermeidliche Trennung von ihrem Kind vermeiden (*Winzer*, 1993, S. 5).

1.3.2 Beginn des zwanzigsten Jahrhunderts: Die Entstehung der Sonderklassen

Vor dem Hintergrund wachsender sozialer Probleme durch Industrialisierung, Urbanisierung und Immigration fanden Anfang des zwanzigsten Jahrhunderts die Ideen des Sozialdarwinismus und der eugenischen Bewegung immer mehr Anhänger (*Winzer*, 1993, S. 280-282). Nicht nur wuchs die Überzeugung, daß geistige Behinderung erblich bedingt und somit erzieherisch kaum beeinflußbar sei, auch waren viele der Ansicht, daß zwischen geistiger Behinderung und asozialem bzw. sogar kriminellem Verhalten ein direkter Zusammenhang bestehe (*Winzer*, 1993, S. 293). Auch die Untersuchungen des Sonderpädagogen Goddard, insbesondere die 1912 publizierte Studie der "Kallikak-Familie", unterstützte diese Sichtweise, daß "feeblemindness"[33] eine der Wurzeln der sozialen Probleme der Zeit sei[34]. Aus der resultierenden Angst der Öffentlichkeit wuchs das Bedürfnis, solche Menschen nicht nur zum Zwecke der Überwachung weiterhin in Institutionen zu segregieren, sondern sie auch zu sterilisieren (*Winzer*, 1993, S. 289-294; *Sapon-Shevin*, 1989, S. 79). So verzehnfachte sich zwischen 1890 und bis 1930 die Zahl der Menschen mit geistiger Behinderung, die in Institutionen untergebracht waren (*Winzer*, 1993, S. 300), und in den dreißiger Jahren wurden, mit Billigung des "U.S. Supreme Court", schätzungsweise 30.000 Menschen mit geistiger Behinderungen sterilisiert (*dies.*, S. 303).

Vor diesem Hintergrund gesehen war der verstärkte Einsatz der ersten Intelligenztests, z.B. des 1916 publizierten Stanford-Binet, weniger zum Nutzen der Menschen mit Behinderungen als vielmehr im angeblichen Interesse der Gesellschaft (*Winzer*, 1993, S. 256). Anstatt der Verbesserung der Erziehung und damit der Lebensqualität von Kindern und Erwachsenen mit geistiger Behinderung zu dienen, wurden die Intelligenztests zu einem Mittel der Aussonderung, häufig zum Zwecke der reinen Aufbewahrung (*Lynn*, 1983, S. 27; *Winzer*, 1993, S. 262-272). Ferner verstärkte der Gebrauch der ersten Intelligenztests die

---

[33] "Schwachsinn"
[34] Angemerkt werden sollte an dieser Stelle auch, daß Goddard in der Lehrerbildung an vielen Orten, auch der bekannten "Vineland Training School", tätig und anerkannt war und somit einigen Einfluß ausübte (*Sarason & Doris*, 1979, S. 317-318).

Überzeugung, daß Probleme in der geistigen und selbst in der motorischen Entwicklung ein individuelles Anlageproblem seien; der Einfluß von Umwelteinwirkungen, und somit eine mögliche Mitverantwortung der Gesellschaft, wurde vernachlässigt (*Tindal & Rodden-Nord*, 1987, S. 1282). Diese medizinische Sichtweise von Behinderung paßte sich auch gut der allgemeinen Denkweise und Lebenseinstellung an:

> In a land of `equal opportunity´, the rhetoric insists that all people have an equal chance to be successful. The field of mental measurement provided us with a comfortable explanation of why some people were successful and others were not - an explanation that did not involve challenges to the basic economic and social structure of the country[35] (*Sapon-Shevin*, 1989, S. 90).

Auffälligstes Charakteristikum zu Beginn des zwanzigsten Jahrhunderts war die Entstehung von Sonderklassen an lokalen Schulen:

Durch die Einführung der allgemeinen Schulpflicht, zuerst in Massachusetts 1852 (*Pulliam*, 1987, S. 67), hatten sich für das Schulsystem neue Probleme ergeben. Die Schülerpopulation war dadurch bezüglich der individuellen Fähigkeiten und des familiären Hintergrunds zwangsläufig heterogener geworden. Die plötzlich ansteigenden Schülerzahlen führten zu immer größeren Jahrgangsklassen; Frontalbelehrung war die einzig praktizierbare Unterrichtsmethode für pädagogisch kaum ausgebildete Lehrkräfte (*Lazerson*, 1987, S. 7). Konsequenterweise hatten einige Kinder und Jugendliche in einer derartigen Schule Schwierigkeiten, Lernerfolge zu erzielen und den festgelegten Maßstäben zu entsprechen. Sie wurden aus den Regelklassen herausgenommen und hinfort in Sonderklassen innerhalb der öffentlichen Schulen unterrichtet (*Sarason & Doris*, 1979, S. 137).

Schon um 1870 waren die ersten Sonderklassen innerhalb des Regelschulsystems in verschiedenen Bundesstaaten eingerichtet worden, nach 1900 stieg die Zahl dieser Klassen jedoch sprunghaft an (*Sarason & Doris*, 1979, S. 279). Zunächst war diese Form der Förderung für all jene Kinder und Jugendlichen konzipiert worden, die aufgrund ihrer geistigen Entwicklung dem Unterricht nicht folgen konnten (*Gearheart & Weishahn*, 1980, S. 9). Die Sonderklassen entwickelten sich allerdings immer mehr zu einem Auffangbecken für Schüler und Schülerinnen mit den unterschiedlichsten Lern- und Verhaltensschwierigkeiten sowie Behinderungen (*Sarason & Doris*, 1979, S. 275-276; *Winzer*, 1993, S. 320-322). Auffällig war auch schon zu dieser Zeit die Überrepräsentation von

---

[35] In einem Land der `Chancengleichheit´ wird immer wieder mit Nachdruck darauf verwiesen, daß alle Menschen die gleiche Chance haben, erfolgreich zu sein. Das Fachgebiet der Intelligenzforschung lieferte uns eine bequeme Erklärung dafür, warum manche Menschen erfolgreich waren, andere dagegen nicht - eine Erklärung, die überdies die grundlegende ökonomische und soziale Struktur des Landes nicht in Frage stellte.

Kindern aus Familien nationaler Minderheiten, die meist auch zu dem ärmeren Teil der Bevölkerung zählten (*Sarason & Doris*, 1979, S. 137). Nach Einschätzung von *Lynn* (1983) verkamen die Sonderklassen somit immer mehr zu einem "useful vehicle for selecting out those children who according to prejudiced views, should be isolated from the society of `normal´ children"[36] (S. 27).

Aufgund der zunehmenden Heterogenität der Schülerschaft innerhalb der Sonderklassen unterhielten im Laufe der Zeit immer mehr Schulbezirke unterschiedliche Sonderprogramme. So meldeten in einer Befragung aus dem Jahre 1911 42% der beteiligten Schulbezirke, daß sie Sonderklassen für Schüler und Schülerinnen mit "mental retardation" eingerichtet hätten. In 39% der Schulbezirke gab es Sonderklassen für sozio-kulturell benachteiligte oder nicht englischsprachige Schüler und Schülerinnen bzw. für späte Schuleinsteiger. 17% der Schulbezirke betrieben Sonderklassen bzw. ganztägige Sonderschulen für schwererziehbare Kinder und Jugendliche, 10% solche für Schüler und Schülerinnen mit körperlichen Behinderungen oder Sinnesschädigungen. Zwar existieren keinerlei Angaben über die Anzahl der Schüler und Schülerinnen, die in diesen Schulformen unterrichtet wurden, aber die Untersuchung zeigt wenigstens, daß die Idee der Sonderklassen sich immer mehr durchzusetzen schien (*Sarason & Doris*, 1979, S. 279). Bis zum Jahre 1930 war in sechzehn Staaten die sonderpädagogische Förderung innerhalb des öffentlichen Schulsystems gesetzlich verankert worden, von diesen hatten zehn auch genau festgelegt, wie die Ausbildung der in den Sonderklassen tätigen Lehrkräfte auszusehen habe (*Winzer*, 1993, S. 323).

Viele der für Kinder und Jugendliche mit "mental retardation" anfangs eröffneten Klassen wurden jedoch auch schnell wieder geschlossen, weil allzuoft die Erwartung, diese Kinder zur "Normalität" führen zu können, nicht erreicht wurde (*Gearheart & Weishahn*, 1980, S. 9). Auch *Sapon-Shevin* (1989) berichtet, daß um 1920 immer mehr Schulen einzelne Schüler und Schülerinnen nicht in ihre Sonderklassen zuließen, sondern einen Intelligenzquotienten von 40 bzw. 50 als Eingangsvoraussetzung festsetzten (S. 79).

Zwar wurden in einzelnen Schulbezirken auch Kinder und Jugendliche mit schwereren Behinderungen in die Sonderklassen der zuständigen Sprengelschule aufgenommen (*Gearheart & Weishahn*, 1980, S. 9), generell wurde zu dieser Zeit die Institutionalisierung jedoch noch meist als ideale Lösung für diese Gruppe angesehen. Die Sonderklassen entstanden *innerhalb* der Regelschulen, weil dies in der Regel administrativ und organisatorisch praktikabler war, und weniger aufgrund pädagogischer Überlegungen. Folglich war 1904 eine Äußerung wie die von Goodhart noch selten. Er sah die Sonderklassen im Regel-

---

[36] ... nützlichen Instrument, um jene Kinder auszusondern, die, gemäß den Vorurteilen, von der Gruppe der `normalen´ Kinder ferngehalten werden sollten.

schulgebäude nicht nur als notwendiges Übel, sondern betonte, daß "the defective shall have the advantage of home environment and parental, family, and friendly encouragement"[37] (zit. nach *Sarason & Doris*, 1979, S. 267). Ähnlich hatte schon Alexander Graham Bell 1902 darauf gedrängt "that this `special education´ should be provided so that these children would not have to leave their homes"[38] (zit. nach *Gearheart & Weishahn*, 1980, S. 8).

Bezüglich der Unterrichtsmethodik orientierte man sich stark an den bisherigen Erfahrungen in den Heimschulen. Schulleiter und Schulleiterinnen aus größeren Städten begannen die traditionellen sonderpädagogischen Internate zu besuchen und sich dort Anregungen für die Gestaltung von Sonderklassen innerhalb ihrer eigenen Schule zu holen (*Reynolds*, 1976, S. 41). Nur allmählich setzte sich eine systematische Ausbildung für die Lehrerinnen und Lehrer in den Sonderklassen durch. Der erste Ausbildungskurs für Lehrkräfte für blinde Kinder und Jugendliche wurde 1884 an der "Columbia University" angeboten (*Winzer*, 1993, S. 233). 1903 wurde an der "Vineland Training School" der erste Sommerkurs mit einer sonderpädagogischen Zusatzausbildung für Regelschullehrerinnen und -lehrer durchgeführt, innerhalb von zehn Jahren boten dann auch die ersten Hochschulen Sonderkurse an. Die erste wirklich umfangreichere Ausbildung in Form eines zweijährigen Aufbaustudiums konnten Lehrer und Lehrerinnen ab 1915 an der "New York University" absolvieren. Dennoch ging die Entwicklung in der Lehrerbildung, verglichen mit der Explosion der Zahl der Sonderklassen, viel zu langsam voran (*Sarason & Doris*, 1979, S. 317-320).

Amerikas größte Vereinigung zur Interessensvertretung von Kindern und Jugendlichen mit außergewöhnlichen Förderbedürfnissen, heute bekannt unter dem Namen "Council for Exceptional Children"[39] wurde 1922 gegründet, die Zeitschrift des Verbandes erschien zum ersten Mal 1934, seit 1935 unter dem auch heute noch gültigen Namen "Exceptional Children" (*Winzer*, 1993, S. 334-336).

Obwohl sich Experten darüber einig waren, daß die große Mehrheit von Kindern und Jugendlichen mit Behinderungen noch gar keine oder keine angemessene schulische Förderung erhielt, ließ der Ausbau der schulischen Sonderpädagogik in den dreißiger Jahren wieder nach. Zum einen läßt sich dies auf die gesamtgesellschaftlich angespannte finanzielle und soziale Lage während der Großen Depression zurückführen. Aber auch die wenig zufriedenstellenden Ver-

---

[37] Die Behinderten sollten die Vorzüge der heimischen Umgebung sowie die der elterlichen, familiären und freundschaftlichen Unterstützung nutzen können.

[38] ..., daß eine Form dieser `sonderpädagogischen Förderung´ zur Verfügung gestellt werden sollte, die nicht zwangsläufig zur Folge hätte, daß diese Kinder ihr Elternhaus verlassen müssen.

[39] sinngemäß: "Beirat zur Vertretung der Interessen von Kindern mit außergewöhnlichen Förderbedürfnissen"

hältnisse in der bisherigen sonderpädagogischen Praxis spielten eine Rolle. Unzureichend ausgebildete und motivierte Lehrkräfte unterrichteten in Klassen, die sich immer mehr zu Auffangbecken für diejenigen Schüler und Schülerinnen entwickelt hatten, die in der Regelklasse nicht mehr erwünscht waren. Folglich war der Lernerfolg der meisten Kinder und Jugendlichen in diesen Sonderklassen bei weitem nicht so groß, wie man erhofft hatte, und dies führte zu nachlassender öffentlicher Unterstützung (*Winzer*, 1993, S. 368-371).

1.3.3 Ausbau des bestehenden Sonderschulwesens nach dem Zweiten Weltkrieg

Maynard Reynolds (1976) beschreibt die Jahre nach dem Zweiten Weltkrieg als eine Phase der Explosion, allerdings nach dem althergebrachten Modell der separierenden Erziehung mit wenigen technologischen und ideologischen Fortschritten (S. 41-42). Auch *Sarason und Doris* (1979) bemerken, daß "much of that development up until the late 1960s was essentially quantitative growth of what was already in place"[40] (S. 321).

Von 1945 bis 1970 wuchs die Anzahl der Kinder, die in Sonderklassen unterrichtet wurden, um das Siebenfache und auch die Zahl der Sonderschullehrkräfte nahm zu (*Reynolds*, 1976, S. 42). Viele der Kinder und Jugendlichen, insbesondere mit selteneren Behinderungsformen, wurden jedoch immer noch in Internaten oder in abgeschiedenen Tagesschulen unterrichtet (*Winzer*, 1993, S. 378).

Auch *Gearheart und Weishahn* (1980) nennen diese Zeit die "Phase der Sonderklassen", weisen jedoch darauf hin, daß dies nur die *häufigste* Schulform war und sehr wohl auch andere Formen der Förderung angeboten wurden. Gerade Schulkinder mit körperlichen Behinderungen oder Sinnesschädigungen wurden häufig mit relativ großem Erfolg in die Regelklassen integriert. Zum anderen wurden schon damals Kinder und Jugendliche aus den Sonderklassen wenigstens stundenweise in die Regelklassen integriert (*Gearheart & Weishahn*, 1980, S. 12). Der "Council for Exceptional Children" hatte sich beispielsweise schon 1944 mit der Frage beschäftigt, ob sonderpädagogische Förderung nicht auch verstärkt innerhalb der Regelklassen erfolgen könnte (*Chaffin*, 1974, S. 2).

An vielen Universitäten wurden in den fünfziger Jahren sonderpädagogische Studiengänge eingerichtet. Neben der Lehrerbildung spielte dort auch die Forschung, insbesondere bzgl. effektiver Unterrichtsmethoden, eine wichtige Rolle (*Tindal & Rodden-Nord*, 1987, S. 1282). *Cruikshank, Morse und Grant* (1990) weisen allerdings darauf hin, daß die Qualität der Lehrerbildung noch

---

[40] Viele dieser Entwicklungen bis in die späten sechziger Jahre lassen sich im wesentlichen als quantitativer Ausbau des bereits bestehenden Systems charakterisieren.

einiges zu wünschen übrig ließ. Zum einen fiel es schwer, begabte junge Menschen für den Beruf zu gewinnen, und an vielen Universitäten beschränkte sich die Ausbildung noch auf kurze Zusatzausbildungen, die nur wenige Wochen dauerten. Die niedrigen Anforderungen, welche zur Erreichung eines "state certificates" von den "State Departments" der Bundesstaaten nötig waren, taten ihr übriges (S. 106-107).

Trotz all dieser Ausbaumaßnahmen erhielten in den fünfziger Jahren nach Schätzungen nur 18% aller Kinder und Jugendlichen mit Behinderungen sonderpädagogische Förderung (*Winzer*, 1993, S. 374). Auch sollte man bedenken, daß der Ausbau der Sonderschulpädagogik nicht unbedingt nur positiv zu werten ist:

The growth of special education presents a darker side as well. Rather than viewing the growth of special education as evidence of an increasing willingness of the schools to attend to differences in children, the profileration of new categories (particularly the mild disability categories) can be seen as equally reflecting an *unwillingness* of the regular public school system to assume responsibility (within regular classrooms) for children who are not succeeding (*Sapon-Shevin*, 1989, S. 86)[41].

So sehen einige Autoren Zusammenhänge zwischen der steigenden Zahl der Kinder und Jugendlichen, die sonderpädagogisch gefördert wurden, und der damaligen, durch den Sputnik-Schock ausgelösten, Bildungsreform. Die öffentliche Besorgnis um die Qualität des Schulwesens führte zu einer stärkeren Betonung des fachorientierten Lernens, insbesondere in den Naturwissenschaften, neue Lehrpläne wurden entwickelt und nach effektiveren Lehrmethoden gesucht. Die Vermittlung von Wissen und Fertigkeiten wurde wieder als Hauptaufgabe des Bildungswesens angesehen, und diese Rückkehr zu den "basics"[42] löste die in der ersten Hälfte des Jahrhunderts dominierende, durch Dewey initiierte, Kindorientierung des Schulalltags ab (*Klein*, 1978, S. 103-104).

Nach dem Ende des Zweiten Weltkriegs kam es, u.a. wegen vieler technologischer Veränderungen, der Produktionssteigerung und Einkommensumverteilungen, zu grundlegenden sozialen und demographischen Veränderungen in der amerikanischen Gesellschaft. In den USA entwickelte sich ein für damalige Verhältnisse weltweit beispielloser Lebensstandard der breiten Mittelschicht, allerdings lebte ein Viertel der Bevölkerung unterhalb der Armutsgrenze.

---

[41] Der Ausbau der schulischen Sonderpädagogik zeigt aber auch seine Schattenseiten. Anstatt den Ausbau der schulischen Sonderpädagogik als Beleg für eine wachsende Bereitschaft der Schulen, sich den individuellen Unterschieden der Kinder zu widmen, zu beurteilen, kann das Sich-Herausbilden neuer Kategorien (insbesondere der Kategorien der 'mild disabilities') auch ebenso als Zeichen für den Widerwillen des Regelschulwesens interpretiert werden, die Verantwortlichkeit (jedenfalls innerhalb der Regelklassen) für jene Kinder zu übernehmen, die nicht die gesteckten Ziele erreichen.

[42] "Kernelemente schulischer Bildung"

Typisch für diese Zeit war ein hoher politscher Konsens und sozialer Konformismus der Amerikaner, die nach einer Studie noch 1963 ein außerordentliches Vertrauen in ihre Institutionen sowie erstaunliche Homogenität der politischen Wertvorstellungen aufwiesen (*Berg*, 1992, S. 190-195).

Auch für Menschen mit Behinderungen zeichneten sich einige grundlegende Veränderungen ab, insbesondere was die soziale Absicherung, die medizinische Versorgung, die Entwicklung von technischen Hilfsmitteln und die beruflichen Integrationsmaßnahmen betrifft (*Funk*, 1987, S. 13; *Winzer*, 1993, S. 373). Seit den Erfahrungen der Depression war im Bewußtsein der Öffentlichkeit nämlich die Akzeptanz für eine Verantwortlichkeit der Bundesregierung für soziale Probleme dramatisch gestiegen (*Sarason & Doris*, 1979, S. 357). Somit wurde die Einflußnahme des Bundes in Fragen der medizinischen und sozialen Absicherung, in Bildungsfragen und auch im Bereich der Behindertenpolitik nicht nur geduldet, sondern auch erwartet. Die Philosophie, daß "that government is best, that governs least"[43] (vgl. *Sarason & Doris*, 1979, S. 357) wurde allmählich überwunden, vielleicht auch die typisch amerikanische Einstellung, daß jeder für sein eigenes Glück verantwortlich sei (*Kauffman*, 1981, S. 7).

Dennoch sieht *Funk* (1987) die damaligen Verbesserungen in diesem Bereich nur als wachsende Humanisierung der Lebensbedingungen von bestimmten "Klassen" von Menschen mit Behinderungen. Diese "Klassen" entstanden durch die Bewertung des jeweiligen Menschen mit seiner spezifischen Behinderungen nach den Kriterien "deservedness", "normalcy" und "employability"[44] (S. 13). Insbesondere solche Menschen mit Behinderungen kamen in den "Genuß" medizinischer und rehabilitativer Maßnahmen, die diese Unterstützung "verdient" hatten, da ihre Behinderung die Folge einer Schädigung während des Dienstes für die Regierung (Veteranen) oder eines Arbeitsunfalls war. Ähnliche Kriterien für Förderprogramme, die insbesondere auch mehr Teilhabe am gesellschaftlichen Leben bedeuteten (z.B. Arbeitsförderungsmaßnahmen, kleine und unabhängigere Wohngruppen), waren die "Normalität" des Menschen mit einer Behinderung und seine Fähigkeit, in der nicht behindertengerechten Arbeitswelt ein wertvolles Mitglied zu sein (*Funk*, 1987, S. 10-14).

Die wachsenden Problembereiche und die Ereignisse, die zu der Verabschiedung des Gesetzes P.L. 94-142 geführt haben, werden im nächsten Unterkapitel detailliert beschrieben. Die Auswahl von Fakten in der Geschichte der amerikanischen Sonderpädagogik macht bisher eins deutlich: Die Art und Weise, wie die Bevölkerung Amerikas zu Menschen mit Behinderungen eingestellt war, und wie diese Menschen dann "behandelt" und "erzogen" worden sind, steht in engem Zusammenhang mit der jeweils aktuellen politischen Situa-

---

[43] ..., daß jene Regierung, die am wenigsten verwaltet und kontrolliert, die beste sei, ...
[44] "Verdienst, Normalität und Arbeitsfähigkeit"

tion und dem daraus resultierenden sozialen Klima und Interesse an den Lebensbedingungen von Menschen mit Behinderungen. Historische Ereignisse und Probleme veränderten die Einstellungen der Bevölkerung und "as attitudes have changed, so have the services that have been provided"[45] (*Blackhurst*, 1985, S. 13).

1.3.4 Die Zeit des Umbruchs: Die sechziger und siebziger Jahre

Die Kräfte, die zur Erarbeitung des Gesetzes P.L. 94-142 geführt haben, sind das Ergebnis einer vielschichtigen Interaktion verschiedener Entwicklungen. Zum einen spielten grundsätzliche gesellschaftliche Veränderungen eine Rolle, zum anderen auch Reformtendenzen innerhalb des allgemeinen Bildungswesens. Vor diesem Hintergrund wuchs auch die, sowohl von Fachleuten als auch von Eltern vorgetragene, Kritik an der bis dato bestehenden sonderpädagogischen Theorie und Praxis. All diese Aspekte sollen hier näher erläuter werden, da sie sowohl die Durchsetzungsformen, welche das Gesetz erwirkten, als auch die Inhalte, welche es prägen, bestimmten.

1.3.4.1 Gesellschaftliche Veränderungen:

Die amerikanische Gesellschaft war in den sechziger und siebziger Jahren von vielen sozial-politischen Turbulenzen geprägt.

Besonders das "Civil Rights Movement", die Bürgerrechtsbewegung zur Interessensvertretung der Afro-Amerikaner, war auch für die Bewußtseinsbildung bezüglich der Probleme von Menschen mit Behinderungen richtungsweisend (*Hardman, Drew & Egan*, 1987, S. 38). Ging es bei den Bürgerprotesten doch "um den fundamentalen Widerspruch zwischen den amerikanischen Idealen der Freiheit und Gleichheit und der durch alltägliche rechtliche, politische und soziale Diskriminierung geprägten Wirklichkeit" (*Berg*, 1992, S. 197), eine Erfahrung, die viele Minderheiten, auch Menschen mit Behinderung, erleben mußten. Die schwarze Bevölkerung setzte ihre Interessen verstärkt und immer erfolgreicher über Gerichte, gewaltlosen Widerstand in Form von Demonstrationen und Boykotts sowie über die politische Einflußnahme auf das Weiße Haus durch (*ders.*, S. 197-200). Immer größere Teile auch der weißen Bevölkerung wurden sich ihrer Mitwirkungsrechte und -möglichkeiten innerhalb einer demokratischen Gesellschaft bewußt und nutzten diese auch verstärkt, um die Lebens-

---

[45] In demselben Maße wie die Einstellungen sich veränderten, so veränderten sich auch die Hilfeleistungen, welche zur Verfügung gestellt wurden.

bedingungen von benachteiligten Gruppen zu verbessern (*Gartner & Lipsky*, 1987, S. 368; *Kauffman*, 1981, S. 8). Obwohl die Anhänger und Anhängerinnen der Protestbewegung in der Öffentlichkeit hohe Aufmerksamkeit auf sich zogen, muß dennoch bedacht werden, daß sie eigentlich deutlich in der Minderheit waren, denn die allgemeine politische Entwicklung neigte eher zum Konservatismus (*Berg*, 1992, S. 204).

Der "War on Poverty", der 1964 während der Amtszeit Johnsons begonnene Kampf gegen die Armut, war mit einer Vielzahl von Gesetzen der bisher radikalste Eingriff des Bundes in die Wirtschafts-, Bildungs-, Sozial- und Gesundheitspolitik (*Berg*, 1992, S. 202-203). Allerdings kamen zu den damit verbundenen Kosten im sozialen Haushaltsbereich auch horrende Ausgaben im Vietnamkrieg hinzu. Die dadurch entstandene hohe Staatsverschuldung sowie die Ölkrise stellten die USA vor große wirtschaftliche Probleme. Die Debatten um die amerikanische Beteiligung am Vietnamkrieg (1964-73) spalteten die Nation, und die "Watergate Affäre" um Präsident Nixon (1973/74) erschütterte das Vertrauen der Amerikaner und Amerikanerinnen in ihre Regierung erheblich (*ders.*, S. 206-209).

Im Zusammenhang mit den sozialen und politischen Veränderungen wandelte sich aber auch die Einstellung gegenüber Menschen mit Behinderungen. Neben der generell verstärkten Aufmerksamkeit für die Interessen von Minderheiten war dies auch bedingt durch die große Anzahl der durch Kriegsverletzungen behinderten Veteranen des Korea- und des Vietnamkrieges, für deren medizinische Rehabilitation und Wiedereingliederung in das Berufsleben viel getan werden mußte. Die Ergebnisse der Forschung aus diesem Bereich flossen auch in die Sonderpädagogik ein (*Reynolds*, 1976, S. 42). Gerade aber auch die öffentliche Fürsprache und das Engagement bedeutender Politiker und Politikerinnen für die Interessen von Menschen mit Behinderungen, wie z.B. J.F. Kennedys, der eine Schwester mit geistiger Behinderung hatte (Winzer, 1993, S. 374), dürfen bezüglich ihrer Wirksamkeit nicht unterschätzt werden (*Gearheart & Weishahn*, 1980, S. 13). So wurde auf Initiative J.F. Kennedys nicht nur das "Presidential Panel on Mental Retardation"[46] ins Leben gerufen, sondern seinem Einfluß ist es nach Einschätzung *Sharpes* (1987) ebenfalls zu verdanken, daß auch der Kongreß mittels der Bundesgesetzgebung verstärkt im Interesse von Menschen mit Behinderungen aktiv wurde (S. 100).

---

[46] sinngemäß: "Gremium zu Fragen der `Mental Retardation´, unter Schirmherrschaft des Präsidenten"

1.3.4.2 Reformen im Regelschulwesen:

Einer der Erfolge des "Civil Rights Movements" war die aufsehenerregende Entscheidung des "U.S. Supreme Courts" von 1954. Tatbestand war die segregierende Erziehung schwarzer Schüler und Schülerinnen, eine Vorgehensweise, die die Richter als im Widerspruch zum Gleichheitsprinzip ansahen (*Brown vs. Board of Education, Topeka*). Die Richter bestimmten, daß Bildung für jeden Schüler und jede Schülerin wenigstens auf gleiche Weise *zugänglich* gemacht werden müsse:

> In these days, it is doubtful that any child may reasonably be expected to succeed in life if he is denied the opportunity of an education. Such an opportunity, where the state has undertaken to provide it, is a right that must be made available to all on equal terms[47] (*Brown*, S. 295).

Der Grundsatz der "separate but equal" Doktrin aus dem Jahre 1896, daß separate Einrichtungen für die weiße und schwarze Bevölkerung legitim seien, sofern die Qualität in beiden gleichwertig wäre, wurde zurückgewiesen:

> Segregation of white and colored children in public schools has a detrimental effect upon the colored children. The impact is greater when it has the sanction of the law; for the policy of separating the races is usually interpreted as denoting the inferiority of the Negro group. A sense of inferiority affects the motivation to learn. Segregation with the sanction of the law, therefore, has a tendency to retard the educational and mental development of Negro children and to deprive them of some of the benefits they would receive in a racially integrated school system[48] (*Brown*, S. 295).

Dieses Urteil war nicht nur ein Beispiel für die Einflußmöglichkeiten auf das Bildungswesen über den Weg der Rechtsstreite und die Bedeutung, welche der "U.S. Supreme Court" der Chancengleichheit beimaß. Es hatte auch Auswirkungen auf die Einstellung gegenüber jeder Form der Ausgliederung, d.h. auch gegenüber separaten Sonderschulen. So hieß es in einem Leserbrief an das

---

[47] Heutzutage kann man von keinem Kind erwarten, daß es im Leben erfolgreich sein wird, wenn man ihm das Recht auf Bildung verweigert. Dieses Recht, sofern der Staat für die Bildungsmöglichkeiten verantwortlich ist, ist ein Recht, welches allen unter gleichen Bedingungen gewährt werden muß.

[48] Die Trennung weißer und farbiger Kinder im öffentlichen Schulwesen hat für die farbigen Kinder nachteilige Folgen. Um so größer ist der Schaden, wenn diese Trennung vom Gesetz bekräftigt wird. Das liegt daran, daß das Verfahren, die Rassen zu trennen, häufig als Anzeichen für die Minderwertigkeit der schwarzen Bevölkerung interpretiert wird. Das Gefühl der Minderwertigkeit beeinflußt die Motivation zu lernen. Vom Gesetz bekräftigte Segregation hat deshalb die Tendenz, die erzieherische und geistige Entwicklung von schwarzen Kindern zu verzögern und sie einiger jener Vorteile zu berauben, welche ihnen in einem rassenintegrierten Schulsystem zuteil werden würden.

Mitteilungsblatt der "National Association for Retarded Children"[49] schon im Jahre 1955: "You will recognize, I am sure, that this statement of equal opportunity applies to the handicapped as it does to the minorities"[50] (zit. nach *Zettel & Ballard*, 1982, S. 13).

Auch vierzig Jahre nach dem *Brown*-Urteil zeigen sich im Schulwesen weiterhin die Diskrepanzen zwischen "the American belief in equality and the American reality of inequality"[51] (*Semel et al.*, 1992, S. 450). Viele Gemeinden, gerade in den Südstaaten, hatten zunächst auf vielfältige Weise versucht, sich dem Urteilsspruch des "U.S. Supreme Courts" zu widersetzen, indem sie beispielsweise neue, der Rassenverteilung auf die Wohngebiete entsprechende, Schulsprengelgrenzen zogen (*White*, 1994, S. 14). In den sechziger Jahren konnte dann zwar durch das sehr umstrittene "busing", bei dem Kinder, teilweise gegen den Widerstand der weißen Bevölkerung, von einem Schulbezirk in einen anderen gefahren wurden, mancherorts die Rassenverteilung in den Schulen angeglichen werden und so die Segregation einzelner Bevölkerungsgruppen teilweise vermieden werden (*Pulliam*, 1987, S. 192). Das mindest genauso relevante Grundproblem der Abhängigkeit des Schulerfolgs vom Sozialstatus konnte dadurch jedoch nicht gelöst werden, wie beispielsweise das bekannte Buch von Coleman "Equality of educational oppurtunity"[52] aus dem Jahre 1966 zeigte. Darin legte der Autor dar, daß weniger die Qualität der besuchten Schule als vielmehr die sozio-kulturellen Merkmale der Familie die Schulerfolge der Schulkinder beeinflussen (*Semel et al.* 1992, S. 451).

Das Streben nach Chancengleichheit im Bildungswesen wurde jedenfalls zum vorherrschenden Diskussionspunkt und Reformziel der sechziger und siebziger Jahre. War nach dem Sputnik-Schock 1957 eine höhere Qualität der allgemeinen Schulbildung Hauptziel gewesen, stand nun insbesondere die Frage im Mittelpunkt, wie sowohl Chancengleichheit als auch ein akademisch hoher Standard, "excellence and equity", gewährleistet werden könnten (*Semel et al.*, 1992, S. 446-447). Basierend auf den Ergebnissen einer Studie des "Presidential Panel on Mental Retardation", eingebettet in das umfangreiche Gesetzesprogramm des "War on Poverty" und insbesondere im Glauben an den hohen Einfluß von Umweltbedingungen auf die intellektuelle Entwicklung, wurde beispielsweise 1965 das kompensatorische Vorschulprogramm "Head Start" von der Bundesregierung ins Leben gerufen (*Warren & Davis*, 1987, S. 763). Ein weiteres

---

[49] "Bundesweite Vereinigung zur Interessensvertretung von Kindern mit `mental retardation´"

[50] Sie werden bemerken, dessen bin ich mir sicher, daß diese Aussage bzgl. der Chancengleichheit für die Behinderten genauso zutrifft wie für die Minderheiten.

[51] ... dem amerikanischen Glauben an die Chancengleichheit und der amerikanischen Realität der Chancenungleichheit.

[52] "Gleichheit der Bildungschancen"

bekanntes Beispiel für die Vielzahl der Bundesprojekte, mit Hilfe derer die Staaten und lokalen Schulbehörden in ihrem Streben nach Chancengleichheit unterstützt werden sollten, ist die im gleichen Jahr unter "Title One" des "Elementary and Secondary Education Acts"[53] verankerte kompensatorische Erziehung sozio-kulturell benachteiligter Schüler und Schülerinnen (*Riciutti*, 1987b, S. 602).

Innerhalb der pädagogischen Fachliteratur wurde außerdem der Ruf nach einer alternativeren, offeneren Erziehung laut, welche den starken Einfluß der Lehrkraft vermeiden und die Interessen des Kindes stärker betonen sollte. An der Praxis des Unterrichtsalltages änderten diese Vorschläge jedoch wenig (*Semel et al.*, 1992, S. 447-448).

Hauptanliegen fast aller Kritik und Veränderungsvorschläge dieser Zeit war es, mittels der Reform des Bildungswesens eine gerechtere Gesellschaft aufzubauen (*Oakes*, 1985, S. 204). Daß das Bildungswesen einem derartig hohen Anspruch gar nicht gerecht werden kann, es weder als "salvation" noch als "scapegoat"[54] (*Sarason*, 1983) für alle gesellschaftlichen Miseren angesehen werden sollte, wird immer wieder betont (*Semel et al.*, 1992, S. 448). Dies ändert aber wenig an den Erwartungen der amerikanischen Öffentlichkeit, die auch heute noch vom Schulwesen die Lösung verschiedenster sozialer Probleme erhofft (siehe z.B. *Elam, Rose & Gallup*, 1993, S. 139).

1.3.4.3 Veränderungen und wachsende Kritik an der herkömmlichen Sonderpädagogik

In den sechziger Jahren wuchs die Unzufriedenheit über die bestehenden Zustände innerhalb der Sonderpädagogik. Die vorherrschenden Annahmen, Einstellungen und Verfahrensweisen mußten nach langer Zeit der relativ kritiklosen Übernahme von traditioneller Theorie und Praxis neu überdacht werden.

In der außerschulischen Sonderpädagogik war das durch Kugel und Wolfensberger 1969 in den USA bekannt gewordene Prinzip der Normalisation von wesentlichem Einfluß. Die Zielvorgabe war, daß jeder Mensch mit einer Behinderung die Chance haben sollte, ein Leben zu führen, daß so "normal" wie möglich ist. Es sollte angestrebt werden, daß jeder Teilbereich des Lebens, z.B. Wohnen, Arbeit oder Freizeit, sich so wenig wie möglich von dem von Menschen ohne Behinderungen unterscheidet (*Wolfensberger*, 1972). Dieser Grundsatz hatte zuerst seine Auswirkungen auf die Deinstitutionalisierung von Menschen mit Behinderungen und fand große öffentliche Unterstützung (*Salend*,

---

[53] "Kapitel 1" des "Bildungsgesetzes für den Elementar- und Sekundarbereich"
[54] "Heilmittel" bzw. "Sündenbock"

1990, S. 11-12). In diesem Zusammenhang hatten sicherlich gerade auch die Berichte von Blatt und Mitarbeitern über die menschenunwürdigen Zustände in großen Institutionen eine Rolle gespielt (*Sarason & Doris*, 1979, S. 358), am bekanntesten wohl die Photoreportage "Christmas in Purgatory"[55] (*Blatt & Kaplan*, 1966). Eintausend Kopien des Werkes waren von den Autoren ausgewählten Persönlichkeiten des öffentlichen Lebens zugesandt worden, um somit deren Unterstützung für eine Reform der Institutionen zu gewinnen (*Blatt*, 1984, S. 279).

Das "independent living movement", das möglichst selbständige Wohnformen und eine verstärkte Eingliederung von Menschen mit Behinderungen in die Gemeinden erreichen wollte, wurde Anfang der 70er Jahre immer anerkannter. Das Streben nach möglichst weitreichender Selbständigkeit war aber nicht nur auf den Wohnbereich beschränkt: Menschen mit Behinderung begannen verstärkt ihre politischen und sozialen Interessen selbst zu vertreten. 1974 entstand so die "American Coalition of Citizens with Disabilities"[56], der erste bundesweite Dachverband zur Koordination der verschiedensten Aktivitäten von Menschen mit allen Behinderungsformen (*Funk*, 1987, S. 15).

Als zentrales Problem der schulischen Sonderpädagogik wurde die Tatsache angesehen, daß viele Kinder und Jugendliche, besonders solche mit schwereren Behinderungen, immer noch nicht beschult wurden (*Lynn*, 1983, S.34). Anhand bundesweiter Statistiken wurde deutlich, daß im Jahre 1963 z.B. nur 21% aller Kinder und Jugendlichen mit Behinderungen sonderpädagogisch betreut wurden, auch bis ins Jahr 1976 sollten es erst 33% sein. Viele Bundesstaaten hatten Anfang der siebziger Jahre trotz der eigentlich generell geltenden Schulpflicht noch Regelungen, die den Ausschluß von Kindern und Jugendlichen mit Behinderungen unter bestimmten Umständen rechtfertigten. Derartige Auflagen betrafen meist die körperliche Verfassung oder die geistigen Fähigkeiten, allerdings wurden häufig auch bestimmte Verhaltensweisen, wie z.B. die Fähigkeit, selbständig die Toilette zu benutzen, zur Voraussetzung für den Schulbesuch erklärt (*Zettel & Ballard*, 1982, S. 12). Gerade bei Kindern und Jugendlichen, die als "trainable mentally retarded" eingestuft wurden, waren sich selbst führende Sonderpädagogen und Sonderpädagoginnen darüber uneinig, ob diesen Zutritt zum öffentlichen Bildungswesen gewährt werden sollte (*Dybwad*, 1980, S. 86). So hatte Cruickshank 1958 noch die Meinung vertreten, daß "the serverely retarded are unable to benefit from education (as distinguished from training)"[57] und es daher unlogisch wäre, die Verantwortlichkeit für diese Kinder und

---

[55] "Weihnachten im Fegefeuer"
[56] "Amerikanische Vereinigung von Bürgern und Bürgerinnen mit Beeinträchtigungen"
[57] ..., daß die Schwerstbehinderten unfähig sind, von schulischer Bildung (im Unterschied zu einer lebenspraktischen Förderung) zu profitieren.

Jugendlichen dem öffentlichen Schulwesen aufzuerlegen (*Goldberg & Cruickshank*, 1958, S. 623).

Probleme im Bereich der Diagnostik wurden ebenfalls häufig erörtert. Hauptdiskussionspunkt war dabei die zwei- bis dreifach überproportionale Anzahl an Kindern ethnischer Minderheiten oder aus sozio-ökonomisch benachteiligten Verhältnissen, die mit der Diagnose "mental retardation" an die Sonderpädagogik überwiesen wurden (*Sarason & Doris*, 1979, S. 324). Von besonderem Einfluß waren in diesem Zusammenhang die Studien von Mercer (*Sarason & Doris*, 1979, S. 325ff.). Die Autorin hatte sich über mehrere Jahre mit der Praxis der Diagnostik und Klassifizierung in Kalifornien beschäftigt und festgestellt, daß die dortigen Schulen sehr leichtfertig Schüler und Schülerinnen als "mentally retarded" einstuften. Dieses Urteil wurde für Kinder und Jugendliche aus Chicano-Familien viermal häufiger, für afro-amerikanische Schüler und Schülerinnen doppelt so häufig gefällt, als aufgrund ihres Anteils an der Gesamtpopulation zu erwarten gewesen wäre (*Mercer*, 1974, S. 127). Ihre Ergebnisse erklärte *Mercer* (1974) unter anderem damit, daß im Diagnoseprozeß fast immer "anglozentrische" IQ-Tests eingesetzt worden waren, und diese dem Leistungsprofil von Kindern aus anderen kulturellen und sozio-ökonomischen Lebensumständen nicht gerecht wurden (S. 131).

Aber auch die negativen Auswirkungen des "labeling"- Prozesses waren in den sechziger Jahren erkannt und erörtert worden (siehe z.b. *Dunn*, 1968, S. 8-9). Folglich wurde insgesamt die Legitimation von Klassifizierungen und dem kategorialen Denken in der Sonderpädagogik verstärkt hinterfragt (z.B. *Lilly*, 1970, S. 46-48; *Reynolds & Balow*, 1972). Schließlich stigmatisierten die "labels" Schüler und Schülerinnen nicht nur. Im Falle von Fehldiagnosen konnten sie auch schwerwiegende Folgen nach sich ziehen, wenn beispielsweise die Kinder und Jugendlichen in Schulformen überwiesen wurden, die ihren Bedürfnissen nicht gerecht wurden, oder sie sogar ganz vom Schulbesuch ausgeschlossen wurden (*Kirp*, 1974, S. 17).

Schon während der 50er und 60er Jahre war außerdem deutlich geworden, daß es eine recht große Anzahl von Schülern und Schülerinnen gab, die ohne einen ersichtlichen Grund massive Probleme in der Schule hatten und in keine der bisherigen Kategorien "hineinpaßten". Diese Kinder und Jugendlichen kamen zumeist aus Familien der Mittel- und Oberschicht, welche sich massiv für die Interessen ihrer Kinder stark machten (*Hammill*, 1993, S. 296-297; *Reid*, 1988, S. 1). 1963 wurde auf dem ersten Kongreß der "Association for Children with Learning Disabilities"[58] die Kategorie der "learning disabilities" quasi geboren (*Sapon-Shevin*, 1989, S. 81).

---

[58] "Vereinigung zur Interessensvertretung von Kindern mit `Learning Disabilities´"

Ferner fühlten sich viele Eltern nicht genügend in die Entscheidungsprozesse über die Wahl der Schullaufbahn ihrer Kinder mit einbezogen. Ganz im Gegenteil, sie mußten sich zumeist Vorwürfe von den Lehrkräften anhören, weil sie selbst angeblich entweder der Grund für die Probleme ihrer Kinder waren, oder die Situation ihres Kindes nicht realistisch genug einschätzten. Viele Eltern suchten ihrem Ärger mittels der in jener Zeit auffällig zunehmenden Zahl von Elternvereinigungen Luft zu machen (*Lynn*, 1983, S. 33).

Insbesondere wurde aber gerade auch die Legitimation separierender Erziehung, die damals am häufigsten vorzufindende Form sonderpädaogischer Förderung, gerade für Schulkinder, die als "mildly handicapped" bezeichnet wurden (*Blatt*, 1972, S. 541), verstärkt diskutiert. *Reynolds* hatte schon 1962 die "two box arrangements"[59], Sonderschulklasse oder Regelschulklasse, (*Reynolds*, 1989, S. 8) kritisiert. Seiner Ansicht nach sollte die Schulform "no more `special´ than necessary"[60] sein (*Reynolds*, 1962, S. 368). Daher schlug er vor, stets ein Kontinuum von mehreren möglichen Formen der Beschulung, das von voll integrativer Förderung bis zu separaten Einrichtungen reichen sollten, anzubieten, um für jedes Kind die adäquate Umgebung und sonderpädagogische Unterstützung auswählen zu können. Die einmal gefällte Entscheidung sollte aber nicht endgültig sein, sondern kontinuierlich überprüft werden, ob das betroffene Schulkind inzwischen nicht vermehrt integriert werden könnte (*Reynolds*, 1962, S. 370).

Auch *Dunn* schrieb in seiner Generalabrechnung mit der bisherigen Sonderpädagogik aus dem Jahre 1968: "We must stop segregating them [die Kinder] by placing them into our allegedly special programs"[61] (*Dunn*, 1968, S. 6). Die angeblichen akademischen Vorteile des Unterrichts in einer Sonderschulklasse für Schüler und Schülerinnen mit "mild mental retardation", verglichen mit dem Unterricht in der Regelklasse, konnten seiner Ansicht nach durch bisherige Untersuchungsergebnisse nicht bestätigt werden. Es hatte in diesen Untersuchungen vielmehr den Anschein, als würden die Schüler und Schülerinnen mit "mild mental retardation" eher von dem Verbleib bei ihren nicht behinderten Altersgenossen profitieren[62] (S. 8; ähnlich auch *Johnson*, 1962, S. 66).

---

[59] "Einteilung in zwei Kisten"
[60] "nur in dem Ausmaße anders / separiert, wie nötig"
[61] Wir müssen damit aufhören, sie [die Kinder] auszusondern, indem wir sie in angeblich spezialisierten Förderprogrammen unterbringen.
[62] Schon damals und verstärkt im nachhinein sind viele dieser Untersuchungen, auf die *Dunn* sich berief, jedoch wegen ihrer methodischen Unzulänglichkeiten kritisiert worden. Es war völlig versäumt worden, die Vergleichsgruppen bezüglich der Persönlichkeitsmerkmale der Schulkinder und Lehrkräfte sowie der vorherrschenden Unterrichtsformen zu parallelisieren (*Hardman et al.*, 1987, S. 37-38; *MacMillan*, 1971, S. 3; *Salend*, 1990, S. 16-17).

Die Vorliebe des Regel- und Sonderschulwesens für homogene Klassenverbände wurde von *Dunn* (1968) ebenfalls beanstandet (S. 9). Allerdings verwies er auch auf die sich seiner Ansicht nach abzeichnenden positiven Veränderungen im Regelschulwesen, wie z.B. flexibleren Gruppenunterricht, Änderungen im Lehrplan und der Methodik, sowie besser ausgebildetes Lehrpersonal in den Schulen. Gerade angesicht dieser qualitativen Verbesserungen des Unterrichts in den Regelschulen hielt er die hohe Zahl der Überweisungen in Sonderschulklassen eigentlich nicht mehr für gerechtfertigt (*Dunn*, 1968, S. 10-11).

Immer mehr wuchs auch die Kritik an der Tatsache, daß die Sonderpädagogik sich vielerorts zu einem Auffangbecken für all jene Schüler und Schülerinnen entwickelte, die in der Regelklasse aus den verschiedensten Gründen nicht mehr angemessen gefördert werden konnten oder einfach nur den Unterrichtsablauf zu sehr störten (z.B. *Milofsky*, 1974, S. 441-442). Daß jene Kinder und Jugendlichen, die in die Sonderschule oder Sonderklassen überwiesen worden waren, selten in die Regelklasse zurückkehrten, gab in diesem Zusammenhang natürlich verstärkten Grund zum Mißfallen (*Sarason & Doris*, 1979, S. 327).

Aber auch die Qualität der Unterrichtsmethodik in den Sonderklassen war vielen Fachleuten zu lange vernachlässigt worden: "We have been guilty of fostering quantity with little regard for quality of special education instruction"[63] (*Dunn*, 1968, S. 20). Auch *Deno* (1970) kritisierte, daß die Sonderpädagogik ihrer Hauptaufgabe, nämlich nach Mitteln und Wegen zur adäquaten Förderung von Kindern mit Behinderungen zu suchen, nicht gerecht würde (S. 229).

Ein weiteres Problem ergab sich aus dem Mangel an qualifizierten Lehrkräften. Vielerorts wurden somit jene Kinder, die nachweislich besondere Förderbedürfnisse hatten, ausgerechnet von solchen Lehrkräften unterrichtet, deren Lehrbefähigung alles andere als ausreichend war (*MacMillan*, 1971, S. 4). In einer Untersuchung von Keogh aus dem Jahre 1972 zeigte sich z.B., daß nur knapp 20% der Lehrkräfte ihrer Stichprobe überhaupt eine sonderpädagogische Ausbildung absolviert hatten (zit. nach *Milofsky*, 1974, S. 448).

Diese oben aufgeführten Problembereiche regten die Fachwelt zu einer Reihe von Artikeln an, die laut *Opp* (1984) den "Wendepunkt der sonderpädagogischen Diskussion" zur Folge hatten[64]. Anerkannte Autorinnen und Autoren gestanden ein, daß sie die bisherige Praxis sowohl moralisch und sozialpolitisch als auch erzieherisch für nicht mehr gerechtfertigt hielten (*Dunn*, 1968, S. 5;

---

[63] Wir haben uns des rein quantitativen Ausbaus der Sonderschulpädagogik, der mit der Vernachlässigung qualitativer Aspekte des sonderpädagogischen Unterrichts einherging, schuldig gemacht.
[64] *Opp* (1984) setzt sich mit fünf dieser Artikel (*Reynolds, Johnson, Dunn, Deno, Lilly*), die in der vom "Council for Exceptional Children" herausgegebenen Fachzeitschrift "Exceptional Children" von 1962 bis 1970 erschienen sind, detailliert auseinander (S. 77-109).

Lilly, 1970, S. 43). Der Einfluß solcher Publikationen darf nicht unterschätzt werden, gerade der schon mehrmals erwähnte Artikel von *Dunn* schaffte es, insbesondere auch wegen der Position und des Ansehens des Autors innerhalb der amerikanischen Sonderpädagogik, "to shake some of the foundations of special education"[65] (*Gearheart & Weishahn*, 1980, S. 14; ähnlich *Chaffin*, 1974, S. 3; *MacMillan*, 1971, S. 1).

In einem Großteil der späteren sonderpädagogischen Fachliteratur wird jedoch betont, daß die folgenden tatsächlichen Veränderungen in der sonderpädagogischen Praxis weniger als Folge der wachsenden Selbstkritik innerhalb der Disziplin gesehen werden sollten, sondern vielmehr der Initiative von einzelnen Eltern und Elternvereinigungen zu verdanken seien. Am bedeutendsten waren dabei die "National Association for Retarded Children"[66], die "United Cerebral Palsy Associations", die "Association for Children with Learning Disabilities" und die "Society for Autistic Children"[67] (*Gearheart & Weishahn*, 1980, S. 13; *Kauffman*, 1981, S. 8; *Weintraub & Ballard*, 1982, S. 3). Diese begannen auf außerordentlich geschickte Weise, ihre Möglichkeiten der Einflußnahme zu nutzen, und brachten die Interessen ihrer Kinder nicht nur ans Licht der Öffentlichkeit, sondern vor Gericht (*Salend*, 1990, S. 13-14). Somit wurden das Rechtswesen und auch die Gesetzgebung zu "agents of social change"[68] (*Sarason & Doris*, 1979, S. 358).

1.3.4.4 Rechtsstreite

Die Zahl der Rechtstreite, die zu Fragen der sonderpädagogischen Praxis geführt wurden, oder indirekt mit ihr zu tun hatten, ist kaum noch zu überblicken. Vor Verabschiedung von P.L. 94-142 wurden insgesamt 46 Rechtsstreite allein zu dem Problembereich "Recht auf Erziehung" geführt (*Zettel & Ballard*, 1982, S. 14). Es sollen an dieser Stelle vier Rechtsstreite, die in der Literatur besonders häufig erwähnt werden, exemplarisch ausgewählt und dargestellt werden, da die

---

[65] ... an einigen grundlegenden Überzeugungen und Verfahrensweisen der Sonderpädagogik zu rütteln.

[66] Diese ist seit 1974 bekannt unter dem Namen "National <u>A</u>ssociation for <u>R</u>etarded <u>C</u>itizens", wurde 1991 aber umbenannt in "The Arc". Die nähere Beschreibung "National Organization on Mental Retardation" findet sich auf allen Veröffentlichungen nur noch im Untertitel (*Sage & Burello*, 1994, S. 116-117).

[67] "Landesweite Vereinigung zur Interessensvertretung von Kindern mit `mental retardation`", "Zusammenschluß der Vereinigungen zur Interessensvertretung von Menschen mit Zerebralparese", "Vereinigung zur Interessensvertretung von Kindern mit `learning disabilities`" und die "Gesellschaft zur Interessensvertretung von autistischen Kindern"

[68] "Werkzeugen sozialer Veränderungen"

darin behandelten Streitfragen und die Entscheidungen den Gesetzestext von P.L. 94-142 grundlegend mitbestimmt haben.

- *Selektion in Leistungsgruppen aufgrund von IQ-Tests (Hobsen vs. Hansen)*

Der Fall "Hobson vs. Hansen" (1967) beschäftigte sich mit dem in den USA, insbesondere in der "high school", üblichen Verfahren, die Jugendlichen ihrer Leistung entsprechend in separate Kurse oder Sonderklassen aufzuteilen, dem schon erwähnten "tracking" (vgl. Fußnote 22 in Kap. 1.2.5). Im "District of Columbia" hatte sich nämlich gezeigt, daß Jugendliche der ethnischen Minderheiten oder sozial benachteiligte Schüler und Schülerinnen fast immer den untersten Niveaugruppen zugeteilt wurden (*Kirp*, 1974, S. 13). Diese Klassifikation war zumeist allein auf der Basis von standardisierten IQ-Tests geschehen. Ferner hatte eine lokale Untersuchung ergeben, daß zwei Drittel der Schüler und Schülerinnen in Sonderklassen eigentlich in die Regelklasse gehörten (*Kirp*, 1974, S. 13).

Es wurde entschieden, daß die Praxis des "tracking" generell abgeschafft gehöre, weil sie sowohl gegen das verfassungsmäßig verankerte Gleichheitsprinzip als auch gegen das Recht auf faire Verfahrensweisen, die "due process of law", verstoße (*Hardman et al.*, 1987). 1969 wurde von dem Berufungsgericht allerdings eingeräumt, daß "ability grouping"[69] dagegen weiter erlaubt sei. Aufgrund dieses ergänzenden Urteils wurde somit die bisherige Praxis oft beibehalten, indem man der Verfahrensweise einfach einen anderen Namen gab (*Kirp*, 1974, S. 41)[70].

- *Diskriminierende Diagnostik (Diana vs. California State Board of Education)*

Dieser Rechtsstreit über diskriminierende Testverfahren wurde 1970 im Namen von neun Kindern mexikanisch-amerikanischer Herkunft im Alter von acht bis dreizehn Jahren geführt. Es ging den Klägern darum nachzuweisen, daß die Kinder aufgrund diskriminierender Diagnostik zu Unrecht in Klassen für Schüler und Schülerinnen mit "mental ratardation" überwiesen worden waren (*Davis*, 1986, S. 291). Die Parteien einigten sich auf die folgenden Punkte:

---

[69] Übersetzt eigentlich ebenfalls die "Einteilung in Leistungsgruppen"; allerdings versteht man unter "ability grouping" in der amerikanischen Schulpraxis eine eher flexible, nur zeitweilige Aufteilung in Lerngruppen bei Beibehaltung des Klassenverbands. Insofern ist "ability grouping" nicht unbedingt mit "tracking" gleichzusetzen.

[70] Eine ausführliche Beschreibung dieses Gerichtsverfahrens findet sich bei *Opp* (1984, S. 126-130).

- Kinder, deren Muttersprache nicht Englisch ist, sollten zukünftig in ihrer eigenen Muttersprache getestet werden.
- Alle Kinder mexikanisch-amerikanischen oder chinesischer Abstammung, die in Kalifornien schon in Sonderklassen waren, mußten nachweislich nachgetestet werden.
- Die Schulpsychologie sollte geeignetere Verfahren entwickeln, die dem besonderen kulturellen Hintergrund der oben genannten Volksgruppen gerecht werden.
- Zukünftig sollte jeder kalifornische Schulbezirk, in dem sich weiterhin eine überproportionale Anzahl von mexikanisch-amerikanischen Kindern in Sonderklassen befand, dem "State Board of Education" eine plausible Erklärung für dieses Phänomen zukommen lassen (*Gearheart & Weishahn*, 1980, S. 14)[71].

- *Recht auf Schulbesuch (PARC vs. Commenwealth of Pennsylvania und Mills vs. Board of Education of the District of Columbia)*

Der Fall PARC von 1971 befaßte sich mit dem Recht auf Schulbesuch für alle Kinder mit "mental retardation", unabhängig vom Grad ihrer Behinderung und hat die Inhalte von P.L. 94-142 besonders stark geprägt. In Pennsylvania waren, trotz der allgemein gültigen Schulpflicht, wiederholt Kinder und Jugendliche nicht in die Schule aufgenommen worden. Begründung hierfür war meist der Zweifel an der Fähigkeit der Schüler und Schülerinnen, vom Unterricht profitieren zu können, bzw. die Regelung, daß Kinder mit einem geistigen Entwicklungsalter von unter fünf Jahren generell nicht aufgenommen werden müßten. Die "Pennsylvania Association for Retarded Citizens"[72] (PARC) wollte gerichtlich festgelegt wissen, daß der Schulbesuch für Kinder mit "mental retardation" sehr wohl förderlich ist, schulische Erziehung für diese Gruppe nur z.B. weniger akademisch definiert werden muß, und gerade Lernerfahrungen in jungen Jahren für den weiteren Bildungsweg ausgesprochen wichtig sind (*Davis*, 1986, S. 297; *Gearheart & Weishahn*, 1980, S. 15).

Ein außergerichtlicher Vergleich regelte den Fall, bevor es zu einer gerichtlichen Entscheidung kam (*Davis*, 1986, S. 297). In diesem wurde festgelegt, daß in Pennsylvania jedes Kind mit "mental retardation" im Schulalter ein Recht auf freien Schulbesuch habe. Bezüglich der praktischen Umsetzung dieser Forderung wurden folgende Vorgaben gemacht:

---

[71] Für eine detaillierte Auseinandersetzung mit diesem Rechtsstreit vgl. abermals *Opp* (1984, S. 118-125).

[72] "Vereinigung zur Interessenvertretung von Bürgern und Bürgerinnen mit 'Mental Retardation' in Pennsylvannia"

- Jedes der vierzehn Kinder, in deren Namen geklagt worden war, sollte unverzüglich erneut diagnostisch überprüft werden, in die Schulen aufgenommen werden und dort eine seinen individuellen Fähigkeiten angemessene Erziehung erhalten.
- Die gleichen Rechte sollten allen Kindern und Jugendlichen mit "mental retardation" im Alter von sechs bis 21 Jahren in Pennsylvania gewährt werden, wobei dies spätestens bis zum September 1972 geschehen mußte.
- Ein Zeitplan wurde aufgestellt und zwei Personen ernannt, die dessen terminliche und inhaltliche Einhaltung überprüfen sollten (*Gearheart & Weishahn*, 1980, S. 15).

In diesem Vergleich wurde auch zum ersten Mal gerichtlich das Prinzip der Erziehung in der am wenigsten einschränkenden Umgebung nahegelegt:

It is the Commonwealth's obligation to place each mentally retarded child in a free, public program of education and training appropriate to the child's capacity, within the context of presumption that, among alternative programs of education and training required by statute to be available, placement in a regular public school class is preferable to placement in special public school classes, is preferable to placement in any other type of program of education and training[73] (zit. nach *Davis*, 1986, S. 297-298).

Die Entscheidung im Fall "Mills vs. Board of Education of the District of Columbia" (1972) unterscheidet sich von dem Fall PARC insofern, als der Prozeß im Namen von Kindern mit unterschiedlichsten Behinderungen geführt wurde, und das Gericht ausdrücklich *allen* Kindern und Jugendlichen das Recht auf Beschulung zusprach. Der Schweregrad und die Art der Behinderung durfte laut Gerichtsentscheidung dabei ebensowenig eine Rolle spielen wie die jeweilige Fähigkeit des öffentlichen Schulsystems, den Ansprüchen dieser Kinder gerecht zu werden (*Davis*, 1986, S. 296; *Salend*, 1990, S. 14).

Nach Einschätzung von *Reynolds* (1976) reflektieren diese zwei Gerichtsentscheide eine grundlegende Änderung der bisherigen Erziehungsphilosophie. Bislang war man davon ausgegangen, daß beispielsweise Kinder und Jugendliche mit leichter geistiger Behinderung deshalb im öffentlichen Schulwesen gefördert werden sollten, damit sie später in irgendeiner Form ihren Beitrag als Mitglieder der Gesellschaft leisten könnten. Die Urteile der Gerichte machten

---

[73] Es ist die Pflicht des Gemeinwesens, jedes Kind mit einer 'mental retardation' in einem, seinen Fähigkeiten angemessenen, kostenfreien und öffentlichen Unterrichts- bzw. Förderprogramm unterzubringen. In diesem Zusammenhang sollte stets davon ausgegangen werden, daß - abgesehen davon, daß gesetzlich auch andere Formen des Unterrichts und der Förderung verfügbar sein müssen - die Unterbringung in einer Regelklasse des öffentlichen Schulwesens einer Unterbringung in einer Sonderklasse innerhalb der öffentlichen Regelschule vorzuziehen ist, während letztere wiederum jeder anderen Organsiationsform des Unterrichts und der Förderung vorzuziehen ist.

dagegen deutlich, daß schulische Bildung vielmehr ein grundlegendes Recht ist, das *jedem* garantiert werden muß: "It is enhancement of the life of the individual that is the test, and not whether he or she will contribute later to the community"[74] (*Reynolds*, 1976, S. 49).

Obwohl alle dargestellten Gerichtsentscheidungen als große Erfolge bewertet werden müssen, sollte man nicht unterschätzen "how long it can take for the spirit of victory to become appropriately manifest in practice"[75] (*Sarason & Doris*, 1979, S. 358). Die Richtersprüche stellten die Verantwortlichen in den einzelnen Staaten, Schulbezirken und den Schulen selbst nämlich vor ein ziemlich großes Dilemma: Zum einen wuchs aufgrund der vielen neuen Urteile die Rechtsunsicherheit. In vielen Bundesstaaten wurden die gesetzlichen Grundlagen sonderpädagogischer Förderung zwar, teilweise sogar grundlegend, überarbeitet (vgl. *Budoff*, 1975; *Weatherley & Lipsky*, 1977). Folglich wurden sie allerdings auch immer uneinheitlicher. Insbesondere wußte man aber auch nicht, wie man die Forderungen der Rechtssprechung in die Tat umsetzen sollte - und wie man dies bezahlen sollte. Infolgedessen ging der Antrag an den Kongreß, bezüglich sonderpädagogischer Förderung ein bundesweit geltendes Gesetz mit entsprechenden Finanzhilfen auszuarbeiten (*Lynn*, 1983, S. 35; *Rothstein*, 1990, S. 3-4).

1.3.4.5 Bundesweite Gesetzgebung vor P.L. 94-142

Schon in den 50er und 60er Jahren waren viele Bundesgesetze verabschiedet worden, welche die Rechte von Menschen mit Behinderungen betrafen. Allein während des 89sten Kongresses (1965-66, während der Amtszeit des demokratischen Präsidenten Johnson) waren es insgesamt zehn (*Gearheart & Weishahn*, 1980, S. 13).

Gerade in den siebziger Jahren erwies sich der Kongreß progressiven sozialen Veränderungen gegenüber jedoch als besonders positiv eingestellt, und dies kam insbesondere auch Menschen mit Behinderungen zugute (*Funk*, 1987, S. 15). Angesichts dieses Klimas konnte 1973 die Verabschiedung des "Vocational Rehabilitation Acts" (P.L. 93-112)[76] durchgesetzt werden, der vielfach als "Civil

---

[74] Als Maßstab gilt die Verbesserung der Lebensqualität des Individuums, und nicht, ob er oder sie später einen Beitrag zum Gemeinwohl leisten wird.

[75] ... wie lang es dauern kann, bis der durch die gewonnenen Gerichtsverfahren bekräftigte neue Geist auch adäquat in der Praxis verwirklicht wird.

[76] P.L. ist jeweils die Abkürzung für "Public Law" (bürgerliches Recht). Die Zahlen, welche folgen, besagen z.B. bei P.L. 93-112, dem "Gesetz zur beruflichen Rehabilitation", daß dies das 112te Gesetz ist, welches vom 93sten Kongreß verabschiedet wurde.

Rights"-Gesetz für Menschen mit Behinderungen beschrieben worden ist (*Salend*, 1990, S. 15). Im Abschnitt 504 dieses Gesetzes heißt es:

No otherwise qualified handicapped individual in the United States ... shall solely by reason of his handicap be excluded from the participation in, be denied the benefit of, or be subjected to discrimination under any program or activity receiving federal financial assistance[77] (zit. nach *Zettel & Ballard*, 1982, S. 15)

Zwar verspricht dieses Gesetz keine finanziellen Bundeszuschüsse, es verbietet aber eindeutig Diskriminierung von Menschen mit Behinderungen in jeder Art von öffentlicher Einrichtung oder Dienstleistung, die Bundeszuschüsse erhält. Somit hatte dieses Gesetz weitreichende Konsequenzen über den beruflichen Rehabilitationsbereich hinaus. Beispielsweise waren Krankenhäuser, das Transportwesen und auch das Schulsystem von obiger Forderung direkt und indirekt betroffen (*Rothstein*, 1990, S. 11, 25-26).

Auch für die Beschulung von Kindern und Jugendlichen mit Behinderungen waren schon in den sechziger Jahren bundesweit gültige rechtliche Grundlagen geschaffen worden. Allerdings unterstützten diese die Ausbaumaßnahmen der Sonderpädagogik zumeist nur indirekt und hatten die komplizierte Problematik noch nicht umfassend genug geklärt (*Geurheart & Weishahn*, 1980, S. 12-13; *Sage & Burrello*, 1994, S. 93). *Winzer* (1993) charakterisiert diese Gesetze daher als "permissive rather than ... mandatory"[78] (S. 382). So wurde in den meisten dieser Gesetze die Rolle der Bundesregierung bei der *finanziellen* Unterstützung von Ausbaumaßnahmen im sonderpädagogischen Bereich festgelegt, wie die sonderpädagogische Förderung an sich aussehen sollte, war allerdings nicht geregelt.

Neben einzelnen Statuten, die Mittel für die Ausbildung von sonderpädagogischen Lehrkräften freigaben (vgl. *U.S. Dep. of Ed.*, 1992a, S. 21), sind die zahlreichen Ergänzungen des 1965 verabschiedeten "Elementary and Secondary Education Acts" (P.L. 89-10) von besonderer Bedeutung. Wesentlichster Inhalt dieses Gesetzes war das Unterkapitel "Title One". Dieses regelte die finanzielle Unterstützung der Bundesstaaten und ihrer lokalen Schulbehörden bei der schulischen Förderung von jenen Kindern und Jugendlichen aus sozio-kulturell benachteiligten Familien, die als "educationally deprived"[79] galten. Zu dieser

---

[77] Keine Person mit einer Behinderung in den USA, sofern sie im übrigen ausreichend qualifiziert ist, ... darf in irgendwelchen Programmen oder Aktivitäten, die finanzielle Unterstützung durch den Bund erhalten, ausschließlich aufgrund ihrer Behinderung von der Teilhabe ausgeschlossen werden, die Vorzüge des jeweiligen Angebots verwehrt bekommen oder Diskriminierungen ausgesetzt werden.
[78] "eher zulassend als verpflichtend"
[79] "erzieherisch vernachlässigt"

Gruppe konnten unter bestimmten Umständen auch Schüler und Schülerinnen mit Behinderungen gezählt werden (*U.S. Dep. of Ed.*, 1992a, S. 3).

1966 wurde der "Elementary and Secondary Education Act" durch "Title VI" erweitert (P.L. 89-750). Dieser Abschnitt bezog sich in seinen Regelungen ausschließlich auf Kinder und Jugendliche mit Behinderungen. Neben der Bewilligung von speziellen Zuschüssen für die schulische Bildung von Schülern und Schülerinnen mit Behinderungen wurden darin u.a. auch die Voraussetzungen für die Gründung eines bundesweiten "Advisory Committee on Handicapped Children" und eines eigenen, dem "U.S. Office of Education" unterstehenden, "Bureau of Education for the Handicapped"[80] geschaffen (*U.S. Dep. of Ed.*, 1992a, S. 16).

Durch eine weitere Gesetzesergänzung, die "Elementary and Secondary Education Act Amendments" von 1970 (P.L. 91-230), wurden schließlich viele der bisher voneinander unabhängigen gesetzlichen Regelungen und Zuschußprogramme zur sonderpädagogischen Förderung unter dem Namen "Education of the Handicapped Act"[81] zusammengefaßt (*Martin, LaVor, Bryan & Shefflin*, 1970; *U.S. Dep. of Ed.*, 1992, S. 17).

1973 und 1974 fanden in dem entsprechenden Ausschuß des Kongresses dann Anhörungen zur Problematik der Erziehung von Kindern und Jugendlichen mit sonderpädagogischen Förderbedürfnissen statt. Eltern, sonderpädagogische Fachleute und Vertreter und Vertreterinnen der staatlichen Behörden schilderten die aktuellen Probleme bei der sonderpädagogischen Förderung, insbesondere die Schwierigkeiten, welche die Bundesstaaten und lokalen Schulbehörden dabei hatten, dem gerichtlich geforderten oder inzwischen sogar gesetzlich garatierten Recht auf Erziehung zu entsprechen (*Rothstein*, 1990, S. 4).

Darauf folgte noch 1974 die Verabschiedung des "Education Ammendmends Act" (P.L. 93-380). In dieser abermaligen Gesetzesergänzung wurde das Recht auf schulische Förderung aller Kinder und Jugendlichen mit Behinderungen bestätigt, und die finanzielle Unterstützung der Bundesstaaten bei der Bewältigung dieser Aufgabe erhöht. Außerdem enthielt es erste Regelungen bzgl. der Diagnose, der Beteiligung der Eltern an schulischen Entscheidungsprozessen, einzuhaltender Verfahrensrichtlinien sowie die Forderung nach einer weitmöglichst integrativen Erziehung (*U.S. Dep. of Ed.*, 1992a, S. 17). Allerdings war sich der

---

[80] "Beratungskommission behinderte Kinder betreffend", "Bundesabteilung zu Fragen des Bildungswesens" [damals kein eigenständiges Ministerium], "Unterabteilung zu Fragen der Bildung von Behinderten"
[81] "Gesetz zur schulischen Bildung der Behinderten"

Kongreß schon bei der Verabschiedung von P.L. 93-380 darüber im klaren, daß dieses nur vorläufig gelten konnte, als eine Art "early warning legislation"[82] (*Zettel & Ballard*, 1982, S. 15) dienen sollte, bis ein umfassenderes Gesetz, das alle Problemfelder ansprach und die mögliche Einflußnahme und Kontrolle durch den Bund genauer regelte, erarbeitet worden war (vgl. auch *Rothstein*, 1990, S. 10).

---

[82] "ein Gesetz, das ein frühzeitiges Warnsignal geben sollte"

2. Public Law 94-142 - Der "Education for all Handicapped Children Act" von 1975

Dieses Kapitel wird sich ausführlich mit den rechtlichen Grundlagen der amerikanischen Integrationsbemühungen beschäftigen, welche in "Public Law 94-142", dem unter dem Namen "The Education for All Handicapped Children Act"[1] (EAHCA) bekannt gewordenen Bundesgesetz von 1975, und seinen Ergänzungen verankert sind.

2.1 Vorbemerkungen

Da der Gesetzestext eine Vielzahl von Einzelregelungen enthält, die allerdings wiederum alle aufeinander abgestimmt sind und nur im Gesamtzusammenhang angemessen beurteilt werden können, mußten alle Aspekte relativ detailliert dargestellt werden. Wie schon in dem vorangegangenen Kapitel deutlich wurde, ist die Forderung nach Integration nämlich nicht unbedingt der alleinige Dreh- und Angelpunkt des Gesetzes. Es ging vielmehr darum, allen Kindern und Jugendlichen eine ihren individuellen Bedürfnissen angemessene Erziehung in einer möglichst integrativen Schulform zu gewährleisten. Folglich mußten im Gesetz sowohl die Richtlinien zu Diagnostik, Individualisierung, Mitsprachemöglichkeiten der Eltern als auch die Verfahrensvorschriften genau geregelt und aufeinander abgestimmt sein, um eine erfolgreiche Integration zu gewährleisten. Entsprechend langatmig und trocken mag die Darstellung an manchen Stellen wirken, auf Vollständigkeit konnte jedoch nicht verzichtet werden, will man ein ausreichendes Verständnis des Gesetzestextes und der Probleme und Erfolge bei der Umsetzung erreichen. In diesem Zusammenhang daher der Hinweis auf einen Kommentar von *Laura Rothstein*, die selbst über 300 Seiten zu dem Gesetz und seiner Interpretation verfaßt hat: "Although the EAHCA may be a frustrating and demanding law ... because of its ambiguities and numerous requirements, it is certainly an interesting law"[2] (*Rothstein*, 1990, S. 274).

---

[1] "Gesetz zur schulischen Bildung aller behinderten Kinder"
[2] Obgleich der EAHCA [Education for All Handicapped Children Act] aufgrund seiner Mehrdeutigkeit und der zahlreichen Forderungen ein frustrierendes und anspruchsvolles Gesetz sein mag, so ist es zweifellos auch ein äußerst interessantes Gesetz.

2.1.1 Anmerkungen zum amerikanischen Gesetzeswesen

Hauptgrundlage allen amerikanischen Rechts ist die Verfassung, mit der alle Gesetze, ob vom Bund oder den Einzelstaaten, in Einklang stehen müssen. Von besonderer Bedeutung für die Sonderpädagogik ist vor allem die verfassungsmäßige Legitimation, für das Gemeinwohl Geld auszugeben als auch die 14. Ergänzungklausel der "U.S. Constitution"[3] (*Rothstein*, 1990, S. 15; *Turnbull*, 1990, S. 27). Dort heißt es:

> Keiner der Einzelstaaten darf Gesetze erlassen oder durchführen, die die Vorrechte oder Freiheiten von Bürgern der Vereinigten Staaten beschränken, und kein Staat darf irgend jemandem Leben, Freiheit oder Eigentum ohne vorheriges ordentliches Gerichtsverfahren in Einklang mit dem Gesetz nehmen oder irgend jemandem innerhalb seines Gebietes den gleichen Schutz durch das Gesetz versagen (zit. nach *Brugger*, 1987, S. 477).

Die Rolle der Bundesregierung im Erziehungsbereich ist verfassungsrechtlich nicht verankert, was dazu geführt hat, daß das Erziehungswesen als Angelegenheit der Einzelstaaten angesehen wird und Bundesgesetze nur in Ausnahmefällen eine Rolle spielen (vgl. Kap. 1.2.2). Zwar sind für das Bildungswesen generell die einzelnen Bundesstaaten verantwortlich, aber sie sind durch die 14. Ergänzungsklausel der Verfassung dazu verpflichtet, die Erziehung *aller* Kinder und Jugendlicher zu gewährleisten. Nur nach einem angemessenen Rechtsverfahren dürfen sie bestimmten Schülerinnen und Schülern das Recht auf gleichwertige Bildungsformen wie ihren Altersgenossen versagen (*Rothstein*, 1990, S. 16).

In der Regel bieten Gesetze aber meist nur einen allgemeinen Bezugsrahmen. Für die alltägliche Praxis sind die von den Verwaltungsbehörden in Einklang mit den Statuten erarbeiteten "regulations" und "guidelines", vergleichbar mit unseren Verordnungen und Richtlinien, von größerer Bedeutung (*Rothstein*, 1990, S. 16). Deshalb finden sich im folgenden Text sowohl Verweise auf den Gesetzestext (z.B. *20 U.S.C.A. §1401*; U.S.C.A. steht für "United States Code Annotated") als auch auf die Bundesverordnungen (*34 C.F.R.* §300.1; C.F.R. entspricht "Code of Federal Regulations").

2.1.2 Zur Stellung des "Education for All Handicapped Children Acts"

Juristisch gesehen, ist P.L. 94-142 nur eine Ergänzung der vorausgegangenen Bundesgesetze von 1970 und 1974 (P.L. 91-230 und P.L. 93-380), welche zusammen als "Education of the Handicapped Act" (EHA) bezeichnet wurden. Die wesentlichen Neuerungen von P.L. 94-142 wurden dabei hauptsächlich in

---

[3] "Verfassung der Vereinigten Staaten"

das "Subchapter II" eingearbeitet. Insgesamt ist der "Education of the Handicapped Act" heute in acht Unterkapitel aufgeteilt, welche die verschiedensten Aspekte sonderpädagogischer Förderung regeln. Durch eine Gesetzesänderung von 1991 ist diese Gesetzessammlung inzwischen allerdings in "Individuals with Disabilities Education Act"[4] (IDEA) umbenannt worden.

Um Unklarheiten zu vermeiden, wird daher in dieser Arbeit fast durchgängig von P.L. 94-142 gesprochen, allerdings tauchen in den Orginalzitaten häufig auch die anderen Begrifflichkeiten auf. Die Zitierweise in dieser Arbeit entspricht allerdings nicht diesem Einzelgesetz, sondern folgt der aktuellsten kodifizierten Form, die in Deutschland zu beschaffen war. Diese systematische Gesetzessammlung ist zum einen wesentlich übersichtlicher und zum anderen, nach eigenen Erfahrungen, für die deutschen Leser und Leserinnen leichter zugänglich.

Im Gegensatz zu dem "Vocational Rehabilitation Act" von 1973 (P.L. 93-112), der Diskriminierungen *verbietet*, versucht P.L. 94-142 auf andere Weise seine Forderungen durchzusetzen: Jeder Staat, der die Richtlinien dieses Gesetzes befolgt, welche als "minimum requirements"[5] anzusehen sind (*Rothstein*, 1990, S. 11), hat *Anspruch* auf Bundesmittel zur *Mit*finanzierung der Erziehung von Kindern und Jugendlichen mit sonderpädagogischem Förderbedarf. Infolgedessen haben alle Bundesstaaten eigene Gesetze und Richtlinien erarbeitet, die in Einklang mit dem Bundesgesetz und seinen Verordnungen stehen und teilweise sogar über dessen Forderungen hinaus gehen (*Rothstein*, 1990, S. 17).

In Abhängigkeit von der Anzahl der Schüler und Schülerinnen, die in einem Bundesstaat sonderpädagogisch gefördert werden, erhält das jeweilige "State Department of Education" Bundeszuschüsse. Laut Gesetzestext sollte diese finanzielle Unterstützung pro gemeldetem Schulkind zunächst maximal 5% der *durchschnittlichen* Ausgaben in den gesamten USA für ein Schulkind im Elementar- und Sekundarbereich betragen, wobei eine stetige Erhöhung dieses Anteils bis zum Jahre 1982 auf maximal 40% vorgesehen war (*20 U.S.C.A.* §1411[a][1]). Von diesen Bundeszuschüssen sollten bald mindestens 75% an die lokalen Schulbehörden fließen, weil abzusehen war, daß diese den Hauptanteil der wachsenden finanziellen Belastungen tragen müßten (*20 U.S.C.A.* §1411[c][1]; *Rothstein*, 1990, S. 32). Will ein Bundesstaat diese finanzielle Unterstützung erhalten, muß er mit einem detaillierten "Annual Program Plan", einem Jahresplan über den Umfang der sonderpädagogischen Maßnahmen in dem betreffenden Staat, diese beantragen und nachweisen, daß in dem gesamten Staat die gesetzlichen Richtlinien befolgt werden (*20 U.S.C.A.* §§1412, 1413).

---

[4] "Gesetz zur schulischen Bildung von Personen mit Beeinträchtigungen"
[5] "Minimalforderungen"

Genau gesehen, ist ausschließlich auf der Grundlage von P.L. 94-142 die Verwirklichung der darin enthaltenen Forderungen für die Bundesstaaten also nicht verpflichtend. Allerdings hätte der Bund, kraft des Abschnittes 504 des schon erwähnten "Vocational Rehabilitation Acts", im Extremfall die Möglichkeit, einem Staat *alle* Bundesmittel zu streichen, wenn er Kinder und Jugendliche mit sonderpädagogischem Förderbedarf im Rahmen seines Schulwesens diskriminiert (*Irvin*, 1976, S. 137).

2.2 Zielsetzung und Bezugsgruppe

Für das Verständnis des Gesetzes sind die "Congressional Findings"[6], welche die Zielsetzung des "Education for All Handicapped Children Acts" begründen, sehr hilfreich. Dort heißt es:

The Congress finds that
(1) there are more than eight million handicapped children in the United States today;
(2) the special education needs of such children are not being fully met;
(3) more than half of the handicapped children in the United States do not receive appropriate education services which would enable them to have full equality of opportunity;
(4) one million of the handicapped children in the United States are excluded entirely from the public school system and will not go through the educational process with their peers;
(5) there are many handicapped children throughout the United States participating in regular school programs whose handicaps prevent them from having a successful educational experience because their handicaps are undetected;
(6) because of the lack of adequate services within the public school system, families are forced to find services outside the public school system, often at great distance from their own residence and at their own expense;
(7) developments in the training of teachers and in diagnostic and instructional procedures and methods have advanced to the point that, given appropriate funding, State and local agencies can and will provide effective special education and related services to meet the needs of handicapped children;
(8) State and local educational agencies have a responsibility to provide education for all handicapped children, but present financial resources are inadequate to meet the special educational needs of handicapped children; and
(9) it is in the national interest that the Federal Government assist State and local efforts to meet the educational needs of handicapped children in order to assure equal protection of the law[7] (*20 U.S.C.A.* §1400[b]).

---

[6] "Beurteilung des Kongresses"

[7] Der Kongreß stellt fest, daß (1) es derzeit in den Vereinigten Staaten mehr als acht Million behinderte Kinder gibt; (2) den sonderpädagogischen Förderbedürfnissen dieser Kinder nicht eingehend genug entsprochen wird; (3) mehr als die Hälfte der behinderten Kinder in den Vereinigten Staaten keine angemessenen schulischen Angebote erhalten, welche ihnen die Möglichkeit geben würden, vollständige Chancengleichheit zu erfahren; (4) eine

Die Zielsetzung selbst wird wie folgt beschrieben:

It is the purpose of this chapter to assure that all handicapped children have available to them ... a free appropriate public education which emphasizes special education and related services designed to meet their unique needs, to assure that the rights of handicapped children and their parents or guardians are protected, to assist States and localities to provide for the education of all handicapped children, and to assess and assure the effectiveness of efforts to educate handicapped children[8] *(20 U.S.C.A. §1400[c])*.

Special education wird verstanden als "specially designed instruction, at no cost to parents or guardians, to meet the unique needs of a handicapped child, including classroom instruction, instruction in physical education, home instruction, and instruction in hospitals and institutions"[9] *(20 U.S.C.A. §1401[a][16])*.

Million der behinderten Kinder in den Vereinigten Staaten aus dem Schulwesen vollkommen ausgeschlossen werden, und den schulischen Bildungsweg nicht gemeinsam mit ihren Altersgenossen beschreiten können; (5) es viele Kinder mit Behinderungen in den Vereinigten Staaten gibt, die zwar an regulären schulischen Angeboten teilhaben, deren Behinderung dem schulischen Erfolg jedoch im Wege steht, weil diese Behinderung nicht erkannt wird; (6) aufgrund des unzureichenden Angebotes angemessener Hilfen innerhalb des öffentlichen Schulsystems viele Familien dazu gezwungen werden, diese Dienste außerhalb des öffentlichen Schulwesens zu suchen, häufig in weiter Entfernung ihres Wohnortes und auf eigene Kosten; (7) Entwicklungen in der Lehrerbildung und in der Ausarbeitung von diagnostischen Verfahren und Unterrichtsmethoden inzwischen so weit fortgeschritten sind, daß, sofern ausreichende Finanzierung gewährleistet ist, die staatlichen und lokalen Behörden, um den Bedürfnissen der behinderten Kinder gerecht zu werden, eine effektive sonderpädagogische Förderung und notwendige Zusatzdienstleistungen für die Erfüllung zur Verfügung stellen können und werden; (8) die staatlichen und lokalen Schulbehörden die Pflicht haben, allen behinderten Kindern Bildungsmöglichkeiten zur Verfügung zu stellen, aber die derzeitigen finanziellen Mittel nicht ausreichen, um den sonderpädagogischen Förderbedürfnissen der behinderten Kinder gerecht zu werden; und (9) es im nationalen Interesse ist, daß die Bundesregierung die staatlichen und lokalen Bemühungen, den Bildungsbedürfnissen von behindern Kindern gerecht zu werden, unterstützt und somit die Erfüllung der verfassungsmäßigen Forderung nach 'gleichem Schutz durch das Gesetz' [vgl. die in 2.1.1 zitierte 14. Ergänzungsklausel der amerikanischen Verfassung] sichert.

[8] Ziel dieses Gesetzes ist es sicherzustellen, daß allen Kindern mit Behinderungen eine kostenfreie, angemessene öffentliche Erziehung zur Verfügung gestellt wird, welche ihren Schwerpunkt auf eine, den einzigartigen Bedürfnissen der behinderten Kinder angepaßte, sonderpädagogische Förderung und die dazugehörigen Maßnahmen legt; sicherzustellen, daß die Rechte von Kindern mit Behinderungen und deren Eltern geschützt werden; die Staaten und lokalen Behörden in ihrer Aufgabe, Kinder mit Behinderungen eine Erziehung zukommen zu lassen, zu unterstützen; und ferner die Wirksamkeit der Bemühungen, Kinder mit Behinderungen zu erziehen, zu überprüfen und sicherzustellen.

[9] ... speziell geplanter Unterricht, der keine Kosten für Eltern oder Vormund verursachen darf, und dessen Ziel es ist, den einzigartigen Bedürfnissen eines Kindes mit einer Behinderung gerecht zu werden. Dieser Unterricht schließt den Unterricht im Klassenzimmer, den Sportunterricht, den Unterricht zu Hause sowie in Krankenhäusern und Institutionen ein.

"Related services" sind sonderpädagogisch notwendige Unterstützungsmaßnahmen wie ein behinderungsgerechter Transport zur Schule, "speech pathology and audiology, psychological services, physical and occupational therapy, recreation, and medical and counseling services, except that such medical services shall be for diagnostic and evaluation purposes only"[10] *(20 U.S.C.A. § 1401[a][17])*. Ferner als "related service" gelten können "school health services, social work services in schools, and parent counseling and training"[11] *(34 C.F.R. §300.16[a]*; es folgen dort auch noch genauere Bestimmungen dieser Leistungen).

Als "handicapped children" werden solche Kinder beschrieben, die in Einklang mit den in den "regulations" veröffentlichten Definitionen (siehe *34 C.F.R. §300.7*) als "mentally retarded, hard of hearing, deaf, speech or language impaired, visually handicapped, seriously emotionally disturbed, orthopedically impaired, or other health impaired, or children with specific learning disabilities"[12] gelten können und "who by reason thereof require special education and related services"[13] *(20 U.S.C.A. §1401[a][1])*. Es sollte betont werden, daß somit die Kinder und Jugendlichen nicht nur einer der genannten Kategorien angehören müssen, sondern aufgrund dieser Behinderung auch wirklich sonderpädagogischer Förderung und der notwendigen Unterstützungsmaßnahmen bedürfen müssen. Ein Kind, das nur "related services" benötigt, wie z.B. ein Kind mit einer Körperbehinderung, das nur auf einen behindertengerechten Transport zur Schule angewiesen ist, würde nicht unbedingt als "handicapped" gelten und hätte somit nicht zwingend ein Anrecht auf die in P.L. 94-142 verankerten Sonderrechte *(Rothstein*, 1990, S. 41, 58). Angemerkt werden muß ferner, daß manche Bundesstaaten in ihren Gesetzen und "regulations" zur sonderpädagogischen Förderung auch hochbegabte Schüler und Schülerinnen mit in die Bezugsgruppe aufgenommen haben, zur Population der "handicapped children" im Sinne von P.L. 94-142 gehören diese jedoch eigentlich nicht *(20 U.S.C.A. §1401, Notes of Decisions, 2*; vgl. auch *Rothstein*, 1990, S. 17).

---

[10] ... logopädische und audiologische Diagnose- und Therapiemaßnahmen, psychologische Dienste, Krankengymnastik und Beschäftigungstherapie, pädagogische Angebote zur Freizeitgestaltung sowie psychologische Beratungsangebote und medizinische Dienste, wobei diese medizinischen Dienste allerdings auf diagnostische Zwecke beschränkt sein sollen.
[11] ... gesundheitliche Betreuung in den Schulen [in größeren amerikanischen Schulen steht zumeist eine krankenpflegerisch ausgebildete `school nurse´ zur Verfügung], schulische Sozialarbeit sowie Beratungs- und Fortbildungsangebote für die Eltern.
[12] Die Behinderungskategorien in diesem Zitat werden aus Gründen der, im Vergleich zu Deutschland, anderen Begriffsbildung in den USA nicht übersetzt und erscheinen in der gesamten Arbeit in Englisch. Die Definitionen für die einzelnen Kategorien und der Versuch einer inhaltlichen Übersetzungen finden sich im Anhang dieser Arbeit.
[13] ... welche aufgrund dieser Beeinträchtigung sonderpädagogischer Förderung und zusätzlicher Unterstützungsmaßnahmen bedürfen.

Die Inhalte von P.L. 94-142 traten in gestaffelter Form in Kraft. Während einige der Forderungen von P.L. 94-142 sofort wirksam wurden, sollten die komplexeren Vorgaben erst noch in den entsprechenden Bundesverordnungen konkretisiert werden (*20 U.S.C.A.* §1411, Historical and Statutory Notes). Diese "final regulations" wurden im August 1977 verabschiedet (*Rothstein*, 1990, S. 283). Spätestens bis zum 1.7.1978 mußten die Bundestaaten jedoch, sofern sie Bundeszuschüsse erhalten wollten, nachweislich allen Kindern und Jugendlichen mit Behinderungen bzw. Lernproblemen im Alter von drei bis achtzehn Jahren sonderpädagogische Förderung zur Verfügung stellen. Diese mußte dann allen inhaltlichen und formalen Forderungen von P.L. 94-142 entsprechen. Ab dem 1.9.1980 galten diese Auflagen sogar für die sonderpädagogische Förderung von Jugendlichen bis zum Alter von 21 Jahren. Die Einbeziehung der Vorschulkinder und der Jugendlichen ab 18 Jahren war allerdings nur dann verbindlich, wenn dies mit den in den betreffenden Bundesstaaten gültigen Gesetzen zu den Altersgrenzen innerhalb des öffentlichen Schulwesens in Einklang zu bringen war (*20 U.S.C.A.* §1412[2][B]).

2.3 Kerninhalte des Gesetzes

Die wichtigsten Inhalte des Gesetzes sollen der Übersichtlichkeit wegen anhand der wesentlichen Prinzipien, die sie verfolgen, dargestellt werden, wobei es allerdings verschiedene Gliederungsmöglichkeiten gäbe (vgl. *Rothstein*, 1990, S. 10). Die Aufstellung hier folgt der Unterteilung von *Turnbull* (1990), welcher sechs Kerninhalte des Gesetzes herausstellt: Recht auf Schulbesuch, Diagnostik, verfahrensrechtliche Vorsichtsmaßnahmen, Mitwirkungsmöglichkeiten der Eltern, Erziehung in der am wenigsten einschränkenden Umgebung sowie individualisierte und angemessene Erziehung.

2.3.1 *"Zero Reject": Uneingeschränktes Recht auf Schulbesuch*

Wörtlich übersetzt bedeutet "Zero Reject" "Keine Abweisung". Es ist ein Begriff, der betonen soll, daß alle Kinder, unabhängig von dem Grad ihrer Behinderung, ein Recht auf Beschulung haben. Die gesetzliche Verankerung dieses Anspruchs war, insbesondere nach den erwähnten Gerichtsurteilen "PARC" und "MILLS" (vgl. Kap. 1.3.4.4), ein zentrales Anliegen von P.L. 94-142, das in den zitierten "Congressional Findings" und der Zielsetzung ausdrücklich betont wird.

Turnbull (1990) unterscheidet zwei Formen des Abgewiesen- oder Ausgeschlossenwerdens: "Total exclusion"[14] beschreibt das gängige Verständnis, daß dem Kind das Recht gänzlich verwehrt wird, in irgendeiner Form unterrichtet zu werden. "Functional exclusion"[15] dagegen liegt vor, wenn die Schüler und Schülerinnen zwar die Schule besuchen, die Schulart und Unterrichtsform aber ihren Bedürfnissen derart widerspricht, daß sie davon nicht profitieren können. Insofern werden auch sie von den Vorteilen, die ihre Altersgenossen haben, ausgeschlossen (S. 14).

Der Ausweitung des Rechts auf Erziehung für alle liegt die Überzeugung zugrunde, daß jeder Mensch "bildbar" ist und alle Kinder und Jugendlichen von einem Schulbesuch profitieren können, wenn er ihren individuellen Besonderheiten gerecht wird (*Turnbull*, 1990, S. 30-31). "This in turn requires a definition of `education´ as incorporating more than the three R´s"[16] (*Rothstein*, 1990, S. 33)[17].

Es geht bei dem Zero-Reject aber auch um die Gewährleistung von allgemeinen Bürgerrechten: "Fundamentally, it is a reflection of the democratic philosophy that equal access to societal institutions and resources is the right of all individuals, however different from the majority they may be" (*Reynolds*, 1976, S. 39)[18].

Die Staaten werden nicht nur dazu verpflichtet, allen Kindern und Jugendlichen mit Behinderungen ein Recht auf Schulbesuch zu garantieren. Es wurde auch genau festgelegt, wie dies gewährleistet werden soll: So müssen die Bundesstaaten sicherstellen, daß

... all children residing in the State who are handicapped, regardless of the severity of their handicap, and who are in need of special education and related services are identified, located, and evaluated, and that a practical method is developed and implemented to determine which children are currently receiving needed special education and related services and which children are not currently receiving needed special education and related services[19] (*20 U.S.C.A.* §1412[2][C]).

---

[14] "völliger Ausschluß"

[15] "funktioneller Ausschluß"

[16] Dies wiederum setzt ein Verständnis von `Bildung´ voraus, welches nicht nur auf die Vermittlung von Fähigkeiten im Lesen, Schreiben und in der Mathematik begrenzt ist.

[17] Unter den "three R´s" versteht man in der amerikanischen Schulpädagogik den Unterricht in "reading", "writing" und "arithmetic".

[18] Im Grunde spiegelt dieses Prinzip die demokratische Grundüberzeugung wider, daß nämlich alle Personen, ungeachtet dessen, wie sehr sie sich in einzelnen Merkmalen auch von der Mehrheit unterscheiden, das Recht auf gleiche Zugangsmöglichkeiten zu gesellschaftlichen Institutionen und Hilfsquellen haben sollten.

[19] ..., daß alle in dem betroffenen Staat wohnhaften Kinder mit Behinderungen, ungeachtet des Schweregrades ihrer Behinderung, welche sonderpädagogischer Förderung und zusätzli-

Diese Pflicht der Staaten, die häufig als "child find system"[20] bezeichnet wurde, war schon 1974 durch P.L. 93-380 den Staaten auferlegt worden. Bei der Verabschiedung von P.L. 94-142 war man dann der Ansicht, daß die insgesamt vier Jahre, die bis zum endgültig verbindlichen Stichtag 1978 Zeit blieben, auch ausreichen müßten (*34 C.F.R.* §300.300, Note 3).

Ferner wurde zunächst den Interessen solcher Kinder und Jugendlicher Priorität eingeräumt, die bisher am stärksten benachteiligt worden waren, weil sie noch gar nicht beschult worden waren. Den Belangen jener Schüler und Schülerinnen mit sonderpädagogischem Förderbedarf, die bisher zwar die Schule besucht hatten, dort aber nicht adäquat gefördert worden waren, galt die zweite Priorität (*20 U.S.C.A.* §1414[a][1][C][ii]]). Es zeigt sich, daß hier das Problem, nämlich die Notwendigkeit, allen Kindern und Jugendlichen mit sonderpädagogischem Förderbedarf eine angemessene Erziehung zu garantieren, eher mit dem "bottom-up" als dem "top of the cream - approach"[21] gelöst werden sollte (*Turnbull*, 1990, S. 45).

Das Gesetz betont, daß die Beschulung für die Eltern des betroffenen Kindes grundsätzlich keine Kosten verursachen darf (*20 U.S.C.A.* §1401[a][18][A]). Sollte im Rahmen des staatlichen Schulwesens kein für das Kind geeignetes Programm zu finden sein, und sollte daher die lokale Schulbehörde der Unterbringung in einer Privatschule zustimmen, müssen die dadurch entstehenden Kosten von der Schulbehörde übernommen werden (*20 U.S.C.A.* §1413[a][4][B]). Damit sollte sichergestellt werden, daß nicht die Eltern dafür bestraft werden, wenn das öffentliche Schulsystem nicht in der Lage ist, dem Kind eine angemessene Erziehung zukommen zu lassen. Dies hatte nämlich in den sechziger und Anfang der siebziger Jahre vielen Familien Probleme bereitet und finanzielle Lasten auferlegt, die sie kaum tragen konnten (*Zettel & Ballard*, 1982, S. 19-20).

---

cher Unterstützungsmaßnahmen bedürfen, identifiziert, lokalisiert und diagnostisch überprüft werden, sowie, daß eine praktikable Methode entwickelt und umgesetzt wird, um herauszufinden, welche Kinder derzeit die benötigte sonderpädagogische Förderung und zusätzliche Maßnahmen erhalten bzw. welche Kinder diese nicht erhalten.

[20] "Kinder-Such-Methode"

[21] gemeint ist eine Betrachtungsweise, die Maßnahmen "von unten nach oben" durchführen will und nicht umgekehrt als erstes bei den Interessen der "Elite" ansetzt.

2.3.2 "Nondiscriminatory and Multidisciplinary Assessment": Richtlinien für die Diagnostik

Um Diskriminierungen im Rahmen der Diagnostik zu vermeiden, wurden einige Sicherheitsmaßnahmen in das Gesetz aufgenommen (*20 U.S.C.A.* §1412 [5][c]):
- Kinder müssen in ihrer Muttersprache getestet werden und die ausgewählten diagnostischen Verfahren müssen den durch ggf. vorhandene Schädigungen beeinträchtigten Kommunikationsfähigkeiten der Kinder angepaßt sein.
- Es dürfen nur valide und kultur- und rassenunabhängige Testverfahren eingesetzt werden.
- Außerdem sollten mehrere unterschiedliche Verfahren verwendet werden, um Ungenauig- und Einseitigkeiten zu vermeiden.

Durchgeführt werden muß die diagnostische Überprüfung von dazu qualifiziertem Personal (*34 C.F.R.* §300.532[a][3]), das in einem interdisziplinären Team zusammenarbeitet (*34 C.F.R.* §300.532[e]). Bei der Interpretation der so gesammelten Daten und der daraus resultierenden Entscheidung über die Bedürftigkeit einer sonderpädagogischen Förderung, sollte die Schulbehörde alle Ergebnisse berücksichtigen und ferner die Empfehlungen der Lehrkräfte, die körperliche Konstitution des Kindes und dessen sozialen und kulturellen Hintergrund nicht vernachlässigen (*34 C.F.R.* §300.533).

Ferner muß das Einverständnis der Erziehungsberechtigten für eine erste diagnostische Überprüfung eingeholt werden und bei mangelndem Konsens ggf. der Amts- und Rechtsweg für die Lösung derartiger Streitigkeiten eingeschlagen werden (34 C.F.R. § 300.504).

Mindestens alle drei Jahre muß der Diagnoseprozeß vollständig wiederholt werden, um herauszufinden, ob das betreffende Kind noch adäquate Förderung erhält oder überhaupt noch sonderpädagogischer Unterstützung bedarf (*34 C.F.R.* §300.534[b]).

Diskriminierungen aufgrund fahrlässiger Diagnose waren in zweierlei Hinsicht für die betroffenen Menschen bedenklich gewesen: Zum einen wegen des stigmatisierenden Effekts, aber auch weil Fehldiagnosen, die inadäquate Erziehungsformen zur Folge hatten, die Schüler und Schülerinnen ihrer Chancengleichheit im Bildungswesen beraubten (*Zettel & Ballard*, 1982, S. 16). *Turnbull* (1990) bringt diese Bedenken in Verbindung mit der fünften und der vierzehnten Ergänzungsklausel der amerikanischen Verfassung:

Denying an education is arguably tantamount to denying an opportunity to develop the ability to acquire property. Classifying children as handicapped when they are not, or classifying them inaccurately with respect to their handicaps, can result not only in denying them their right to an educational opportunity (not to mention their rights to an appropriate education) but also in unjustifiably stigmatizing them[22] (S. 81).

Ein anderer Aspekt, welcher die Diagnostik indirekt betrifft, sind jene Sicherheitsmaßnahmen im Gesetz, welche Fehldiagnosen und Überidentifizierung von Behinderungen vermeiden sollen. Zum einen wurde im Gesetz ja verankert, wer genau als "handicapped student" gilt *(20 U.S.C.A. §1401[a][1])* und die "regulations" legen die genauen Definitionen für die einzelnen Behinderungskategorien fest *(34 C.F.R. §300.7;* die Definitionen der Kategorien finden sich in im Anhang). Die Klausel, daß jeder Staat nur für 12% seiner gesamten Schüler- und Schülerinnenpopulation finanzielle Bundesunterstützung für sonderpädagogische Betreuung beantragen kann *(20 U.S.C.A. §1411[a][5][A][i])*, sollte dagegen helfen, ungerechtfertigte Überidentifizierungen zu vermeiden. An der Finanzierung sonderpädagogischer Maßnahmen für Schüler und Schülerinnen, die der kritischen Kategorie "specific learning disabilities" zugeteilt wurden, sollte der Bund sich ursprünglich sogar nur für 2% der Gesamtpopulation mit Staatsgeldern beteiligen, allerdings wurde diese Regelung schnell wieder zurückgenommen *(U.S. Dep. of Ed.,* 1992, S. 18). Stattdessen wurden für die Kategorie "learning disabilities" eigene Richtlinien für den Diagnoseprozeß erarbeitet *(34 C.F.R. §§300.540-543)*.

2.3.3 *"Parent Participation": Mitwirkungsmöglichkeiten der Eltern*

Das Konzept der gemeinsamen Entscheidungsfindung repräsentiert das amerikanische Ideal der partizipatorischen Demokratie und findet sich in den USA in sämtlichen Schulen und anderen öffentlichen Einrichtungen *(Turnbull,* 1990, S. 213).

Schon in der Absichtserklärung des Gesetzes hieß es ja, daß es Ziel des Gesetzes sei, den Schutz der Rechte der "handicapped children" und ihrer Eltern sicherzustellen *(20 U.S.C.A. §1400[c])*. Die Eltern oder andere gesetzliche Vertreter der Kinder und Jugendlichen haben deshalb laut Gesetz Mitwirkungsmöglichkeiten bei allen Entscheidungen, welche die Identifikation, diagnostische

---

[22] Jemandem das Recht auf Erziehung zu verwehren, ist fast gleichbedeutend damit, ihm oder ihr das Recht, Eigentum zu erwerben, abzusprechen. Kinder als behindert einzustufen, wenn sie es nicht sind, oder sie wegen ihrer Behinderung falsch zu klassifizieren, kann nicht nur dazu führen, daß man ihnen das Recht auf Bildungschancen (geschweige denn ihr Recht auf eine angemessene Erziehung) verwehrt, sondern auch dazu, sie ungerechtfertigt zu stigmatisieren.

Überprüfung und die Form der Beschulung ihres Kindes betreffen (*20 U.S.C.A.* §1415[b]):
- Der Zugang zu allen Akten und Informationen, welche die sonderpädagogische Förderung ihres Kindes betreffen, muß den Eltern gewährleistet sein.
- Sie müssen über alle geplanten Schritte und ihre eigenen rechtlichen Möglichkeiten rechtzeitig schriftlich und ausführlich informiert werden, und ihr Einverständnis muß eingeholt werden. Sie sollen zu allen Konferenzen, welche die Erziehung ihres Kindes betreffen, eingeladen werden und haben dort ein Mitsprache- und Mitentscheidungsrecht (vgl. *34 C.F.R.* §§300.504-505).
- Ferner sind sie bei der Ausarbeitung des individuellen Erziehungsplans für ihre Kinder (vgl. Kap. 2.3.6.1) beteiligt, und haben Anspruch darauf, seine Einhaltung zu überprüfen (*20 U.S.C.A.* §1401[a][19]). Es wird sogar ausdrücklich betont, daß sie rechtzeitig über eine notwendig werdende Sitzung informiert werden müssen und der Termin dafür mit ihnen vorher abgesprochen werden soll (*34 C.F.R.* §300.345[a][2]).

Besonders wichtig sind aber gerade jene Rechte, welche die Eltern haben, wenn sie mit einer Entscheidung *nicht* einverstanden sind: Die Eltern haben z.B. Anspruch auf eine erneute Überprüfung des Kindes durch einen unabhängigen Gutachter, wenn sie das Gefühl haben, daß die Diagnose zuungunsten ihres Kindes ausgefallen ist (*34 C.F.R.* §300.503). Sollten sich Eltern und Schulbehörde bei der Entscheidungsfindung bzgl. irgendeines Aspektes der sonderpädagogischen Förderungen nicht einigen können, haben beide Parteien das Recht, Widerspruch einzulegen (*20 U.S.C.A.* §1415[b][E]. In diesem Fall kommt es dann zu einem "impartial due process hearing", einer Art Anhörungsverfahren auf Verwaltungsebene, welches die Angelegenheit nochmals überprüft (*20 U.S.C.A.* §1415[b][2]; nähere Regelungen dazu siehe *34 C.F.R.* §§300.506-510). Wäre eine der darin verwickelten Parteien, die Schulbehörde oder die Eltern, mit der darin gefällten Entscheidung wieder nicht einverstanden, könnte sie dann ihr Anliegen vor Gericht bringen (*20 U.S.C.A.* §1415[e][2]). In der Regel ist dieser Rechtsweg, bei dem zunächst alle Verwaltungsebenen durchlaufen werden müssen, verbindlich. Nur in Ausnahmefällen, wenn nachgewiesen werden kann, daß die lange Dauer dieses Rechtsweges massiv zu Lasten der betroffenen Kinder und Jugendlichen geht, kann ein Anliegen auch gleich dem Gericht präsentiert werden (*Data research*, 1989, S. 130, 140). Solange ein Streitfall nicht endgültig geklärt ist, verbleibt der Schüler oder die Schülerin in der bisherigen Schulform, um eine gewisse Kontinuität in der Erziehung zu gewährleisten. Nur jene Kinder und Jugendliche, die bisher gar nicht beschult wurden, werden schon vor der endgültigen Klärung des Sachverhalts vorübergehend in eine adäquat erscheinende Schulform aufgenommen (*34 C.F.R.* §300.513; *Data research*, 1989, S. 164). Diese Regelung wird häufig als "stay-put"[23]-Grundsatz beschrieben (*Rothstein*, 1990, S. 206).

2.3.4 *"Procedural Safeguards": Verfahrensrechtliche Vorsichtsmaßnahmen*

"Due process rights" sind Rechte, die im amerikanischen Justizsystem garantieren sollen, daß jede Bürgerin und jeder Bürger die Möglichkeit hat, sich gegen ungerechtfertigte juristische Entscheidungen wehren zu können. Diese Rechte sind in der 5. und 14. Ergänzungsklausel der Amerikanischen Verfassung verankert. "Bei Eingriffen in Leben, Freiheit und Eigentum muß die staatliche Gewalt die Erfordernisse des `due process of law´[24] ... beachten" (*Brugger*, 1987, S. 43). Man unterscheidet zwischen prozeduraler Ebene, welche die Einhaltung der vorgeschriebenen Verfahrensweise sicherstellen soll, so wie es hier der Fall ist, und substantieller Ebene, die sich mit den Inhalten der Rechtssprechung beschäftigt (*ders.*, S. 44).

Die schlechten Erfahrungen der Vergangenheit mit undurchsichtigen und ungerechtfertigten Verfahrensweisen führten zur Aufnahme verfahrensrechtlicher Vorsichtsmaßnahmen im Gesetzestext, welche die Rechte aller Beteiligten sichern sollten:

For those who pioneered the right-to-education doctrine, the procedures for implementing the right were as crucial as the right itself ... Procedural due process - the right to protest - is a necessary educational indegrient in enforcing every phase of the handicapped child´s right to an education[25] (*Turnbull*, 1990, S. 193).

Im Grunde wurde innerhalb von P.L. 94-142 auf zweierlei Weise versucht sicherzustellen, daß die Rechte von Kindern und Jugendlichen mit sonderpädagogischem Förderbedarf ausreichend gesichert werden. Erstens spielt dabei die schon erwähnte elterliche Beteiligung am Entscheidungsprozeß eine wesentliche Rolle. Zum anderen finden sich innerhalb des Gesetzestextes auch zahlreiche Verfahrensvorschriften, wie beispielsweise die schon erwähnten Vorgaben für den Verlauf des Diagnoseprozesses. Mittels dieser Verfahrensrichtlinien sollte gewährleistet werden, daß die inhaltliche Forderung, in diesem Falle Diskriminierungen im Rahmen des Diagnoseprozesses zu vermeiden, auch tatsächlich

---

[23] Floskel im Sinne von "dort bleiben, wo man hingesteckt wurde"

[24] "ordentliches Rechtsverfahren"

[25] Für jene, welche dem Grundsatz des "Rechts-auf-Bildung" den Weg bahnten, waren die Verfahrensweisen, mittels derer dieses Recht durchgesetzt werden sollte, genauso entscheidend wie das eigentliche Recht selbst. ... Verfahrensrechtliche Sicherheitsmaßnahmen - das Recht, Widerspruch einzulegen - sind für die Durchsetzung jeder einzelnen Phase des Bildungsrechts des behinderten Kindes ein notwendiger schulischer Bestandteil.

umgesetzt wird. Um ferner diese Umsetzung kontrollierbar zu machen, sind sowohl die staatlichen als auch die lokalen Schulbehörden dazu verpflichtet, die Einhaltung dieser Verfahrensrichtlinien nachzuweisen (*20 U.S.C.A.* §1412[5][A]).

Zur Erläuterung sollen noch einige der Verfahrensvorschriften erwähnt werden, die zur Sicherstellung elterlicher Mitwirkungsrechte im Gesetz verankert wurden: Die Schulbehörde ist beispielsweise verpflichtet, darauf zu achten, daß schriftliche Mitteilungen an die Eltern von diesen auch verstanden werden, z.b. in deren Muttersprache verfaßt sind und bei Konferenzen gegebenenfalls auch eine Übersetzerin anwesend ist (*20 U.S.C.A.* §1415[b][1][D]). Festgelegt sind auch die Schritte, die befolgt werden müssen, wenn ein Kind keine Eltern hat, bzw. diese nicht verfügbar sind. Zur Wahrung der Rechte des Kindes muß dann ein Vormund bestellt werden (*20 U.S.C.A.* §1415[b][1][B]). In den "regulations" werden die jeweiligen Verfahrensvorschriften zumeist dann noch genauer spezifiziert, so wird beispielsweise auch peinlichst genau vorgeschrieben, welche Schritte eine lokale Schulbehörde verfolgen muß, um die elterliche Mitwirkung an der Erstellung des IEPs zu erreichen (*34 C.F.R.* §300.345).

Eine detaillierte Beschreibung derartiger Verfahrensvorschriften, dargestellt am Beispiel eines Überweisungsverfahrens und dessen zeitlichen Ablaufs, findet sich für interessierte deutsche Leserinnen und Leser bei *Kleber* (1982).

2.3.5 "Least Restrictive Environment": Erziehung in der am wenigsten einschränkenden Umgebung

Das Prinzip des "least restrictive environments" ist zum einen begründet auf pädagogischen und ethischen Grundüberzeugungen. Das Erziehungswesen der USA basiert nämlich auf dem Grundsatz, daß sowohl das Individuum als auch die Gesellschaft davon profitieren, wenn das Bildungsniveau nicht nur so hoch wie möglich ist, sondern auch im Bildungsbereich alle miteinander zusammenleben (*Turnbull*, 1990, S. 165). Diese Überzeugung schließt auch Kinder und Jugendliche mit sonderpädagogischem Förderbedarf ein: "We can no longer allow schools to segregate children ... based on assumptions that are invalid and morally flawed. That is the message that Public Law 94-142 implies"[26] (*Sarason & Doris*, 1979, S. 391).

Des weiteren findet sich das Prinzip der "least restrictive alternative" auch innerhalb des Rechtssystems. Dort bedeutet dieser Grundsatz, daß selbst dann,

---

[26] Wir können es den Schulen nicht länger gestatten, Kinder, beruhend auf fälschlichen und moralisch fragwürdigen Behauptungen, zu isolieren. Das ist die Botschaft, die in Public Law 94-142 deutlich wird.

wenn die legislative Absicht staatlicher Handlungsweisen legitim ist, der Staat in seinen Aktivitäten versuchen muß, die persönlichen Rechte und Freiheiten der Bevölkerung soweit wie möglich zu wahren (*Turnbull*, 1990, S. 146). Das bekannteste Beispiel für die Anwendung dieses Rechtsprinzips in der Sonderpädagogik vor der Verabschiedung von P.L. 94-142 ist der Fall "Wyatt vs. Stickney" aus dem Jahre 1972. In diesem war einer Gruppe von institutionalisierten Menschen mit "mental retardation" bzw. "mentally illness" in Alabama das Recht auf eine adäquate Förderung zugesprochen worden, die in einer weniger restriktiven Umgebung erfolgen sollte (*Davis*, 1986, S. 302).

P.L. 94-142 fordert ausdrücklich, daß Schüler und Schülerinnen mit sonderpädagogischem Förderbedarf soweit wie möglich mit ihren Mitschülern und Mitschülerinnen in der Regelklasse unterrichtet werden sollen:

To the maximum extent appropriate, handicapped children ... are educated with children who are not handicapped, and ... special classes, separate schooling or other removal of handicapped children from the regular education environment occurs only when the nature or severity of the handicap is such that education in regular classes with the use of supplementary aids and services cannot be achieved satisfactorily[27] (*20 U.S.C.A.* 1412[5][B]).

Die Entscheidung über die Schulform hängt somit nicht mehr, wie bisher üblich, allein von der Kategorie der Behinderung ab. Vielmehr sind die individuellen erzieherischen Bedürfnisse des einzelnen Kindes ausschlaggebend (*Salend*, 1990, S. 2). Die Schulbehörde muß deshalb dafür Sorge tragen, daß die schulische Förderungsform für jedes Kind jährlich überprüft wird, in Einklang mit dem individuellen Erziehungsplan des betroffenen Kindes steht (vgl. Kap. 2.3.6.1) und so nah wie möglich am Wohnort liegt (*34 C.F.R.* §300.552[a]). Dabei sollte versucht werden, das Kind in die Schule aufzunehmen, die es besuchen würde, wenn es nicht als "handicapped" gelten würde (*34 C.F.R.* §300.552[c]).

Um den gesetzlichen Auflagen weitmöglichster Integration entsprechen zu können, wird in den "regulations" verlangt, daß ein "continuum of services"[28] vorhanden ist (*34 C.F.R.* §300.551[a]). Dieses Kontinuum muß folgende Schulformen beinhalten: "regular classes, special classes, special schools, home instruction and instruction in hospitals and institutions"[29], und ferner muß

---

[27] Soweit wie möglich sollen Kinder mit Behinderungen zusammen mit Kindern, die nicht behindert sind, erzogen werden. Sonderklassen, separate Beschulung oder die Entfernung von Kindern mit Behinderungen aus dem Bereich der Regelschule erfolgen nur, wenn der Schweregrad der Behinderung so gravierend ist, daß ein Schulbesuch der Regelklasse selbst mit der Unterstützug von ergänzenden Hilfen und Leistungen nicht zufriedenstellend realisiert werden kann.
[28] breit gefächertes Angebot zusammenhängender Organisationsformen schulischer Förderung, "Kontinuum möglicher Schulformen"
[29] "Regelklassen, Sonderklassen, Sonderschulen, Unterricht zu Hause und in Krankenhäusern bzw. Institutionen"

gewährleistet sein, daß auch die zeitweise, separate Förderung in sog. "resource rooms" oder die Unterstützung innerhalb des Klassenzimmers durch sog. "intinerant instruction" (vgl. Kap. 2.3.5.1) in Verbindung mit dem Unterricht in der Regelklasse zur Verfügung stehen (*34 C.F.R.* §300.551[b+c]).

Auch außercurriculare Aktivitäten wie die Mahlzeiten und Freizeitaktivitäten, die sich in den amerikanischen Ganztagesschulen häufiger ergeben als bei uns, unterliegen der Forderung nach weitmöglichster Integration. Gerade für Kinder und Jugendliche, welche in den akademischen Fächern, und somit den größten Teil des Schultages, in separaten Klassen unterrichtet werden, wird dieser Bereich als sehr wichtig angesehen (*34 C.F.R.* §300.553).

Ferner sollen selbst jene Kinder und Jugendlichen, die aufgrund anderer als schulpädagogischer Gründe in Institutionen untergebracht sind, sofern sie dazu in der Lage sind, die nahe gelegene Regelschule besuchen dürfen (*34 C.F.R.* §300.554).

Im Kommentar der "regulations" wird allerdings auch darauf hingewiesen, daß die Forderung nach weitmöglichster Integration nicht zu Lasten der Schüler und Schülerinnen in der Regelklasse gehen darf: "Where a handicapped child is so disruptive in a regular classroom that the education of other students is significantly impaired, the needs of the handicapped child cannot be met in that environment" (*34 C.F.R.* 300.552 Note)[30].

Es muß auch herausgestellt werden, daß die Forderung nach der Erziehung in der am wenigsten einschränkenden Umgebung immer als sekundäre Forderung anzusehen ist. Vorrangig geht es immer darum, dem Kind eine seinen individuellen Bedürfnissen angepaßte Förderung zuteil werden zu lassen (vgl. Kap. 2.3.6). Das bedeutet, daß für bestimmte Kinder und Jugendliche die sonderpädagogische Förderung in einer restriktiveren Umgebung durchaus legitim sein kann, wenn diese nachweislich notwendig ist (vgl. *Turnbull*, 1990, S. 147). Da die Bestimmung dessen, was eine angemessene Erziehung ausmacht, nicht ganz einfach ist, wird deutlich, wie komplex das Prinzip des LRE eigentlich ist, und es läßt sich erahnen, welche Schwierigkeiten bei seiner Umsetzung in die Praxis entstehen können (*ders.*, S. 161).

---

[30] In Fällen, in denen ein behindertes Kind dermaßen den Unterricht in der Regelklasse stört, daß die Erziehung der anderen Schüler und Schülerinnen deutlich beeinträchtigt wird, kann den Erziehungsbedürfnissen dieses behinderten Kindes nicht in dieser Schulform entsprochen werden.

2.3.5.1 Kontinuum verschiedener Schulformen

Schon 1962 hatte *Maynard Reynolds* in dem bereits erwähnten Artikel vorgeschlagen, nicht nur die beiden Schulformen "Regelklasse" oder "Sonderschule" in Betracht zu ziehen, sondern generell mehrere flexiblere Lösungen, wie sie mancherorts schon praktiziert wurden, anzubieten.

Das Angebot eines derartigen Kontinuums[31] wird auch in den "Federal Regulations" als Möglichkeit dargestellt, für jedes Kind die passende Schulform zu finden. In der sonderpädagogischen Literatur stellen verschiedene Autorinnen und Autoren dieses Kontinuum mit unterschiedlich vielen möglichen Zwischenstufen dar (vgl. *Hardman et al.*, 1987, S. 44; *Salend*, 1990, S.4; *Reynolds*, 1962, S. 368).

Abb. 4: Kontinuum möglicher Schulformen (nach *Hardman et al.*, 1987, S. 44)

Die am wenigsten restriktive, weil voll integrierte Form der Beschulung in der Regelklasse bildet die Ausgangssituation. Je nach Notwendigkeit, wird die Schulform restriktiver und isolierter von der Regelklasse, bis hin zur restriktivsten Form des Unterrichts in einem Krankenhaus oder zu Hause. So viele Schüler und Schülerinnen mit sonderpädagogischem Förderbedarf wie möglich sollten in integrierten Schulformen unterrichtet werden, so wenige wie möglich in separaten. Für diejenigen Schüler und Schülerinnen, die dennoch separat geför-

---

[31] Dieses wird bei einzelnen Autoren und Autorinnen auch als "cascade", also als "Wasserfall", bezeichnet (z.B. *Deno*, 1970, S. 235).

dert werden, soll stets das Ziel vor Augen bleiben, sie so bald wie möglich verstärkt mit ihren nichtbehinderten Altersgenossen zu unterrichten.

In den ersten drei Schulformen liegt die Hauptverantwortung für die Erziehung der Kinder und Jugendlichen bei der Regelschule, in den anderen bei der Sonderpädagogik. Im folgenden sollen diese verschiedenen Schulformen, so unterschiedlich sie in den einzelnen lokalen Schulbehörden der verschiedenen Staaten auch aussehen mögen, kurz beschrieben werden.

- *Volle Integration in die Regelklasse*

Der Schüler oder die Schülerin werden ohne zusätzliche Unterstützung von außen ganztägig in der Regelklasse zusammen mit ihren Altersgenossen unterrichtet. Die für die Verwirklichung der IEP-Ziele notwendige Anpassung der Unterrichtsinhalte und gegebenenfalls des didaktischen Materials liegt in der alleinigen Verantwortung der Regelschullehrkräfte (*Hardman et al.*, 1987, S. 43). Entsprechend hängt der Lernerfolg der Schüler und Schülerinnen mit sonderpädagogischem Förderbedarf in dieser Schulform sehr von den Ideen, Fähigkeiten und der Innovationsbereitschaft ihrer Lehrkräfte ab.

- *Unterricht in der Regelklasse mit Unterstützung durch "consultant teachers"*

Auch in dieser Schulform bleiben die Schüler und Schülerinnen den ganzen Schultag in der Regelklasse, allerdings erhalten sie und ihre entsprechende Lehrkraft Unterstützung durch einen "consultant teacher" (Beratungslehrerin). Meist handelt es sich bei diesen um Sonderpädagoginnen oder aber auch Regelschullehrer mit einer entsprechenden Zusatzausbildung (*Hardman et al.*, 1987, S. 43).

Es gibt zahlreiche Möglichkeiten, wie diese Beratung und Unterstützung formal geregelt wird. Der Staat New York unterscheidet beispielsweise zwischen direkter und indirekter Unterstützung. Bei der direkten Unterstützung arbeiten die "consultant teachers" mindestens zwei Stunden die Woche aktiv mit den betroffenen Schülerinnen und Schülern *innerhalb* des Klassenzimmers. Indirekte Unterstützung wendet sich mehr an die Regelschullehrkraft: Der "consultant teacher" hilft den Lehrkräften dabei, die individuellen Bedürfnisse der Schulkinder mit sonderpädagogischem Förderbedarf in der Klasse zu erkennen und die Lernumgebung sowie die Lernmaterialien den Bedürfnissen dieser Schüler und Schülerinnen anzupassen (*Wood*, 1989, S. 1; vgl. auch *Schulte, Osborne & McKinney*, 1990, S. 162). Eine gute Zusammenarbeit zwischen den Lehrkräften und den "consultant teachers" ist für diese Art der sonderpädagogischen Förderung unerläßlich (*Wiedmeyer & Lehman*, 1991; *Gersten, Darch, Davis & George*, 1991).

- *Unterricht in der Regelklasse mit Förderung in den "resource rooms"*
Schüler und Schülerinnen, die sonderpädagogische Förderung in den "resource rooms" erhalten, verbringen immer noch den größten Teil des Schultages in der Regelklasse. Dennoch folgt dieses Prinzip schon dem "pull out approach"[32]: Bis zu maximal drei Stunden am Tag verbringen die Kinder in den separaten "resource rooms". Dort werden sie von einer sonderpädagogischen Kraft einzeln oder in Kleingruppen gefördert. Es wird versucht, den Unterricht in der Regelklasse sinnvoll zu ergänzen und individuelle Probleme gezielt anzugehen, so daß die Schüler und Schülerinnen trotz ihrer Behinderungen und Lernprobleme in der Regelklasse verbleiben und auch wirklich am dortigen Unterricht aktiv teilhaben können (*Hardman et al.*, 1987, S. 43; *Salend*, 1990, S. 5-6). Auch bei dieser Schulform ist daher die Kooperation aller beteiligten Lehrkräfte für eine erfolgreiche Förderung notwendig (*Wiedmeyer & Lehman*, 1991, S.10; *Voltz, Elliot & Harris*, 1995, S. 129).

- *Unterricht in der Sonderklasse mit Teilhabe am Unterricht in der Regelklasse*
Auf dieser Stufe verbringen die Schüler und Schülerinnen den Großteil des Schultages in der Sonderklasse innerhalb des Regelschulgebäudes. Soweit wie möglich nehmen sie aber noch am Unterricht in einer Regelklasse teil. Zumeist betrifft dies den Unterricht in nichtakademischen Fächern, z.B. Sport, Musik oder Kunst, in denen gewährleistet ist, daß die Kinder und Jugendlichen trotz ihrer Behinderung aktiv teilhaben können und nicht überfordert werden (*Hardman et al.*, 1987, S. 43; *Salend*, 1990, S. 6-7).

- *Vollzeitunterricht in der Sonderklasse innerhalb des Regelschulgebäudes*
In dieser Schulform verbringen die Schülkinder die gesamte Unterrichtszeit in der Sonderklasse. Dadurch, daß sich jene im Regelschulgebäude befindet, besteht noch die Gelegenheit zum Kontakt mit nichtbehinderten Altersgenossen. Allerdings ist diese Interaktion in ihren Möglichkeiten auf das *soziale* Schulleben beschränkt, das Unterrichtsleben verläuft isoliert. Soziale Interaktionsmöglichkeiten können sich in den Pausen und beim Mittagessen, bei der Busfahrt auf dem Schulweg oder auch bei Schulfesten ergeben (*Hardman et al.*, 1987, S. 43-44; *Salend*, 1990, S. 7).

---

[32] Verfahrensweise, bei der Kinder, die in der Regelklasse auffallen, aus dem Klassenverband "herausgezogen" werden, und die Verantwortung für diese Kinder an die Sonderpädagogik abgegeben wird.

- *Unterricht in einer Sondereinrichtung*
Als Vorteile der Sondereinrichtung werden noch immer die speziell auf die Bedürfnisse der Schüler und Schülerinnen eingerichtete Ausstattung und die bessere Möglichkeit der medizinischen und psychologischen Betreuung genannt. Die Chance, mit nichtbehinderten Kindern und Jugendlichen in Berührung zu kommen, ist hier jedoch sehr gering, da es sich entweder um Ganztagsschulen oder sogar um Internatsschulen handelt und dadurch auch in der Freizeit wenig Kontakt "nach außen" besteht (*Salend*, 1990, S. 7).

Sollte aufgrund des speziellen sonderpädagogischen Förderbedarfs eines Kindes die Schulbehörde zu dem Schluß kommen, daß die Unterbringung in einem Internat notwendig ist, dürfen die Eltern an den Kosten, d.h. auch jenen für die medizinische Versorgung und Kost und Logis, nicht beteiligt werden (*34 C.F.R. §300.302*).

- *Einzelunterricht im Krankenhaus oder zu Hause*
Dieser Typus des Unterrichts ist nur dann legitim, wenn Kinder und Jugendliche aus *gesundheitlichen Gründen* für beschränkte Zeit nicht in der Lage sind, eine Schule zu besuchen. Sie wird als die restriktivste angesehen, da sie keine Form der Teilhabe am Schulalltag anderer Kinder und Jugendlicher ermöglicht (*Hardman et al.*, 1987, S. 44-45; *Salend*, 1990, S. 7-8). *Erzieherische Legitimation* für eine derartig isolierende Beschulung gibt es nicht (*Reynolds*, 1962, S. 368).

- *Privatschulen (in der hier abgedruckten Abbildung nicht aufgenommen)*
Gegebenenfalls ist der Staat sogar dazu verpflichtet, die Kosten für die sonderpädagogische Förderung in einer Privatschule zu übernehmen, wenn sich herausstellen sollte, daß dies der Ort ist, der dem Anspruch des Kindes auf eine seinen individuellen Bedürfnissen angemessene Erziehung allein gerecht wird. Dabei muß er darauf achten, daß auch im Rahmen dieser privaten Beschulung das Schulkind alle die ihm zustehenden Rechte auch gewährleistet bekommt (*20 U.S.C.A. §1413[a][4]*).

Ähnlich verhält es sich, wenn nachgewiesen sein sollte, daß innerhalb des betreffenden Bundesstaates keine angemessene Erziehung möglich ist. In diesem Fall müssen auch die Kosten für eine Unterbringung außerhalb des Bundesstaates getragen werden (*Rothstein*, 1990, S. 156).

2.3.5.2 Exkurs: Begriffsklärung "Mainstreaming"

"Mainstreaming" ist der in der amerikanischen Fachliteratur und besonders auch in der schulischen Praxis weit verbreitete Begriff, mit dem das rechtliche Prinzip des "LRE" beschrieben wird (*Yoshida*, 1987, S. 980). Dieser Begriff wird sehr häufig benutzt und dabei in seiner Bedeutung oft falsch interpretiert und simplifiziert (*Dybwad*, 1980, S. 87): "Mainstreaming means different things to different people"[33] (*Reger*, 1974, S. 57; siehe dazu beispielsweise die Auflistung bei *Salend*, 1990, S. 10).

Im Gesetz selber fällt die Bezeichnung "mainstreaming" nicht, vielmehr ist es ein sozialwissenschaftlich geprägter Terminus (*Ysseldyke & Algozzine*, 1990, S. 254). Unter "mainstream" ("Hauptstrom") versteht man in der Regel die aktuelle Hauptrichtung, z. B. in einer Wissenschaft oder in Teilbereichen der Kultur. Innerhalb der Sonderpädagogik wurde der Begriff zunächst im Rahmen der Normalisationsbewegung zur Beschreibung der Deinstitutionalisierung benützt (*Roberts & Mather*, 1995, S. 47).

Im Zusammenhang mit der Erziehung von Kindern und Jugendlichen mit sonderpädagogischem Förderbedarf ist mit "mainstream" des Bildungswesens gemeint, nämlich das Regelschulwesen. Grammatikalisch handelt es sich um die Verlaufsform des Verbs, womit eher der Prozeß des "Hineinholens" betont wird, weniger der erreichte Zustand als solcher, wie z.B. die vollständige Integration. Dies entspricht der Doktrin des "LRE", die mit der Einschränkung "as far as possible"[34] ebenfalls den Prozeß betont. Eine schöne Verbildlichung dieses Verständnisses von "mainstreaming" bietet die Zeichnung von *Fairchild & Henson* (1976; siehe Abb. 5, S. 83).

Diese Interpretation ist folglich nicht gleichbedeutend mit der vollständigen Aufnahme aller Kinder mit sonderpädagogischem Förderbedarf in die Regelklasse. Der "Council for Exceptional Children" hat so in einer Erklärung von 1975 extra betont, daß man auch dann von "mainstreaming" reden kann, wenn für ein bestimmtes Kind aufgrund seiner individuellen Förderbedürfnisse eine andere Schulform des Kontinuums als die Regelklasse gewählt wird (nach *Dybwad*, 1980, S. 87). Auch in der Begriffsbestimmung bei *Roberts und Mather* (1995) wird betont, daß mit "mainstreaming" sowohl die zeitweise als auch die vollständige Aufnahme von Kindern und Jugendlichen mit sonderpädagogischem Förderbedarf in die Regelklassen gemeint sei (S. 47; ähnlich auch *Lipsky & Gartner*, 1989d, S. 17).

---

[33] Verschiedene Personen haben ein völlig unterschiedliches Verständnis davon, was `mainstreaming´ eigentlich bedeutet.
[34] "soweit wie möglich"

Abb. 5: The trend in the 1970´s is mainstreaming exceptional children[35] (*Fairchild & Henson*, 1976, S. 55)

Obgleich dieses Verständnis von "mainstreaming" am ehesten der in P.L. 94-142 verankerten Forderung nach weitmöglichster Integration entspricht, verwenden, definieren und interpretieren andere amerikanische Autoren und Autorinnen den Begriff ganz anders. Zusätzlich verwirrend ist die Tatsache, daß die Begriffsbestimmung von "integration" ähnlich unklar ist (*McDonnel & Hardman*, 1989, S. 68), und folglich eventuelle Abgrenzungen schwierig sind (*Sawyer, McLaughlin & Winglee*, 1994, S. 205).

Es ist daher bei fast allen Publikationen nötig, sich genau zu vergegenwärtigen, wie "mainstreaming" oder "integration" in dem speziellen Zusammenhang benützt wird:
- Ist "mainstreaming" / "integration" schwerpunktmäßig ein räumlich-organisatorisches, curriculares oder soziales Phänomen, oder eine Kombination aus all diesen?
- Gibt es dem Verständnis der Autorinnen und Autoren nach unterschiedliche Formen von erfolgreicher "integration" / "mainstreaming", oder dürfte nur die vollständige Aufnahme und Partizipation von Schülern und Schülerinnen mit

---

[35] Der Trend in den siebziger Jahren ist es, Kinder mit außergewöhnlichen Förderbedürfnissen soweit wie möglich zu integrieren.

sonderpädagogischem Förderbedarf am Unterricht der Regelklasse so bezeichnet werden?
- Bezieht sich "mainstreaming" / "integration" nur auf das Schulwesen, oder wird es im gesamtgesellschaftlichen Zusammenhang benützt (siehe z.B. *Biklen, Searl & Taylor*, 1987, S. 11-12; *Hardman et al.*, 1987, S. 492; *McDonnel & Hardman*, 1989, S. 11; *Salend*, 1990, S. 10-11; *Taylor & Sternberg*, 1989, S. 10-11; *Yoshida*, 1987, S. 980-981)?

2.3.6 "Individualized Appropriate Education": Individualisierte und angemessene Erziehung

Einer der Hauptgründe, Individualisierung und Angemessenheit der Erziehung als notwendige Bestandteile sonderpädagogischer Förderung in das Gesetz aufzunehmen, war sicherlich die Zielsetzung, die bisher so häufige "functional exclusion" vieler Schüler und Schülerinnen mit sonderpädagogischem Förderbedarf zu vermeiden (*Turnbull*, 1990, S. 119; vgl. Kap. 2.3.1). Schon in der Zielsetzung des Gesetzes war ja betont worden, daß die Angemessenheit sonderpädagogischer Förderung nur dann gewährleistet werden könnte, wenn Unterricht und Erziehung den individuellen Bedürfnissen der betroffenen Kinder und Jugendlichen gerecht werden (*20 U.S.C.A.* §1400[c]).

Außerdem hatte man die Befürchtung, daß sonst "mainstreaming" allzuleicht als "maindumping"[36] (vgl. *Biklen et al.*, 1987, S. 14) enden könnte, also einer Aufnahme der Schüler und Schülerinnen in die Regelklassen ohne Berücksichtigung ihrer speziellen Bedürfnisse.

2.3.6.1 Der individuelle Erziehungsplan

P.L. 94-142 verlangt für alle Schüler und Schülerinnen, die sonderpädagogische Förderung erhalten, egal in welcher Schulform sie sich befinden, ein "Individual Educational Program", den IEP (*20 U.S.C.A.* §1414[a][5]). Dieser schriftlich festgehaltene individuelle Erziehungsplan sollte aus der Diagnose abgeleitet werden und ganz auf die Bedürfnisse des Kindes abgestimmt sein. "This would preclude a practice such as simply photocopying and using the same educational

---

[36] In diesem Zusammenhang häufiges Wortspiel; "dumping" wird hier wahrscheinlich in seiner ursprünglichen Bedeutung verwendet und beschreibt somit den Vorgang des Abladens und Hineinwerfens, zumeist von Müll.

program plan for all visually impaired children aged 10"[37] (*Rothstein*, 1990, S. 33).

Notwendige Inhalte eines IEPs sind laut Gesetz (*20 U.S.C.A.* §1401[a] [19]):
- der momentane Entwicklungsstand des Kindes,
- die Richtziele für das kommende Schuljahr, aufgeschlüsselt in einzelne, genauer beschriebene Zielbereiche,
- eine Angabe über die Art der spezifischen sonderpädagogischen Förderung und der "related services", die das Kind erhalten soll und darüber, in welchem Ausmaß es am Unterricht der Regelklasse teilnehmen kann,
- der Zeitraum, in dem der IEP gilt, sowie
- objektive Kriterien anhand derer, zumindest jährlich, festgestellt werden soll, ob die Zielsetzungen erfüllt worden sind.

Zwar ist nicht festgelegt, wie umfangreich ein IEP zu sein hat, in der Regel umfaßt er jedoch ein bis drei Seiten (*34 C.F.R.*, Appendix C to Part 300, Abs. 56). Er dient nur als Grundlage für die konkrete Unterrichtsplanung, die im IEP festgehaltenen Ziele geben nur eine Groborientierung und sind weniger detailliert als z.B. die Lernziele einer Unterrichtsstunde (*34 C.F.R.*, Appendix C to Part 300, Abs. 39, 41).

Beteiligt an der Erstellung eines IEPs sind eine Vertretung der lokalen Schulbehörde, die Lehrkraft des Kindes, die Eltern und gegebenenfalls das Kind, sowie nach Bedarf auch andere Personen (*34 C.F.R.* §300.344).

Der IEP muß erstellt sein, *bevor* das Kind an die Sonderpädagogik überwiesen wird und dann sobald wie möglich umgesetzt werden (*34 C.F.R.* §300.342[b]). Mindestens einmal jährlich muß er neu überarbeitet werden (*34 C.F.R.* §300.343[d]).

Im Sinne eines verbindlichen Vertrages kann der IEP allerdings nicht angesehen werden, so daß niemand die Lehrkräfte oder die Schulbehörde dafür zur Rechenschaft ziehen kann, wenn die Lernziele nicht erreicht werden (*34 C.F.R.* §300.350). Allerdings gewährleistet er eine überprüfbare Festlegung von Form und Inhalten der sonderpädagogischen Förderung eines Kindes.

Für die Konzeption eines IEP spricht nicht nur, daß der Unterricht durch diesen den individuellen Bedürfnissen jedes Kindes gerecht werden kann. Er kann auch den Lehrkräften helfen, ihren Unterricht erfolgreich zu planen und Lernfortschritte zu überprüfen. Die Mitsprache der Eltern ermöglicht, deren wichtige Interessen zu stärken und auch ihre genaue Kenntnis des Kindes und seiner Bedürfnisse zu nutzen (*Turnbull*, 1990, S. 123).

---

[37] Dies würde eine Vorgehensweise, bei der Erziehungsprogramme einfach vervielfältigt werden, und für alle zehnjährigen, sehbehinderten Kinder dasselbe Förderprogramm zur Grundlage des Unterrichts gemacht wird, ausschließen.

2.3.6.2 IEP und Überweisungsverfahren

Am Beispiel der Vorschriften für den Überweisungsprozeß des Staates New York soll kurz erläutert werden, wie die Gesetzesforderungen in der Praxis umgesetzt werden können und welchen großen Stellenwert der IEP im Rahmen der sonderpädagogischen Förderung hat:

In New York State gibt es in jedem lokalen Schulbezirk ein sogenanntes "Committee on Special Education" (CSE), das aus einem interdisziplinären Team besteht (*State Education Department*, 1987, S. 1, 7). Ihm unterliegt die Hauptverantwortung für das Verfahren.

Überweisungsverfahren und IEP hängen eng miteinander zusammen, da ja in dem IEP festgelegt wird, welche Form der Beschulung für das entsprechende Kind die beste ist:

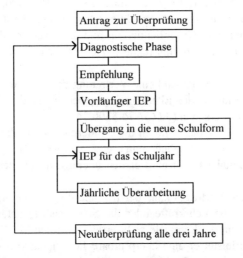

Abb. 6: Überweisungsverfahren (erstellt nach den Richtlinien des *State Education Department*, 1987, S. 1, 7)

Nach einem Antrag zur sonderpädagogischer Überprüfung ("referral"), der sowohl von Eltern, Lehrkräften oder auch Ärzten und Ärztinnen gestellt werden kann, muß das CSE unverzüglich benachrichtigt werden. Dieses gibt die Information sowohl an die Schulleitung als auch an die Eltern weiter und unterrichtet letztere dabei schon über die geplante Verfahrensweise und die persönlichen Rechte der Eltern (*State Education Department*, 1987, S. 7-8).

Sollte es keine Einsprüche geben, folgt die diagnostische Phase ("evaluation"), für welche die Eltern ihre schriftliche Einwilligung geben müssen (*State Education Department*, 1987, S. 8-9). Das Diagnoseverfahren muß die Auflagen von P.L. 94-142 einhalten (vgl. Kap. 2.3.2 und 2.3.4).

Nachdem die Ergebnisse der Diagnose zusammengetragen sind, ist der nächste Schritt die Empfehlung ("recommendation") über die künftige Form der Beschulung. Überprüft wird auch, ob nicht doch das Regelschulwesen allein den Bedürfnissen des Kindes voll gerecht werden könnte. Sind alle Informationen eingeholt, wird entschieden, ob der Schüler oder die Schülerin wirklich eine behindernde Beeinträchtigung im Sinne des Gesetzes hat und sonderpädagogischer Unterstützung bedarf. Sollte sich dies als gegeben herausgestellt haben, beginnt die "IEP Phase 1". In Zusammenarbeit aller oben genannten am IEP-Prozeß Beteiligten wird nun eine Art "vorläufiger" IEP erstellt. Man einigt sich auf Richtziele der Förderung des Kindes und kann unter Berücksichtigung derselben die Entscheidung über die Schulform fällen (*State Education Department*, 1987, 9-10).

Es folgt der Übergang in die neue Schulform. Die ersten Wochen steht hier nochmals eine Überprüfung und Beobachtung des Kindes an, um die neue Umgebung entsprechend der Bedürfnisse des Kindes gestalten und ggf. verändern zu können (*State Education Department*, 1987, S. 10). Anschließend wird in einer Konferenz der genaue und vollständige IEP ("IEP Phase 2") für das kommende Schuljahr ausgearbeitet (*State Education Department*, 1987, S. 10-11).

Die jährliche Überarbeitung des IEP ist - wie bereits erwähnt - vorgeschrieben. Alle drei Jahre muß ferner grundsätzlich überprüft werden, ob die Schülerin oder der Schüler weiterhin sonderpädagogischer Maßnahmen bedarf (*State Education Department*, 1987, S. 11).

Für alle Stufen in diesem Verfahren gibt es festgelegte Zeitpläne, sowie Regelungen über Zustimmungs- und Ablehnungsmöglichkeiten. Die wichtige Rolle der Eltern, sowie interdisziplinärer Zusammenarbeit und Kontrolle, wird in jeder Phase berücksichtigt. Es würde zu weit führen, die hier gültigen Verfahrensrichtlinien detailliert auszuführen. Daher nochmals der Verweis auf *Kleber* (1982), der diesen Prozeß am Beispiel des Staates Illinois sehr ausführlich darstellt (S. 207-216).

2.3.6.3 *Appropriate Education: Angemessene Erziehung*

Der Begriff der angemessenen Erziehung hängt eng mit dem IEP zusammen:

The term `free appropriate public education´ means special education and related services that (A) have been provided at public expense, under public supervision and direction, and without charge, (B) meet the standards of the State educational agency, (C) include an appropriate preschool, elementary, or secondary school education in the State involved, and (D) are provided in conformity with the individualized education program required[38] *(20 U.S.C.A.* §1401[a][18].

Die Entscheidung, welche Erziehung als "angemessen" betrachtet werden kann, ergibt sich aus dem Gesamtverständnis aller in P.L. 94-142 enthaltenen Einzelregelungen: "The Act´s technique for defining `appropriate´ ... is to require that a process be followed, in the belief that a fair process will produce an acceptable result - an appropriate education"[39] *(Turnbull,* 1990, S. 125). Man ging davon aus, daß, wenn alle Instanzen inhaltlich und terminlich wie vorgesehen durchlaufen werden, das Ergebnis, nämlich der IEP, automatisch eine "angemessene" Erziehung gewährleistet *(Noonan & Reese,* 1984, S. 9; *Rothstein,* 1990, S. 97; *Turnbull,* 1990, S. 124).

Am Beispiel dieses Verständnisses von "appropriate education" läßt sich am besten verdeutlichen, wie die einzelnen Kerninhalte des Gesetzes eigentlich nur in ihrem Zusammenwirken zu verstehen sind und auch nur dann die Zielsetzung des Kongresses erreichen können. Denn auch der IEP kann ja nur dann ein Garant für eine angemessene Erziehung sein, wenn die entsprechenden Richtlinien zur Diagnostik, zur Einbeziehung der Eltern und zur Einhaltung der Verfahrensrichtlinien ebenso befolgt werden, wie die Forderung nach einer Erziehung in der am wenigsten einschränkenden Umgebung (vgl. *Turnbull,* 1990, S. 124-125).

In den "Federal Regulations" finden sich allerdings noch weitere notwendige Merkmale einer angemessenen Erziehung: "Each State educational agency shall insure that each public agency establishes and implements a goal of providing

---

[38] Kostenfreie angemessene öffentliche Erziehung beinhaltet sonderpädagogische sowie damit verbundene Unterstützungsmaßnahmen, welche (A) aus öffentlichen Mitteln, unter öffentlicher Aufsicht und Leitung sowie gebührenfrei zur Verfügung gestellt werden, (B) den Richtlinien der staatlichen Schulbehörde entsprechen, (C) eine angemessene Vorschul-, Primar- und Sekundarerziehung innerhalb des betreffenden Staates beinhalten, und (D) im Einklang mit dem geforderten IEP zur Verfügung gestellt werden.

[39] Die Methode, die das Gesetz verfolgt, um festzulegen, was `angemessen´ sei, ... ist die Einhaltung einer bestimmten Verfahrensweise vorzuschreiben, weil man glaubte, daß ein faires Verfahren automatisch zu einem akzeptablen Ergebnis - der angemessenen Erziehung - führen würde.

full educational opportunity to all handicapped children"[40] *(34 C.F.R. §300.304; Hervorh. M.K.).* In den folgenden Paragraphen und deren Erläuterungen wird darauf hingewiesen, daß auch im Stundenplan von Schülern und Schülerinnen mit sonderpädagogischem Förderbedarf künstlerische, sportliche und andere Aktivitäten ihre Berechtigung haben müssen und nicht als "Luxus" angesehen werden dürfen. Vielmehr soll ihnen die gleiche Vielfalt im Lehrplan erhalten bleiben, die bei Altersgenossen ohne Behinderungen als selbstverständlich gilt *(34 C.F.R. §§300.305-307).*

Wichtig zu betonen ist ferner, daß im Sinne des Gesetzes die Angemessenheit der Erziehung von den Interessen des Kindes her zu definieren ist, nicht von denen des Schulsystems *(Turnbull, 1990, S. 152).* Infolgedessen könnte das Schulsystem dazu gezwungen werden, zum Wohl des Kindes auch gravierende Änderungen der schulischen Strukturen vorzunehmen: "Creating new arrangements is precisely the injunction of the act"[41] *(Gilhool, 1989, S. 246).* Allerdings war sich der Kongreß durchaus der Tatsache bewußt, daß viele der bis dato schon bekannten erfolgreichen Unterrichtskonzepte für Schüler und Schülerinnen mit sonderpädagogischem Förderbedarf noch nicht oder zumindest nicht weit verbreitet waren. Daher verpflichtete er die Bundesstaaten und deren lokale Schulbehörden zum einen dazu, für eine ausreichende Aus- und Weiterbildung sowohl von Regelschullehrkräften als auch von Sonderpädagogen und Sonderpädagoginnen zu sorgen. Zum anderen sollten Möglichkeiten gesucht werden, relevante Ergebnisse der Forschung auch innerhalb der Praxis bekannt zu machen, und Versuche mit neuen, vielversprechenden Unterrichtsmethoden und -materialien unterstützt werden *(20 U.S.C.A. §1413[a][3], §1414[a][1][C][i]).* Somit wurde innerhalb des Gesetzes betont, daß die Angemessenheit der Erziehung nicht dadurch bestimmt werden darf, was derzeit "the state of practice"[42] ist, sondern daß eine qualitativ hochwertige Erziehung, wie P.L. 94-142 sie ja fordert, durch "the state of the art"[43] bestimmt wird *(Gilhool, 1989, S. 247-248).*

---

[40] Jeder Staat soll sicherstellen, daß sich jede Behörde dem Ziel, allen behinderten Kindern volle Chancengleichheit zu gewähren, verpflichtet und die entsprechend notwendigen Maßnahmen durchführt.
[41] Genau gesehen, wird in dem Gesetz sogar ausdrücklich gefordert, neue Organisationsformen (schulischen Lernens) zu schaffen.
[42] "gängige Praxis"
[43] "Stand der wissenschaftlichen Forschung"

2.4 Ergänzungen des Gesetzes seit 1975

Seit der Verabschiedung von P.L. 94-142 sind die gesetzlichen Grundlagen der bundesweiten sonderpädagogischen Förderung wiederholt ergänzt und verändert worden, die beschriebenen Kerninhalte von P.L. 94-142 blieben dabei jedoch unangetastet. Die folgende Auflistung der Gesetze ist nicht vollständig, es werden nur jene aufgeführt, die als besonders wichtig erscheinen, und auch dabei nur ausgewählte Inhalte erwähnt.

- *P.L. 98-199 (1983): "Education of the Handicapped Amendments of 1983"*

Die meisten Veränderungen, welche sich aufgrund dieses Gesetzes ergaben, betreffen die Revision der Vorschriften bzgl. der Datenerhebungen und Studien im Rahmen der "State Plans" und Evaluationsstudien. Außerdem wurden kraft dieses Gesetzes höhere Bundeszuschüsse für die vorschulische Förderung bereitgestellt und die Notwendigkeit der schulischen Vorbereitung auf die Arbeits- und Erwachsenenwelt betont. Die durch dieses Gesetz gewährte finanzielle Unterstützung bei der Einrichtung von Informations- und Weiterbildungszentren für Eltern von Kindern mit sonderpädagogischem Förderbedarf in den einzelnen Bundesstaaten sollte dazu beitragen, daß die Erziehungsberechtigten besser darauf vorbereitet werden, an schulischen Entscheidungsprozessen mitzuwirken (*Cutler*, 1993, S. S. 238; *Davis*, 1986, S. 287-288).

- *P.L. 99-372 (1986): "The Handicapped Children's Protection Act"*[44]

Diese Gesetzesergänzung kann als Reaktion auf eine Gerichtsentscheidung des "U.S. Supreme Courts" im Falle "Smith vs. Robinson" von 1984 gesehen werden, in der sich der Kongreß falsch interpretiert fühlte (*Data research*, 1989, S. 193). Das oberste Verfassungsgericht der USA hatte hier entschieden, daß Eltern von Kindern und Jugendlichen mit sonderpädagogischem Förderbedarf im Falle einer gerichtlichen Klärung von Streitfällen mit der Schulbehörde keinerlei Anspruch auf die Erstattung von Anwaltskosten haben (*Rothstein*, 1990, S. 260).

Dem Kongreß war es allerdings wichtig, die Beteiligung der Eltern bei dem Streben nach den im Gesetz verankerten Zielen in jedem Fall zu gewährleisten und er sah sich deshalb gezwungen, auch entsprechende Zugangsmöglichkeiten zum Rechtswesen zu sichern (*Rothstein*, 1990, S. 260) und gerade einkommensschwächeren Familien die Möglichkeit zu eröffnen, eine angemessene Erziehung für ihre Kinder einzuklagen (*Yell & Espin*, 1990, S. 400; vgl. auch *Turnbull*, 1990, S. 236). Neben der Zusicherung an die Eltern, Anwaltskosten, sofern der Prozeß gewonnen wurde, rückwirkend ab 1984 erstattet zu bekommen, wird auf der Grundlage dieser Gesetzesergänzung auch erstmalig die Möglichkeit

---

[44] "Gesetz zum Schutze der behinderten Kinder"

gewährleistet, in gewissen Fällen finanzielle Ausgleichszahlungen ("monetary damages") für Mißachtungen der gesetzlich zugesicherten Rechte einzufordern (*20 U.S.C.A.* §1415[e][4]+[f]; siehe auch *Data research*, 1989, S. 183, 193, 199; *Cutler*, 1993, S. 238).

- *P.L. 99-457 (1986): "Education of the Handicapped Amendments of 1986"*
Diese ebenfalls 1986 verabschiedete Erweiterung von P.L. 94-142 ist hauptsächlich wegen ihrer Bedeutung für die Frühförderung bekannt geworden (vgl. dazu in der deutschsprachigen Literatur: *Muuss*, 1990; *Opp*, 1991; *Opp*, 1993a S. 53-72).

Dem bisher bestehenden "Education of the Handicapped Act" wurde ein eigenes Unterkapitel ("Subchapter VIII", auch bekannt als "Part H") angefügt, in dem die gesetzlichen Grundlagen für den Ausbau eines flächendeckenden "comprehensive, coordinated, multidisciplinary, interagency program of early intervention services for infants and toddlers with disabilities and their families"[45] (*20 U.S.C.A.* §1471[b][1]) geliefert werden. Einen zentralen Stellenwert in diesem Frühförderkonzept hat der "Individualized Family Service Plan"[46], der nicht nur die individuellen Förderbedürfnisse der betroffenen Säuglinge und Kleinkinder bis zum dritten Lebensjahr berücksichtigt, sondern auch dem familiären Umfeld hohe Bedeutung beimißt (*20 U.S.C.A.* §1477). Für das Jahr 1987 wurden zunächst Bundeszuschüsse in Höhe von 50 Millionen Dollar bewilligt (*20 U.S.C.A.* §1485), die entsprechend der Anzahl der in den einzelnen Bundesstaaten geförderten Säuglinge und Kleinkinder aufgeteilt werden sollten (*20 U.S.C.A.* §1484[c]). Anspruch auf diese Subventionen sollten all jene Bundesstaaten haben, die sich nachweislich um eine schrittweise Umsetzung der in Subchapter VIII festgelegten Richtlinien bemühen (*20 U.S.C.A.* §§1474, 1475).

Ebenfalls erwähnenswert ist, daß in P.L. 99-457 die Zuschüsse für die vorschulische Förderung von Kindern im Alter von drei bis fünf Jahren erheblich erhöht wurden. Allerdings wurde auch festgelegt, daß nur jene Staaten noch Anspruch auf diese Bundesmittel haben, die anhand ihres "State Plans" die Sicherstellung einer "free appropriate public education" für *alle* Kinder dieser Altersgruppe nachweisen können (*20 U.S.C.A.* §1419[b][1][B]).

---

[45] ... ein umfassendes, koordiniertes, interdisziplinäres, unter der Kooperation verschiedener Träger angebotenes Programm von Frühfördermaßnahmen für Säuglinge und Kleinkinder mit Beeinträchtigungen und deren Familien ...

[46] "Individualisierter Plan zur Unterstützung der Familien"

* P.L. 101-476 (1990): *"Education of the Handicapped Act Amendments of 1990"*[47]

Kraft dieser Gesetzesänderung wurde die Populationsbeschreibung der "handicapped children" überarbeitet, "autism" und "traumatic brain injury"[48] werden nunmehr als eigenständige Kategorien genannt (Sec. 101a). Auch die Liste der "related services" wurde erweitert bzw. spezifiziert, inzwischen können auch "therapeutic recreation", "social work services" und "rehabilitation counseling"[49] angeboten werden (Sec. 101b). Ferner wird die Öffentlichkeit dazu aufgerufen, ihre Stellungnahmen bzgl. einer möglichen Aufnahme und Begriffsbestimmung von "attention deficit disorders"[50] abzugeben (Sec. 102).

Neu eingerichtet wurde außerdem ein Zuschußprogramm zur Verbesserung der Förderung von Kindern und Jugendlichen mit "serious emotional disturbance" (Sec. 307). Ferner müssen seit 1990 auch alle IEPs von Jugendlichen ab einem Alter von 16 Jahren genaue Hinweise dazu enthalten, welche Maßnahmen für einen erfolgreichen Übergang in die Arbeits- und Erwachsenenwelt ("transition") notwendig sind (Sec. 101e). Besondere Aufmerksamkeit widmet diese Gesetzesergänzung auch der Problematik sonderpädagogischer Förderung von Kindern und Jugendlichen ethnischer Minderheiten (Sec. 104), und daher wird neben grundsätzlicher Verbesserungen im Bereich der Ausbildung sonder- und allgmeinpädagogischen Personals (Sec. 202) gerade auch die Erhöhung des Minderheitenanteils innerhalb dieses Berufsstandes gefordert (Sec. 401b). Grundlegend überarbeitet wurden auch die Richtlinien zur Evaluation der bundesweiten Umsetzung von P.L. 94-142 und der Vergabe von zusätzlichen Forschungsaufträgen (Sec. 203).

Abermals sah sich der Kongreß leider auch gezwungen, einem Urteil des "U.S. Supreme Courts" zu widersprechen ("Delmuth vs. Muth", 1989, siehe *Turnbull*, 1990, S. 245-246), und daher wurde nun gesetzlich festgelegt, daß die in der elften Ergänzungsklausel der Verfassung verankerte Immunität der

---

[47] Die Zitierweise für P.L. 101-476 als auch für P.L. 102-119 folgt dem Orginalgesetz, da beide Gesetz in der der Autorin vorliegenden kodifizierten Gesetzessammlung noch nicht eingearbeitet waren. *Opp* (1993a) scheint in seiner Beschreibung von P.L. 101-476 (S. 72-77) ausschließlich auf der Grundlage des Senatsreports gearbeitet zu haben. Zwar hatte dieser Bericht aus dem Jahre 1989 die Nummer 101-204, die *Opp* versehentlich als Gesetzesnummer angibt, letztendlich verabschiedet wurde das Gesetz jedoch erst 1990 als P.L. 101-476 (vgl. *US Dep. of Ed.*, 1992a, S. 206). Vermutlich lassen sich dadurch einzelne inhaltliche Irrtümer und grundsätzliche Unklarheiten bzgl. der Zitierweise des Gesetzes in *Opp*s Darstellung erklären.

[48] Die Definitionen für diese beiden Kategorien, sowie der Versuch einer sinngemäßen Übersetzung dieser Begriffsbestimmungen, finden sich im Anhang dieser Arbeit.

[49] "Therapeutische Freizeitangebote", "sozialpädagogische Angebote" sowie "psychologische Beratung in Fragen der beruflichen und gesellschaftlichen Eingliederung"

[50] "Störungen, die mit Defiziten im Aufmerksamkeitsverhalten zusammenhängen"

Bundesstaaten bei Zuwiderhandlungen gegen den "Education of the Handicapped Act" aufgehoben wird. Somit kann ein Bundesstaat, anders als im Urteil des Obersten Verfassungsgerichtes entschieden, sehr wohl verklagt und z.B. zu Schadensersatzzahlungen gezwungen werden (Sec. 103).

Die mit dem Wort "handicapped" verbundene negative Konnotation und die daraus resultierende Kritik an der gesetzlichen Terminologie (vgl. *Hardman et al.*, 1987, S. 14; *Turnbull*, 1990, S. xii) hat den Kongreß letztendlich auch dazu veranlaßt, die Begrifflichkeiten zu ändern. Durch P.L. 101-476 wird nicht nur durchwegs die Beschreibung "handicapped children" durch "children with disabilities" ersetzt, sondern der gesamte "Education for the Handicapped Act" in "Individuals with Disabilities Education Act" umbenannt (Sec. 901).

- *P.L. 102-119 (1991) "Individuals with Disabilities Education Act Amendments of 1991"*

Diese Ergänzung ist wiederum hauptsächlich für die Frühförderung und die vorschulische Erziehung bedeutsam. Man wollte den Staaten mehr Zeit gewähren, um "Subchapter VIII" des "Individuals with Disabilities Education Acts" zu verwirklichen. Insbesondere wurden die Regelungen bzgl. der Organisation, Aufgabenverteilung und Finanzierung, offenbar als Reaktion auf bisherige Erfahrungen, besser aufeinander abgestimmt (Sec. 11-22).

3. Auswertung der "Annual Reports"

Die "Annual Reports to Congress on the Implementation of the Individuals with Disabilities Education Act"[1] liefern derzeit die umfassendste und detaillierteste Datensammlung zur bundesweiten Umsetzung von P.L. 94-142. Auf der Grundlage einer Analyse der in diesen Jahresberichten präsentierten Daten und Informationen soll versucht werden, die bisherigen Erfahrungen bei der praktischen Verwirklichung der einzelnen gesetzlichen Forderungen dazustellen.

3.1 Allgemeine Beschreibung der "Annual Reports" und Vorgehensweise bei der Auswertung

Bei den "Annual Reports" handelt es sich um Berichte, die alljährlich die Fortschritte und Probleme bei der bundesweiten Umsetzung der gesetzlichen Regelungen zur Erziehung von Kindern und Jugendlichen mit "disabilities" aufzeigen sollen. Die Erarbeitung dieser Reports, die nicht nur dem Kongreß vorgelegt, sondern auch vielen bundesweiten und staatlichen Behörden sowie allen daran Interessierten zugeschickt werden (*U.S. Dep. of H.E. W.*, 1979, S. 145), war in P.L. 94-142 gefordert worden (*20 U.S.C.A.* §1418[f]). Die Verantwortlichkeit für die Erstellung der Jahresberichte unterliegt seit 1980 dem "U.S. Office of Special Education Programs" (OSEP), einer Unterabteilung des "U.S. Departments of Education"[2].

3.1.1 *Aufgaben der "Annual Reports" und Datensammlung*

Innerhalb des Gesetzestextes wird exakt vorgeschrieben, welche spezifischen Informationen in den Jahresberichten enthalten sein sollen, um nicht nur das *Ausmaß* der Umsetzung der gesetzlichen Forderungen, sondern auch die *Effekti-*

---

[1] Bis 1990 erschienen diese Berichte unter dem Titel "Annual Reports to Congress on the Implementation of the Education of the Handicapped Act".
[2] Das "U.S. Department of Education" besteht aus dreizehn Abteilungen. Eine davon ist das "Office of Special Education and Rehabilitative Services" (OSERS), welches wiederum drei Unterabteilungen umfaßt. Eine davon ist das oben genannte OSEP. Es ist für alle Fragen der vorschulischen und schulischen Förderung von Kindern und Jugendlichen mit Behinderungen sowie einzelne Angebote im Bereich der Erwachsenenbildung von Menschen mit Behinderungen verantwortlich. Die beiden anderen Unterabteilungen sind "The Rehabilitiation Services Administration", das sich schwerpunktmäßig mit Aspekten der beruflichen Bildung beschäftigt, sowie "The National Institute on Disability and Rehabilitation Research", welches nationale Forschungsvorhaben koordiniert und unterstützt (*Office of Special Education and Rehabilitation Services*, 1994).

vität der Bemühungen auf allen Ebenen beurteilen zu können (*20 U.S.C.A.* §1418[a]). So werden die Daten der "Annual Reports of Children Served"[3] aller Bundesstaaten und weiterer beteiligter Gebiete[4] zusammengefaßt und z.B. zu folgenden Bereichen ausgewertet (*20 U.S.C.A.* §1418[b]):
- der Gesamtzahl der Schüler und Schülerinnen, welche sonderpädagogische Förderungen erhalten, ihrer Aufteilung auf Altersgruppen und Behinderungsformen,
- den Schulformen, in denen jene Kinder und Jugendlichen unterrichtet werden, sowie
- dem vorhandenen und benötigten Personal.

Ebenso von Bedeutung sind die Ergebnisse der Überprüfung der staatlichen und lokalen Schulbehörden durch das OSEP, die sog. "State Plan Reviews". Jährlich werden um die 20 Bundesstaaten besucht, so daß jeder Staat alle drei Jahre an der Reihe ist. Dabei werden neben der Analyse der administrativen Arbeit auch ausgewählte Schulen aufgesucht, wobei auch der lokalen Öffentlichkeit die Möglichkeit gegeben wird, ihre Anliegen bzgl. der schulischen Förderung der Kinder und Jugendlichen mit sonderpädagogischem Förderbedarf vorzutragen ("On Site Monitoring Review"). Die genannten Besuche erfüllen aber nicht nur den Zweck der Kontrolle, sondern gerade wenn Problembereiche auftreten, werden von Seiten des OSEP auch verschiedene Formen möglicher Unterstützung angeboten (*20 U.S.C.A.* §1418[f][2][C]; vgl. z.B. *U.S. Dep. of Ed., 1994*, S. 173-193).

Zusätzlich ist das "Office of Special Education Programs" aber auch berechtigt, zur Ergänzung der vorhandenen Daten Forschungsvorhaben in Auftrag zu geben. Dabei bestimmt die spezifische Fragestellung die methodische Vorgehensweise, so daß nicht nur breit angelegte quantitative Erhebungen ihre Berechtigung haben, sondern auch kleinere Fallstudien und aufwendigere Längsschnittstudien (*U.S. Dep. of H.E.W.*, 1979, S. 146). Die Ergebnisse dieser Studien müssen veröffentlicht werden und sollen stets dem Ziel dienen, die Form der

---

[3] "Jährlicher Bericht zur Zahl der sonderpädagogisch betreuten Kinder und Jugendlichen"
[4] Diese Auswertung stützt sich nicht nur auf die Angaben aller fünfzig Bundesstaaten und des District of Columbia, sondern auch auf die Puerto Ricos, der Samoa-Inseln, Guams, der nördlichen Marianen, Palaus, und der Jungferninseln. Ferner werden auch die Daten des "Bureau of Indian Affairs" berücksichtigt, einer dem U.S. Innenministerium zugehörigen Behörde, welche die Bemühungen um die Selbstverwaltung, auch in Bereichen des Schulwesens, der indianischen Ureinwohner unterstützt (*Ricciuti*, 1987a) Zwar finden sich im Anhang auch die Daten, welche sich nur auf die fünfzig Bundesstaaten und den District of Columbia beziehen, in den Erläuterungen im Text der Annual Reports werden jedoch stets die Ergebnisse für "U.S. and insular areas" herangezogen und entsprechend auch in der Sekudärliteratur zitiert. Um Irritationen zu vermeiden, bezieht sich daher auch die vorliegende Arbeit, sofern nicht anders angegeben, auf das gesamte Untersuchungsgebiet.

derzeitigen sonderpädagogischen Förderung vor Ort zu verbessern (*20 U.S.C.A.* §1418[c,d,e]).

Die gesetzlichen Auflagen zu den Inhalten der "Annual Reports" haben sich seit 1975 aber immer wieder geändert. Teilweise betraf dies die *Form* der Datenerhebung, da man gemerkt hatte, daß bestimmte Änderungen zu aussagekräftigeren Ergebnissen führen würden (*U.S. Dep. of Ed.*, 1987, S. 17; vgl. z.B. Kap. 3.8.5). Andererseits zeichnete sich im Laufe der Jahre auch eine veränderte inhaltliche Schwerpunktlegung ab, wie sie schon im ersten Jahresbericht vorausgesagt worden war: "It was assumed that the implementation of this Act would follow a rough developmental sequence. Because of this assumption, the focus of the studies will change over the time"[5] (*U.S. Dep. of H.E.W.*, 1979, S. 146). Galt in den Anfangsjahren seit Inkrafttreten von P.L. 94-142 z.B. die Garantie einer angemessenen sonderpädagogischen Förderung für *alle* Kinder und Jugendlichen mit sonderpädagogischem Förderbedarf als oberste Priorität, folglich auch bei der Evaluation (vgl. *20 U.S.C.A.* §14618[b][1][A]), so traten nach einigen Jahren stark gestiegener Schülerzahlen im sonderpädagogischen Bereich andere Probleme in den Vordergrund. Dies gilt insbesondere für den Bereich der "vocational education"[6] und der Frühförderung, welche als Folge von P.L. 98-199 ausdrücklich spezifisch untersucht werden sollen (*20 U.S.C.A.* §1418[f][2][D] + §1418[f][5]), und seit dem 11. Jahresbericht auch in eigenen Kapiteln dargestellt werden.

Insgesamt nahm die Erforschung qualitativer Fragen der sonderpädagogischen Förderung im Verlauf der Jahre, jedenfalls laut Aussage von Madeleine Will, während der Administration Reagan stellvertretende Abteilungsleiterin im "Office of Special Education and Rehabilitative Services", einen immer höheren Stellenwert ein (*U.S. Dep. of Ed.*, 1984, S. iii)[7]. Dies beruhte weniger auf Gesetzesänderungen, sondern eher auf der Tatsache, daß nach anfänglichen Umsetzungsschwierigkeiten der Staaten und lokalen Schulbehörden gerade auf prozeduraler Ebene die Qualität der Förderung stärker beachtet werden konnte (*U.S. Dep. of Ed.*, 1982, S. 17).

---

[5] Man ging davon aus, daß die Verwirklichung dieses Gesetzes wahrscheinlich Schritt für Schritt erfolgen würde. In Anbetracht dieser Einschätzung werden sich die Schwerpunktsetzungen der Untersuchungen im Laufe der Zeit verlagern.
[6] "Berufsvorbereitender Unterricht"
[7] Inwieweit diese Aussage zutrifft, wird in Kapitel 3.9 diskutiert werden.

3.1.2 Aufbau der "Annual Reports"

Die Jahresberichte umfaßten in den Anfangsjahren um die 200 Seiten, im letzten waren es mehr als 500 Seiten. Dabei findet man allerdings meist nur 100 bis maximal 230 Seiten Text, den Rest macht der Anhang aus. In diesem sind hauptsächlich die Datensammlungen, ferner aber auch die verschiedenen autorisierten Forschungsvorhaben auf Bundes- , staatlicher und lokaler Ebene aufgelistet.

Der Aufbau der "Annual Reports" hat sich im Laufe der Jahre deutlich verändert. Sicherlich sind dafür zum einen die oben erwähnten gesetzlichen Richtlinien für die Berichte als auch die Erfahrungen bei der Umsetzung der Kerninhalte des Gesetzestextes verantwortlich. Es fällt jedoch auch auf, daß ein Wechsel bei den Hauptverantwortlichen in der sonderpädagogischen Unterabteilung des Bundesministeriums für Erziehung stets auch zu einem veränderten Gesicht des Jahresberichts führte. Interessant sind diese Veränderungen insofern, als sie zeigen, daß die gesetzlichen Auflagen doch auch einigen Spielraum für die Gestaltung der Jahresberichte zulassen. Sollte sich bei der folgenden Untersuchung der "Annual Reports" also Kritikpunkte bzgl. der Inhalte, des Aufbaus und des Stils ergeben, so kann man diese Mängel nur bedingt mit der Notwendigkeit der Einhaltung der Gesetzesrichtlinien rechtfertigen.

Aussagen dazu, wie die übergeordneten Fragestellungen entwickelt und legitimiert werden, anhand derer dann die Daten in den verschiedenen Reports erhoben, interpretiert und gegliedert werden, finden sich nur im ersten und zweiten Jahresbericht. Dort wird erklärt, daß abgesehen von den gesetzlichen Anforderungen an die "Annual Reports" die ebenfalls in P.L. 94-142 enthaltenen "Congressional Findings" (*20 U.S.C.A.* §1400[b]; vgl. Kap. 2.2) berücksichtigt wurden, da diese die verschiedenen zentralen Problembereiche der Sonderpädagogik widerspiegeln, welche der Kongreß durch die Verabschiedung des Gesetzes überwinden wollte (*U.S. Dep. of H.E.W.*, 1979, S. 145). Diese beiden Ausschnitte des Gesetzestextes dienten dazu, die sechs Evaluationsfragen abzuleiten, welche dann auch als Gliederungspunkte des ersten und des zweiten Jahresberichtes verwendet wurden (*U.S. Dep. of H.E.W.*, 1979, S. 149-151; *U.S. Dep. of Ed.*, 1980, S. 125-131). Ähnlich deutlich am Gesetz orientiert ist die Gliederung der Jahresberichte von 1984 bis einschließlich 1988, die unter der Leitung von Madeleine Will erstellt wurden, und deren vier Kapitel sich jeweils aus den vier Hauptzielen von P.L. 94-142 ableiten.

Auch die Inhaltsverzeichnisse der "Annual Reports" von 1990 bis 1994 sind wiederum nahezu identisch. Im ersten Kapitel werden jeweils die Daten zur Anzahl der Kinder und Jugendlichen mit "disabilities", der Schulformen, in denen sie unterrichtet werden, sowie seit 1991 auch den Schulabschlüssen der betreffenden Schüler und Schülerinnen dargestellt. Angaben zum Bestand des sonderpädagogischen Personals und des akuten weiteren Bedarfs finden sich ebenfalls dort. Das zweite Kapitel beschäftigt sich mit Erfolgen und Problemen bei der Frühförderung, ein weiteres präsentiert die Beschreibung der Bemühungen des OSEP, die Bundesstaaten und lokalen Schülbehörden bei der Verwirklichung der gesetzlichen Forderungen zu unterstützen. In allen weiteren Kapiteln wird zusätzlichen, spezielleren Fragen nachgegangen.

Derartigen gesonderten Problembereichen wird in vielen Jahresberichten ein eigener Hauptteil gewidmet. In den Anfangsjahren befaßten diese sich eher mit den eigentlichen Kerninhalten des Gesetzes, wie zum Beispiel dem IEP und der Diagnostik (U.S. Dep. of Ed., 1981, 1982, 1983). Ab 1988 zeigt sich, daß Probleme in der Frühförderung sowie im Sekundarbereich, gerade beim Übergang vom Schul- ins Berufsleben, besondere Beachtung finden. Ebenfalls gesondert aufgegriffen wurde aber auch schon die Frage der Kosten sonderpädagogischer Förderung (U.S. Dep. of Ed., 1989), sowie eine genauere Analyse der sonderpädagogischen Förderung in Privatschulen (U.S. Dep. of Ed., 1981, 1982), separaten Sonderschulen bzw. Internaten (U.S. Dep. of Ed., 1991b) oder im Sekundarbereich der öffentlichen Regelschulen (U.S. Dep. of Ed., 1994).

3.1.3 Form der Auswertung der Jahresberichte

Zur Auswertung lagen die 16 Jahresberichte vor, die im Zeitraum von 1979 bis 1994 erschienen sind und Daten aus den Schuljahren 1976/77 bis 1992/93 beschreiben[8]. Nach einer ersten Durchsicht der "Annual Reportes" zeigte sich, daß es aufgrund der Vielfalt der Informationen unmöglich gewesen wäre, alles Interessante zusammenzufassen, es galt folglich, den Themenbereich einzugrenzen[9].

---

[8] Die beiden ersten Jahresberichte, die ja Daten und Informationen zu den zwei Schuljahren vor dem verbindlichen Inkrafttreten von P.L. 94-142 liefern, wurden in die Auswertung deshalb miteinbezogen, weil die meisten lokalen und staatlichen Schulbehörden sich schon vor dem endültigen Stichtag um die Umsetzung der gesetzlichen Forderungen bemüht hatten. Außerdem sind gerade die in diesen beiden Jahresberichten geschilderten anfänglichen Anpassungsschwierigkeiten sehr aufschlußreich. Von dem ersten Jahresbericht existiert auch noch eine, ein halbes Jahr später überarbeitete Version, die hier allerdings nicht berücksichtigt wurde (siehe U.S. Dep. of Ed., 1980, iii).

[9] In den Jahresberichten dargestellt, hier aber nicht einbezogen, wurden beispielsweise die ausführlichen Darstellungen zur sonderpädagogischen Förderung von Säuglingen und Kleinkindern sowie junger Erwachsenen, da diese nicht direkt im schulischen Bereich gefördert werden. Die im Anhang jeweils aufgelisteten und kurz beschriebenen Evaluationsstudien wurden ebenfalls vernachlässigt. Es handelt sich dabei um Untersuchungen zu sehr speziellen, teilweise auch lokal begrenzten Problembereichen, die sicherlich von großem Interesse auch für deutsche Leserinnen und Leser sein könnten. Für den hier in diesem Kapitel angestrebten Überblick über die *bundesweiten* Erfahrungen mit der Umsetzung des Gesetzes erschienen sie als Quellen aber nicht geeignet.

Insofern wurde, unter Berücksichtigung der in den Jahresberichten überhaupt behandelten Aspekte, die Frage nach den bundesweiten Erfahrungen bei der Umsetzung des "Education vor all Handicapped Children Acts" spezifiziert. Am bedeutendsten erschien es zu überprüfen, inwieweit die Forderung nach Erziehung in der "am wenigsten einschränkenden Umgebung" verwirklicht wird. Dabei fanden sich in den Jahresberichten Antworten zu den folgenden Fragen:
- In welchen Schulformen werden Kinder und Jugendliche mit sonderpädagogischem Förderbedarf inzwischen hauptsächlich unterrichtet?
- Inwieweit spielen die Form und der Grad der Behinderungen des Kindes bzw. sein Alter eine Rolle bei der Wahl der Schulform?
- Welche Veränderungen haben sich seit Inkrafttreten des Gesetzes ergeben?
- Gibt es bzgl. des Ausmaßes integrativer Erziehung Unterschiede zwischen den einzelnen Untersuchungsgebieten?

Die gewonnenen Ergebnisse mußten aber auch in Zusammenhang mit den Erfahrungen bei der Umsetzung der anderen Kerninhalte des Gesetzes betrachtet werden, da die Einhaltung dieser ergänzenden Forderungen nicht nur die Wahl der Schulform, sondern auch die Qualität der sonderpädagogischen Förderung beeinflußt.

Auf der Grundlage der "Annual Reports" lassen sich diesbezüglich zu folgenden Fragen Aussagen machen:
- Werden inzwischen alle Kinder und Jugendlichen, gerade auch mit schweren Behinderungen, beschult?
- Werden die neuen Richtlinien für die Diagnostik befolgt? Haben sich bei der Klassifizierung der Behinderungsformen auffällige Veränderungen abgezeichnet?
- Inwieweit werden die Eltern tatsächlich in den Entscheidungsprozeß gleichberechtigt mit einbezogen?
- Werden die Verfahrensrichtlinien umgesetzt, und welche Probleme ergeben sich damit bei eventuellen Auseinandersetzungen von Schule und Elternhaus?
- Erweist sich die Forderung nach einem individuellen Erziehungsplan als umsetzbar und hilfreich?

Ferner berücksichtigt wurden Angaben bzgl. der Personalausstattung und auch der Versorgung mit "related services", da auch diese Rückschlüsse über die Qualität der sonderpädagogischen Förderung ermöglichen. Aufgrund der großen Probleme bei der Finanzierung der Erziehung von Kindern und Jugendlichen mit sonderpädagogischem Förderbedarf, wurde die Frage der Kosten sonderpädagogischer Förderung ebenfalls einbezogen.

Es stellte sich jedoch relativ schnell heraus, daß die in den "Annual Reports" enthaltenen Informationen viele Fragen noch offen lassen. Teilweise werden sogar zentrale Problembereiche, die sich in der Praxis bei der Umsetzung von P.L. 94-142 ergeben haben, gänzlich vernachlässigt oder nur ungenügend erörtert. Auch die Diskussion in der sonderpädagogischen Fachwelt über die Legitimation und Praktikabilität einzelner Forderungen von P.L. 94-142 findet nahezu keinen Eingang in die Jahresberichte. Infolgedessen erschien die Ergänzung durch die sonderpädagogische Fachliteratur unabdingbar, um einerseits einen angemesseneren Überblick über die Verwirklichung von P.L. 94-142 geben zu können und andererseits auch einen Maßstab zu haben, inwieweit die "Annual Reports" ihrer Zielsetzung tatsächlich gerecht werden.

Aufgrund der außergewöhnlich umfangreichen amerikanischen Fachliteratur und der Tatsache, daß diese in dieser Arbeit nur zur *Ergänzung* der Jahresberichte dienen sollte, konnte nur eine sehr eingeschränkte Auswahl an Zeitschriftenartikeln und Monographien berücksichtigt werden. Mittels systematischer Durchsicht der Inhaltsverzeichnisse der größten Fachzeitschriften der Regelschul- und Sonderpädagogik seit dem Erscheinungsjahr 1970 und stichwortorientierter Suche an verschiedenen CD-ROM Datenbanken wurden zunächst mehrere hundert Literaturhinweise ermittelt und entsprechend der Titel bzw. auch Inhaltszusammenfassungen nach Oberbegriffen geordnet. In enger Abhängigkeit von der oben beschriebenen Fragestellungen wurden daraufhin einzelne Artikel ausgewählt und bearbeitet, und dann ggf. noch durch weitere Publikationen ergänzt. Ein spezielles Auswahlkriterium war dabei auch der Stellenwert der jeweiligen Veröffentlichung innerhalb der amerikanischen Fachdiskussion, d.h. insbesondere häufig zitierte Artikel wurden, sofern möglich, berücksichtigt.

Im Interesse der Übersichtlichkeit wurde im folgenden Kapitel versucht, die Ergebnisse der Auswertung der "Annual Reports" soweit wie möglich nach den Kerninhalten des Gesetzes gegliedert darzustellen. Wiederholungen und Querverweise ließen sich generell jedoch nicht ganz vermeiden, da Probleme oder Auffälligkeiten in dem einen Bereich häufig wiederum Auswirkungen auf die Umsetzung eines anderen Kerninhaltes des Gesetzes haben. Die inhaltliche Ergänzung der Darstellungen durch die Fachliteratur wurde in die einzelnen thematischen Abschnitte eingegliedert und je nach Umfang und thematischem Zusammenhang entweder direkt in den Kontext eingearbeitet oder gesondert am Ende des entsprechenden Kapitels angefügt.

3.2 Populationsbeschreibung

Der besseren Verständlichkeit halber soll zunächst ein einleitender Abschnitt über die Zahl der Schüler und Schülerinnen mit "disabilities" und ihre Aufteilung auf Altersgruppen und Behinderungskategorien vorangestellt werden, selbst wenn viele der dort beschriebenen Aspekte eigentlich zu dem Bereich "Diagnostik" gehören.

3.2.1 Zahl der Kinder und Jugendlichen mit "disabilities"

Insgesamt 5.170.242 Kinder und Jugendliche mit sonderpädagogischem Förderbedarf im Alter von 3 bis 21 Jahren wurden im Schuljahr 1992/93 in den Zählungen für Zuschüsse gemäß dem "Individuals with Disabilities Education Act" und "Chapter 1" des "Elementary and Secondary Education Acts" gemeldet[10].
Seit dem Schuljahr 1976/77, in dem es 3.708.588 Kinder und Jugendliche waren, ist die Zahl somit um 39,4% gestiegen. Wie die Abbildung 7 (siehe S. 102) zeigt, verlief dieser Anstieg relativ kontinuierlich. Während im gleichen Zeitraum die Gesamtzahl aller Drei- bis Einundzwanzigjährigen leicht gesunken ist, hat sich der *Anteil* der Kinder und Jugendlichen mit sonderpädagogischem Förderbedarf in dieser Altersgruppe seit 1976/77 von 5,1% auf 7,5% erhöht (*U.S. Dep. of Ed.*, 1994, S. 8, A 267).

Dieser kontinuierliche prozentuale Anstieg von Kindern und Jugendlichen mit sonderpädagogischem Förderbedarf läßt sich laut Aussage des OSEP nicht nur damit erklären, daß im Laufe der Jahre die Forderungen von P.L. 94-142 und seiner Ergänzungen bzgl. der Förderung von Säuglingen und Kleinkindern verstärkt publik und durchgesetzt wurden und somit immer mehr Kinder und Jugendliche mit "disabilities" ihr Recht auf angemessene Erziehung erhielten (*U.S. Dep. of Ed.*, 1992b, S. 2). Beobachtet wird auch, daß tatsächlich die Häufigkeit von bestimmten Lern- und Verhaltensschwierigkeiten angestiegen ist (*dass.*, S. 2-4). Dafür wird zum einen der höhere Anteil jener Kinder, die in Armut aufwachsen, verantwortlich gemacht, aber man vermutet auch, daß es einen Zusammenhang mit dem zunehmenden Drogen- und Alkoholmißbrauch

---

[10] Die Datensammlung in den "Annual Reports" erfaßt nicht nur jene Kinder und Jugendlichen, die unter dem Zuschußprogramm des "Individuals with Disabilities Act" gemeldet wurden. Da ja Aussagen über die schulische Förderung *aller* Kinder und Jugendlichen mit "disabilities" gemacht werden sollten, werden in allen Jahresberichten auch jene Kinder und Jugendlichen, deren Erziehung unter dem "Chapter 1"-Programm (ehemals "Title One") des "Elementary and Secondary Education Acts" vom Bund bezuschußt wird, berücksichtigt. Diese machten im Schuljahr 1992/93 5,3% der Gesamtpopulation der Kinder und Jugendlichen mit sonderpädagogischem Förderbedarf aus. Die sonderpädagogische Förderung der unter "Chapter 1" gemeldeten Kinder und Jugendlichen unterliegt ebenfalls den inhaltlichen und formalen Vorgaben des "Individuals with Disabilities Act", so daß es durchaus berechtigt und sinnvoll erschien, dem Beispiel der Ausführungen in den "Annual Reports" zu folgen und diese Daten zusammengefaßt in die Auswertung einzubeziehen. Obgleich die Analyse der *schulischen* Integration im Vordergrund des Interesses steht, und somit hauptsächlich Informationen bzgl. der sonderpädagogischen Förderung von Schülern und Schülerinnen im Alter von sechs bis siebzehn Jahren von Bedeutung sind, war diese Einschränkung der Altersgruppe auf der Grundlage der in den "Annual Reports" enthaltenen Daten nicht immer, oder nur eingeschränkt, realisierbar. Daher finden sich in der folgenden Analyse häufig Angaben zu den Altersgruppen 3-21 bzw. 6-21 Jahren und manchmal sogar differenzierte Daten über Kinder im Vorschulalter und Jugendliche über achtzehn Jahren, da diese wiederum die Angaben bzgl. der Gesamtpopulation relativieren.

schwangerer Frauen gibt (*U.S. Dep. of Ed.*, 1994, S. 7). Ferner eine Rolle spielen könnten aber auch die Aufnahme zusätzlicher Behinderungskategorien (*U.S. Dep. of Ed.*, 1992b, S. 2), finanzielle Anreize für höhere Identifizierungsraten (*U.S. Dep. of Ed.*, 1994, S. 7), sowie die Tatsache, daß viele Regelschulkräfte inzwischen auch um einiges häufiger "difficult to teach children"[11] an die Sonderpädagogik zu überweisen versuchen (*U.S. Dep. of Ed.*, 1992b, S. 3-5).

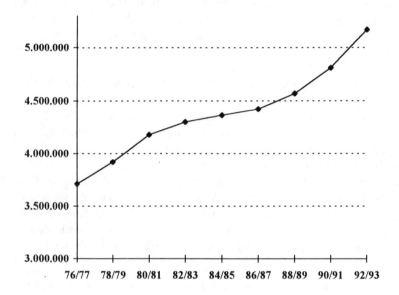

Abb. 7: Veränderung der Anzahl der Kinder und Jugendlichen mit sonderpädagogischem Förderbedarf im Alter von 3-21 Jahren seit dem Schuljahr 1976/77 (Daten aus: *U.S. Dep. of Ed.*, 1994, S. 8)[12]

Von den gemeldeten Schülern und Schülerinnen im Alter von 6-17 Jahren erhielten im Schuljahr 1992/93 bundesweit 10,2% sonderpädagogische Förderung. Der entsprechende Anteil war in den einzelnen Bundesstaaten allerdings

---

[11] "Kinder, deren unterrichtliche Förderung (nach Aussage der Lehrkraft) überaus mühsam ist"

[12] Die Altersgruppe 3-21 Jahre gilt für jene Kinder und Jugendliche, für die Zuschüsse im Einklang mit P.L. 94-142 bewilligt wurden. Hinzu kommen Kinder und Jugendliche im Alter von 0-21 Jahren, die unter dem "Chapter 1" gefördert wurden. Säuglinge und Kleinkinder bis zum Alter von zwei Jahren, die gemäß "Part H" des IDEA gefördert wurden, tauchen in der vom "U.S. Department" erstellten Statistik nicht auf.

sehr unterschiedlich hoch. Am niedrigsten war er im District of Columbia mit nur 7,3%, am höchsten in Massachusettes mit 15,2%[13] (*U.S. Dep. of Ed.*, 1994, A 55).

Diese Unterschiede in der Häufigkeit der Gewährung sonderpädagogischer Förderung zwischen den Staaten lassen sich für den gesamten Zeitraum seit 1976/77 beobachten. Zum einen ist es durchaus möglich, daß tatsächliche Differenzen in der Population mit dafür verantwortlich sind, aber auch Diskrepanzen bei der Datensammlung in den einzelnen Bundesstaaten könnten eine Rolle spielen (*U.S. Dep. of Ed.*, 1992b, S. 5). Ferner muß bedacht werden, daß sich gerade in den letzten Jahren einige Bundesstaaten verstärkt bemühen, eine Überprüfung auf sonderpädagogischen Förderbedarf zu vermeiden und bei auftretenden Lernproblemen stattdessen versuchen, den Unterricht in den Regelklassen den Bedürfnissen der betroffenen Kinder und Jugendlichen anzupassen *ohne* diese der Sonderpädagogik zu melden: "Use of pre-referral interventions in some States may reduce the number of students assessed or identified for special education needs"[14] (*U.S. Dep. of Ed.*, 1990, S. 2).

Dennoch ist anzunehmen, daß die Hauptursache für die verschieden hohen Anteile an Kindern und Jugendlichen mit sonderpädagogischem Förderbedarf in den Bundesstaaten im Bereich der Diagnostik liegt. So heißt es schon im ersten Jahresbericht, daß dabei zum einen vielleicht die je nach Bundesstaat leicht unterschiedlichen Definitionen der Behinderungskategorien eine Rolle spielen, zum anderen aber auch differierende Vorgehensweisen im Rahmen des diagnostischen Prozesses eine besondere Bedeutung haben könnten (*U.S. Dep. of H.E.W.*, 1979, S. 12; ähnlich: *U.S. Dep. of Ed.*, 1990, S. 2; *dass.*, 1992b, S. 5).

---

[13] Hier wurden nur die Angaben der 50 Bundesstaaten (ausgenommen Hawais) und des "Districts of Columbia" verglichen, da der Autorin über Hawai, die außerterritorialen Untersuchungsgebiete sowie über das "Bureau of Indian Affairs" zu wenig Informationen über die dort tatsächlich vorhandenen Bildungsinstitutionen für Schüler und Schülerinnen mit Beeinträchtigungen vorliegen, und gerade die Daten dieser Gebiete stark aus dem Rahmen fallen (vgl. *U.S. Dep. of Ed.*, 1992b, G 29ff). Eine eindrucksvolle Beschreibung der Sonderpädagogik in Palau findet sich bei *Heinemann* (1994) und darin wird deutlich, wie wenig sich die Verhältnisse in dieser pazifischen Inselrepublik mit denen im U.S.-Bundesgebiet vergleichen lassen.

[14] Es ist denkbar, daß sich aufgrund des in manchen Staaten praktizierten Einsatzes von Unterstützungsmaßnahmen, die einer Meldung zur sonderpädagogischen Überprüfung vorangehen müssen, die Zahl der Schüler und Schülerinnen reduziert, die diagnostisch überprüft bzw. als sonderpädagogisch förderbedürftig eingestuft werden.

3.2.2 Behinderungsformen der Kinder und Jugendlichen mit sonderpädagogischem Förderbedarf

Betrachtet man die Verteilung der Schüler und Schülerinnen mit sonderpädagogischem Förderbedarf auf die verschiedenen Behinderungskategorien, so ergibt sich folgendes Bild:

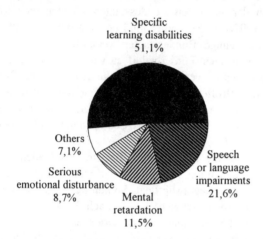

Abb. 8: Verteilung der Schüler und Schülerinnen mit sonderpädagogischem Förderbedarf im Alter von 6-21 Jahren auf die verschiedenen Behinderungskategorien im Schuljahr 1992/93[15] (Daten aus: *U.S. Dep. of Ed.*, 1994, S. 9).

Bei über der Hälfte (51,1%) aller Kinder und Jugendlichen, die sonderpädagogische Förderung erhalten, wurde eine "specific learning disability" diagnostiziert. Weitere häufige Behinderungsformen sind "speech or language impairment" (21,6%), "mental retardation" (11,5%) und "serious emotional disturbance" (8,7%). Deutlich geringer ist der Anteil der Schüler und Schülerinnen mit "multiple disabilities" (2,2%), "hearing impairments" (1,3%), "other health impairments" (1,4%) und "orthopedic impairments" (1,1%). Äußerst selten festgestellt werden "visual impairments" (0,5%), die Diagnose "autism" wird nur für 0,3% der Schüler und Schülerinnen mit "disabilities" gefällt. Der Anteil an Kindern und Jugendlichen, die aufgrund einer "traumatic brain injury" als sonderpädagogisch förderbedürftig gelten, liegt bei nur 0,1%. Die Anzahl der Schüler und Schülerinnen mit "deaf-blindness" ist so gering, daß diese in der

---

[15] Kinder im Alter von 3-5 Jahren werden seit P.L. 99-457 nicht mehr nach Behinderungskategorien differenziert erhoben, daher beschränken sich diese Angaben auf die Altersgruppe 6-21.

prozentualen Aufstellung nicht auftauchen. Bei den Angaben zu "autism" und "traumatic brain injury" muß jedoch bedacht werden, daß diese Kategorien erst seit dem Schuljahr 1991/92 als eigenständige Rubrik erfaßt werden, die betroffenen Schüler und Schülerinnen bis dahin zumeist als "health impaired" eingestuft wurden. Es ist daher zu vermuten, daß in diesen beiden Gruppen in den nächsten Jahren noch Zuwächse zu verzeichnen sein werden (*U.S. Dep. of Ed.*, 1994, S. 7).

3.2.3 Aufteilung auf Altersgruppen

Fast alle Kinder und Jugendliche, die im Schuljahr 1992/93 sonderpädagogische Förderung erhielten, waren im Alter von sechs bis siebzehn Jahren (85%). Dabei machten die Sechs- bis Elfjährigen 46,5% aus, die Schüler und Schülerinnen von zwölf bis siebzehn Jahren 38,5%. Dagegen waren nur 8,9% Vorschulkinder im Alter von drei bis fünf Jahren, der Anteil von Jugendlichen über achtzehn Jahren betrug 4,6%. Mit Abstand die wenigsten Kinder, nämlich 1,5% waren weniger als drei Jahre alt (*U.S. Dep. of Ed.*, 1994, A 1).

Die Häufigkeit der Diagnose von bestimmten Behinderungsformen differierte für die Kinder und Jugendlichen der verschiedenen Altersgruppen recht deutlich:

Behinderungsform	Altersgruppe			
1992/93	6-21	6-11	12-17	18-21
Specific learning disabilities	51,1%	41,6%	62,9%	49,4%
Speech/language impairments	21,6%	37,0%	5,3%	1,8%
Mental retardation	11,5%	8,7%	13,0%	27,4%
Serious emotional disturburance	8,7%	5,7%	12,2%	9,4%
Hearing impairments	1,3%	1,2%	1,4%	1,8%
Multiple disabilities	2,2%	2,2%	1,9%	5,2%
Orthopedic impairments	1,1%	1,2%	1,0%	1,6%
Other health impairments	1,4%	1,4%	1,4%	1,4%
Visual impairments	0,5%	0,5%	0,5%	0,7%
Others	0,4%	0,5%	0,4%	1,2%

Tab. 1: Häufigkeit der Diagnose von bestimmten Behinderungsformen für Schülerinnen und Schüler verschiedener Altersgruppen im Schuljahr 1992/93 (berechnet nach: *U.S. Dep. of Ed.*, 1994, S. 9; A 7-12, 20-25)

In der Altergruppe sechs bis elf Jahre wurde bei 41,6% der Kinder mit sonderpädagogischem Förderbedarf eine "specific learning disability" festgestellt, fast genauso hoch und deutlich über dem Anteil der Gesamtgruppe war die Zahl jener mit "speech or language impairments". Als "mentally retarded" oder "emotionally disturbed" wurden im Vergleich zur Gesamtpopulation etwas weniger der jüngeren Schüler und Schülerinnen diagnostiziert. Alle übrigen Behinderungsformen traten bei den Schulkindern im Elementarbereich etwa genauso häufig auf wie im Gesamtdurchschnitt aller Altersgruppen.

Der weitaus größte Anteil der Schüler und Schülerinnen im Sekundarbereich erhielt wegen einer "specific learning disability" sonderpädagogische Förderung. Ebenfalls deutlich häufiger als in anderen Altersgruppen wurde die Diagnose "mental retardation" oder "emotional disturbance" gestellt. Dagegen war der Anteil derer mit "speech or language impairments" drastisch geringer als innerhalb der Gesamtpopulation oder gar bei den Sechs- bis Elfjährigen.

Betrachtet man die Angaben zu den Jugendlichen über 18 Jahren, so wird deutlich, daß diese Jugendlichen, die trotz der Vollendung der eigentlichen Schulpflicht noch sonderpädagogische Förderung erhielten, erwartungsgemäß schwerwiegendere Behinderungen aufweisen: Nur noch bei 1,9% lagen "speech or language impairments" vor, und obgleich der Anteil derer mit "learning disabilities" und "emotional disturbance" dem der Gesamtpopulation glich, traten dagegen "mental retardation" und auch "multiple disabilities" vergleichsweise mehr als doppelt so häufig auf.

3.2.4 Demographische Besonderheiten

Abgesehen von der Zugehörigkeit zu bestimmten Behinderungsformen und Altersgruppen lassen sich dank einer eigens vom OSEP in Auftrag gegebenen Studie auch Angaben zu demographischen Besonderheiten von Schülern und Schülerinnen mit sonderpädagogischem Förderbedarf machen. Leider beziehen diese sich jedoch nur auf Jugendliche im Alter von dreizehn bis einundzwanzig Jahren.

Ein Ergebnis dieser Untersuchung ist die Tatsache, daß der männliche Anteil der Jugendlichen mit sonderpädagogischem Förderbedarf überproportional hoch ist, er beträgt 68,5% im Vergleich zu 49,7% für die Gesamtpopulation dieser Altersgruppe. Diese Überpräsentation von Jungen gilt, mit Ausnahme der Kategorie "deaf-blind", für alle Behinderungsformen, ist jedoch gerade in zwei häufigen Kategorien, nämlich "specific learning disabilities" und "serious emotional disturbance" besonders hoch (73,4% bzw. 76,4%). Man versucht dieses Phänomen damit zu erklären, daß zum einen der männliche Organismus für genetische Störungen und Entwicklungsverzögerungen empfänglicher ist, es andererseits aber auch im Rahmen der Diagnose und Klassifikation zu geschlechtsspezifischer Benachteiligung der Jungen kommt. Beide Hypothesen konnten bisher durch die Forschung jedoch nicht eindeutig bestätigt werden (*U.S. Dep. of Ed.*, 1992b, S. 11-13).

Auch über die sozio-ökonomischen Familienverhältnisse von Jugendlichen mit sonderpädagogischem Förderbedarf gibt die Untersuchung Aufschluß, und hier zeigen sich ebenfalls deutliche Unterschiede zur Gesamtpopulation. Knapp 68% der Jugendlichen mit sonderpädagogischem Förderbedarf kommen so z.b. aus Haushalten, deren Gesamteinkommen unter $25.000 liegt, im Vergleich liegt der Prozentsatz für die Gesamtheit aller Jugendlichen bei 55. Auch bzgl. des Bildungsgrades des Familienoberhaupts zeigen sich Unterschiede, nur 23% haben ein "college" besucht, verglichen mit 35% für die Gesamtbevölkerung. Ferner fand man heraus, daß Jugendliche mit sonderpädagogischem Förderbedarf häufiger von Alleinerziehenden großgezogen werden als dies im allgemeinen der Fall ist (37% im Vergleich zu 30%). Diese soziö-ökonomische Benachteiligung wirkt sich erwiesenermaßen auch negativ auf den Schulerfolg aus (*U.S. Dep. of Ed.*, 1992b, S. 13-15).

Betrachtet man die Zugehörigkeit zu den verschiedenen Volksgruppen (vgl. dazu auch Kap. 3.4.2.4), so zeigt sich, daß der Anteil der sonderpädagogisch förderbedürftigen Jugendlichen afrikanischer Herkunft doppelt so hoch ist (24%) wie in der Gesamtpopulation, am höchsten ist er innerhalb der Kategorie "mental retardation" (31%). Schüler und Schülerinnen mit sonderpädagogischem Förderbedarf hispanischer Herkunft sind, trotz starker, allerdings nicht erklärbarer, Schwankungen zwischen den einzelnen Behinderungskategorien, insgesamt unterrepäsentiert. Gleiches gilt für weiße Jugendliche mit sonderpädagogischem Förderbedarf.

Der hohe Anteil schwarzer Jugendlicher, die sonderpädagogische Unterstützung benötigen, wird zum einen noch immer auf den Einsatz rassendiskriminierender Testverfahren zurückgeführt. Andererseits kann aber auch der insgesamt überaus niedrige sozio-ökonomische Status dieser Bevölkerungsgruppe dazu führen, daß tatsächlich mehr schwarze Jugendliche sonderpädagogische Förderung benötigen. Beide Erklärungsansätze würden jedoch vermuten lassen, daß Schüler und Schülerinnen hispanischer Herkunft ebenso davon betroffen sein müßten, was unerklärlicherweise jedoch nicht der Fall ist (*U.S. Dep. of Ed.*, 1992b, S. 15-17).

3.3 Zero Reject

"The *failure* to identify a child who is handicapped ... results in the denial of the Act's benefits to the very children it was designed to serve"[16] (*U.S. Dep. of H.E.W.*, 1979, S. 26). Inwieweit das Recht auf sonderpädagogische Förderung *aller* Kinder und Jugendlichen mit Behinderungen bzw. Lernproblemen - sicherlich die Hauptintention des "Education for All Handicapped Children Acts" - inzwischen allerorts in den USA gewährleistet ist, läßt sich auf der Grundlage der in den "Annual Reports" enthaltenen Daten jedoch nicht ganz eindeutig klären.

In den ersten fünf Jahresberichten wurden Erfolge und Probleme im Bereich des "Zero Reject" noch eigens thematisiert, in den folgenden "Annual Reports" wurde dagegen nur noch auf die wachsenden Zahlen der sonderpädagogisch betreuten Schüler und Schülerinnen verwiesen. Dies liegt sicherlich daran, daß im Laufe der Jahre dieser Problembereich, jedenfalls nach Einschätzung der für die Erstellung der Jahresberichte Verantwortlichen, an Bedeutung verlor. So wurde in den ersten fünf Jahren seit Verabschiedung des Gesetzes der Identifizierung von bisher gar nicht oder unzureichend geförderten Kindern und Jugendlichen große Aufmerksamkeit gewidmet (*U.S. Dep. of Ed.*, 1981, S. 1), aber schon im vierten Jahresbericht wird die folgende Stellungnahme zitiert: "The congressial objective that those most in need of services would receive them with Public Law 94-142 has largely been accomplished"[17] (*U.S. Dep. of Ed.*, 1982, S. 14). Dementsprechend war es in den folgenden Jahren nicht mehr die zentrale Frage, *ob* alle Kinder und Jugendlichen mit Behinderungen bzw. Lernproblemen sonderpädagogisch gefördert wurden, sondern vielmehr ging es darum herauszufinden, welche *Qualität* die zur Verfügung gestellte sonderpädagogische Förderung aufwies (*U.S. Dep. of Ed.*, 1982, S. 17).

3.3.1 Aktivitäten zur Identifizierung von Kindern und Jugendlichen mit sonderpädagogischem Förderbedarf

In den ersten Jahresberichten werden die sog. "child-find" Aktivitäten der einzelnen Bundesstaaten (*U.S. Dep. of H.E.W.*, 1979, S. 23) sehr ausführlich beschrieben:

---

[16] Das Versäumnis, den sonderpädagogischen Förderbedarf eines Kindes, das behindert ist, zu erkennen ... hat zur Folge, daß man ausgerechnet jenen Kindern die Vorzüge des Gesetzes vorenthält, deren Interessen es eigentlich dienen sollte.

[17] Die Zielsetzung des Kongresses, daß auf der Grundlage von P.L. 94-142 jene Unterstützung erhalten, die ihrer am dringendsten bedürfen, ist im großen und ganzen erfüllt worden.

Bei der Identifizierung jener Kinder und Jugendlichen mit Behinderungen, die bisher überhaupt nicht beschult worden waren, spielten großangelegte Kampagnen, oft auch mit Unterstützung durch die Medien, eine wichtige Rolle. Sie sollten die gesamte Öffentlichkeit über die Rechte von Kindern und Jugendlichen mit sonderpädagogischem Förderbedarf informieren (*U.S. Dep. of Ed.*, 1981, S. 37).

Ferner bemühte man sich innerhalb der Schulen, systematisch jene Schulkinder ausfindig zu machen, deren sonderpädagogischer Förderbedarf bislang noch nicht erkannt worden war: Medizinisches Personal überprüfte die Funktionstüchtigkeit der Sinnesorgane sowie die motorische, sprachliche und kognitive Entwicklung. Die Regelschullehrkräfte wurden dazu angeleitet, Schulleistungen regelmäßig zu überprüfen und auf Verhaltensauffälligkeiten zu achten. Viele Studien zeigten jedoch, daß dieses sog. "screening" nicht die erhofften Erfolge hatte. Zum einen waren die genannten Aktivitäten zumeist auf den Elementarbereich beschränkt, zahlreiche Jugendliche mit sonderpädagogischem Förderbedarf blieben unentdeckt. Andererseits wurden generell Lern- und Verhaltensschwierigkeiten doch eher im normalen Alltag und nur bedingt in der Testsituation transparent, so daß es von der Initiative der Lehrkräfte und der Eltern abhing, ob Auffälligkeiten erkannt und das betroffene Schulkind zu einer sonderpädagogischen Diagnose angemeldet wurde (*U.S. Dep. of Ed.*, 1982, S. 17-20).

Jedoch selbst, wenn die Möglichkeit sonderpädagogischen Förderbedarfs entdeckt worden war, konnte es aufgrund des Mangels an qualifiziertem Personal einige Zeit dauern, bis die betroffenen Schüler und Schülerinnen einer eingehenden diagnostischen Überprüfung unterzogen werden konnten (*U.S. Dep. of Ed.*, 1980, S. 78). Dies führte zu sehr langen "waiting lists"[18], die nach Ansicht des "U.S. Departments" auch für die erwartungswidrig geringe Zahl an registrierten Kindern und Jugendlichen mit Behinderungen bzw. Lernproblemen mitverantwortlich sein könnten (*U.S. Dep. of H.E.W.*, 1979, S. 18).

In einer extra vom "U.S. Department" in Auftrag gegebenen Studie zeigte sich, daß in zahlreichen der 24 untersuchten Schulbezirken viele jener Kinder, die offensichtlich zusätzliche Unterstützung bräuchten, dennoch keine sonderpädagogische Förderung erhielten. Diese Beobachtung ließ sich jedoch nur zum Teil durch Probleme im diagnostischen Bereich erklären. Vielmehr wurden typischerweise in jenen Bezirken, in denen wenig ausgebildete Fachkräfte und Räumlichkeiten für sonderpädagogische Förderung vorhanden waren, auch entsprechend weniger Kinder und Jugendliche als "handicapped" diagnostiziert. Allerdings gaben einige Regelschullehrkräfte auch an, daß sie eine Überweisung oft bewußt umgehen wollten, um die mögliche Stigmatisierung des betroffenen Kindes zu vermeiden (*U.S. Dep. of Ed.*, 1980, S. 22-23).

---

[18] "Wartelisten"

3.3.2 Werden inzwischen alle "handicapped children" sonderpädagogisch gefördert?

Die Grundlage für die Darstellung der Erfolge bzgl. der Garantie einer sonderpädagogischen Förderung für alle Kinder und Jugendlichen mit Behinderungen bzw. Lernproblemen bildeten in den ersten beiden Jahresberichten die Angaben zur wachsenden Zahl der Kinder und Jugendlichen, die sonderpädagogisch gefördert wurden. Indem man diese Daten mit Schätzungen zur Auftretenshäufigkeit von bestimmten Behinderungsformen verglich, wurde versucht herauszufinden, wie viele der "handicapped children" noch nicht identifiziert worden waren.

Diese Vorgehensweise bringt jedoch einige Probleme mit sich, wobei sich die Hauptschwierigkeit aus den methodischen Mängeln der Prävalenzstudien ergibt. Darauf wurde im ersten Jahresbericht, in dem eine Studie zu 400 Untersuchungen bzgl. der Auftretenshäufigkeit von Behinderungsformen zitiert wird, deutlich hingewiesen. Darin kam man zu dem Schluß, daß die Streubreite der verschiedenen Angaben sehr hoch sei, und es wurde betont, daß alle der in den Untersuchungen verwendeten verschiedenen statistischen Erhebungsmethoden Fehlerquellen hätten. Folglich wurde in den "Annual Reports" nicht *eine* ausgewählte Prävalenzstudie für den Vergleich herangezogen. Stattdessen wurde jeweils das gesamte Intervall zwischen der niedrigsten und höchsten Schätzung zur Auftretenswahrscheinlichkeit der einzelnen Behinderungsformen berücksichtigt (*U.S. Dep. of H.E.W.*, 1979, S. 16-17). Folgt man dieser Methode, so ergibt sich,

... that four million [die Zahl der registrierten Kinder und Jugendlichen mit sonderpädagogischem Förderbedarf im Schuljahr 1978/79] may be significantly short of the actual number of handicapped children in the 5-17 year old population. If current estimates of 11-12 percent of the school aged population are accurate, there should be more than five million school-aged handicapped children, and from seven to eight million handicapped children in the 3-21 age range[19] (*U.S. Dep. of H.E.W.*, 1979, S. 15-16)[20].

Wie schon erwähnt, lag selbst im Schuljahr 1992/93 der tatsächliche Anteil der sonderpädagogisch förderbedürftigen Kinder und Jugendlichen im Schulalter noch bei nur 10,2% (*U.S. Dep. of Ed.*, 1994, A 55) und war somit immer noch etwas niedriger als 1975 bei Verabschiedung des Gesetzes erwartet worden war.

---

[19] ... daß vier Millionen [die Zahl der registrierten Kinder und Jugendlichen mit sonderpädagogischem Förderbedarf im Schuljahr 1978/79] hinter der eigentlichen Zahl der behinderten Kinder im Alter von 5 bis 17 Jahren deutlich zurückbleibt. Wenn die derzeitigen Schätzungen von 11 bis 12 Prozent der Kinder im Schulalter korrekt sind, dann müßte es mehr als fünf Millionen behinderter Kinder im Schulbesuchsalter geben, und in der Altersgruppe 3 bis 21 Jahre wären es etwa sieben bis acht Millionen.

[20] Diese Zahl entspricht auch den Schätzungen von denen der Kongreß schon bei der Verabschiedung von P.L. 94-142 ausging (*20 USC* §1400[b][1], vgl. Kap. 2.2).

Die Prävalenzstudien wurden auch zu einer, nach verschiedenen Behinderungsformen differenzierten, Betrachtung herangezogen: Ungefähr so viele Kinder und Jugendliche, wie nach den Prävalenzstudien zu erwarten gewesen wäre, wurden im Schuljahr 1978/79 als "learning disabled", "mentally retarded" bzw. "health impaired" diagnostiziert. Die Häufigkeit des Befunds von "speech impairments", "orthopedically impairments" und "visual handicaps" lag dagegen eher im unteren Grenzbereich der jeweiligen Schätzungen zur Auftretenswahrscheinlichkeit. Deutlich seltener als prognostiziert, wurde der sonderpädagogische Förderbedarf bei Kindern und Jugendlichen mit "emotional disturbance" und "hearing impairments" festgestellt (*U.S. Dep. of H.E.W.*, 1979, S. 16)[21]. Auf dieser Grundlage wurde dann sogar für jeden Bundesstaat berechnet, wieviele Kinder und Jugendliche welcher bestimmten Behinderungskategorie bisher wahrscheinlich noch nicht berücksichtigt worden waren (*U.S. Dep. of H.E.W.*, 1979, S. 16, 163). Auch im Schuljahr 1979/80 überstieg der Anteil der gemeldeten Kinder und Jugendlichen mit sonderpädagogischem Förderbedarf in keiner Behinderungskategorie den Schätzwert der Prävalenzstudien (*U.S. Dep. of Ed.*, 1980, S. 21). Allerdings hatten sich im Vergleich zum Vorjahr doch deutliche Veränderungen ergeben. So hatte sich z.B. die Zahl der Schüler und Schülerinnen mit "specific learning disabilities" dermaßen erhöht, daß die Häufigkeit dieser Behinderungskategorie im Schuljahr 1979/80 schon dem oberen geschätzten Grenzwert entsprach (*U.S. Dep. of Ed.*, 1980, S. 21).

Ab dem dritten Jahresbericht wurde auf die direkten Vergleiche von gemeldeten Schulkindern und Prävalenzstudien verzichtet, höchstwahrscheinlich wegen der methodischen Unzulänglichkeit. Stattdessen stützen sich die Aussagen in den folgenden Jahresberichten nur noch auf einzelne regionale Untersuchungen oder Aussagen und Schätzungen von Behindertenverbänden bzw. der Bundesstaaten und lokalen Schulbehörden selbst.

Danach scheint sich für eine der Hauptzielgruppen des "Education for All Handicapped Children Acts", nämlich Kinder und Jugendliche mit schweren Behinderungen, die Situation relativ schnell verbessert zu haben. War ihnen vor Verabschiedung des Gesetzes noch am häufigsten das Recht auf Schulbesuch verweigert worden, so besuchten dagegen nach einer Schätzung der "Associ-

---

[21] Generell fehlen zu diesen Ergebnissen allerdings weitergehende Ausführungen, z.B. auch zu der Frage, warum gerade "emotional disturbances" seltener diagnostiziert wurden als erwartet, oder was für Anstrengungen unternommen wurden, um sicherzustellen, daß diese Behinderungsform bei allen Kindern und Jugendlichen, die betroffen sind, auch erkannt wird. Zwar heißt es, daß "special studies habe been initiated in the two categories where the count is low" (*U.S. Dep. of Ed.*, 1980, S. 22), die Ergebnisse dieser Studien wurden in den folgenden Jahresberichten aber nicht erwähnt.

ation for the Severely Handicapped"[22] einige Jahre später immerhin schon 95 bis 98% aller Schüler und Schülerinnen mit schwersten Behinderung die Schule (*U.S. Dep. of Ed.*, 1981, S. 12).

Häufig eingestanden wurde dagegen, daß das Recht auf sonderpädagogische Förderung für Vorschulkinder im Alter von 3-5 Jahren und für Jugendliche, insbesondere jene, die über 18 Jahre alt sind, trotz der kontinuierlich steigenden Schülerzahlen in diesen Altersgruppen noch unzureichend verwirklicht sei (z.B. *U.S. Dep. of Ed.*, 1981 12-20; *dass.*, 1986, S. 18). Dies gilt wahrscheinlich auch heute noch: Verglichen mit 10,2% der Sechs- bis Siebzehnjährigen, die sonderpädagogisch gefördert werden, macht dieser Anteil bei den Drei- bis Fünfjährigen nur 4,0% und bei den Jugendlichen über 18 Jahren sogar nur 1,6% aus (*U.S. Dep. of Ed.*, 1993, A 45).

Anhand von Aussagen in den neueren Jahresberichten, die allerdings nicht speziell auf die Thematik "Zero Reject" bezogen sind, lassen sich auch einige andere, heute noch aktuelle Problembereiche ableiten:

So befürchtet das OSEP z.B., daß weiterhin viele Kinder und Jugendliche, ungeachtet ihrer Probleme im emotionalen Bereich, nicht identifiziert werden (*U.S. Dep. of Ed.*, 1994, S. 109). Dies könnte zum einen daran liegen, daß Schüler und Schülerinnen, die sich verstärkt zurückziehen oder solche mit depressiven Verstimmungen leicht übersehen werden können, insbesondere wenn sie keine extremen Auffälligkeiten in ihren schulischen Leistungen zeigen. Viele Eltern und Lehrkräfte scheuen sich aber auch vor der Diagnose "serious emotional disturbance", weil sie diese als überaus herabsetzend für das Individuum empfinden (*U.S. Dep. of Ed.*, 1993, S. 9; *dass.*, 1994, S. 113). Vielleicht vermeiden einige Lehrkräfte die Anerkennung der sonderpädagogischen Förderbedürftigkeit für diese Gruppe von Schulkindern allerdings auch ganz bewußt, weil dann die betroffenen Schüler und Schülerinnen nicht mehr wegen ihrer Verhaltensauffälligkeiten zeitweise oder grundsätzlich von der Schule verwiesen werden könnten, was in den amerikanischen Schulen eine durchaus häufige Form der Disziplinarmaßnahme ist (*U.S. Dep. of Ed.*, 1994, S. 113; vgl. Kap. 3.3.2.1).

Es besteht ferner der Verdacht, daß auch Kinder und Jugendliche aus bestimmten Bevölkerungsschichten nicht genügend berücksichtigt werden. Erwiesen ist diese Annahme bisher für die Kinder von Wanderarbeitern, deren ständiger Wohnsitz- und damit Schulwechsel eine kontinuierliche sonderpädagogische Unterstützung erschwert (*U.S. Dep. of Ed.*, 1992b, G 1-24).

---

[22] Größter amerikanischer Verband zur Interessensvertretung von Menschen mit schweren Behinderungen, inzwischen umbenannt in "The Association for Persons with Severe Handicaps".

Ähnlich kann auch der Wohnort bedeutsam sein. So zeigt sich z.B., daß die flächendeckende Versorgung in ländlichen Gebieten immer noch sehr schwierig ist, was nicht nur an den großen Entfernungen liegt. Finanzen spielen dabei eine zentrale Rolle, denn die lokalen Schulbehörden auf dem Land leiden unter noch stärker Geldknappheit als die städtischen und können dementsprechend weniger Personal anwerben. Die Folge ist nicht nur eine Unterversorgung mit Lehrkräften für den sonderpädagogischen Unterricht, sondern ebenso mit Fachpersonal für Diagnostik, so daß Behinderungen und Lernprobleme höchstwahrscheinlich oft gar nicht festgestellt werden (*U.S. Dep. of Ed.*, 1992b, G21-22). Aber auch der unterschiedlich hohe Anteil von Kindern und Jugendlichen, die in den verschiedenen Bundesstaaten als "handicapped" diagnostiziert werden (vgl. Kap. 3.2.1), könnte darauf hindeuten, daß in jenen Staaten mit einem auffallend niedrigen diesbezüglichen Anteil das Recht auf sonderpädagogische Förderung noch nicht zufriedenstellend verwirklicht wurde. Überraschenderweise werden diese doch auffälligen Daten und ihre möglichen Ursachen in den "Annual Reports" allerdings kaum diskutiert.

Insgesamt sind die Aussagen, die auf der Grundlage der "Annual Reports" zu der Umsetzung der "Zero-Reject" Forderung gemacht werden können, überhaupt relativ dürftig. Bedenkt man, welch hoher Stellenwert der Garantie einer sonderpädagogischen Förderung für *alle* Kinder und Jugendlichen mit Behinderungen bzw. Lernproblemen im Rahmen des "Education for *All* Handicapped Children Acts" (Hervorh. M.K.) zukam, so verwundert doch, daß die Umsetzung dieser Forderung seit dem fünften Jahresbericht nicht mehr eigens diskutiert wird.

3.3.2.1 Ergänzung der Fragestellung durch die Fachliteratur

Bei der Durchsicht der Fachliteratur zum Thema "Zero Reject" fanden sich ebenfalls relativ wenig, und wenn, dann nur ältere Quellen. Insofern scheinen die Folgerungen, welche aus der Analyse der "Annual Reports" gezogen werden können, im großen und ganzen bestätigt zu werden. Auch nach Aussage von Frederick Weintraub, dem ehemaligen stellvertretenden Geschäftsführer des "Council for Exceptional Children", war es schon einige Jahre nach Verabschiedung von P.L. 94-142 schwierig, "to find handicapped kids sitting at home"[23], und somit sei, obwohl die Dispute über Form und Qualität sonderpädagogischer Förderung anhalten, die Hauptforderung des Gesetzes erfüllt worden (zit. nach *Weiner & Hume*, 1987, S. 9). Obgleich in der Fachliteratur ebenfalls darauf verwiesen wird, daß die Zahl der gemeldeten Kinder und Jugendlichen mit son-

---

[23] ... behinderte Kinder zu treffen, die den ganzen Tag nur zu Hause sitzen, ...

derpädagogischem Förderbedarf niedriger ist, als man erwartet hatte, findet sich bei *Edgar und Hayden* (1984) folgende, sicherlich berechtigte, Warnung: "Care must be taken that we do not `find´ handicapped children in our effort to reach some magic number"[24] (S. 535).

Dennoch sollten aber die beobachteten Variationen bei dem Gesamtanteil von Schülern und Schülerinnen mit sonderpädagogischem Förderbedarf in den verschiedenen Bundesstaaten, oder auch die entsprechenden Unterschiede innerhalb einer Behinderungskategorie (vgl. Kap. 3.4.2.1) nach Ansicht von *Zettel* (1982) genau überprüft werden, um sicherzustellen, daß nirgendwo Kindern und Jugendlichen mit sonderpädagogischem Förderbedarf das Recht auf Schulbesuch und adäquate Förderung verweigert wird (S. 27)

Die Annahme, daß inzwischen alle Kinder und Jugendlichen mit schweren Behinderungen in der Regel schulisch gefördert werden, wird in der Fachliteratur ebenfalls bestätigt (*Edgar & Hayden*, 1984, S. 534). *Singer und Butler* (1987) sind sogar der Ansicht, daß gerade diese Schüler und Schülerinnen am meisten von P.L. 94-142 profitiert haben (S. 16). Trotz der Eindeutigkeit des "Zero-Reject"-Prinzips im Gesetz gibt es aber doch bundesweit immer wieder einzelne Schulbezirke, die in Frage stellen, ob wirklich jedes, auch noch so schwer behindertes Kind, bildungsfähig sei und somit Anspruch auf schulische Förderung habe (*Clurman*, 1987, S. 51). Häufig wird dann argumentiert, daß der Schulbezirk nicht dazu verpflichtet werden dürfe, sonderpädagogische Förderung zu gewähren, wenn das betroffene Kind davon nicht profitieren könne (*Beyer*, 1989, S. 56). Diese Sichtweise wird teilweise auch von den Gerichten geteilt: "An exercise in futility cannot be labeled education"[25] (zit. nach *Clurman*, 1987, S. 55).

In der Fachliteratur am häufigsten beschrieben wird in diesem Zusammenhang der Rechtsstreit zwischen den Erziehungsberechtigten von Timothy W. und dem Schuldistrikt von Rochester aus dem Jahre 1988. Der Schuldistrikt hatte versucht, das Kind vom Schulbesuch völlig auszuschießen, da Timothy ihrer Ansicht nach so schwer behindert sei, daß er von keiner Art von Unterricht profitieren könne und damit auch keinen Anspruch auf die durch P.L. 94-142 festgelegten Rechte habe. Das Distrikt-Gericht gab dem Schulbezirk Recht und betonte: "A handicapped child who cannot benefit from education, or who does not have learning capacity was not intended to receive special education under the EAHCA. Surely, Congress would not legislate futility!"[26] (zit. nach

---

[24] Wir sollten uns davor hüten, behinderte Kinder nur deshalb `ausfindig´ zu machen, weil wir irgendeine magische Zahl erreichen wollen.

[25] Ein Akt der Nutz- und Sinnlosigkeit darf nicht als Bildung bezeichnet werden.

[26] Es war nicht beabsichtigt gewesen, daß ein behindertes Kind, welches aus schulischer Bildung keinerlei Nutzen ziehen kann, oder welches keine Lernfähigkeit aufweist, gemäß den Forderungen des EAHCA [Education for all Handicapped Children Act] sonderpädagogische

Rothstein, 1990, S. 72). Es kam zu dem Schluß, daß generell nachgewiesen werden sollte, daß ein Kind bildungsfähig ist, bevor es sonderpädagogische Förderung erhält:

> This determination is necessary, to close that gap which is not explicit in the Act, and which involves those rare (and the court emphasizes rare) cases where a child is afflicted by such extreme handicap(s) that the child is not capable of benefitting from special education[27] (zit. nach *Rothstein*, 1990, S. 73).

Diese Entscheidung wurde vom Berufungsgericht allerdings aufgehoben und es hob in seiner Begründung nochmals die Hauptintention des Gesetzes hervor:

> No child, regardless of the severity of his or her handicap, is to ever again be subjected to the deplorable state of affairs which existed at the time of the Act's passage, in which millions of handicapped children received inadequate education or none at all[28] (zit. nach *Turnbull*, 1990, S. 55).

Der von den Anwälten des Schulbezirks angerufene "U.S. Supreme Court" lehnte die Aufnahme des Verfahrens ab und bestätigte somit die Entscheidung des Berufungsgerichts (*Katsiyannis*, 1992).

Derartigen Auseinandersetzungen liegen im wesentlichen zwei Streitfragen zugrunde:

Die eine betrifft die grundsätzliche Frage nach der Bildungsfähigkeit, auch von Menschen mit extremsten Behinderungen, und dieses Thema wird allgemein in der amerikanischen Sonderpädagogik ungern diskutiert (*Kauffman*, 1981, S. 15-17). Gerade die Versuche einer Grenzziehung zwischen solchen Kindern, die als bildbar eingeschätzt werden und anderen, denen diese Fähigkeit nicht zuerkannt wird, wird als gefährlich angesehen (*Turnbull*, 1990, S. 56). *Burton Blatt* (1987) argumentierte daher wie folgt:

Förderung erhält. Zweifellos würde der Kongreß niemals gesetzliche Grundlagen für völlig aussichtslose Zwecke schaffen.

[27] Diese Zielvorgabe ist notwendig, um die Lücke zu schließen, die innerhalb des Gesetzes selbst nicht deutlich wird, und welche die seltenen Fälle betrifft (und das Gericht betont, daß sie selten sind), in welchen ein Kind an derart schweren Behinderungen leidet, daß das betroffene Kind aus sonderpädagogischer Förderung keinerlei Nutzen ziehen kann.

[28] Kein Kind, und zwar unabhänigig davon, wie schwer seine Behinderung auch sein mag, darf jemals wieder den erbärmlichen Verhältnissen ausgesetzt werden, die zur Zeit der Verabschiedung des Gesetzes herrschten, als Millionen behinderter Kinder eine nur unangemessene Schulbildung erhielten, oder sogar gar keine.

Educability is a two-edged sword. We should deal with our clients as if they *will* learn, as if they *will* be healed, as if their physical, emotional, and intellectual health *will* be restored. We must serve our clients because they are entitled to receive our help ... Even if educability cannot be empirically verified, the clinician must behave as if it has been verified[29] (S. 356).

Eine etwas andere Position nehmen dagegen *Kauffman und Hallahan* (1993) ein, sie wählen hierfür das extreme Beispiel von Kindern und Jugendlichen, die sich im Koma befinden:

Whether attempting to educate children who are permanently unconscious is a moral imperative or a mockery is an open question for philosophical debate ... We are unable to describe educational needs of permanently unconscious or semicomatose children, although these children have obvious needs for humane treatment[30] (S. 75).

Zum anderen stellt die Aufnahme von Schülern und Schülerinnen mit schwersten Behinderungen das bisherige Verständnis vom Bildungsauftrag der Schulen in Frage. Sieht man, wie viele Schulbezirke, die Aufgabe des öffentlichen Schulwesens darin, Kinder und Jugendliche auf deren zukünftige Rolle als verantwortungsbewußte (und steuernzahlende) Staatsbürger vorzubereiten (vgl. *Turnbull*, 1990, S. 53), so verwundert die folgende Äußerung einer Lehrkraft nicht: "I don't think it should be the role of public schools as a goal of learning to teach children to eat"[31] (zit. nach *Singer & Butler*, 1987, S. 144). Nach Ansicht von *Sailor* und dessen Kollegen und Kolleginnen bedarf es dagegen einer weitergefaßteren Interpretation des Bildungsauftrags der Schulen. Ihre Aufgabe sollte darin gesehen werden, die Lebensqualität *aller* Schüler und Schülerinnen zu verbessern. Deshalb müßte man der Öffentlichkeit vor Augen halten, daß auch die kleinsten Lernforschritte, wie z.B. jener, bestimmte Wünsche äußern zu können, für Kinder und Jugendliche mit Behinderungen außerordentlichen Einfluß auf deren ganz persönliche Lebensqualität haben können (*Sailor, Gee, Goetz & Graham*, 1988, S. 90). Nach Ansicht des Berufungsgerichts im Falle Timothy W. liegt auch P.L. 94-142 ein derartiges, weiter gefasseres Verständnis von

---

[29] Bildbarkeit ist ein zweischneidiges Schwert. Wir sollten stets mit unseren Klienten so umgehen, als würden sie lernen, als würden sie geheilt werden, als ob ihre körperliche, emotionale und intellektuelle Gesundheit wieder hergestellt werden würde. Wir müssen unsere Klienten behandeln, weil sie ein Recht darauf haben, daß wir ihnen helfen. Selbst wenn die Bildbarkeit nicht empirisch nachgewiesen werden kann, muß der Kliniker sich stets so verhalten, als ob sie nachgewiesen worden wäre.

[30] Inwieweit der Versuch, Kinder zu erziehen, die dauerhaft bewußtlos sind, ein moralischer Imperativ ist oder eine Farce, ist eine offene Frage, über die man philosophieren mag ... Wir sind nicht dazu in der Lage, erzieherische Bedürfnisse für zeitweise oder dauerhaft bewußtlose Kinder zu beschreiben, obgleich diese Kinder offensichtlich humaner Behandlung bedürfen.

[31] Ich finde nicht, daß es die Aufgabe der öffentlichen Schulen sein sollte, sich das Ziel zu setzen, Kindern das Essen beizubringen.

schulischer Bildung zugrunde: "Education for the severely handicapped is to be broadly defined, to include not only traditional academic skills, but also basic functional life skills ... Educational methodologies in these areas are not static, but constantly evolving and improving"[32] (zit. nach *Turnbull*, 1990, S. 57). Wichtig wäre es in diesem Zusammenhang daher, daß sich die sonderpädagogische Forschung verstärkt darum bemüht, Wege und Mittel zu erkunden und zu verbreiten, die nachweislich auch bei Kindern und Jugendlichen mit schweren Behinderungen zu Lernfortschritten führen (*Noonan & Reese*, 1984, S. 13).

Insgesamt macht das Schicksal von Timothy und den übrigen betroffenen Kindern eins deutlich: "Despite the unequivocal language, extension of the act's protection to profoundly impaired children is still an uphill battle"[33] (*Clurman*, 1987, S. 49). Daß auf diese Problematik, trotz der zentralen Stellung der "Zero-Reject"-Forderung im Gesetz, in den "Annual Reports" nicht eingegangen wird, erscheint als schwerwiegendes Manko.

Im Zusammenhang mit dem uneingeschränkten Recht auf Schulbesuch sollen noch zwei Problembereiche, die häufig gerichtlich geklärt werden mußten, kurz erwähnt werden:

Die in amerikanischen Schulen durchaus übliche disziplinarische Maßnahme des vorübergehenden Ausschlusses vom Schulbesuch ("suspension") ist in der Regel auch zur Bestrafung von Kindern und Jugendlichen mit sonderpädagogischem Förderbedarf erlaubt. Die Entlassung aus der Schule ("expulsion") verstößt nach Interpretation der Gerichte dagegen eindeutig gegen die Forderungen von P.L. 94-142 (*Bartlett*, 1989, S. 361; *Data research*, 1989, S. 120-129; *Yell*, 1989).

Ansteckende Krankheiten, wie Hepatitis B oder AIDS, können allerdings ein Grund sein, das Recht auf Schulbesuch verweigert zu bekommen und statt dessen höchstens Anspruch auf Unterricht zu Hause zu haben. Nach Auffassung der Gerichte müssen in derart extremen Situationen die individuellen Interessen des betroffenen Kindes oder Jugendlichen denen der Mitschüler und Mitschülerinnen untergeordnet werden (*Data research*, 1989, S. 95; *Rothstein*, 1990, S. 65; *Turnbull*, 1990, S. 59).

---

[32] Schulische Bildung für Schwerstbehinderte muß weitgefaßt definiert werden. Sie sollte nicht nur traditionelle, akademische Fähigkeiten umfassen, sondern auch grundlegende, zweckmäßige Lebensfertigkeiten einbeziehen ... Die erzieherischen Methoden in diesen Bereichen sind nicht festgelegt, sondern werden ständig weiterentwickelt und verbessert.

[33] Trotz der unmißverständlichen Sprache ist die Ausdehnung des gesetzlichen Schutzes auf schwerstens beeinträchtigte Kinder immer noch ein mühsamer Kampf.

3.4 Diagnostik

"There has been increasing concern expressed by some segments of the special education community regarding both the possibility of inappropriate placement of nonhandicapped children in special education programs and the misclassification of handicapped children"[34] (*U.S. Dep. of Ed.*, 1986, S. 52).

In den "Annual Reports" finden sich zweierlei Informationsquellen zur Thematik der sonderpädagogischen Diagnostik. Bei der einen handelt es sich um die bundesweite Datensammlung bzgl. der Aufteilung der Kinder und Jugendlichen mit sonderpädagogischem Förderbedarf auf die verschiedenen Behinderungskategorien und deren Interpretationen durch das OSEP. Ferner enthalten viele Jahresberichte aber auch eigene Kapitel, oder wenigstens Unterkapitel, die Erfolge und Probleme der Bundesstaaten im Bereich der Diagnostik schildern.

In der US-amerikanischen Fachliteratur finden sich dagegen derart viele Untersuchungen und grundsätzliche Erörterungen zu Fragen der Diagnostik, daß es ausgesprochen schwierig ist, einen angemessenen Überblick über die Fachdiskussion zu geben. In dieser Arbeit wurden daher nur solche Beiträge berücksichtigt, die in direktem inhaltlichen Zusammenhang mit den in den "Annual Reports" beschriebenen Fragen stehen.

3.4.1 Allgemeine Umsetzung der diagnostischen Richtlinien

Die veränderten Richtlinien zur Diagnostik wurden laut der Ausführungen in den Jahresberichten relativ schnell von den meisten staatlichen und lokalen Schulbehörden befolgt. So bemühten sich eine Vielzahl der von der Bundesbehörde überprüften lokalen Schulbehörden schon im Schuljahr 1978/79 verstärkt darum, bei jeder Diagnose mehrere, unterschiedliche Bereiche betreffende Testverfahren zu verwenden und auch die Beobachtungen der Eltern und Lehrkräfte verstärkt zu berücksichtigen (*U.S. Dep. of Ed.*, 1981, S. 65). Zwei Jahre später ergab eine Untersuchung von 100 repäsentativen Schulbezirken, daß bei jedem Evaluationsverfahren durchschnittlich sechs verschiedene Tests herangezogen wurden. Zwei davon erhoben meist die Schulleistungen, die anderen überprüften in der Regel relativ ausgewogen die kognitiven Fähigkeiten, die Wahrnehmung, das Verhalten und das Persönlichkeitsbild (*U.S. Dep. of Ed.*, 1983, S. 22).

Gerade in den Anfangsjahren war für viele Staaten die notwendige diagnostische Weiterbildung des Personals vor Ort ein zentrales Anliegen, und der Man-

---

[34] Von manchen Lagern der Sonderpädagogik ist die wachsende Besorgnis hinsichtlich der Möglichkeit geäußert worden, daß manche nichtbehinderte Kinder ungerechtfertigterweise in sonderpädagogischen Programmen untergebracht sind bzw. behinderte Kinder als den falschen Behinderungskategorien zugehörig klassifiziert werden.

gel an diagnostisch ausreichend qualifizierten Fachkräften ein großes Problem (*U.S. Dep. of Ed.*, 1981, S. 66, 68). Dieser Personalmangel hatte u.a. zur Folge, daß in vielen Schulbehörden lange Wartezeiten zwischen dem Zeitpunkt des "referral" und der folgenden diagnostischen Überprüfung entstanden (*U.S. Dep. of Ed.*, 1982, S. 51-56; vgl. Kap. 3.3.1). Abgesehen von dem höheren Aufwand, der durch die neuen gesetzlichen Richtlinien bei jeder Überprüfung auf sonderpädagogische Bedürftigkeit entstand, stieg in den Anfangsjahren nämlich auch die Zahl der Überweisungen und ferner mußten laut Gesetz nun auch all diejenigen Schüler und Schülerinnen, die schon länger sonderpädagogische Förderung erhielten, nochmals überprüft werden (*U.S. Dep. of Ed.*, 1981, S. 65).

Daher bewilligte der Bund zusätzliche Finanzmittel für Fortbildungsmaßnahmen im Bereich der sonderpädagogischen Diagnostik und auch an den "Regional Resource Centers"[35] wurden entsprechende Seminare angeboten (*U.S. Dep. of Ed.*, 1983, S. 27-28). Aber auch heute noch besteht zusätzlicher Bedarf an diagnostischem Personal (*U.S. Dep. of Ed.*, 1994, S. 23) und viele Bundesstaaten beklagen auch den Mangel an geeigneten Testverfahren (*U.S. Dep. of Ed.*, 1991b, C 5).

Insgesamt bestätigt auch die Fachliteratur die in den "Annual Reports" genannten allgemeinen Schwierigkeiten auf lokaler Ebene bei der Umsetzung der Forderungen von P.L. 94-142 zur Diagnostik. Allerdings wird hier deutlich, daß auch Ende der achtziger Jahre viele Probleme noch nicht behoben waren. Immer noch wurde in einigen Schulbehörden zu unerfahrenes Personal mit Aufgaben der Diagnostik betreut (*Lipsky & Gartner*, 1987, S. 12) und häufig ungeeignete Testinstrumentarien ausgewählt (*Connelly*, 1985; *Lipsky & Gartner*, 1987, S. 12; *Ysseldyke*, 1987, S. 260). Dies gilt insbesondere für die Diagnose bei Schülern und Schülerinnen mit schweren Behinderung, für welche zudem auch nicht genügend valide und normierte Verfahren vorhanden sind (*Sigafoos, Cole & McQuarter*, 1987). Eine Untersuchung Anfang der achtziger Jahre zeigte ferner, daß trotz Veränderungen in der Ausbildung von Schulpsychologinnen und Sonderpädagogen weiterhin die Gefahr besteht, daß dem Intelligenzquotienten in diagnostischen Überprüfungen zu große Bedeutung beigemessen wird (*Smith & Knoff*, 1981, S. 61).

Ein genereller Kritikpunkt am Überweisungsverfahren, der in den "Annual Reports" nicht eigens erwähnt wird, sollte jedoch nicht unterschlagen werden: Einige Autoren und Autorinnen äußern nämlich den Verdacht, daß nicht nur ein "referral", sondern auch das Ergebnis der Diagnose stark von dem "teacher

---

[35] Die "Regional Resource Centers" dienen der fachlichen Unterstützung der staatlichen Schulbehörden und sollen ihnen dabei helfen, die gesetzlichen Richtlinien zu verwirklichen und die Qualität sonderpädagogischer Förderung zu steigern. Bundesweit existieren sechs solcher Zentren, die jeweils sieben bis vierzehn Staaten und außerterritoriale Gebiete betreuen (*U.S. Dep. of Ed.*, 1992b, S. 156).

squeak"[36] abhängt, also dem Drängen der Regelschullehrkräfte, die betreffenden Schüler und Schülerinnen an die Sonderpädagogik "abgeben zu können" (*Ysseldyke*, 1987, S. 259). Nur 43% der von *Pugach* (1985) befragten Regelschullehrkräfte hatten ihren Unterricht grundlegend verändert, um ihn den Lernbedürfnissen des betroffenen Kindes anzupassen, bevor sie es zur sonderpädagogischen Überprüfung anmeldeten (S. 5). In der genannten Untersuchung wurden 93% der gemeldeten Schulkinder sonderpädagogisch überprüft, und insgesamt erhielten letzendlich 64% sonderpädagogische Förderung, wobei der Anteil bei Kindern im Elementarbereich bei 93% lag (*Pugach*, 1985, S. 131). Zu ähnlichen Ergebnissen kommt auch eine Untersuchung von *Algozzine* und Mitarbeitern, nach der 92% aller Schüler und Schülerinnen, die zur sonderpädagogischen Überprüfung überwiesen wurden, auch getestet, und von letzteren wiederum 73% als "handicapped" eingestuft wurden (*Algozzine, Ysseldyke & Christenson*, 1983, S. 146). Die von *Gartner und Lipsky* (1987) zitierten Daten aus 28 Städten ergaben dagegen eine ausgesprochen hohe Bandbreite, bei der zwischen 7,8 und 91,8% der zur Überprüfung gemeldeten Kinder und Jugendlichen letztendlich als sonderpädagogisch förderbedürftig diagnostiziert wurden (S. 372). Wenn die Ergebnisse der verwendeten Testverfahren den sonderpädagogischen Förderbedarf eines Kindes nicht bestätigen, gehen manche Psychologen und Psychologinnen bei entsprechendem Drängen durch die Regelschullehrkräfte sogar soweit, daß sie regelrecht nach Verfahren "suchen", anhand derer das betroffene Kind als "handicapped" eingestuft werden kann (*Gartner & Lipsky*, 1987, S. 372), und es kann dann auch durchaus vorkommen, daß Schüler und Schülerinnen als sonderpädagogisch förderbedürftig diagnostiziert werden, obwohl die diagnostischen Ergebnisse dies *nicht* eindeutig bestätigen (*Ysseldyke*, 1987, S.260). Ähnliche Beobachtungen machte auch eine andere Forschungsgruppe: "The identification of a handicapping condition has been characterized as `negotiated status´ that has often appeared to be driven more by the institutional needs of schools than by the educational needs of children"[37] (*Macmann, Barnett, Lombard, Belton-Kocher & Sharpe*, 1989, S. 128). *Walker* (1987) äußert daher die Befürchtung, daß die Sonderpädagogik häufig als "convenient institutional mechanism to sort unwanted students from the mainstream of education"[38] mißbraucht werde (S. 106).

---

[36] "Aufschrei der Lehrer und Lehrerinnen"
[37] Die Feststellung einer Behinderung ist vereinzelt als `Verhandlungsergebnis´ beschrieben worden, welches sich häufig eher an den institutionellen Bedrängnissen der Schule orientiert hat als an den erzieherischen Bedürfnissen der Kinder.
[38] "willkommener institutioneller Mechanismus, um unerwünschte Schüler und Schülerinnen aus dem `mainstream´ des Bildungswesens auszusortieren"

3.4.2 Auffälligkeiten bei den diagnostischen Ergebnissen

Die Daten zur Verteilung der Kinder und Jugendlichen mit sonderpädagogischem Förderbedarf auf die verschiedenen Behinderungskategorien sind insofern auffällig, als es sich zeigt, daß sie nicht nur in den einzelnen Bundesstaaten sehr stark variieren, sondern daß sich im Laufe der Jahre auch bedeutende Veränderungen bzgl. der Häufigkeit bestimmter Behinderungsformen ergeben haben. Ferner scheint das Problem der Überrepräsentation von Kindern und Jugendlichen der ethnischen Minderheiten, jedenfalls in bestimmten Behinderungskategorien, weiterhin ungelöst.

Infolgedessen kommen doch Zweifel an der Zuverlässigkeit und somit verstärkt auch am Sinn dieser Kategorisierungen auf.

3.4.2.1 Unterschiede bei der Häufigkeit der Behinderungsformen in den Bundesstaaten

Nicht nur der Gesamtanteil der Kinder und Jugendlichen mit sonderpädagogischem Förderbedarf variiert von Bundesstaat zu Bundesstaat, auch die einzelnen Behinderungs*formen* werden unterschiedlich häufig diagnostiziert. Dies läßt sich zeigen, wenn man die Häufigkeit des Auftretens verschiedener Behinderungsformen für die gesamte Gruppe der sechs- bis siebzehnjährigen Schüler und Schülerinnen betrachtet (siehe Tab. 2, S. 122):

So wurde in manchen Bundesstaaten im Schuljahr 1991/92 eine bestimmte Behinderungskategorie um ein vielfaches häufiger bzw. seltener diagnostiziert als im gesamten Bundesgebiet. Der Anteil der Kinder und Jugendlichen mit "multiple disabilities" war in Wisconsin z.B. mehr als zehnmal so hoch als im Bundesdurchschnitt, in manchen Bundesstaaten wurden überhaupt keine Schüler und Schülerinnen mit dieser Behinderungsform gemeldet. Auch in der Kategorie "mental retardation" gab es sehr krasse Unterschiede, so erhielten in Alabama knapp dreimal so häufig Kinder und Jugendliche aufgrund dieser Behinderungsform sonderpädagogische Förderung wie im Bundesdurchschnitt. In New Jersey betrug der Anteil der Schüler und Schülerinnen mit "mental retardation" nur knapp ein Drittel des Mittelwerts der Bundesstaaten (*U.S. Dep. of Ed.*, 1994, A 55-56).

Behinderungs-kategorie	Anteile in den Bundesstaaten		
	durchschnittlich	maximal	minimal
Specific learning disabilities	5,25%	9,42%	2,73%
Speech/language impairments	2,32%	4,23%	0,60%
Mental retardation	1,09%	3,06%	0,33%
Serious emotional disturbance	0,89%	2,08%	0,04%
Hearing impairments	0,13%	0,26%	0,02%
Multiple disabilities	0,21%	2,47%	0,00%
Orthopedic impairments	0,11%	0,29%	0,03%
Other health impairments	0,15%	0,00%	0,80%
Visual impairments	0,05%	0,09%	0,03%

Tab. 2: Unterschiede zwischen den 50 Bundesstaaten und Washington D.C. im Anteil der Kinder und Jugendlichen im Alter von 6-17 Jahren mit bestimmten Behinderungsformen an der Gesamtzahl aller Schüler und Schülerinnen derselben Altersgruppe, Schuljahr 1992/93[39] (Daten aus: *U.S. Dep. of Ed.*, 1994, A 55-56)

Auffällig ist ferner, daß beispielsweise in Massachusetts nicht nur der Anteil der Schüler und Schülerinnen mit "specific learning disabilities" so hoch war. Dieser Bundesstaat lag auch was seinen Gesamtprozentsatz von Schülern und Schülerinnen betrifft mit 15,21% (verglichen zu durchschnittlichen 10,24%) bundesweit an der Spitze. Wisconsin vermeldete dagegen auffällig niedrige Anteile im Bereich der "specific learning disabilities", "speech or language impairments", sowie der "mental retardation", die vielleicht den andererseits überaus hohen Anteil der als "multiple disabled" gemeldeten Schüler und Schülerinnen verständlich erscheinen lassen. Dennoch lassen sich auf der Grundlage der in den "Annual Reports" enthaltenen Datentabellen keine eindeutigen Zusammenhänge zwischen der Häufigkeit der Diagnose einer bestimmten Behinderungskategorie und entsprechend niedrigeren Anteilen bei einer anderen Behinderungsform oder dem Prozentsatz *aller* Schüler und Schülerinnen mit sonderpädagogischem Förderbedarf in dem betreffenden Staat ableiten. Es ist jedoch anzunehmen, daß derartige Einflüsse existieren, da die Definitionen mancher Behinderungskate-

---

[39] Auf eine Darstellung der Variationen zwischen den Bundesstaaten im Anteil der Kinder und Jugendlichen mit "deaf-blindness", "autism" und "traumatic brain injury" muß zum einen aufgrund der niedrigen Schülerzahlen innerhalb dieser Kategorien verzichtet werden. Zum anderen sind bundesstaatliche Unterschiede in der Häufigkeit der Diagnose von "autism" und "traumatic brain injury" derzeit aber auch noch zu erwarten, nachdem diese erst seit kurzem als separate Rubrik geführt werden, und viele Bundesstaaten sich an die neuen Bundesrichtlinien noch nicht vollständig angepaßt haben (vgl. dazu *Katsiyannis & Conderman*, 1994).

gorien relativ weit gefaßt sind oder aber sich mit anderen überschneiden. Dies trifft insbesondere sowohl für die Kategorie "multiple disabilities" als auch für jene der "other health impairments" zu, die anscheinend in einzelnen Bundesstaaten recht unterschiedlich interpretiert werden. Nur so ist zu erklären, daß mancherorts überhaupt keine Schüler und Schülerinnen mit "multiple disabilities", in anderen keine Kinder und Jugendlichen mit "other health impairments" gemeldet worden sind. Wahrscheinlich sind die betroffen Schüler und Schülerinnen stattdessen unter der dominierenden Beeinträchtigung registriert bzw. als "orthopedically impaired" diagnostiziert worden. Ähnliche Zusammenhänge sind auch für die Kategorien "specific learning disability" und "mental retardation" zu vermuten[40].

In den "Annual Reports" wird auf die Unterschiede in der Häufigkeit bestimmter Behinderungskategorien je Bundesland relativ selten hingewiesen, Erklärungen dafür werden kaum gegeben:

The data for individual handicapping conditions show considerable State-to-State variation. There are several explanations for these differences including differing classification practices, different populations of students and inaccurate reporting. A thorough investigation of the factors contributing to the State-to-State variation ... has not been undertaken[41] (U.S. Dep. of Ed., 1989, S. 14).

Eine derartige Analyse wäre aber sicherlich sinnvoll, um zum einen herauszufinden, ob die Unterschiede bei der Klassifikation auf mangelhafte Einhaltung der diagnostischen Richtlinien zurückgeführt werden können. Zum anderen müßte auch überprüft werden, ob ein auffallend niedriger Anteil von Schülern und Schülerinnen mit einer bestimmten Behinderungsform nicht auch ein Hinweis darauf sein könnte, daß für diese Gruppe von Kindern und Jugendlichen das Recht auf sonderpädagogische Förderung noch nicht umfassend gewährleistet wird (vgl. Kap. 3.3.2).

In der Fachliteratur werden die beschriebenen Divergenzen in den diagnostischen Ergebnissen immer wieder als Beweis dafür angesehen, daß die Diagnose sonderpädagogischen Förderbedarfs alles andere als zuverlässig ist: "Deter-

---

[40] Die genauen Definitionen der Behinderungskategorien sind im Anhang aufgeführt. Auf die Problematik der Diagnose von "specific learning disabilities" wird in Kapitel 3.4.2.5 noch näher eingegangen.

[41] Die Daten für die verschiedenen Behinderungsformen weisen bei einem Vergleich der einzelnen Staaten beträchtliche Unterschiede auf. Für diese Unterschiede gibt es verschiedene Erklärungsmöglichkeiten, wie beispielsweise unterschiedliche Vorgehensweisen bei der Klassifikation, unterschiedliche Schülerpopulationen und ungenaue Berichterstattung. Eine gründliche Untersuchung der Faktoren, welche zu den interstaatlichen Variationen beitragen ... wurde nicht vorgenommen..

mining who goes into special education is an inexact science"[42] (*Shapiro*, 1993, S. 174). Gleiches gilt für die Klassifikation der einzelnen Behinderungskategorien, denn die statistischen Ergebnisse erwecken folgenden Eindruck: "Where a child lives affects what label he will receive"[43] (*Singer, Palfrey, Butler & Walker*, 1989, S. 263).

Zwar kann man davon ausgehen, daß ein bestimmtes Maß an Variation sich aus tatsächlichen lokalen Unterschieden in der Prävalenz von Behinderungsformen ergibt, dennoch ist es "obviously quite unreasonable to think that there would be 10 times as many mentally retarded students in one state as in another"[44] (*Sage & Burrello*, 1994, S. 49; vgl. Tab. 2, S. 122). Daher ist es anzunehmen, daß die differierende lokale Umsetzung der gesetzlichen Forderungen eine wichtigere Rolle spielt (*Singer et al.*, 1989, S. 262). Häufig genannt werden in diesem Zusammenhang die unterschiedlichen Vorgehensweisen im Überweisungsprozeß und bei der Diagnose (*Singer et al.*, 1989, S. 262; *Zettel*, 1982, S. 27).

Die lokalen Besonderheiten vor Ort können ebenfalls die sonderpädagogische Praxis bestimmen. Dazu gehören neben dem Einfluß von Interessensgruppen oder der Geschichte der Rechtssprechung in dem betreffenden Bundesstaat (*Singer et al.*, 1989, S. 262) auch die Form der staatlichen Bezuschussung der Sonderpädagogik (*Keogh, 1988b*, S. 337; *Zettel*, 1982, S. 27; vgl. Kap. 3.7.4.3). Pragmatische Gesichtspunkte, wie die Zahl und Form der vorhandenen Förderprogramme, die Räumlichkeiten oder auch die Ausstattung mit Fachpersonal, mögen ebenfalls die diagnostischen Ergebnisse mitbeeinflussen (*Keogh, 1988b*, S. 237). Und man darf nicht vernachlässigen, daß allein schon Unterschiede in den individuellen Persönlichkeitsstrukturen der im Überweisungs- und Diagnoseprozeß tätigen Fachleute zu unterschiedlichen Urteilen führen können (*Lytle*, 1988, S. 117).

Bedenkt man, welche Konsequenzen die Zuschreibung einer Behinderungskategorie für die soziale und psychologische Entwicklung der betroffenen Kinder und Jugendlichen sowie für deren Bildungsgang haben kann, erscheinen grundlegende Verbesserungen des Überweisungs- und Diagnoseverfahrens in der Tat erforderlich: "Greater uniformity and adequacy of classification procedures may

---

[42] Die Entscheidung darüber, wer an die Sonderpädagogik überwiesen wird, ist eine sehr ungenaue Wissenschaft.
[43] Wo ein Kind wohnt, beeinflußt, welcher Behinderungskategorie es zugeordnet wird.
[44] ... offensichtlich wider jede Vernunft, davon auszugehen, daß in einem Staat tatsächlich zehn mal so viele Schüler und Schülerinnen mit 'mental retardation' wohnen wie in einem anderen.

be required to ensure equal rights for all handicapped children under P.L. 94-142"[45] (*Singer et al.*, 1989, S. 278).

3.4.2.2 Veränderungen über die Zeit

Wenn man betrachtet, wie sich die Verteilung von Kindern und Jugendlichen auf verschiedene Behinderungskategorien innerhalb der letzten sechzehn Jahre entwickelt hat, so erkennt man deutliche Veränderungen. Der Übersichtlichkeit halber werden zunächst die vier häufigsten Behinderungskategorien dargestellt:

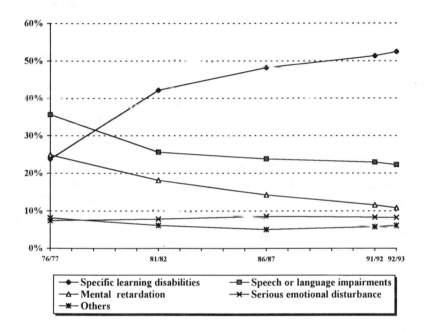

Abb. 9: Veränderung des Anteils von Kindern und Jugendlichen mit den vier häufigsten Behinderungsformen an der Gesamtzahl aller Schüler und Schülerinnen mit sonderpädagogischem Förderbedarf im Alter von 6-21 Jahren von 1976/77 bis 1992/93[46] (Daten aus: *U.S. Dep. of Ed.*, 1983, S. 67-68; *dass.*, 1988, B 4-5; *dass.*, 1990, A 33-42; *dass.*, 1993, A 22-23; *dass.*, 1994, S. 9)

---

[45] Um wirklich die gleichen Rechte für alle behinderten Kinder zu gewährleisten, die im Rahmen von P.L. 94-142 gefördert werden, wäre wahrscheinlich eine höhere Übereinstimmung und eine bessere Zweckdienlichkeit der Klassifikationsverfahren notwendig.

[46] Diese Angaben beziehen sich nur auf jene Kinder und Jugendlichen, die zwischen 6 und 21 Jahren alt sind und unter "IDEA Part B" aufgeführt wurden, da auf der Datengrundlage nur für diese Gruppe Vergleiche über den ganzen Zeitraum möglich sind.

Wie man sehen kann, kam es in der Kategorie "learning disabilities" zu den stärksten Veränderungen. Der Anteil der Kindern und Jugendlichen mit sonderpädagogischem Förderbedarf, die als dieser Behinderungsform zugehörig diagnostiziert wurden, hat sich seit 1976/77 mehr als verdoppelt. Um etwa 13% bzw. 14% gesunken ist dagegen der Prozentsatz der Schüler und Schülerinnen mit "speech or language impairments" bzw. jener mit "mental retardation". Auffällig ist, daß für diese drei Gruppen die Veränderungen in den ersten fünf Jahren um einiges krasser waren, als in den folgenden. Der Anteil der Kinder und Jugendlichen mit "serious emotional disturbance" ist dagegen nur um knapp 1% gestiegen, auch der Gesamtanteil jener Kinder und Jugendlichen, bei denen andere Behinderungen diagnostiziert wurden, ist relativ konstant geblieben.

Betrachtet man die selteneren Behinderungsformen (siehe Abb. 10, S. 127), so ist eine Analyse der Anzahl der betroffenen Schüler und Schülerinnen aufgrund der kleineren Population sinnvoller als ein Vergleich der Prozentanteile (vgl. *U.S. Dep. of Ed.*, 1993, S. 9).

Bei insgesamt gestiegener Anzahl von Schülern und Schülerinnen mit sonderpädagogischem Förderbedarf ist die Zahl jener mit "visual impairments", "hearing impairments" und "orthopedic impairments" im ganzen gesunken. Die Zahl der Kinder und Jugendlichen mit "other health impairments" betrug im Schuljahr 1992/93, verglichen mit 1976/77, nur noch knapp die Hälfte. In allen vier Kategorien läßt sich seit 1988/89 jedoch wieder ein leichter Anstieg der Schülerzahlen erkennen. Schüler und Schülerinnen mit "multiple disabilities" wurden seit Einführung dieser Behinderungsdefinition im Schuljahr 1979/80 immer häufiger gemeldet. Im Schuljahr 1992/93 waren es schon fast doppelt so viele wie bei der ersten Erfassung.

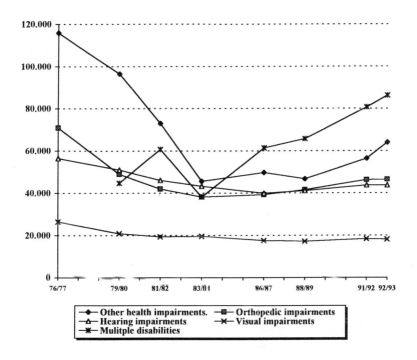

Abb. 10: Veränderung der Anzahl der Kinder und Jugendlichen, bei denen seltenere Behinderungsformen vorliegen, seit 1976/77[47] (Daten aus: *U.S. Dep. of Ed.*, 1981, S. 131-132; *dass.*, 1983, S. 67-68; *dass.*, 1985, S. 202-203; *dass.*, 1988, B 4-5; *dass.*, 1990, A 33-43; *dass.*, 1993, A 22-23; *dass.*, 1994, S. 9)

Es zeigt sich also, daß sich für alle Behinderungsformen deutliche Verschiebungen ergeben haben. Darauf wird in den "Annual Reports" auch immer wieder hingewiesen und man sucht nach möglichen Gründen.

Am häufigsten diskutiert wird der Anstieg in der vielumstrittenen Kategorie "specific learning disabilities" (vgl. Kap. 3.4.2.5). Die Zahl der Schüler und Schülerinnen, bei denen diese Behinderungsform diagnostiziert wurde, ist seit dem Schuljahr 1976/77 um 198% gestiegen (*U.S. Dep. of Ed.*, 1994, A 36). Immer wieder wird erörtert, inwieweit ein Zusammenhang zwischen diesem Phänomen und den sinkenden Schülerzahlen in den Kategorien "speech or

---

[47] Auch hier beziehen sich die Daten nur auf Kinder und Jugendliche im Alter von 6-21 Jahren, die unter "IDEA Part B" gemeldet wurden. In der Kategorie "multiple disabilities" liegen für das Schuljahr 1976/77 keine Angaben vor. Wegen der sehr geringen Anzahl von Schülern und Schülerinnen mit "deaf-blindness" sind diese hier nicht aufgeführt, ebenso nicht mit aufgenommen wurden jene mit "autism" und "traumatic brain injury", da nach diesen Kategorien erstmals im 15. Jahresbericht unterschieden wurde.

language impairments" und "mental retardation" existieren könnte (z.B. *U.S. Dep. of Ed.*, 1985, S. 4; *dass.*, 1992b, S. 8-10). Man geht dabei von der Hypothese aus, daß viele Schüler und Schülerinnen, die früher als "mentally retarded" bzw. "speech or language impaired" diagnostiziert wurden (oder worden wären), inzwischen als "learning disabled" registriert werden (*U.S. Dep. of Ed.*, 1991b, S. 18). Dies könnte u.a. daran liegen, daß im Laufe der Jahre verfeinertes Testinstrumentarium entwickelt wurde und die rechtlichen Auflagen gerade für die Diagnose von "mental retardation" sich verschärft haben. Sicherlich spielt aber auch die, insbesondere im Vergleich zur Kategorie "mental retardation", höhere soziale Akzeptanz des "labels" "learning disability", eine bedeutsame Rolle (*U.S. Dep. of Ed.*, 1985, S. 6). Das OSEP hat inzwischen eine umfangreiche Studie initiiert, welche Gründe für den starken Anstieg innerhalb der Kategorie der "specific learning disabilities" herausarbeiten soll. Die Ergebnisse werden voraussichtlich aber erst im 17. "Annual Report" veröffentlicht werden (*U.S. Dep. of Ed.*, 1994, S. 10).

Fortschritte in der Entwicklung neuer technischer Hilfsmittel, dank derer viele Schüler und Schülerinnen mit "hearing impairments" und "visual impairments" ihre Sinnesbeeinträchtigungen kompensieren können, werden als Erklärung dafür angesehen, daß immer weniger dieser Schüler und Schülerinnen als sonderpädagogisch förderbedürftig eingestuft werden (*U.S. Dep. of Ed.*, 1993, S. 11). Die insbesondere bis zum Jahre 1981 deutlich gesunkene Anzahl an Kindern und Jugendlichen mit "orthopedic impairments" wird durch die Einführung der Kategorie "multiple disabilities" erklärt (*U.S. Dep. of Ed.*, 1988, S. 12). Die Zahl der Schüler und Schülerinnen mit "other health impairments" oder "multiple disabilities" verändert sich dagegen von Jahr zu Jahr ohne eindeutig erkennbare Systematik, so daß Erklärungen und Zusammenhänge mit Verschiebungen in anderen Kategorien nur schwer zu erschließen sind (*U.S. Dep. of Ed.*, 1988, S. 12). Der im letzten Schuljahr zu verzeichnende Anstieg in der Kategorie der "other health impairments" wird allerdings mit einem 1991 vom "U.S. Department" herausgegebenem Memorandum in Verbindung gebracht. Darin war darauf hingewiesen worden, daß in bestimmten Fällen Kinder und Jugendliche mit "attention deficit disorders" (vgl. Kap. 2.4) Anspruch auf sonderpädagogische Förderung haben und dann unter der Kategorie "other health impairments" gemeldet werden sollten (*U.S. Dep. of Ed.*, 1994, S. 10).

Grundsätzlich ist es aber doch schwierig, die wahren Gründe und tatsächlichen Zusammenhänge für die Anteilsveränderungen der verschiedenen Behinderungskategorien seit 1976 zu finden. Insbesondere die Tatsache, daß die damalige Schülerpopulation inzwischen längst erwachsen und nunmehr ganz andere Kinder und Jugendliche erfaßt werden, macht direkte Vergleiche eigentlich unmöglich. Daher muß die im 13. Jahresbericht dargestellte Korrelationsstudie, in der mögliche Zusammenhänge zwischen der seit 1976/77 gesunkenen Zahl der

Schüler und Schülerinnen mit "mental retardation" bzw. "speech or language impairments" und der gestiegenen Anzahl der Kinder und Jugendlichen mit "learning disabilities" berechnet wurden (*U.S. Dep. of Ed.*, 1991b, S. 17-20), als methodisch mehr als fragwürdig angesehen werden.

3.4.2.3 Reklassifizierungsstudien

Aussagekräftiger sind dagegen Untersuchungen anhand ein und derselben Schülerpopulation, wie die im 15. Jahresbericht zusammengefaßt dargestellte Studie zur Reklassifikation von Kindern und Jugendlichen verschiedener Altersgruppen und Behinderungsgruppen aus den Bundesstaaten Maine, Maryland und Michigan (*U.S. Dep. of Ed.*, 1993, S. 11-14).

Zu Reklassifizierungen kommt es demnach relativ häufig. So wurden in Maryland innerhalb des dreijährigen Untersuchungszeitraums 20% der Fünf- bis Siebenjährigen und 14% der Elf- bis Dreizehnjährigen nach eingehender Diagnose als einer anderen als der vorher festgestellten Behinderungskategorie zugehörig eingestuft (*U.S. Dep. of Ed.*, 1993, S. 11). Diese Veränderungen der diagnostizierten Behinderungsform werden zum einen damit erklärt, daß gerade bei den jüngeren Kindern das Schulpersonal sich über die Art der Beeinträchtigung oft noch sehr unsicher ist. Ähnlich schwer fällt es, Kinder und Jugendliche einer bestimmten Kategorie zuzuordnen, wenn sie Probleme in mehreren Bereichen haben.

Besonders häufig in den drei Bundesstaaten reklassifiziert wurden Schüler und Schülerinnen mit "speech or language impairments", "mental retardation" und "serious emotional disturbance". Zumeist wurde stattdessen eine "specific learning disability" festgestellt. Sicherlich eine Erklärung bietet die Tatsache, daß in den ersten Schuljahren, in denen Reklassifikationen ja häufiger auftreten, der laut Gesetz für die Diagnose einer "specific learning disability" notwendige Nachweis einer Diskrepanz zwischen eigentlichen Fähigkeiten und tatsächlichen Schulleistungen schwer zu dokumentieren ist. Höchstwahrscheinlich werden viele Kinder und Jugendliche im Zweifelsfall aber auch bevorzugt als gerade dieser Behinderungskategorie zugehörig gemeldet, da sie für das betroffene Schulkind als weniger herabsetzend angesehen wird als die Zuschreibung von "mental retardation" bzw. "serious emotional disturbance" (*U.S. Dep. of Ed.*, 1993, S. 14). Nach Aussage des OSEP sind die Ergebnisse dieser Reklassifizierungsstudie insbesondere deshalb so bedeutsam, weil sie, jedenfalls zum Teil, die stetig steigende Zahl der Schüler und Schülerinnen mit "specific learning disabilities" erklären.

Auch die beiden in der Fachliteratur schon früher erschienenen Reklassifizierungsstudien unter der Leitung von *Wolman* (1989) bzw. *Walker* (1988) ermittelten, daß die Wahrscheinlichkeit, reklassifiziert zu werden, für Kinder und Jugendliche mit "speech impairments" mit am größten ist (*Walker, Singer, Palfrey, Orza, Wenger & Butler*, 1988, S. 398; *Wolman, Thurlow & Bruininks*, 1989, S. 216). Die Angaben über die generelle Häufigkeit von Reklassifizierungen sind je nach Studie, insbesondere in Abhängigkeit vom Untersuchungszeitraum und der Population, jedoch unterschiedlich hoch. So wurde bei der Studie von *Wolman* (1989) ein Prozentsatz von 24 ermittelt (S. 214), in jener von *Walker* und ihren Kolleginnen (1988) war dieser mit 12,3% nur halb so groß (S. 396). Divergierend sind die Ergebnisse auch hinsichtlich der Frage, welcher Behinderungskategorie die betroffenen Schüler und Schülerinnen im Falle einer Reklassifizierung am häufigsten zugeordnet wurden. In Walkers Studie war dies neben "specific learning disabilities" auch die Behinderungskategorie "mental retardation" (*Walker et al.*, 1988, S. 398), während laut *Wolman*s Untersuchung gerade die Kategorien "mental retardation" und "emotional disturbance" zu Auffangbecken werden (*Wolman et al.*, 1989, S. 218).

Insofern kann die Hypothese, daß zwischen den steigenden Schülerzahlen im Bereich "learning disabilities" und sinkenden bei jenen mit "speech or language impairments" und "mental retardation" ein höchstwahrscheinlich kausaler Zusammenhang besteht, auf der Grundlage der Reklassifizierungsstudien eigentlich doch nicht bestätigt werden. Vielmehr deutlich wird eigentlich nur die generelle Schwierigkeit, kategoriale Bestimmungen zuverlässig zu diagnostizieren (vgl. *Wolman et al.*, 1989, S. 219).

Im Zusammenhang mit den genannten Studien soll an dieser Stelle darauf verwiesen werden, daß sich in den "Annual Reports" bisher leider keine Angaben dazu finden, wie hoch die Rücküberweisungsquote von Kindern und Jugendlichen mit sonderpädagogischem Förderbedarf an die Regelschulpädagogik ist (vgl. *Gartner & Lipsky*, 1987, S. 367). Auch die diesbezüglichen Angaben in der Fachliteratur sind sehr widersprüchlich und reichen je nach Untersuchungsdesign von 2% (*Lytle*, 1988, S. 120) bis zu 17% (*Walker et al.*, 1988, S. 396). Gerade deshalb wäre eine bundesweite Datensammlung zu dieser wesentlichen Fragestellung sinnvoll. Die Entscheidung, dies nicht zu tun, kann nach Ansicht von *Gartner und Lipsky* (1987) mehrere Gründe haben: Vielleicht hielt das "U.S. Department" z.B. diese Angaben lange Zeit einfach nicht für so wichtig (was auch für sich spräche), oder man fürchtete sich vielmehr vor den Ergebnissen (S. 367). Ab dem Schuljahr 1993/94 soll die Frage der Rücküberweisung allerdings jetzt doch in die Datensammlung mitaufgenommen werden. Die ersten Ergebnisse werden somit höchstwahrscheinlich im 17. "Annual Report" veröffentlicht werden (*U.S. Dep. of Ed.*, 1993, S. 35; dass., 1994, S. 17).

3.4.2.4 Überrepräsentation von Kindern und Jugendlichen ethnischer Minderheiten

Trotz aller Bemühungen, kraft P.L. 94-142 der Diskriminierung von Kindern und Jugendlichen ethnischer Minderheiten im Rahmen der Diagnose Einhalt zu gewähren, sind diese Schüler und Schülerinnen weiterhin deutlich überrepräsentiert (*U.S. Dep. of Ed.*, 1981, S. 69; *dass.*, 1992b, S. 15-17).

Unter dem Titel "Efforts to prevent erroneous classification"[48] wurde im fünften Jahresbericht diese Problematik erstmals etwas genauer beleuchtet. Bei einer Untersuchung von 100 repräsentativen Schulbezirken zeigte sich zwar, daß insgesamt Schüler und Schülerinnen der ethnischen Minderheiten nicht häufiger für die Überpüfung auf sonderpädagogische und anderweitige remediale Unterstützung angemeldet wurden, als aufgrund ihres Anteils an der gesamten Schülerpopulation zu erwarten gewesen wäre. Betrachtet man allerdings die Jugendlichen im Sekundarbereich gesondert, so fand sich hier eine deutliche Überrepräsentation, deren Ursache nicht geklärt werden konnte (*U.S. Dep. of Ed.*, 1983, S. 21). Auch die neuere, schon erwähnte Studie zu demographischen Besonderheiten der Schüler und Schülerinnen mit sonderpädagogischem Förderbedarf ermittelte abermals, daß schwarze Jugendliche insgesamt doppelt so häufig sonderpädagogisch gefördert werden, als es aufgrund ihres tatsächlichen Anteils an der Gesamtschülerschaft eigentlich zu erwarten wäre. Besonders kraß ist die Überrepräsentation in der Kategorie "mental retardation" (*U.S. Dep. of Ed.*, 1992b, S. 16).

In der Untersuchung von 1983 fiel ferner auf, daß psychologisches Personal, das vor dem Abschluß des Diagnoseverfahrens nach ihrer *Vermutung* bzgl. der möglichen Behinderungsform der zu untersuchenden Kinder und Jugendlichen befragt wurde, bei jenen aus ethnischen Minderheiten doppelt so häufig von "mental retardation" ausging wie bei deren Altersgenossen (*U.S. Dep. of Ed.*, 1983, S. 23-24). In der hier zugrundeliegenden Stichprobe zeigten sich bei den *endgültigen Zuweisungen* der Schüler und Schülerinnen verschiedener Volksgruppen zu den verschiedenen Behinderungsformen dann allerdings keine nennenswerten Unterschiede (*U.S. Dep. of Ed.*, 1983, S. 25).

Auch in der Fachliteratur wird immer wieder beklagt, daß das Problem der Überrepräsentation von Kindern und Jugendlichen der ethnischen Minderheiten in der Sonderpädagogik auch durch die verschärften diagnostischen Richtlinien in P.L. 94-142 nicht gelöst worden ist (*Artiles & Trent*, 1994, S. 413; *Ysseldyke*, 1987, S. 263; siehe auch *Reschly*, 1987, S. 29-31; *Reynolds & Lakin*, 1987, S. 335). Ein Sonderpädagoge wagt sogar folgende Behauptung: "No recent piece of legislation affecting children has so insidiously reinstitutionalized racist practices

---

[48] "Bemühungen zur Vermeidung irrtümlicher Klassifikationen"

as has the EHA"[49] (*Lytle*, 1988, S. 116). Zwar unterscheiden sich die Daten bezüglich des Ausmaßes der Überrepräsentation und der betroffenen ethnischen Bevölkerungsgruppen je nach Autor bzw. Autorin, dennoch herrscht Einigkeit darüber, daß Schüler und Schülerinnen der ethnischen Minderheiten auch seit Verabschiedung von P.L. 94-142 kontinuierlich überrepräsentiert waren (*Artiles & Trent*, 1994, S. 413). Daß Armut, und somit auch Rasse oder Schicht, das Risiko von Schulproblemen erhöhen, bestreitet niemand, und deshalb wird auch akzeptiert, daß ein überproportionaler Anteil von Kindern und Jugendlichen der ethnischen Minderheiten in kompensatorischen Programmen wie "Head Start" gefördert wird (*Reschly*, 1988, S. 31). Wenn aber schwarze Kinder und Jugendliche zwei bis dreimal häufiger als "mentally retarded" diagnostiziert werden, als aufgrund ihres Bevölkerungsanteiles zu erwarten wäre, ist das jedoch sehr wohl ein Problem (*Artiles & Trent*, 1994, S. 410, 413), denn im Falle einer inkorrekten Klassifizierung mit diesem, noch dazu äußerst stigmatisierenden, "label" folgt daraus nämlich ein den tatsächlichen Problemen dieser Schüler und Schülerinnen eigentlich unangemessenes Bildungsangebot (*Reschly*, 1988, S. 31). *Artiles und Trent* (1994) betonen, daß es nicht die Aufgabe der Sonderpädagogik sein darf, sich dieser Kinder und Jugendlichen anzunehmen, nur weil das amerikanische Regelschulwesen der kulturellen Vielfalt seiner Schülerschaft nicht gerecht wird: "As with other special education categories, will we construct and validate a new category for culturally diverse students because we do not know how to deal with them in general education?"[50] (*Artiles & Trent*, 1994, S. 425). Auch für den Journalisten *Shapiro* (1993) ist die Überrepräsentation ein Indiz dafür, daß die sonderpädagogischen Förderprogramme häufig als "dumping grounds for unwanted students"[51] mißbraucht werden (S. 175). Auf alle Fälle aber stellen diese diagnostischen Ergebnisse jedoch die Glaubwürdigkeit des gesamten Diagnosesystems in Frage (*Gottlieb, Alter, Gottlieb & Wishner*, 1994, S. 459).

In diesem Zusammenhang wird insbesondere immer wieder diskutiert, inwieweit der Einsatz standardisierter Intelligenztests zur Diagnose von Kindern und Jugendlichen ethnischer Minderheiten gerechtfertigt ist, oder ob diese Verfahren nicht eindeutig rassendiskriminierend wirken. Diese Frage wurde auch von den Gerichten behandelt, allerdings kam es zu unterschiedlichen Urteilssprüchen. In "Larry P. vs. Riles", einem Rechtsstreit, der von 1971 bis 1986 lief, bestätigte

---

[49] Kein Gesetz neueren Datums, das die Belange von Kindern betrifft, hat auf dermaßen heimtückische Weise rassistische Praktiken wieder institutionalisiert, wie es der EHA [Education of the Handicapped Act] getan hat.
[50] Werden wir, wie in anderen sonderpädagogischen Kategorien schon geschehen, eine neue Kategorie für kulturell andersartige Schüler und Schülerinnen bilden und validieren, weil wir nicht wissen, wie wir mit ihnen innerhalb des Regelschulwesens fertig werden sollen?
[51] "Müllhalde für unerwünschte Schüler und Schülerinnen"

das Berufungsgericht in letzter Instanz, daß die im Staate Kalifornien bestehende Überrepräsentation von schwarzen Kindern und Jugendlichen in den Klassen für "educable mentally retarded" nicht hinzunehmen sei, und die weitere Anwendung standardisierter IQ-Verfahren für die Zuweisung in jene Schulform wurde untersagt (*Data research*, 1989, S. 58). Das Gericht in "PASE vs. Hannon" kam in seiner 52 Seiten langen Urteilsbegründung dagegen zu dem Ergebnis, daß in den von ihm geprüften Verfahren, dem Wechsler Intelligenztest, dessen Revisionsform, sowie dem Stanford Binet, von 488 Items nur neun als rassendiskriminierend bezeichnet werden könnten und folglich der Einsatz der Tests im Schulbezirk Chicago weiterhin gerechtfertigt sei (*Rothstein*, 1990, S. 88-91; *Turnbull*, 1990, S. 95).

Eine der in P.L. 94-142 enthaltenen Forderungen, welche die Wahrscheinlichkeit von Fehldiagnosen bei Kindern und Jugendlichen der ethnischen Minderheiten vermindern sollte, war die Verwendung der Muttersprache im Diagnoseprozeß. Diese Vorschrift umzusetzen, erweist sich als großes Problem (z.B. *U.S. Dep. of Ed.*, 1981, S. 68-69). Wieso dies so schwierig ist, wird in einer speziellen Darstellung zur sonderpädagogischen Förderung von Schülern und Schülerinnen mit "limited english proficiency"[52] deutlich. Bei dieser Schülergruppe, deren Zahl in den letzten Jahren rasant gewachsen ist, ist es naturgemäß besonders diffizil, aber wichtig, zu unterscheiden, inwieweit Beeinträchtigungen im Lernen maßgeblich auf Sprachschwierigkeiten und den kulturellen Hintergrund oder aber auf eine mögliche Behinderung zurückzuführen sind. Es erweist sich allerdings als großes Problem, angemesse Testverfahren, insbesondere zum kognitiven Bereich, für diese Population zu finden. Traditionelle diagnostische Verfahren einfach zu übersetzen wäre unsauber, aber auch die Verwendung von Tests, die speziell für die entsprechende Volksgruppe erstellt wurden, ist als kritisch anzusehen, da auch die Muttersprache von dieser Schülergruppe aufgrund der zweisprachigen Umgebung häufig nicht fehlerfrei beherrscht wird. Bei bestimmten Sprachen, die in den USA von extrem wenigen gesprochen werden, ist eine derartige Vorgehensweise oft auch gar nicht möglich. Nonverbale Diagnoseverfahren haben ebenfalls ihre Mängel, da diese nicht für Schüler und Schülerinnen mit eingeschränkten Englischkenntnissen genormt sind und häufig zumindest rezeptives Verständnis der englischen Sprache erfordern. Der generelle Mangel an zweisprachigem sonderpädagogischem Personal kommt zusätzlich erschwerend hinzu (*U.S. Dep. of Ed.*, 1993, F 1-35).

---

[52] "eingeschränkte Englischkenntnisse"

3.4.2.5 Zur Problematik der Kategorie "Specific learning disabilities"

Über die Kategorie der "specific learning disabilities" hat es so viele Diskussionen gegeben, daß die Literatur zu diesem Problembereich fast unüberschaubar geworden ist. Immer wieder gab es Debatten über die Population und deren Abgrenzung und wurden neue Vorschläge zu einer Veränderung der derzeit gültigen Definition von "specific learning disabilities gemacht (*Edgar & Hayden*, 1984, S. 533; *Hammill*, 1993; *Reid*, 1988, S. 30-31). Diese Inkonstanz verleitete eine Regelschulpädagogin zu dem provokativen Ausspruch: "the learning disabled (whatever that means this week)"[53] (*Ohanian*, 1990, S. 219).

In den "Federal Regulations" war folgende Definition festgelegt worden:

"Specific learning disability" means a disorder in one or more of the basic psychological processes involved in understanding or in using language, spoken or written, that may manifest itself in an imperfect ability to listen, think, speak, read, write, spell, or to do mathematical calculations. The term includes such conditions as perceptual disabilities, brain injury, minimal brain dysfunction, dyslexia, and developmental aphasia. The term does not apply to children who have learning problems that are primarily the result of visual, hearing, or motor disabilities, of mental retardation, of emotional disturbance, or of environmental, cultural, or economic disadvantage (*34 C.F.R.* §300.7[b][10]); zur Übersetzung der Begriffsbestimmung vgl. Anhang).

Zwar haben die Hälfte der Bundesstaaten diese Definition in ihre eigenen Statuten übernommen, in den anderen wurde sie jedoch entweder leicht oder grundlegend überarbeitet (*Ysseldyke*, 1987, S. 259). Daher waren 1987 bundesweit insgesamt 17 Definitionen in Gebrauch. Diese waren zwar unterschiedlich, aber alle so weit gefaßt, daß man laut *Ysseldyke* (1987), würde man sie *alle* als Maßstab anlegen, bundesweit hätte 80% aller Schüler und Schülerinnen als "learning disabled" diagnostizieren können (S. 260). *Walker* (1987) nennt dagegen eine Untersuchung, die unter der gleichen Fragestellung auf einen Anteil von 35% kam (S. 103). So unterschiedlich hoch die Ergebnisse auch sind, so herrscht doch relative Einigkeit darüber, daß eine derartig weit gefaßte Sichtweise von "learning disability" sich selbst lächerlich macht und nicht mit der Unterstützung der Öffentlichkeit und großen Teilen der Fachwelt rechnen kann (*Kauffman*, 1981, S. 12).

Die 1977 speziell zur Diagnose von "specific learning disabilities" herausgegebenen Bundesrichtlinien (vgl. *Macmann et al.*, 1989, S. 144) werden auch heute noch, trotz zahlreicher Handreichungen von der Bundesbehörde (*U.S. Dep. of Ed.*, 1983, S. 26), seltenst zufriedenstellend umgesetzt. So konnte in den für das Haushaltsjahr 1992 eingereichten "State Plans" keiner der vierzehn überprüften Bundesstaaten nachweisen, daß sämtliche der in den "Federal Regula-

---

[53] "die `learning disabled´ (was immer diese Woche auch darunter zu verstehen ist)"

tions" aufgeführten Vorgaben umgesetzt worden waren (*U.S. Dep. of Ed.*, 1992b, S. 123). Außerdem sind diese Bundesrichtlinien zu unklar. Zwar ist, wie schon erwähnt, für die Diagnose eine "severe discrepancy between achievement and intellectual ability"[54] Voraussetzung (*34 C.F.R.* §300.541[a][2]), wie hoch diese Diskrepanz sein sollte, wurde jedoch nicht näher bestimmt und entsprechend unterschiedlich sind die Richtlinien in den verschiedenen Bundesstaaten (*Bateman*, 1992, S. 32; *Keogh, 1988b*, S. 231). Je nachdem, wie man diese Diskrepanz methodisch errechnet, oder welchen Schulleistungstest man als Vergleichsmaßstab nimmt, hätte dies unterschiedliche hohe Auswirkungen auf die Häufigkeit der Diagnose einer "learning disability" (*Macmann et al.*, 1989, S. 129). Daher folgern einige Sonderpädagogen und Sonderpädagoginnen, "that the severe discrepancy concept has outlived its usefulness as a viable model for service allocation"[55] (*Macmann et al.*, 1989, S. 144; ähnlich auch *Mather & Roberts*, 1994, S. 52-53). Gesetzlich gefordert ist es aber weiterhin.

Angesichts dieser diagnostischen Probleme verwundert die folgende Feststellung nicht: "There is a broad range in number, kind, intensity, and chronicity of individual attributes which characterize the individuals placed in a potential learning disabilities pool"[56] (*Keogh, 1988b*, S. 247). So meint *Shepard* (1987), daß zumindest die Hälfte der Kinder und Jugendlichen, die als "learning disabled" diagnostiziert werden, sich beispielsweise eher dadurch charakterisieren lassen, daß sie langsamer lernen als ihre Mitschüler und Mitschülerinnen, daß Englisch nicht ihre Muttersprache ist, oder dadurch, daß sie oft unartig sind (S. 327). Aufgrund des heutigen Widerwillens, Schüler und Schülerinnen als "educable mentally retarded" zu diagnostizieren (*Polloway & Smith*, 1988, S. 11), finden sich auch viele der Kinder und Jugendlichen, die früher dieser Kategorie zugeordnet worden wären, heute in Förderprogrammen für Kinder und Jugendliche mit "learning disabilities" (*Gottlieb et al.*, 1994, S. 458). Die Schwierigkeit der Abgrenzung von anderen Behinderungsformen (*Keogh, 1988b*, S. 225) und die Heterogenität dieser Gruppe erklärt auch, warum, wie schon dargestellt, im Falle einer Reklassifizierung für viele Schüler und Schülerinnen das neue "label" das der "learning disabilities" ist (*Singer et al.*, 1989, S. 277; vgl. Kap. 3.4.2.3). Ebenfalls beobachten läßt sich, daß all diejenigen Kinder, die trotz ihrer Schulschwierigkeiten in keine der herkömmlichen Behin-

---

[54] "schwerwiegende Diskrepanz zwischen Leistung und intellektueller Fähigkeit"
[55] ... daß die Zeiten eigentlich vorbei sind, in denen das Konzept der `schwerwiegenden Diskrepanz´ als entwicklungsfähiges Modell für die Zuweisung von Unterstützungsmaßnahmen hilfreich war.
[56] Es gibt eine breite Spannweite hinsichtlich der Anzahl, der Art, der Intensität und Dauerhaftigkeit der individuellen Merkmale, anhand derer man jene Individuen charakterisieren könnte, die als mögliche Mitglieder der Gruppe der `learning disabled´ gelten könnten.

derungskategorien passen, als "learning disabled" eingestuft werden (*Taylor & Sternberg*, 1989, S. 36).

Für den in den "Annual Reports" beschriebenen explosionsartigen Anstieg der Zahl und des Anteils der Schüler und Schülerinnen mit "learning disabilities", der von *Wang* und ihren Kollegen als "an embarrassment to American educators"[57] beschrieben wird (*Wang, Reynolds & Walberg*, 1994, S. 14), gibt es verschiedene Erklärungsmodelle. Neben der schon erwähnten Hypothese eines Zusammenhangs mit den sinkenden Anteilen in den Kategorien "speech impairment" und "mental retardation" (vgl. Kap. 3.4.2.2) dürfen andere Erklärungsansätze nicht vernachlässigt werden:

So wird von Seiten des OSEP darauf hingewiesen, daß auch bestimmte Veränderungen im Regelschulwesen für die häufigere Diagnose einer "specific learning disability" verantwortlich sein können. "A lack of general education alternatives for children experiencing problems in regular classes"[58] (*U.S. Dep. of Ed.*, 1985, S. 6) kann z.B. dazu führen, daß die Regelschullehrkräfte verstärkt versuchen, für diese Schüler und Schülerinnen sonderpädagogische Unterstützung zu beantragen. Diese These wird auch von *Singer* (1988) vertreten, die in diesem Zusammenhang auf die Finanzmittelkürzungen in den kompensatorischen Förderprogrammen des Regelschulwesens während der achtziger Jahre verweist (S. 412). Daher ist es durchaus möglich, daß selbst solche Kinder und Jugendliche, die eigentlich nicht den Qualifikationskriterien für "specific learning disabilities" entsprechen, dennoch oft dieser Behinderungskategorie zugeordnet werden, wenn dies die einzige Möglichkeit ist, ihnen spezielle Förderung zukommen zu lassen (*Lytle*, 1988, S. 117). Nicht vernachlässigt werden darf ferner, daß manche Schüler und Schülerinnen auch aufgrund der niedrigen Qualität des Unterrichts an den Anforderungen des Regelschulwesens scheitern. Diese Kinder und Jugendlichen müßten daher eher als Opfer eines sog. "academic child abuse"[59] angesehen werden und dürften eigentlich nicht als "learning disabled" diagnostiziert werden (*Bateman*, 1992, S. 35).

Von manchen Autoren und Autorinnen wird allerdings auch betont, daß man für den Anstieg in dieser Kategorie nicht nur die Unsicherheiten im diagnostischen Bereich und mangelnde Anpassungsfähigkeit des Regelschulwesens verantwortlich machen darf (*Hallahan*, 1992, 523). Es wäre durchaus auch möglich, daß die Prävalenz von "learning disabilities" im Laufe der Jahre tatsächlich gestiegen ist. Zum einen muß man bedenken, daß die Fachdisziplin "learning

---

[57] "ein Ärgernis für amerikanische Pädagogen und Pädagoginnen"

[58] Das Fehlen von regelschulpädagogischen Alternativen für Kinder, die in den Regelschulklassen Schwierigkeiten erleben, ...

[59] "akademische Kindesmißhandlung"; gemeint ist hier der Einsatz von ungeeigneten Unterrichtsmethoden, der im Rahmen der akademischen Fächer zum Versagen der Kinder selbst in grundlegenden Fähigkeiten und Fertigkeiten resultiert.

disabilities" erst Ende der sechziger Jahre entstanden ist und man daher annehmen muß, daß bei den ersten Erhebungen zur Population in den siebziger Jahren noch nicht alle Kinder und Jugendlichen mit "specific learning disabilities" identifiziert waren (*Hallahan*, 1992, S. 524). Ferner könnten aber auch die Auswirkungen der zunehmenden Umweltverschmutzung und der sozialen und kulturellen Veränderungen innerhalb der amerikanischen Gesellschaft mit der steigenden Zahl der als "learning disabled" diagnostizierten Schüler und Schülerinnen in Zusammenhang stehen (*Bateman*, 1992, S. 36). Die zunehmenden wirtschaftlichen und sozialen Probleme in den USA, der gehäufte Drogenmißbrauch durch schwangere Frauen und der verstärkte Zerfall von traditionellen Familienstrukturen haben nämlich zur Folge, daß immer mehr Kinder von Behinderungen bedroht sind, und "of all the categories of disability, learning disabilities is one of the most sensitive barometers of the biomedical status of children and psychosocial climate in which they live"[60] (*Hallahan*, 1992, S. 524; ähnlich auch *Hallahan & Kauffman*, 1994, S. 498-499).

Ursprünglich war im Gesetzestext ja festgelegt worden, daß die Zahl der Schüler und Schülerinnen mit "learning disabilities", für die Bundeszuschüsse gewährt werden, 2% der Population aller Schüler und Schülerinnen im öffentlichen Schulwesen nicht überschreiten dürfe. Diese Regelung wurde schnell wieder zurückgenommen, weil sie doch zu willkürlich erschien. Stattdessen legte man in den "Federal Regulations" eine veränderte Definition von "learning disabilities" fest und erarbeitete die schon genannten speziellen Richtlinien für die Diagnose dieser Lernstörung (*Singer & Butler*, 1987, S. 132; *U.S. Dep. of Ed.*, 1992a, S. 18; *Weiner & Hume*, 1987, S. 86). Die immer noch geltende 12%-Grenze für *alle* Schüler und Schülerinnen mit sonderpädagogischem Förderbedarf (*20 U.S.C.A.* §1411 [a][5][A][i+ii]) kann der wachsenden Zahl jener Kinder und Jugendlicher, die als "learning disabled" gemeldet werden, kaum Einhalt gebieten, da die meisten Bundesstaaten diese Grenze sowieso nicht erreichen (*Singer & Butler*, 1987, S. 132; *U.S. Dep. of Ed.*, 1994, A-55).

Neben dem drastischen Anstieg der Schülerzahlen in dieser Behinderungskategorie, gibt auch die starke Variation in der Auftretenshäufigkeit von "learning disabilities" in den verschiedenen Bundesstaaten Anlaß zur Kritik: "Identification as learning disabled is strongly influenced by local policies and procedures"[61] (*Keogh, 1988b*, S. 227; ähnlich auch *McLaughlin & Owings*, 1992, S. 260). Insbesondere besteht der Verdacht, daß in Bundesstaaten, in denen die lokalen Schulbehörden für die sonderpädagogische Förderung jedes

---

[60] ... von allen Kategorien von Beeinträchtigungen ist die der 'learning disabilities' einer der empfindlichsten Stimmungsmesser für die bio-medizinische Befindlichkeit von Kindern und für das psycho-soziale Klima, in welchem sie leben.

[61] Die Identifizierung als 'learning disabled' wird sehr stark von örtlichen Vorschriften und Verfahrensweisen beeinflußt.

Kindes denselben staatlichen Zuschuß erhalten, die Auftretenswahrscheinlichkeit von "learning disabilities" größer ist. Da die Ausgaben für die schulische Förderung von Schülern und Schülerinnen dieser Behinderungsform vergleichsweise gering sind, können somit Zuwendungen auf andere Schülergruppen, deren Förderung kostenintensiver ist, verteilt werden (*Singer*, 1988, S. 412). Einiges deutet auch darauf hin, daß in relativ wohlhabenden Staaten anteilmäßig mehr Kinder und Jugendliche als "learning disabled" diagnostiziert werden (*McLaughlin & Owings*, 1992, S. 258-259). Dies liegt vielleicht auch an der ausdrücklichen Betonung in der Definition, daß Schulprobleme, die auf sozio-kulturelle Benachteiligung zurückzuführen sind, nicht als "specific learning disability" gelten. Nach Ansicht mancher Kritiker ist diese Eingrenzung diskriminierend und erweckt den Eindruck "that specific learning disabilities are those that are primarily of white middle-class or upper-class children"[62] (*Turbull*, 1990, S. 89). Aber selbst in Städten mit identischen Definitionen von "learning disabilities" und einander ähnelnden demographischen Besonderheiten schwankt der Anteil der Kinder und Jugendlichen mit "learning disabilities" zwischen 2,5% und 6,2% innerhalb der Gesamtschülerschaft (*Lytle*, 1988, S. 117).

Die genannten Probleme zusammenfassend kann man wie folgt feststellen: "Learning disabled is a `soft´ category subject to variable interpretation"[63] (*Singer*, 1988, S. 412). Aufgrund der Definitionsprobleme und der Abgrenzungsschwierigkeiten der Population von anderen Kindern mit Lernproblemen spricht sich *Keogh* (1988b) dafür aus, allgemeine Förderprogramme für die gesamte Gruppe der "poor achiever"[64] anzubieten, und dabei auf einen aufwendigen Diagnoseprozeß zu verzichten (S. 244). Solange die Regelschulpädagogik derartiges aber nicht anbietet, sollte man bedenken, daß viele Eltern, und auch die Betroffenen selbst, die Zuschreibung der "learning disability" als gar nicht so negativ erleben (*Singer*, 1988, S. 417). Deshalb ist die Frage durchaus berechtigt, ob der Vorteil, nämlich förderbedürftigen Kindern notfalls im Rahmen der Sonderpädagogik Hilfe gewähren zu können, eventuelle andere Nachteile nicht ausgleicht (*Singer & Butler*, 1988, S. 124). Unabhängig aller Definitions- und Eingrenzungsschwierigkeiten ist es nämlich unbestritten, daß "these youngster do exist, and they do need help in school. The learning disabled label did not

---

[62] ... daß als `specific learning disabilities´ jene Beeinträchtigungen gelten, die hauptsächlich bei weißen Kinder der Mittel- oder Oberschicht auftreten.

[63] `Learning disabled´ ist eine sehr dehnbare Kategorie, die variabler Interpretation unterliegt.

[64] Kinder, die hinter den eigentlich an sie gesetzten Leistungserwartungen deutlich zurückbleiben [auch "under-achiever"]

create their problem; they were given the label because of their problem"[65] (*Singer*, 1988, S. 412).

3.4.3 Zunehmende Kritik an der kategorialen Sonderpädagogik

Abgesehen von den dargestellten qualitativen Mängeln der kategorialen sonderpädagogischen Diagnostik, muß man zusätzlich bedenken, welch finanzieller und Personalaufwand damit verbunden ist. Pugach und Johnson (1990) beschreiben den Diagnoseprozeß als "cumbersome and resource-intensive"[66] (S. 217). Allein im Bereich der sonderpädagogischen Förderung von Schülern und Schülerinnen mit "learning disabilities" wird fast die Hälfte des Budgets für diagnostische Zwecke ausgegeben (*Shepard*, 1987, S. 328).

In der Fachliteratur wird aber auch der generelle Sinn kategorialer Sonderpädagogik, zumindest im Bereich der "mild disabilities", in Frage gestellt. Eine Analyse des Unterrichtsgeschehens in 40 nach Behinderungskategorien gegliederten Sonderklassen ergab, daß das Unterrichtsgeschehen in Klassen für Kinder und Jugendliche mit "educable mental retardation", "learninig disabilities" und "emotional disturbances" sich eher ähnelt als deutlich voneinander unterscheidet (*Algozzine, Morsink & Algozzine*, 1988, S. 263). Die Kritik bei *Keogh* (1988b) setzt genau an dieser Beobachtung an:

The preoccupation with differential diagnosis has not resulted in well-documented and effective interventions for particular groups of pupils. Within the educational context the concern for diagnosis appears more important for compliance to legal and legislated mandates than for educational programming[67] (S. 245).

Ferner führt die kategoriale Trennung auch zu einer Fragmentierung der sonderpädagogischen Programme vor Ort. Folglich sind Koordinationsdefizite und Personalmangel in bestimmten Bereichen zu beklagen (*Reynolds, Zetlin & Wang*, 1993, S. 295). Dieses Problem wird durch die weitere Ergänzung des "Individuals with Disabilities Education Act" um neue Behinderungskategorien, wie zuletzt die der "traumatic brain injury" und "autism", nach Ansicht von *Deno* (1994) nur verstärkt (S. 389).

---

[65] ... daß diese Kinder wirklich exisitieren, und sie benötigen ganz gewiß Hilfe in der Schule. Nicht das `label' der `learning disabilities' hat ihre Probleme verursacht, sondern weil sie Probleme hatten, bekamen sie dieses `label'.

[66] "lästig und sehr arbeitsaufwendig und kostenintensiv"

[67] Die Konzentration auf differentielle Diagnoseprozesse hat nicht zu einer ausreichend dokumentierten und erfolgreichen Intervention für die verschiedenen Schülergruppen geführt. Innerhalb des schulischen Zusammenhangs scheint eine sorgfältige Diagnose hauptsächlich wegen ihrer Bedeutung für die Erfüllung der gesetzlichen Vorschriften für wichtig erachtet zu werden, und weniger wegen ihrer Relevanz für die Unterrichtsplanung.

Dadurch erklärt sich das folgende Urteil von *Wang, Reynolds und Walberg* (1986): "Many of the current classification systems for students with special learning needs are educationally ineffective and burden schools with excessive administrative, teaching, and financial costs"[68] (S. 26; ähnlich auch *Macmann et al.*, 1989, S. 145). Es mehren sich die Stimmen innerhalb der Sonderpädagogik, die sich nicht nur für "cross-categorical-programming"[69] aussprechen, sondern insgesamt nach alternativen Modellen der Klassifikation und der damit verbundenen Finanzierung sowie nach flexiblen Formen der Gewährleistung von sonderpädagogischer Förderung suchen (*Macmann et al.*, 1989, S. 146). Führende professionelle Verbände im pädagogischen Bereich, nämlich die "National Coalition of Advocates for Students", die "National Association of School Psychologists" und die "National Association of Social Workers"[70] fordern "rights without labels", d.h. eine Zusicherung der in P.L. 94-142 verankerten Rechte ohne die Notwendigkeit einer Kategorisierung und ferner den Verzicht auf die Entfernung von Schülern und Schülerinnen aus der Regelklasse (*"Rights without labels"*, 1987). Sinnvoller wären ihrer Ansicht nach Formen der Diagnose, die sich direkt aus den Inhalten der Lehrpläne ableiten lassen und somit als Ergebnisse individuelle Lernziele für den weiteren Unterricht ergeben. Diese speziellen Erziehungsbedürfnisse könnten dann leichter innerhalb des Regelklassenzimmers berücksichtigt werden und wären weniger stigmatisierend (*ebd.*).

Momentan ist eine derartige Vorgehensweise allerdings noch nicht möglich, denn mit dem Verzicht auf Klassifizierung ist auf der Grundlage von P.L. 94-142 und der darauf abgestimmten staatlichen Gesetze zwangsläufig auch der Verlust der finanziellen Bezuschussung der lokalen Schulbehörde verbunden. *Wang und Reynolds* (1985) beschreiben diese Situation als ein "Catch-22", ein Dilemma, aus dem es, zumindest derzeit, keinen Ausweg gibt.

Angesichts der dargestellten vielfältigen Probleme im Bereich der Diagnostik versteht man *Ysseldykes* (1987) ernüchtertes Resümee jahrelanger Auseinander-

---

[68] Viele der derzeitigen Klassifikationssysteme für Kinder mit besonderen Lernbedürfnissen sind erzieherisch ineffektiv und belasten die Schulen übermäßig mit Verwaltungsaufwand, mit Verlust an Unterrichtszeit und hinsichtlich der finanziellen Kosten.

[69] "Cross-categorical programs" sind Schulformen wie "resource rooms" oder Sonderklassen, in denen Schüler und Schülerinnen verschiedener Behinderungsformen gemeinsam unterrichtet werden. Sie finden sich inzwischen in zahlreichen Schulbezirken. Dies hat neben den oben genannten pädagogischen Gründen auch pragmatische Motive, denn gerade kleinere Schulbezirke mit wenigen Schülerinnen und Schülern mit sonderpädagogischem Förderbedarf haben gar nicht die finanziellen und personellen Möglichkeiten, diese nach Kategorien zu trennen (*Schloss*, 1987). Das "cross-categorical-programming" ist auf der Grundlage von P.L. 94-142 durchaus möglich, dennoch müssen für eine finanzielle Unterstützung die Schulkinder weiterhin nach Behinderungskategorien differenziert aufgeführt werden, d.h. der aufwendige Diagnoseprozeß ist weiterhin nötig (hier nach *Lipsky & Gartner*, 1989c, S. 9).

[70] "Nationale Koalition der Fürsprecher von Schülern und Schülerinnen", "Nationale Vereinigung der Schulpsychologen", "Nationale Vereinigung der Sozialarbeiter"

setzung mit dieser Thematik: "The practice of classifying students cannot be understood, it can only be described"[71] (S. 259). Er faßt vier Punkte zusammen:

1. There is currently no defensible psychometric methodology for reliably differentiating students into categories. Yet, school personnel in all but two states are required by law to use indices of pupil performance on psychometric measures to classify and place students.
2. There is no evidence to support the contention that specific categories of students learn differently. Yet, students are instructed in categorical groups on the notion that these groups of students learn differently.
3. With the exception of sensorily impaired students, categorically grouped students do not demonstrate a set of universal and specific characteristics - or for that matter, even a single universal and specific characteristic. There is no logic to this current practice.
4. The current system used by public schools to classify exceptional children does not meet the criteria of reliability, coverage, logical consistency, utility, and acceptance to users[72] (S. 265).

"No one, absolutely no one, is a strong advocate of the current classification system"[73] (*Reschly*, 1987, S. 37), und folglich ist eine Reform des diagnostischen Überweisungsverfahrens dringend notwendig (*Artiles & Trent*, 1994, S. 422). Man fragt sich nur, warum sich bisher an den gesetzlichen Grundlagen noch nichts geändert hat:

Why do we persist in advocating for an educational structure that requires the assignment of some students into categories that have negative connotations and psycholgically, if not physically, segregates or sets them apart as `different´ from their school (and societal) peers?[74] (*Stainback & Stainback*, 1985, S. 519).

---

[71] Die Vorgehensweise bei der Klassifizierung von Schülern und Schülerinnen kann man nicht verstehen, man kann sie nur beschreiben.

[72] 1. Es gibt derzeit keine psychometrische Methode, die Schüler und Schülerinnen so reliabel in Kategorien unterscheiden kann, daß man sie verteidigen könnte. Dennoch verlangt das Gesetz von dem Schulpersonal in allen, bis auf zwei, Staaten, daß sie Merkmale von Schülerverhalten auf psychometrische Meßlatten übertragen, um die Schüler und Schülerinnen zu klassifizieren und zuzuordnen. 2. Es gibt keine Beweise, welche die Behauptung bestätigen, daß Schüler und Schülerinnen bestimmter Kategorien anders lernen, als andere. Dennoch werden Schulkinder mit dieser Begründung in Kategoriegruppen unterrichtet. 3. Abgesehen von Schülern und Schülerinnen mit sensorischen Schädigungen, zeigen jene, die nach Kategorien gruppiert sind, nicht die gleichen ausgeprägten Merkmale, sogar nicht einmal ein einziges gemeinsames auffallendes Merkmal. Hinter dieser Verfahrensweise läßt sich keine Logik entdecken. 4. Die derzeit in den öffentlichen Schulen angewandten Verfahrensweisen, Kinder mit besonderen Bedürfnissen zu kategorisieren, entsprechen weder den Kriterien der Reliabilität, des Geltungsbereichs, der logischen Schlüssigkeit, der Nützlichkeit, noch der Akzeptanz der Benutzer und Benutzerinnen.

[73] Niemand, tatsächlich niemand, ist ein entschiedener Verfechter des derzeitigen Klassifikationssystems.

[74] Warum bestehen wir darauf, ein schulisches Strukturmerkmal zu verteidigen, das für manche Schüler und Schülerinnen die Zuschreibung von negativ behafteten Kategorien erfor-

Zum einen liegt es sicherlich an mangelndem Konsens darüber, womit man das bisherige Klassifikationsverfahren ersetzen könnte (*Reschly*, 1987, S. 37). Andererseits ist das kategoriale Denken wohl auch zu fest in der sonderpädagogischen Theorie und Praxis in den USA verankert: "We have built a massive machinery of federal funding around a categorical system ... We have built a teacher training enterprise around a categorical system ... We organize ourselves into professional groups on the basis of disability labels"[75] (*Ysseldyke*, 1987, S. 266). Vielleicht ist das auch der Grund dafür, daß in den "Annual Reports" die kategoriale Verfahrensweise nirgends kritisiert wird und auch die Diskussion in der Fachwelt keinen Eingang in die Jahresberichte gefunden hat.

3.5 Beteiligung der Eltern

"Defining education as an individual right, and assigning to parents a role in defining and enforcing that right was in marked contrast to the way special education had historically operated"[76] (*U.S. Dep. of Ed.*, 1987, S. 58).

Die Forderung nach stärkerer Einbeziehung der Eltern in die schulischen Entscheidungen war vom Kongreß aus zweierlei Gründen aufgenommen worden: Zum einen hoffte man, daß es durch den Informationsaustausch zwischen Schule und Elternhaus leichter wäre, die wesentlichen Förderbedürfnisse des Kindes zu erkennen und ihnen dann auch in beiden Bereichen zu entsprechen. Zum anderen sollte die Beteiligung der Eltern auch als weitere Kontrollinstanz dienen, um die Rechte von Kindern und Jugendlichen mit sonderpädagogischem Förderbedarf zu schützen (*U.S. Dep. of Ed.*, 1987, S. 70).

Verglichen mit der Regelschulpädagogik, in der Elternmitwirkung zwar als wichtig angesehen wird, die tatsächliche Teilhabe an erzieherischen und unterrichtlichen Entscheidungen dagegen jedoch selten ist (*Salisbury & Evans*, 1988, S. 268), sind die diesbezüglichen sonderpädagogischen Gesetzesgrundlagen außergewöhnlich (*Singer & Butler*, 1987, S. 141). *Sarason* (1990) ist jedoch der Ansicht, "that this feature of the law is today honored more in the breach than in

---

dert und außerdem die betroffenen Schulkinder psychologisch, wenn nicht sogar räumlich, von ihren schulischen (und gesellschaftlichlichen) Altersgenossen isoliert und als 'andersartig' absondert?

[75] Wir haben eine mächtige Apparatur der Bundesfinanzierung auf der Grundlage des kategorialen Systems aufgebaut ... Wir haben ein unternehmensähnliches System der Lehrerbildung auf der Grundlage des kategorialen Systems aufgebaut ... Wir organisieren uns in Berufsverbänden auf der Grundlage der verschiedenen Kategorien von Beeinträchtigungen.

[76] Bildung als inviduelles Recht zu definieren und den Erziehungsberechtigten eine wichtige Rolle bei der Bestimmung und Durchsetzung dieses Rechtes zu übertragen, stand in einem auffälligen Gegensatz zu der Art und Weise, in welcher die Sonderpädagogik in der Vergangenheit verfahren war.

the practice"[77] (S. 55). Allein schon der Pflicht der Schulbehörden, die Eltern über alle Möglichkeiten ihrer Mitbestimmung aufzuklären, wird nach Ansicht mancher betroffenen Erziehungsberechtigten nur ungenügend nachgekommen (*Bernstein & Martin*, 1992; *Katsiyannis & Ward*, 1992).

3.5.1 Spezielle Fortbildungsmaßnahmen für Eltern

The law changed not only the relationship between parents and the schools but also placed on parents new demands for skills and knowledge to enable them to be effective in carrying out their roles and responsibilities in the educational planning and programming process[78] (*U.S. Dep. of Ed.*, 1987, S. 58).

Um die Eltern auf die neuen Anforderungen vorzubereiten, organisierte und unterstützte das OSEP zahlreiche bundesweite und lokale Informationszentren und Fortbildungsmaßnahmen. Durch Informationsschriften und Seminare versuchte man, interessierten Erziehungsberechtigten alle für sie wesentlichen Informationen und Kompetenzen zu vermitteln. Neben dem Wissen um alle Rechte, welche ihren Kinder durch P.L. 94-142 zugesichert worden waren, wurden auch Kenntnisse über das Leistungspotential von Kindern mit Behinderungen bzw. Lernproblemen sowie über die theoretisch zur Verfügung stehenden curricularen Möglichkeiten und "related services" vermittelt. Als weiterer Schwerpunkt des Elterntrainings wird das Einüben kommunikativer Fähigkeiten genannt, denn viele Eltern fühlten sich bei Auseinandersetzungen mit dem Schulpersonal und anderen Behörden nicht in der Lage, ihre Vorstellungen angemessen zu artikulieren und somit auch durchzusetzen (*U.S. Dep. of Ed.*, 1987, S. 58-69; dass., 1980, S. 86-87).

Auch in der Fachliteratur wird die Notwendigkeit der Vermittlung einer ausreichenden Wissensbasis und erforderlicher Kompetenzen an Eltern von Kindern mit sonderpädagogischem Förderbedarf betont. In einer Studie von 1988 gaben z.B. 61% der befragten Eltern an, gar nichts oder wenig über P.L. 94-142 zu wissen (*Louis Harris and Associates*, 1989, S. 20). Die meisten staatlichen Schulbehörden haben zwar Aufklärungsschriften über elterliche Rechte herausgegeben, diese jedoch sowohl im Inhalt als auch in der Darstellungsweise den Bedürfnissen der Eltern anzupassen, erweist sich als schwierig (*McLoughlin, Edge, Petrosko, Strenecky & Bryant*, 1985). Daher haben auch viele Dachorga-

---

[77] ..., daß diese Grundforderung des Gesetzes heute häufiger mißachtet als tatsächlich umgesetzt wird [freie Übersetzung].
[78] Das Gesetz hat nicht nur das Verhältnis zwischen den Eltern und der Schule verändert, sondern stellte an die Eltern insofern auch neue Ansprüche, als entsprechende Fähigkeiten und Kenntnisse notwendig waren, um der elterlichen Rolle und Verantwortung in den schulischen Entscheidungsprozessen auch effektiv gerecht werden zu können.

nisationen von Menschen mit Behinderungen Informationsbroschüren verfaßt. In diesen wird versucht, den Eltern ihre Rechte verständlich darzulegen und ihnen auch praktische und strategische Tips zu geben, wie sie diese durchsetzen können. Oft finden sich dort auch Kontaktadressen von lokalen Organisationen, an welche die Eltern sich in Problemfällen wenden können (z.B. *Biklen et al.*, 1987).

3.5.2 Elterliche Beteiligung bei IEP-Konferenzen

Viele der Studien, die sich mit der Rolle der Eltern bei schulischen Entscheidungen beschäftigen und in den Jahresberichten zusammengefaßt werden, zeigen jedoch, daß all diese Bemühungen nur bedingt erfolgreich waren: "The portrait depicted by these studies is not a single image of the parent as an active and equal participant but, rather, multiple images reflecting a diversity in parent responses to the opportunities provided by the law"[79] (*U.S. Dep. of Ed.*, 1987, S. 70).

So stellte sich in einer Untersuchung von 1980 heraus, daß nur 30% der Eltern bei der Erstellung der IEPs auch tatsächlich eigene Vorschläge beisteuerten. Auch in anderen Studien zeigte sich, daß viele Erziehungsberechtigte zwar an den IEP-Sitzungen teilnahmen, sich bei der endgültigen Entscheidung aber eher zurückhielten. Häufig wurde auch die Tendenz der Eltern festgestellt, sich in ihren Beiträgen eher auf persönliche bzw. familiäre Probleme zu beschränken, sich zu generellen schulischen Fragen wie etwa zur Diagnostik, Schulform oder Unterrichtzielen und -methodik aber wenig zu äußern. Eine Langzeitstudie kam zu dem Ergebnis, daß, obgleich die Zahl der Interaktionen von Schule und Elternhaus nach P.L. 94-142 zwar gestiegen war, die Qualität des Kontaktes und der Zusammenarbeit sich dadurch nicht unbedingt verbessert hatte (*U.S. Dep. of Ed.*, 1987, S. 71).

Auch in der sonderpädagogischen Fachliteratur beschäftigen sich die meisten Studien zur Elternbeteiligung mit der elterlichen Mitwirkung an der IEP-Konferenz (*Lipsky*, 1989, S. 159). Zwar herrscht auch in der Literatur Einigkeit darüber, daß die Mitwirkung der Eltern bei der Erstellung der IEPs um einiges niedriger ist als erwartet wurde, die Angaben über die Häufigkeit der Teilnahme an IEP-Konferenzen schwanken jedoch stark. Meist wird von einer Beteiligung von ca. 50% der Eltern gesprochen (z.B. *Lipsky*, 1989, S. 167; *Singer & Butler*, 1987, S. 14), es gibt aber auch Untersuchungen die zu Ergebnissen um die 80%

---

[79] Was diese Studien verdeutlichen, ist, daß das alleinige Bild von dem Erziehungsberechtigten als aktivem und gleichberechtigtem Teilnehmer nicht der Wirklichkeit entspricht, sondern daß die Elternbeteiligung mannigfaltige Erscheinungsbilder hat, weil die Erziehungsberechtigten ganz unterschiedlich auf die Möglichkeiten reagieren, die ihnen das Gesetz gibt.

kommen (*Louis Harris and Associates*, 1989, S. 100; *Katsiyannis & Ward*, 1992, S. 52). Auffällig ist jedoch, daß trotz all der Bemühungen, zum Beispiel in Form von speziellen Elterntrainings, die Beteiligungsrate im Laufe der Zeit anscheinend nicht gesteigert werden konnte (*Vaughn, Bos, Harrell & Lasky*, 1988, S. 85).

3.5.3 Erklärungshypothesen für die niedrige Elternbeteiligung

Es gibt natürlich verschiedene Erklärungen für die eher zurückhaltende Elternbeteiligung bei den IEP-Konferenzen, allerdings scheint das grundsätzliche Mißtrauen zwischen Eltern und Fachleuten das eigentliche Hauptproblem zu sein (*Margolis & Tewel*, 1990, S. 284).

Vielerorts wurde z.B. beobachtet, daß die Einstellungen und das Verhalten des schulischen Personals die Erziehungsberechtigten nicht gerade zu aktiver Mitarbeit motivieren. So beschweren sich die Lehrkräfte einerseits häufig über jene Eltern, die sich zu wenig für die Förderung ihrer Kinder interessieren. Wenn die Eltern andererseits die Ansichten und Aktivitäten der pädagogischen Fachkräfte kritisch hinterfragen, wird ihnen vorgeworfen, sich zu sehr in schulische Belange einzumischen und die Interessen ihres Kindes zu aggressiv zu vertreten (*Budoff & Orenstein*, 1981, S. 42; *Biklen & Searl*, 1985, S. 157-158). Generell trauen zahlreiche Lehrer und Lehrerinnen den Eltern von Kindern mit sonderpädagogischem Förderbedarf nicht zu, an der Förderung ihrer Kinder aktiv mitzuwirken, und werfen ihnen auch vor, häufig unrealistische Erwartungen bzgl. der Fähigkeiten ihrer Kinder zu haben. Viele der Lehrkräfte sind sogar der Ansicht, daß die Eltern die bereits existenten Probleme ihrer Kinder noch verstärken (*Nevin & Thousand*, 1987, S. 280).

Entsprechend erwartet ein Großteil der Lehrer und Lehrerinnen von den Eltern zwar, daß sie Informationen über ihre Kinder beisteuern, wenn jedoch schulische Entscheidungen anstehen, haben sie kein großes Vertrauen in die elterliche Kompetenz. "Unfortunately, too many professionals ... seem to believe that the phrase `parents' rights' means only the right to listen and agree, not to consider and decide"[80] (*Ferguson & Ash*, 1989, S. 124). Dies äußert sich z.B. darin, daß bei vielen IEP-Sitzungen der individuelle Erziehungsplan schon erstellt worden war und die Erziehungsberechtigten nur noch gebeten wurden, ihm zuzustimmen bzw. Änderungsvorschläge zu machen (*U.S. Dep. of Ed.*, 1987, S. 71). Derartige Erfahrungen werden auch in der sonderpädagogischen

---

[80] Unglücklicherweise interpretieren zu viele Fachleute den Begriff `elterliche Rechte´ nur als das Recht, zuzuhören und zuzustimmen, nicht aber, sich etwas genau zu überlegen und Entscheidungen zu fällen.

Fachliteratur beschrieben: In einer Umfrage von 1979 gaben z.B. 52% der Eltern an, daß der IEP ihres Kindes schon fertiggestellt war, als sie bei der Konferenz eintrafen (*Zettel*, 1982, S. 31). In einer neueren Untersuchung wird durch die Aussage einer Mutter bestätigt, daß diese Vorgehensweise auch heute noch üblich ist: "They lay it out [the IEP]. If you have questions, you can ask them. Then you sign it"[81] (*Harry, Allen & McLaughlin*, 1994, S. 371). *Van Reusen und Bos* (1994) beschreiben das Klima der IEP-Konferenzen daher als "one of *decision telling*, not *decision making*"[82] (S. 467).

Teilweise werden die Eltern bzgl. ihrer Mitwirkung aber auch schon allein dadurch entmutigt, daß das Schulpersonal zu wenig Rücksicht auf sie nimmt. Nur selten fragt dieses z.B. nach, ob die Erziehungberechtigten alles verstanden haben. Eine Studie kam sogar zu dem Ergebnis, daß allein in 63% der beobachteten Sitzungen die Sprache des Schulpersonals so vom Fachjargon geprägt war, daß die Eltern starke Verständnisschwierigkeiten hatten (*U.S. Dep. of Ed.*, 1987, S. 71). Durch diesen Fachwortschatz fühlen sich viele Eltern außerdem stark verunsichert (*U.S. Dep. of Ed.*, 1987, S. 74; vgl. auch *Weatherley & Lipsky*, 1977, S. 189) und auch die überproportionale Anwesenheit von Fachleuten bei den IEP-Konferenzen wirkt einschüchternd (*U.S. Dep. of Ed.*, 1980, S. 86; ähnlich auch *Budoff & Orenstein*, 1981, S. 39). Hinzu kommt, daß zumeist jene Vertreter und Vertreterinnen der Schule, mit denen die Eltern zumeist schon vorher Kontakt hatten, nämlich die Klassenlehrkräfte, auf der IEP-Konferenz zum einen seltener vertreten sind und selbst im Falle einer Teilnahme eher im Hintergrund stehen (*Vaughn et al.*, 1988, S. 88). Auch dies mag dazu beitragen, daß viele Eltern sich auf den IEP-Sitzungen außergewöhnlich wenig einbringen (*Lipsky*, 1989, S. 167; *Vaughn et al.*, 1988, S. 84-85), was dazu führt, daß "professionals talk and clients ... listen"[83] (*Davis*, 1989, S. 443).

Aber auch rein organisations-technische Nachlässigkeiten werden häufig zu bedeutsamen "Abschreckungsmitteln": In der qualitativen Untersuchung der Interaktion zwischen Schule und afro-amerikanischer Elternschaft stellten *Harry* und ihre Mitarbeiterinnen beispielsweise fest, daß manche Eltern trotz der gesetzlichen Forderung nach zehntägiger Frist erst zwei bis drei Tage vor der IEP-Sitzung davon unterrichtet wurden und die Eltern seltenst Einfluß auf den Termin hatten. Auch die Dauer der Sitzungen war mit durchschnittlich 20 bis 30 Minuten häufig zu kurz bemessen (*Harry et al.*, 1994, S. 370-371). Daß durch entsprechende Anstrengungen der Schulen vor Ort die Elternteilnahme erhöht werden kann, zeigt die Untersuchung von *Singer und Butler* (1987), in der sich

---

[81] Sie legen ihn [den IEP] dir hin. Wenn du Fragen hast, kannst du sie stellen. Dann unterschreibst du.

[82] ... geprägt von der *Verkündung der Entscheidung*, nicht der *gemeinsamen Entscheidungsfindung*.

[83] ..., daß die Fachleute reden und die Klienten ... zuhören.

ein Schulbezirk fand, der, u.a. aufgrund der Flexibilität in der Terminfindung für die IEP-Sitzung, eine Teilnahmequote von 95% erreicht hatte (S. 141). Auch *Biklen und Searl* (1985) beschreiben Maßnahmen von Seiten der Schule, mit denen die Elternbeteiligung durchaus erhöht werden kann (S. 159). Wenn, wie in dem von *Polifka* (1981) untersuchten Schulbezirk 24% der Eltern aber gar nicht erst zu der IEP-Konferenz eingeladen werden, darf man sich dagegen über die geringe Beteiligung nicht wundern (S. 251).

Obwohl sicherlich in vielen Fällen das Verhalten des Schulpersonals für die geringe Mitwirkung der Erziehungsberechtigten verantwortlich gemacht werden kann, gibt es dennoch auch zahlreiche Untersuchungsergebnisse, die darauf hindeuten, daß das Interesse und die Fähigkeit der Eltern, sich in schulische Angelegenheiten einzubringen, sehr unterschiedlich ausgeprägt ist (*U.S. Dep. of Ed.*, 1987, S. 70). Beispielsweise scheinen einige Eltern grundsätzlich mit einer eher passiven Rolle zufrieden zu sein: "Some parents prefer to trust such matters to school personnel or they feel it is the school's job to develop an appropriate education program"[84] (*U.S. Dep. of Ed.*, 1981, S. 47; vgl. *dass.*, 1980, S. 84-85).

In der Fachliteratur finden sich dagegen auch zahlreiche Hinweise auf spezielle Einflußfaktoren, die das Ausmaß elterlicher Beteiligung bestimmen: Einzelne Untersuchungsergebnisse deuten z.B. darauf hin, daß Eltern von Kindern mit schweren Behinderungen sich verstärkter am IEP-Prozeß beteiligen als jene von Kindern mit leichteren Behinderungen und Lernproblemen (*Lipsky*, 1989, S. 167). Eltern mit einem niedrigen sozioökonomischen Status blieben von den IEP Treffen dagegen überdurchschnittlich häufig fern. In der Untersuchung von fünf Schuldistrikten von *Singer und Butler* (1987) ergab sich z.B., daß bei einer weißen, verheirateten Mutter mit "high-school"-Abschluß die Wahrscheinlichkeit der Teilnahme an der IEP-Konferenz ihres Kindes mehr als fünffach so hoch war, wie bei einer farbigen Mutter ohne Schulabschluß (S. 146). Auch *Harry* (1993) beschreibt das Ausmaß der elterlichen Beteiligung bei Afro-Amerikanern als gekennzeichnet durch "extreme alienation and markedly low awareness of rights and procedures"[85] (S. 124). Sie weist jedoch darauf hin, daß dafür nicht nur die bei den afro-amerikanischen Eltern, verglichen beispielsweise mit Eltern anglo-amerikanischer Herkunft, etwas anders gelagerten Einstellungen und Verhaltensweisen der Eltern verantwortlich sind. Mindestens genauso einflußreich ist ihrer Ansicht nach die, u.a. durch die "cultural-deficit theory"[86] geprägte, eher negative Grundhaltung der Lehrkräfte. Häufig sehen die Lehrkräfte afro-

---

[84] Einige Eltern ziehen es vor, die Klärung derartiger Fragen dem Schulpersonal anzuvertrauen, oder sie halten die Entwicklung eines angemessenen Erziehungsprogramms für die alleinige Aufgabe der Schule.

[85] ... extreme Entfremdung und eine auffällig geringe Kenntnis der Rechte und Verfahrensweisen.

[86] "Theorie des kulturellen Defizits"

amerikanische Eltern als "apathetic and incompetent"[87] an (*Harry*, 1993, S. 130) und glauben, "that low-income, minority parents must be `trained´ and `educated´ in appropriate parenting before their participation can be valued"[88] (*dies.*, S. 126-127).

Das Problem, daß Angehörige der ethnischen Minderheiten seltener ihre elterlichen Mitwirkungsmöglichkeiten nutzen, gilt nicht nur für den IEP, sondern auch für andere Bereiche (*Louis Harris and Associates*, 1989, S. 20). Obwohl immer wieder auf diese Problematik verwiesen wurde, sind in den meisten Untersuchungen zur Elternmitarbeit lange Zeit nur anglo-amerikanische Familien befragt worden (*Lynch & Stein*, 1987, S. 105).

Insgesamt kann man feststellen, daß wohlhabende Eltern mit höherem Bildungsabschluß sich generell in allen Bereichen der Elternmitwirkung stärker einbringen und es darüberhinaus auch in Streitfällen, z.B. über das Ausmaß der Integration, besser schaffen, die Interessen ihres Kindes den Schulbehörden gegenüber durchzusetzen (*Singer, Butler, Palfrey & Walker*, 1986, S. 336). Entsprechend heißt es bei *Sage und Burrello* (1994): "Effective use of due process by parents is predominantly an upper-middle-class phenomenon"[89] (S. 98).

Daß die elterliche Zufriedenheit mit ihren Mitwirkungsmöglichkeiten und der sonderpädagogischen Förderung ihres Kindes, ungeachtet der erwartungswidrig niedrigen tatsächlichen Beteiligung, außergewöhnlich hoch ist, wird immer wieder dokumentiert (vgl. dazu *Vaughn et al.*, 1994, S. 87). In den "Annual Reports" findet sich beispielsweise der Verweis auf mehrere Untersuchungen, nach deren Ergebnissen die meisten Eltern mit ihrer Rolle zufrieden sind, zur Schule ein positives Verhältnis haben und verglichen mit früher jetzt besser darüber Bescheid wissen, was ihr Kind in der Schule macht (*U.S. Dep. of Ed.*, 1987, S. 72). Auch das elterliche Einverständnis mit dem IEP ihres Kindes scheint recht hoch zu sein: In der schon genannten Untersuchung von *Louis Harris* und seinem Mitarbeiterstab aus dem Jahre 1988 waren 60% der befragten Erziehungsberechtigten der Ansicht, daß der erstellte IEP die Förderbedürfnisse ihres Kindes korrekt wiedergäbe (*Louis Harris and Associates*, 1989, S. 101). Eine andere Studie von 1980 ergab, daß weniger als 1% der Eltern dem IEP ihrer Kinder die Zustimmung verweigerten (*Zettel*, 1982, S. 32). Nach ihrem Gesamturteil zu der sonderpädagogischen Förderung ihres Kindes befragt, gaben je nach Studie 77 bis 94% der Eltern an, damit entweder zufrieden oder sogar sehr zufrieden zu sein (*Louis Harris and Associates*, 1989, S. 43; *Polifka*, 1981, S. 252). Diese Zustimmung ist interessanterweise deutlich höher als jene, die

---

[87] "uninteressiert und unfähig"

[88] ..., daß Eltern der ethnischen Minderheiten mit niedrigem Einkommen zunächst Nachhilfe in angemessener Elternschaft erhalten müssen, bevor ihre Mitarbeit von Nutzen sein kann.

[89] Die effektive Nutznießung der Verfahrensrechte durch die Eltern ist überwiegend ein Phänomen der oberen Mittelklasse.

Eltern von nichtbehinderten Kindern bzgl. der schulischen Förderung ihrer Kinder, z.B. in Gallup-Studien, äußern (*Singer & Butler*, 1987, S. 142). In der Befragung von *Polifka* (1981) ergab sich allerdings doch auch ein enger positiver Zusammenhang zwischen elterlicher Zufriedenheit und dem eigenen Ausmaß an Beteiligung an den schulischen Entscheidungen (S. 252-253). Ferner erwähnenswert sind auch die Unterschiede zwischen den ethnischen Gruppen. Gerade die differierenden kulturellen Werte spielen eine entscheidende Rolle. So bewerten Eltern hispanischer Herkunft die schulische Identifizierung der sonderpädagogischen Förderbedürfnisse ihres Kindes um einiges positiver als Schwarze und Weiße (*Lynch & Stein*, 1987, S. 109).

Ungeachtet dieser insgesamt erfreulichen Ergebnisse bzgl. der elterlichen Zufriedenheit, muß jedoch auch erwähnt werden, daß immerhin 36% der von der Harris Gruppe befragten Eltern es schon einmal in Erwägung gezogen hatten, gegen schulische Entscheidungen Widerspruch einzulegen, und 10% es tatsächlich getan hatten (*Louis Harris and Associates*, 1989, S. 129). In derselben Studie gaben auch 56% der Eltern an, daß sie sich stark für eine adäquate Förderung ihrer Kinder hatten einsetzen müssen. Auch wenn es durchaus positiv zu werten ist, daß fast 90% dieser engagierten Eltern das Gefühl hatten, daß ihr Einsatz sich gelohnt habe (*ebd.*), so zeigt dies doch, welch zentralen Stellenwert die elterliche Mitwirkung im Rahmen schulischer Entscheidungsprozessen hat. Da aber insbesondere Eltern ethnischer Minderheiten oder mit niedrigem Bildungsstand bzw. Einkommen weniger über die Rechte ihrer Kinder wissen und sich entsprechend seltener für deren schulischen Interessen einsetzen (*Louis Harris and Associates*, 1989, S. 20-21), kann man davon ausgehen, daß Kinder und Jugendliche aus besagten Familien deutlich benachteiligt sind.

Zusammenfassend läßt sich feststellen, daß sich manche Eltern seit P.L. 94-142 sehr wohl verstärkt in schulische Entscheidungsprozesse einbringen, andere dagegen aber weniger und zwar "some by choice, some because they have not had appropriate opportunities to acquire the skills, knowledge and confidence they need, and some because opportunities for participation have not been provided"[90] (*U.S. Dep. of Ed.*, 1987, S. 75). Zwar gesteht das OSEP ein, daß viele Schulbezirke sich noch um effektivere Maßnahmen zur Steigerung der Elternbeteiligung bemühen müssen, relativiert diese Forderung jedoch sofort, indem es gleichzeitig die Frage stellt, inwieweit das Ziel aktiver Mitarbeit von *allen* Eltern realistisch und wünschenswert sei (*U.S. Dep. of Ed.*, 1982, S. 48). Auch wenn das OSEP mit seiner Annahme vielleicht richtig liegt, daß es wohl auch Eltern geben mag, die einfach nicht verstärkt miteinbezogen werden wollen, sondern

---

[90] ... manche freiwillig, manche, weil sie keine geeigneten Gelegenheiten hatten, sich die Fähigkeiten, das Wissen sowie das Selbstvertrauen anzueignen, das sie benötigt hätten, und manche, weil ihnen keine Chance zur Beteiligung gegeben wurde.

nur erwarten, informiert zu werden, sind derartige Äußerungen angesichts des dokumentierten hohen Einflusses der Elternbeiteilung auf die Qualität der sonderpädagogischen Förderung doch bedenklich.

3.6 Due Process

Die exakte Umsetzung der zahlreichen und detaillierten verfahrensrechtlichen Vorsichtsmaßnahmen stellte, und stellt auch heute noch, die Bundesstaaten und lokalen Schulbehörden vor große Probleme. So zeigte die Überprüfung von 21 "State Plans" durch das OSEP auch 1994 noch, daß nur fünf dieser Berichte die Einhaltung aller Einzelregelungen ausreichend dokumentieren konnten (*U.S. Dep. of Ed.*, 1994, S. 178).

Welchen organisatorischen und logistischen Aufwand die Verwirklichung aller "procedural due rights" zur Folge hat, und inwieweit die Erfahrungen in der Praxis dafür sprechen, daß es sich gelohnt hat, den *Prozeß* der Entscheidungsfindung in P.L. 94-142 derart zu betonen, wird in den "Annual Reports" leider nirgends erörtert.

In der Literatur wird dieses Problem dagegen häufig diskutiert, denn die nachweisliche Einhaltung der Verfahrensvorschriften kostet sehr viel Zeit, Geld und auch Nerven und geht zu Lasten der Flexibilität des schulischen Angebots. Dies wird von vielen Pädagogen und Pädagoginnen als nicht mehr gerechtfertigt angesehen (*Bateman*, 1994, S. 518-519; *Idstein*, 1995; *Lynn*, 1983, S. 42): "Our habit of `overbureaucratizing´ often runs counter to our good intentions"[91] (*Merulla & McKinnon*, 1982, S. 96). So mußte z.B. das "Department of Education" von South Carolina dem Bundesministerium 1985 11.989 Seiten Dokumente schicken, um nachzuweisen, daß es die Gesetzesrichtlinien befolgte (*Weiner & Hume*, 1987, S. 94). Angesichts eines derartigen Papierkrieges erscheint *Reynolds* mit seiner Warnung von 1976 Recht gehabt zu haben: "In the name of `process´ we may get more process than is due. We must avoid letting the cost of mere processing in formal arrangements which are nonproductive in the lives of our children become too consuming an aspect of our work"[92] (S. 50). Ähnlich äußert sich auch *Murray* (1993) fast zwanzig Jahre später:

---

[91] Unsere Angewohnheit, alles zu `überbürokratisieren´ steht häufig im Widerspruch zu unseren redlichen Absichten.
[92] Unser Beharren auf den prozeduralen Vorschriften könnte möglicherweise dazu führen, daß wir uns mit diesen mehr Umstände machen, als angebracht wäre [freie Übersetzung]. Wir müssen vermeiden, daß der Aufwand dieser formalen Verfahrenweisen, die für das Leben unserer Kinder unproduktiv sind, einen zu großen Anteil unserer Arbeit ausmacht.

With our limited resources we cannot afford to waste energy implementing and monitoring legalistic procedures for evaluating, identifying, classifying, developing IEPs, and assuring parental rights. While these procedures were developed with great expectations and promise, they have been disappointing in practice. They have encouraged adversarial relationships between parents and professionals, as parents make increasingly unrealistic demands for special services and miraculous cures for their children. They have resulted in paperwork and procedural burdens on professionals, effectively robbing students of the scarcest resource in schools - teacher time. Today, most special educators estimate that about 50 percent of their time is spent on paperwork and other procedural and bureaucratic activities. Every minute that educators spend on complicated diagnostic procedures and reports is time not spent collaborating with other educators and providing direct services to students[93] (S. 185).

3.6.1 Due Process Hearings

Die Kapitel in den Jahresberichten, die sich speziell mit den Verfahrensrichtlinien beschäftigen, konzentrieren sich inhaltlich meist auf Erfolge und Schwierigkeiten bei der Umsetzung einer bestimmten Richtlinie. Die Problematik der "due process hearings", der außergerichtlichen Verhandlungen zur Klärung eines Streitfalls zwischen Schulbehörde und Elternhaus (*20 U.S.C.A.* §1415[b][2]), wird dabei am häufigsten diskutiert (z.B. *U.S. Dep. of Ed.*, 1987, S. 75-91; *dass.*; 1984, S. 41-43).

Schon im ersten Jahresbericht wurde angemerkt, daß die "due process hearings" nur begrenzt sinnvoll sind, und es statt dessen vielleicht angemessener wäre, "to resolve conflicts between schools and parents before the parties become adversaries"[94] (*U.S. Dep. of H.E.W.*, 1979, S. 109). Im Schuljahr 1979/80 waren bundesweit bereits etwa 2500 "hearings" erfaßt worden. In der

---

[93] In Anbetracht unserer begrenzten Ressourcen können wir es uns nicht leisten, bei der Umsetzung und Überwachung der peinlich detaillierten rechtlichen Verfahrensvorschriften zur Diagnose, Identifizierung, Klassifizierung, der Entwicklung der IEPs und der Gewährleistung der elterlichen Rechte Energien zu verschwenden. Obgleich die Verfahren mit großen Erwartungen und Versprechungen entwickelt wurden, haben sie sich in der Praxis als enttäuschend erwiesen. Sie haben der Entwicklung feindseliger Beziehungen zwischen Eltern und Fachleuten Vorschub geleistet, als Eltern immer unrealistischere Anforderungen bzgl. des Angebots an zusätzlichen Stützmaßnahmen und hinsichtlich wunderhafter Heilungen ihrer Kinder stellen. Sie haben in Papierkram und der Belastung der Fachleute mit Prozeduren resultiert, und dadurch die Schüler und Schülerinnen der eingeschränktesten Ressource in den Schulen beraubt - der Lehrerarbeitszeit. Heutzutage schätzen die meisten Sonderpädagogen und Sonderpädagoginnen, daß sie etwa die Hälfte ihrer Arbeitszeit für Papierkram und andere verfahrensrechtliche und bürokratische Tätigkeiten opfern. Jede Minute, die Pädagogen und Pädagoginnen mit komplizierten diagnostischen Prozeduren und Berichten beschäftigt sind, ist wertvolle Zeit, die nicht für die Zusammenarbeit mit anderen Lehrkräften und die direkte Unterstützung der Schulkinder genutzt werden kann.
[94] ... Konflikte zwischen Schulen und Eltern zu beheben, bevor die Parteien zu Gegnern werden.

überwiegenden Mehrheit dieser Streitfälle ging es um Fragen der Schulform, wobei man sich entweder nicht über das Ausmaß der Integration einigen konnte bzw. darüber, ob das betroffene Schulkind seine sonderpädagogische Förderung in einer privaten bzw. öffentlichen Einrichtung erhalten sollte (*U.S. Dep. of Ed.*, 1982, S. 45; *dass.*, 1981, S. 60). Außerdem zeigte sich schon in den ersten Jahren, daß die Atmosphäre in diesen Verhandlungen außergewöhnlich aggressiv war und die finanziellen Kosten deutlich höher waren als erwartet (*U.S. Dep. of Ed.*, 1982, S. 46).

Im Laufe der Jahre verstärkte sich diese Tendenz immer mehr. Die "due process hearings", die, um den Aufwand und die Kosten möglichst gering zu halten, absichtlich als außergerichtliche Verfahren konzipiert worden waren, unterschieden sich immer weniger von ordentlichen Gerichtsverhandlungen. Sowohl bei den Eltern als auch bei den Schulbehörden verstärkte sich die Tendenz, sich durch Rechtsanwälte vertreten zu lassen und unabhängige Gutachter zu bestellen. Auch die Zahl der befragten Zeugen und der Umfang des eingereichten schriftlichen Beweismaterials wurde immer größer. Entsprechend stiegen die Kosten: Eine Untersuchung von 1985 ergab, daß diese sich durchschnittlich auf $7.000 pro "hearing" beliefen (*U.S. Dep. of Ed.*, 1987, S. 77-78).

Aber auch die emotionale Belastung aller beteiligten Parteien durch diese Verfahren wurde immer wieder als Problem genannt. Zwar fühlten sich die Beteiligten zumeist fair behandelt und akzeptierten die am Ende gefällte Entscheidung, wobei die Beurteilung dieser Aspekte von seiten der Eltern allerdings deutlich negativer ausfiel als jene von seiten der Schulbehörden. Dennoch wurde von beiden Seiten im nachhinein häufig resümiert, daß ein "hearing" keine glückliche Lösungsmöglichkeit für Streitfälle sei. Als besonders kritisch erwies sich, daß die Auseinandersetzungen als reichlich feindselig erlebt worden waren. Dies wirkte sich alles andere als positiv auf die weiterhin notwendige Zusammenarbeit von Schule und Eltern aus (*U.S. Dep. of Ed.*, 1987, S. 79-82).

In vielen Bundesstaaten versucht man daher inzwischen, eventuelle Unstimmigkeiten zunächst mittels "mediation", einer Art informalem Vermittlungsverfahren, zu lösen. Als Vermittler tritt dabei zumeist eine Angestellte oder ein Angestellter der staatlichen Schulbehörde auf. Diese Person versucht herauszufinden, welche Lösungen für beide Parteien tragbar wären und die Beteiligten dazu zu bringen, im Interesse des Kindes (wieder) konstruktiv zusammenzuarbeiten (*U.S. Dep. of Ed.*, 1987, S. 83-88).

Den Untersuchungen nach haben sich diese Vermittlungsverfahren für einen Großteil der Eltern und des schulischen Personals als zufriedenstellend und erfolgreich erwiesen. Auch die finanziellen Kosten liegen deutlich unter denen von "due process hearings". Besonders bedeutsam ist jedoch, daß sich häufig auch die folgende Zusammenarbeit zwischen Schule und Elternhaus verbesserte. Nach Ansicht des OSEP weist diese Beobachtung allerdings auch darauf hin, daß sowohl das Schulpersonal als auch die Eltern grundsätzlich dabei unterstützt werden sollten, angemessene Formen der Kommunikation und Konfliktlösung zu erlernen, und man ihnen diesen Beistand nicht erst dann gewähren sollte, wenn es schon zu ernsthaften Spannungen gekommen ist (*U.S. Dep. of Ed.*, 1987, S. 88-92).

Die Literatur zu Problemen bei den "due process hearings" entspricht inhaltlich in etwa den in den "Annual Reports" beschriebenen Problembereichen. Abgesehen von dem finanziellen und personellen Aufwand, ist gerade die emotionale Belastungen aller Parteien nicht zu unterschätzen (*Budoff & Orenstein*, 1981, S. 38; *Goldberg & Kuriloff*, 1991, S. 553). Häufig führt diese bei den "hearings" auch zu sehr viel Wut, und egal auf welche Weise diese geäußert wird, vergiftet sie die Atmosphäre, und dann sind rationale Lösungen schwieriger zu finden und Einigkeit kaum zu erzielen (*Margolis & Tewel*, 1990, S. 284). Deshalb wird auch in der Fachliteratur auf die Vorzüge eines "mediation" Prozesses verwiesen (*dies.*, S. 295-296). Nur 35% der von *Goldberg und Kuriloff* (1991) befragten Eltern waren mit dem insgesamten Verlauf und Ausgang der "hearings" zufrieden, bei den Vertretern der Schulbehörde waren es immerhin 70% (S. 552). In einer ähnlichen Untersuchung aus dem Jahre 1981 hatten 80% der beteiligten Eltern angegeben, daß ihrer Ansicht nach die Konflikte mit der Schulbehörde durch die "hearings" nicht gelöst wurden. In sechs dieser sechzehn unzufriedenstellend gelösten Fälle kam es sogar zu einem neuerlichen Verfahren (*Budoff & Orenstein*, 1981, S. 40).

Es sollte jedoch abschließend erwähnt werden, daß interessanterweise selbst jene Eltern, die negative Erfahrungen mit "hearings" gemacht haben, dennoch der Ansicht sind, daß die Möglichkeit eines derartigen Rechtsmittels generell aufrechterhalten werden sollte. "Perhaps such views express Americans' profound historical faith in procedural safeguards"[95] (*Goldberg & Kuriloff*, 1991, S. 554). Auch *Sage und Burrello* (1994) weisen darauf hin, daß ungeachtet aller Kritik an der Vielzahl und Komplexität der "due process" Regelungen und trotz des enormen Zeitaufwands, der bei ihrer Befolgung entsteht, die meisten Eltern und Lehrkräfte diese Verfahrensrichtlinien generell für notwendig und wertvoll halten (S. 98).

Wie wichtig auch dem 99. Kongreß das Einspruchsrecht der Eltern in Fragen sonderpädagogischer Förderung war, machte 1986 der "Handicapped Children's Protection Act" deutlich. Wie schon beschrieben (vgl. Kap. 2.4), wurde darin der elterliche Anspruch auf die Rückerstattung von Anwaltskosten verankert, um gerade einkommensschwächeren Familien die Möglichkeit zu eröffnen, eine

---

[95] Vielleicht ist diese Einstellung ein Kennzeichen des tief verwurzelten, historisch geprägten Vertrauens der Amerikaner und Amerikanerinnen in verfahrensrechtliche Vorsichtsmaßnahmen.

angemessene Erziehung für ihre Kinder einzuklagen (*Yell & Espin*, 1990, S. 400).

3.7 Individualisierte und angemessene Erziehung

Wie schon in der Darstellung der Kerninhalte des Gesetzestextes deutlich geworden ist, wurde der individuelle Erziehungsplan als notwendige Voraussetzung für die Angemessenheit der sonderpädagogischen Förderung angesehen. Folglich haben die in den "Annual Reports" dargestellten Erfahrungen bei der Arbeit mit den individuellen Erziehungsplänen in diesem Kapitel einen zentralen Stellenwert. Dennoch sollte man bedenken, daß auch die Einhaltung der anderen Forderung des Gesetzes, deren Umsetzung in den vorherigen Kapiteln dargestellt wurde, notwendig ist. Denn nur durch das Zusammenwirken aller Kerninhalte kann eine "appropriate education" garantiert werden.

Neben der folgenden Darstellung von Vorteilen und Problemen bei der Arbeit mit dem IEP, werden in diesem Kapitel Informationen zu drei weiteren Themenbereichen, die in den "Annual Reports" behandelt werden, präsentiert. Diese wurden mit aufgenommen, da nach Ansicht der Autorin auch sie die Qualität der sonderpädagogischen Förderung stark beeinflussen. Zum einen werden daher die Verfügbarkeit von "related services" sowie die Personalsituation dargestellt. Zum anderen wurde auch die Problematik der finanziellen Kosten sonderpädagogischer Förderung mitaufgenommen. Die Thematik der staatlichen Ausgaben für das Schulwesen wird in den USA so häufig erörtert, daß man bei Vernachlässigung dieses Aspektes der dortigen bildungspolitischen Diskussion einfach nicht gerecht werden würde. Außerdem zeigte auch die Analyse der "Annual Reports", daß Finanzen immer wieder als Problem erwähnt werden, und letztendlich hängt die Angemessenheit der Erziehung sicherlich auch davon ab, ob die Staaten und Gemeinden dazu fähig bzw. bereit sind, entsprechende Mehrkosten für eine qualitativ hochwertige sonderpädagogische Förderung auf sich zu nehmen.

Sicherlich sind ferner auch andere Bereiche schulischen Lebens, wie z.B. die Bildungsziele oder die Unterrichtsgestaltung, für die Angemessenheit der Erziehung von Bedeutung. Diese Aspekte werden in den "Annual Reports" jedoch überhaupt nicht behandelt, und statt dessen in einem anderen Zusammenhang in Kapitel 4 diskutiert.

3.7.1 Erfahrungen bei der Arbeit mit dem individuellen Erziehungsplan

Im zweiten Jahresbericht wird betont, daß die Forderung nach einem für jedes Kind individuell erstellten Erziehungsplan als revolutionär angesehen werden muß. So war die traditionelle Sonderpädagogik bisher davon ausgegangen, daß Kinder und Jugendliche mit derselben Behinderungsform auch entsprechend gleiche Förderbedürfnisse haben, denen mit homogenem Unterricht in einer bestimmten Schulform entsprochen werden kann. Es verwundert also nicht, daß man vielerorts der Einführung der IEPs kritisch gegenüberstand. Aber selbst jene, welche die Forderung nach Individualisierung der sonderpädagogischen Förderung begrüßten, hielten den vorhersehbaren hohen Aufwand bei der Erstellung der IEPs meist für unzumutbar (*U.S. Dep. of Ed.*, 1980, S. 53). Manche Lehrkräfte zweifelten auch an ihrer Fähigkeit, die IEPs gemäß der detaillierten gesetzlichen Forderungen zu erstellen, sowie an der Bereitschaft der Eltern, an der Erarbeitung der IEPs mitzuwirken (*U.S. Dep. of H.E.W.*, 1979, S. 92-93).

3.7.1.1 Darstellung der Erfahrungen in den "Annual Reports"

Es zeigte sich, daß die bundesweiten Erfolge und Probleme bei der Erstellung und Handhabung der IEPs nicht einfach zu dokumentieren sind: "The requirement for individualized programs is so new, and the responses to that requirement vary so widely within and across the States, that it is difficult to determine how well the requirement is being implemented nationwide"[96] (*U.S. Dep. of H.E.W.*, 1979, S. 63). Dabei wurde beim "Research Triangle Institute" eine spezielle Studie in Auftrag gegeben, in der 2.600 IEPs aus dem gesamten Bundesgebiet detailliert untersucht wurden.

Die Länge der analysierten IEPs betrug durchschnittlich zwei Seiten, allerdings waren einzelne IEPs bis zu 47 Seiten lang. Die meisten der gesetzlich geforderten Inhalte wurden in etwa 90% der IEPs tatsächlich aufgeführt. Jedoch nur um die 60% der Erziehungspläne enthielten Angaben über das Ausmaß, in dem das Kind am Unterricht in der Regelklasse teilnehmen könnte, sowie zu möglichen Evaluationskriterien (*U.S. Dep. of Ed.*, 1980, S. 56).

Trotz der an sich schon hohen gesetzlichen Auflagen hatten viele Schulbehörden sich dazu verpflichtet, noch weitere Informationen mit in den individuellen Erziehungsplan aufzunehmen. So wurden die genauen diagnostischen Ergebnisse und verwendeten Verfahren in einem Drittel der IEPs mit aufgeführt, ein Viertel

---

[96] Die Forderung nach individualisierten Erziehungsplänen ist so neu, und die Reaktionen auf diese Forderung sind so unterschiedlich, daß es schwierig ist, zu ermitteln, wie gewissenhaft sie erfüllt werden.

enthielt auch bewußt Angaben zu den Stärken des jeweiligen Schulkindes. Ebenfalls relativ häufig fanden sich Anregungen zu den Möglichkeiten der methodischen Umsetzung der im Erziehungsplan aufgeführten Lernziele (*U.S. Dep. of Ed.*, 1980, S. 56).

Die Angaben zum momentanen Entwicklungsstand betrafen in den untersuchten Erziehungsplänen, in Abhängigkeit von der Altersgruppe, unterschiedliche Fähigkeitsbereiche. So wurde bei den jüngeren Schulkindern zumeist die motorische und sprachliche Entwicklung beschrieben, mit zunehmendem Schulalter erhielten die Schulleistungen im mündlichen und schriftlichen Sprachgebrauch sowie in Mathematik verstärkt Bedeutung. Wie detailliert im einzelnen die Fähigkeiten beschrieben wurden, variierte allerdings stark, manche IEPs enthielten z.B. nur die Aussage, daß das Kind "Probleme" in Mathematik habe (*U.S. Dep. of Ed.*, 1980, S. 58).

Was die in den Erziehungsplänen aufgeführten Richt- und Lernziele betrifft, so wurden in 50% der Fälle nur bis zu durchschnittlich 3,3 Zielen Richtziele genannt, bei den Lernzielen waren es in 50% der untersuchten IEPs weniger als elf. Auffallend war jedoch, daß in der Praxis zwischen diesen "goals" und "objectives" häufig nicht zutreffend unterschieden wurde. Beide Bezeichnungen wurden als Oberbegriffe sowohl für generelle Aussagen wie "wird seine Fähigkeit im Lesen verbessern" als auch für detailliert aufgeschlüsselte Lernziele, die allerdings leider deutlich seltener dargestellt wurden, benützt (*U.S. Dep. of Ed.*, 1980, S. 59).

Bei der Beschreibung der Bereiche, in denen sonderpädagogische Förderung notwendig war, ergaben sich für die verschiedenen Schulformen und Altersgruppen deutliche Unterschiede. In Einklang mit den Beschreibungen des Entwicklungsstandes erhielten Kinder im Vorschulalter hauptsächlich Fördermaßnahmen im sprachlichen und motorischen Bereich. Je älter die Kinder wurden, um so mehr rückte die Förderung im Lesen und in Mathematik in den Vordergrund. Schüler und Schülerinnen in separaten Einrichtungen bekamen im Vergleich zu jenen in integrativeren Schulformen ihren IEPs zufolge auch verstärkt Unterstützung in anderen Lernbereichen, wie dem Sozialverhalten, der Motorik und der Erziehung zur Selbständigkeit (*U.S. Dep. of Ed.*, 1980, S. 59-62).

An der Erstellung der IEPs waren im Durchschnitt vier Personen beteiligt. Als Vertreterin oder Vertreter der lokalen Schulbehörde fungierte dabei zumeist jemand aus der Schulleitung. Der gesetzlich geforderten Anwesenheit einer Lehrkraft des Kindes wurde meist durch die Anwesenheit einer Sonderpädagogin oder eines Sonderpädagogen entsprochen, die in der Regel auch hauptverantwortlich für die Ausarbeitung des IEPs waren. Zwar hatte sich im Vergleich zum vorangegangenen Schuljahr die Arbeitszeit bei der Erstellung der individuellen Erziehungspläne, dank "inservice-training"[97] und wachsender Vertrautheit mit dem Gebiet, verkürzt, aber viele Lehrkräfte gaben an, daß sie wegen des zeitlichen Aufwandes dieses neuen Aufgabenbereiches eigentlich einen Ausgleich benötigten. Regelschullehrkräfte nahmen relativ selten an den IEP-Sitzungen teil. Angesichts der in einer anderen Studie beschriebenen Beobachtung, daß nur jene Lehrkräfte den IEP hilfreich empfanden und auch verstärkt benützten, die an der Erstellung beteiligt gewesen waren (*Pugach*, 1982; vgl. Kap. 3.7.1.2), ist dies bedauerlich. Auch bei den Eltern war die Beteiligung an der Ausarbeitung des Erziehungsplans für ihr Kind mit 50% nicht so hoch, wie man erhofft hatte. Die Wahrscheinlichkeit der Teilnahme war am höchsten, je höher der sozio-ökonomische Status der Eltern war, je näher sie an der Schule wohnten und je besser schon in den vergangenen Jahren der Kontakt zur Schule gewesen war. Deutlich mehr Eltern, nämlich knapp 80%, stimmten dem ausgearbeiteten IEP aber zumindest in schriftlicher oder mündlicher Form zu (vgl. Kap. 3.5.2). Die Einbeziehung des betroffenen Schulkindes in die Ausarbeitung des IEPs verstärkte sich mit wachsendem Alter und erlangte gerade bei den 16 bis 21-Jährigen relativ hohe Bedeutung. Es zeigte sich aber, daß auch in dieser Altersgruppe die Jugendlichen selten an den eigentlichen IEP-Treffen teilnahmen, sondern häufiger die Inhalte ihres Erziehungsplans nur mit der Lehrkraft besprachen (*U.S. Dep. of Ed.*, 1980, S. 80-86).

Die beschriebenen Mängel und Problembereiche blieben auch für die folgenden Jahre bestehen (z.B. *U.S. Dep. of Ed.*, 1981, S. 45-48), scheinen sich von Jahr zu Jahr aber abgeschwächt zu haben. So wurden die einzelnen IEPs immer länger und auch informativer, der Aufbau und Inhalt war in sich schlüssiger. Es zeigte sich, daß diese Qualitätsmerkale der Erziehungspläne durch Weiterbildung der Lehrkräfte, Supervision durch Vorgesetzte und durch die Bereitstellung entsprechend sorgfältig erstellter IEP-Vordrucke gesteigert werden konnten. Die Mitwirkung der Eltern verstärkte sich ebenfalls, im "Annual Report" von 1981 hieß es, daß mittlerweile 2/3 der Erziehungsberechtigten an den IEP-Sitzungen teilnahmen (*U.S. Dep. of Ed.*, 1981, S. 44-45).

Auch der Zeitaufwand für die Erstellung der IEPs wurde aufgrund wachsender Erfahrung geringer (*U.S. Dep. of Ed.*, 1981, S. 44-45), dennoch findet sich im vierten Jahresbericht noch die folgende Aussage: "Time and paperwork involved have been a major issue in implementing the IEP"[98] (*U.S. Dep. of Ed.*, 1982, S. 27). Im Zusammenhang mit dem Zeitaufwand war schon im ersten Jahresbericht die Tatsache beklagt worden, daß die Teilnahme der Lehrkräfte an den IEP-Konferenzen häufig zu einem Verlust an Unterrichtszeit führte bzw. Kollegen

---

[97] an den Schulen durchgeführte Fortbildungsmaßnahmen für die in der Praxis tätigen Lehrkräfte

[98] Ein wesentlicher Problembereich bei der Umsetzung des IEPs war der damit verbundene Zeitaufwand und Papierkrieg.

und Kolleginnen stundenweise die Vertretung in den Klassen übernehmen mußten (*U.S. Dep. of H.E.W.*, 1979, S. 96). Die Grundeinstellung zu den IEPs schien sich im Laufe der Jahre jedoch dennoch deutlich zu verbessern (*U.S. Dep. of Ed.*, 1982, S. 27-28).

Ab dem fünften Jahresbericht werden der Thematik der IEPs leider keine eigenen Kapitel mehr gewidmet. Einzelne Informationen finden sich nur noch bei den Ergebnissen zur Überprüfung der staatlichen und lokalen Schulbehörden durch das OSEP. Dabei zeigt sich beispielsweise, daß die Einhaltung der gesetzlichen Richtlinien betreffend der IEPs auch im Schuljahr 1991/92 noch nicht in allen Bundesstaaten sichergestellt war. Alle vierzehn in diesem Zeitraum überprüften staatlichen Schulbehörden hatten keine geeigneten Kontrollmaßnahmen getroffen, um sicherzustellen, daß in jedem ihrer Schulbezirke alle IEPs die in P.L. 94-142 aufgeführten Inhalte vollständig enthielten (*U.S. Dep. of Ed.*, 1993, S. 141).

3.7.1.2 Inhaltliche Ergänzung durch die Fachliteratur

Die Beschreibung der Probleme bzgl. der Einhaltung der gesetzlichen Richtlinien zur Erstellung und den Inhalten eines IEPs in den ersten Jahren nach Verabschiedung des Gesetzes ist in der Fachliteratur und den "Annual Reports" relativ ähnlich, da als Grundlage meist die Studien des "Research Triangle Institutes" dienen (z.B. *Zettel*, 1982, S. 31). Viel interessanter ist jedoch, daß diese Umsetzungsschwierigkeiten, die zunächst noch der mangelnden Erfahrung in den Anfangsjahren zugeschrieben werden konnten, auch in neueren Studien noch beobachtet werden. So ergab sich in *Smiths* (1990a) Untersuchung, daß in vielen der von 120 Schülern und Schülerinnen mit "behavioral disorders" bzw. "learning disabilities" kontrollierten IEPs noch zahlreiche prozedurale Mängel festzustellen waren (S. 95). In einer Überprüfung im Staate Virgina während der Jahre 1985-1989 zeigte sich, daß in 31% der Schulbezirke die IEPs nicht innerhalb der gesetzlich vorgeschriebenen 30 Tage erstellt worden waren (*Katsiyannis & Ward*, 1992, S. 53). Bezogen auf den Inhalt, fehlten auch in neueren IEPs relativ häufig die gesetzlich geforderten Kriterien für die Protokollierung und Evaluation der Lernfortschritte (*Lynch & Beare*, 1990, S. 53; *Smith*, 1990a, S. 97). Besonders erschreckend ist jedoch das Ergebnis einer Studie aus dem Jahre 1991, in der sich bei der Überprüfung von über 2000 Schülern und Schülerinnen ergab, daß ungefähr 9% gar keinen aktuellen IEP hatten bzw. ihre Förderbedürfnisse nicht adäquat diagnostiziert worden waren (*National Council on Disability, 1993*, S. 25).

Im folgenden sollen beispielhaft noch andere Problembereiche dargestellt werden, die in den "Annual Reports" gar nicht oder nur unzureichend behandelt wurden.

- *Analysen zu Inhalten der IEPs*
Im Zusammenhang mit dem Inhalt wird in vielen Untersuchungen geprüft, inwieweit sich die IEPs von Kindern und Jugendlichen verschiedener Behinderungsformen oder innerhalb verschiedener Schulformen unterscheiden. Eine derartige Fragestellung wurde gerade in den letzten Jahren aufgrund der zunehmenden Diskussion über die Legitimation kategorialer Förderprogramme (vgl. Kap. 3.4.3) interessant. *Smith* (1990a) fand z.b. deutliche Unterschiede bzgl. der Lernziele in den IEPs von Schülern und Schülerinnen mit "learning disabilities" bzw. "behavior disorders". In den IEPs der ersten Gruppen fanden sich deutlich mehr akademische Ziele, während in jenen der Kinder und Jugendlichen mit "behavior disorders" vergleichsweise mehr verhaltensorientierte Ziele aufgelistet waren (S. 96). Die Studie von *Lynche und Beare* (1990) kam zu denselben Ergebnissen (S. 53). *Smith* (1990a) verglich auch die IEP-Ziele von Schülern mit "behavioral disorders" in verschiedenen Schulformen. Dabei ergab sich in seiner Stichprobe, daß die IEPs von Schulern und Schülerinnen in integrativen Schulformen zumeist die höhere Anzahl von Zielen enthielten. Dies kann eigentlich als Hinweis darauf gedeutet werden, daß die Annahme, daß in restriktiveren Schulformen eine intensivere Förderung gewährleistet wäre, nicht immer unbedingt berechtigt ist (S. 96).

Man sollte sich jedoch vor Augen halten, daß die im IEP aufgeführten Ziele noch nicht zwangsläufig etwas über den tatsächlichen Unterricht aussagen. So fanden *Lynche und Beare* (1990) relativ wenig Zusammenhang zwischen den Inhalten des IEPs und den täglichen Unterrichtsaktivitäten (S. 53), und auch die Tatsache, daß viele der gesetzen IEP-Ziele nicht erreicht werden, kann u.a. dahingehend interpretiert werden, daß sie im Unterricht zu wenig berücksichtigt wurden (*Smith*, 1990a, S. 97).

Goodman und Bond (1993) weisen allerdings darauf hin, daß eine zu starke Orientierung des Unterrichts an den IEPs auch nicht vorbehaltlos wünschenswert wäre. Die vertragsähnliche Festlegung der Lernziele durch die strengen IEP-Regelungen kann den notwendigen pädagogischen Ermessensspielraum und die Flexibilität der Lehrkräfte nämlich auch zu stark einschränken (S. 414-417; ähnlich auch *Singer & Butler*, 1987, S. 131).

- *Qualität der IEPs*
Als Maßstab für die Angemessenheit eines IEPs gelten in den meisten Untersuchungen die Altersgemäßheit der Lernziele und Unterrichtsmaterialien, ihre Zweckmäßigkeit angesichts der tatsächlichen Förderbedürfnisse der einzelnen

Kinder und Jugendlichen sowie, ob im IEP Hinweise bzgl. des Einübens der Generalisierung der erlernten Fähigkeiten enthalten sind (*Hunt & Farron-Davis*, 1992, S. 249; vgl. auch *Downing*, 1988, S. 197; *Lynch & Beare*, 1990, S. 50). Aber auch die Möglichkeiten, die im IEP speziell für Interaktionen mit anderen Mitschülerinnen und Mitschülern genannt werden (*Hunt & Farron-Davis*, 1992, S. 249), oder das Ausmaß an Eigenaktivität, das dem Schüler bzw. der Schülerin innerhalb des Unterrichts zugestanden wird (*Downing*, 1988, S. 200), werden als Indikatoren für die Qualität eines IEPs angesehen.

Die Untersuchungen von *Downing* (1988) und *Hunt und Farron-Davis* (1992), die sich mit den IEPs von Schulkindern mit schweren Behinderungen beschäftigten, weisen auf grundlegende Mängel in den genannten Bereichen hin. Beispielsweise zeigte sich, daß in mehr als 30% der von *Downing* (1988) analysierten individuellen Erziehungsplänen die aufgeführten Lernziele weder altersgemäß noch den tatsächlichen Förderbedürfnissen angepaßt waren (S. 200). Auch *Smith* (1990a) verweist auf den fehlenden Zusammenhang zwischen den diagnostischen Ergebnissen der bisherigen Schulleistungen und den in den IEPs enthaltenen Jahreszielen. Seiner Ansicht nach entsprachen nur 62% der aufgeführten Ziele tatsächlich den ermittelten Förderbedürfnissen (S. 97). Die Studie von *Lynch und Beare* (1990) kam dagegen zu dem Ergebnis, daß insgesamt die meisten IEPs zwar gut durchdacht waren, daß Fähigkeiten des täglichen Lebens, die für die Vorbereitung auf den Beruf bzw. die Teilhabe am Gemeinde- und Freizeitleben wichtig wären, allerdings zu selten als eigenständiger Lernbereich aufgeführt wurden (S. 54).

Häufig ist jedoch allein schon die Formulierung der IEP-Ziele problematisch. Ein passendes Beispiel für den mißlungenen Versuch, ein operationalisiertes Lernziel zu verfassen, findet sich bei *Bateman* (1992): "Tim will improve his behavior 75% of the time"[99] (S. 34). Eine deratige Zielangabe ist völlig aussagelos, *Bateman* nennt dies daher einen "empty IEP"[100] (*ebd.*).

Andere Beispiele finden sich in einer Analyse der IEPs von Schülern und Schülerinnen mit "deaf-blindness", die in die Regelklassen integriert wurden. In der Stichprobe waren nämlich viele Lernziele nicht nur wenig aufeinander abgestimmt, sondern auch stark vom Fachjargon der verschiedenen, an der Förderung der Kinder und Jugendlichen beteiligten, Fachdisziplinen geprägt. Dadurch wirkten die IEPs nicht nur unzusammenhängend und, gerade für Regelschulpädagogen und Eltern, auch unverständlich, sondern es ließen sich auch keine übergeordneten Hauptziele der schulischen Förderung erkennen (*Giangreco, Dennis, Edelman & Cloninger*, 1994, S. 292). Bei der Formulierung von IEPs von Schülerinnen und Schülern mit "learning disabilities" zeigt sich dagegen häufig

---

[99] Tim wird sein Verhalten während 75% der Unterrichtszeit verbessern.
[100] "inhaltslosen IEP"

das Problem, daß die darin enthaltenen Lernziele entweder zu diffus und allgemein, und damit nutzlos, oder zu detailliert an diagnostischen Ergebnissen orientiert sind, die sich wiederum schwer in die alltäglichen Unterrichtsaktivitäten integrieren lassen (*Singer & Butler*, 1988, S. 121). Ähnliche Beobachtungen finden sich auch bei *Goodman und Bond* (1993). Ihrer Ansicht nach werden allzu häufig nur solche Ziele ausgewählt, die einfach zu beschreiben und deren Erreichen leicht zu dokumentieren ist (S. 414). Meist wird dabei auf Fähigkeitsbereiche zurückgegriffen, die in Entwicklungsskalen aufgeführt und dort genauestens in Feinziele untergliedert werden. Dies vereinfacht den Arbeitsaufwand für Lehrkräfte, allerdings wird dabei zuwenig hinterfragt, ob die ausgewählten Items, die in den Skalen ja nur als Maßstab für die Ermittlung des Entwicklungsstandes dienen, auch tatsächlich einen erzieherischen Wert haben (*dies.*, S. 415-416).

Es fragt sich, inwieweit die gesetzlichen Forderungen nach der Auflistung von Unterrichtszielen, Zeitrichtlinien und objektiven Kriterien für die Evaluation einer derartigen Vorgehensweise nicht geradezu Vorschub leisten: "The procedures in this instance heavily influence the substance"[101] (*Goodman & Bond*, 1993, S. 409). Auch *Ferguson* (1989) vertritt die Position, daß die detaillierten gesetzlichen Vorgaben viele Lehrkräfte dazu verleiten, die IEP-Ziele ausgesprochen behavioristisch zu formulieren und auch deren unterrichtliche Umsetzung allzu mechanisch handzuhaben (S. 45).

- *Teilnahme an IEP-Konferenzen*

Ungeachtet der verstärkten Verantwortung, die inzwischen Regelschullehrkräfte für die Erziehung von Schülern und Schülerinnen mit sonderpädagogischem Förderbedarf haben, sind laut einer Untersuchung *Pugachs* (1982) die wenigsten an der Erstellung der IEPs aktiv beteiligt (S. 371)[102]. So hatten nur 52% der befragten Regelschullehrkräfte, in deren Klasse ein Kind mit sonderpädagogischem Förderbedarf untergebracht war, dessen letzte IEP-Konferenz besucht, nur 12% hatten eine Kopie des IEPs des Kindes im Klassenzimmer. 67% gaben an, daß keines der IEP-Ziele sich auf die Unterrichtszeit in der Regelklasse bezog und häufig waren die Unterrichtsziele in der Regel- und Sonderpädagogik ungenügend aufeinander abgestimmt, was sich z.B. darin zeigen kann, daß ein Kind in den beiden Bereichen nach verschiedenen Leselehrgängen unterrichtet wird

---

[101] In diesem Fall beeinflussen die Verfahrensweisen sehr stark auch die Inhalte.

[102] Gesetzlich gefordert ist nur die Anwesenheit einer sonderpädagogischen Lehrkraft an der IEP-Konferenz, die Teilnahme einer Regelschullehrkraft erfolgt nur auf besonderen Wunsch der Eltern des Schulkindes oder der zuständigen sonderpädagogischen Behörde. Allerdings sollte die Regelklassenlehrkraft entweder eine Kopie des IEPs erhalten oder von dessen Inhalten in Kenntnis gesetzt werden (*34 C.F.R.*, Appendix C to Part 300, Abs. 16+17).

(*Pugach*, 1982, S. 372-373). Ferner ergab sich in anderen Untersuchungen, daß selbst jene Regelschullehrkräfte, die an den IEP-Konferenzen teilnahmen, dort kaum mit dem sonderpädagogischen Fachpersonal kommunizierten (zit. nach *Smith*, 1990b, S. 10) und sich leicht von den sog. "Spezialisten" einschüchtern ließen (zit. nach *Pugach & Johnson*, 1989, S. 222).
Der Beteiligung der betroffenen Schüler und Schülerinnen an ihren IEP-Konferenzen wird nach Ansicht einiger Autoren ebenfalls nicht die nötige Bedeutung beigemessen. Und dies, obwohl fast 90% der von *Gillespie und Turnbull* (1983) befragten Eltern äußerten, daß sie eine Teilnahme ihres eigenen Kindes für sinnvoll halten würden, und auch 70% der Jugendlichen dies für eine gute Idee hielten (S. 28). In der ICD Studie von 1988 wurde ermittelt, daß immerhin 45% der interviewten Jugendlichen ihren IEP-Konferenzen beigewohnt hatten (*Louis Harris and Associates*, 1989, S. 103), andere Untersuchungen kommen zu dem Ergebnis, daß die Teilnahme eines Jugendlichen an der ihn betreffenden IEP-Konferenz an den meisten Schulen noch eine Ausnahme sei (*Gillespie & Turnbull*, 1983, S. 27; *Van Reusen & Bos*, 1994, S. 466)[103]. Wenn die Jugendlichen zu der Erstellung ihres IEPs aktiv beitragen sollen, müssen sie aber auch angemessen auf ihre Mitarbeit in der Konferenz vorbereitet werden. Anregungen für derartige Trainingsprogramme finden sich bei *Gillespie und Turnbull* (1983, S. 28-29) sowie bei *Van Reusen und Bos* (1994, S. 476).

- *Arbeitsaufwand und Nutzen*

Seit Verabschiedung von P.L. 94.142 gab der angeblich immense Arbeitsaufwand, der mit der Erstellung der IEPs verbunden ist, kontinuierlich Anlaß zu Diskussionen. So haben viele Lehrkräfte den IEP als "irrelevantly exaggerated paperwork"[104] bezeichnet (*Sabatino*, 1981, S. 17) und den dadurch entstehenden Verlust an Unterrichtszeit beklagt (*Zettel*, 1982, S. 30). Aufgrund des Personal- und Zeitmangels wird die Erstellung von IEPs häufig zu einer Massenproduktion, bei der die Quantität und nicht die Qualität der erstellten IEPs zählt (*Rauth*, 1981, S. 33). Nach einer Untersuchung aus dem Schuljahr 1977-78 benötigten damals die befragten Lehrkräfte durchschnittlich 6,5 Stunden für die Erstellung eines IEPs, und ein nicht unbeachtlicher Anteil dieser Arbeitszeit ging zu Lasten der unterrichtlichen Verpflichtungen (*Price & Goodman*, 1980, S. 448-450). Diese Arbeitszeit läßt sich, wie Untersuchungen gezeigt haben, durch die Verwendung von speziellen Computerprogrammen deutlich verkürzen (*Smith*,

---

[103] In der Interpretation der "Federal Regulations" wird empfohlen, daß ein Schulkind immer dann an der IEP-Konferenz teilnehmen sollte, wenn seine Eltern dies für richtig halten (*34 C.F.R.*, Appendix C to Part 300, Abs. 21). Die Teilnahme von Jugendlichen ist dagegen seit einigen Jahren dann gesetzlich gefordert, wenn auf der IEP-Konferenz Fragen der berufsvorbereitenden Förderung diskutiert werden sollen (*34 C.F.R.* § 300.344[c][1]).

[104] "unverhältnismäßig übertriebener Papierkrieg"

1990b, S. 10; *Weiner & Hume*, 1987, S. 94-95). Derartige Bemühungen um Effektivität bei der Erstellung der IEPs führen jedoch häufig dazu, daß nicht mehr der eigentliche Sinn und Zweck des IEPs im Vordergrund steht, sondern es hauptsächlich darum geht, mit möglichst minimalem Aufwand die gesetzlichen Forderungen zu erfüllen (*Smith*, 1990b, S. 11). Außerdem hat die Verwendung dieser Software und die damit verbundene Arbeitserleichterung nach Ansicht von *Giangreco et al.*, (1994) auch dazu geführt, daß viele IEPs vom Umfang her bis auf 20 oder gar 30 Seiten "aufgebläht" werden. Dies folgt nach Ansicht der Autorinnen und Autoren dem Motto, daß es besser sei "to look good than to feel good"[105], denn derartig umfangreiche IEPs werden von den Lehrkräften erfahrungsgemäß seltener als Stütze der Unterrichtsplanung herangezogen (S. 291).

In einer Befragung von 150 Lehrkräften bzgl. des *generellen* Nutzens der IEPs gab die überwiegende Mehrheit an, daß dieser ihnen bei der Ausarbeitung ihres Förderplans helfe und sie wahrscheinlich auch dann IEPs weiter erstellen würden, wenn es gesetzlich nicht verlangt wäre. Weniger ermutigend waren dagegen die Antworten bzgl. der Nützlichkeit für die tägliche Unterrichtsplanung. Über die Hälfte der befragten Lehrkräfte gab an, daß der IEP ihnen in weniger als 50% der Unterrichtsplanung eine Hilfe sei und 55% der Lehrkräfte gaben an, den IEP seltener als einmal im Monat zu Rate zu ziehen (*Dudley-Marling*, 1985, S. 66). Auch *Smith* (1990b) berichtet, daß viele Sonderpädagogen den IEP für die tägliche Unterrichtsplanung als wenig hilfreich empfinden (S. 9), eine ähnliche Beobachtung äußern *Giangreco* und seinen Kollegen und Kolleginnen: "Many IEPs languish in file folders, rarely seeing the light of day"[106] (*Giangreco et al.*, 1994, S. 294). Man könnte laut *Dudley-Marling* (1985) den Eindruck gewinnen, daß gerade die detaillierten gesetzlichen Vorgaben bzgl. der IEPs dazu geführt haben, daß viele Lehrkräfte sich zu einseitig darum bemühen, den IEP vorschriftsmäßig zu *erstellen* (S. 66-67). Wenn die IEP-Erstellung allerdings zum "paper exercise"[107] verkommt (*Sage & Burrello*, 1994, S. 99) und die unterrichtliche Umsetzung der Förderpläne nicht erfolgt, so muß man daraus schließen, daß die IEP-Forderung des Gesetzes die Qualität der sonderpädagogischen Förderung nicht nachhaltig verbessern kann. Folglich verwundert es wenig, wenn *Dudley-Marling* (1985) den zeitliche Aufwand des gesamten IEP-Prozesses als "probably not worth the effort"[108] beschreibt (S. 67; ähnlich auch *Price & Goodman*, 1980, S. 253).

---

[105] "gut auszusehen, als sich gut zu fühlen"
[106] Viele IEPs welken in Aktenordnern dahin, seltenst das Tageslicht erblickend.
[107] "schriftlichen Übungsstück"
[108] "wahrscheinlich der Mühen nicht wert"

3.7.1.3 Abschließende Bewertung

"The Congress regarded the IEP as a - perhaps the word is `the´ - central mechanism"[109] (*U.S. Dep. of Ed.*, 1980, S. 53). Angesichts dieser Bewertung des IEPs im zweiten "Annual Report", verwundert es doch sehr, daß nur die ersten Jahresberichte die Erfahrungen mit diesem wesentlichen Bestandteil sonderpädagogischer Förderung geschildert haben.

Dies ist insbesondere deshalb erstaunlich, weil die Einhaltung der diesbezüglichen gesetzlichen Forderungen in vielen lokalen Schulbehörden immer noch nicht gewährleistet ist (*U.S. Dep. of Ed.*, 1993, S. 141), und die Zweckmäßigkeit der IEP-Regelungen sich bisher eigentlich nicht zufriedenstellend erwiesen hat (*Smith*, 1990a, S. 98). Auf der Grundlage seiner umfangreichen Forschungsarbeiten zu dieser Thematik kommt *Smith* (1990b) daher zu dem Schluß, daß es eigentlich an der Zeit wäre, einzugestehen, daß die Grundkonzeption des IEPs unbrauchbar ist, und nach anderen Methoden zu suchen, welche die Grundlage für eine individuell angemessene Förderung bieten könnten (*Smith*, 1990b, S. 12).

Derartig harte Kritik findet sich nicht nur bei *Smith*:

The IEPs ... reflect available services, not needed services. They are not individualized and they are often not taken seriously. Many are only partially implemented, some are never looked at, and most are not distributed to all the teachers who work with a student[110] (*Bateman*, 1992, S. 34).

Es gibt aber auch einige Sonderpädagoginnen und Sonderpädagogen, die nicht nur die unbefriedigende Umsetzung, sondern auch das grundsätzliche Prinzip der IEPs in Frage stellen. Erwähnenswert ist dabei die Kritik an der starken Betonung der individuellen Diagnose und der daraus abgeleiteten Förderbedürfnisse, ein wesentliches Merkmal der IEPs, das von vielen Fachleuten ja als eigentlicher Vorzug der IEPs angesehen wird. Durch die ausschließliche Konzentration auf die Fähigkeiten des individuellen Schulkindes wird nach Ansicht dieser Kritiker und Kritikerinnen nämlich oftmals die Bedeutung der schulischen Umgebung und ihrer notwendigen Anpassungsfähigkeit an die Förderbedürfnisse *aller* Kinder ungerechtfertigterweise ignoriert: "An important risk of this style of individualization is that the burden of failure to learn comes to rest squarely on

---

[109] Der Kongreß betrachtete den IEP als einen - vielleicht sollte man sagen `den´- zentralen Mechanismus.

[110] Die IEPs ... spiegeln die verfügbaren Maßnahmen wider, nicht die benötigten Maßnahmen. Sie sind nicht individualisiert und werden oft nicht ernst genommen. Viele werden nur teilweise umgesetzt, manche werden nie angeschaut, und die meisten werden nicht an alle Lehrkräfte, die mit einem Schulkind arbeiten, verteilt.

the individual student in the classic 'blaiming-the-victim' fashion"[111] (*Ferguson,* 1989, S. 46; ähnlich auch *Ash,* 1989, S. 190; *Biklen,* 1989, S. 14).

3.7.2 Related services

"The related services component ... has been one of the most difficult features in providing a free appropriate education for all handicapped children, and it continues to be a persistent challenge"[112] (*U.S. Dep. of Ed.*, 1985, S. 46).
Nähere Angaben dazu, wieviele "related services" bundesweit bereitgestellt wurden, finden sich nur in drei Jahresberichten (*U.S. Dep. of Ed.*, 1980, 1987, 1988).

Die ersten zur Verfügung stehenden Daten betreffen das Schuljahr 1978/79 und wurden im Rahmen der schon genannten Studie des "Research Triangle Institutes" erhoben. Nur 13% der in dieser bundesweiten Stichprobe analysierten IEPs erwähnten die Bereitstellung von "related services". Gut 75% der betroffenen Schüler und Schülerinnen beanspruchten nur eine Form dieser sonderpädagogisch notwendigen Zusatzleistungen, der Rest mehrere. Am häufigsten benötigt wurden Transportdienste und medizinische Betreuung. In den IEPs von Kindern und Jugendlichen in separaten Einrichtungen wurde der Bedarf nach "related services" deutlich häufiger und auch differenzierter genannt als in jenen von Schülerinnen und Schülern, die Regelschulen besuchten. Generell fiel auf, daß in einigen Schulbezirken die Zahl und Art der geleisteten "related services" eher von der Verfügbarkeit als von den individuellen Bedürfnissen abhängig gemacht wurde (*U.S. Dep. of Ed.*, 1980, S. 62).

In den Schuljahren 1984/85 und 1985/86 mußten sämtliche Untersuchungsgebiete erheben, wieviele "related services" in ihrem Bundesstaat bzw. Verwaltungsdistrikt bereitgestellt wurden. Hierbei wurde auch nach der Art der Maßnahmen sowie nach der Behinderungsform der Kinder und Jugendlichen, welche sie erhielten, differenziert. Allerdings weist das "U.S. Department" darauf hin, daß trotz des hohen Aufwands bei der Datensammlung die Zuverlässigkeit der Ergebnisse eingeschränkt ist (*U.S. Dep. of Ed.*, 1988, S. 20).

Den erhobenen Daten zufolge erhielten im Schuljahr 1985/86 alle Schüler und Schülerinnen mit sonderpädagogischem Förderbedarf durchschnittlich je 1,2 "related services". Wie groß der tatsächliche Anteil jener Kinder und Jugendli-

---

[111] Eine wesentliche Gefahr dieser Form der Individualisierung ist die Möglichkeit, daß die Verantwortung für das Lernversagen philisterhaft, in der klassischen Methode der 'Schuldzuweisung an die Leidtragenden', dem einzelnen Schulkind angelastet wird.
[112] Die gesetzliche Komponente der 'related services' ... war bei der Gewährung einer kostenfreien und angemessenen Erziehung für alle behinderten Kinder mit am schwierigsten zu realisieren und bleibt auch weiterhin eine nachhaltige Herausforderung.

cher war, die überhaupt "related services" beanspruchten, läßt sich auf der Grundlage der vorliegenden Daten allerdings nicht ermitteln. Feststellen läßt sich dagegen, daß die Zahl der zur Verfügung gestellten Maßnahmen von der Form der Behinderung abhängig war. Beispielsweise erhielten Kinder und Jugendliche mit "deaf-blindness" mit Abstand am häufigsten, jene mit "speech or language impairments" am seltensten "related services" (3,4 im Vergleich zu 0,5 pro Kind). Auch zeigen sich, wenn man die beiden dokumentierten Schuljahre vergleicht, große Unterschiede. Beispielsweise hatten Schüler und Schülerinnen mit "deaf-blindness" 1984/85 noch dreimal so viele "related services" bewilligt bekommen wie im darauffolgenden Schuljahr (*U.S. Dep. of Ed.*, 1988, S. 26-28). Erklärungen für dieses Phänomen finden sich in dem genannten Jahresbericht jedoch nicht.

Am häufigsten handelte es sich im Schuljahr 1985/86 bei den "related services" um diagnostische Maßnahmen, schulpsychologische Beratung ("counseling") und Transportdienste. Auch die Art der Maßnahmen ist natürlich von der Behinderungsform abhängig. Schüler und Schülerinnen mit "learning disabilities" oder "emotional disturbance" benötigten zum Beispiel zumeist psychologische Dienste, jene mit "orthopedical impairments" oder "multiple disabilities" vorwiegend Transportdienste (*U.S. Dep. of Ed.*, 1988, S. 22-25).

Insgesamt fällt die Bereitstellung von "related services" jedoch vielen staatlichen und lokalen Schulbehörden schwer, wofür sowohl organisatorische Probleme als auch die zusätzliche finanzielle Belastung verantwortlich gemacht werden. Dies gilt insbesondere für jene Maßnahmen, die traditionell vom medizinischen Sektor angeboten und auch finanziert wurden, wie z.B. Krankengymnastik, Beschäftigungstherapie oder auch Psychotherapien. Daher müssen in vielen Bundesstaaten durch eigene Verträge die entsprechenden Zuständigkeiten geklärt und koordiniert sowie eine Kostenbeteiligung der Krankenversicherungen gewährleistet werden (*U.S. Dep. of Ed.*, 1985, S. 46-48). Darauf, wie immens die Kosten für die "related services" tatsächlich sind, wird in den entsprechenden Kapiteln der "Annual Reports" zu den bundesweiten Ausgaben für die Sonderpädagogik eingegangen. Demnach betrugen die Ausgaben für "related services" 1987/88, dem letzten Schuljahr für welches diese Daten erhoben wurden, ca. 3,7 Billionen Dollar, was knapp 20% der Gesamtausgaben entspricht. Auch hier zeigen sich jedoch wieder hohe Schwankungen, beispielsweise wurden in Wisconsin sogar knapp 40% der Mittel für "related services" ausgegeben *(U.S. Dep. of Ed.*, 1992, S. 146, A 209-210).

Besondere Schwierigkeiten ergeben sich zusätzlich in ländlichen Gebieten oder in kleineren Schulbezirken, wo aufgrund der großen Entfernungen, der geringen Schülerzahlen, des Personalmangels und insbesondere der begrenzten Finanzmittel die Bereitstellung von "related services" nur sehr eingeschränkt möglich ist. Mancherorts hat man daher versucht, sich mit anderen Schulbezirken und medizinisch/psychologischen Dienststellen zu Interessensgemeinschaften zusammenzuschließen und dadurch die Angebotsvielfalt zu erhöhen (*U.S. Dep. of Ed.*, 1985, S. 48).

Der Mangel an qualifiziertem Personal bzw. die Tatsache, daß eine Anstellung innerhalb des Schulwesens aufgrund der niedrigeren Löhne als z.B. im medizinischen Sektor für viele Fachkräfte wenig attraktiv erscheint, erschwert es den Schulbehörden auch heute noch, dem Bedarf an "related services" gerecht zu werden. Entsprechend häufig wird der Bereich der "related services" von vielen Bundesstaaten als "in need of improvement"[113] genannt (z.B. *U.S. Dep. of Ed.*, 1992b, C 5-7).

In der sonderpädagogischen Fachliteratur wird die Thematik der "related services" relativ selten behandelt. Wenn, dann werden dabei zumeist die folgenden zwei Problembereiche diskutiert:

Zum einen betrifft dies die Frage, ob es wirklich so sinnvoll war, den Schulbezirken die Hauptverantwortung für die Bereitstellung von "related services" aufzuerlegen, und ob man diese damit nicht eindeutig überfordert hat. Gerade im Bereich der psychologischen und medizinischen Dienste, die traditionell in der Zuständigkeit der Krankenkassen lagen, fehlen in P.L. 94-142 die Richtlinien darüber, wie die Kosten rückerstattet bzw. aufgeteilt werden könnten (vgl. z.B. *Turnbull*, 1990, S. 139-141). Außerdem erweist sich eine Kostenbeteiligung der Krankenkassen an den therapeutischen Maßnahmen allein deshalb als schwierig, weil als Folge oft die Beitragszahlungen der betroffenen Familien erhöht werden. Dies steht natürlich in Widerspruch zu der gesetzlichen Garantie einer *kostenfreien* sonderpädagogischen Förderung und ist wiederholt von Gerichten als unzulässig beurteilt worden (*Rogers*, 1994).

Wird die finanzielle Last jedoch einzig und allein den Schulbehörden auferlegt, verwundert es nach Ansicht von *Craig* (1981) nicht, daß die Versprechungen des Gesetzes vielerorts aus Geldmangel einfach nicht erfüllt werden können (S. 14). In den meisten Bundesstaaten fehlen klare Richtlinien darüber, wer ein Anrecht auf welche "related services" hat, und daher überrascht es auch nicht, daß das Ausmaß der Bereitstellung von "related services" stark vom Wohnort abhängig ist (*Katsiyannis*, 1990, S. 248-251). Auch nach Aussage der von *Louis Harris* und seinen Mitarbeitern und Mitarbeiterinnen befragten Eltern von Kindern und Jugendlichen mit sonderpädagogischem Förderbedarf, wurden "related services" trotz des erwiesenen Bedarfes häufig nicht zugestanden. So wurden, um nur ein Beispiel zu nennen, 23% jener Kinder, die eine Übersetzungskraft oder einen Tutor benötigt hätten, diese Form der Unterstützung nicht zur Verfügung gestellt (*Louis Harris and Associates*, 1989, S. 63). Dies muß angesichts

---

[113] "verbesserungsbedürftig"

der Tatsache, daß 95% jener befragten Jugendlichen, die "related services" erhielten, diese als hilfreich einstuften, doch bedenklich stimmen (*dies.*, S. 64). Zum anderen werden in der Fachliteratur häufig Rechtsstreite beschrieben, denn die Frage, welche Form von "related services" die Schulen anbieten müssen, damit ein Kind von seinem Unterricht profitieren bzw. in die Regelklasse integriert werden kann, mußte schon oftmals gerichtlich geklärt werden. Ein in diesem Zusammenhang häufig genanntes Verfahren ist "*Irving Independent School District vs. Tatro*". Die Eltern hatten geklagt, da der zuständige Schulbezirk die medizinisch notwendige, regelmäßige Katheterisierung ihrer Tochter als rein medizinische Leistung interpretierte und sie daher nicht bereitstellen wollte. Ohne diese Hilfe hätte das Mädchen aber nicht am Unterricht teilnehmen können, und da es sich um einen wenig aufwendigen Eingriff handelt, entschied in letzter Instanz der "U.S. Supreme Court", daß die Katheterisierung sehr wohl als "related service" gelte und folglich die Schule deren Durchführung garantieren müsse (*Irving Independent School District vs. Tatro, 1984*, S. 497-504). Insgesamt läßt sich feststellen, daß die Gerichte leichter der Gewährung von "related services" zustimmen, wenn diese für eine Teilhabe am Unterricht in der Regelklasse unabdingbar sind (*Gent & Mulhauser*, 1988, S. 190; *Turnbull*, 1990, S. 143). Allerdings beeinflußt der dabei notwendige finanzielle und organisatorische Aufwand doch häufig die Entscheidung. So wurde in Pennsylvania die Klage eines Mädchens mit schwerer Körperbehinderung abgewiesen, welches im Falle der Aufnahme in die Regelklasse die ständige Präsenz einer Krankenschwester zur regelmäßigen Reinigung ihrer Luftröhre benötigt hätte (*Data research*, 1989, S. 40-41; *Rothstein*, 1990, S. 140-144).

3.7.3 Personal

Immer wieder wird in den "Annual Reports" die Bedeutung adäquat ausgebildeten und ausreichend vorhandenen Personals betont: "A fundamental step in the successful implementation of P.L. 94-142 is the provision of an adequate supply of teachers and related personnel"[114] (*U.S. Dep. of H.E.W.*, 1979, S. 53). Es war nämlich schon bei der Verabschiedung des Gesetzes offensichtlich, daß das notwendige Personal nicht ausreichend vorhanden und darüber hinaus auch nicht immer genügend qualifiziert war (*U.S. Dep. of Ed.*, 1982, S. 8).

Die in den "Annual Reports" enthaltenen Angaben über die Zahl der beschäftigten sonderpädagogischen Lehrkräfte und anderen Fachkräfte sowie über das

---

[114] Ein grundlegender Schritt bei der erfolgreiche Verwirklichung von P.L. 94-142 ist es, dafür Sorge zu tragen, daß ein ein ausreichendes Angebot an Lehrkräften und anderem Fachpersonal zur Verfügung steht.

Ausmaß des Personalmangels sind aus mehreren Gründen jedoch mit Vorsicht zu interpretieren:

Zum einen wird immer wieder darauf hingewiesen, daß die Daten der einzelnen Bundesstaaten nur bedingt miteinander bzw. von Jahr zu Jahr vergleichbar sind, da beispielsweise die verschiedenen Berufsgruppen unterschiedlich definiert werden und auch die durchschnittliche Arbeitszeit bei einer Vollzeitbeschäftigung schwankt (*U.S. Dep. of Ed.*, 1985, S. 51). Hinzu kommt, daß die Zuständigkeit für und die Methoden bei der Datensammlung in den Bundesstaaten ebenfalls divergieren (*U.S. Dep. of Ed.*, 1989, S. 112).

Auch die nach Behinderungskategorien differenzierten Angaben haben nur bedingte Aussagekraft. Bei den bundesweiten Zählungen der Lehrkräfte wird zwar berücksichtigt, welche Behinderung oder Beeinträchtigung jene Kinder und Jugendlichen, die von ihnen unterrichtet werden, haben, allerdings werden jene Lehrer und Lehrerinnen, die in sog. "cross-categorical-programs"[115] unterrichten, auch unter dieser Kategorie aufgeführt. Somit ist nicht zurückzuverfolgen, welche Behinderungsformen die in diesen Schulformen geförderten Kinder und Jugendlichen aufweisen (vgl. *U.S. Dep. of Ed.*, 1993, S. 37). Erschwerend kommt hinzu, daß die Regelschullehrkräfte, welche jene Schulkinder mit sonderpädagogischem Förderbedarf, die in den Regelklassen untergebracht sind, betreuen, in den Zählungen völlig unberücksichtigt bleiben (*U.S. Dep. of Ed.*, 1994, S. 21).

Noch kritischer dagegen ist die Frage, wie der Personal*mangel* erhoben wird. In den letzten Jahresberichten ergaben sich die Angaben unter dieser Rubrik aus der Zahl jener schon bewilligter Stellen, die entweder gar nicht oder nur mit unzureichend qualifiziertem Personal besetzt werden konnten (*U.S. Dep. of Ed.*, 1989, S. 107). Schon im ersten Jahresbericht war allerdings darauf hingewiesen worden, daß diese Erhebungsmethode, die im 11. "Annual Report" als "market-based"[116] bezeichnet wird, nicht den *tatsächlichen* Bedarf an Lehrkräften widerspiegelt: "That figure is probably unrealistically low, since it was based on *funded vacancies*, rather than on the number of positions needed to provide all handicapped children with full educational opportunities"[117] (*U.S. Dep. of H.E.W.*, 1979, S. 54). Interessanter wären sicherlich Schätzungen der Bundesstaaten zu der Zahl der Lehrkräfte, die tatsächlich notwendig wären, um alle Kinder mit sonderpädagogischem Förderbedarf angemessen fördern zu können (*U.S. Dep. of Ed.*, 1985, S. 51). Bei der derzeitigen Erhebungsmethode ist es

---

[115] Zur Erläuterung dieser Form sonderpädagogischer Förderung vgl. Kap. 3.4.3.

[116] "arbeitsmarktorientiert"

[117] Diese Zahlenangabe ist wahrscheinlich unrealistisch niedrig, weil sie auf der Zahl der bereits *finanziell bewilligten aber noch unbesetzten Arbeitsplätze* basiert und nicht auf der Zahl der Stellen, die eigentlich notwendig wären, um allen behinderten Kindern eine umfassende Bildungschance gewähren zu können.

dagegen möglich, daß manche Staaten zwar keinen weiteren Bedarf angeben, da alle Stellen besetzt sind, für eine adäquate Förderung aller Kinder und Jugendlichen mit sonderpädagogischem Förderbedarf aber sehr wohl zusätzliches Personal nötig wäre (*U.S. Dep. of Ed.*, 1986, S. 72).

3.7.3.1 Bestand und Bedarf an sonderpädagogischem Personal

Trotz der genannten Vorbehalte soll im folgenden der Personalbestand und Personalbedarf im sonderpädagogischen Bereich für das Schuljahr 1991/92 dargestellt werden. Für sonderpädagogische Lehrkräfte ergab sich dabei folgendes Bild:

Behinderungsformen	Zahl der Schüler und Schülerinnen	vorhandene sonderpäd. Lehrkräfte	zusätzlicher Bedarf an Lehrkräften
Specific learning disabilities	2.369.385	97.805	8.003
Speech/language impairments	1.000.154	43.610	3.907
Mental retardation	533.715	43.142	3.079
Serious emotional disturbance	402.668	29.496	4.724
Hearing impairments	60.896	7.025	727
Multiple disabilities	103.215	7.767	700
Orthopedic impairments	52.921	3.612	313
Other health impairments	66.054	2.159	260
Visual impairments	23.811	3.025	336
Autism	15.527	1.126	326
Deaf-blindness	1.425	150	41
Traumatic brain injury	3.903	68	35
Cross categorical	---	69.919	4.833
insgesamt	4.633.674	308.905	27.282

Tab. 3: Bestand und Bedarf an sonderpädagogischen Lehrkräften für Schüler und Schülerinnen mit verschiedenen Behinderungsformen im Schuljahr 1991/92 (Daten aus: *U.S. Dep. of Ed.*, 1994, S. 22, 24)

Mit Abstand die meisten Sonderpädagogen und Sonderpädagoginnen wurden für den Unterricht von Kindern und Jugendlichen mit "specific learning disabilities" eingesetzt. Dies ist angesichts der Tatsache, daß Kinder und Jugendliche mit "specific learning disabilities" knapp über 50% der Schüler und Schülerinnen mit sonderpädagogischem Förderbedarf ausmachen, wenig verwunderlich. Am zweitmeisten Lehrkräfte unterrichteten in den sog. "cross-categorical programs", wobei ungeklärt bleibt, aufgrund welcher Beeinträchtigung die Kinder und Jugendlichen in diesen Klassen sonderpädagogische Förderung benötigen. Auf jeden Fall ist angesichts der hohen Lehrerzahl in dieser Schulform aber anzunehmen, daß sie eine ebenfalls hohe Anzahl an Schülern und Schülerinnen betreuten und somit wird deutlich, wie begrenzt die Gültigkeit aller anderen, nach Behinderungskategorien der betreuten Schulkinder differenzierten Daten über die vorhandenen Lehrkräfte sein muß.

Angaben dazu, wieviele sonderpädagogische Lehrkräfte in welchen Schulformen unterrichten, finden sich, aufgeschlüsselt nach vier Schulformen, nur im neunten Jahresbericht. Danach waren im Schuljahr 1984/85 die meisten Lehrer und Lehrerinnen, nämlich 47%, den Sonderklassen[118] zugeteilt, 37% unterrichteten in "resource rooms". Als "consultant teachers" eingesetzt waren dagegen nur 12%, Förderung am Krankenbett oder zu Hause erteilten nur 2% (*U.S. Dep. of Ed.*, 1987, S. 27).

Zwar könnte man anhand der Angaben über die Anzahl der gemeldeten Schüler und Schülerinnen mit sonderpädagogischem Förderbedarf und über jene der Lehrkräfte das Lehrer-Schüler-Verhältnis, auch in Abhängigkeit von der Behinderungskategorie, berechnen - die daraus resultierenden Ergebnisse hätten aber nur sehr begrenzte Aussagekraft. Dies liegt an zwei schon erwähnten Mängeln der Datenerhebung, nämlich der Tatsache, daß die ebenfalls an der Förderung von Kindern und Jugendlichen mit sonderpädagogischem Förderbedarf beteiligten Regelschullehrkräfte unberücksichtigt bleiben und sich ferner bei der hohen Anzahl an Lehrkräften in "cross categorical programs" nicht zurückverfolgen läßt, für welche Schulkinder sie tatsächlich zuständig sind. Dennoch wurde in den "Annual Reports" einige Jahre lang die Zahl der Schülerinnen und Schüler pro sonderpädagogische Lehrkraft angegeben (z.B. *U.S. Dep. of Ed.*, 1982-1986). Dabei fielen deutliche Unterschiede in Abhängigkeit von der Behinderungskategorie auf: "The teacher / handicapped pupils ratios, as expected, depend on the nature of the handicapping conditions involved"[119]

---

[118] Leider wird in dem Jahresbericht nicht spezifiziert, was in diesem Fall alles zu "special classes" zählt. Es ist jedoch davon auszugehen, daß unter dieser Rubrik sowohl die Lehrkräfte in Sonderklassen innerhalb des Regelschulgebäudes als auch jene in separaten Einrichtungen aufgeführt werden.
[119] Die Zahl der behinderten Schüler und Schülerinnen pro Lehrkräft hängt, wie erwartet, von der Form der jeweiligen Behinderung ab.

(*U.S. Dep. of H.E.W.*, 1979, S. 52). Natürlich wäre es interessant zu analysieren, inwieweit sich das Lehrer-Schüler-Verhältnis seit Verabschiedung von P.L. 94-142 verbessert hat, da dieses sicherlich ein guter Indikator für die Qualität der sonderpädagogischen Förderung und für etwaige Verbesserungen im Laufe der Zeit wäre. Derartige, obgleich methodisch ebenfalls äußerst fragwürdige, Vergleiche finden sich in einigen "Annual Reports" und kommen zu dem Ergebnis, daß sich die Zahl der Schüler und Schülerinnen pro Lehrkraft kontinuierlich verringert habe (z.B. *U.S. Dep. of Ed.*, 1994b, S. 306).

Dennoch kann man davon ausgehen, daß sich gerade in den ersten zehn Jahren nach Inkrafttreten von P.L. 94-142 die Personalausstattung der Schulen tatsächlich deutlich verbessert hat: So heißt es im achten Jahresbericht:

The number of teachers has increased at more than twice the rate at which the number of handicapped students has increased (37,8 versus 17,1 percent) ... These trends reflect the progress being made toward achieving the goal of providing full educational opportunity to all handicapped children[120] *(U.S. Dep. of Ed.*, 1986, S. 68).

Dessen ungeachtet herrscht aber weiterhin Bedarf an weiteren Lehrkräften. Die meisten zusätzlichen Sonderpädagogen und Sonderpädagoginnen werden für die Förderung von Kindern und Jugendlichen mit "specific learning disabilities" und "serious emotional disturbance" bzw. für jene Schüler und Schülerinnen, die in "cross-categorical programs" untergebracht sind, benötigt. Vergleicht man für jede Behinderungskategorie allerdings das Verhältnis von Bedarf und Bestand, so zeigt sich, daß für die Förderung von Schülern und Schülerinnen mit "traumatic brain injury", "deaf-blindness", "autism" sowie für jene mit "serious emotional disturbance" anscheinend am dringendsten noch mehr Lehrkräfte gebraucht werden.

Der Bedarf an zusätzlichen Lehrkräften variiert jedoch von Bundesstaat zu Bundesstaat. Das OSEP weist diesbezüglich auf die besonders auffällige Beobachtung hin, daß jene Staaten, in denen die sonderpädagogischen Lehrkräfte "cross-categorical" ausgebildet werden, ihrem Personalbedarf anscheinend besser gerecht werden, jedenfalls sind die Angaben zum Personalmangel in diesen Staaten deutlich niedriger (*U.S. Dep. of Ed.*, 1989, S. 112). An dieser Stelle eingeschoben werden soll jedoch die Tatsache, daß zahlreiche Vertreter und Vertreterinnen der staatlichen Schulbehörden auch Nachteile in dieser Ausbildungsform sehen. Ihrer Ansicht nach werden die Studierenden einfach zu wenig speziell auf die Arbeit mit Schülern und Schülerinnen verschiedener Behinderungsformen vorbereitet: "People are coming out of programs as generalists, but it´s

---

[120] Die Zahl der Lehrkräfte ist mehr als doppelt so stark gestiegen wie jene der behinderten Kinder (37,8 im Vergleich zu 17,1%) ... Diese Trends spiegeln die Fortschritte wider, die bei der Verwirklichung der Zielsetzung, allen behinderten Kindern volle Chancengleichheit zu gewähren, bisher gemacht wurden.

hard to say what in"[121] (zit. nach McLaughlin, Valdivieso, Spence & Fuller, 1988, S. 216; ähnlich auch Kauffman, 1994, S. 615).

Besonders schlecht ist die Personalausstattung jedoch in ländlichen Gebieten (siehe z.B. U.S. Dep. of Ed., 1990, S. 40). Aufgrund sozialer Isolation, der teilweise extremen klimatischen Bedingungen und insbesondere der schlechten Bezahlung können viele ländliche Schulbezirke nicht genügend Personal anwerben oder halten. So gaben manche Staaten an, daß in den ländlichen Gebieten von Jahr zu Jahr zwischen 30 bis 50% des Personals ihre Stelle wieder aufgeben (U.S. Dep. of Ed., 1981, S. 80).

Die Gesamtzahl der anderen im Bereich der Sonderpädagogik angestellten Fach- und Hilfskräfte, zu denen z.B. Psychologinnen, Beschäftigungstherapeuten, Krankengymnastinnen und schulische Sozialarbeiter gehören, deckt sich fast mit jener der sonderpädagogischen Lehrkräfte (U.S. Dep. of Ed., 1994, S. 23). Bei über der Hälfte dieses Personals handelt es sich um sog. "teacher aides", Personen ohne pädagogische Ausbildung, die im amerikanischen Schulwesen den Lehrkräften sowohl organisatorische Verpflichtungen wie Schreib- bzw. Korrekturarbeiten abnehmen als auch bei der Unterrichtsgestaltung mithelfen (vgl. dazu Wynn & Wynn, 1988, S. 87). Auch bei Fach- und Hilfskräften besteht Personalmangel, allerdings ist dieser nicht ganz so hoch wie bei den Lehrkräften. Besondere personelle Engpässe gibt es offenbar bei der Ausstattung der Schulen mit therapeutischem Personal (U.S. Dep. of Ed., 1994, S. 23).

Insgesamt ist aber zu vermuten, daß der tatsächliche Bedarf, sowohl an sonderpädagogischen Lehrkräften als auch an anderen Fach- und Hilfskräften, in Wirklichkeit um einiges höher ist, als die dargestellten Daten glauben lassen. So wurde in den von 1987 bis 1992 erhobenen Angaben zu "Special education programs and related services in need of improvement"[122] der Mangel an qualifiziertem Personal in den verschiedensten Bereichen alljährlich von fast allen Bundesstaaten als eines der vordringlichsten Probleme beschrieben. Folglich wird der Personalmangel zu Recht als eine der "areas of nationwide concern"[123] bezeichnet (z.B. U.S. Dep. of Ed. 1992b, C 1).

Nach Aussagen der Fachliteratur ist vielerorts auch keine ausreichende Unterstützung der Regelschullehrkräfte durch Sonderpädagogen und Sonderpädagoginnen gewährleistet, denn der akute Personalmangel führt zu hohen "caseloads", d.h. einer zu hohen Anzahl an Schüler und Schülerinnen, welche die sonderpädagogischen Lehrkräfte in verschiedenen Schulformen zu betreuen haben (Ysseldyke et al., 1989, S. 105). Dies liegt zum einen daran, daß viele

---

[121] Die Leute verlassen die Studiengänge als Generalisten, es ist nur schwer zu sagen, worin.

[122] "Verbesserungsbedürftige Bereiche der Sonderpädagogischen Förderprogramme und der `related services'"

[123] "Problembereiche, die bundesweit Anlaß zur Sorge geben"

Schulbezirke auch im Rahmen der Sonderpädagogik versuchen, die Personalkosten zu senken, und daher nur eine begrenzte Anzahl an Fachkräften einstellen (*Ysseldyke et al.*, 1989, S. 95). Es herrscht jedoch, wie schon in den Beschreibungen der "Annual Reports" deutlich wurde, auch ein tatsächlicher Mangel an sonderpädagogischen Lehrkräften (*Cross & Billingsley*, 1994, S. 411). Neben Engpässen in der Lehrerbildung ist dafür auch die hohe Fluktuation bei den Sonderpädagogen und Sonderpädagoginnen mitverantwortlich. In den von *Singer* (1992) überprüften Bundesstaaten Michigan und North Carolina waren beispielsweise von den Berufsanfängern nach fünf Dienstjahren nur noch 57% weiterhin an Schulen des betreffenden Bundesstaates angestellt (*Singer*, 1992, S. 268). Die Ergebnisse der zahlreichen Untersuchungen, die sich der Klärung dieses Phänomens gewidmet haben, machen deutlich, daß eine Vielzahl von Einflußgrößen hierbei eine Rolle spielen: Neben externen Faktoren, wie gesellschaftlichen Einstellungen und der schlechten Bezahlung, müssen auch persönliche Motivationsmomente, wie beispielsweise Familiengründung, berücksichtigt werden (*Billingsley*, 1993, S. 146-164). In einer relativ aktuellen Pfadstudie zeigte sich jedoch, daß "job satisfaction" für den Verbleib im Schuldienst die entscheidendste Rolle spielt (*Cross & Billingsley*, 1994, S. 414). Diese individuelle Zufriedenheit mit dem Beruf wird wesentlich durch Faktoren beeinflußt, die, wie beispielsweise die konkreten Arbeitsbedingungen an der Schule und das Ausmaß an fachlicher und emotionaler Unterstützung durch das Kollegium und die Schulleitung, bei entsprechendem Willen eigentlich alle veränderbar wären (*dies.*, S. 419).

3.7.3.2 Bedeutung der Personalaus- und -weiterbildung

Seit 1958 schon stellt die Bundesbehörde Finanzmittel für die Aus- und Fortbildung sonderpädagogischer Lehrkräfte zur Verfügung. Dieses Engagement verstärkte sich im Laufe der Jahre zusehends (*U.S. Dep. of Ed.*, 1990, S. 39), denn über die Bedeutung qualifizierten Personals war man sich einig:

> It is clear that States perceive a considerable need for new special education teachers and related personnel, and just as clear as that, until these personnel are acquired, handicapped children may not receive the variety of services they need. Thus, teacher training programs are an important precursor to assuring that handicapped children receive special education and related services designed to meet their unique needs[124] (*U.S. Dep. of H.E.W.*, 1979, S. 56).

---

[124] Es ist offensichtlich, daß die Bundesstaaten eines beträchtlichen Bedarfes an weiteren sonderpädagogischen Lehrkräften und anderem Fachpersonal gewahr werden, und es ist ebenso offensichtlich, daß, bis dieses Personal ausreichend zur Verfügung steht, behinderte

Zielgruppe der Aus- und Fortbildungsmaßnahmen waren sowohl Sonderpädagogen und Sonderpädagoginnen als auch Regelschullehrkräfte, denn gerade auch für letztere brachte P.L. 94-142 substantielle Veränderungen ihres Verantwortungsbereiches (*U.S. Dep. of H.E.W.*, 1979, S. 59). Sowohl an den Universitäten als auch durch schulische Fortbildungsveranstaltungen bemühte man sich daher, die Regelschullehrkräfte auf die Aufnahme von Kindern mit sonderpädagogischem Förderbedarf in ihre Klassen vorzubereiten. Ebenso sollten auch die sonderpädagogischen Lehrkräfte eine ihren möglichen neuen Rollen als Stütz- bzw. Beratungslehrkräften angemessene Anleitung erhalten (*U.S. Dep. of H.E.W.*, 1979, S. 58; *U.S. Dep. of Ed.*, 1985, S. 52-57).

Diese Bemühungen, sowohl die Quantität als auch die Qualität des für die sonderpädagogische Förderung vorhandenen Personals zu erhöhen, spielen auch heute noch eine wichtige Rolle. So wurden vom "U.S. Department of Education" 1989 z.B. über 67 Millionen Dollar für Aus- und Fortbildungsmaßnahmen zur Verfügung gestellt. Diese Gelder wurden für die unterschiedlichsten Projekte verwendet, um beispielsweise auch gezielt dem wachsenden Personalbedarf in bestimmten Bereichen der Sonderpädagogik, wie z.B. der zweisprachigen Erziehung, der Vorbereitung auf das Berufsleben oder der Förderung von taubblinden Kindern, zu entsprechen (*U.S. Dep. of Ed.*, 1990, S. 39-41).

Glaubt man den Aussagen der sonderpädagogischen Fachliteratur, scheinen die Bemühungen in der Aus- und Weiterbildung jedoch nicht ausreichend gewesen zu sein:

Nachdem P.L. 94-142 so schnell in Kraft trat, blieb für eine angemessene Personalausbildung eigentlich kaum Zeit. Die Zielsetzung, jene, die schon in der Praxis tätig waren, mittels des sog. "inservice-trainings" auf ihre neuen Aufgabenbereiche vorzubereiten (*Herda*, 1980, S. 10) und langfristig gesehen in die Ausbildung aller zukünftigen Lehrkräfte sonderpädagogische Inhalte aufzunehmen (*Lewis & Doorlag*, 1983, S. 323), scheint jedoch nur unzureichend erfüllt worden zu sein.

Die meisten der Regelschullehrkräfte haben laut eigener Aussagen keine angemessene Weiterbildung erhalten (*Louis Harris and Associates*, 1989, S. 5, 33-34; *Rauth*, 1981, S. 33) und wenn, dann handelte es sich eher um "crash short courses"[125] (*Howsam*, 1983, S. 103). Viele Regelschullehrkräfte sahen sich stattdessen "with little warning and even less new training"[126] mit der neuen Aufgabe der Aufnahme von Kindern mit Beeinträchtigungen in ihre Klassen

---

Kinder wahrscheinlich nicht die Vielfalt an Fördermaßnahmen erhalten, derer sie eigentlich bedürfen. Daher ist die Lehrerbildung für die Einlösung der Garantie, daß alle behinderten Kinder eine auf ihre einzigartigen Bedürfnisse abgestimmte sonderpädagogische Förderung und 'related services' erhalten, ein wichtiger Wegbereiter.

[125] "kurze, eilig vorgenommene Intensivkurse"
[126] "fast ohne Vorwarnung und mit sogar noch weniger Vorbereitung"

konfrontiert (*Greenwood*, 1985, S. 210). Noch 1988 gaben 40% der befragten Klassenlehrkräfte an, erst zum Schuljahresanfang davon erfahren zu haben, daß ein Schulkind mit sonderpädagogischem Förderbedarf in ihrer Klasse sein würde (*Louis Harris and Associates*, 1989, S. 32).

Auch die langfristige Umstrukturierung der Ausbildungsgänge fand nur unzureichend statt. 1984 hatte nicht einmal die Hälfte der Bundesstaaten die Forderung nach sonderpädagogischen Inhalten in der Lehrerbildung gesetzlich verankert (*Blackhurst, Bott & Cross*, 1987, S. 321) und die Ergebnisse der Studie von *Kearney und Durand* (1992) deuten darauf hin, daß auch heute noch die wenigsten Lehrerbildungsstätten in der Ausbildung ihrer Regelschullehrkräfte Kurse und Praktika zur Thematik "Integration" verlangen oder anbieten. Erschreckend ist in diesem Zusammenhang, daß auch nur 14,8% der von *Goodland und Field* (1993) befragten Dozenten und Dozentinnen aus dem Fachbereich der Regelschulpädagogik eine verstärkte Aufnahme sonderpädagogischer Inhalte in die von ihnen betreuten Ausbildungsgänge überhaupt für nötig hielten (S. 240).

Folglich verwundert es nicht, daß Studierende für das Lehramt an Regelschulen sich auf die Aufgabe, Schüler und Schülerinnen mit Behinderungen bzw. Lernproblemen zu integrieren, immer noch nur unzureichend vorbereitet fühlen (*Goodland & Field*, 1993, S. 328-329). Es kommt natürlich aber auch darauf an, *welche* Inhalte und damit Einstellungen den zukünftigen Regelschullehrkräften vermittelt werden, sollten sie doch im Rahmen ihres Studiums sonderpädagogisch orientierte Kurse besuchen: "Presently teachers in training are taught a referral model, i.e., to solve a problem by finding the external sources"[127] (*Shepard*, 1987, S. 328).

Auch im Rahmen der sonderpädagogischen Ausbildung herrscht zuwenig Abstimmung zwischen den tatsächlichen Anforderungen des Berufsbildes und den an den Universitäten angebotenen Ausbildungsinhalten. Gerade die neuen Aufgabenbereiche, die sich für die Sonderpädagogen und Sonderpädagoginnen insbesondere aufgrund der verstärkten Zusammenarbeit mit Regelschullehrkräften ergeben (vgl. *Snell & Drake*, 1994, S. 399), wurden nur ungenügend berücksichtigt. So wäre es beispielsweise sinnvoll, wenn die Studierenden der Sonderpädagogik innerhalb ihres Studiums mit Problemen und Verfahrensweisen der Regelschulpädagogik konfrontiert würden, was allerdings selbst heute noch selten der Fall ist (*Goodland & Field*, 1993, S. 245). Den zukünftigen Sonderpädagoginnen und Sonderpädagogen fehlen oftmals selbst solch grundlegende Kenntnisse, wie z.B. jene über Lehrpläne und Unterrichtsmethoden in den Regelklassen (*Pugach*, 1987, S. 312). In manchen Publikationen findet sich

---

[127] Derzeit wird den Lehrkräften in ihrer Ausbildung ein Überweisungsmodell vermittelt, d.h. ihnen wird beigebracht, wie sie ein Problem lösen können, indem sie auf externe Quellen zurückgreifen.

daher der Vorschlag, das Studium der Sonderpädagogik an eine vorherige Ausbildung und berufliche Erfahrung im Bereich der Regelschulpädagogik anzuschließen (*Goodland & Field*, 1993, S. 249). Erste Erfahrungen mit interdisziplinärer Teamarbeit schon im Rahmen der Ausbildung, um z.B. Kommunikationstechniken einzuüben, wären ebenfalls wünschenswert. Wie sich in der Befragung von 360 sonderpädagogischen Ausbildungsstätten durch *Courtnage und Smith-Davis* (1987) herausstellte, boten allerdings nur die Hälfte der Institute entsprechende Kurse an (S. 453). Auch in einer anderen Umfrage unter Fakultätsangehörigen ergab sich, daß die sog. "consultation skills"[128] als weniger relevant angesehen wurden und dieser Thematik fast nie ein eigenes Seminar gewidmet wurde (*McLaughlin et al.*, 1988, S. 217, 219). Ein grundsätzliches Problem scheint hierbei auch die Tatsache zu sein, daß die Vertreter und Vertreterinnen der verschiedenen pädagogischen und psychologischen Disziplinen an den Hochschulen seltenst zusammenarbeiten, sich noch nicht einmal fachlich austauschen (*Courtnage & Smith-Davis*, 1987, S. 456; *Lilly*, 1989, S. 144; *Zabel*, 1988, S. 188-189). Es fragt sich, wie die Studierenden es unter diesen Umständen lernen sollen, miteinander kooperativ zusammenzuarbeiten und Verständnis für die jeweils unterschiedlichen Rollen und Probleme zu entwickeln (*Stainback & Stainback*, 1987, S. 66).

Abschließend muß jedoch darauf verwiesen werden, daß in den USA sowohl im Regelschulbereich als auch in der Sonderpädagogik die staatlichen Richtlinien zur Lehrerbildung stark variieren und folglich generell die Qualität der Ausbildung von Bundesstaat zu Bundesstaat sehr unterschiedlich sein kann (*Wynn & Wynn*, 1988, S. 54-59; *Blackhurst et al.*, 1987, S. 323; siehe auch *Ramsey & Algozzine*, 1991).

3.7.4 Kosten sonderpädagogischer Förderung

Wie die folgende Aussage aus dem ersten "Annual Report" verdeutlicht, wurden die zu erwartenden hohen Kosten bei der Gewährung einer angemessenen sonderpädagogischen Förderung von den Bundesstaaten und ihren Gemeinden von Anfang an als große Belastung angesehen: "The most talked about problem in providing an appropriate education to handicapped children was the need for more money"[129] (*U.S. Dep. of H.E.W.*, 1979, S. 96). Angesichts der schlechten wirtschaftlichen Lage und der mit daraus resultierenden staatlichen Sparmaßnahmen, verstärkte sich dieses Problem in den achtziger Jahren sogar noch, und

---

[128] "Beratungsfähigkeiten"

[129] Das am meisten diskutierteste Problem bzgl. der Bereitstellung einer angemessenen Erziehung für behinderte Kinder war der Bedarf an zusätzlichen Geldern.

entsprechend stieg das Interesse an genauen Angaben bzgl. der tatsächlichen Ausgaben für die sonderpädagogische Förderung (*U.S. Dep. of Ed.*, 1982, S. 14; *U.S. Dep. of Ed.*, 1984, S. 78).

Schon im vierten, sechsten und siebten "Annual Report" waren am Beispiel einzelner Bundesstaaten die Kosten sonderpädagogischer Förderung erörtert und die Unterschiede je nach Schulform, Behinderungsform der Schüler und Schülerinnen sowie zwischen den einzelnen Schulbezirken dargestellt worden (*U.S. Dep. of Ed.*, 1982, S. 12-14; *dass.*, 1984, S. 47-64; *dass.*, 1985, S. 73-102). In der Gesetzesergänzung von P.L. 94-142 1983 wurde das OSEP dann dazu verpflichtet, *bundesweit* Daten zu den Ausgaben für sonderpädagogische Förderung und "related services" zu erheben, eine Verpflichtung, welche im Rahmen einer erneuten Revision 1990 jedoch wieder zurückgenommen wurde (*U.S. Dep. of Ed.*, 1992b, S. 144).

Es hat sich allerdings als schwierig erwiesen, über die Ausgaben für sonderpädagogische Förderung zuverlässige Angaben zu machen: "No one knows for certain how much special education programming costs"[130] (*U.S. Dep. of Ed.*, 1982, S. 12). In manchen "Annual Reports" werden die methodische Vorgehensweise und Probleme der Datensammlung sogar ausführlicher diskutiert, als die letztendlichen Ergebnisse der Untersuchungen (z.B. *U.S. Dep. of Ed.*, 1985, S. 100-102). Dies liegt hauptsächlich daran, daß die Berechnungen für den Regelschulbetrieb und die sonderpädagogische Förderung zumeist getrennt verlaufen. Da aber der Großteil der Kinder und Jugendlichen mit sonderpädagogischem Förderbedarf mit in die Regelschulen oder sogar Regelklassen aufgenommen wurde, sind bestimmte Kosten, wie z.B. jene für das Personal, den Gebäudebetrieb, den Schulbus etc., nur schwierig auseinanderzudividieren (*U.S. Dep. of Ed.*, 1982, S. 12). Für die folgende Darstellung ergibt sich daher das Problem, daß manche Angaben nur die Ausgaben der Sonderpädagogik betreffen, während andere sich auf die Kosten der gesamten schulischen Förderung beziehen. Dies wird zwar jedesmal explizit erwähnt werden, allerdings sind dadurch die entsprechenden Beträge oftmals nicht miteinander vergleichbar.

3.7.4.1 Bundesweite Gesamtausgaben

Im 14. Jahresbericht finden sich zum letzten Mal Angaben zu den bundesweiten Ausgaben für die rein sonderpädagogische Förderung von Kindern und Jugendlichen mit "disabilities". Sie betrugen im Schuljahr 1987/88 insgesamt über 17 Billionen Dollar, wobei dieser Betrag allein seit dem Schuljahr 1982/83, als er zum ersten Mal erhoben wurde, um 60% gestiegen war. Auch die durchschnittli-

---

[130] Keiner weiß mit Sicherheit, wieviel die sonderpädagogischen Förderprogramme kosten.

chen Ausgaben pro Schüler bzw. Schülerinnen hatten sich fast genauso stark erhöht und beliefen sich 1987/88 auf $4.313. Diese Kosten wurden zu 56% von den Bundesstaaten getragen, die lokale Beteiligung erreichte 31,6%, die des Bundes 7,9% (*U.S. Dep. of Ed.*, 1992b, S. 144-146)[131].

Die Zuschüsse, die von Seiten des Bundes speziell für die sonderpädagogische Förderung gemäß des "Individuals with Disabilities Education Act" gewährt werden, sind seit 1977 kontinuierlich von knapp 252 Millionen Dollar auf über zwei Billionen Dollar gestiegen, so daß statt der anfänglichen $71 pro Kind 1993 immerhin $411 gewährt wurden (*U.S. Dep. of Ed.*, 1994, S. 3). Betrachtet man diese Steigerung der Bundeszuschüsse allerdings in inflationsbereinigten Dollars, so ergibt sich für 1993 ein Wert von $169 pro Kind, was nur unwesentlich höher ist als die entsprechenden Subventionen im Jahre 1978 (*U.S. Dep. of Ed.*, 1994, S. 5). Insgesamt entsprach im Jahre 1993 die Kostenbeteiligung des Bundes an den durchschnittlichen Ausgaben für die sonderpädagogische Förderung gemäß dem "Individuals with Disabilities Education Act" pro Schulkind nur 8,3% (*U.S. Dep. of Ed.*, 1994, S. 6; vgl. dazu auch Kap. 3.7.4.3).

3.7.4.2 Differenzierte Kostenberechnungen

Eine genauere Aufschlüsselung der Ausgaben im sonderpädagogischen Bereich findet sich im 11. Jahresbericht (*U.S. Dep. of Ed.*, 1989, S. 115-149). Da die bundesweiten Erhebungen in ihren Kostenangaben nur zwischen "special education services" und "related services" differenzieren, wurden für weitergehende Aussagen die Ausgaben von 60 repräsentativen Schulbezirken in 18 Bundesstaaten während des Schuljahres 1985/86 untersucht.

Addiert man die Ausgaben für sonderpädagogische Förderung und eventuelle Teilhabe am Unterricht in der Regelklasse zusammen, betrugen die duchschnittlichen Kosten des Schulbesuchs für ein Schulkind mit sonderpädagogischem Förderbedarf im Schuljahr 1985/86 $6.335. Dies entspricht dem 2,3-fachen Betrag, den der Unterricht eines Schulkindes ohne Behinderungen die Steuerzahler im gleichen Schuljahr kostete. Die Höhe der Ausgaben schwankte allerdings stark in Abhängigkeit von der besuchten Schulform. Erwartungsgemäß war die schulische Förderung in Internaten mit Abstand am teuersten. In dieser Schulform beliefen sich die Kosten auf $29.497, bei einem Besuch eines "self-

---

[131] All diese Angaben betreffen die sonderpädagogischen Ausgaben für sämtliche Kinder und Jugendliche, die nicht nur im Rahmen von P.L. 94-142 sondern auch unter "Chapter 1" schulisch gefördert wurden.

contained-program" waren es dagegen $6.913. Am kostengünstigsten, $5.243, war die Unterbringung in "resource rooms"[132] (*U.S. Dep. of Ed.*, 1989, S. 146). Die Schulform, in der das jeweilige Kind untergebracht ist, spielt natürlich auch eine Rolle, wenn man analysieren will, inwieweit sich die Kosten für die schulische Förderung von Kindern und Jugendlichen verschiedener Behinderungsformen unterscheiden. Daher ist es sinnvoller, sich bei einem Vergleich z.B. auf jene Schüler und Schülerinnen zu beschränken, die Sonderklassen besuchen. In dieser Schulform mußten im Schuljahr 1985/86 für die sonderpädagogische Förderung von Kindern und Jugendlichen durchschnittlich $4.233 aufgebracht werden. Es zeigte sich, daß dabei für die Erziehung von Schülern und Schülerinnen mit "deaf-blindness" bei weitem mehr Mittel freigestellt wurden ($20.416) als beispielsweise für die Erziehung von Schülern und Schülerinnen mit "mental retardation" ($4.754) oder "specific learning disabilities" ($3.083). Diese Differenzen bei den Kosten entstehen zum einen aufgrund unterschiedlicher Klassenstärken als auch wegen des in Abhängigkeit von der Behinderungsform variierenden Ausmaßes, in dem die Kinder und Jugendlichen wenigstens zeitweise noch in die Regelklassen integriert werden (*U.S. Dep. of Ed.*, 1989, S. 129-132)[133].

Die Unterschiede in den ausschließlich dem Bereich der Sonderpädagogik zugeordneten Ausgaben waren von Schulbezirk zu Schulbezirk so groß, daß in dem Schulbezirk mit dem höchsten Etat durchschnittlich fünfmal so viel für die sonderpädagogische Förderung pro Schüler bzw. Schülerin ausgegeben wurde wie in jenem mit den niedrigsten Ausgaben. Obwohl zu erwarten gewesen wäre, daß die Größe des Schulbezirks, seine Lage (Stadt/Land) und vor allem auch der Wohlstand der entsprechenden Gemeinde hierbei eine große Rolle spielen, ließen sich derartige Zusammenhänge nicht eindeutig dokumentieren (*U.S. Dep. of Ed.*, 1989, S. 135-137).

Der größte Teil der Finanzmittel der Sonderpädagogik, nämlich 62%, wurde direkt für Unterrichtsprogramme ausgegeben, d.h. von diesem Geld wurden die Gehälter der Lehrkräfte und Unterrichtshilfen sowie Unterrichtsmaterialien bezahlt. 13% der Ausgaben wurden für die Diagnose und die Erstellung des

---

[132] Die Rubrik der "resource rooms" beinhaltet in der hier zugrundeliegenden Untersuchung sowohl die ausschließliche Beschulung in Regelklassen als auch die Kombination von Teilhabe am Unterricht in der Regelklasse und separater Förderung in den "resource rooms", sofern diese nicht mehr als 50% der gesamten Unterrichtszeit ausmacht. Die Kategorie der "self-contained-programs" umfaßt die Unterbringung in Sonderklassen entweder innerhalb des Regelschulgebäudes oder auch in Sonderschulen sowie die Förderung in "resource rooms", sofern sich diese auf mehr als die Hälfte der Unterrichtszeit beläuft (*U.S. Dep. of Ed.*, 1989, S. 117).

[133] Bei den in diesem Absatz genannten Beträgen handelt es sich wiederum ausschließlich um die sonderpädagogischen Kosten, der Beitrag durch den Etat des Regelschulwesens wurde nicht berücksichtigt.

IEPs verwendet, 10% für die Bereitstellung von "related services". Für die in dieser Studie unter der Rubrik "support services"[134] aufgeführten zusätzlichen Maßnahmen, wie z.B. Personalweiterbildung oder auch Verwaltungskosten, wurden 11% der Mittel ausgegeben. Die Kosten für den Transport von jenen Schülern und Schülerinnen mit Behinderungen, die behindertengerechte Schulbusse bzw. Begleitpersonal benötigten - ein Dienst der eigentlich zu den "related services" gehört - wurden in der vorliegenden Untersuchung gesondert erhoben und beliefen sich auf 4% der Gesamtausgaben (*U.S. Dep. of Ed.*, 1989, S. 118-120; *"Special ed costs hold steady"*, 1988, S. 4).

3.7.4.3 Ergänzung durch die Fachliteratur

Auch in der sonderpädagogischen Fachliteratur wird immer wieder auf die Problematik der hohen Kosten einer "free appropriate education" hingewiesen: "Money remains the single biggest problem with special education"[135] (*Weiner & Hume*, 1987, S. 10; vgl. auch *Louis Harris and Associates*, 1989, S. 75). So gaben 73% der von *Weiner und Hume* (1987) befragten, in staatlichen und lokalen Schulbehörden Beschäftigten an, daß P.L. 94-142 ihrem Bezirk eine ungeheuere finanzielle Last auferlege (S. 45-46). Ein Gewerkschaftsvertreter befürchtet sogar, daß die Finanzierung der Sonderpädagogik sich zur zentralen Streitfrage der nächsten Jahre entwickeln wird (zit. nach *Hasazi, Johnston, Liggett & Schattman*, 1994, S. 496).

Um die Forderung von P.L. 94-142 angemessen umsetzen zu können, wären zusätzliche Finanzmittel nötig gewesen. Viele der Vertreter und Vertreterinnen der lokalen Schulbehörden hatten den Forderungen von P.L. 94-142 unter der Annahme beigestimmt, daß "Congress would be willing to fund what it mandated"[136] (*Ravitch*, 1983, S. 309). Dies war allerdings nicht in dem erwarteten Ausmaß der Fall: "Federal requirements were extensive, yet new federal dollars were limited"[137] (*Singer & Butler*, 1987, S. 127; ähnlich auch *Sage & Burrello*, 1994, S. 104). Schon seit dem Schuljahr 1982 wäre die Bundesregierung befugt gewesen, die sonderpädagogische Förderung jener Kinder und Jugendlichen, die unter IDEA-B gemeldet werden, in Höhe von 40% der *durchschnittlichen* Ausgaben, die in den gesamten USA für ein Schulkind im Elementar- und Sekundarbereich entstehen (*20 U.S.C.A.* §1411[a][1][B][v]), zu subventionieren. Da man bei Schätzungen bzgl. der Kosten sonderpädagogischer Förderung bei Verabschiedung von P.L. 94-142 davon ausgegangen war, daß diese etwa doppelt so

---

[134] "unterstützende Maßnahmen"
[135] Die Finanzen sind und bleiben das bedeutendste Einzelproblem der Sonderpädagogik.
[136] ..., daß der Kongreß auch bereit sein würde, zu finanzieren, was er da verlangte.
[137] Die Forderungen des Bundes waren hoch, die Bundeszuschüsse dagegen jedoch niedrig.

hoch sein würden wie die des Schulbesuch von Regelschülern - einer Schätzung, die auch durch neuere Untersuchungen bestätigt wird (vgl. *Chaikind, Danielson & Brauen*, 1993, S. 366) - wäre der Bund somit an den Gesamtausgaben immerhin zu etwa 20% beteiligt gewesen (*U.S. Dep. of H.E.W.*, 1979, S. 97). Tatsächlich waren es 1993, wie schon erwähnt, aber nur 8,3% *(U.S. Dep. of Ed.*, 1994, S. 6). Betrachtet man den gesamten Untersuchungszeitraum, so muß man feststellen, daß die Bundeszuschüsse alljahrlich weit hinter den Erwartungen zurückblieben.

In den Ausführungen der "Annual Reports" wurde zwar immer wieder die Kostenaufteilung dargelegt. Daß die Bundeszuschüsse niedriger geblieben sind, als erwartet, wurde jedoch erstmals im 16. "Annual Report" thematisiert. Dort heißt es: "At 1992-93 spending levels, Congress provided approximately 8,3% of average per child expenditures through Part B. In order to meet the 40 percent target ... Congress would have had to allocate approximately $9.7 billion in funding for special education"[138] (*U.S. Dep. of Ed.*, 1994, S. 6). Warum aber der Kongreß dies nicht getan hat, wird auch an dieser Stelle nicht erörtert.

Allerdings wird in den zitierten Ausführungen ein Mißverständnis deutlich, das auch in der Fachliteratur immer wieder zu finden ist. Dabei geht es darum, was unter der Formulierung "average per child expenditure in public elementary and secondary schools"[139] (*20 USC* §1411[a][1][B][v]) zu verstehen ist. Immer wieder wird nämlich behauptet, daß der Bund 40% der durchschnittlichen Ausgaben für die *sonderpädagogische* Förderung zu übernehmen befugt gewesen wäre (z.B. *Chaikind et al.*, 1993, S. 346; *Farrar*, 1991, S. 5; *Shanker*, 1994a, S. 21; *Turnbull*, 1990, S. 251; *Weiner & Hume*, 1987, S. 45). Tatsächlich ist der Gesetzestext etwas vage formuliert, aber die Erläuterungen in den Bundesrichtlinien stellen eindeutig klar, daß als Bezugsgröße die durchschnittlichen Kosten für die Beschulung *aller* Kinder und Jugendlichen im öffentlichen Schulwesen gelten sollten (*34 C.F.R.* §300.701[c]). Daß ein derartiger Interpretationsfehler ausgerechnet der Bundesbehörde selbst passiert ist, ist mehr als peinlich, zeigt aber auch, daß die Finanzierungsregelungen etwas undurchsichtig sind, und daher auch in der sonderpädagogischen Fachwelt und der Öffentlichkeit häufig mißverstanden werden. Ähnlich wird in der Literatur auch selten darauf hingewiesen, daß durch den Gesetzestext die Bundesregierung zu so hohen Zuschüssen nur *bevollmächtigt*, nicht aber dazu gezwungen wurde (*Farrar*, 1991, S. 5).

---

[138] Bezogen auf die Ausgaben im Schuljahr 1992/93, hat der Kongreß ungefähr 8,3% der durchschnittlichen Ausgaben pro Kind, das in Einklang mit Part B gefördert wurde, zur Verfügung gestellt. Um die 40%-Zielvorgabe zu erreichen ... hätte der Kongreß der Finanzierung der Sonderpädagogik ungefähr 9.7 Billionen Dollar zuweisen müssen.

[139] "durchschnittlichen Ausgaben pro Kind in öffentlichen Schulen des Elementar- und Sekundarbereichs"

Ungeachtet dieser Mißverständnisse bleibt die finanzielle Unterstützung durch den Bund nicht nur deutlich hinter den fälschlichen Erwartungen, sondern auch deutlich hinter den im Gesetzestext tatsächlich in Aussicht gestellten Zuschüssen zurück. *Weiner und Hume* (1987) sehen einen derartigen Verlauf als geradezu typisch für Reformversuche von Seiten des Bundes an: "The banner legislation, the initial rush of attention, and then the schools left out in the cold without adequate funding"[140] (S. 10).

Gerade Anfang der achtziger Jahre, also einige Jahre nach Inkrafttreten von P.L. 94-142, als der erste Enthusiasmus verebbt war, und die Problemfelder bei der Verwirklichung der Kerninhalte des Gesetztes deutlich wurden, einer Phase die daher nach *Giangreco* (1989) als kritisch für jeden Reformprozeß angesehen werden kann (S. 144), verschärften sich die finanziellen Probleme: So kürzte die Reagan-Administration (1981-1989) die Bundeszuschüsse im gesamten Erziehungsbereich drastisch, wovon insbesondere auch Sonderprogramme zur kompensatorischen und zweisprachigen Erziehung betroffen waren (*Sharpes*, 1987, S. 101; *Verstegen & Clark*, 1988). Glücklicherweise schlugen die Versuche der Regierung Reagan, die sonderpädagogischen Förderprogramme statt durch "categorical grants" zu bezuschussen mittels "block-grants" mit anderen Sonderprogrammen zusammenzufassen, dank erfolgreicher Lobbyarbeit jedoch fehl[141] (*Verstegen & Clark*, 1988, S. 138). Nicht nur der "Council for Exceptional Children", sondern auch die Verantwortlichen vor Ort in den "local schools boards" hatten nämlich heftigst protestiert, da sie befürchteten, daß so der Konkurrenzkampf der verschiedenen Programme um Finanzmittel noch größer werden würde und die Einhaltung der in P.L. 94-142 zugesicherten Rechte nicht mehr gewährleistet werden könnte (*Kaestle & Smith*, 1982, S. 406; *Shrybman & Matsoukas*, 1982, S. 25-27). Reagans Versuch 1982, die Regulations zu überarbeiten, wobei es u.a. darum ging, die Liste der "related services" zu kürzen, um so die teils immensen Kosten zu dämpfen, scheiterte ebenfalls. Der öffentliche Protest war derart lautstark, daß die Administration Reagan diesen Vorschlag zurücknahm und es auch nicht nochmals wagte, irgendwelche Änderungen von P.L. 94-142 vorzuschlagen (*Sage & Burrello*, 1994, S. 107; *Weiner & Hume*, 1987, S. 23-24).

---

[140] Die richtungsweisende Gesetzgebung, die anfänglich hohe Welle der Aufmerksamkeit, und letztendlich läßt man die Schulen doch allein in der Kälte stehen, ohne entsprechende Geldmittel.

[141] Laut *Levin* (1982) sind "categorical grants" am ehesten geeignet, Veränderungen durchzusetzen und somit die Chancengleichheit in allen Bundesstaaten zu wahren, da hier die Zuschüsse für besondere Zwecke verwendet werden müssen. Bei "block grants" ist es dagegen zu schwierig zu überprüfen, welches Programm einen wie hohen Anteil der Mittel erhält, und somit besteht die Gefahr, daß bestimmte Förderprogramme benachteiligt werden (S. 447-480; vgl. auch Kap. 1.2.2).

Auch in den einzelnen U.S. Bundesstaaten und Gemeinden war die wirtschaftliche Situation in den achtziger Jahren aufgrund der durch die Rezession gesunkenen Steuereinnahmen äußerst kritisch, und dies führte unter anderem auch zu Kürzungen in den staatlichen und lokalen Bildungsetats (*Rauth*, 1981, S. 31; *Zigler & Hall*, 1986, S. 2). In den neunziger Jahren scheint sich die Situation ebenfalls wenig zu entschärfen (*Gibbs*, 1991, S. 38). Diese finanzielle Lage war und ist natürlich auch für die sonderpädagogischen Reformbemühungen ungünstig: "Education already competes for dollars with highways, sanitation, and social services. The danger is that special education may be forced to compete with regular education or that special education programs may even be pitted against one another"[142] (*Shell*, 1981, S. 4).

Diese Befürchtung scheint bestätigt. So argumentierte das Gericht in dem Verfahren "Roncker vs. Walter" 1983: "Cost is a proper factor to consider since excessive spending on one handicapped child deprives other handicapped children"[143] (zit. nach *Rothstein*, 1990, S. 111). Auch in anderen Verfahren wurden bestimmte Stützmaßnahmen nicht bewilligt, da die Kosten für deren Bereitstellung den lokalen Etat der Sonderpädagogik zu stark belastet hätten und somit für die sonderpädagogische Förderung anderer Kinder und Jugendlicher nicht mehr ausreichend Mittel vorhanden gewesen wären (nach *Rothstein*, 1990, S. 124).

Innerhalb der Regelpädagogik wurden im Laufe der Jahre ebenfalls zunehmend Stimmen laut, die beklagten, "that special education is eating up the budget"[144] (zit. nach *Hasazi et al.*, 1994, S. 496). Die Tatsache, daß 25 bis 30% des sowieso zu knappen Bildungsbudgets für 10% der Schülerpopulation ausgegeben werden (*Greer*, 1992, S. 201), mißfällt vielen Vertretern und Vertreterinnen der Regelschulpädagogik (vgl. *Singer & Butler*, 1987, S. 138). So kritisiert der Vorsitzende der "National Association for Secondary School Principles"[145]: "What happens is that money is taken - is stolen - from a mediocre program for average students to pay for an ideal program for special education students. Where's the fairness in that?"[146] (zit. nach *Weiner & Hume*, 1987, S. 50). Entsprechend einer Studie aus Massachusetts empfinden auch die Eltern nichtbe-

---

[142] Das Erziehungswesen konkurriert schon mit Autobahnen, sanitären Einrichtungen und sozialen Einrichtungen um Dollars. Die Gefahr besteht darin, daß die Sonderpädagogik dazu gezwungen sein wird, mit der Regelschulpädagogik zu konkurrieren, oder daß sogar verschiedene sonderpädagogische Förderprogramme gegeneinander ausgespielt werden.
[143] Es ist durchaus angebracht, die Kosten abzuwägen, da übermäßige Ausgaben für ein behindertes Kind andere behinderte Kinder ihrer Chancen berauben.
[144] ..., daß die Sonderpädagogik das gesamte Budget auffrißt.
[145] "Nationaler Verband für Schulleiter und Schulleiterinnen an Sekundarschulen"
[146] Was da passiert, ist, daß man einem mittelmäßigen Unterrichtsprogramm für durchschnittliche Schüler und Schülerinnen Gelder entzieht - besser gesagt stiehlt - um die Kosten für eine ideale schulische Förderung für Schüler und Schülerinnen der Sonderpädagogik tragen zu können. Was soll daran noch fair sein?

hinderter Kinder die hohen Ausgaben für sonderpädagogische Dienstleistungen als ungerecht und meinen, daß sie zu Lasten ihrer eigenen Kinder gehen (zit. nach *Davis*, 1989, S. 442). Zwar vertraten 48% der im Rahmen einer Gallup-Studie befragten amerikanischen Bürger und Bürgerinnen die Ansicht, daß es berechtigt sei, für die schulische Förderung von Kindern mit Lernproblemen mehr öffentliche Gelder auszugeben als für die von durchschnittlich begabten Schülern und Schülerinnen. Immerhin 45% waren jedoch der Meinung, daß für alle Kinder und Jugendliche der gleiche Betrag ausgegeben werden sollte (*Gallup & Elam*, 1988, S. 38). Die Diskussion um die hohen Ausgaben im sonderpädagogischen Bereich spiegelt sich interessanterweise auch nicht nur in den pädagogischen Fachzeitschriften wider. Wie groß das öffentliche Interesse, bzw. der Unmut, ist, wird allein daran deutlich, daß die Thematik sogar in Zeitungen wie dem "Wall Street Journal", dem "U.S. News & World Report" oder der "New York Times" ausführlich erörtert wird (*Fuchs & Fuchs*, 1995, S. 523; *Kauffman*, 1994, S. 611-612).

Es verwundert eigentlich nicht, daß daher in den letzten Jahren Fragen der Effektivität und Kosten-Effizienz sonderpädagogischer Förderung an Bedeutung gewinnen. So fragen z.B. *Lewis* und seine Kollegen und Kolleginnen in ihrer Studie: "Are we 'getting our money's worth" from special education programs in public schools?"[147] (*Lewis, Bruininks, Thurlow & McGrew*, 1988, S. 203). Sie versuchen aufzurechnen, inwieweit sich der Schulbesuch "gelohnt" hat, wenn die Schulabgänger eine Arbeitsstelle gefunden haben und selbständig leben können und somit die hohen Kosten für eine Betreuung in einer Institution nicht anfallen. Auch angesichts der hohen Kostenunterschiede für die Förderung in den verschiedenen Schulformen halten manche Autoren und Autorinnen es für sinnvoll, die Effektivität der unterschiedlichen Modelle genauer zu untersuchen (*Chaikind et al.*, 1993, S. 366-367). *Ysseldyke und Algozzine* (1990) kritisieren derartige Studien jedoch: "When we read about cost-benefit analyses, we wonder why people do them. We believe access to a free appropriate education is every student's right. There is no need to justify it in any other terms"[148] (S. 457).

Relativ heftig debattiert wird ferner über die verschiedenen *Formen*, in denen Zuschüsse des Staates und des Bundes gewährt werden, und ihre möglichen, teilweise schon beschriebenen, Auswirkungen auf die Ergebnisse der Diagnose oder die Entscheidung über die Schulform (*Biklen*, 1989, S. 9; *Bernstein*, 1993, S. 114; *McCarthy & Sage*, 1982, S. 418-419; vgl. auch Kap. 3.4.2.1 und

---

[147] Sind unsere sonderpädagogischen Förderprogramme in den öffentlichen Schulen auch ihr Geld wert?
[148] Immer wenn wir über Kosten-Nutzen-Analysen lesen, wundern wir uns, warum die Menschen sie erstellen. Wir glauben, daß der Zugang zu einer kostenfreien und angemessenen Erziehung das Recht jedes Schulkindes ist. Es gibt keine Veranlassung, dies auf irgend eine andere Weise rechtfertigen zu wollen.

3.8.4.1). Immer wieder kritisiert wird, daß die Zuschüsse direkt von der Zahl der als "handicapped" gemeldeten Kinder abhängen. So naheliegend das ist, verleitet nach Ansicht von *Reynolds* und seine Kolleginnen diese Vorgehensweise, insbesondere wenn pro Kind ein Fixbetrag gewährt wird, zu einem "body hunt[149] (*Reynolds, Zetlin & Wang*, 1993, S. 278), die Sonderpädagogik verkommt zum "BIG business" (*Algozzine et al.*, 1983, S. 142). Aber auch wenn die Zuschußhöhe von der Behinderungskategorie oder, was am sinnvollsten wäre, von der besuchten Schulform abhängig ist, müßten Kontrollmechanismen über die tatsächliche Verwendung der Gelder vorhanden sein, um sicherzustellen, daß die lokalen Schulbezirke die Zuschüsse auch zweckgemäß verwenden und Entscheidungen über Diagnose und Schulform nicht von "Profitdenken" geleitet werden (*Bernstein*, 1993, S. 116). Der mögliche Einfluß der verschiedenen Zuschußformen auf die sonderpädagogische Praxis verdeutlicht, daß Fragen der Finanzierung eindeutig das bildungspolitische Handeln bestimmen. *Bernstein* (1993) beklagt, daß so viele Pädagogen und Pädagoginnen die Auseinandersetzung mit dieser trockenen Materie scheuen, wichtige Details den Praktikern vor Ort unklar bleiben. Dabei wäre es aber wichtig, daß Eltern, Lehrkräfte sowie Schulleiter und Schulleiterinnen ihre Kenntnisse der finanziellen Regelungen vertiefen, da sonst die Gefahr besteht, daß die Interessen der Sonderpädagogik hauptsächlich von der Politik und Verwaltung bestimmt werden (S. 123).

So berechtigt diese Diskussion um die verschiedenen Modi der Finanzierung ist, muß man sich jeoch darüber im klaren sein, daß es natürlich noch bedeutsamer ist, wieviel Geld überhaupt zur Verfügung steht (*McCarthy & Sage*, 1982, S. 419).

Daß die in einem Schulbezirk zur Verfügung stehenden Finanzmittel sehr wohl direkte Auswirkungen auf die Qualität der sonderpädagogischen Förderung haben, wird in der sonderpädagogischen Fachliteratur immer wieder betont. Sie beeinflussen sowohl die Entscheidung über die Schulform (z.B. *Zigler & Hall*, 1986, S. 2) als auch über die im IEP aufgelisteten "related services": "Each child's potential is `maximized´ only with respect to economic and political constraints"[150] (*Gerber*, 1981, S. 55; ähnlich auch *Walker*, 1987, S. 104.). *Singer und Butler* (1987) beobachteten, daß viele lokale Schulbehörden aus Gründen der Kostenersparnis auch niedriger qualifiziertes Personal einstellten und weniger Schüler und Schülerinnen als sonderpädagogisch förderbedürftig einstuften (S. 137).

Hinzu kommt das generelle Probleme in den USA, daß die den lokalen Schulbehörden zur Verfügung stehenden Finanzmittel sehr unterschiedlich hoch sind.

---

[149] sinngemäß: "Kopfgeldjagd"
[150] Die Leistungsfähigkeit jedes Kindes wird nur so weit `maximiert´, wie es die ökonomischen und politischen Zwänge erlauben.

Wie die hohe Spannweite bei den durchschnittlichen Ausgaben für die sonderpädagogische Förderung eines Kindes in den "Annual Reports" dokumentiert (*U.S. Dep. of Ed.*, 1989, S. 135; vgl. Kap. 3.7.4.2), gilt dies auch im sonderpädagogischen Bereich. Insofern hängt die Qualität der Förderung stark vom Wohnsitz ab, und daher können eigentlich nur jene Kinder und Jugendlichen, die in reichen Schulbezirken wohnen, zu den sog. "Gewinnern" von P.L. 94-142 gezählt werden (*Singer & Butler*, 1987, S. 147-148).

Angesichts der beschriebenen vielfältigen Schwierigkeiten im Zusammenhang mit Finanzierungsfragen und dem öffentlichen Interesse, das dieses Thema erweckt, ist es bedauerlich, daß das OSEP die diesbezügliche Datensammlung eingestellt hat (vgl. dazu auch *Chaikind et al.*, 1993, S. 367-368). Ferner hat man nach Durchsicht der Literatur den Eindruck, daß *Madeleine Will* mit ihrer folgenden Einschätzung der Problematik etwas an den Realitäten vorbeigeht: "The major challenge we face is not primarily one of limited resources. It is rather a question of will and character"[151] (*Will*, 1984, S. 12). Auch die häufige gerichtliche Argumentation, daß auf der Grundlage von P.L. 94-142 knappe Finanzmittel die Schulbehörden eigentlich nicht davon abhalten dürfen, Schulkindern mit Behinderungen bzw. Lernproblemen eine angemessene Förderung zu gewähren, verdeutlicht nur, wie weit Ideal und Wirklichkeit oft auseinanderklaffen (*Sage & Burrello*, 1986, S. 6). Man muß wohl eher davon ausgehen, daß gegenwärtig die Kosten den Willen zur Bereitstellung sonderpädagogischer Fördermaßnahmen in starkem Maße mitbestimmen: "It is clear that our nation's financial priorities have not kept pace with the needs of our handicapped children"[152] (*Zigler & Hall*, 1986, S. 8).

3.7.5 Fremd- und Selbstbewertungen zur "Angemessenheit" sonderpädagogischer Förderung

Vereinzelt finden sich in den "Annual Reports" und in der Fachliteratur auch Aussagen dazu, wie die Bundesstaaten und deren lokale Schulbehörden, die Lehrkräfte, Eltern von Kindern und Jugendlichen mit sonderpädagogischem Förderbedarf, und auch die betroffenen Schüler und Schülerinnen selbst die "Angemessenheit" der sonderpädagogischen Förderung beurteilen.

Die Einschätzung der Bundesstaaten und ihrer Schulbehörden wird in deren Angaben unter der schon erwähnten Rubrik "Special education programs and

---

[151] Die bedeutsamste Herausforderung, der wir uns stellen müssen, ist nicht in erster Linie die der eingeschränkten Finanzmittel. Sie ist vielmehr eine Frage des Willens und des Charakters.

[152] Es ist offensichtlich, daß die finanziellen Prioritäten unseres Landes mit den Bedürfnissen unserer behinderten Kinder nicht Schritt gehalten haben.

related services in need of improvement" (vgl. Kap. 3.7.3.1) deutlich. Demnach wird vielerorts noch dringender Handlungsbedarf gesehen, will man eine angemessene Qualität sonderpädagogischer Förderung für *alle* Kinder und Jugendlichen mit Behinderungen bzw. Lernproblemen erreichen. Nach eigener Bewertung der Bundesstaaten war dies im Schuljahr 1985/86 bespielsweise bei 17,2% der registrierten Schüler und Schülerinnen mit sonderpädagogischem Förderbedarf nicht gewährleistet, überproportional häufig galt dies insbesondere für Schüler und Schülerinnen mit "deaf-blindness", "other health impairments" und "serious emotional disturbance" (*U.S. Dep. of Ed.*, 1988, D 10). Auf den besonderen Handlungsbedarf gerade im Bereich der Förderung von Kindern und Jugendlichen mit emotionalen Problemen und Verhaltensauffälligkeiten wurde auch in den folgenden Jahren von vielen Bundesstaaten immer wieder hingewiesen (z.B. *U.S. Dep. of Ed.*, 1990, C 2; *dass.*, 1992, C 2). Daher wurde vom OSEP eine spezielle Untersuchung zur Qualität der sonderpädagogischen Förderung dieser Schülergruppe in Auftrag gegeben. Die Ergebnisse dieser Studie werden in einem eigenen Kapitel im 16. Jahresbericht dargestellt *(U.S. Dep. of Ed.*, 1994, S. 109-129)[153].

Betrachtet man, welche Aspekte der sonderpädagogischen Förderung und "related services" von den Bundesstaaten besonders häufig als verbesserungsbedürftig genannt werden, wie z.B. die Unterrichtsgestaltung, Diagnostik, das Angebot an zweisprachiger Förderung und berufsvorbereitenden Maßnahmen, oder auch die therapeutische Betreuung der Schüler und Schülerinnen, so zeigt sich immer wieder, daß der Personalmangel in dem jeweils genannten Bereich das eigentliche Hauptproblem darstellt (*U.S. Dep. of Ed.*, 1988, C3-7; *dass.*, 1992, C 3-7).

Obgleich die elterliche Zufriedenheit mit der sonderpädagogischen Förderung ihrer Kinder insgesamt außergewöhlich hoch ist (vgl. Kap. 3.5.3), muß dies doch auch differenziert betrachtet werden. Die Untersuchung von *Louis Harris* und seinem Mitarbeiterstab liefert dazu einige interessante Details. Beispielsweise äußern Eltern von Schülern und Schülerinnen mit "emotional disturbance" deutlich häufiger ihre Unzufriedenheit mit der schulischen Betreuung ihrer Kinder als andere Eltern von Kindern mit sonderpädagogischem Förderbedarf (*Louis Harris and Associates*, 1989, S. 54). Dies scheint die Aussage der Bundesstaaten, daß die Qualität der Förderung für diese Schülergruppe verbessert werden müßte, zu bestätigen. Ferner auffällig ist die Tatsache, daß die Bewertung des Unterrichts bei Eltern, deren Kinder schon den Sekundarbereich besuchen, ebenfalls deutlich negativer ausfällt als bei Eltern jüngerer Schullkinder (*Louis*

---

[153] Zu deutschen Beitragen über die schulische Förderung von Kindern und Jugendlichen mit Verhaltensauffälligkeiten und emotionalen Problemen in den USA vgl. *Goetze* (1991) und *Opp* (1993b).

Harris and Associates, 1989, S. 59). Es zeigt sich außerdem, daß bestimmte Bereiche des schulischen Angebots von einem hohen Anteil der Eltern als unbefriedigend angesehen werden. Dies betrifft besonders den zeitlichen und personellen Einsatz bei der Verwirklichung der sonderpädagogischen Erziehungspläne (38%) und die Vorbereitung der Jugendlichen mit sonderpädagogischem Förderbedarf auf weiterführende Bildung (32%) bzw. auf die Arbeitswelt (31%; *Louis Harris and Associates*, 1989, S. 56).

Die Bewertung der in der Harris-Studie ebenfalls befragten Lehrkräfte bzgl. der sonderpädagogischen Förderung an ihrer Schule fiel im Vergleich zu der Beurteilung durch die Eltern in der Regel etwas postiver aus (*Louis Harris and Associates*, 1989, S. 56, 58). Auch bei den Lehrkräften waren jedoch knapp 30% der Ansicht, daß die schulische Vorbereitung der Kinder und Jugendlichen mit sonderpädagogischem Förderbedarf auf die Arbeitswelt bzw. auf einen "college"-Besuch unzureichend sei (*dies.*, S. 56). Als wesentlichste Probleme der Sonderpädagogik angesehen wurden der zu niedrige Finanzetat, die ungenügende Erfahrung und Ausbildung der Regelschullehrkräfte hinsichtlich sonderpädagogischer Förderung sowie die mangelnde Fähigkeit der Schulen, auf die individuellen Bedürfnisse der Kinder einzugehen (*dies.*, S. 75).

Auch die Schüler und Schülerinnen selbst scheinen im großen und ganzen mit ihrer sonderpädagogischen Förderung zufrieden zu sein. Von den in der ICD-Studie befragten zweihundert Jugendlichen gaben 39% an, daß sie gerne zur Schule gehen und immerhin 53% bewerteten die Schule als "o.k.". Nur 9% gingen äußert widerwillig hin (*Louis Harris and Associates*, 1989, S. 53). 78% der befragten Jugendlichen fanden den Unterrichtsstoff in der Regel interessant (*ders.*, S. 74), den Schwierigkeitsgrad schätzen 59% als genau richtig ein, jeweils knapp 20% empfanden ihn als zu hoch bzw. zu niedrig (*dies.*, S. 72). Eine überwiegende Mehrheit der Schüler und Schülerinnen (88%) fühlte sich von ihrer Lehrkraft während des Unterrichts auch ausreichend unterstützt (*dies.*, S. 74). Interessanterweise äußert aber auch ein relativ großer Anteil der Jugendlichen, daß die Schule sie zu wenig auf ihr späteres Berufs- und Ewachsenenleben vorbereite (25 bzw 31%; *Louis Harris and Associates*, 1989, S. 31). Zu ähnlichen Ergebnissen kommt auch die neueste Studie der "*National Organization on Disability*"[154] (1994). Demnach vertritt ungefähr die Hälfte der derzeitigen Schüler und Schülerinnen mit sonderpädagogischem Förderbedarf die Ansicht, daß das Angebot an schulischer Förderung für sie ausreichend sei, aber mehr als ein Viertel glaubt, daß das Unterrichtsangebot sie fast überhaupt nicht auf die Arbeitswelt vorbereite (S. 23).

---

[154] "Nationale Organisation zur Interessensvertretung von Menschen mit Beeinträchtigungen"

3.7.6 Exkurs: Zur Definition von "appropriate education"

Zwar wurde in P.L. 94-142 genauestens vorgeschrieben, welche Vorkehrungen zu treffen sind, um eine "angemessene Erziehung" für alle Kinder mit sonderpädagogischem Förderbedarf zu gewährleisten - wie diese allerdings genau auszusehen hat, wurde nicht festgelegt (vgl. Kap. 2.3.6.3). *Goldberg und Kuriloff* (1991) weisen zu Recht jedoch darauf hin, daß es in der Fachwelt letztendlich auch keine objektiven Kriterien gibt, um über die Angemessenheit der Föderung für ein bestimmtes Kind zu entscheiden (S. 546; ähnlich auch *Greer*, 1992, S. 200). Zum einen zeigen Untersuchungen, daß selbst Sonderpädagogen und Sonderpädagoginnen mit vergleichbarer Ausbildung, die mit besten Absichten und in durchaus wohlgesonnenem Umfeld arbeiten, sich in Fragen von Diagnose und optimaler Schulform nicht einig sind. Andererseits muß man auch eingestehen, daß eine Vielzahl von komplexen Variablen die Qualität der sonderpädagogischen Förderung beeinflussen und es daher so etwas wie ein als "bestes" anerkanntes Förderprogramm nicht geben kann (*Goldberg & Kuriloff*, 1991, S. 547).

Aufgrund der Unklarheit des Begriffs der "appropriate education" war jedoch eigentlich vorauszusehen gewesen, daß es häufig zu Auseinandersetzung kommen würde, von denen eine Vielzahl vor Gericht geklärt werden müßten. Daß in einzelnen Verfahren die Eltern für ihre Kinder die Unterbringung in exklusiven Internatsschulen durchsetzen wollten, teilweise sogar außerhalb des eigenen Bundesstaates, verleitet *Turnbull* (1990) zu folgender Bemerkung: "Some parents of handicapped children have `gone shopping´ for appropriate programs"[155] (*Turnbull*, 1990, S. 69).

Als Grundsatzurteil zur Interpretation der "Angemessenheit" sonderpädagogischer Förderung gilt die Entscheidung des "U.S. Supreme Court" von 1982 im Fall Rowley. Die Eltern von Amy Rowley, einem gehörlosen Mädchen aus New York, hatten verlangt, daß ihre in die Regelklasse integrierte Tochter während des Unterrichts in den akademischen Fächern zukünftig eine Kraft zugeteilt bekäme, die ihr mittels Zeichensprache den Unterricht übersetzen sollte. Zwar hatte Amy bisher auch ohne diese Maßnahme überdurchschnittliche Leistungen in der Regelklasse erbracht, es hatte sich jedoch gezeigt, daß sie durch Lippenlesen und ihr Resthörvermögen nur knapp die Hälfte von dem, was im Unterricht gesagt wurde, verstand (*Board of Education vs. Rowley*, 1982, S. 456). Nach Ansicht der Mehrzahl der Bundesrichter ging es dem Kongreß bei der Verabschiedung von P.L. 94-142 jedoch hauptsächlich darum, allen Kindern und Jugendlichen mit "disabilities" den *Zugang* zu einer ihren Bedürfnissen entspre-

---

[155] Manche Eltern behinderter Kinder haben sich bei der Suche nach angemessenen Förderangeboten geradezu so verhalten, als wären sie auf einem `Einkaufsbummel´.

chenden Erziehung, einen "basic floor of opportunity"[156], zu gewährleisten und *nicht* um eine Garantie der *bestmöglichen* Erziehung (*Board of Education vs. Rowley*, 1982, S. 469-470). Da Amy eindeutig eine individualisierte Erziehung erhielt, offensichtlich auch Fortschritte erzielte und außerdem auch die verfahrensrechtlichen Vorschriften eingehalten worden waren, war nach Ansicht des Gerichts eine "free appropriate public education" somit gewährleistet (*Board of Education vs. Rowley*, 1982, S. 462-464). Mit diesem Urteil bestätigte der "U.S. Supreme Court" auch den Ausgang eines anderen Verfahrens, in dem ein Gericht 1981 zu folgender Entscheidung gekommen war: "An appropriate education is not synonymous with the best possible education. [P]arents [do not] have the right under the law to write a prescription for an ideal education for their child and to have the prescription filled at public expense"[157] (zit. nach *Data research*, 1989, S. 26).

Einige Vertreter der Interessen von Menschen mit Behinderungen kritisierten das Rowley-Urteil des "U.S. Supreme Courts" (siehe *Gilhool*, 1989, S. 249; *Osborne*, 1992, S. 489). Auf dessen Argumentationslinie wurde in vielen folgenden Gerichtsverfahren jedoch immer wieder Bezug genommen (*Data Research*, 1989, S. 22ff). Dabei herrscht aber meist Einigkeit darüber, daß "trivial progress"[158] in den Leistungen der betroffenen Schulkinder für eine angemessene Erziehung nicht ausreichend ist (*Osborne*, 1992, S. 490). Vielmehr sollte beispielsweise die sonderpädagogische Förderung in Regelklassen, wie das Gericht im Fall Rowley auch betont hatte, immerhin so umfang- und hilfreich sein, daß das betroffene Kind mit den Leistungsanforderungen in der Klasse mithalten und entsprechend jedes Jahr in die nächste Klassenstufe versetzt werden kann. Diese Sichtweise, auch wenn sie leider nicht in Amy Rowleys Interesse war, hat dagegen in manchen Streitfällen anderen Schülern und Schülerinnen schon dabei geholfen, notwendige Verbesserungen ihrer Förderungen durchzusetzen (*Bateman*, 1992, S. 30-31; *National Council on Disability*, 1993, S. 25).

Manche Bundesstaaten haben in ihre eigenen Gesetze jedoch auch einen höheren Standard eingearbeitet, der dann auch für die dortige Rechtssprechung maßgebend ist (*Osborne*, 1992, S. 491). So haben Kinder und Jugendliche in New Jersey z.B. Anspruch auf die *beste* vorhandene sonderpädagogische Förderung und auch in Massachusetts und Michigan verlangt das Gesetz eine Förderung, welche "the maximum possible development of a child with special

---

[156] "solide Ausgangsbasis für Chancengerechtigkeit"
[157] Eine angemessene Erziehung ist nicht gleichzusetzen mit der bestmöglichen Erziehung. Eltern haben im Sinne des Gesetzes nicht das Recht, ein Rezept für eine optimale Erziehung ihres Kindes auszustellen, und dieses Rezept auf Kosten der Öffentlichkeit eingelöst zu bekommen.
[158] "geringfügige Fortschritte"

needs"[159] garantiert (zit. nach *Data research*, 1989, S. 27; vgl. auch *Rothstein*, 1990, S. 104). Nicht nur in solchen Bundesstaaten ist es dann auch durchaus möglich, für Schüler und Schülerinnen mit schweren Behinderungen ein verlängertes Schuljahr zu verlangen, um eine angemessene Erziehung für diese zu gewährleisten. Die nur 180 Tage Unterricht aufgrund der knapp dreimonatigen Sommerferien werden in den USA generell häufig kritisiert (z.B. *Kirst*, 1984, S. 9). Sofern die Kläger nachweisen können, daß die dreimonatige Unterbrechung des Schulbesuchs für ihr Kind eine deutliche Regression im kognitiven und sozialen Bereich bedeuten würde, wird stattdessen dann eine ganzjährige Beschulung empfohlen und öffentlich finanziert (*Rothstein*, 1990, S. 105-107; *Sage & Burrello*, 1994, S. 88-89).

Insgesamt fragt sich allerdings, ob es nicht ziemlich kritisch ist, die Schulbehörden mittels Gerichtsentscheid zur Bereitstellung einer angemessenen Förderung bewegen zu wollen (*Sabatino*, 1981, S. 21). Zum einen haben die Gerichte eigentlich weder die Fachkenntnis noch die Legitimation, über differenzierte Probleme der Erziehungsphilosophie und -praxis zu entscheiden. Außerdem orientieren sie sich in ihrer Urteilsfindung hauptsächlich daran, inwieweit die gesetzlichen Verfahrensrichtlinien eingehalten wurden (*Board of Education vs. Rowley*, 1982, S. 473, 475). Insofern verwundert es also nicht, daß folglich auch die Schulbehörden in ihrer Beweisführung den Schwerpunkt auf die "Legalität" ihrer Vorgehensweise setzen, und sich weniger darum bemühen müssen, die "Angemessenheit" der von ihnen vorgeschlagenen Form der sonderpädagogischen Förderung nachzuweisen (*Brady, McDougall & Dennis*, 1989, S. 55). Insbesondere zeigt sich aber wieder, welchen Stellenwert das Engagement der Eltern für die Qualität der Förderung ihrer Kinder hat. Da nachweislich das Ausmaß der elterlichen Aktivitäten in schulischen Belangen je nach Einkommensstatus und ethnischer Zugehörigkeit aber sehr unterschiedlich hoch ist (vgl. Kap. 3.5.3), muß daraus gefolgert werden, daß das Recht auf eine ihren individuellen Bedürfnissen angemessene Erziehung noch lange nicht für alle Kinder mit sonderpädagogischem Förderbedarf in gleichem Maße verwirklicht worden ist.

3.8 Ergebnisse zur Umsetzung der LRE-Forderung

Wie schon erwähnt, werden seit dem neunten Jahresbericht die Daten zum Ausmaß des integrativen Schulbesuchs nach acht Schulformen differenziert erhoben. Diese verschiedenen Formen (vgl. Kap. 2.3.5.1) werden, um eine Ver-

---

[159] "die best mögliche Entfaltung der Fähigkeiten eines Kindes mit besonderen Erziehungsbedürfnissen"

gleichbarkeit der Kategorien für alle Bundesstaaten zu gewährleisten, vom OSEP in den "Annual Reports" wie folgt spezifiziert:
- *Regular class*: Zu dieser Schulform gerechnet werden Schüler und Schülerinnen, welche die meiste Zeit ihres Schultages innerhalb der Regelklasse verbringen. Sie erhalten entweder innerhalb des Klassenverbandes ihre sonderpädagogische Förderung oder werden stundenweise außerhalb der Klasse unterrichtet. Dies darf aber maximal nur für 21% der Schulzeit gelten.
- *Resource room*: Hierzu gezählt werden Kinder und Jugendliche, die mindestestens 21% aber maximal 60% des Schultags außerhalb des Regelklassenverbandes gefördert werden.
- *Separate class*: In dieser Kategorie aufgeführt werden jene Schüler und Schülerinnen, die mehr als 60% des Schultags außerhalb der Regelklasse verbringen. Dies gilt somit sowohl für solche, die teilweise noch am Unterricht der Altersgenossen ohne Behinderung teilnehmen, als auch für jene, welche den ganzen Tag in der Sonderklasse - allerdings auf dem Gelände der Regelschule - verbringen.
- *Separate school*: Schüler und Schülerinnen, welche mindestens 50% des Schultages in einer separaten Sonderschule in staatlicher bzw. privater Hand unterrichtet werden, werden dieser Schulform zugerechnet.
- *Residential facility*: Als dieser Schulform zugehörig gezählt werden Kinder und Jugendlichen, die mindestens die Hälfte der Schulzeit in einem privaten oder staatlichen Internat verbringen.
- *Homebound/hospital*: Dieser Kategorie gehören jene Kinder an, die ihre Förderung ausschließlich zu Hause oder im Krankenhaus erhalten (*U.S. Dep. of Ed.*, 1993, S. 15).

Die Kategorien Sonderschule und Internatsschule werden differenziert nach staatlichem oder privatem Träger erhoben, in den Erläuterungen im Text der Jahresberichte aber stets zusammengefaßt. Im neunten Jahresbericht wurden auch die Kinder oder Jugendlichen gesondert berücksichtigt, die in sog. "correctional facilities"[160] untergebracht sind (*U.S. Dep. of Ed.*, 1987, S. 19). Inzwischen werden sie zwar immer noch gezählt, aber in doppelter Form, d.h. sowohl der Einrichtung als auch dem dortigen Modus der Förderung zugehörig. In Besserungsanstalten befanden sich 1991/92 demnach 10.447 Kinder und Jugendliche, bei der Verteilung aller Schüler und Schülerinnen mit sonderpädagogischem Förderbedarf auf die Schulformen nach Prozent tauchen die "correctional facilities" aber nicht mehr als eigene Schulform auf[161].

---
[160] "Straf- bzw. Besserungsanstalten"
[161] Der "*National Council on Disability*" (1993) äußert die Befürchtung, daß die ungenügend genaue Datensammlung durch das OSEP bzgl. der Kinder und Jugendlichen, die sich in "correctional facilities" befinden, dazu führen könnte, daß die besonderen Förderbedürfniss dieser Population allzu leicht übersehen werden (S. 40). Eine der wenigen allgemeinen Aus-

3.8.1 Verteilung der Schüler und Schülerinnen auf die verschiedenen Schulformen im Schuljahr 1991/92

Im Schuljahr 1991/92 sah die Verteilung der Schüler und Schülerinnen mit sonderpädagogischem Förderbedarf im Alter von drei bis einundzwanzig Jahren auf die verschiedenen Schulformen wie folgt aus:

Schulform	Schuljahr 1991/92
Regular class	35,7%
Resource room	34,4%
Separate class	24,0%
Separate school	4,5%
Residential facility	0,8%
Homebound/hospital	0,5%

Tab. 4: Verteilung von Schülern und Schülerinnen mit sonderpädagogischem Förderbedarf im Alter von 3-21 Jahren auf die verschiedenen Schulformen im Schuljahr 1991/92[162] (*U.S. Dep. of Ed.*, 1994, A 59)

Die überwiegende Mehrheit der Kinder und Jugendlichen mit sonderpädagogischem Förderbedarf, nämlich 94,2%, erhielt ihre sonderpädagogische Förderung demnach innerhalb des Regelschulgebäudes. Davon nahmen 35,7% für mindestens 80% des Tages am Unterricht in der Regelklasse teil, 34,4% wurden verstärkt in den "resource rooms" unterrichtet. Die verbleibenden 24% verbrachten dagegen den Großteil des Schultages in Sonderklassen.

Betrachtet man die separaten Schulformen, so weisen Sonderschulen die höchsten Schülerzahlen auf. Von den 4,5% der Kinder und Jugendlichen mit sonderpädagogischem Förderbedarf, welche diese Schulform besuchten, befanden sich knapp 60% in staatlichen Schulen, die anderen in privaten. Weniger als ein Prozent der Schüler und Schülerinnen besuchten Internate, fast 30% davon waren in privater Hand. Unterricht daheim oder im Krankenhaus war nur für 0,5% der Kinder und Jugendlichen mit sonderpädagogischem Förderbedarf nötig (*U.S. Dep. of Ed.*, 1994, A 57-59).

Die Betrachtung der Verteilung von Schülerinnen und Schülern mit sonderpädagogischem Förderbedarf auf verschiedene Schulformen ist aber auch in

---

einandersetzung mit der Problematik sonderpädagogischer Förderung in Strafanstalten, sicherlich der "am meisten einschränkenden Umgebung" findet sich bei *Rutherford, Nelson und Wolford* (1985).

[162] Die Gesamtprozentzahl entspricht hier aufgrund von Rundungsfehlern 99,9%.

Abhängigkeit von der spezifischen Behinderungsform und dem Alter möglich. Dabei ergibt sich ein differenzierteres Bild, dessen Analyse lohnt, da es zeigt, daß die Chancen, verstärkt integrativ unterrichtet zu werden, für verschiedene Schülergruppen sehr unterschiedlich sind.

3.8.2 Verteilung auf Schulformen in Abhängigkeit von der Behinderungsform

"As would be expected, the predominant educational setting varies in accordance with the nature of the handicapping condition"[163] (*U.S. Dep. of H.E.W.*, 1979, S. 34). Dies galt, wie die folgende Abbildung zeigt, auch im Schuljahr 1991/92:

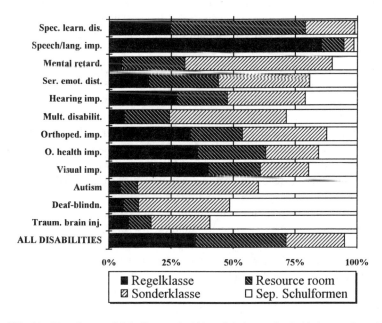

Abb. 11: Verteilung auf Schulformen in Abhängigkeit von der Behinderungsform für Schüler und Schülerinnen im Alter von 6-21 Jahren, Schuljahr 1991/92 (Daten aus: *U.S. Dep. of Ed.*, 1994, S. 14)[164]

---

[163] Wie zu erwarten war, unterscheidet sich die vorherrschende Schulform je nach Form der Behinderung.

[164] Die Schulformen "separate school", "residential facility" und "homebound/hospital" wurden der Übersichtlichkeit halber in dieser Darstellung zusammengefaßt. Für Kinder im

Sofort ins Auge sticht, wie viele der Schüler und Schülerinnen mit "speech or language impairments" in der Regelklasse gefördert wurden (85,5%). Kinder und Jugendliche mit "visual impairments" hatten die zweitgrößte Chance, den Schultag vorwiegend mit ihren Altersgenossen ohne Behinderungen zu verleben. Allerdings waren es, obwohl die Regelklasse auch für diese Schülergruppe die am häufigsten gewählte Schulform ist, bei den Kindern und Jugendlichen mit "visual impairments" vergleichsweise nur 39,6%. Die Regelklasse spielte auch in der Förderung von Schülern und Schülerinnen mit "other health impairments" die größte Rolle, allerdings wurden lediglich 35,3% dieser Schülergruppe dieser Stufe des Kontinuums zugeordnet. Von den Schülern und Schülerinnen mit "orthopedic impairments" nahmen 32,4% vorwiegend am Unterricht in der Regelklasse teil. Relativ selten für den Großteil des Schultags in die Regelklasse aufgenommen wurden Schulkinder mit "hearing impairments" (27%), "learning disabilities" (24,7%) oder "serious emotional disturbance" (15,8%). Bei den Schülern und Schülerinnen aller übrigen Behinderungskategorien macht der Anteil derer, die in diese integrativste Schulform eingegliedert wurden, weniger als 8% aus.

Die Förderung in "resource rooms" spielte bei Schülern und Schülerinnen mit "learning disabilities" mit Abstand die größte Rolle (54,2%), sie sind die einzige Gruppe, für die diese Unterrichtsform die am häufigsten gewählte war.

Am häufigsten in Sonderklassen innerhalb des Regelschulgebäudes unterrichtet wurden Kinder und Jugendliche mit "mental retardation" (59,2%). Auch für Schüler und Schülerinnen mit "autism" (48,5%), "multiple disabilities" (47,1%), "serious emotional disturbance" (36,9%), "deaf-blindness" (36,3%), "orthopedic impairments" (34,3%) und jene mit "hearing impairments" (31,2%) ist dies die bevorzugteste Schulform.

Separate Einrichtungen spielten eigentlich nur bei der Förderung von Schülern und Schülerinnen mit "speech or language impairments" bzw. "learning disabilities" eine geringfügige Rolle (für alle drei separaten Schulformen: 1,6% bzw. 1,1%). Bei allen anderen Kindern und Jugendlichen mit sonderpädagogischem Förderbedarf war die Wahrscheinlichkeit, außerhalb des Regelschulgebäudes untergebracht zu sein, deutlich höher. Beispielsweise über die Hälfte der Kinder und Jugendlichen mit "deaf-blindness" bzw. "traumatic brain injury" wurde in separaten Einrichtungen gefördert.

In separaten Sonderschulen unterrichtet wurde der Großteil der Kinder und Jugendlichen mit "traumatic brain injuries" (53,4%). Aber auch 35,9% der Schüler und Schülerinnen mit "autism", 22,6% jener mit "multiple disabilities"

Alter von 3-5 Jahren finden sich im "Annual Report" keine Daten, da diese Altersgruppe durch die Gesetzänderung P.L. 99-457 nicht mehr nach Behinderungsformen differenziert erhoben wird (*U.S. Dep. of Ed.*, 1993, S. 4).

und 21,2% der Kinder und Jugendlichen, die als "deaf-blind" diagnostiziert worden waren, befanden sich in dieser Schulform. Mit Abstand am häufigsten in Internaten untergebracht wurden Kinder und Jugendliche mit "deaf-blindness"(28,6%). Aber auch 11,5% jener mit "hearing impairments"[165] und knapp 10,6% jener mit "visual impairments" lebten in Heimschulen. Aufgrund ihres labilen Gesundheitszustandes mußten 11,8% der Schüler und Schülerinnen mit "other health impairments" und 4,1% jener mit "orthopedic impairments" zu Hause oder im Krankenhaus unterrichtet werden.

Insgesamt betrachtet kann zusammengefaßt werden:

Students with disabilities who require more specialized educational programming, such as those with deaf-blindness and multiple disabilities, are served in more restrictive placements such as separate classes, separate schools, and residential facilities. On the other hand, students with mild learning disabilities or with speech or language impairments are more often served in regular class and resource room placements[166] (U.S. Dep. of Ed., 1994, S. 13).

Diese Tatsache ist nach Ansicht des OSEP wahrscheinlich hauptsächlich darin begründet, daß die im IEP herausgearbeiteten Bedürfnisse der Schüler und Schülerinnen verschiedener Behinderungsformen sehr unterschiedlich sind (U.S. Dep. of Ed., 1992b, S. 24). Außerdem ist man lange Zeit davon ausgegangen, daß die sonderpädagogische Förderung in separaten Schulformen um einiges intensiver sein kann, als jene in Regelschulen. Allerdings hat die Erfahrung inzwischen gezeigt, daß manche Schuldistrikte durchaus in der Lage sind, auch innerhalb der Regelschulen eine Vielzahl an Stützmaßnahmen und Förderangeboten für Kinder und Jugendliche mit sonderpädagogischem Förderbedarf bereitzustellen. Das OSEP hat daher eine Arbeitsgruppe damit beauftragt, die derzeitige Form der Datengewinnung über die verschiedenen Schulformen zu verbessern, um somit den qualitativen Unterschieden, welche die sonderpädagogische Förderung beispielsweise in der Kategorie "regular class" haben kann, besser gerecht werden zu können (U.S. Dep. of Ed., 1994, S. 15).

Auf jeden Fall ist deutlich geworden, daß bei der Interpretation der Tabelle zur Verteilung *aller* Schüler und Schülerinnen mit sonderpädagogischem Förderbedarf auf die verschiedenen Schulformen (Tab. 4, Kap. 3.8.1) bedacht wer-

---

[165] Im 14. Jahresbericht wird vermerkt, daß dieser etwas überraschend hohe Anteil daran liegt, daß in der Gehörlosenpädagogik auch heute noch Heimschulen häufig als zentrales Element einer sog. "deaf culture", also einer eigenständigen Kultur der Gehörlosen, angesehen werden (U.S. Dep. of Ed., 1992, S. 29; vgl. auch *Shapiro*, 1993, S. 74-104).

[166] Schüler und Schülerinnen mit Beeinträchtigungen, die spezialisierterer Erziehungsprogramme bedürfen, wie beispielsweise jene mit `deaf-blindness´ und `multiple disabilities´, werden in einschränkenderen Schulformen wie Sonderklassen, separaten Schulen und Internaten gefördert. Andererseits werden Schüler und Schülerinnen mit `mild learning disabilities´ oder `speech or language impairments´ häufiger in Regelklassen oder in `resource rooms´ gefördert.

den muß, daß 1991/92 immerhin 72,1% dieser Kinder und Jugendlichen als "specific learning disabled" oder "speech or language impaired" diagnostiziert worden waren (*U.S. Dep. of Ed.*, 1993, S. 5). Dies sind aber genau jene beiden Schülergruppen, die, im Vergleich mit den meisten anderen, verstärkt integrativ unterrichtet werden und aufgrund ihres hohen Anteils an der Zahl *aller* Schüler und Schülerinnen mit "disabilities" das Gesamtbild des Ausmaßes integrativer Beschulung folglich stark beeinflussen.

3.8.3 Verteilung auf Schulformen in Abhängigkeit vom Alter

Auch für verschiedene Altersgruppen ergeben sich, wie die folgende Tabelle zeigt, bei der Verteilung auf die sechs Schulformen deutliche Unterschiede:

Schulform	Altersgruppe				
1991/92	3-21	3-5	6-11	12-17	18-21
Regular class	35,7%	45,7%	45,9%	23,4%	18,4%
Resource room	34,4%	11,3%	31,0%	43,1%	34,1%
Separate class	24,0%	29,5%	19,8%	27,1%	31,7%
Separate school	4,5%	12,0%	2,8%	4,4%	11,5%
Residential facility	0,8%	0,3%	0,3%	1,3%	3,3%
Homebound/Hospital	0,5%	1,2%	0,2%	0,7%	1,0%

Tab. 5: Verteilung auf die verschiedenen Schulformen in Abhängigkeit vom Alter, Schuljahr 1991/92 (Daten aus: *U.S. Dep. Ed.*, 1994, A 59, 87, 89, 115, 139)

Betrachtet man zunächst die Kinder und Jugendlichen im Schulalter von sechs bis siebzehn Jahren, so fällt auf, daß Schüler und Schülerinnen im Elementarbereich fast doppelt so häufig in der Regelklasse unterrichtet wurden, wie jene im Sekundarbereich (anteilsmäßig 45,9% verglichen mit 23,4%). Die Jugendlichen wurden dagegen bevorzugt in den "resource rooms" gefördert (43,1%). Nicht ganz so auffällig ist der Unterschied bzgl. der Unterbringung in der Sonderklasse innerhalb des Regelschulgebäudes. Aber auch hier waren prozentual die Jugendlichen stärker vertreten (27,1% im Vergleich zu 19,8%). Diese Tendenz, daß mit wachsendem Alter der Schulkinder die Chance, integrativ unterrichtet zu werden, sinkt, setzte sich entsprechend für die drei verbleibenden Schulformen fort.

Eine mögliche Erklärung ist laut Erläuterung im 15. Annual Report die Tatsache, daß der Lehrplan der "elementary schools" an Schüler und Schülerinnen mit sonderpädagogischem Förderbedarf noch nicht ganz so hohe Anforderungen stellt, wie später in der "high school" (*U.S. Dep. of Ed.*, 1993, S. 18). Es ist allerdings auch anzunehmen, daß nicht nur die Unterrichtsziele, sondern gerade auch die Methoden im Elementarbereich, integratives Unterrichten eher zulassen. Ein entsprechender Erklärungsansatz findet sich schon im ersten Jahresbericht: "Ability grouping is more prevalent at the secondary level, a practice that could lead to more separation of handicapped students"[167] (*U.S. Dep. of H.E.W.*, 1979, S. 39). Die Erfahrung, daß gerade mit wachsendem Alter die schulischen Leistungsdiskrepanzen zwischen Schülern und Schülerinnen mit und ohne Behinderungen größer werden, kann ebenfalls ein Grund dafür sein, daß ein den unterschiedlichen individuellen Fähigkeiten entsprechender Unterricht vielen Lehrkräften im Sekundarbereich nicht mehr realisierbar erscheint.

Wenn man nochmals die Verteilung von Schülern und Schülerinnen mit sonderpädagogischem Förderbedarf verschiedener Altersgruppen auf die verschiedenen Behinderungsformen betrachtet (vgl. Tab. 1, Kap. 105), könnte auch dies eine weitere Erklärungshypothese für die restriktiveren Schulformen im Sekundarbereich bieten. Es hatte sich dort nämlich gezeigt, daß im Vergleich die Schüler und Schülerinnen im Sekundarbereich z.B. deutlich seltener als "speech or language impaired", dafür häufiger als "learning disabled", "mentally retarded" oder "emotionally disturbed" diagnostiziert werden, als jene im Elementarbereich. Die Tatsache, daß aber gerade, wie oben dargestellt, die überwiegende Mehrheit der Kinder und Jugendlichen mit "speech or language impairments" in Regelklassen beschult wird, jene mit "mental retardation" bzw. "emotional disturbance" dagegen bevorzugt in Sonderklassen, bietet somit eine weitere Erklärung dafür, daß im Sekundarbereich separate Schulformen häufiger sind als im Elementarbereich.

Kinder im Vorschulbereich wurden 1991/92 bevorzugt zusammen mit ihren nichtbehinderten Altersgenossen unterrichtet (45,7%). Relativ häufig war hier auch die Betreuung innerhalb einer Sonderklasse (29,5%), wogegen die Förderung seltener in "resource rooms" (11,3%) bzw. separaten Schulen (12,%) stattfand. Die Unterbringung in Heimeinrichtungen war bei den kleinen Kindern recht selten (0,4%). Die Förderung zu Hause oder im Krankenhaus machte auch nur 2% aus, wurde für die kleinen Kinder aber häufiger gewählt als bei den anderen Altersgruppen.

Die Achtzehn- bis Einundzwanzigjährigen wurden hauptsächlich in den "resource rooms" (34,1%) und Sonderklassen (31,7%) unterrichtet. Die Chance, verstärkt zusammen mit nichtbehinderten Altersgenossen unterrichtet zu werden,

---

[167] Die Einteilung der Schulkinder in Leistungsgruppen ist im Sekundarbereich weiter verbreitet, eine Vorgehensweise, die zur einer verstärkten Ausgliederung von behinderten Schülern und Schülerinnen verleiten könnte.

war für die jungen Erwachsenen verglichen mit den anderen Altersgruppen am geringsten (18,4%). Entsprechend häufiger als andere befanden sich die achtzehn- bis einundzwanzigjährigen Schüler und Schülerinnen in separaten Schulformen, wie einer Sonderschule (11,5%) und einem Internat (3,3%), oder wurden im Krankenhaus bzw. daheim betreut (1,0%).

So auffällig die Unterschiede beim Vergleich der Vorschulkinder und der jungen Erwachsenen mit den beiden anderen Altersgruppen auch sind, so vorsichtig sollte man dennoch bei der Interpretation dieser Daten sein.

Zum einen muß man davon ausgehen, daß die Bildungseinrichtungen für Kleinkinder und junge Erwachsene nicht direkt mit der Struktur der "elementary" bzw. "high school" zu vergleichen sind, selbst wenn das Angebot des Kontinuums verschiedener Betreuungsformen auch für diese Altersgruppen vom Gesetz gefordert wird. Beispielsweise weist das OSEP im Zusammenhang mit Vorschulkindern darauf hin, daß eine der Hauptschwierigkeiten darin besteht, daß viele Bundesstaaten gar keine staatlichen Einrichtungen für Kinder dieser Altersgruppe *ohne* Behinderung führen. Folglich bringt die Forderung nach Integration aufgrund der unterschiedlichen privaten Träger im Vorschulbereich für die staatliche Administration große organisatorische Probleme und finanzielle Unklarheiten mit sich. Überhaupt sind die Daten zur Verteilung auf die verschiedenen Schulformen im Vorschulbereich nur bedingt gültig, auch eine Interpretation ist schwierig. Bei Kindern im Alter von fünf Jahren, die den staatlichen "kindergarten" besuchen, sind Betreuungsformen wie "Regelklasse" oder "resource room" noch einigermaßen vergleichbar mit denen der Schulkinder. Bei Drei- bis Vierjährigen sind die Daten aber sehr begrenzt aussagefähig, denn selbst wenn die Förderung in einer Sondergruppe innerhalb eines Regelschulgebäudes stattfindet, ist die Interaktion nur mit älteren Kindern ohne Behinderungen möglich, da Altersgenossen in diesem Gebäude gar nicht untergebracht sind (*U.S. Dep. of Ed.*, 1993, S. 71-72). Ähnliches gilt auch für die Bildungsangebote bei den jungen Erwachsenen. In dieser Altersgruppe gemeldet werden im Grunde nur jene Schüler und Schülerinnen, welche die "high-school" nicht innerhalb der üblichen Frist abgeschlossen haben oder an speziellen, in separaten Einrichtungen angebotenen, berufsvorbereitenden Maßnahmen teilnehmen (*U.S. Dep. of Ed.*, 1994, S. 12).

Zum anderen spielt aber auch die Intensität der Beeinträchtigung sicherlich wieder eine Rolle: Beispielsweise ist ja schon darauf hingewiesen worden, daß bei den jungen Erwachsenen die Diagnosen "mental retardation" und "multiple disabilities" mehr als doppelt so häufig gefällt werden, wie im Durchschnitt bei den Sechs- bis Einundzwanzigjährigen (vgl. Kap. 3.2.3) und somit ist die größere Bedeutung der restriktiveren Schulformen in dieser Altersgruppe erwartungsgemäß. Zwar ist anzunehmen, daß auch bei den Drei- bis Fünfjährigen der Anteil der Kinder mit schwereren Behinderungen höher ist als bei den Schulkindern, belegen läßt sich dies allerdings nicht, da für diese Altersgruppe die Behinderungsformen nicht erfaßt werden (*U.S. Dep. of Ed.*, 1993, S. 3).

3.8.4 Unterschiede zwischen den einzelnen Bundesstaaten

Die folgende Tabelle verdeutlicht, wie unterschiedlich das Ausmaß ist, in dem in einzelnen Bundesstaaten Schüler und Schülerinnen mit sonderpädagogischem Förderbedarf integrativ erzogen werden.

1991/92	Verteilung auf die Schulformen in den Bundesstaaten		
	durchschnittlich	maximal	minimal
Regular class	35,7%	83,5%	6,2%
Resource room	34,4%	75,5%	3,5%
Separate class	24,0%	41,9%	1,0%
Separate school	4,5%	17,5%	0,2%
Residential facility	0,8%	2,5%	0,1%
Homebound/hospital	0,5%	1,8%	0,0%

Tab. 6: Unterschiede zwischen den Bundesstaaten bzgl. der Verteilung der Schüler und Schülerinnen mit sonderpädagogischem Förderbedarf im Alter von 3-21 Jahren auf die sechs Schulformen, Schuljahr 1991/92 (*U.S. Dep. of Ed.*, 1994, A 59) [168]

So wurden im Schuljahr 1991/92 in Vermont, das für sein ausgebautes System der Unterstützung von Regelschulkräften durch "consultant teachers" bekannt ist (*Huefner*, 1988, S. 403), 83,5% aller Kinder und Jugendlichen mit sonderpädagogischem Förderbedarf hauptsächlich in der Regelklasse gefördert, so viel wie in keinem anderen Staat. Dagegen waren es in West Virginia nur 5,0% der Schüler und Schülerinnen mit "disabilities", die in dieser am weitesten integrativen Schulform unterrichtet wurden.

Die Bedeutung der "resource rooms" ist in den verschiedenen Bundesstaaten genauso uneinheitlich. In Minnesota spielten sie die größte Rolle (75,5%), in

---

[168] Da über die einzelnen zusätzlichen Untersuchungsgebiete (vgl. Kap. 3.1.1) zu wenig Informationen über die dort tatsächlich vorhandenen Bildungsinstitutionen für Schüler und Schülerinnen mit sonderpädagogischem Förderbedarf vorliegen, und gerade die Daten dieser Gebiete kraß aus dem Rahmen fallen, wurden in der vorliegenden Arbeit an dieser Stelle nur die fünfzig Bundesstaaten und der District of Columbia berücksichtigt.

Vermont wurde diese Schulform dagegen kaum gewählt (3,5%). Ähnliche Diskrepanzen lassen sich auch für Sonderklassen innerhalb des Regelschulgebäudes feststellen. In Louisiana war dies im Schuljahr 1991/92 die bevorzugteste Form der Förderung von Schülern und Schülerinnen mit sonderpädagogischem Förderbedarf (41,9%), äußerst selten gewählt wurde sie dagegen in Wyoming (1,0%). Diese Diskrepanzen zwischen den Bundesstaaten setzen sich, wenn auch nicht ganz so extrem, auch bezüglich der Bedeutung der separaten Schulformen fort.

Bei näherer Betrachtung dieser starken Unterschiede fällt jedoch auf, daß zumeist der *Gesamtanteil* der Schüler und Schülerinnen mit sonderpädagogischem Förderbedarf, die in einer der drei Schulformen *innerhalb* des Regelschulgebäudes gefördert wurden, relativ stabil bleibt. So befanden sich in Vermont, wo mehr als doppelt so viele Kinder und Jugendliche mit Behinderungen bzw. Lernproblemen in der Regelklasse gefördert wurden als im Bundesdurchschnitt, entsprechend weniger Schüler und Schülerinnen in "resource rooms"(3,51%) oder Sonderklassen (6,4%). In West Virginia, wo bundesweit der geringste Teil der Schüler und Schülerinnen mit besonderem Förderbedarf in Regelklassen unterrichtet wurde (6,2%), waren es dagegen in den "resource rooms" entsprechend mehr (69,3%). In Sonderklassen untergebracht wurden in diesem Staat nur 22,2%, was wiederum im Bundesdurchschnitt liegt. Auch in Minnesota wurden aufgrund der großen Bedeutung der "resource rooms" nur wenige Schüler und Schülerinnen mit sonderpädagogischem Förderbedarf in Regelklassen bzw. Sonderklassen unterrichtet (11,6% und 8,4%), in Wyoming verbrachten dagegen deshalb so wenige der Kinder und Jugendlichen ihren Schultag in Sonderklassen, weil 61,9% in die Regelklasse integriert wurden und die Häufigkeit der Förderung in "resource rooms" im Bundesdurchschnitt lag (33,8%).

Eine Ausnahme sind beispielsweise aber der District of Columbia und der Staat New York. Hier war nicht nur die Wahrscheinlichkeit, daß Kinder und Jugendliche mit sonderpädagogischem Förderbedarf in der Sonderklasse unterrichtet wurden, deutlich höher als im Bundesdurchschnitt (38 bzw. 39,7%), sondern auch die separaten Schulformen spielten eine größere Rolle als in den meisten anderen Bundesstaaten. So wurden bundesweit nur 5,8% der Schüler und Schülerinnen mit "disabilities" außerhalb von Regelschulgebäuden unterrichtet, im District of Columbia waren es dagegen 21,5%, im Staate New York 17,1%. Andererseits gibt es allerdings auch Staaten, in denen ein außergewöhnlich niedriger Anteil der Kinder und Jugendlichen mit sonderpädagogischem Förderbedarf außerhalb der Regelschulen unterrichtet wurde, wie beispielsweise Alaska (0,8%) oder Montana (1%).

So bemerkenswert die dargestellten Daten auf den ersten Blick auch wirken mögen, so vorsichtig muß man abermals bei ihrer Interpretation sein.

Zum einen ergeben sich methodische Probleme bzgl. der Vergleichbarkeit der Daten. Das Hauptproblem hierbei ist die Tatsache, daß die Zusammensetzung der gezählten Schüler und Schülerinnen bzgl. der Behinderungsform und der Altersgruppen von Bundesstaat zu Bundesstaat sehr different ist, was, wie oben erörtert, starken Einfluß auf die Wahl der Schulformen hat[169]. Dies gilt insbesondere für weniger schwere Beeinträchtigungen, wie z.B. die Kategorie der "learning disabilities", d.h. die Kinder und Jugendlichen, die verstärkt integrativ unterricht werden. Daher sind nach Ansicht des OSEP die Unterschiede zwischen den Bundesstaaten bei der Häufigkeit von *separaten* Schulformen um einiges aussagekräftiger als eine differenzierte Betrachtung der verschiedenen Schulformen innerhalb des Regelgebäudes (*U.S. Dep. of Ed.*, 1989, S. 23).

Aber auch die Dauer der allgemeinen Schulpflicht und der Ausbau der vorschulischen sonderpädagogischen Förderung ist in den Bundesstaaten noch sehr uneinheitlich, so daß sich von Staat zu Staat Unterschiede in der Alterszusammensetzung der Schüler und Schülerinnen mit sonderpädagogischem Förderbedarf ergeben können[170].

Ferner verfahren, trotz der Bemühungen des OSEP um Einheitlichkeit bei der Datensammlung, z.B. durch die genaue Beschreibung der verschiedenen Schulformen, die Staaten bei ihren Erhebungen recht unterschiedlich. So benützen manche Staaten z.B. eigens erarbeitete Fragebögen, die zur Erhebung an die lokalen Schulbehörden verteilt werden, und auch nur wenige staatliche Schulbehörden überprüfen die lokal gesammelten Daten (*U.S. Dep. of Ed.*, 1990, S. 25-30, *dass.*, 1989, S. 29). Außerdem erheben viele Bundesstaaten keine Daten über jene Kinder und Jugendlichen, die auf alleinige Verantwortung der Eltern, d.h. ohne Zustimmung und Kostenübernahme der Schulbehörden, in privaten Einrichtungen untergebracht wurden. Dies gilt beispielsweise auch für Alaska und Minnesota (*U.S. Dep. of Ed.*, 1994, A 279-281), die aufgrund der vergleichsweise geringen Bedeutung separater Schulformen aufgefallen waren. All diese Staaten wurden dennoch in die obige Analyse über die bundesweiten Variationen im Ausmaß der Integration miteinbezogen, da die von ihnen angegebenen Quoten zumindest die *schulamtlichen* Entscheidungen über die Schulformen angemessen widerspiegeln und diese Unterschiede in der staatlichen Integrationspolitik ja gerade von Interesse waren.

---

[169] Aufgrund dieser Differenzen bzgl. der Behinderungskategorien erscheint es auch nur bedingt sinnvoll, die Unterschiede zwischen den Staaten bei der Verteilung von Kinder und Jugendlichen in Abhängigkeit von der Behinderungsform zu untersuchen (*U.S. Dep. of Ed.*, 1989, S. 24).

[170] Aus diesem Grunde wäre es sinnvoller gewesen, wie im 11. Annual Report geschehen, sich bei der Untersuchung dieser speziellen Fragestellung auf Kinder und Jugendliche im Alter von 6 bis 17 Jahren zu beschränken. Dies war auf der Grundlage der im 16. "Annual Report" enthaltenen Daten für das Schuljahr 1991/92 allerdings nicht zu leisten.

Dennoch können all die genannten methodischen Mängel nicht allein für die großen Variationen verantwortlich sein. So ergab eine extra vom OSEP in Auftrag gegebene Studie, daß beispielsweise bei einer Angleichung der unterschiedlichen Verfahrensweisen bei der Erhebung von jenen Kindern und Jugendlichen, die bevorzugt in der Regelklasse bzw. den "resource rooms" gefördert wurden, sich die anteilsmäßigen Angaben nur ungefähr um 1% verändert hätten (*Sawyer et al.*, 1994, S. 206). Somit stellt sich also dennoch die Frage, warum in manchen Staaten Schüler und Schülerinnen mit sonderpädagogischem Förderbedarf intergrativer erzogen werden als in anderen.

Abgesehen von diesen Erhebungsproblemen muß man bei der Interpretation des beschriebenen Phänomens allerdings auch deshalb vorsichtig sein, weil das Ausmaß integrativer Bemühungen in den einzelnen Bundesstaaten leicht zu Schlüssen verleitet, die irreführend wären. Im 11. "Annual Report"[171], wird daher darauf hingewiesen, daß die Ergebnisse zwar wohl verdeutlichen, in welch unterschiedlichem Ausmaß die Forderung nach einer Erziehung in der am wenigsten einschränkenden Umgebung umgesetzt wurde, dies aber noch lange nichts über die Qualität der sonderpädagogischen Förderung vor Ort aussagt (*U.S. Dep. of Ed.*, 1989, S. 29). Aus einem deutlich über dem Bundesdurchschnitt liegenden Anteil von Schülern und Schülerinnen in separaten Schulformen, wie z.B. den 2,1% von Kindern und Jugendlichen mit sonderpädagogischem Förderbedarf in Vermont, welche im Krankenhaus bzw. zu Hause unterrichtet werden, darf daher nicht gefolgert werden, daß diese Schulform für die Betroffenen nicht angemessen ist. Es könnte sogar sein, daß sich der hohe Prozentsatz dadurch ergibt, daß in diesem Bundesstaat Kinder und Jugendliche mit schwersten Beeinträchtigungen und schwacher Gesundheit gefördert werden, welche in anderen Staaten trotz der "Zero Reject"-Forderung gar nicht beschult werden. Ähnlich muß eine verstärkte Aufnahme von Schülern und Schülerinnen mit besonderem Förderbedarf in die Regelklasse nicht unbedingt bedeuten, daß diese dort auch angemessen gefördert werden, oder daß auch Kinder und Jugendliche mit schwereren Behinderungen in dieser Schulform zu finden sind.

3.8.4.1 Diskussion möglicher Einflußgrößen für die Variationen in der Fachliteratur

Was in den "Annual Reports" bisher ziemlich vernachlässigt wurde, wird dagegen in der Literatur häufig diskutiert, nämlich die Frage, welche Einflußgrößen für die Diskrepanzen im Ausmaß der Integration von Schülern und Schülerinnen

---

[171] In diesem Jahresbericht wurde den Unterschieden zwischen den Bundesstaaten bei der Umsetzung der LRE-Forderung ein ganzes Kapitel gewidmet.

mit sonderpädagogischem Förderbedarf zwischen den Bundesstaaten verantwortlich sein könnten. Am häufigsten genannt wird in diesem Zusammenhang der Einfluß finanzieller Überlegungen, denn, wie in den "Annual Reports" dargestellt, sind die Kosten sonderpädagogischer Förderung je nach Schulform sehr unterschiedlich hoch. So gab ein Schulleiter offen zu: "Mainstreaming is not always in the best interest of the child; sometimes it is an economic decision"[172] (zit. nach *Singer & Butler*, 1987, S. 135). Immer wieder findet sich in der Literatur daher die folgende Kritik: "The least restrictive environment is often interpreted in practice as the least expensive environment"[173] (*Lynn*, 1983, S. 51; ähnlich *Zigler & Hall*, 1986, S. 2).

Eine besondere Rolle spielen die verschiedenen Formen der staatlichen Zuschußverteilung, auf deren Bedeutung im 14. Jahresbericht zumindest in einem Nebensatz hingewiesen wird (*U.S. Dep. of Ed.*, 1992b, S. 24). Diese beeinflussen nach der Einschätzung von *Gartner und Lipsky* (1987) die Entscheidung über die Schulform häufig stärker als die sonderpädagogischen Förderbedürfnisse der Schulkinder (S. 374). Erhalten z.B. die lokalen Schulbehörden pro Kind mit sonderpädagogischem Förderbedarf identische Subventionen ("flat grants"), so verleitet dies oft dazu, die Schüler und Schülerinnen in kostengünstigeren, nämlich verstärkt integrativen, Schulformen unterzubringen. In Staaten, in denen der Zuschuß dagegen je nach Behinderungs- oder Schulform variiert ("weighted formula"), werden die Kinder und Jugendlichen dagegen deutlich häufiger in restriktiven Schulformen unterrichtet (*Dempsey & Fuchs*, 1993, S. 434). Im Staate Tennessee, der zum Schuljahr 1983/84 seine Finanzierung von einem "flat grants" zu "weighted formula" umstellte, konnte z.B. beobachtet werden, daß in den folgenden Jahren mehr Schüler und Schülerinnen den separaten Schulformen zugeteilt wurden (*dies.*, S. 442). Zwar werden in der Literatur hauptsächlich jene Finanzierungsmodelle beklagt, die der Unterbringung in separaten Schulformen Vorschub leisten (z.B. *Biklen*, 1989, S. 12; *Walker*, 1987, S. 110), eine ausschließlich aus finanziellen Gründen bevorzugte Förderung in integrativen Schulformen könnte für die betroffenen Schüler und Schülerinnen aber sicherlich ebenso negative Konsequenzen haben.

Aber auch lokale Besonderheiten, an die man nicht sofort denkt, können Einfluß auf die Entscheidungen über die Schulform nehmen. *Biklen* (1989) verweist darauf, daß z.B. auch die etwaige Existenz renommierter separater Sonderschulen eine Rolle spielen kann, ebenso auch der unterschiedliche Einfluß von Inter-

---

[172] Integration gereicht nicht immer zum Besten des Kindes; manchmal ist es eine ökonomische Entscheidung.
[173] In der Praxis wird die "am wenigsten einschränkende Schulform" häufig als die "am wenigsten kostenintensive Umgebung" ausgelegt.

essensgruppen oder auch die steigenden bzw. sinkenden Schülerzahlen im Regelschulwesen (S. 12).

Inwieweit verstärkte Integration möglich ist, hängt natürlich auch davon ab, welche Stützmechanismen genehmigt werden. So konnte z.B. in der Studie von *Singer* und ihren Kollgen und Kolleginnen der in einem Schulbezirk auffallend hohe Anteil von Kindern mit Hörschädigungen, die innerhalb der Regelklassen unterrichtet wurden, dadurch erklärt werden, daß dort jedem betroffenen Kind ein Dolmetscher zur Seite gestellt wurde. Aber auch die unterschiedliche Zusammensetzung der Schülerschaft vor Ort kann unterschiedliche Verfahrensweisen bedingen. Ein ebenfalls auffällig hohes Ausmaß an separater Förderung von Kindern mit Sprachproblemen in zwei anderen Schulbezirken ließ sich beispielsweise nämlich darauf zurückführen, daß in den entsprechenden Wohngebieten die betroffenen Kinder zumeist hispanischer Herkunft waren und somit zweisprachige sonderpädagogische Förderung erhalten mußten, die schwieriger in den Regelklassenbetrieb einzubauen ist (*Singer et al.*, 1986, S. 335-336).

Die Studie von *Hasazi* und ihren Mitarbeitern und Mitarbeiterinnen, bei der in sechs Bundesstaaten 350 Personen befragt wurden, die mit der Umsetzung der LRE-Doktrin auf staatlicher und lokaler Ebene vertraut waren, zeigt aber auch, daß trotz des unbestrittenen Einflusses geographisch oder wirtschaftlich bzw. sozio-politisch und historisch bedingter lokaler Besonderheiten eine weitere Größe von Bedeutung war: "In this study, we found a clear relationship between LRE intent and what happened in the real world"[174] (*Hasazi et al.*, 1994, S. 506). Diesem Ergebnis nach sind also nicht nur die gegebenen Ausgangsbedingungen für das Ausmaß der Integration verantwortlich, sondern mindestens ebenso die jeweilige Interpretation der LRE-Konzeption von Seiten der Verantwortlichen vor Ort und ihr Wille, sie umzusetzen (ähnlich auch *Tucker*, 1989, S. 456).

Insgesamt werden die bundesweiten Unterschiede im Ausmaß der Integration in der amerikanischen Sonderpädagogik als bedenklich angesehen, da sie Anlaß zu der Sorge geben, daß der Wohnort der betroffenen Schüler und Schülerinnen die Entscheidung über die Schulform mehr beeinflußt als die Abwägung von individuellen Förderbedürfnissen und möglichst weitgehender Teilhabe am Unterricht in der Regelklasse (*Blackman*, 1989). Dennoch vertreten einige Autoren und Autorinnen die Ansicht, daß die diskutierten Daten insofern auch positiv interpretiert werden können, als sie zeigen, daß das Ausmaß des integrativen Schulbesuchs eben *nicht* nur von der Schwere der Beeinträchtigung eines

---

[174] In der vorliegenden Untersuchung haben wir einen eindeutigen Zusammenhang zwischen den Zielen, die bzgl. der Integration gesetzt werden, und der praktischen Umsetzung vor Ort ermittelt.

Kindes oder Jugendlichen abhängt[175]. Dies würde bedeuten, daß bei entsprechenden Bemühungen von Seiten der Schuldistrikte sehr wohl die Möglichkeit bestände, mehr Schüler und Schülerinnen mit sonderpädagogischem Förderbedarf integrativ zu unterrichten, als es bisher der Fall ist (*Danielson & Bellamy*, 1989, S. 448-449; ähnlich auch *Blackman*, 1989, S. 461).

Wie von *Gartner und Lipsky* (1987) herausgearbeitet, zeigen die Variationen zwischen den Bundesstaaten auch, daß Schüler und Schülerinnen mit *derselben* Behinderungsform, bei denen zu erwarten wäre, daß sie relativ vergleichbare Förderbedürfnisse haben, je nach Wohnort in unterschiedlichen Schulformen unterrichtet werden (S. 374). Auch diese an und für sich bedenkliche Tatsache diente immerhin mancherorts schon vor Gericht als Beweisführung dafür, daß eine integrative Erziehung sehr wohl möglich sein kann. Daß dabei herangezogene sog. "twin argument"[176] geht nämlich davon aus, daß die sinnvolle Verwirklichung integrativen Unterrichts für ein Kind mit einer bestimmten Behinderung in einer beliebigen Schule als Beleg dafür interpretiert werden kann, daß dies für ein anderes Kind mit ähnlichen Förderbedürfnissen an jedem anderen Schulort, bei entsprechenden Bemühungen, auch möglich sein müßte (*Biklen et al.*, 1987, S. 18-19).

3.8.5 Veränderungen seit Inkrafttreten von P.L. 94-142

Wie schon erwähnt, hat sich die Form der Datensammlung bei der Verteilung auf Schulformen im Laufe der Zeit verändert. So wurde vom ersten bis achten "Annual Report" nur nach vier Schulformen ("regular class", "separate class", "separate school", "other educational environment") differenziert. Erst ab dem neunten Jahresbericht galt die Darstellung nach acht Schulformen. Ähnliches gilt auch für die Altersgruppen, für die ebenfalls erst seit dem Schuljahr 1984/85 getrennte Angaben über Schüler und Schülerinnen im Elementar bzw. Sekundarbereich gesammelt werden (*U.S. Dep. of Ed.*, 1987, S. 17) und für die Behinderungskategorien, die seit dem Schuljahr 1987/88 für Kinder im Alter von drei bis fünf Jahren nicht mehr erhoben werden, bzw. im Schuljahr 1991/92 um die Kategorien "autism" bzw. "traumatic brain injury" ergänzt wurden (*U.S. Dep. of Ed.*, 1993, S. 4, 9).

Diese Veränderungen im Erhebungsmodus schränken die Möglichkeiten und die Aussagekraft einer Betrachtung über die Erfolge der integrativen Bemühungen seit dem Schuljahr 1976/77 natürlich stark ein. Gerade die Förderung von

---

[175] Diese Argumentation wird laut *Danielson und Bellamy* (1989) nämlich häufig als Erklärung dafür herangezogen, daß sich seit 1977 am bundesweiten Ausmaß der Integration relativ wenig verändert hat (S. 448-449; vgl. Kap. 3.8.5).
[176] "Zwillings-Argument"

Kindern und Jugendlichen mit "disabilities" in den "resource rooms" spielt, wie in den Jahresberichten ab 1987 dokumentiert, eine wesentliche Rolle, und es ist anzunehmen, daß dies auch schon in früheren Jahren der Fall war. Wahrscheinlich wurden Schüler und Schülerinnen in dieser Schulform vor 1987 der Kategorie "regular class" zugeordnet, jedenfalls wenn sie "the majority of the school day"[177] (*U.S. Dep. of Ed.*, 1979, S. 34) in der Regelklasse verbrachten. Ob diese Hypothese stimmt, läßt sich leider nicht mehr nachvollziehen.

Vergleichbarer werden die Daten bzgl. der Bemühungen um verstärkte Integration nur dann, wenn man sowohl die drei Unterrichtsformen innerhalb des Regelgebäudes als auch die separaten Schulformen zusammenfaßt. In dieser Art vorgegangen wird im 14. Jahresbericht, in dem sich eine Analyse bzgl. der Veränderungen bei der Wahl der Schulformen seit 1977/78 findet (*U.S. Dep. of Ed.*, 1992b, S. 24-31; vgl. dazu auch *Sawyer et al.*, 1994).

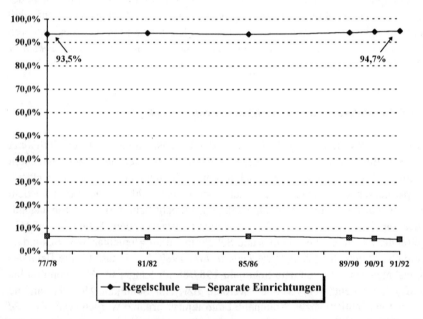

Abb. 12: Veränderung der Schulformen für Kinder und Jugendliche mit sonderpädagogischem Förderbedarf im Alter von 6-21 Jahren vom Schuljahr 1977/78 bis 1990/91[178] (Daten aus: *U.S. Dep. of Ed.*, 1992b, I 1; dass., 1993, S. 21; dass. 1994, S. 12).

---

[177] "den Großteil des Schultages"

[178] Die Altersgruppe 6-21 Jahre wurde gewählt, um eine Vergleichbarkeit der Daten zu gewährleisten. Deshalb konnte die Angaben für das Schuljahr 1976/77 auch nicht berücksich-

Es zeigt sich, daß seit 1977/78 der Anteil der Schüler und Schülerinnen mit sonderpädagogischem Förderbedarf, die innerhalb einer Regelschule unterrichtet wurden, relativ konstant geblieben ist. Er stieg nur um 1,2%. Selbst wenn man alle einzelnen Schuljahre betrachten würde, zeigt sich, daß der Prozentsatz jener Kinder und Jugendlichen, die den Schultag in der Regelschule verbrachten, während des gesamten Zeitraums nur zwischen 92 und 94% geschwankt hat. Gleichermaßen sind die Veränderungen von einem Schuljahr zum nächsten stets relativ geringfügig gewesen (maximal 1,2%). Zwar läßt sich seit dem Schuljahr 1989/90 ein kontinuierlicher Anstieg des Anteils der Kinder und Jugendlichen mit sonderpädagogischem Förderbedarf, die innerhalb der Regelschule gefördert wurden, verzeichnen, aber insgesamt betrachtet, und wenn man bedenkt, welche Erwartungen gerade mit der LRE-Forderung des Gesetzes verbunden waren, sind diese geringfügigen Veränderungen relativ enttäuschend.

Es muß allerdings berücksichtigt werden, daß viele Bundesstaaten sich schon vor dem Inkrafttreten von P.L. 94-142 um integrative Erziehung bemüht hatten. "By 1975, at least 20 States had called for such placements either in State laws pertaining to education of handicapped children or in regulations"[179] (*U.S. Dep. of H.E.W.*, 1979, S. 32). Insofern war in vielen Schulbezirken bei der Wahl der Schulform die Befolgung des LRE-Prinzip, teilweise schon seit zehn Jahren, gängige Praxis (*dass.*, S. 33; vgl. auch die Darstellung von Beispielen bei *Chaffin*, 1974, oder *Weatherley & Lipsky*, 1977). Dennoch hatte man erwartet, daß sich im Laufe der Jahre die integrativen Bemühungen deutlich verstärken würden: "Given that trend, and more particularly the provisions of P.L. 94-142, the percentage of school-aged handicapped children served in less restrictive placements will increase"[180] (*U.S. Dep. of H.E.W.*, 1979, S. 36).

Andererseits ist ein direkter Vergleich der Verteilung von Schülern und Schülerinnen mit sonderpädagogischem Förderbedarf auf separate bzw. integrative Schulformen in den Jahren 1977/78 und 1991/92 auch deswegen problematisch, weil die Population der Kinder und Jugendlichen mit sonderpädagogischem Förderbedarf sich stark verändert hat. Wie schon dargestellt (vgl. Kap. 3.4.2.2), ist nicht nur die Gesamtzahl stark gestiegen, sondern auch die Häufigkeit bestimmter Behinderungsformen hat sich stark verändert. Bedenkt man, daß der Anteil der Schüler und Schülerinnen mit "learning disabilities" sich verdop-

---

tigt werden, da die Schulformen für diese Altersgruppe aus dem ersten "Annual Report" nicht ableitbar sind. Der Übersichtlichkeit halber beschränkt sich die Darstellung auf 6 ausgewählte Schuljahre.

[179] Schon 1975 hatten mindestens 20 Bundesstaaten entweder in ihrer staatlichen Gesetzgebung zur Schulbildung von behinderten Kindern oder in entsprechenden Verordnungen derartige [integrative] Schulformen verlangt.

[180] Angesichts dieses Trends, und insbesondere in Anbetracht der Bestimmungen von P.L. 94-142, wird sich der Anteil der behinderten Kinder im Schulalter, die in weniger einschränkenden Schulformen unterrichtet werden, erhöhen.

pelt hat, Kinder und Jugendliche mit dieser Form der Beeinträchtigung jedoch im Vergleich zu anderen verstärkt integrativ unterrichtet werden, hätte man allerdings erst recht annehmen können, daß sich allein deshalb die Gesamtverteilung aller Schüler und Schülerinnen mit sonderpädagogischem Förderbedarf auf die verschiedenen Schulformen deutlich zugunsten integrativerer Formen hätte verschieben müssen.

Abermals lohnt es sich jedoch, wenn man die Veränderungen seit dem Schuljahr 1977/78 für Kinder und Jugendliche verschiedener Behinderungskategorien differenziert betrachtet:

> Analyses of placement changes over time suggest that the proportion, of all disabilities combined, served in regular schools has changed very little. There has been, however, substantial change and variation in the proportion of students of individual disabilities served, over time, in the various placements. Apparently, increased integration has occured for some disability categories, but increased segregation has occured for others[181] (*U.S. Dep. of Ed.*, 1992b, S. 49).

Wenngleich sich insgesamt der Anteil von Kindern und Jugendlichen, die innerhalb des Regelschulgebäudes unterrichtet werden, kaum verändert hat, so zeigt sich (siehe Abb. 13, S. 211) deutlich, daß sich für Schüler und Schülerinnen mancher Behinderungskategorien sehr wohl einiges verändert hat. So werden Schüler und Schülerinnen mit "orthopedic impairments" inzwischen um einiges häufiger in integrativen Schulformen unterrichtet als noch vor fünfzehn Jahren. Auch Kinder und Jugendliche mit "hearing impairments" und "other health impairments" hatten 1991/92 eine größere Chance, zusammen mit ihren nichtbehinderten Altersgenossen die Schule zu besuchen, als noch im Jahre 1977/78. Dagegen hat sich der Anteil der Schüler und Schülerinnen, welche "deaf-blind" sind und die Regelschule besuchen, verringert. Dies gilt auch für Kinder und Jugendliche mit "serious emotional disturbance". Alle anderen Schüler und Schülerinnen wurden jedoch im Schuljahr 1991/92 etwa genauso häufig innerhalb der Regelschule unterrichtet wie dies bei den Vergleichsgruppen 1977/78 der Fall war.

---

[181] Analysen bzgl. der Veränderungen der Schulformen im Laufe der Jahre deuten darauf hin, daß sich, wenn man alle Kategorien von Beeinträchtigungen zusammenfaßt, der Anteil derer, die in Regelschulen gefördert werden, relativ wenig verändert hat. Betrachtet man jedoch die einzelnen Kategorien, so wird deutlich, daß sich im Laufe der Zeit doch grundlegende Veränderungen und Variationen im Anteil der in den verschiedenen Schulformen geförderten Schüler und Schülerinnen ergeben haben. Offensichtlich ist innerhalb mancher Kategorien verstärkte Integration eingetreten, dafür aber in anderen verstärkte Separation.

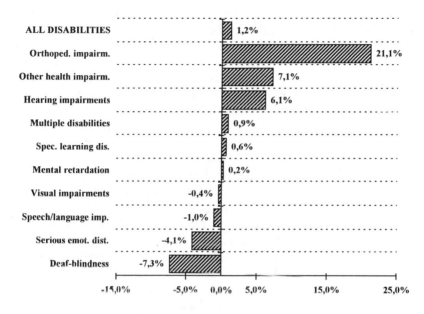

Abb. 13: Veränderung der Bedeutung der Förderung innerhalb des Regelschulgebäudes für Kinder und Jugendliche verschiedener Behinderungsformen im Alter von 6-21 Jahren vom Schuljahr 1977/78 bis 1991/92[182] (Daten aus: *U.S. Dep. of Ed.*, 1992b, I 1; *dass.*, 1994, S. 14).

Die Angaben für Schüler und Schülerinnen mit "multiple disabilities" bzw. "other health impairments" sollten jedoch, ähnlich wie jene für Kinder und Jugendliche mit "deaf-blindness", mit etwas Vorsicht betrachtet werden, da die Daten für diese Behinderungskategorien von Jahr zu Jahr stark schwanken, ein eindeutiger Trend somit schwer zu erkennen ist. Ein Grund für die hohen Schwankungen könnte die relativ geringe Anzahl von Schülern und Schülerinnen mit diesen Behinderungen sein, aufgrund derer sich bei einem Wechsel der Schulform von relativ wenigen Kindern und Jugendlichen schnell deutlich veränderte Anteilsangaben ergeben können. Relativ auffällig sind auch die Angaben zur Verteilung der Schüler und Schülerinnen mit "visual impairments" für das Schuljahr 1991/92. Verglichen mit den vorangegangenen Schuljahren, in denen der integrativ geförderte Anteil der Kinder und Jugendlichen mit dieser Sinnesbeeinträchtigung relativ wenig von Jahr zu Jahr geschwankt hatte und ziemlich kontinuierlich angestiegen war, sank er von 1990/91 zu 1991/92 plötzlich um 4,7% (*U.S. Dep. of Ed.*, 1993, S. 21). Erklärungen hierfür gibt es, außer den in

---

[182] Hierzu wurden wiederum die drei Schulformen innerhalb des Regelschulgebäudes und die drei separaten Schulformen zusammengefaßt.

dieser Kategorie ebenfalls geringen Schülerzahlen, auf der Grundlage der vorliegenden Jahresberichte und Fachliteratur keine.

Auffällig ist, daß die Bemühungen um verstärkte Integration eigentlich nur jenen Schülern und Schülerinnen zugute gekommen sind, deren Behinderungen und Lernprobleme wahrscheinlich zumeist einen lernzielgleichen Unterricht ermöglichen und höchstens den Einsatz von bestimmten Hilfsmitteln und behindertengerecht ausgebaute Räumlichkeiten erfordern. Bei jenen Kindern und Jugendlichen, für die bei einer Aufnahme in die Regelschule aufgrund der Vielschichtigkeit ihrer Behinderung, ihrer geringeren kognitiven Fähigkeiten oder ihrer auffälligen Verhaltensweisen der Unterrichtsablauf in der Regelklasse bzw. der Schulalltag im Gebäude stark verändert werden müßte, hat sich bzgl. der Wahl der Schulform entweder wenig geändert oder sie werden sogar häufiger in separaten Schulformen unterrichtet als früher (*U.S. Dep. of Ed.*, 1992b, S. 24-31). Nähere Erklärungshypothesen finden sich für die dargestellten Unterschiede in den "Annual Reports" allerdings nicht, es wird nur darauf hingewiesen, daß zukünftige Untersuchungen sich der Deutung dieses Trends widmen und herausarbeiten könnten, welche Faktoren die Wahl der Schulform wie stark beeinflussen (*dass.*, S. 31).

Inwieweit *innerhalb* der Regelschule im Laufe der Zeit integrativer unterrichtet wurde, läßt sich erst seit der Änderung des Erhebungsmodus analysieren. Wie die Abbildung 14 (siehe S. 213) zeigt, haben sich hier doch leichte Verschiebungen ergeben.

Waren im Schuljahr 1984/85 die "resource rooms" noch die deutlich bevorzugteste Schulform (41,6%), nahm ihr Stellenwert im Laufe der folgenden Jahre kontinuierlich ab (1991/92 34,4%). Dafür stieg der Anteil jener Kinder und Jugendlichen mit sonderpädagogischem Förderbedarf, die in die Regelklassen aufgenommen wurden, von 26,7% im Schuljahr 1984/85 auf 35,8% im Schuljahr 1991/92. Somit wurde die Unterbringung in der Regelklasse zur bevorzugtesten integrativen Schulform. Die Bedeutung der Sonderklassen innerhalb des Regelschulgebäudes blieb im gleichen Zeitraum trotz leichter Schwankungen relativ konstant, die der separaten Förderung in Sonderschulen bzw. Internaten ging dagegen leicht zurück.

Zwar ist nicht genau nachzuvollziehen, für welche Gruppen von Kindern und Jugendlichen sich Veränderungen ergeben haben, aber es ist z.B. doch anzunehmen, daß jene, welche vorher hauptsächlich in "resource rooms" gefördert wurden, inzwischen verstärkt in die Regelklassen aufgenommen wurden. Ferner liegt es nahe, daß jene wenigen Schüler und Schülerinnen, die früher in separaten Einrichtungen waren und nun innerhalb des Regelschulgebäudes unterrichtet werden, den Sonderklassen zugeteilt wurden.

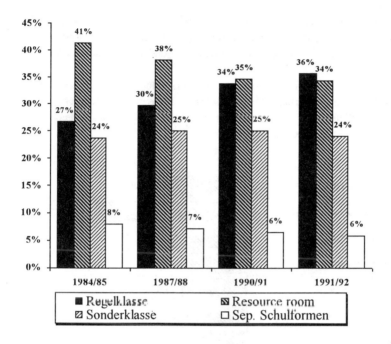

Abb. 14: Veränderung der Verteilung von Schülerinnen und Schülern mit sonderpädagogischem Förderbedarf im Alter von 3-21 Jahren auf verschiedene Schulformen seit dem Schuljahr 1984/85[183] (Daten aus: *U.S. Dep. of Ed.*, 1987, E 46; *dass.*, 1990, A 53; *dass.* 1993, A 53; *dass.*, 1994, A 59).

Daß in den letzten Jahren für die Gesamtzahl der Kinder und Jugendlichen mit sonderpädagogischem Förderbedarf eine verstärkte Eingliederung in die Regelklassen zu verzeichnen ist, könnte zum einen an sich doch wenigstens allmählich verändernden Einstellungen und Überzeugungen liegen. Dieser Bewußtseinswandel ist sicherlich auch den, verstärkte Integration propagierenden, sonderpädagogischen Reformvorschlägen der "Regular Education Intitiative" bzw. des "Inclusive School Movement" zuzuschreiben (vgl. dazu Kap. 5). Andererseits kann es aber durchaus auch sein, daß die finanzielle Situation der Schulen ebenfalls eine Rolle spielt. Aufgrund der ständig wachsenden Zahl an Schülern und Schülerinnen, die sonderpädagogischer Förderung bedürfen, bei gleicherzeit

---

[183] Für diese Darstellung mußten wiederum die Angaben für die Altersgruppe 3-21 Jahre herangezogen werden, da im 9. "Annual Report" keine nach Altersstufen differenzierten Daten vorhanden sind. Die Daten für das Schuljahr 1985/86 ergeben summiert nur 99,8%, da in dem 9. Jahresbericht auch die "correctional facilities" bei der prozentualen Aufteilung noch berücksichtigt wurden. Der Übersichtlichkeit halber wurden abermals die drei separaten Schulformen zusammengefaßt und nur ausgewählte Schuljahre dargestellt.

finanziellen Engpässen, versuchen immer mehr Schuldistrikte, kosteneffektiver und flexibler zu arbeiten. Deshalb wurde gerade in den letzten Jahren vielerorts verstärkt versucht, Modelle des "consultant teachers" auszubauen (*Sawyer et al.*, 1994, S. 213).

Wiederum ist es jedoch interessant, zu untersuchen, ob dieser Trend zur verstärkten Förderung innerhalb der Regelklassen für Kinder und Jugendliche aller Behinderungskategorien gleichermaßen gilt. Dies ist, wie die folgende Abbildung verdeutlicht, nämlich nicht der Fall.

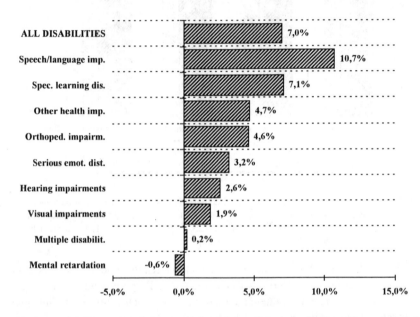

Abb. 15: Veränderung der Bedeutung der Förderung innerhalb der Regelklasse für Kinder und Jugendliche verschiedener Behinderungsformen im Alter von 6-21 Jahren vom Schuljahr 1987/88 bis 1991/92[184] (Daten aus: *U.S. Dep. of Ed.*, 1990, S. 23; *dass.*, 1994, S. 14).

---

[184] Hierzu wurden wiederum die drei Schulformen innerhalb des Regelschulgebäudes und die drei separaten Schulformen zusammengefaßt. Da, wie schon mehrfach erwähnt, seit dem Schuljahr 1987/88 Kinder im Alter von drei bis fünf Jahren nicht mehr nach Behinderungskategorien differenziert erhoben werden, mußte für diese Analyse die Altergruppe 6-21 Jahre gewählt werden, um eine Vergleichbarkeit der Daten zu gewährleisten. Leider werden in den "Annual Reports" Angaben zum Ausmaß der integrativen Förderung für diese Altersgruppe ebenfalls erst seit dem Schuljahr 1987/88 geliefert.

Zwar hat sich für alle Kinder und Jugendlichen, mit Ausnahme jener mit "mental retardation" das Ausmaß der Teilhabe am Unterricht der Regelklasse erhöht, relativ deutlich ist dieser Zuwachs jedoch in den Kategorien "speech or language impairments", "specific learning disabilities", "orthopedical impairments" oder "other health impairments". Besonders auffällig ist die wachsende Bedeutung der sonderpädagogischen Förderung in der Regelklasse für die Schüler und Schülerinnen mit "speech or language impairments". Wie schon beschrieben, ist deren Chance, innerhalb der Regel*schule* unterrichtet zu werden, seit 1977/78 zwar relativ gleich geblieben, dennoch hat sich für diese Schülergruppe allein in dem Zeitraum von 1987/88 bis 1991/92 einiges verändert. Obgleich der Anteil der Kinder und Jugendlichen mit "speech or language impairments", die in der Regelklasse unterrichtet wurden, mit 74,8% schon im Schuljahr 1987/88 sehr hoch war, hat er sich bis 1991/92 dennoch kontinuierlich weiter bis auf 85,5% gesteigert. Im gleichen Zeitraum sank der Anteil der Schülerinnen und Schüler mit "speech or language impairments", die in "resource rooms" gefördert wurden, von 19,7 auf 9,1%.

Mit Vorsicht interpretiert werden muß die Angabe zu der Kategorie "mental retardation". Der Anteil der Kinder und Jugendlichen mit dieser Behinderungsform, die in der Regelklasse unterrichtet wurden, war von 5,7% im Schuljahr 1987/88 zunächst kontinuierlich auf 7,4% im Jahre 1990/91 gestiegen, betrug dann im darauffolgenden Schuljahr überraschenderweise aber nur noch 5,1%. Da das Ausmaß der integrativen Förderung von Schülern und Schülerinnen mit "deaf-blindness" von Jahr zu Jahr stark schwankte und kein eindeutiger Trend zu erkennen war, wurden die Ergebnisse in der obigen Abbildung gar nicht berücksichtigt (*U.S. Dep. of Ed.*, 1990, S. 23; *dass.*, 1991, S. 27; *dass.*, 1992, S. 25; *dass.*, 1993, S. 21; *dass.*, 1994, S. 14).

Will man ein Gesamtfazit bezüglich der dargestellten Veränderungen im Ausmaß integrativer Erziehung seit Inkrafttreten von P.L. 94-142 ziehen, muß man insgesamt der folgenden Bewertung von *Singer und Butler* (1987) doch zustimmen: "Contrary to what might have been supposed, EHA did not radically change placement practices"[185] (S. 135). Ähnlich äußern sich auch *Witkin und Fox* (1992): "The promise of integration that came with P.L. 94-142 has not been realized"[186] (S. 326) und viele Sonderpädagogen fragen sich "what is wrong?"[187] (*Blackman*, 1989, S. 462).

Eine Interpretationsmöglichkeit dieser jahrelangen Stabilität im bundesweiten Ausmaß der Integration wäre, daß die Möglichkeiten integrativen Unterrichts

---

[185] Im Gegensatz zu dem, was man hätte erwarten können, hat der EHA [Education of the Handicapped Act] die Verteilungen auf die Schulformen nicht radikal verändert.

[186] Die Hoffnung auf Integration, die durch P.L. 94-142 geweckt wurde, ist nicht erfüllt worden.

[187] "Was ist schiefgelaufen?"

grundsätzlich begrenzt sind, und zwar durch die Schwere der individuellen Beeinträchtigung und die daraus resultierenden speziellen Förderbedürfnisse. Diese Sichtweise würde auch implizieren, daß die Chancen, in Zukunft den Anteil der integrativ unterrichteten Kinder und Jugendlichen mit sonderpädagogischem Förderbedarf zu erhöhen, relativ gering sind (zit. nach *Danielson & Bellamy*, 1989, S. 448-449).

Es wird aber auch die Ansicht vertreten, daß die sonderpädagogischen Förderbedürfnisse jedes Kindes innerhalb der Regelklasse angemessen berücksichtigt werden können, sofern die Finanzmittel und der Wille dazu vorhanden sind (z.B. *Tucker*, 1989, S. 457). Auch *Walker* (1987) verweist auf die Bedeutung finanzieller Überlegungen, die ebenso wie die unzureichende Flexibilität der Schulen und Mängel in der Lehrerbildung ihrer Ansicht nach dafür verantwortlich sind, daß die für eine verstärkte Integration von Schülern und Schülerinnen, gerade mit schweren Behinderungen, unentbehrlichen Stützmaßnahmen nicht bereitgestellt wurden. Folglich sah man sich vielerorts nicht in der Lage, innerhalb der Regelklasse den sonderpädagogischen Förderbedürfnissen der betroffenen Kinder und Jugendlichen gerecht zu werden (S. 107). Häufig fehlte sicherlich aber auch der grundsätzliche Wille und das Engagement von Seiten der Lehrerschaft, sowie die Unterstützung derselben durch die Schulleitung (*Klein*, 1978, S. 105; *Walker*, 1987, S. 107).

Sarason und Doris hatten schon 1979 derartige Probleme vorhergesehen:

Acceptance of mainstreaming as a concept and value is a socially triumph, but just as we had no good reason to accept the Supreme Court's 1954 desegregation decisions as `solving´ a problem, we have no reason to view Public Law 94-142 as a solution to other forms of educational segregation[188] (S. 368).

Ihrer Ansicht nach war nämlich unterschätzt worden, "how deeply ingrained practices and habits of thinking manage to subvert our better intentions"[189] (*ebd.*)

---

[188] Daß `mainstreaming´ als Prinzip und Wert akzeptiert wurde, ist für die Gesellschaft ein moralischer Sieg. Aber gleichermaßen, wie wir eigentlich keinen triftigen Grund dafür hatten, die Desegregations-Entscheidung des `Supreme Courts´ von 1954 als Lösung des Problems anzusehen, gibt es keinen Grund dafür, Public Law 94-142 als Lösung für andere Formen schulischer Absonderung anzusehen.

[189] ..., wie es tief verwurzelte Handlungs- und Denkweisen doch schaffen, unsere besten Absichten zu untergraben.

3.8.6 Ergebnisse der "State Plan Reviews" und der "On Site Monitoring Reviews"

Die Überprüfung der Bundesstaaten durch das OSEP anhand der "State Plan Reviews" und der "On Site Monitoring Reviews" offenbart konkrete Problembereiche bei der Umsetzung der LRE-Forderung auf staatlicher und lokaler Ebene. Diese sind insofern interessant, als sie die quantitativen Aussagen, die anhand der "Annual Reports of Children Served" zur Verteilung der Schüler und Schülerinnen mit sonderpädagogischem Förderbedarf auf die verschiedenen Schulformen gemacht werden können, ergänzen. Allerdings kontrolliert das OSEP im Grunde nur, ob all die Pflichten der Bundesstaaten, wie sie in den Bundesverordnungen spezifiziert sind, auch eingehalten werden. Etwaige prozedurale Verstöße können zwar Hinweise darauf geben, in welchen Bereichen es auf staatlicher und lokaler Ebene Schwierigkeiten gibt, über die Qualität der sonderpädagogischen Förderung der Kinder und Jugendlichen mit Behinderungen bzw. Lernproblemen in den verschiedenen Schulformen können aber auch auf der Grundlage dieser Daten keine Aussagen gemacht werden.

Es zeigt sich deutlich, daß viele der Forderungen des Gesetzes, welche jedem Kind und Jugendlichen eine Erziehung in der individuell am wenigsten einschränkenden Umgebung garantieren sollten, auf staatlicher und lokaler Ebene nur ungenügend erfüllt werden (siehe besonders *U.S. Dep. of Ed.*, 1987, S. 165-167; *dass.*, 1992b, S. 136; *dass.*, 1994, S. 179).

So bereitete eine der Grundsäulen für die Verwirklichung der LRE-Forderung, nämlich die Verfügbarkeit aller Schulformen des Kontinuums in jedem lokalen Schulbezirk, allen überprüften Staaten immer wieder Schwierigkeiten (*U.S. Dep. of Ed.*, 1992b, S. 136). Auch wurde immer noch nicht überall sichergestellt, daß ein Schulkind nur dann außerhalb der Regelklasse unterrichtet wird, wenn dies integrativ selbst mit zusätzlichen Hilfestellungen nicht möglich ist (*ebd.*). Die zentrale Forderung des Gesetzes, daß nämlich erst der IEP ausgearbeitet sein muß, bevor über die Schulform entschieden wird, wurde ebenfalls vielerorts nicht erfüllt (*U.S. Dep. of Ed.*, 1993, S. 140). Ähnliche Schwierigkeiten gab es dabei, den Kontakt zwischen Schülern und Schülerinnen mit und ohne Behinderungen wenigstens in außercurricularen und nichtakademischen Bereich zu gewährleisten, wenn eine Integration in die Regelklasse nicht möglich ist (*U.S. Dep. of Ed.*, 1992b, S. 122), oder sicherzustellen, daß auch jene Kinder und Jugendlichen, die in privaten Institutionen untergebracht sind, wenigstens zeitweise in Kontakt mit nichtbehinderten Gleichaltrigen kommen (*U.S. Dep. of Ed.*, 1994, S. 179).

Aufgrund ähnlich substantieller Mängel bei der Überprüfung verschiedener Staaten im Schuljahr 1985/86 heißt es im neunten Jahresbericht: "It is possible to conclude that some placements are made on the basis of the handicapping condition or for administrative convenience"¹⁹⁰ (*U.S. Dep. of Ed.*, 1987, S. 167; vgl. auch *dass.*, 1984, S. 40; *dass.* 1981, S. 55). Entsprechend fühlte sich das "U.S. Department" genötigt, nochmals zu betonen, daß die Entscheidung für eine bestimmte Schulform nicht von der Kategorie der Behinderung oder dem Vorhandensein von "related services", Personal und Räumlichkeiten abhängig gemacht werden darf (*U.S. Dep. of Ed.*, 1987, S. 167).

In den ersten Jahren seit Inkrafttreten des Gesetzes erschienen die beschriebenen Verfahrensfehler aufgrund von Umstellungsschwierigkeiten durchaus verständlich, es wäre jedoch zu erwarten gewesen, daß die Bundesstaaten sich im Laufe der Zeit den neuen Regelungen besser anpassen und derartige Probleme nicht mehr so häufig auftauchen würden, wie es doch auch in den letzten Jahren noch der Fall war.

3.8.7 Exkurs: Ergebnisse der Untersuchung über Jugendliche mit sonderpädagogischem Förderbedarf im Sekundarbereich der öffentlichen Regelschulen

1983 bevollmächtigte der Kongreß das OSEP eine Langzeitstudie in Auftrag zu geben, welche die Schullaufbahn von Jugendlichen mit sonderpädagogischem Förderbedarf und deren anschließenden beruflichen Werdegang näher untersuchen sollte (*20 U.S.C.A. §1418*[e][1]). Ein Teil der Ergebnisse dieser Erhebung wurde im 16. "Annual Report" präsentiert und bietet erstmalig in den Jahresberichten, die sich bis dato hauptsächlich auf eine datenorientierte Darstellung des *Ausmaßes* der Integration beschränkt hatten, eine etwas anschaulichere Beschreibung der schulischen Praxis (*U.S. Dep. of Ed.*, 1994, S. 73-108).

Dargestellt wird, an welchen schulischen Angeboten der öffentlichen "highschools" Jugendliche mit sonderpädagogischem Förderbedarf partizipieren und inwieweit sich deren Schulbesuchsverhalten und Leistungen von denen der Regelschüler und -schülerinnen unterscheiden. Berücksichtigt werden dabei auch die großen Unterschiede, die sich bei einer gesonderten Analyse der einzelnen Behinderungskategorien ergeben.

Ingesamt betrachtet zeigte sich, daß Jugendliche mit sonderpädagogischem Förderbedarf der Schule deutlich häufiger fernblieben und weniger gute Schulnoten erzielten als ihre nichtbehinderten Altersgenossen. Ferner war auch der Anteil der Jugendlichen mit sonderpädagogischem Förderbedarf, die die "highschool" ohne ordentlichen Schulabschluß verließen, mit 30% deutlich höher als

---

[190] Man könnte durchaus zu der Schlußfolgerung kommen, daß manche Entscheidungen über die Schulform auf der Grundlage der Behinderungsform bzw. aus administrativer Bequemlichkeit getroffen werden.

bei der Gesamtschülerschaft. Besonders bedenklich ist, daß all diese Beobachtungen für Jugendliche aus sozio-ökonomisch schwächeren Familien oder den ethnischen Minderheiten verstärkt zutrafen (*U.S. Dep. of Ed.*, 1994, S. 87-98).

Die Gesamtgruppe der Jugendlichen mit sonderpädagogischem Förderbedarf, die innerhalb der regulären "high-school" unterrichtet wurden, verbrachte immerhin 70% ihrer Schulzeit in Regelklassen. Die Streubreite war dabei aber relativ hoch: Schüler und Schülerinnen mit "visual impairments" hatten die weitgehendste Teilhabe am Unterricht in den Regelklassen (87%), jene mit "multiple disabilities" nahmen daran nur für 32% ihrer Unterrichtszeit teil. Wenn man die Analyse allerdings auf die rein akademischen Unterrichtsfächer beschränkt, zeigt sich ein deutlich niedrigeres Ausmaß der Integration: Beispielsweise wurde beinah ein Viertel der Schüler und Schülerinnen mit sonderpädagogischem Förderbedarf für weniger als 10% ihrer Unterrichtszeit in den akademischen Unterricht der Regelklassen mit einbezogen. Erwartungsgemäß zeigten sich je nach Behinderungsform der Jugendlichen wieder deutliche Unterschiede, wobei abermals Schüler und Schülerinnen mit "visual impairments" auch in den Kernfächern verstärkt in die Regelklassen aufgenommen wurden (57% der Unterrichtszeit), jene mit "mental retardation" und "multiple disabilities" dagegen am seltensten, nämlich durchschnittlich nur zu 14 bzw. 12% der Unterrichtszeit (*U.S. Dep. of Ed.*, 1994, S. 79).

Die Teilhabe der Jugendlichen mit sonderpädagogischem Förderbedarf am akademischen Unterricht der Regelklasse wird allerdings auch als gar nicht so erstrebenswert angesehen: "Involvement in regular education classrooms influences the performance of students with disabilities negatively"[191] (*U.S. Dep. of Ed.*, 1994, S. 79). Dafür werden insbesondere die Rahmenbedingungen in dieser Schulform verantwortlich gemacht. So ergab sich in der Studie, daß im akademischen Unterricht der Regelklassen durchschnittlich 23 Schüler und Schülerinnen, von denen zumeist zwei bis drei sonderpädagogisch förderbedürftig waren, von nur einer Lehrkraft unterrichtet wurden. Bei einer Betreuung in den Sonderklassen standen durchschnittlich neun Schülern und Schülerinnen dagegen eine Lehrkaft und zusätzlich noch eine Hilfskraft zur Verfügung (*ebd.*). Insofern verwundert es wenig, daß jene Jugendlichen mit sonderpädagogischem Förderbedarf, die in der Regelklasse unterrichtet wurden, viel eher Gefahr liefen, ihre Kurse nicht zu bestehen (*U.S. Dep. of Ed.*, 1994, S. 101).

In der Zusammenfassung der Ergebnisse der Studie heißt es daher: "These findings report troublesome results for students with disabilities who attend secondary schools ... Regular education academic classes of the late 1980s were

---

[191] Die Einbeziehung in die Regelklassen beeinflußt die Leistungen der Schüler und Schülerinnen mit Beeinträchtigungen in negativer Weise.

difficult environments for students with disabilities"[192] (*U.S. Dep. of Ed.*, 1994, S. 103-104). Gerade im Zusammenhang mit der aktuellen Diskussion um "full inclusion" (vgl. Kap. 5) und um eine Anhebung des akademischen Standards in den Regelschulen (vgl. Kap. 4.2.2) dürfen nach Ansicht des OSEP derartige, in der Praxis beobachtete, Probleme nicht unberücksichtigt bleiben (*dass.*, S. 104).

3.8.8 Ergänzung durch die sonderpädagogische Fachliteratur

Die in den "Annual Reports" dargestellten Zahlen zum Ausmaß integrativer Beschulung sagen über den Unterrichtsalltag und die Qualität der Förderung in den einzelnen Schulformen eigentlich überhaupt nichts aus (vgl. *Singer et al.*, 1986, S. 320). Dieser Fragestellung läßt sich eher auf der Grundlage der Fachliteratur nachgehen. Aufgrund der inzwischen unübersehbaren Fülle an Publikationen zur Thematik "mainstreaming" (vgl. *Greenwood*, 1985, S. 213), können an dieser Stelle jedoch nur ausgewählte Aspekte dargestellt werden.

3.8.8.1 Effektivitätsforschung

So methodisch umstritten die Studien zur Effektivität verschiedener Schulformen auch sind (vgl. *Salend*, 1990, S. 19), so wird dennoch in der Literatur immer wieder darauf Bezug genommen, wobei die Ergebnisse allerdings recht unterschiedlich interpretiert werden (vgl. *Kauffman*, 1989, S. 273).

Mit am häufigsten finden sich Verweise auf die Artikel von *Carlberg und Kavale* (1980) und *Leinhardt und Pallay* (1982). In der Metastudie von *Carlberg und Kavale* (1980), die 50 Untersuchungen umfaßte, ergab sich, daß, bezogen auf die akademischen Leistungen und auf emotionale/soziale Aspekte, die Unterbringung in separaten Sonderklassen insgesamt keine nachweislichen Vorteile gegenüber dem Verbleib in der Regelklasse zeigte, sondern eher die ungünstigere Alternative war (S. 300-301). Auch nach *Leinhardt und Pallay* (1982) läßt sich eine leichte Tendenz zugunsten integrativer Schulformen feststellen, allerdings sind auch hier die Ergebnisse nicht ganz eindeutig (S. 64-67).

Analysiert man jedoch die Effekte der Förderung in den zwei Schulformen in Abhängigkeit von der Behinderungform der betroffenen Schulkinder, so zeigten sich nach *Carlberg und Kavale* (1980) bei dieser Betrachtungsweise doch deutlichere Unterschiede: Für Kinder mit niedriger Intelligenz erwies sich die Förde-

---

[192] Diese Untersuchung meldet beunruhigende Ergebnisse für Schüler und Schülerinnen mit Beeinträchtigungen, die Sekundarschulen besuchen ... Der akademische Unterricht im Rahmen der Regelklassen bot in den späten achtziger Jahren für Schüler und Schülerinnen mit Beeinträchtigungen äußerst schwierige Rahmenbedingungen.

rung in Regelklassen als effektiver, wohingegen Schüler und Schülerinnen mit "emotional disturbance" und "behavioral disorders" bzw. "learning disabilities" eher von der Aufnahme in Sonderklassen profitierten (S. 301). "This finding suggests that the present trend towards mainstreaming by regular class placement may not be appropriate for certain children"[193] (dies., S. 304).

Leinhardt und Pallay (1982) weisen jedoch darauf hin, daß bei der Diskussion um die Effektivität verschiedener Schulformen ein Aspekt zu Unrecht vernachlässigt wird:

Setting itself is not the primary issue of importance, rather it is what happens in the setting ... Therefore, educators should focus less on debates of setting, and more on issues of finding and implementing sound educational processes. For moral and social reasons, the least restrictive environment is preferable, and this review indicates most of the valuable practices can be implemented in either resource rooms or regular education settings[194] (S. 74).

3.8.8.2 Nähere Beschreibungen der Förderung in den verschiedenen Schulformen

Vereinzelt finden sich in der Fachliteratur konkretere Darstellungen des unterrichtlichen Alltags in den verschiedenen Schulformen, anhand derer sowohl Vorzüge als auch Problembereiche deutlich werden:

- *Regelklassen*

So finden sich zahlreiche Beispiele, die belegen, daß "a lot of youngsters are drowning in the mainstream"[195] (*Ohanian*, 1990, S. 217). Eines der Hauptprobleme scheint dabei zu sein, daß jene Kinder und Jugendlichen, die in die Regelklassen aufgenommen werden, häufig "add-ons to existing arrangements"[196] (*Bogdan*, 1983, S. 427) sind, und die Regelschullehrkräfte selten dazu bereit oder in der Lage sind, in ihrem Unterricht auch auf die speziellen Bedürfnisse

---

[193] Dieses Ergebnis läßt vermuten, daß der gegenwärtige Trend in Richtung 'mainstreaming' mittels der Unterbringung in der Regelklasse für bestimmte Kinder wahrscheinlich nicht zuträglich ist.

[194] Die Organisationsform des schulischen Lernens an sich ist nicht die wichtigste Streitfrage, viel bedeutsamer ist, was in der jeweiligen Schulform tatsächlich passiert ... Daher sollten Pädagogen und Pädagoginnen sich weniger auf Diskussionen über die Schulform, sondern stattdessen mehr auf die Kernfrage konzentrieren, wie man nämlich solide Unterrichtsmethoden entwickeln und in der Praxis verwirklichen könnte. Aus moralischen und sozialen Gründen ist die am wenigsten einschränkende Umgebung zu bevorzugen, und diese Untersuchung weist darauf hin, daß die meisten der wertvollen Unterrichtsmethoden sowohl in 'resource rooms' als auch in der Regelklasse eingesetzt werden können.

[195] ..., daß viele Kinder und Jugendliche im 'mainstream' ertrinken.

[196] "Anhängsel an bestehende Verhältnisse"

des Kindes mit einer Beeinträchtigung einzugehen (*McIntosh, Vaughn, Schumm, Haager & Lee*, 1993, S. 257; *Munson*, 1986, S. 499; *Ohanian*, 1990, S. 220-21). Bevorzugt wird in den Regelklassen allzu häufig der Frontalunterricht, in dem individuelle Leistungsunterschiede nur begrenzt berücksichtigt werden können (*Baker & Zigmond*, 1990, S. 525; *McIntosh et al.*, S. 259).

Immer wieder kritisiert wird in diesem Zusammenhang jedoch auch, daß die Regelschullehrkräfte nur unzureichend auf integrative Erziehung vorbereitet werden, häufig zu wenig Unterstützung von außen erhalten und die Kommunikation und Zusammenarbeit mit den Sonderpädagogen und Sonderpädagoginnen Schwierigkeiten bereitet (z.B. *Lewis & Doorlag*, 1983, S. 327-328).

Auch finden sich einige Beschreibungen, die verdeutlichen, daß die vielgepriesenen Möglichkeiten sozialen Lernens in den integrativen Klassen nicht überwertet werden dürfen. Zum einen besteht die Gefahr, daß soziale Lernziele zu Lasten der akademischen überbewertet werden: "Joey's curriculum consists of the benign smile, the reassuring word, and the encouraging pat on the head. Social skills are the goal; cognitive development is seldom mentioned"[197] (*Ohanian*, 1990, S. 220-21). Zum anderen zeigt sich aber auch, daß die Aufnahme in die Regelschule kein Garant für Akzeptanz ist. So schildert *Shapiro* (1993) einige individuelle Erlebnisse, z.B. von einem Mädchen mit Down-Syndrom, das mit ihren Altersgenossen nicht gemeinsam für das Klassenphoto posieren durfte, oder eines "high-school" Abgängers, den man aufgrund seiner Körperbehinderung an der Abschlußfeier seiner eigenen Klasse zunächst nicht teilnehmen lassen wollte (S. 168).

Der Einsatz disziplinarischer Maßnahmen gegen Schüler und Schülerinnen mit sonderpädagogischem Förderbedarf in der Regelklasse erweist sich ebenfalls häufig als schwierig (z.B. *Alvarez, Bader, Ellis & Gordon*, 1995, AD1ff.; *Data Research*, 1989, S. 120-129; *Yell*, 1989). Daß dieser Frage so hohe Bedeutung beigemessen wird, liegt hauptsächlich daran, daß sowohl die Lehrerschaft als auch die amerikanische Öffentlichkeit die Disziplinlosigkeit in den Schulen als eines der zentralsten Probleme ansehen[198] (*Elam*, 1989, S. 786; *Elam, Rose & Gallup*, 1994, S. 43; *Smith & Rivera*, 1995). Welche Ausmaße disziplinarische Maßnahmen annehmen können, zeigt z.B. ein Gerichtsverfahren von 1986. Dort erhielt ein Schulbezirk die Erlaubnis, weiterhin sog. "minor disciplinary

---

[197] Joey's Curriculum besteht aus huldvollem Lächeln, ermunternden Worten und ermutigendem Schulterklopfen. Soziale Fähigkeiten sind das Ziel an sich, die kognitive Entwicklung wird selten erwähnt.

[198] An dieser Stelle sollte vielleicht angemerkt werden, daß im amerikanischen Schulwesen die körperliche Züchtigung von Schülern und Schülerinnen, obgleich umstritten, auf der Grundlage eines Urteils des "U.S. Supreme Courts" von 1977 immer noch als legitim gilt (*Gallup & Elam*, 1988, S. 41-42; *Spring*, 1993, S. 201).

actions"[199] gegen einen hyperaktiven Jungen mit "emotional disturbance" durchzuführen. Um die Integration des Kindes in die Regelklasse aufrechtzuerhalten und dennoch einen reibungslosen Unterrichtsablauf zu gewährleisten, erschien es dem Gericht durchaus legitim, den Mund des Jungen mit Tesafilm zuzukleben (*Bartlett*, 1989, S. 363-364). Generell scheint die amerikanische Bevölkerung der Integration gerade von Kindern und Jugendlichen mit emotionalen Problemen und Verhaltensauffälligkeiten kritisch gegenüber zu stehen. So waren immerhin 78% der 1994 befragten Bürger und Bürgerinnen der Ansicht, daß die Aufnahme dieser Schülergruppe in die Regelklassen mit zu der ansteigenden Gewalttätigkeit in den Schulen beigetragen habe *(Elam, Rose & Gallup*, 1994, S. 44).

Es finden sich in der Literatur aber auch zahlreiche Beschreibungen von Schulbezirken in den USA, in denen selbst Schüler und Schülerinnen mit schweren Behinderungen in die Regelklassen integriert werden und ihnen dort auch eine qualitativ hochwertige Förderung zuteil wird (z.B. in *Villa, Thousand, Stainback & Stainback*, 1992; *Stainback, Stainback & Forest*, 1989; *Lipsky & Gartner*, 1989a; *Biklen*, 1985a). Allerdings handelt es sich dabei um Schulen, deren Personal, Schüler und Schülerinnen sowie Eltern im Interesse der Integration zu massiven Veränderungen des bisherigen Regelschulalltags bereit sind (siehe z.B. *Sailor*, 1989; *Hunt & Farron-Davis*, 1992, S. 247).

- *"Resource room" und "consultant teacher model"*

Die meisten der Schüler und Schülerinnen mit sonderpädagogischem Förderbedarf werden laut der Daten in den "Annual Reports" in "resource rooms" betreut.

Auch diese Form der sonderpädagogischen Beschulung existierte in vielen Bundesstaaten schon vor 1975 und wird insbesondere wegen ihrer Flexibilität (*Voltz et al.*, 1995, S. 129) und der angeblichen "economic feasibility"[200] (*Friend & McNutt*, 1984, S. 154) geschätzt, wobei interessanterweise die genauen Kosten dieser Form der Förderung allerdings unklar bleiben (*dies.*, S. 155). Eine bundesweite Übersicht über die Charakteristika von "resource rooms" aus dem Jahre 1984 zeigte ferner "the tremendous variation in the ways in which practioners operate the resource room model"[201] (*Friend & McNutt*, 1984, S. 150-151). Zumeist wurden die Schulkinder nach Behinderungskategorien differenziert den "resource rooms" zugewiesen, auch die dortigen Lehrkräfte waren meist kategorial ausgebildet (*dies.*, S. 154-155). Da die sonderpädagogische Förderung innerhalb der "resource rooms" ja immer mit einer zeitweisen Unterbringung in der Regelklasse kombiniert wird, ist die konstruktive Zusammenar-

---

[199] "weniger schwerwiegende Disziplinarmaßnahmen"
[200] "wirtschaftlichen Durchführbarkeit"
[201] ... die enormen Unterschiede in der Art und Weise, in welcher die Praktiker und Praktikerinnen vor Ort das Modell des `resource rooms´ handhaben.

beit der verschiedenen Lehrkräfte wichtig. In vielen Studien wurde jedoch herausgearbeitet, daß dies nicht in ausreichendem Maße der Fall ist. *Voltz* und ihre Kollegen machen dafür insbesondere den Mangel an Zeit verantwortlich und verweisen darauf, wie notwendig und hilfreich es ist, für regelmäßige Besprechungen der Regelklassenlehrkraft mit der Lehrkraft in den "resource rooms" ganz bewußt zeitliche Freiräume zu schaffen (*Voltz et al.* 1995, S. 130, 135). Grundsätzlich problematisch ist jedoch die Beobachtung einer Schuldirektorin, daß die Regelklassenlehrkräfte sich gerade wegen der zusätzlichen sonderpädagogischen Förderung in den "resource rooms" in ihrer Verantwortlichkeit allzu leicht entlastet sehen: "When students return to their classrooms, their regular teachers, believing that they have had their daily dose of `special education´, feel little need to modify the instruction during the rest of the school day"[202] (*Yatvin,* 1995, S. 483)[203].

Das in den "Annual Reports" nicht eigens erhobene Modell der Förderung in der Regelklasse mit Unterstützung durch einen "consulting teacher" wird laut *Huefner* (1988) nach einer Phase der hauptsächlichen Nutzung von "resource rooms" als neues Allheilmittel diskutiert (S. 403-404). Bei schrittweiser Einführung und genauer Evaluation der Umsetzung kann mittels dieses Modells durchaus die diagnostische und methodische Kompetenz der Regelklassenlehrkraft gesteigert und so eine angemessene integrative Förderung von Kindern und Jugendlichen mit Behinderungen bzw. Lernproblemen sichergestellt werden (*dies.*, S. 405-406). In der Praxis müssen die "consultant teachers", um Kosten zu sparen, jedoch häufig zu viele Schüler in verschiedenen Klassen betreuen und werden allzu oft als Stützkraft mißverstanden (*dies.*, S. 406-407). Außerdem fehlt vielen als "consultant teachers" eingesetzten Lehrkräften eine ihren speziellen Aufgabenfeldern entsprechende Zusatzausbildung (*dies.*, S. 412).

Erwähnt werden sollte an dieser Stelle die Untersuchung von *Jenkins und Heinen* (1989), in der knapp 700 Schüler und Schülerinnen im Elementarbereich befragt wurden, welche Form zusätzlicher Förderung sie selbst bevorzugen würden. Nach Aussage dieser Schulkinder, würden sie es am ehesten vorziehen, derartige Unterstützung von der eigenen Klassenlehrkraft zu erhalten. Die meisten Kinder gaben dabei an, daß diese besser über ihre Probleme Bescheid wisse, und diese Form der Unterstützung auch nicht so auffällig wäre, wie die Präsenz einer "Spezialistin". Sollte die Betreuung durch eine sonderpädagogische Fachkraft jedoch nötig sein, wäre es den Kindern lieber, außerhalb des

---

[202] Wenn die Schüler und Schülerinnen dann in ihre Klassenzimmer zurückkommen, fühlen sich ihre Lehrkräfte in der Regelklasse wenig genötigt, den Unterricht für den verbleibenden Schultag abzuwandeln, weil sie der Ansicht sind, daß die Kinder ja schließlich schon ihr tägliches Quantum an `sonderpädagogischer Förderung´ verabreicht bekommen haben.

[203] Eine ausführlichere Auseinandersetzung mit dem Modell der "resource rooms" findet sich bei *Opp* (1984, S. 180-202).

Klassenzimmers zusätzlich gefördert zu werden, weil auch dies weniger auffalle: "Apparently, some students perceived pull-out, the `more restrictive´ services, as less stigmatizing than the `less restrictive´ in-class service"[204] (*Jenkins & Heinen*, 1989, S. 522). Eine Stimme aus der Praxis äußert sich zu diesem Sachverhalt dagegen wieder ganz anders:

> The special-needs students I have known hated being forcibly separated from their peers, and they showed their displeasure. They preferred being counted among the slower members of the class to being the publicly acknowledged `dummies´, sent away to who-knows-where for who-knows-what[205] (*Yatvin*, 1995, S. 483).

- *Separate Schulformen*

Als Hauptvorteil der separaten Schulformen wird immer wieder die kleinere Klassengröße genannt. In der Untersuchung von *Singer* und ihren Kollegen und Kolleginnen ergab sich beispielsweise, daß in der Regelklasse durchschnittlich 27, in Sonderklassen dagegen nur 10 und in den Klassen der Sonderschulen nur 9 Schulkinder gemeinsam unterrichtet wurden (*Singer et al.*, 1986, S. 325). Außerdem fand sich in separaten Klassen trotz der geringeren Schülerzahl auch häufiger eine Stützkraft (*dies.*, S. 328). Allerdings ergab sich, daß die Schülerschaft in separaten Schulformen dafür auch um einiges heterogener sowohl bzgl der Altersstufe als auch der Behinderungsform war *(dies.*, S. 328). Kategorial differenzierte Sonderklassen werden, jedenfalls für Schüler und Schülerinnen mit "learning disabilities", "emotional disturbance" oder "educable mental retardation", jedoch auch immer wieder hinterfragt, da sich in einzelnen Studien gezeigt hat, daß Unterrichtsinhalte und -methodik sich nur unwesentlich unterscheiden (z.B. *Algozzine et al.*, 1988, S. 264).

Die Qualität des unterrichtlichen Angebots in den separaten Schulformen wird teilweise sehr negativ bewertet: Nach Ansicht von *Lipsky und Gartner* (1989c) gewinnt man auf der Grundlage der Literatur den Eindruck, daß "most special education programs run counter to the basic effectiveness tenets in teaching behaviors, organization of instruction, and instructional support"[206] (S. 20). Auch *Kauffman* (1993) gesteht ein, daß viele Schüler und Schülerinnen in separaten

---

[204] Offensichtlich empfanden manche Schüler und Schülerinnen die separate Form der Förderung, eigentlich ja die `restriktivere´, als weniger stigmatisierend als die angeblich `weniger restriktive´ Förderung innerhalb des Klassenzimmers.

[205] Die speziell förderbedürftigen Schüler und Schülerinnen, die ich gekannt habe, haben es gehaßt, unter Zwang von ihren Altergenossen getrennt zu werden, und sie zeigten ihr Mißfallen darüber. Ihnen war es lieber, zu den langsamen Klassenmitgliedern gerechnet zu werden, nicht zu jenen, die offenkundig als `Bekloppte´ galten, und die zu `was-weiß-ich-wofür´-Zwecken `was-weiß-ich-wohin´ geschickt wurden.

[206] ..., daß die meisten sonderpädagogischen Förderprogramme den elementaren Grundsätzen der Effektivität des Lehrverhaltens, der Unterrichtsorganisation und der unterrichtsmethodischen Unterstützung zuwiderlaufen.

Schulformen keine angemessene sonderpädagogische Förderung erhalten: "Their programs are not really special - no more appropriate than the programs they would receive in general education"[207] (S. 7). Dafür sind seiner Ansicht nach insbesondere die Defizite in der sonderpädagogischen Lehrerbildung als auch die mangelhafte Unterstützung der in Schulen tätigen Sonderpädagoginnen und Sonderpädagogen verantwortlich. Besonders drastisch fällt die folgende Kritik eines Regelschulpädagogen, in diesem Fall an Sonderklassen für Schüler und Schülerinnen mit "specific learning disabilities", aus:

Only rudimentary skills and topics are taught in classes for the learning disabled, homework is rarely if ever assigned, and the instructors of the learning disabled typically have little or no background in the academic subjects that they teach. Indeed, `babysitting´ is perhaps the best way to describe many classes for the learning disabled[208] (*Toch*, 1991, S. 127).

Obgleich auch jenen Schülern und Schülerinnen, die in Sonderklassen gefördert werden, Möglichkeiten zur Interaktion mit ihren nichtbehinderten Schulkameraden gewährt werden müssen, handelt es sich dabei häufig jedoch nur um "symbolic integration in lunch, art, music and physical education"[209] (*Skrtic*, 1987, S. 18). Die genaue Analyse der Stundenpläne von separat geförderten Kindern mit "emotional disturbance", "educable mental retardation" oder "learning disabilities" im Elementarbereich von *Sansone und Zigmond* (1986) bestätigt diese Aussage. Durchschnittlich verbrachten die Kinder der Stichprobe nur 14,5% ihrer Unterrichtszeit mit ihren nichtbehinderten Mitschülern und Mitschülerinnen, wobei sie am häufigsten in sog. "special subject classes" wie Musik, Kunst und Sport eingegliedert wurden. Weniger als 10% der Schulkinder nahmen je am Unterricht in akademischen Fächern teil. Die Angemessenheit der entsprechenden "Integrationsstunden" war häufig fragwürdig, da mehr als ein Drittel der Kinder am Unterricht von jüngeren teilnahmen[210], nur 55% dabei immer wieder in die gleiche Klasse eingegliedert wurden und nur 39% dann z.B. auch alle Musikstunden ("full sequence") in einer Woche besuchten (S. 455).

---

[207] Die Form ihrer unterrichtlichen Förderung ist nicht wirklich etwas `besonderes´ - sie ist nicht angemessener als die Förderung, die sie in der Regelschule erhalten würden.

[208] In den Klassen für die `learning disabled´ werden nur grundlegende Fähigkeiten geschult und rudimentäre Themenbereiche behandelt, Hausaufgaben werden nur selten, wenn überhaupt, aufgegeben, und die Lehrkräfte der `learning disabled´ haben normalerweise wenig oder überhaupt keine Ausbildung in den von ihnen unterrichteten akademischen Fächern. In der Tat ist `Babysitting´ vielleicht die beste Umschreibung für das, was in vielen Klassen für die `learning disabled´ abläuft.

[209] "symbolische Integration während der Mittagspause, der Kunst-, Musik- und Sportstunden"

[210] Die gesetzliche Forderung nach Möglichkeiten zur Interaktion mit Altersgenossen scheint häufig ein Problem zu sein. So ergab sich bei einer mehrjährigen Untersuchung in Virginia, daß nur die Hälfte der überprüften Schulbezirke diese Richtlinien angemessen umsetzte (*Katsiyannis & Ward*, 1992, S. 53).

3.8.8.3 Gerichtsverfahren zur Frage der Schulform:

Auch die Frage nach der individuell angemessenen Schulform mußte seit Verabschiedung von P.L. 94-142 häufig gerichtlich geklärt werden. Bei den meisten Urteilen zeigte sich, daß die Gerichte zwar dazu geneigt waren, zugunsten integrativer Schulformen zu entscheiden, die individuelle Angemessenheit der sonderpädagogischen Förderung jedoch als Hauptkriterium für die Wahl der geeigneten Schulform galt. Ferner sollte aber auch gewährleistet sein, daß die Aufnahme des betroffenen Kindes den Unterrichtsablauf in der Regelklasse nicht schwerwiegend stört, und auch die finanziellen Kosten der für die Integration notwendigen Stützmaßnahmen müssen vertretbar erscheinen (*Data research*, 1989, S. 69-79; *Yell*, 1995, S. 399-402).

In ihrer Urteilsbegründung haben viele Gerichte betont, daß die Forderung des Gesetzes nach Integration so eindeutig ist, daß zumeist jene Partei, welche eine restriktivere Schulform anstrebt, die Beweislast zu tragen habe (*Rothstein*, 1990, S. 122; ähnlich auch *Yell*, 1995, S. 401). Die betroffenen Schulbezirke dürfen nicht, nur weil dort Integration überwiegend abgelehnt wird, die Forderung nach der Erziehung in der am wenigsten einschränkenden Umgebung vernachlässigen. Und auch die Probleme, welche durch die Aufnahme von Kindern und Jugendlichen, gerade mit schweren Beeinträchtigungen, in die Regelklasse entstehen können, werden von den Gerichten nicht als ausreichende Begründung für die Unterbringung in separaten Schulformen anerkannt (*Brady et al.*, 1989, S. 46-50).

Überraschenderweise versucht in Disputen um die Schulform die Mehrzahl der Eltern jedoch, restriktivere Schulformen, zumeist dann Sonderschulen oder Internate, durchzusetzen (*Lynn*, 1983, S. 48-49; *Sage & Burrello*, 1994, S. 98-99; *Turnbull*, 1990, S. 168-169). Besonders häufig handelt es sich dabei um Eltern von Kindern und Jugendlichen mit schwersten Behinderungen oder gravierenden emotionalen Problemen, die eine ganztägige sozial-pädagogische Betreuung ihrer Kinder für sehr wichtig halten. Auch viele Eltern von gehörlosen Kindern und Jugendlichen versuchen oft die Unterbringung in einer Privatschule oder einem Internat zu erkämpfen, wobei aber weniger das Ausmaß an Integration der eigentliche Streitpunkt ist, sondern vielmehr die in der jeweiligen Einrichtung bevorzugte Kommunikationsmethode die elterliche Vorliebe für eine bestimmte Schulform bestimmt (*Rothstein*, 1990, S. 118-122, 149). All dies macht deutlich, daß auch die Eltern von Kindern und Jugendlichen mit sonderpädagogischem Förderbedarf die Vor- und Nachteile der Integration recht unterschiedlich bewerten (*Hasazi et al.*, 1994, S. 499).

In jenen Verfahren, in denen separate Schulformen trotz der damit für die betroffene Schulbehörde verbundenen höheren Kosten genehmigt wurden, geschah dies meist aufgrund der Annahme, daß diese vergleichsweise besser ausgestatteten Institutionen den Förderbedürfnissen des betroffenen Kindes eher gerecht werden könnten (*Turnbull*, 1990, S. 168-169). Vereinzelt wurden separate Einrichtungen auch dann für legitim erklärt, wenn in einem bestimmten Schulbezirk integrativere Alternativen noch nicht vorhanden waren, das betroffene Kind aber schnellstens sonderpädagogischer Förderung bedurfte, oder wenn das Kind aufgrund seiner Beeinträchtigung dermaßen aggressive Verhaltensauffälligkeiten zeigte, daß es in der Regelschulumgebung sich oder seine Mitschüler und Mitschülerinnen in Gefahr hätte bringen können (*Brady et al.*, 1989, S. 50-52).

3.8.8.4 Grundsätzliche Kritik an der Konzeption des LRE

Sowohl die bundesweiten Unterschiede im Ausmaß der Integration von Schülern und Schülerinnen mit sonderpädagogischem Förderbedarf als auch die zahlreichen Rechtsstreite, die im Zusammenhang mit der Forderung nach Erziehung in der am wenigsten einschränkenden Umgebung geführt wurden, machen deutlich, daß das Prinzip des "least restrictive environments" unterschiedlich interpretiert wird (*Lipsky & Gartner*, 1989c, S. 15). "The law does not offer a chrystal, clear, absolute definition of LRE"[211] (*Margolis & Tewel*, 1990, S. 285). Dies erklärt zum einen zwar seine allgemeine Anziehungskraft, andererseits macht es aber auch die Hauptschwäche des Konzeptes aus (*Taylor*, 1988, S. 42). Manche Autoren und Autorinnen befürchten sogar, daß die Verschwommenheit des Begriffes geradezu zu Mißinterpretationen und Mißbrauch verleite (z.B. *Klein*, 1978, S. 102). Auf alle Fälle kann man feststellen, daß sowohl in der Fachliteratur als auch unter Fachleuten und Eltern in der Praxis das LRE-Prinzip verschieden ausgelegt wird (*Hasazi et al.*, 1994, S. 495; *Margolis & Tewel*, 1990, S. 284; vgl. Kap. 2.3.5.2). Hierfür kann allerdings sicher nicht nur die Unklarheit des Gesetzestextes verantwortlich gemacht werden. Mindestens eine ebenso wichtige Rolle spielen individuelle pädagogische Grundüberzeugungen, welche die Umsetzung der Konzeption in die Schulpraxis und die, schon seit Verabschiedung von P.L. 94-142 bestehende, Kritik daran mitbestimmen.

So gibt es einige Sonderpädagogen und Sonderpädagoginnen, die bemängeln, daß wissenschaftliche Belege für die Effekte integrativen Unterrichts zu wenig beachtet werden und daß die Forderung nach Integration sich zu einseitig vom politischen und philosophischen Zeitgeist leiten läßt, der jederzeit auch wieder umschwenken kann (*Zigler & Muenchow*, 1979, S. 994). Gerade die für eine sonderpädagogische Förderung so wichtige Konitnuität könnte dadurch gefähr-

---

[211] Das Gesetz bietet keine kristallklare und uneingeschränkt gültige Definition von LRE.

det werden: "We cannot ... continue to move the retarded about like cattle under the banner of normalization"[212] (*Zigler & Hall*, 1986, S. 2).

Relativ häufig kritisiert wird ferner, daß die LRE-Richtlinien den Schwerpunkt des Interesses auf die physikalische Schulform lenken, anstatt auf die Art und Qualität der Förderung (*Leinhardt & Pallay*, 1982, S. 574; *Macchiarola*, 1989, S. xvi; *Taylor*, 1988, S. 48; *Tucker*, 1989, S. 458). Ähnlich äußert sich auch *Bateman* (1994): "It isn´t how you pile up the children that matters, it´s what you do in the piles"[213] (S. 517). Eine wesentliche Rolle spielt dabei natürlich die Unterrichtsmethodik: "We have erroneously focused on the *setting in which instruction happens* when research indicated that we should be focusing on *features of the instruction* that produce improved learning"[214] (*Sapon-Shevin*, 1987, S. 303; ähnlich auch *Lipsky & Gartner*, 1989b, S. 281). Aber auch andere Aspekte des Schullebens, wie z.B. die Persönlichkeit und Einstellung der Lehrkräfte, Charakteristika der Mitschüler und Mitschülerinnen oder die Ausstattung der Schule wirken sich auf die Qualität der Förderung innerhalb einer bestimmten Schulform aus (*Goldberg & Kuriloff*, 1991, S. 547).

Die Frage, in welchem Ausmaß die Forderung nach weitmöglichster Integration umgesetzt werden sollte, teilt die sonder- und regelschulpädagogische Fachwelt in zwei Lager.

Die einen betonen, daß es nicht das Ziel sein kann und darf, alle Kinder und Jugendlichen mit "disabilities" voll zu integrieren, weil dann die Gefahr bestünde, deren individuelle Förderbedürfnisse zu vernachlässigen (z.B. *Reger*, 1974, S. 58; *Zigler & Hall*, 1986, S. 2). *Thurman* (1981) will z.B. sichergestellt wissen, daß die am wenigsten einschränkende Umgebung gleichzeitig auch "sufficiently restrictive"[215] ist (S. 69). *Lewis und Doorlag* (1983) betonen, daß die Unterbringung in der Regelklasse gerade für bestimmte Kinder und Jugendliche mit schweren Behinderungen niemals angemessen sein kann (S. 327-328). Vielerorts fehlt es aber, wie die folgende Bemerkung eines Schulleiters deutlich macht, auch einfach an dem Willen und der ebenfalls dazu erforderlichen positiven Gesinnung, die Forderung nach Integration für alle Schüler und Schülerinnen sinnvoll zu verwirklichen: "The logical extension of this LRE stuff is that we are

---

[212] Wir dürfen nicht damit fortfahren, unter dem Banner der Normalisation mit den Geistigbehinderten wie mit Vieh umherzuziehen.

[213] Nicht die Frage, welchen `Stapeln´ man die Kinder zuteilt ist wichtig, sondern vielmehr das, was man in diesen `Stapeln´ macht.

[214] Fälschlicherweise haben wir uns auf die *Schulform, in welcher der Unterricht stattfindet*, konzentriert, obwohl die Forschung deutlich gemacht hat, daß wir unser Augenmerk verstärkt auf die *Charakteristika eines Unterrichts*, der Lernerfolge erzielt, hätten richten sollen.

[215] "einschränkend genug"

going to be forced to put vegetables in the regular classroom"²¹⁶ (zit. nach *Sailor*, 1989, S. 53).

Anderen geht die Formulierung des Gesetzestextes nicht weit genug, da er sich zwar zugunsten gemeinsamer Unterrichtung aller Schüler und Schülerinnen äußert, gleichzeitig aber doch restriktivere Schulformen legitimiert: "As long as the policy direction is defined in terms of the least restrictive environment, some people will continue to support institutions and other segregated settings merely by defining them as the least restrictive environment for certain people"²¹⁷ (*Taylor*, 1988, S. 46; ähnlich auch *Biklen*, 1989, S. 10; *Ferguson*, 1989, S. 39). Das Modell des Kontinuums verschiedener Schulformen erweckt allzu leicht den Eindruck, als müsse sich das jeweilige Kind der Schulform anpassen und nicht die Schulform sich so verändern, daß sie den Bedürfnissen des Kindes gerecht wird (*Taylor*, 1988, S. 46). Folglich fühlen sich viele Schulen zu grundsätzlichen Veränderungen ihres Schullebens nicht verpflichtet (*Witkin & Fox*, 1992, S. 328), sie wählen eine bestehende Schulform aus, anstatt etwas Neues zu erschaffen: "The LRE becomes the `LREE´ - the least restrictive *existing* environment"²¹⁸ (*Witkin & Fox*, 1992, S. 327; ähnlich auch *Singer & Butler*, 1987, S. 135; *Turnbull*, 1990, S. 185). Insofern hat sich auch in den Jahren seit Inkrafttreten von P.L. 94-142 wenig an den bisherigen Verfahrensweisen verändert: "We tried to fit children into programs, just as we had long done, rather than flexibly and creatively creating new programs, one child at a time"²¹⁹ (*Bateman*, 1994, S. 30). Daß viele Schulbezirke daher auch an der bisherigen Praxis der sonderpädagogischen Förderung in separaten Klassen festhalten würden, war folglich eigentlich zu erwarten gewesen (*Sarason & Doris*, 1979, S. 369).

Nach Ansicht dieser Kritiker und Kritikerinnen liegt das Hauptkriterium für die Wahl der Schulform zu einseitig auf den diagnostizierten Fähigkeiten und Defiziten des Schulkindes, die vorherrschend individualtheoretische Sichtweise von Behinderung vernachlässigt allzusehr den Einfluß der schulischen Umgebung (*Little*, 1985, S. 99). Je schwerwiegender die Beeinträchtigung, umso eher werden separate Schulformen für notwendig erachtet (*Biklen*, 1989, S. 10; *Blackman*, 1989, S. 461), weil angeblich nur dort intensive sonderpädagogische

---

²¹⁶ Die logische Ausweitung dieses LRE-Krams ist, daß wir letztendlich dazu gezwungen werden, `Gemüse´ in die Regelklassen aufzunehmen.
²¹⁷ Solange die gesetzlichen Vorschriften die Einhaltung der LRE-Klausel festlegen, wird es immer Leute geben, die weiterhin Institutionen und andere segregierende Einrichtungen unterstützen, indem sie diese für bestimmte Personen einfach zum `least restrictive environment´ erklären.
²¹⁸ Aus dem `LRE´ (least restrictive envrionment) wird das `LREE´ (least restrictive existing environment) - die am wenigsten einschränkende, *existierende*, Umgebung.
²¹⁹ Wir haben versucht, Kinder, so wie wir schon lange verfahren sind, in bestehende schulische Programme einzupassen, anstatt flexibel und kreativ neue Formen schulischen Lernens zu schaffen, und zwar für jedes Kind individuell.

Förderung gewährleistet werden kann (*Taylor*, 1988, S. 46). Folglich müssen sich die Kinder und Jugendlichen mit sonderpädagogischem Förderbedarf erst das "Recht" verdienen, in eine integrative Schulform "aufzusteigen" (*Biklen et al.*, 1987, S. 36; *Snell & Drake*, 1994, S. 394), was den Eindruck erweckt, "that belonging is something that must be earned, rather than an essential human need and a basic human right"[220] (*Kunc*, 1992, S. 35). Deutlich wird dieses Prinzip z.B. bei *Salend* (1984), der beschreibt, welche Fähigkeiten Aufschluß über die "Integrationsfähigkeit" eines Schulkindes geben können. Jene Kinder, welche die genannten Bereiche beherrschen gelten als potentielle "Kandidaten" für die Integration, die anderen müssen noch weiter separat gefördert werden, bis auch sie die erforderlichen Fähigkeiten vorweisen können (S. 410). Eine derartige Verfahrensweise erscheint *Taylor* (1988) geradezu ironisch, da erfahrungsgemäß Schüler und Schülerinnen in einer separaten Umgebung kaum die Chancen haben, das zu lernen, was sie in einer integrativen Umgebung können sollen (S. 47; vgl. auch *Van Dyke, Stallings & Colley*, 1995, S. 276). Außerdem sollte es die Aufgabe der Schulen sein, sich den Lernbedürfnissen und -voraussetzungen der Schüler und Schülerinnen anzupassen, und nicht umgekehrt (*Meyer*, 1994, S. 252). Bildlich formuliert wurde die Kritik an dieser sog. "readiness trap"[221] von einem Elternteil: "My child is not a salmon. She can't swim upstream ... she can't get up your cascade ... if she tries, she'll drown"[222] (zit. nach *Snell & Drake*, 1994, S. 394). Die Beobachtung, daß die meisten Schulkinder, die in einer separaten Schulform unterrichtet werden, dort auch langfristig verbleiben (*Biklen et al.*, 1987, S. 19), scheint diese These zu stützen. Hinzu kommt das Problem, daß jeder Wechsel von einer Schulform zur anderen einen ungeheuren diagnostischen und bürokratischen Aufwand bedeutet: "We stand in danger of having exceptional children `stuck´ or maintained at some level of the cascade because the rules and the mechanics for moving a student from one level to another weigh against flexibility and ease of movement"[223] (*Merulla & McKinnon*, 1982, S. 94).

---

[220] ..., daß das `Dazugehören´ etwas ist, was man sich verdienen muß, und nicht ein wesentliches menschliches Bedürfnis und ein grundlegendes Menschenrecht.
[221] "Falle der Integrations-Reife"
[222] Mein Kind ist kein Lachs. Sie kann nicht flußaufwärts schimmen ... sie kann euren Wasserfall nicht hinaufkommen ... wenn sie es versucht, wird sie ertrinken [`cascade´, der Wasserfall, ist eine andere, etwas weniger gebräuchliche, Bezeichnung für das Kontinuum verschiedener Schulformen, vgl. Kap. 2.3.5.1].
[223] Wir laufen Gefahr, daß Kinder mit außergewöhnlichen Förderbedürfnissen auf irgendeiner Stufe des Kontinuums stecken bleiben oder dort festhalten werden, weil die für den Wechsel eines Schulkindes von einer Stufe zur nächsten vorgegebenen Regeln und Verfahrensweisen Flexibilität und mühelose Veränderungen der Schulform verhindern.

Es verwundert nicht, daß einige der Sonderpädagogen der zweiten Gruppe das LRE-Prinzip insgesamt sehr kritisch beurteilen und eine eindeutigere Aussage zugunsten der Integration von allen Kindern und Jugendlichen mit sonderpädagogischem Förderbedarf verlangen (z.B. *Taylor*, 1988, S. 51; *Witkin & Fox*, 1992). Sie vertreten die Ansicht, daß es an der Zeit sei "to stop developing criteria for who does or does not belong in the mainstream, and turn the spotlight instead toward increasing the capabilities of the regular school environment, the mainstream, to meet the unique needs of *all* students"[224] (*Stainback & Stainback*, 1989, S. 42; vgl. dazu auch Kap. 5).

3.8.8.5 Abschließende Bewertung

Zusammenfassend läßt sich feststellen, daß es in den USA sicherlich einige Schulbezirke gibt, in denen der Integrationsgedanke zur Zufriedenheit aller Beteiligten umgesetzt worden ist. Dennoch bleibt das bundesweite Ausmaß bei der Verwirklichung integrativen Unterrichts deutlich hinter den Erwartungen zurück und auch die Qualität der integrativen sonderpädagogischen Förderung wird häufig angezweifelt.

Daher fragt sich *Adrienne Ash* (1989): "Should I and others who have advocated maximal integration rethink our position in light of what we are learning, or are the problems ones of implementation or practice and not of basic philosophy?"[225] (S. 182). *Bogdan* (1983) würde der zweiten Folgerung zustimmen, denn seiner Ansicht nach sollte man nicht immer wieder Grundsatzdiskussionen darüber führen, ob Integration "funktionieren" kann, sondern vielmehr nach jenen Ursachen suchen, die bisher einer sinnvollen Verwirklichung gemeinsamen Unterrichts im Weg standen (S. 428). Aus moralischen und ethischen Gründen ist integrative Erziehung zu bevorzugen (*Klein*, 1978, S. 105; *Leinhardt & Pallay*, 1982, S. 559; *Sarason & Doris*, 1979, S. 392) und wenn die Verwirklichung auch schwierig und komplex ist, so ist sie nach Ansicht von *Biklen, Ford & Ferguson* (1989), wie viele Beispiele zeigen, durchaus möglich (S. 266).

---

[224] ..., damit aufzuhören, Kriterien dafür zu entwickeln, wer im `mainstream´ untergebracht werden sollte und wer nicht. Stattdessen ist es an der Zeit, die Aufmerksamkeit darauf zu lenken, wie die Fähigkeit des Regelschulwesens, des `mainsteams´, den individuellen Bedürfnissen aller Kinder gerecht zu werden, ausgeweitet werden kann.

[225] Sollten ich und diejenigen, die für eine vollständige Integration plädiert haben, unseren Standpunkt angesichts der vorliegenden Erfahrungen überdenken, oder resultieren die Probleme aus der Form der Durchführung oder der gängigen Praxis und nicht aus der Philosophie selbst?

Nach Einschätzung von *Leinhardt und Pallay* (1982) könnten viele der erwiesenermaßen effektiven Unterrichtsmerkmale auch in der Regelklasse umgesetzt werden (S. 572-574). Neben einer entsprechenden Vorbereitung aller Beteiligten, dem Angebot von Fortbildungsmöglichkeiten für die Regelschullehrkräfte (*Salend*, 1984, S. 411-413) und dem Aufbau effektiver Teamarbeit (*Thousand & Villa*, 1992) wären dazu aber insbesondere entsprechende Rahmenbedingungen wie kleinere Klassengrößen und zusätzliche Stützkräfte nötig.

3.9 Quellenkritik der "Annual Reports"

Ungeachtet der Tatsache, daß die "Annual Reports" derzeit die umfassendste und detaillierteste Datensammlung zur bundesweiten Umsetzung von P.L. 94-142 liefern (*Gerber & Levine-Donnerstein*, 1989, S. 17; *McLaughlin & Owings*, 1992, S. 247), ist es dennoch strittig, ob diese Berichte den gegenwärtigen Stand der sonderpädagogischen Praxis angemessen widerspiegeln. Für *Gerber* (1984) stellt sich daher die folgende Frage: "Is Congress getting the full story?"[226]. Zwar muß man eingestehen, daß sowohl die Aussagekraft als auch die Anschaulichkeit bei der Präsentation der Daten und Informationen sich im Laufe der Zeit verbessert haben (vgl. auch *Gerber & Levine-Donnerstein*, 1989, S. 19), aber dennoch gibt es weiterhin noch viel Anlaß zu Kritik (z.B. *Algozzine*, 1990; *Gerber & Levine-Donnerstein*, 1989; *Greenburg*, 1989; *Wyche*, 1989). Grundsätzlich muß natürlich auch bedacht werden, welche Auswirkungen es haben kann "wenn eine Instanz gleichzeitig für die Gestaltung des Wirklichkeitsbereiches und für die Erfolgsfeststellung zuständig ist ... Ministerien neigen aus verständlichen Gründen dazu, die Öffentlichkeit selektiv zur Stützung der eigenen Bildungspolitik zu informieren" (*Fend*, 1990, S. 707).

Als Hauptproblem sehen viele Autoren und Autorinnen die Tatsache an, daß der alljährlichen Auflistung der Zahl der Kinder und Jugendlichen, die sonderpädagogisch gefördert werden, so hohe Bedeutung beigemessen wird. Zwar konnte in den ersten Jahren nach Inkrafttreten von P.L. 94-142 der stetige Anstieg in der Anzahl der gemeldeten Schüler und Schülerinnen tatsächlich als ein Indikator für Fortschritte bei der Umsetzung des Gesetzes gewertet werden (*Greenburg*, 1989, S. 10). Als befriedigender Beleg dafür, daß die zentrale Zielsetzung von P.L. 94-142 erfüllt wurde, daß also inzwischen auch wirklich alle Kinder und Jugendlichen, die sonderpädagogischer Förderung bedürfen, diese auch erhalten, können die Zahlen allein jedoch nicht dienen.

---

[226] Erfährt der Kongreß die ganze Wahrheit?

Auch andere wichtigere Fragen, z.B. inwieweit die staatlichen Bemühungen um Chancengleichheit und um Angemessenheit der sonderpädagogischen Förderung erfolgreich waren, lassen sich auf dieser rein statistischen Grundlage nicht beantworten (*Gerber & Levine-Donnerstein*, 1989, S. 23). Deshalb reicht es eigentlich auch nicht aus, lediglich zu überprüfen, inwieweit alle Bundesstaaten die gesetzlichen Richtlinien buchstabengetreu befolgen, da dies ebenfalls noch kein Garant für eine qualitativ hochwertige sonderpädagogische Förderung ist (vgl. *Ballard-Campbell & Semmel*, 1981, S. 66; *Gerber*, 1984, S. 209). Daß die praktische Umsetzung einer weiteren zentralen Forderung des Gesetzes, nämlich der nach einem "Individual Educational Program", nur in den Anfangsjahren genauer erforscht wurde, muß in diesem Zusammenhang nochmals als besonderes Manko hervorgehoben werden.

Bei der Beschreibung der Erfolge und Probleme im Bereich der integrativen Bemühungen beschränken sich die "Annual Reports" ebenfalls zumeist auf die Präsentation von Daten. Anhand dieser kann man zwar Aussagen zur Verteilung der Schüler und Schülerinnen mit sonderpädagogischem Förderbedarf auf die verschiedenen Schulformen machen[227], andere Aspekte, die bzgl. der Erfolge bei der Umsetzung der LRE-Forderung sicherlich ebenfalls von Interesse wären, werden in den Jahresberichten seltenst untersucht, meistens nur angedeutet. So wird im ersten Jahresbericht die Anmerkung dazu, daß nicht nur das *Ausmaß*, sondern gerade auch die *Qualität* integrativer Erziehung von Interesse wäre, nur eingeschoben (*U.S. Dep. of H.E.W.*, 1979, S. 39). Im zweiten "Annual Report" werden vereinzelte Äußerungen von betroffenen Eltern und Lehrkräften aufgeführt, die verschiedene Problembereiche deutlich machen (*U.S. Dep. of Ed.*, 1980, S. 46-47). Allerdings werden diese Schwierigkeiten dann nicht weiter diskutiert. Daß es bei integrativem Unterricht zu Schwierigkeiten bzgl. der Akzeptanz durch Mitschüler und Mitschülerinnen ohne Behinderungen kommen kann, Kinder und Jugendliche mit sonderpädagogischem Förderbedarf - selbst bei Unterbringung in der Regelschule - dort in vergleichbarer Weise isoliert sein können, wie in einer separaten Einrichtung, wird ebenfalls nur nebenbei erwähnt (*U.S. Dep. of Ed.*, 1982, S. 33, 37). Und selbst in der gesonderten Untersuchung zur veränderten Bedeutung von Sonderschulen und Internaten seit 1976/77, die sich im 13. Jahresbericht findet, überwiegen rein quantitative Fragestellungen, wie jene nach der Anzahl und Trägerschaft dieser Einrichtungen, der häufigsten Behinderungsform und dem Alter der jeweiligen Schülerpopulation, oder der Fluktuation in der Schülerschaft. Was die Qualität der Förderungen in diesen separaten Schulformen betrifft, wurde nur geprüft, wie groß die Klassenstärken

---

[227] Eine derartige Vorgehensweise eröffnet laut *Schröder* (1993) zwar die Möglichkeit, zu "untersuchen, wie sich die statistischen Daten mit den bildungspolitischen Programmen vertragen"(S. 139). Der Autor verweist jedoch auch darauf, daß Statistik allein dem komplexen Themenbereich schulischer Integration nicht gerecht werden kann (*ebd.*)

waren, wieviele Lehrkräfte welchen Ausbildungsgrades pro Kind zur Verfügung standen und welche nichtakademischen Aktivitäten angeboten wurden. Inwieweit das Angebot sonderpädagogischer Förderung und "related services" sich von dem anderer Schulformen unterscheidet, welche Vor- und Nachteile der Besuch dieser separaten Einrichtungen für die Schüler und Schülerinnen langfristig hat, oder welche Rolle die Einstellungen der Eltern bei der Wahl dieser Schulform spielen, werden lediglich als wichtige Fragestellungen für weitere Untersuchungen genannt (*U.S. Dep. of Ed.*, 1991b, S. 87-132).

Bei der Auswahl der in den Jahresberichten präsentierten Daten fehlen bislang dagegen jegliche Angaben darüber, wieviele Schüler und Schülerinnen im Laufe ihrer Schulzeit in integrativere Schulformen "aufgestiegen" sind, (*Greenburg*, 1989, S. 11) oder nach einigen Jahren sonderpädagogischer Förderung dieser nicht mehr bedurften (*Gartner & Lipsky*, 1987, S. 267). Auch das durchschnittliche Lehrer-Schüler-Verhältnis wird nicht differenziert genug erhoben (*Algozzine*, 1990, S. 273), ebensowenig die extremen Kosten mancher "related services" oder der erhebliche Verlust an Unterrichtszeit, der sich bei Bereitstellung dieser Leistungen für viele Kinder und Jugendliche ergibt (*Greenburg*, 1989, S. 11). Fragen der Angemessenheit und Effektivität des Unterrichts werden fast völlig vernachlässigt (vgl. *Hagerty & Abramson*, 1987, S. 320, *National Council on Disability*, 1993, S. 66).

Ferner zeigt sich, daß die in den verschiedenen Bundesstaaten erhobenen Daten nicht immer vergleichbar sind. Trotz aller Bemühungen des OSEP um Einheitlichkeit werden die bundesweiten Richtlinien für die Datensammlung in einzelnen Staaten nicht gewissenhaft genug befolgt. Dies betrifft z.B. die Behinderungskategorien, unter denen die Kinder und Jugendlichen gemeldet werden. Aber auch die Logik und Verfahrensweisen bei der Datensammlung bzgl. des Ausmaßes integrativer Förderung in den einzelnen Bundesstaaten wird häufig kritisiert (z.B. *National Council on Disability*, 1993, S. 30). So ergab sich beispielsweise, daß in einem der drei von *Haring* und ihren Kolleginnen überprüften Bundesstaaten bei strenger Befolgung der Erhebungsrichtlinien 30% mehr Schüler und Schülerinnen mit schweren Beeinträchtigungen in separaten Schulformen untergebracht waren, als ursprünglich angegeben worden war (*Haring, Farron-Davis, Goetz, Karaksoff, Sailor & Zeph*, 1992, S. 151). Derartige Diskrepanzen verringern natürlich die Zuverlässigkeit der in den "Annual Reports" aufgeführten Daten immens und somit auch deren Nutzen zur Darstellung und Analyse bundesweiter Trends in der sonderpädagogischen Förderung von Schülern und Schülerinnen mit "disabilities" (*dies.*, S. 152).

Aber auch die Darstellung der vorhandenen Daten wird häufig kritisiert. Oft werden nämlich Zahlen angegeben, obwohl Prozentsätze aufgrund der unterschiedlichen Gesamtschülerzahlen in den Bundesstaaten eigentlich viel interessanter wären. So ist es z.B. wenig aussagekräftig, wenn die Zunahme der Zahl von Schülern und Schülerinnen, die sonderpädagogisch gefördert werden, in Zahlen dargestellt wird, da derartige Veränderungen stets in Abhängigkeit von der Entwicklung der Gesamtschülerzahlen betrachtet werden müßten. Diese Art der Präsentation von Ergebnissen vergleicht *Algozzine* (1990) daher mit "reporting that the sun comes up in the east when someone asks what time it is"[228] (S. 272). *Gerber* (1984) redet sogar von einer Verfälschung der Ergebnisse (S. 213) und diese Kritik erscheint durchaus berechtigt, denn im fünften und sechsten Jahresbericht wurde die in manchen Bundesstaaten gesunkene Anzahl der als "learning disabled" diagnostizierten Kinder und Jugendlicher vom OSEP als Zeichen dafür gewertet, daß die strengeren diagnostischen Maßstäbe erste Erfolge zeigen. In diesem Zusammenhang war allerdings versäumt worden, darauf hinzuweisen, daß diese vergleichsweise nunmehr niedrigeren Zahlen in den meisten betroffenen Staaten nur ein Produkt der insgesamt gesunkenen Schülerzahlen waren (*Gerber*, 1984, S. 214).

Bei der Interpretation der Daten zu den "related services" wären Prozentangaben ebenfalls sinnvoller gewesen, denn die Information, daß durchschnittlich jedes Kind 1,21 "related services" erhielt, ist wirklich "totally meaningless"[229] (*Greenburg*, 1989, S. 11). Ferner hätte es sich hier auch gelohnt, die verschiedenen Maßnahmen nicht einzeln aufzuführen, sondern gruppiert darzustellen. Dann wäre z.B. deutlich geworden, daß 42% der "related services" eher diagnostischen Zwecken dienten, dagegen nur 17% therapeutischer Art waren (*Algozzine*, 1990, S. 272).

Manchmal fehlen allerdings auch Zusatzinformationen, die für die Leser und Leserinnen notwendig wären, um die Daten wirklich deuten zu können. So finden sich zwar Angaben über die integrative Förderung von Kindern im Alter von drei bis fünf Jahren und die von Jugendlichen zwischen 18 und 21 Jahren, allerdings wird das Ausmaß der Integration anhand der Klassifizierung nach *Schul*formen dargestellt. Da die kleinen Kinder aber höchstwahrscheinlich im vorschulischen Bereich untergebracht sind, die älteren Jugendlichen vermutlich auch nicht mehr die "high school" besuchen, weiß man überhaupt nicht, wie man sich die verschiedenen Formen integrativer Förderung für diese beiden Altersgruppen vorzustellen hat.

Insgesamt enttäuschend ist zudem die Tatsache, daß sich generell zu wenig Analysen der präsentierten Daten finden (vgl. auch *Algozzine*, 1990, S. 273). Ein gutes Beispiel hierfür sind die eigentlich erwartungswidrigen Unterschiede in der Häufigkeit bestimmter Behinderungsformen in den verschiedenen Bundesstaaten. Dieses für die Sonderpädagogik doch problematische Phänomen wird zwar

---

[228] ... der Bekanntgabe, daß die Sonne im Osten aufgeht, wenn jemand fragt, wie spät es sei.

[229] "völlig aussagelos"

beschrieben, aber nicht näher diskutiert oder gar untersucht. In manchen Jahresberichten wird es sogar eher als erhebungstechnisches Problem heruntergespielt. Auf die wichtigen lokalen Einflußgrößen, wie die historische Entwicklung der Sonderpädagogik in dem betreffenden Staat, die Bedeutung der Finanzierungsmodelle oder spezieller staatlicher Richtlinien, wird dagegen nicht näher eingegangen (*Gerber*, 1984, S. 213, 215). Ein weiteres Beispiel wären die Ergebnisse bei den Erhebungen bzgl. der Schulformen. Auch hier zeigen sich auffällige Unterschiede, je nach Alter, Behinderungsform oder Wohnort der betroffenen Schüler und Schülerinnen, und abermals werden diese Besonderheiten nicht näher erläutert[230].

Andererseits vermittelt die Tatsache, daß sich in den Jahresberichten im allgemeinen so wenig Diskussionen und Interpretationen der Ergebnisse der Erhebungen finden, natürlich auch den, vielleicht nicht unbeabsichtigten, Eindruck von Sachlichkeit und Objektivität von Seiten des OSEP. Allerdings stellt *Gerber* (1984) zu Recht fest, daß die Standpunkte des OSEP implizit doch deutlich werden, da die Art der Darstellung und die Auswahl der Daten die Leser und Leserinnen fast zwangsläufig zu bestimmten Folgerungen verleitet (S. 211)[231]. Insofern sind die Jahresberichte doch auch "essential reading for those interested in the perspective of the Department of Education on the field and the practice of special education"[232] (*Greenburg*, 1989, S. 13).

Insgesamt muß man also feststellen, daß die "Annual Reports" in ihrer bisherigen Erscheinungsform keine geeignete Basis für eine kritische Diskussion der derzeitigen sonderpädagogischen Praxis und ihrer gesetzlichen Grundlagen bieten (*Gerber*, 1984, S. 223). Es fragt sich, ob eine andere Grundkonzeption der Jahresberichte nicht sinnvoller gewesen wäre. *Algozzine* (1990) weist in diesem Zusammenhang auf die Vorteile des, auch in der hier vorliegenden Arbeit an einzelnen Stellen zitierten, ebenfalls jährlich vom "U.S. Department of Education" herausgegebenen Berichts "The condition of education" hin, in dem anhand

---

[230] Die Richtlinien zur Evaluation und der Vergabe von Forschungsaufträgen sind inzwischen aber überarbeitet worden. In dem neu formulierten Gesetzesabschnitt wird u.a. auch gefordert, daß bestimmten Fragestellung nachgegangen werden muß, wie beispielsweise dem Phänomen des disparaten Ausmaßes der Integration in den einzelnen Bundesstaaten oder dem stark gesunkenen und zudem regional sehr unterschiedlich hohen Anteil an Kindern und Jugendlichen, die als "mentally retarded" diagnostiziert werden (*P.L. 101-476*, Sec. 203).

[231] Dies gilt beispielsweise für die alljährlich auf den ersten Seiten der Jahresberichte abgedruckte Tabelle über den seit dem Schuljahr 1977/78 erfolgten hohen Anstieg der Zahl der bundesweit sonderpädagogisch geförderten Schüler und Schülerinnen, die auch ohne Erläuterungen wie ein eindeutiges Indiz für die Erfolge sonderpädagogischer Reformbemühungen präsentiert wird (vgl. *Algozzine*, 1990, S. 275).

[232] ... unentbehrliche Lektüre für jene, die sich für den Standpunkt des Bundesministeriums für Erziehung zum Gegenstandsbereich der Sonderpädagogik und zur sonderpädagogischen Praxis interessieren.

einer Gruppe von Indikatoren versucht wird, den Zustand des Bildungswesens zu beschreiben (*U.S. Dep. of Ed., Nat. Center for Ed. Statistics*, 1994). Greenburg (1989) dagegen spricht sich für die Einbeziehung von langfristigen Einzelfallstudien aus (S. 10). Auch die repräsentative Untersuchung von *Louis Harris* und seinen Mitarbeitern und Mitarbeiterinnen, in welcher Lehrkräfte, Schüler und Schülerinnen mit "disabilities" sowie deren Eltern nach ihren persönlichen Erfahrungen mit der Qualität sonderpädagogischer Förderung befragt wurden, könnte vielleicht Anregungen für eine konzeptionelle Verbesserung der Jahresberichte bieten (*Louis Harris and Associates*, 1989).

Bei aller Kritik muß man allerdings eingestehen, daß der Versuch, die sonderpädagogischen Bemühungen in 16.000 Schulbezirken in den USA zu dokumentieren einer "mission impossible"[233] gleicht (*Greenburg*, 1989, S. 10). Wie schon erläutert, wird der Inhalt der "Annual Reports" auch von gesetzlichen Auflagen festgelegt und sicherlich auch von den finanziellen und personellen Möglichkeiten des "U.S. Department of Education" bestimmt. Dennoch ist es bedauerlich, daß die mit solch hohem finanziellen und organisatorischem Aufwand erstellten, und zudem in der Fachwelt und Öffentlichkeit so einflußreichen Berichte (vgl. *Gerber*, 1984, S. 209), derartige Mängel aufweisen.

3.10 Gesamtbeurteilung der Erfolge und Probleme bei der Umsetzung von P.L. 94-142

In diesem Kapitel sind die Erfahrungen mit der Umsetzung der Kerninhalte von P.L. 94-142 dargestellt worden. Zusammenfassend soll nochmals beschrieben werden, in welchen Bereichen Erfolge erzielt worden sind und wo weiterhin Probleme bestehen.

Bevor jedoch die Verwirklichung der einzelnen Kerninhalte des Gesetzes nochmals resümiert werden soll, muß vorausgeschickt werden, daß es eigentlich unbestritten ist, daß im ganzen gesehen, P.L. 94-142 die Bildungschancen von Kindern und Jugendlichen mit sonderpädagogischem Förderbedarf deutlich verbessert hat. In der neuesten Studie der "National Organization on Disability" wurde z.B. festgestellt, daß sich der Bildungsgrad von Menschen mit Behinderungen in den letzten Jahren eindeutig erhöht hat[234] (*National Organization on*

---

[233] "unerfüllbaren Mission"
[234] Im Vergleich zu der letzten Erhebung der NOD aus dem Jahre 1986 hatten statt 40% nur noch 25% der Amerikaner und Amerikanerinnen mit Behinderungen keinen "high-school" Abschluß (verglichen mit 15% bzw. 12% bei den Bürgern und Bürgerinnen ohne Behinderungen). Auch der Anteil der amerikanischen Frauen und Männer mit Behinderungen, die zumindest für einige Zeit ein "college" besucht haben, stieg von 29 auf 44% und entspricht

Disability, 1994, S. 22), und dieser Fortschritt wird insbesondere dem Einfluß von P.L. 94-142 zugeschrieben (*dies.*, S. 4). Auch die Tatsache, daß 94% der 1988 von *Louis Harris* und seinem Mitarbeiterstab befragten Lehrkräfte der Ansicht waren, daß die sonderpädagogische Förderung von Kindern mit Behinderungen bzw. Lernproblemen sich seit Verabschiedung von P.L. 94-142 zum positiven entwickelt habe (*Louis Harris and Associates*, 1989, S. 43), und die überwiegende Mehrheit deren schulische Förderung als mindestens gleichwertig zu der ihrer nichtbehinderten Altersgenossen ansieht (*ders.*, S. 58), sollte nicht unerwähnt bleiben.

Dennoch hat man auf der Grundlage der "Annual Reports" und der Fachliteratur den Eindruck, daß weiterhin viele Probleme existieren und das Dilemma nicht darin besteht, daß "the vision of EHA cannot be realized, but that it has not been realized more widely"[235] (*Ferguson*, 1989, S. 36).

Eindeutig als Erfolg gewertet werden kann die Tatsache, daß das uneingeschränkte Recht auf Schulbesuch, bis auf wenige Ausnahmen, für alle Kinder und Jugendlichen mit "disabilities" verwirklicht zu sein scheint (vgl. *Lipsky & Gartner*, 1989c, S. 8; *Wang, Reynolds & Walberg*, 1986, S. 31). Auch die rechtliche Absicherung der sonderpädagogisch förderbedürftigen Schüler und Schülerinnen und ihrer Eltern wird insgesamt als gelungen erachtet (vgl. *Lipsky & Gartner*, 1989c, S. 8; *Walker*, 1987, S. 109), auch wenn das Ausmaß elterlicher Beteiligung an schulischen Entscheidung hinter den Erwartungen zurückblieb (z.B. *U.S. Dep. of Ed.*, 1987, S. 71). Trotz der außerordentlichen logistischen und finanziellen Probleme haben viele Schulbezirke es dank des Enthusiasmus und der Tatkraft vieler Einzelpersonen irgendwie geschafft, die Forderungen des Gesetzes umzusetzen (*Singer & Butler*, 1987, S. 126, 151; *Zettel*, 1982, S. 38) und auf diese Weise konnten Erfolge erzielt werden, "that were considered unobtainable and unthinkable only a few years earlier"[236] (*Will*, 1984, S. 11).

Allerdings gibt es gerade bei der Verwirklichung jener gesetzlichen Forderungen, die in P.L. 94-142 verankert worden waren, um eine qualitativ hochwertige und weitestgehend integrative Förderung von Schülern und Schülerinnen mit Behinderungen bzw. Lernproblemen zu bewirken, nämlich den Forderungen nach sorgfältiger Diagnose der Förderbedürfnisse, einem "Individual Educational Program" und nach Erziehung in der am wenigsten einschränkenden Umgebung, massive Probleme:

---

somit inzwischen fast dem Anteil der nichtbehinderten Amerikaner und Amerikanerinnen mit "college"-Erfahrung, der bei 47% liegt (*National Organization on Disability*, 1994, S. 22).

[235] ..., daß das Wunschbild des EHA [Education of the Handicapped Act] etwa nicht verwirklicht werden könne, sondern vielmehr darin, daß es nicht umfassender verwirklicht wurde.

[236] ..., die vor einigen Jahren noch als unerreichbar und undenkbar galten.

Die großen Unterschiede zwischen den Bundesstaaten sowohl bzgl. des Anteils der als sonderpädagogisch förderbedürftig diagnostizierten Schüler und Schülerinnen als auch bzgl. der Häufigkeit der Diagnose bestimmter Behinderungen (*U.S. Dep. of Ed.*, 1993, S. A 50-51), der immense Anstieg der Schülerzahlen innerhalb der Kategorie der "specific learning disabilities" (*dass.*, 1993, S. 4) oder auch die immer noch existente Überrepräsentation von Kindern und Jugendlichen der ethnischen Minderheiten (*U.S. Dep. of Ed.*, 1992b, S. 15-17) stellen die Glaubwürdigkeit der diagnostischen Ergebnisse in Frage (vgl. *Ysseldyke*, 1987, S. 259). Außerdem wird weiterhin häufig unzureichend qualifiziertes Personal mit der Diagnose betreut, und die dabei verwendeten Testverfahren erweisen sich oftmals als inadäquat (*Lipsky & Gartner*, 1987, S. 12).

Der enorme zeitliche und personelle Aufwand bei der Erstellung der IEPs erscheint angesichts der Tatsache, daß dieser individuelle Erziehungsplan für die tägliche Unterrichtsvorbereitung kaum genutzt wird, ungerechtfertigt. Auch die Qualität vieler IEPs läßt, gemessen beispielsweise am logischen Zusammenhang von diagnostischen Ergebnissen und dargestellten Förderzielen, häufig zu wünschen übrig (*Smith*, 1990a, 1990b).

Besonders enttäuscht ist man aber von der Tatsache, daß sich der bundesweite Anteil von Kindern und Jugendlichen, die innerhalb der Regelklassen unterrichtet werden, seit Inkrafttreten von P.L. 94-142 nicht grundlegend verändert hat (vgl. *Singer & Butler*, 1987, S. 135). Die Chance, integrativ unterrichtet zu werden, ist je nach Behinderungskategorie, Alter oder auch Wohnort unterschiedlich hoch (*U.S. Dep. of Ed.*, 1993, S. 19 + 21, A 53). Weiterhin müssen sich Kinder und Jugendliche mit sonderpädagogischem Förderbedarf der bestehenden Schulform anpassen (*Taylor*, 1988, S. 46), und die Entscheidung über das Ausmaß der Integration hängt nicht unbedingt nur von individuellen Fähigkeiten und Förderbedürfnissen ab, sondern finanzielle und organisatorische Überlegungen spielen eine ebenso bedeutsame Rolle (*Walker*, 1987, S. 110-11).

Ebenfalls als kritisch erweist sich der durch P.L. 94-142 entstandene extrem hohe Verwaltungsaufwand (*Joe & Farrow*, 1983, S. 218) und die Tatsache, daß zu viele Differenzen zwischen Schule und Elternhaus gerichtlich geklärt werden müssen (*Weiner & Hume*, 1987, S. 10). Die zu niedrigen finanziellen Mittel, die den lokalen Schulbehörden für die Umsetzung der kostenintensiven Forderungen von P.L. 94-142 zu Verfügung stehen, werden von vielen allerdings als das größte Problem angesehen (*ebd.*). Der zu geringe Etat für die sonderpädagogische Förderung hat wiederum direkte Auswirkungen auf zwei weitere, häufig genannte Problembereiche, nämlich die ungenügende sonderpädagogische Ausbildung der beschäftigten Lehrkräfte und die, u.a. durch den Personalmangel bedingte, unzureichende Individualisierung des Unterrichts (*Louis Harris and Associates*, 1989, S. 50-52).

Insgesamt betrachtet muß man feststellen, daß es zwar viele Schulbezirke gibt, in denen die Forderungen von P.L. 94-142 vorbildlich umgesetzt worden sind, an manchen Orten dagegen noch große Defizite bei der Verwirklichung der gesetzlichen Richtlinien zu beobachten sind: "The implementation of Congressional mandates for special education at the federal and state levels can best be described as `variable`"[237] (*National Council on Disability*, 1993, S. 11). Folglich fällt es auch schwer, ein pauschales Urteil über die Erfolge bei der Umsetzung von P.L. 94-142 zu fällen. Vielmehr muß man relativieren, daß "some children have been winners and others losers in the actual degree of entitlement the law confers"[238] (*Singer & Butler*, 1987, S. 126). Die Qualität der sonderpädagogischen Förderung unterscheidet sich nicht nur in Abhängigkeit vom Wohnort, sondern auch der familiäre Hintergrund der betroffenen Kinder, die Behinderungsform und das Alter können eine Rolle spielen (*dies.*, S. 151). Zu den sog. "Gewinnern" zählen *Singer und Butler* (1987) nicht nur jene Schüler und Schülerinnen mit sonderpädagogischem Förderbedarf, die in reichen Schulbezirken leben (vgl. auch *Louis Harris and Associates*, 1989, S. 45), sondern auch jene aus Mittelklassen-Familien und solche, die vor der Verabschiedung von P.L. 94-142 überhaupt keine sonderpädagogische Förderung erhalten hatten (S. 144-148). Auch für Schulkinder im Elementarbereich hat sich laut *Walker* (1987) vieles verbessert, während die hohe Zahl der Schulabbrecher zeigt, daß die Qualität der sonderpädagogischen Förderung im Sekundarbereich noch im argen liegt (S. 103-104). Besonders negativ eingeschätzt wird ferner das schulische Angebot für Kinder und Jugendliche in den Innenstädten: "For children who reside in inner cities, the vast majority of whom are poor and members of minority groups, special education referral, evaluation, and placement practices are not more effective now than they were 25 years ago"[239] (*Gottlieb et. al.*, 1994, S. 453).

Angesichts dieser ambivalenten Erfahrungen bei der Verwirklichung von P.L. 94-142 verwundert es nicht, daß die Gesamtbeurteilung der Reformbemühungen bei vielen Sonderpädagogen und Sonderpädagoginnen recht unterschiedlich ausfällt. *Singer und Butler* (1987) würdigen P.L. 94-142 beispielsweise trotz aller weiterhin existenten Probleme als "one of the most far-reaching pieces of

---

[237] Die Erfüllung der Forderungen des Kongresses hinsichtlich sonderpädagogischer Förderung kann sowohl auf bundesweiter als auch auf einzelstaatlicher Ebene bestenfalls als `variabel´ beschrieben werden.

[238] ..., daß manche Kinder hinsichtlich des tatsächlichen Ausmaßes, in denen ihnen die Zusicherungen des Gesetzes zuteil wurden, Gewinner und andere Verlierer waren.

[239] Für jene Kinder, die in den Innenstädten wohnen, von denen die meisten zudem arm und Mitglieder der Minderheitengruppen sind, sind die Verfahrensweisen bei der Überweisung an die Sonderpädagogik, der Diagnostik und der Wahl der Schulform heute nicht effektiver als sie vor 25 Jahren waren.

social legislation ever to benefit children"[240] (S. 152), das u.a. auch zu einer positiveren öffentlichen Einstellung gegenüber Menschen mit Behinderungen geführt habe (S. 151). *Skrtic* (1991) ist dagegen in seinem Urteil deutlich zurückhaltender: "Although no one in the special education community is questioning the spirit of the EHA, or the fact that some important implementation battles have been won, there is widespread concern that the implementation revolution has been lost"[241] (S. 149).

---

[240] "eine der einflußreichsten Errungenschaften der sozialen Gesetzgebung, die Kindern je zugute kam"

[241] Obgleich niemand innerhalb der Sonderpädagogik den Geist des EHA [Education of the Handicapped Act], oder die Tatsache, daß einige bedeutsame Kämpfe bei seiner Umsetzung gewonnen wurden, in Frage stellt, herrscht doch verbreitet die Befürchtung, daß insgesamt betrachtet, die eigentliche Revolution der Verwirklichung gescheitert ist.

4. Barrieren bei der Umsetzung von P.L. 94-142

Im folgenden soll herausgearbeitet werden, welche Bedingungen dafür verantwortlich sein könnten, daß sich bei der Verwirklichung der Regelungen von P.L. 94-142, insbesondere der Forderung nach verstärkter Integration, so deutliche Probleme ergeben haben. Zum einen müssen dabei die generellen Probleme bei der Umsetzung eines Bundesgesetzes auf lokaler Ebene berücksichtigt werden. Einen zentralen Stellenwert hat jedoch die Erörterung der Frage, inwieweit das Regelschulwesen zu den geforderten Veränderungen fähig und bereit war. Abschließend erfolgt der Versuch, sowohl die Erfahrungen mit der sonderpädagogischen Förderung auf der Grundlage von P.L. 94-142 als auch ganz allgemein die Entwicklungen innerhalb des Regelschulwesens in den politischen und gesellschaftlichen Zusammenhang einzuordnen.

4.1 Grenzen und Möglichkeiten einer Reform "per Gesetz"

Es stellt sich zunächst einmal natürlich die Frage, inwieweit die lokalen Schulbehörden überhaupt auf der Basis eines Gesetzes zu grundlegenden Reformen bewegt werden können. "It takes more than legislation to create a social revolution in the schools"[1] (*Zigler & Muenchow*, 1979, S. 993). Mittels eines Gesetzes können nämlich nur bestimmte Teilbereiche kontrolliert werden, wie z.B. die Verteilung von Finanzmitteln oder die Einhaltung der Verfahrensregeln. Dadurch lassen sich zwar geeignete Bedingungen für Veränderungen schaffen - erzwungen werden können diese im Grunde jedoch nicht (*Iannaccone*, 1981a, 72-73). "Policy is at best a crude instrument that can curtail, as well as stimulate, changes in the intended direction"[2] (*Sage & Burrello*, 1994, S. 21).

Außerdem ergibt sich das schon beschriebene Problem, daß die Vorgaben eines Gesetzes von den lokalen Schulbehörden nur so weit wie unbedingt notwendig ausgeführt werden *(Firestone, Fuhrman & Kirst*, 1990, S. 359). "Our reponse to the law included the human, and very understandable, error of trying to implement the law with as little change in practice as possible"[3] (*Bateman*, 1992, S. 30).

---

[1] Es bedarf mehr als bloßer Gesetzgebung, um eine soziale Revolution in den Schulen auszulösen.

[2] Die Politik kann bestenfalls als grobes Werkzeug dienen, das Veränderungen in die erwünschte Richtung sowohl einschränken kann, als auch zu diesen Veränderungen anregen kann.

[3] Unsere Reaktion auf das Gesetz bestand u.a. darin, den menschlichen, und auch sehr verständlichen, Fehler zu machen, das Gesetz mit so wenig Veränderungen in der Praxis wie nur irgend möglich verwirklichen zu wollen.

Den Gesetzestext peinlichst genau zu folgen, ist für sich allein jedoch leider ebenfalls kein Garant für eine qualitativ hochwertige sonderpädagogische Förderung (*Sapon-Shevin*, 1988, S. 108). Eine gleichgültige Befolgung der Einzelregelungen ohne jegliche Begeisterung für die Sache, nämlich "compliance with the letter rather than the spirit of the law"[4] (*Iannaccone*, 1981a, S. 74), hat sich als eher gefährlich erwiesen: "The tragic irony is that the letter of the law has become the principal barrier to achieving the spirit of the law"[5] (*Skrtic*, 1991, S. 149).

Daran kann auch die Tatsache nichts ändern, daß P.L. 94-142, welches zusammen mit den Verordnungen fast 300 Seiten umfaßt, nach Einschätzung vieler das detaillierteste und präskriptivste Bundesgesetz ist, das je verabschiedet wurde (*Weiner & Hume*, 1987, S. 93; *Zettel*, 1982, S. 23). Diejenigen, die das Gesetz ausgearbeitet haben, betonen zwar, daß es notwendig war, so viele Einzelregelungen aufzunehmen, um dadurch sicherzustellen, daß die Bundesstaaten sich auch an die Inhalte des Gesetzes halten (*Weiner & Hume*, 1987, S. 93). Der dadurch bedingte zeitliche und logistische Aufwand sowie der Papierkrieg wird von vielen jedoch als nicht in dem Maße gerechtfertigt angesehen (*Bateman*, 1994, S. 518-519; *Murray*, 1993, S. 185).

Die Tatsache, daß P.L. 94-142 zudem ein Bundesgesetz ist, erweist sich als weiteres Problem, denn "die Abneigung gegen zentralisierte Kontrolle ist ein Wahrzeichen amerikanischer Demokratie" (*Epstein*, 1990, S. 152). Viele Vertreter der staatlichen und lokalen Schulbehörden empfinden die Einmischung des Bundes in Belange, die verfassungsrechtlich eigentlich den Staaten und Gemeinden übertragen wurden, nämlich generell als unzumutbare Einschränkung ihrer eigenen Autorität (*Timar & Kirp*, 1987, S. 308; *Sharpes*, 1987, S. 103). "Those who wield power do not look kindly on any possible dilution of that power"[6] (*Sarason*, 1990, S. 55). Allerdings schränkt eine zentralisierte Kontrolle der Schulbehörden tatsächlich auch deren Flexibilität ein, den lokalen Bedürfnissen der Schulen gerecht zu werden (*Iannaccone*, 1981a, S. 71-72).

Aber auch bestimmte Mängel innerhalb des Gesetzestextes von P.L. 94-142 erweisen sich bei der Umsetzung in der Praxis als problematisch:

Zum einen wird beanstandet, daß die einzelnen Forderungen im Gesetz zu wenig aufeinander abgestimmt sind[7]: "Legislation will not be effective unless

---

[4] "die buchstabengetreue, aber unbeseelte Erfüllung der Gesetzesvorschriften"

[5] Die tragische Ironie ist, daß der Buchstabe des Gesetzes zu der bedeutsamsten Barriere bei der Verwirklichung des Geistes des Gesetzes geworden ist.

[6] Diejenigen, die Macht ausüben, betrachten jede mögliche Einschränkung dieser Machtbefugnisse alles andere als wohlwollend.

[7] Man muß sich in diesem Zusammenhang darüber im klaren sein, daß P.L. 94-142 das Ergebnis eines politischen Kompromisses war und daher nicht alle Inhalte logisch zusammenhängen oder dem übergeordneten Ziel einer weitestmöglichen Integration dienlich sind (*Lynn*, 1983, S. 42; *Rauth*, 1981, S. 30).

there is consistency among its provisions for resource allocation, its legal rules, and the ideological beliefs it articulates"[8] (*Iannaccone*, 1981a, S. 73). Als Hauptproblem erweisen sich dabei die Forderung nach einheitlichen Verfahrensweisen im gesamten Bundesgebiet, denn man hätte andererseits im Einzelfall flexibel bleiben müssen, um wirklich eine den individuellen Bedürfnissen angemessene Förderung für jedes Kind unbürokratisch sicherstellen zu können (*Singer & Butler*, 1987, S. 139). Auch die Tatsache, daß auf der Grundlage von P.L. 94-142 eine kategoriale Diagnostik weiterhin notwendig ist, obgleich die Entscheidung über die Schulform nicht allein von der Behinderungskategorie abhängig sein darf, ist ein weiteres Beispiel für die Widersprüchlichkeiten innerhalb des Gesetzes.

Zum anderen wird aber auch die ungenügende Eindeutigkeit des Gesetzestextes in manchen Bereichen bemängelt, die sich auch in den vielen Gerichtsverfahren, die seit Verabschiedung von P.L. 94-142 zu Fragen der sonderpädagogischen Förderung geführt wurden, widerspiegelt (siehe z.B. *Beyer*, 1989; *Clurman*, 1987; *Yanok*, 1986). Es fehlt ein klarer Standard für die Beurteilung der "Angemessenheit" der Erziehung (*Sage & Burrello*, 1986, S. 62) und auch die Forderung nach verstärkter Integration ist vielen Sonderpädagogen und Sonderpädagoginnen nicht bestimmt genug (z.B. *Taylor*, 1988, S. 46). Allerdings muß eingeräumt werden, daß dieser Freiraum für Interpretationen auch seine positiven Seiten haben kann. Er ist nach Ansicht von *Kauffman* (1993) z.B. der beste Schutz gegen zu einseitige Umsetzung des Gesetzes durch Fanatiker und bietet Eltern und Schülern relativ viele Möglichkeiten, die Form sonderpädagogischer Förderung einzufordern, die sie selbst für sinnvoll halten: "Justice is sometimes served by purposeful ambiguity"[9] (*Kauffman*, 1993, S. 10).

Unabhängig von diesen Mängeln des Gesetzestextes, erscheint es allerdings nur fair einzugestehen, daß, bei entsprechender Innovationsbereitschaft und finanzieller Ausstattung der Schulbezirke, auf der Grundlage von P.L. 94-142 eine qualitativ hochwertige und weitgehend integrative Förderung aller Kinder und Jugendlichen mit sonderpädagogischem Förderbedarf sehr wohl möglich ist: "The law provides the right guidelines when thoughtfully applied. Although it works far too little of the time, it does work sometime, and it can work far better"[10] (*Ash*, 1989, S. 204). *Bateman* (1992) kommt zu einem ähnlichen Urteil:

---

[8] Gesetzgebung als solche kann nur dann wirkungsvoll sein, wenn sowohl die darin enthaltenen Maßgaben über die Finanzmittelverteilung als auch die rechtlichen Bestimmungen an sich sowie die in dem Gesetz vertretenen ideologischen Grundsätze miteinander vereinbar und konsequent sind.

[9] Der Gerechtigkeit wird manchmal auch mittels wohlüberlegter Mehrdeutigkeit gedient.

[10] Das Gesetz liefert die geeigneten Richtlinien, sofern diese wohlüberlegt angewandt werden ... Obgleich es viel zu selten voll zur Wirkung kommt, glückt dies doch manchmal, und es könnte noch viel besser gelingen.

"The law itself is far superior to practice"[11] (S. 29). Dennoch muß nochmals betont werden, daß eine angemessene rechtliche Grundlage allein nicht ausreicht: "What is needed is equal attention to school systems, to the targets of legislation, to the basic character of schools"[12] (*Iannaccone*, 1981a, S. 70). Viele Schulen zeigten nämlich "resistance to change"[13] und es fragt sich, was die Gründe hierfür sind.

4.2 Zur Reformbereitschaft und -fähigkeit des Regelschulwesens

Als generelles Problem von P.L. 94-142 erweist sich, daß der Kongreß bei der Ausarbeitung des Gesetzes die Rolle des Regelschulwesens und auch das bisherige Verhältnis von Sonder- und Regelschulpädagogik ungenügend berücksichtigt hatte. Gerade auch im Zusammenhang mit der gesetzlichen Forderung nach weitestgehender Integration von Schülern und Schülerinnen mit sonderpädagogischem Förderbedarf in die Regelklassen hatten sich die Verantwortlichen zu wenig Gedanken darüber gemacht, inwieweit das Regelschulwesen aufgrund seiner Organisationsstrukturen, seiner Zielvorgaben und der Charakteristika des Alltags in den Klassenzimmern überhaupt dazu in der Lage wäre, Kindern und Jugendlichen mit den verschiedensten sonderpädagogischen Förderbedürfnissen gerecht zu werden (vgl. *Walker*, 1987, S. 101). Dieser Fragestellung soll im folgenden nachgegangen werden.

4.2.1 Grundsätzlich innovationshemmende Charakteristika des Regelschulwesens

In der Literatur finden sich verschiedene Theorien dazu, welche Faktoren die Innovationsfähigkeit und -bereitschaft des Regelschulwesens negativ beeinflussen können (siehe z.B. *Villa & Thousand*, 1992, S. 115; *Welch*, 1989). Sicherlich hat jede dieser Erklärungshypothesen in gewisser Weise ihre Legitimation. Dem Problem wird man allerdings wahrscheinlich nur dann gerecht, wenn man davon ausgeht, daß eine Vielzahl von Faktoren die Reformbereitschaft hemmen.

Die, gerade im Zusammenhang mit Reformen, notwendige Offenheit der Schulen für Veränderungen erweist sich aufgrund der festgefahrenen bürokratischen Strukturen des Bildungswesens als eines der Hauptprobleme (*Iannaccone*,

---

[11] Der Gesetzestext selbst ist seiner praktischen Umsetzung bei weitem überlegen.

[12] Es ist gleichermaßen nötig, dem Schulsystem selbst Beachtung zu schenken, der eigentlichen Zielscheibe der Gesetzgebung, und den grundlegenden Charakteristika der Schulen auch.

[13] "Widerstand gegen Veränderungen"

1981a, S. 70; *Skrtic*, 1987, S. 18). So äußert sich ein Schulleiter in einem Interview: "It's hard to change a large bureaucratic system ... Schools are not known for being adaptive, flexible and novel in their responses. And here you have a law that demands they be these things"[14] (zit. nach *Weiner & Hume*, 1987, S. 97). Typisch für diese bürokratischen Strukturen ist z.B., daß das Personal bemüht ist, an bisherigen Verfahrens- und Arbeitsweisen festzuhalten, und daher Reformen, die diese Routinen in Frage stellen und grundlegende Veränderungen des Systems mit sich bringen würden, wenig Aussicht auf Erfolg haben (*Murphy*, 1990, S. 33; *Welch*, 1989, S. 537). Gerade die Tatsache, daß bei der Umsetzung von P.L. 94-142 eine Vielzahl neuer Einzelregelungen beachtet werden mußte, erhöhte den Verwaltungs- und Organisationsaufwand auf Kosten der Flexibilität beträchtlich und verstärkte dadurch sogar die bürokratische Funktionsweise der Schulen (*Toch*, 1991, S. 7; *Skrtic*, 1991, S. 173).

Sicherlich gilt es auch zu bedenken, daß die Verabschiedung von P.L. 94-142 der Initiative einer gesellschaftlichen Minderheit zu verdanken war, die es mittels geschickter Öffentlichkeitsarbeit und politischen Drucks geschafft hatte, ihre Interessen durchzusetzen: "The pressures for mainstreaming did not come from within educational institutions and that fact alone allows one to predict that these pressures would be resisted"[15] (*Sarason & Doris*, 1979, S. 361). Gerade die für eine erfolgreiche Umsetzung so wichtigen Lehrkräfte gehörten nicht gerade zu den enthusiastischsten Befürwortern der Integration (*Sarason*, 1990, S. 54). Für die Verwirklichung der Kerninhalte von P.L. 94-142 war man allerdings auch auf die aktive Mitarbeit einer Vielzahl von Berufsgruppen angewiesen (*Singer & Butler*, 1987, S. 127), auf deren Bereitschaft, sich auf gundlegende Veränderungen ihres bisherigen Berufsalltags einzulassen (*Giangreco*, 1989, S. 144). Um dies zu gewährleisten, wäre aber "a unifying philosophy and shared belief system"[16] (*ders.*, S. 141) aller Beteiligten notwendig gewesen. Dies was aber sicherlich in vielen Schulbezirken nicht der Fall (vgl. auch *Welch*, 1989, S. 538-539).

Stattdessen zeigt sich eher, daß die historisch gewachsene Arbeitsteilung der verschiedenen pädagogischen und medizinischen Institutionen auch zu einer Entfremdung zwischen den verschiedenen Berufsgruppen geführt hatte. In jeder Disziplin hatten sich entsprechend des speziellen Aufgabengebietes der Kennt-

---

[14] Es ist schwierig, in einem großen, bürokratischen System Veränderungen durchzusetzen ... Schulen sind nicht gerade bekannt dafür, anpassungsfähig, flexibel und unkonventionell zu reagieren. Und hier kommt ein Gesetz und verlangt von den Schulen, eben diese Eigenschaften zu zeigen.

[15] Das Drängen auf 'mainstreaming' ging nicht von den schulischen Institutionen aus, und allein aufgrund dieser Tatsache war es eigentlich vorhersehbar, daß man diesem Drängen Widerstand entgegen bringen würde.

[16] "eine vereinende Philosophie und ein gemeinsames Wertesystem"

nisstand und die damit verbundenen Grundüberzeugungen unterschiedlich entwickelt, was nun die Zusammenarbeit mit anderen Fachzweigen erschwerte (*Walker*, 1987, S. 109). Da viele Fachkräfte auch befürchteten, ihrer bisherigen Zuständigkeitsbereiche, und somit auch ihres professionellen Selbstbildes, beraubt zu werden, empfanden sie die geforderte Kooperation eher als bedrohlich und begegneten folglich den neuen Kollegen und Kolleginnen mit Mißtrauen (*Little*, 1985, S. 96).

Außerdem gilt es zu berücksichtigen, daß die Umsetzung jeglicher Reformbemühungen innerhalb eines so wenig flexiblen Systems wie dem Schulwesen nicht nur schwierig, sondern auch langwierig ist (*Lilly*, 1989, S. 154). Es erfordert mehrere Jahre, bis alle in den Schulen Beschäftigten mit den neuen Vorgaben vertraut sind und diese adäquat in ihrem Alltag umsetzen (*Iannaccone*, 1981a, S. 74). *Burrello* (1981) ging sogar davon aus, daß es circa 25 Jahre dauern könnte, bis alle Forderungen von P.L. 94-142 im gesamten Bundesgebiet verwirklicht wären (S. 39). Dennoch ist es wichtig zu unterscheiden, welche Schwierigkeiten bei der Verwirklichung des Gesetzes als sog. Übergangsprobleme angesehen werden können und welche sich vielmehr als generelle Probleme, die sich aus der Grundkonzeption des Gesetzes ergeben, herauskristallisieren (*Joe & Farrow*, 1983, S. 220). Da das Gesetz sehr schnell in Kraft trat und somit die Schulen wenig Gelegenheit hatten, sich angemessen auf ihre neuen Aufgaben vorzubereiten, können die meisten der Schwachstellen bei der Umsetzung des Gesetzes in den ersten Jahren der ersten Gruppe zugeordnet werden (*Lewis & Doorlag*, 1983, S. 328). Ein Beispiel hierfür sind die anfänglichen Probleme bei der Planung und Durchführung der IEP-Sitzungen. Die Schwierigkeiten bei der Organisation und Finanzierung der "related services" müssen dagegen als grundlegendes Problem angesehen werden, da die Aufteilung der Zuständigkeit auf die verschiedenen pädagogischen, sozialen und medizinischen Träger in P.L. 94-142 nicht geklärt wurde (*Joe & Farrow*, 1983, S. 220).

Natürlich fragt man sich in diesem Zusammenhang, ob es sinnvoll war, daß P.L. 94-142 schon drei Jahre nach der Verabschiedung verbindlich wirksam wurde, oder ob eine längere Vorbereitungszeit der Sache nicht dienlicher gewesen wäre. *Giangreco* (1989) weist jedoch zu Recht darauf hin, daß es wichtig ist, zwischen minimalen, essentiellen und optimalen Reformbedingungen zu unterscheiden, und daß es nicht sinnvoll ist, auf die optimalen Voraussetzungen zu warten: "If a system waits for *all* the desired components to be in place, positive changes will come too slowly, if at all"[17] (S. 143).

Grundsätzlich muß man sich jedoch auch vor Augen halten, daß das Regelschulwesen in den siebziger Jahren eigentlich schon völlig überlastet war *bevor*

---

[17] Wenn ein System wartet, bis *alle* erwünschten Komponenten vorhanden sind, werden sich positive Veränderungen zu langsam vollziehen, wenn sie überhaupt eintreten.

es die Verantwortlichkeit für Schüler und Schülerinnen mit sonderpädagogischem Förderbedarf übernehmen sollte, es nicht schaffte, seinen bisherigen Aufgaben und Zielsetzungen gerecht zu werden. Die endlosen Streitigkeiten und Bemühungen um Desegregation, die Kritik am akademischen Standard der Schulen, die sinkenden Schülerzahlen im öffentlichen Schulwesen oder auch die Bemühungen um gerechtere Finanzierungmodelle im Bildungsbereich sind nur einzelne Beispiele für die damaligen Problembereiche (*Herda*, 1980, S. 1). Die extreme physische und psychische Überlastung der Regelschullehrkräfte macht die folgende, aus dem Jahre 1977 stammende Äußerung des Leiters einer innerstädtisch gelegenen Schule bzgl. P.L. 94-142 deutlich:

> It's not that we don't want to be prepared but simply we have not had the time, and frankly the energy, to think through what we should do and how we should do it. And to be completely truthful, I have not read the law and no one I know has either. We thank God when we get through a day or a week with our hearts and bodies intact, so when you ask what we are doing about the law, I get a sinking sensation. But then again that's exactly the way we feel, sinking[18] (zit. nach *Sarason & Doris*, 1979, S. 379).

Den Regelschulen in dieser Situation auch noch die Last der Verantwortlichkeit für Schüler und Schülerinnen mit sonderpädagogischem Förderbedarf zu übertragen, ohne sicherzustellen, daß sie dieser auch gerecht werden können, ist nach Ansicht von *Howsam* (1983) mehr als riskant: "It invites breakdown of the system and the disillusionment and rage of the public"[19] (S. 102).

4.2.2 Zielvorgaben des Regelschulwesens: Die Reformbemühungen in den achtziger Jahren

In den achtziger Jahren kam das amerikanische Bildungswesen immer mehr ins Kreuzfeuer der Kritik. Zwar wurden in den USA seit dem 2. Weltkrieg mit relativer Regelmäßigkeit alle zehn Jahre lauthals Reformen propagiert[20] (*Murphy*,

---

[18] Es ist wahrlich nicht so, daß wir nicht vorbereitet sein wollten, aber wir haben einfach nicht die Zeit gehabt und, offen gesagt, auch nicht die Energie, uns genau zu überlegen, was wir tun sollten und wie wir es tun sollten. Und, um wirklich ehrlich zu sein, ich habe das Gesetz nicht gelesen und ich kenne auch niemanden, der es gelesen hat. Wir danken Gott, wenn wir den Tag oder die Woche psychisch und körperlich heil überstehen. Wenn Sie mich also fragen, was wir bzgl. des Gesetzes tun, dann bekomme ich ein Schwächegefühl. Aber das wiederum entspricht voll und ganz unserer allgemeinen Stimmungslage. Wir sind am Ende unserer Kräfte.
[19] Es provoziert den Zusammenbruch des Systems sowie die Enttäuschung und den Ärger der Öffentlichkeit.
[20] In den fünfziger Jahren zielten die Curriculumsreformen als Folge des Sputnik-Schocks darauf ab, wissenschaftliche Führungskräfte auszubilden, dagegen lag der Schwerpunkt der Reformen in den Sechzigern auf der Chancengleichheit für Kinder aller Rassen und Fähigkei-

1990, S. 5; *Ravitch*, 1985, S. 89). Dennoch muß man feststellen, daß die Intensität der Bemühungen und die öffentliche Aufmerksamkeit selten so groß waren wie bei den Reformbestrebungen in den achtziger Jahren (*Murphy*, 1990, S. 6). Allein um 1983 wurden 29 Bücher und Reports veröffentlicht, die sich mit der Misere des Bildungswesens und möglichen Gegenmaßnahmen beschäftigten (*Firestone et al.*, 1990, S. 350)[21].

4.2.2.1 Ausgangslage

Als Indikatoren für die Mängel des Schulwesens galten insbesondere die durchschnittlichen Kenntnisse und Fähigkeiten der amerikanischen "high-school"-Absolventen in den Kernfächern, welche, z.B. gemessen an Leistungstests wie dem "Scholastic Aptitude Test" (SAT)[22], im Laufe der Jahre deutlich gesunken waren und internationalen Vergleichen nicht standhalten konnten. Immer wieder beklagt wurde ferner die hohe Zahl der Schulabgänger, die nur ungenügend lesen und schreiben konnten und deren Grundwissen in Lernbereichen wie den Naturwissenschaften, der Geographie, der Geschichte und der Literatur mangelhaft war. Auch die unzureichend geschulten allgemeinen kognitiven Fähigkeiten amerikanischer Kinder und Jugendlicher, z.B.im Abstrahieren oder Problemlösen, sowie fehlende Lernmotivation und Selbstdisziplin gaben Anlaß zur Sorge. Trotz der niedrigen Standards zeigte die hohe Zahl der "drop-outs" aber auch, daß dennoch viele Jugendliche, gerade der ethnischen Minderheiten, im Schulwesen der USA scheiterten oder die Schule frühzeitig verließen, weil sie gelangweilt und frustiert waren (*Murphy*, 1990, S. 11-18).

So starke öffentliche Aufmerksamkeit erlangte die Reformbewegung aber sicherlich auch deshalb, weil in vielen Veröffentlichungen Verbindungen zwischen den Mängeln des Schulwesens und der Stagnation der amerikanischen Wirtschaft gezogen wurden (*Feinberg*, 1985, S. 118; *Murphy*, 1990, S. 11-18). So heißt es z.B. in "A Nation at Risk"[23], dem wohl einflußreichsten Report: "Our nation is at risk. Our once unchallenged preeminence in commerce, industry, science, and technological innovation is being overtaken by competitors

---

ten. In den siebziger Jahren wurde verstärkt eine Humanisierung der Erziehung propagiert (*Firestone et al.*, 1990, S. 350).
[21] In der deutschsprachigen Literatur wird diese Thematik u.a. von *Dichanz & Podeschi* (1986), *Epstein* (1990), *Helms* (1985), und *Weiß* (1990) ausführlich behandelt, teilweise auch bei *Göllner* (1991).
[22] Bei diesen Verfahren handelt es sich um "multiple-choice"-Tests der Lese- und Mathematikleistungen, die von vielen "colleges" als Eingangstests zum Nachweis der Studierfähigkeit verlangt werden (*Dichanz & Podeschi*, 1986, S. 53).
[23] "Eine Nation in Gefahr"

throughout the world"[24] (*National Commission on Excellence in Education*, 1984, S. 5). Ziel der Nation sollte es sein "to keep and improve on the slim and competitive edge we still retain in world markets"[25] (*dies.*, S. 7). Ferner wurde das Bildungswesen auch für viele der akuten gesellschaftlichen Probleme verantwortlich gemacht, und dadurch wurde von dem Zusammenhang zwischen wirtschaftlichen und politischen Fehlentscheidungen und sozialer Misere abgelenkt (*Apple*, 1990, S. 158).

4.2.2.2 Darstellung der verschiedenen "waves of reform"

Viele Autoren und Autorinnen unterteilen die Reformbemühungen in den USA während der achtziger Jahre aufgrund ihrer unterschiedlichen Schwerpunktsetzung in verschiedene "waves of reform"[26] (z.B. *Murphy*, 1990; *Firestone et al.*, 1990; *Semel et al.*, 1990; *Futrell*, 1989).

Die meisten Berichte, die der ersten "wave of reform" zugerechnet werden können, erschienen in den Jahren von 1982-1985. Inhaltlicher Schwerpunkt dieser Publikationen war die Forderung nach einem höheren akademischen Standard, so daß insbesondere curriculare Fragen zu den verschiedenen Schulstufen diskutiert wurden. Aber auch die Zusammensetzung der Lehrerschaft, ihre Ausbildung, Bezahlung und ihre Arbeitswirklichkeit wurden thematisiert (*Passow*, 1990, S. 11). Ferner propagierten viele der Reformpapiere die Notwendigkeit verstärkter Leistungskontrollen und einer Verlängerung des Schultags bzw. Schuljahres, um mehr Zeit für effektives schulisches Lernen zu gewährleisten. Vereinzelt wurden auch Überlegungen angestellt, wie die Förderung spezieller Gruppen von Kindern und Jugendlichen, z.B. der "gifted" oder "at-risk students"[27], verbessert oder der fachliche Austausch zwischen pädagogischen Forschungsstätten und Schulen angeregt werden könnte (*Murphy*, 1990, S. 22-25). Auffällig ist die Tatsache, daß viele der Publikationen von Kommissionen erarbeitet wurden, die mehrheitlich aus Persönlichkeiten des wirtschaftlichen, politischen und universitären Lebens zusammengesetzt waren, und daß Fachleute aus dem pädagogischen Bereich, wenn überhaupt vertreten, deutlich in der Minderheit waren (*Toch*, 1991, S. 33).

---

[24] Unsere Nation ist in Gefahr. Unsere einst unangefochtene Überlegenheit im Handel, in der Industrie, in der Wissenschaft und in der Technologieentwicklung wird uns derzeit von Konkurrenten aus aller Welt streitig gemacht.
[25] ... die geringe und von der Konkurrenz bedrohte Überlegenheit auf den Weltmärkten zu halten und auszubauen.
[26] "Reformwellen"
[27] "Hochbegabte Kinder" und "Risikokinder" [Schüler und Schülerinnen, die Gefahr laufen, schulisch zu versagen oder von Behinderung bedroht sind]

Als typischster Vertreter der ersten Reformwelle gilt "A Nation at Risk", welches in hoher Auflage erschien und sowohl in den Medien als auch im Präsidentenwahlkampf ständig diskutiert wurde (*Toch*, 1991, S. 16, 23-26). Dieser Report zeichnet sich inbesondere durch seine einseitige Orientierung und seine manifestartige Rhetorik aus (z.B. *Feinberg*, 1985, S. 134; *Ferguson*, 1989, S. 27), wie die folgenden Zitate belegen: "The educational foundations of our society are presently being eroded by a rising tide of mediocrity that threatens our very future as a Nation and a people"[28] (*National Commission on Excellence in Education*, 1984, S. 5). "If an unfriendly foreign power had attempted to impose on America the mediocre educational performance that exists today, we might well have viewed it as an act of war"[29] (*ebd.*).

Die unerwartet starke Reaktion der Öffentlichkeit auf diese Veröffentlichung muß im Kontext der schweren wirtschaftlichen Rezession in den USA zu Anfang der achtziger Jahre verstanden werden. Die Nation wurde sich der wachsenden internationalen wirtschaftlichen Konkurrenz und der Notwendigkeit einer gesteigerten Produktivität im Land bewußt (*Toch*, 1991, S. 17). Auch der Einfluß des politischen Zeitgeistes der Reagan-Administration darf nicht unterschätzt werden: "The commission was working during a time when the Reagan administration was working hard to elevate the importance of military and national security while retreating from issues such as civil rights ... The report mirrors the political climate in which it was prepared"[30] (*Pink*, 1989, S. 132).

Neben den eher politisch orientierten Reports erschienen zur gleichen Zeit jedoch auch einige wissenschaftliche Abhandlungen bekannter Pädagogen und Pädagoginnen, die sich sowohl inhaltlich als auch qualitativ deutlich von der ersten Gruppe abheben. Genannt werden sollen hier nur: Ernest L. Boyer: "High School: A report on secondary education in America", Theodore R. Sizer: "Horace's compromise: The Dilemma of the American high school" und John I. Goodland: "A place called school"[31] (*Toch*, 1991, S. 16)[32].

---

[28] Die erzieherischen Fundamente unserer Gesellschaft werden gegenwärtig von einer steigenden Flut der Mittelmäßigkeit, welche unsere ganze Zukunft als Nation und als Menschen bedroht, ausgewaschen.

[29] Hätte eine feindlich gesinnte, ausländische Macht versucht, Amerika die mittelmäßigen Leistungen des Schulwesens, die heute existieren, aufzuerlegen, hätten wir dies wahrscheinlich als kriegerische Handlung angesehen.

[30] Die Kommission arbeitete in einer Zeit, als die Regierung Reagan stark darum bemüht war, die Wichtigkeit militärischer und nationaler Sicherheit emporzuheben, und sich gleichzeitig aus Problembereichen wie den Bürgerrechten zurückzuziehen. Der Report spiegelt das politische Klima der Zeit, in der er erarbeitet wurde, wider.

[31] sinngemäß etwa: Ernest L. Boyer: "High School: Ein Bericht über den Zustand des Sekundarbeichs des amerikanischen Schulwesens", Theodore R. Sizer: "Horaces Kompromiß: Das Dilemma der Amerikanischen `high school'" [Horace Mann war ein amerikanischer Jurist und Politiker aus Massachusetts und ist als einer der bedeutendsten amerikanischen Schulreformer in die Geschichte eingegangen. Er hatte sich in der ersten Hälfte des 19. Jhds. u.a.

Viele der Berichte der ersten Phase wurden in den folgenden Jahren jedoch auch kritisiert, weil sie beispielsweise trotz aller Verbesserungsvorschläge die Grundstrukturen des Schulwesens zu wenig hinterfragten und die Reformen in den einzelnen Teilbereichen zu wenig aufeinander abgestimmt waren (*Murphy*, 1990, S. 25). Entsprechend dieser Kritik forderten die Publikationen der zweiten Generation eine umfangreichere Reform des gesamten Erziehungswesens und suchten nach Wegen, die bürokratischen Strukturen des Schulwesens aufzulokkern. Als wesentliche Bedingung dafür wurde insbesondere eine verstärkte Dezentralisierung und somit eine höhere Einflußnahme der betroffenen Lehrkräfte und Eltern vor Ort genannt. Eine zentrale Rolle spielte deshalb die Lehrerbildung und -fortbildung, die neben besserer Schulung in effektiver Unterrichtsgestaltung auch zu verstärkter kollegialer Zusammenarbeit und Eigeninitiative anregen sollte. Ferner wurden auch andere Bereiche thematisiert, die bei den Veröffentlichungen der "first wave" zu sehr vernachlässigt wurden, so z.B. Fragen der Chancengleichheit oder der Förderung von kognitiven Fähigkeiten (*Murphy*, 1990, S. 25-28) sowie Möglichkeiten der qualitativen Verbesserung des Unterrichts (*Bacharach*, 1990a, S. 4).

Einige Autoren sehen den Bericht des "Carnegie Forum on Education and the Economy"[33] als Prototyp der zweiten "wave of reform" (*Passow*, 1990, S. 17). Dort heißt es:

Much of the rhetoric of the recent education reform movement has been couched in the language of decline, suggesting that standards have slipped, that the education system has grown lax and needs to return to some earlier performance standard to succeed. Our view is different. We do not believe the educational system needs repairing; we believe it must be rebuilt to match the drastic change needed[34] (*Carnegie Forum on Education and the Economy*, 1986, S. 14).

Eine wesentliche Rolle bei diesen Veränderungen sollten nach Ansicht des Gremiums die Lehrkräfte vor Ort spielen. Um deren Kompetenzen und Einflußmöglichkeiten zu stärken, forderten die Mitglieder des Forums eine Verlagerung der Lehrerbildung in die "graduate schools" der Universitäten bei gleichzeitiger

---

massiv für den Aufbau eines öffentlichen Schulwesens und systematischer Lehrerbildung eingesetzt.] und John I. Goodland: "Ein Ort, der sich Schule nennt";

[32] Eine recht ausführliche Darstellung zweier dieser Arbeiten findet sich bei *Dichanz & Podeschi* (1986).

[33] "Carnegie Forum zu Fragen des Erziehungswesens und der Wirtschaft"

[34] Vieles, was im Rahmen der jüngsten Reformbewegung innerhalb des Erziehungswesens geäußert wurde, konzentriert sich sowohl inhaltlich als auch terminologisch auf eine Schilderung des Verfalls des Bildungswesens. Es wird suggeriert, daß die Leistungsstandards gesunken sind und daß das Bildungswesen träge geworden ist und wieder zu einem früheren Leistungsstandard zurückkehren muß, um wieder erfolgreich zu sein. Wir sehen dies anders. Wir glauben nicht, daß das Bildungswesen repariert werden muß, wir glauben, daß es völlig neu aufgebaut werden muß.

Entwicklung neuer Curricula für die Studiengänge sowie die Etablierung nationaler Einstellungsvoraussetzungen für Lehrkräfte. Aber auch die Arbeitsbedingungen von Lehrern und Lehrerinnen sollten verbessert werden. Die Vorschläge beschränkten sich dabei nicht nur auf die Anhebung der Bezahlung und den Ausbau beruflicher Aufstiegsmöglichkeiten, sondern beinhalteten auch die Erweiterung von Entscheidungsbefugnissen, die Unterstützung von Berufsanfängern durch erfahrene Mentoren sowie die Verbesserung der bisher häufig eher mangelhaften materiellen Ausstattung der Schulen (*Carnegie Forum on Education and Economy*, 1986, S. 55, 57).

Die Beschreibung einer dritten und vierten "wave of educational reform" findet sich nur bei *Futrell* (1989). Die dritte Phase der Reformbemühungen ähnelt ihrer Einschätzung nach etwas der "first wave of reform". Wirtschaft und Industrie brachten sich verstärkt in die Debatte ein und entsprechend stand der ökonomisch-utilitaristische Bildungsauftrag der Schulen im Mittelpunkt der Diskussion. Die "fourth wave" dagegen bekräftigte, daß schulische Bildung auch intrinsische Werte verfolgen müsse, die Schüler und Schülerinnen beispielsweise nicht nur auf das Arbeitsleben vorbereiten sollte. Die Vertreter und Vertreterinnen dieser Bewegung knüpften an den Vorschlägen der "second wave" wieder an und forderten z.B. analog zu dieser, daß Reformen an der Basis ansetzen und die Schulen nicht nur nach "excellence" sondern auch nach "equity"[35] streben müßten (*Futrell*, 1989, S. 12-14).

4.2.2.3 Konsequenzen innerhalb der Regelschulpädagogik

In der Fachwelt wurden viele der Veröffentlichungen, gerade der "first wave of reform", aus mehreren Gründen kritisiert. Einen guten Überblick über die Inhalte der Kritik gibt der Bericht zum Symposium "Year of Reports" der "Harvard Graduate School of Education"[36]. Übereinstimmend stellten die Teilnehmer und Teilnehmerinnen fest, daß die Schulen um einiges komplexer sind als die Berichte sie darstellen, und folglich Veränderungen langwierig und schwierig durchzusetzen sind. Kritisiert wurde die Überbetonung der Bedeutung von Produktivität und Effektivität, die zu Lasten der demokratischen Bildungsziele gehe, und es wurde bemängelt, daß dieser implizite Konflikt zwischen "excellence" und "equity" nicht ausreichend diskutiert werde. In den Reports zu wenig berücksichtigt wurden nach Ansicht der Kritiker und Kritikerinnen ferner die Meinun-

---

[35] "hohe Schulleistungen" und "Chancengleichheit" [die Übersetzung dieses Begriffspaares als "Elitenbildung" und "Chancengleichheit", wie beispielsweise bei *Dichanz und Podeschi* (1986) erscheint etwas gewagt].

[36] Symposium zum "Jahr der Reformberichte" an der pädagogischen Fakultät der Harvard-Universität

gen und Interessen der Lehrkräfte, und auch die einseitige Konzentrierung der Reformvorschläge auf den Sekundarbereich wurde bemängelt (*Howe*, 1984, S. 4-5).

In der amerikanischen Öffentlichkeit war die Einsicht in die Notwendigkeit und die Bereitschaft zu Reformen im Bildungswesen jedoch hoch (*Gallup*, 1983, S. 45-46). Auf die Frage, welcher Faktor für Amerikas politische und wirtschaftliche Zukunft besonders wichtig sei, wurde in den achtziger Jahren von der Bevölkerung am häufigsten die Verbesserung des Bildungswesens genannt und sogar als bedeutsamer eingeschätzt als eine Steigerung der wirtschaftlichen Effektivität (*Gallup & Elam*, 1988, S. 44-45).

Der öffentliche Druck und die Unterstützung der Reform-Bewegung durch viele Gouverneure führten dazu, daß zwischen 1983 und 1987 die verschiedenen staatlichen Schulbehörden mehr als 700 Statuten verabschiedeten (*Futrell*, 1989, S. 11). Zumeist wurden jedoch solche Veränderungen beschlossen und durchgeführt, die relativ einfach realisierbar waren, da sie nicht zu teuer waren und keine einschneidenden Veränderungen der Grundstrukturen erforderten (*Firestone et al.*, 1990, S. 354; *Murphy*, 1990, S. 35). Folglich wurden im Grunde nur die Empfehlungen aus der "first wave of reform" umgesetzt (*Firestone et al.*, 1990, S. 356) und somit handelte es sich zumeist um Maßnahmen, welche die akademischen Anforderungen in den Schulen dadurch anzuheben versuchten, daß Freiheiten in der Wahl der Unterrichtsfächer eingeschränkt und verbindliche Leistungsnachweise verlangt wurden (*Firestone et al.*, 1990, S. 353; *Semel et al.*, 1992, S. 454; *Toch*, 1991, S. 37-38).

Daß derartig einseitig orientierte Initiativen nicht unbedingt zu den erhofften Ergebnissen führten, läßt sich am Beispiel der erhöhten akademischen Anforderungen in der "high school" verdeutlichen (siehe auch *Timar & Kirp*, 1987, S. 317-326). Zwar mußten alle Schüler und Schülerinnen mehr Kurse in Englisch, Mathematik und den Naturwissenschaften nachweisen, um das "high-school diploma" zu erhalten, das Niveau der geforderten Kurse war allerdings häufig entsprechend niedriger geworden (*Toch*, 1991, S. 102-110). In jenen Fällen, in denen die Anforderungen hoch waren, verstärkte sich dagegen aufgrund des höheren Leistungsdrucks in den Klassen die Tendenz, die Jugendlichen in "tracks" aufzuteilen. Gerade für Jugendliche in den unteren Leistungsgruppen bedeutete dies jedoch, verglichen mit vorher, eine deutliche Verschlechterung des Unterrichtsangebots, und zwar sowohl inhaltlich als auch methodisch (*Toch*, 1991, S. 120-121).

In vielen Gemeinden wurden die Schulen durch den Druck der Öffentlichkeit auch quasi dazu gezwungen, regelmäßig normierte Leistungstests in allen Schulklassen durchzuführen und die Ergebnisse öffentlich bekanntzumachen. Die dabei mancherorts zu beobachtenden Verbesserungen der Ergebnisse in Leistungstests können allerdings nur bedingt als Indiz für erfolgreicheres Lernen bewertet werden. Vielmehr zeigte sich, daß viele Lehrkräfte ihre Unterrichtsinhalte und den Unterrichtsstil einseitig auf die Anforderungen der, meist als "multiple-choice"-Verfahren gestalteten, Tests ausrichteten. Diese Tendenz "to teach for the test"[37] (*Bacharach*, 1990b, S. 417; *Nathan*, 1991, S. 191) ging natürlich zu Lasten anderer wichtiger Lerninhalte und vernachlässigte die Förderung der Problemlösefähigkeit oder des analytischen Denkens völlig (*Moffeit*, 1994, S. 586). Die Erwartungen der Öffentlichkeit, möglichst schnell Erfolge der Schulreform präsentiert zu bekommen, führte in Cleveland 1988 sogar dazu, den 33.000 Schülern in den Jahrgangsstufen sieben bis zwölf für jedes "A" in einem akademischen Fach $40, für jedes "B" $20 und für jedes "C" $10 auszubezahlen (*Toch*, 1991, S. 235-273)[38].

Auch die Veränderungen im Rahmen der Lehrerbildung waren meist darauf beschränkt, die Auflagen für den *Zugang* zu Lehrerbildungsstätten zu verschärfen. Die Qualität der Ausbildung an sich scheint sich, mit der Ausnahme weniger Bundesstaaten, kaum verändert zu haben. Vielerorts wurde zwar das Lehrergehalt erhöht, um durch eine höhere Attraktivität des Lehrerberufes auch qualifizierteren Nachwuchs anzuwerben und die hohe Zahl der, meist erfolgreichen, Lehrkräfte, die frühzeitig den Beruf wechselten, zu senken (vgl. *Jacobsen*, 1994). Die Forderung nach kontinuierlicher Weiterbildung der bereits in der Praxis tätigen Lehrkräfte konnte jedoch häufig aufgrund mangelnder Finanzen nicht erfüllt werden. Auch die, allerdings sehr umstrittenen, Vorschläge zum "merit pay"[39] wurden nicht verwirklicht. Durch die empfohlene Abhängigkeit der Höhe des Gehaltes einer Lehrkraft von ihren Leistungen hatte man sich erhofft, Anreize für eine höhere individuelle Einsatzbereitschaft der Lehrkräfte zu schaffen. Daß diese Idee nicht durchgesetzt werden konnte, lag zum einen an dem Widerstand der Gewerkschaften aber zum anderen auch daran, daß man sich bei der Erarbeitung klarer Standards für die Ermittlung des Engagements und Erfolges einer Lehrkaft erwartungsgemäß schwer tat (*Cornett*, 1995, S. 28).

Es verwundert nicht, daß die einseitige Konzentrierung der Reformmaßnahmen auf die Anhebung des akademischen Standards, ob in den Schulen oder für den Eintritt in ein Lehramtsstudium, häufig kritisiert wurde. Weiteren Anlaß zu Mißbilligung gab die Tatsache, daß die Reformen "von oben" verordnet worden waren und nicht nur die lokalen Gegebenheiten und Bedürfnisse vernachlässigten, sondern die Interessen der Betroffenen vor Ort, nämlich der Lehrkräfte, Schüler und Schülerinnen sowie ihrer Eltern nicht berücksichtigten (*Ravitch*, 1985, S. 19; *Sarason*, 1990, S. 24). Vielen erschienen die Intitiativen aber auch

---

[37] "auf den Test hin ausgerichtet zu unterrichten"
[38] Im Gegensatz zu der in Deutschland üblichen Bewertung von Schulleistungen mittels der Ziffernnoten eins bis sechs, werden in den USA die Leistungen unter Verwendung der Abstufung "A" (Bestnote) bis "E" (ungenügend) zensiert.
[39] "leistungsbezogene Bezahlung"

als zu wenig weitreichend und zu wenig aufeinander abgestimmt (*Honig*, 1990, S. 52; *Nathan*, 1991, S. xiii) und insbesondere waren die Einflußmöglichkeiten mittels Statuten und Verordnungen überschätzt worden: "Excellence cannot be coerced or mandated. Rather it is a condition to which individuals may aspire"[40] (*Timar & Kirp*, 1987, S. 309).

4.2.2.4 Implikationen für die Förderung von Schülern und Schülerinnen mit "disabilities"

Auffallend an der dargestellten Reformbewegung ist der "ideological turn"[41] (*Feinberg*, 1985), der die Thematik "equity" (Chancengleichheit) eher ausklammert und sich statt dessen recht einseitig auf "efficiency" und "excellence" (Effektivität und Leistung) konzentriert.

Das bedeutet nicht, daß die Forderung nach Chancengleichheit in den Reformvorschlägen völlig vernachlässigt worden wäre. Gerade die Veröffentlichungen der "second wave of reform" beschäftigten sich häufig auch mit dieser Thematik (*Semel et al.*, 1992, S. 466). Selbst in "A Nation at Risk" wurde darauf Bezug genommen:

> We do not believe that a public commitment to excellence and educational reform must be made at the expense of a strong public commitment to the equitable treatment of our diverse population. The twin goals of equity and high-quality schooling have profound and practical meaning for our economy and society, and we cannot permit one to yield to the other either in principle or in practice[42] (*National Commission on Excellence in Education*, 1984, S. 16).

Wie einige Kritiker und Kritikerinnen der Reformbewegung herausgearbeitet haben, gab es aber auch Stellungnahmen, in denen die Ansicht vertreten wurde, daß gerade die Konzentrierung auf "equity" in den sechziger und siebziger Jahren mit für die sinkende Leistungsfähigkeit des Schulwesens verantwortlich sei (Verweise z.B. bei *Cross*, 1984, S. 168; *Ferguson*, 1989, S. 28; *Feinberg*, 1985, S. 123-124; *Toch*, 1991, S. 57).

---

[40] Ausgezeichnete Leistungen können nicht erzwungen oder verordnet werden, sondern müssen vielmehr von der betroffenen Person selbst angestrebt werden.

[41] "ideologische Kehrtwende"

[42] Wir sind nicht der Ansicht, daß das öffentliche Engagement für eine höhere Leistungsfähigkeit und Reform des Schulwesens zu Lasten einer entschiedenen öffentlichen Verpflichtung zu gerechter Behandlung unserer heterogenen Bevölkerung gehen muß. Die eng miteinander verbundenen Zielsetzungen der Chancengleichheit und eines qualitativ hochwertigen Schulwesens sind für unsere Wirtschaft und unsere Gesellschaft von grundlegender und praktischer Bedeutung, und wir können es nicht zulassen, daß einer der beiden Grundsätze, ob vom Prinzip her oder in der Praxis, dem anderen preisgegeben wird.

Insgesamt bewerteten viele Pädagogen und Pädagoginnen die Behandlung der Chancengleichheit in den achtziger Jahren ähnlich wie Sapon-Shevin: "Although lip service is paid to concerns for equity, stronger emphasis is placed on the call for excellence"[43] (*Sapon-Shevin*, 1987, S. 305). Gerade die Möglichkeit, daß in dem politischen Klima der Reagan- bzw. Bush-Administration Bildungsressourcen entsprechend der Chance auf Effektivität zugeteilt werden könnten (*Kirst*, 1990, S. 28; *Strike*, 1985, S. 415), bereitete während der achtziger Jahre daher manchen Sonderpädagogen und Sonderpädagoginnen Sorge (z.B. *Sapon-Shevin*, 1987, S. 304-305).

Obgleich immer wieder betont wurde, daß das Streben nach höheren Leistungen im Schulwesen und die Bemühungen um Chancengleichheit sich nicht gegenseitig ausschließen müssen, so ist dies in der Praxis, besonders in Zeiten finanzieller Bedrängnis, dennoch häufig der Fall (*Bacharach*, 1990b, S. 419-420). Besonders davon betroffen sein können auch Schüler und Schülerinnen mit sonderpädagogischem Förderbedarf. In den siebziger Jahren nämlich, als P.L. 94-142 verabschiedet wurde, hatte, nicht nur im Bildungssystem, das Streben nach Chancengleichheit Vorrang. Ein Sonderpädagoge betont, daß in solchen Zeiten Kinder mit besonderen Förderbedürfnissen leichter im Regelschulwesen akzeptiert werden können (*Kauffman*, 1981, S. 13). 1989 mußte derselbe Autor feststellen, daß der Unterricht in den Regelschulen inzwischen für Schüler und Schülerinnen mit sonderpädagogischem Förderbedarf sowohl "more difficult" als auch "less accomodating"[44] geworden war. Auch *Singer und Butler* (1987) stellen fest, daß es in den siebziger Jahren, als die Anforderungen an das Regelschulwesen noch nicht so hoch waren, leichter war, den speziellen Bedürfnissen von Kindern und Jugendlichen mit Behinderungen bzw. Lernproblemen gerecht zu werden (S. 134). Diese Meinung wird in gewisser Weise auch von einem beachtlichen Anteil der amerikanischen Öffentlichkeit geteilt. Als diese 1987 gefragt wurde, ob sich ihrer Ansicht nach die Leistungen bestimmter Schülergruppen in den letzten fünf Jahren verschlechtert hätten, wurde dieser Aussage, bezogen auf Schulkinder mit unterdurchschnittlichen Fähigkeiten, doppelt so häufig zugestimmt, als im Falle von Schülern und Schülerinnen mit überdurchschnittlicher Begabung (*Gallup & Clark*, 1987, S, 18).

Ein verstärkt normorientiertes, und damit konkurrenzgeprägtes, Leistungsverständnis führt nämlich zu einem selektiveren Schulwesen (*Strike*, 1985, S. 415; ähnlich auch *Ferguson*, 1989, S. 31), und je höher der Leistungsdruck innerhalb einer Klasse sowohl für die Schulkinder als auch für die Lehrkräfte ist, umso eher werden Kinder an die Sonderpädagogik überwiesen (*Shepard*, 1987, S.

---

[43] Zwar werden Lippenbekenntnisse zur Bedeutung der Chancengleichheit gemacht, im Grunde wird der Akzent jedoch auf den Ruf nach höherer Leistungsfähigkeit gesetzt.

[44] sowohl "schwieriger" als auch "weniger ihren Förderbedürfnissen entsprechend"

328; *National Joint Committee on Learning Disabilities*, 1992, S. 277). Entsprechend äußerte sich auch eine Regelschulpädagogin:

Certainly, the easiest way for an educational institution to improve its quality is to get rid of problem learners. Don't accept them and don't certify them. Then test scores will rise, faculty morale will improve, and the institution will be perceived as a place for serious learning[45] (*Cross*, 1984, S. 171).

Frederick Weintraub vertrat daher die Ansicht, daß die "excellence"-Bewegung durch die gehobenen schulischen Anforderungen auch einen Beitrag zur Überidentifizierung von Schülern und Schülerinnen mit sonderpädagogischem Förderbedarf geleistet habe: "When you up the reading level of textbooks, you end up with more kids classified as handicapped. If a system does not have alternatives, the only alternative becomes special education"[46] (zit. nach *Weiner & Hume*, 1987, S. 90).

Auch in einem der "Annual Reports" wurde dieser Verdacht geäußert, und das obgleich Madeleine Will drei Jahre zuvor die Reformbemühungen der "excellence-Bewegung" noch als positiv, auch für die Förderung von Schülern und Schülerinnen mit "disabilities", gewertet hatte (*U.S, Dep. of Ed.*, 1985, S. iv). In dem besagten Jahresbericht findet sich nämlich die folgende Aussage: "Higher standards instituted in the name of educational reform seemed to be exaggerating the tendency to refer difficult children to special education"[47] (*U.S. Dep. of Ed.*, 1988, S. 12). So konnte beobachtet werden, daß viele Lehrkräfte unter dem Druck, zum Schuljahresende ein steigendes Pensum an Unterrichtsstoff vermittelt zu haben, weniger Zeit dafür hatten, sich den Lernproblemen einzelner Schulkinder zu widmen. Nachdem die Mittel für Förder- und Stützkurse innerhalb des Regelschulwesens aufgrund der Finanzschwierigkeiten vieler Schulbehörden aber immer weniger wurden, blieb oft nur die Überweisung an die Sonderpädagogik, um zusätzliche Unterstützung für die betroffenen Kinder und Jugendlichen zu erhalten (*U.S. Dep. of Ed.*, 1988, S. 12). Diese Verfahrensweise führte dann zu dem Phänomen, das *Merulla und McKinnon* schon

---

[45] Sicherlich die einfachste Weise, auf die eine schulische Institution ihre angebliche Qualität verbessern kann, ist es, die Problemschüler loszuwerden. Nehmt sie am besten gar nicht erst auf und gebt ihnen auf alle Fälle keine Zeugnisse. Dann geht es mit den Testergebnissen aufwärts, die Arbeitsmoral des Lehrerkollegiums bessert sich, und die Schule wird als ein Ort ernsthaften Lernens angesehen.

[46] Wenn man den Schwierigkeitsgrad der Lehrbücher steigert, führt das dazu, daß mehr Kinder als behindert klassifiziert werden. Wenn ein System keine anderen Alternativen bietet, wird die Sonderpädagogik zur einzigen Alternative.

[47] Die hohen Leistungsanforderungen, die im Namen der schulischen Reformbewegung angeordnet wurden, scheinen die Tendenz, schwierige Kinder an die Sonderpädagogik zu überweisen, verstärkt zu haben.

1982 als "mushrooming of special education services"[48] bezeichnet haben (S. 94).

In einem stark leistungsorientierten Schulwesen ist aber auch die Chance, Schüler und Schülerinnen, deren sonderpädagogische Förderbedürftigkeit schon festgestellt wurde, wenigsten teilweise in die Regelklassen zu integrieren, entsprechend geringer (*Ferguson*, 1989, S. 39). Andererseits besteht natürlich ebenso die Gefahr, daß Kinder und Jugendliche mit sonderpädagogischem Förderbedarf zwar in die Regelklassen aufgenommen werden, die Lehrkräfte ihnen aber nicht genügend Zeit und Aufmerksamkeit widmen, weil sie all ihre Kraft auf die Förderung der begabteren Kinder konzentrieren (*Roberts & Mather*, 1995, S. 51). Hinzu kommt die durch die Reformbewegung initiierte Eingrenzung der curricularen Wahlmöglichkeiten und die Bemühungen um einheitliche Standards in den Regelschulklassen. Gerade Schüler und Schülerinnen mit sonderpädagogischem Förderbedarf sind jedoch auf ein breites, methodisch und inhaltlich differenziertes Lernangebot angewiesen, das nicht nur Fakten vermittelt, sondern auch zu selbständigem Lernen und Arbeiten anleitet (*National Joint Committee on Learning Disabilities*[49], 1992, S. 277). Die erhöhten Leistungsanforderungen im Regelschulwesen könnten auf Dauer bei den Schülern und Schülerinnen mit sonderpädagogischem Förderbedarf auch zur einer erneut ansteigenden "drop-out-rate" führen und selbst für jene Schulabgänger, die ein Abschlußzeugnis erhalten haben, könnten sich die beruflichen Perspektiven oder die Chancen auf Aufnahme in ein "college" wieder verschlechtern (*ebd.*).

Ungeachtet der zahlreichen, hauptsächlich negativen, Konsequenzen, welche die "excellence"- Bewegung also für Kinder und Jugendliche mit sonderpädagogischem Förderbedarf wahrscheinlich hatte, wurde auffälligerweise in den wenigsten Veröffentlichungen der Reformbewegung innerhalb der Regelschulen auf diese Schülergruppe *überhaupt* eingegangen (*Keogh, 1988a*, S. 20). Dies wurde vom "Council for Exceptional Children" in einer Stellungnahme von 1984 als Anlaß zur Beunruhigung interpretiert (*CEC Ad Hoc Committee*, 1984, S. 486) und auch von vielen Sonderpädagogen und Sonderpädagoginnen immer wieder beklagt (*Carnine & Kameenui*, 1990, S. 142; *Ferguson*, 1989, S. 26; *Pugach & Sapon-Shevin*, 1987, S. 295). Nach Ansicht von *Sapon-Shevin* (1987) kann man leider nicht davon ausgehen, daß diese Vernachlässigung ein Zeichen dafür ist, daß die Sonderpädagogik als relativ unerschütterlicher Bestandteil des Schulwesens angesehen wird, oder daß sie nur versehentlich nicht berücksichtigt

---

[48] "explosionsartige [eigentlich pilzartige] Ausweitung sonderpädagogischer Förderprogramme"

[49] Dies ist ein seit 1975 bestehender Zusammenschluß von verschiedenen Vereinigungen, welche die Belange von Kindern und Erwachsenen mit "specific learning disabilities" vertreten (*Hammill*, 1993, S. 297).

wurde (S. 302-303). Eher muß man sich fragen, inwieweit die wirtschaftliche und politische Lage dazu beigetragen hat, daß seit den achtziger Jahren die gesellschaftliche Bereitschaft, sich um die erzieherischen Bedürfnisse *aller* Kinder zu bemühen, wieder gesunken ist (*dies.*, S. 305). Insbesondere besteht auch der Verdacht, daß die Sonderpädagogik trotz aller Bemühungen um verstärkte Zusammenarbeit weiterhin als separate, parallele Institution angesehen wird, die nur entfernt etwas mit der Regelschulpädagogik zu tun hat (*Ferguson*, 1989, S. 26; *Pugach*, 1987, S. 299). Viele Sonderpädagogen und Sonderpädagoginnen äußerten daher die Befürchtung, daß es aufgrund der "excellence"-Bewegung vielerorts zu einer noch größeren Abspaltung der Sonderpädagogik vom Regelschulwesen kommen könnte (z.B. *Shepard*, 1987).

4.2.2.5 Zur Situation des Regelschulwesens in den neunziger Jahren

Die ehemalige Vorsitzende der "National Education Association" bewertet die Bildungsreform der achtziger Jahre zusammenfassend wie folgt: "History will view the 1980s not as the decade of education reform, but as the decade of education debate"[50] (*Futrell*, 1989, S. 10). Auch der an der "Stanford University" tätige Professor *Kirst* vertritt die Ansicht, daß der Unterrichtsalltag sich selbst zehn Jahre nach der Veröffentlichung von "A Nation at Risk" relativ wenig verbessert habe (*Kirst*, 1993, S. 618).

Nach Einschätzung von *Diane Ravitch* (1985) liegt dies unter anderem auch daran, daß die Vielzahl der diversen Veröffentlichungen sehr unterschiedliche Reformvorschläge enthielt und man nicht imstande war, sich auf gemeinsame Lösungswege aus der Bildungsmisere zu einigen:

Despite our dissatisfaction, we will not soon transform our educational system. It is not that it can't be done. The problem is that we lack consensus ... we get the schools we deserve, which accurately reflect our own confusion about the value of education[51] (S. 57).

In dem Bemühen, die Bildungsreform endlich zielgerichtet voranzutreiben, verabschiedeten Präsident Bush und alle Gouverneure daher 1990 die "National Education Goals"[52], die bis zum Jahre 2000 in jeder amerikanischen Gemeinde verwirklicht werden sollten. Die von den Verfassern und Verfasserinnen selbst

---

[50] Die achtziger Jahre werden nicht als Jahrzehnt der schulischen Reform*initiativen*, sondern als Jahrzehnt der schulischen Reform*diskussionen* in die Geschichte eingehen.

[51] Ungeachtet unserer Unzufriedenheit werden wir unser Bildungswesen in den nächsten Jahren nicht umgestalten. Das heißt nicht, daß es nicht möglich wäre. Das Problem ist vielmehr, daß es uns an Übereinstimmung fehlt ... Wir bekommen die Schulen, die wir verdienen, und diese spiegeln unsere eigene Uneinigkeit über den Wert von Bildung deutlich wider.

[52] "Nationalen Bildungsziele"

als "ambitious"[53] (*U.S. Dep. of Ed.*, 1991a, S. 12) beschriebenen sechs Zielsetzungen sollten dabei helfen, die amerikanische "skills-and-knowledge gap"[54] zu schließen (*dass.*, S. 5), und lauten wie folgt:

1. All children in America will start school ready to learn.
2. The high school graduation rate will increase to at least 90 percent.
3. American students will leave grades four, eight, and twelve having demonstrated competency in challenging subject matter including English, mathematics, science, history, and geography; and every school in America will ensure that all students learn to use their minds well, so they may be prepared for responsible citizenship, further learning, and productive employment in our modern economy.
4. U.S. students will be first in the world in science and mathematics achievement.
5. Every adult American will be literate and will possess the knowledge and skills necessary to compete in a global economy and exercise the rights and responsibilities of citizenship.
6. Every school in America will be free of drugs and violence and will offer a disciplined environment conductive to learning[55] (U.S. Dep. of Ed., 1991a, S. 3).

Die "America 2000 strategy"[56], mittels derer diese Forderungen umgesetzt werden sollten, beinhaltete Aktivitäten in vier verschiedenen Bereichen: Die Qualität der bisher existierenden Schulen sollte radikal verbessert werden und ferner neue, beispielhafte Modellschulen in allen Bundesstaaten geschaffen werden. Auch gesamtgesellschaftlich galt es, die Bereitschaft zu lebenslangem Lernen zu fördern, und jede einzelne amerikanische Gemeinde sollte ihr möglichstes tun, um vor Ort die genannten Ziele umzusetzen (*U.S. Dep. of Ed.*, 1991a, S. 6-7). Um die Erfolge der Reformbemühungen evaluieren zu können, sollten bundesweit gültige Tests für die Schülerleistungen in den Kernfächern verschiedener Klassenstufen erarbeitet werden: "National Education Goals will be meaningless unless progress toward meeting them is measured accurately and adequately and

---

[53] "ehrgeizig"
[54] "Fähigkeiten-und Wissenslücke"
[55] 1. Jedes amerikanische Kind wird beim Schuleintritt die notwendigen Lernvoraussetzungen mitbringen. 2. Die Quote der erfolgreichen "high-school"-Abschlüsse wird auf mindestens 90% ansteigen. 3. Amerikanische Schulkinder werden in anspruchsvollen Fächern, einschließlich Englisch, Mathematik, den Naturwissenschaften, Geschichte und Geographie, nachweislich ausreichende Leistungen erbracht haben, wenn sie die Klassenstufen vier, acht und zwölf abschließen; und jede Schule in Amerika wird sicherstellen, daß alle Schüler und Schülerinnen lernen, ihren Verstand zu nutzen, so daß sie auf ihre Pflichten und Aufgaben als verantwortungsbewußte Bürger und Bürgerinnen, lebenslanges Lernen sowie eine produktive Tätigkeit in unserer modernen Wirtschaft vorbereitet sind. 4. Die Schüler und Schülerinnen der USA werden in Mathematik und den Naturwissenschaften im weltweiten Vergleich die besten Leistungen erbringen. 5. Alle Erwachsenen in den USA werden Lesen und Schreiben können und das Wissen und die Fertigkeiten besitzen, die notwendig sind, um in der weltweiten Wirtschaft wettbewerbsfähig zu sein und ihren Rechten und Pflichten als Staatsbürger und Staatsbürgerinnen gerecht werden zu können. 6. Jede Schule in den USA wird drogen- und gewaltfrei sein und eine dem Lernen förderliche disziplinierte Atmosphäre bieten.
[56] "Strategie zur Verwirklichung von `America 2000´"

reported to the American people"[57] (*U.S. Dep. of Ed.*, 1991a, S. 45). Die Entscheidung, ob diese Leistungstests an einer bestimmten Schule durchgeführt werden, sollte der Schulleitung selbst überlassen bleiben (*U.S. Dep. of Ed.*, 1991a, S. 53). Ferner wurde auch betont, daß bundesweite Leistungstests nicht mit einem bundesweit gültigen Curriculum gleichzusetzen wären (*U.S. Dep. of Ed.*, 1991a, S. 32).

Die öffentliche Präsentation von "America 2000" wurde von Präsident Bush bewußt als "media event"[58] inszeniert. Trotz des großen Aufsehens, das um die "National Goals" gemacht wurde, waren mit den propagierten Reformvorschlägen jedoch *keine* Versprechungen bzgl. finanzieller Bundesunterstützung verbunden (*Spring*, 1993, S. 104).

Im April 1992 hatten 43 Staaten und der District of Columbia "America 2000" entweder komplett oder in leichten Abänderungen übernommen (*National Council on Disability*, 1993, S. 57).

Der als Gouverneur an der Erarbeitung der "National Education Goals" beteiligte Bill Clinton führt das Reformprogramm, allerdings unter dem Namen "Goals 2000", inzwischen fort (*Moffeit*, 1994, S. 586). Welch hohen Stellenwert auch Clinton einer nationalen Bildungsreform zuschreibt, wird allein dadurch deutlich, daß die "Goals 2000" inzwischen als Bundesgesetz verabschiedet wurden (vgl. *Dichanz & Grahn*, 1994). Im Rahmen dieses Gesetzes werden die oben genannten sechs Bildungsziele offiziell anerkannt. Ein wichtiger Bestandteil der Reformen der Administration Clinton ist jedoch auch die Erarbeitung von bundesweit gültigen Normen für die Inhalte und Leistungsmaßstäbe schulischer Bildung, sog. "national standards", deren Einhaltung möglichst genau und differenziert evaluiert werden soll (*Sadovnik, Cookson & Semel*, 1994, S. 539)[59].

Wie schon in den achtziger Jahren zeichnet es sich jedoch abermals ab, daß die Reforminitiativen zwar angeblich *allen* Schülern und Schülerinnen zugute kommen sollen, Kinder und Jugendliche mit sonderpädagogischem Förderbedarf aber nicht berücksichtigt werden (*National Council on Disability*, 1993, S. 50-63).

Auch in der Regelschulpädagogik sind diese Reformvorschläge, die unglücklicherweise wiederum stark von Vertretern und Vertreterinnen der Politik und Wirtschaft beeinflußt wurden (*Bell*, 1993, S. 594; *Moffeit*, 1993, S. 590), sehr umstritten:

---

[57] Die nationalen Bildungsziele werden bedeutungslos sein, wenn die Fortschritte auf dem Weg zum Ziel nicht genau und adäquat gemessen und der amerikanischen Öffentlichkeit dargelegt werden.
[58] "Medienereignis"
[59] Der beim "U.S. Department of Education" bestellte Originaltext des Bundesgesetzes "Goals 2000" lag bei Abgabe der Arbeit bedauerlicherweise noch nicht vor.

Given those archaic, intellectually restrictive academic goals and standards and the inevitably confining test system that must accompany them, we should not be suprised that America 2000 has made zero progress toward the creation of dramatically new and more effective public schools. You do not unleash anyone's creativity by dictating precisely what the outcome of that person's creative endeavor must be[60] (*Clinchy*, 1993, S. 606).

So war es beispielsweise vorauszusehen, daß die angebliche Freiwilligkeit der Schulen bzgl. der Durchführung der propagierten regelmäßigen Leistungstests eine Farce ist. Dem Druck durch die Eltern und auch Politiker vor Ort, einen Nachweis für den "Erfolg" ihrer Schule zu erhalten, können sich die wenigsten lokalen Schulbehörden entziehen. Die Qualität der schulischen Förderung einzig und allein an den Resultaten bestimmter Leistungstests festmachen zu wollen, kann außerdem fatale Konsequenzen haben: "Whereas we once mainly believed that education policy was to be shaped by our highest, widest, and deepest social ideas, it is now to be shaped by our biggest test-maker"[61] (*Tanner*, 1993, S. 290).

Sobald die neuen, derzeit noch auszuarbeitenden, bundesweit gültigen Schulleistungstests zum Einsatz kommen, ist auch zu erwarten, daß der Unterricht sich sehr wohl an den darin enthaltenen Anforderungen ausrichten wird, und diese Tests somit doch ähnliche Auswirkungen erzielen werden wie ein bundesweit gültiger Lehrplan. Die überwiegende Mehrheit der amerikanischen Bevölkerung hält die Einführung eines derartigen, bundesweit gültigen "national curriculum" zwar durchaus für sinnvoll und notwendig (*Elam, Rose & Gallup*, 1994, S. 48). Eigentlich passen derartige Vorschläge jedoch überhaupt nicht zu dem traditionellen Ethos der lokalen Kontrolle des Schulwesens (*O'Neil*, 1995, S. 6) und stehen im Widerspruch zu den, jedenfalls unter der Administration Bush, propagierten politischen Bemühungen um Dezentralisierung und Deregulation (*Moffeit*, 1994, S. 588). Besonders bedenklich ist die Diskussion um einen "national curriculum" nach Ansicht mancher Kritiker aber auch deshalb, weil man mit standardisierten, bundesweit gültigen Vorgaben der immer heterogener werdenden Schülerschaft nicht gerecht werden kann. Vielmehr wären Bemühungen um verstärkte Individualisierung vonnöten (*Moffeit*, 1994, S. 590).

---

[60] Angesichts dieser veralteten, restriktiven intellektuellen und akademischen Ziele und Normen und des damit unvermeidlich verbundenen Test-Systems, das zwangsläufig ebenfalls einschränkend wirken wird, sollten wir nicht überrascht sein, daß `America 2000´ hinsichtlich der Schaffung neuer und effektiver öffentlicher Schulen keinerlei Fortschritte gemacht hat. Kreativität läßt sich nicht fördern, indem man genau vorschreibt, wie die Ergebnisse kreativer Bemühungen aussehen sollen.

[61] Während wir früher einmal vor allem daran glaubten, daß die Bildungspolitik auf der Grundlage unserer höchsten, umfassendsten und tiefsten sozialen Überzeugungen gestaltet werden sollte, wird sie nun von unserem größten Test-Verlag bestimmt [*Tanner* spielt hier auf den Verlag "Educational Testing Service" an, der im Jahre 1992 allein durch die weit verbreitete Anwendung des schon erwähnten SAT über 100 Millionen Dollar Umsatz machte].

Vereinzelt kritisiert wird ferner, daß weiterhin an dem angeblichen Zusammenhang zwischen der Krise des Schulwesens und jener in der Wirtschaft festgehalten wird. Beispielsweise heißt es diesbezüglich in den Erläuterungen der beschriebenen nationalen Bildungsziele: "Education is the key to America's international competitiveness"[62] (*U.S. Dep. of Ed.*, 1991a, S. 35). Die kausale Beziehung zwischen der Qualität des Bildungswesens und der Wettbewerbsfähigkeit der Wirtschaft ist nach Ansicht mancher Autoren nämlich ein Mythos (*Bracey*, 1994, S. 121-122; *Clinchy*, 1993, S. 608). Außerdem darf schulische Bildung generell nicht nur darum bemüht sein, Schulabgänger zu "produzieren", die den Ansprüchen des Arbeitsmarkts entsprechen, sondern muß ebenso auch Persönlichkeitsbildung betreiben, um verantwortungsbewußte und für die Probleme anderer sensible Gesellschaftsmitglieder hervorzubringen (*Clinchy*, 1993, S. 612).

Insbesondere muß man sich aber fragen, *warum* die politischen Reformvorschläge sich weiterhin recht einseitig auf die Verbesserung der durchschnittlichen Schulleistungen der amerikanischen Kinder und Jugendlichen konzentrieren. Obgleich es natürlich schwierig ist, die komplexe Frage, ob sich der Zustand des Bildungswesens verbessert hat, zu beantworten (vgl. *U.S. Dep. of Ed., Nat. Center for Ed. Statistics*, 1994, S. ix), gibt es interessanterweise nämlich einige Hinweise darauf, daß die Situation nicht mehr so katastrophal ist, bzw. sogar nie so schlimm war, wie man die Öffentlichkeit hatte glauben lassen. So hat sich die Zahl der "drop-outs" in den letzten Jahrzehnten eigentlich stetig verringert und auch die in den SAT-Ergebnissen angeblich zu beobachtenden sinkenden Leistungen amerikanischer "high-school" Absolventen lassen sich vielmehr dadurch erklären, daß ein immer größer werdender Anteil der Schülerschaft diesen Test überhaupt ablegt (*Tanner*, 1993, S. 292-293; *U.S. Dep. of Ed., Nat. Center for Ed. Statistics*, 1994, S. iii). Es zeichnet sich vielmehr ab, daß sich gerade die Leistungen der Schulkinder in Mathematik und den Naturwissenschaften in den letzten Jahren sogar verbessert haben (*U.S. Dep. of Ed., Nat. Center for Ed. Statistics*, 1994, S. iv-v). Derartige, eigentlich doch erfreuliche Nachrichten, werden jedoch sowohl in den Medien als auch in der Fachliteratur selten aufgegriffen (*Bracey*, 1994, S. 125-126; *Tanner*, 1993, S. 294), und erreichen somit auch nicht die Öffentlichkeit (vgl. *Elam, Rose & Gallup*, 1994, S. 46-47). *Tanner* (1993) schildert sogar, wie die Veröffentlichung einer vom "U.S. Department of Enegery"[63] in Auftrag gegebenen Studie, die eben diese positiven Ergebnisse schilderte und konsequenterweise auch die Grundgedanken der "America 2000"-Ziele kritisierte, zunächst bewußt hinausgezögert

---

[62] Bildung ist der Schlüssel zu Amerikas internationaler Wettbewerbsfähigkeit.
[63] "Bundesministerium für Energiewirtschaft"

und dann nur mit der Auflage, wesentliche Korrekturen vorzunehmen, genehmigt wurde (S. 291-294).

Die einseitige Betonung des akademischen Standards in den Schulen lenkt nämlich, vielleicht sogar bewußt, von anderen Problembereichen innerhalb des, sehr wohl korrekturbedürftigen, amerikanischen Bildungswesens ab: "The preoccupation with excellence has unfortunately obscured other significant educational problems, most particularly those related to issues of equity"[64] (*Sadovnik et al.*, 1994, S. 540). Genannt werden sollen hier beispielsweise die krassen Unterschiede in der Qualität des schulischen Angebots zwischen den einzelnen Bundesstaaten und ihren lokalen Schulbehörden wie auch die deutlich niedrigeren Bildungschancen von Schülern und Schülerinnen hispanischer bzw. afro-amerikanischer Herkunft (*U.S. Dep. of Ed., Nat. Center for Ed. Statistics*, 1994, S. iv-vi). Zum anderen muß das amerikanische Schulwesen aber auch versuchen, den veränderten demographischen und sozio-kulturellen Gegebenheiten des Landes besser gerecht zu werden. Vergleichbar mit der deutschen Diskussion, die unter dem Stichwort "Veränderte Kindheit" geführt wird, betrachten viele amerikanische Pädagogen und Pädagoginnen die veränderten Lebensbedingungen der Kinder und Jugendlichen in den USA nämlich mit großer Sorge (z.B. *Bell*, 1993, S. 594; *Crosby*, 1993, S. 603-604). In diesem Zusammenhang werden häufig die wachsende Armut und Obdachlosigkeit als Problembereiche genannt, ebenso das gehäufte Auftreten vorgeburtlicher Schädigungen aufgrund von Umwelteinflüssen oder Drogenmißbrauch der Mütter, der steigende Anteil der Alleinerziehenden und der Familien, in denen beide Elternteile berufstätig sind, sowie die zunehmende Häufigkeit von Kindesmißhandlungen bzw. Kindesverwahrlosung (*Hodgkinson*, 1991, S. 10).

Während manche Beobachter der Diskussion sich über das immer noch anhaltende politische und öffentliche Interesse an der Bildungsreform freuen (*Bell*, 1993, S. 595-596), hat nach Einschätzung anderer die Thematik an öffentlicher Beachtung eingebüßt (*Lovitt*, 1993b, S. 265).

Angesichts der Flut an Publikationen, die sich im letzten Jahrzehnt mit der Reform des Regelschulwesens beschäftigt haben, und der vielfältigen, teilweise auch widersprüchlichen Reformvorschläge zieht *Pauly* (1991) folgendes Resümee: "The education reform movements are engaged in a fruitless search for magic-bullet solutions to education's problems, even when all evidence shows that no magic-bullets exist"[65] (S. 197). Ein führender Pädagoge der USA weist in

---

[64] Die vornehmliche Beschäftigung mit der Frage höherer Schulleistungen hat unglücklicherweise andere bedeutsame bildungspolitische Probleme in den Schatten gestellt, und zwar insbesondere jene, die mit Fragen der Chancengleichheit zusammenhängen.

[65] Die Reformbewegungen des Bildungswesens sind mit der unergiebigen Suche nach dem Allheilmittel für die Probleme des Bildungswesens beschäftigt, und das obgleich alles darauf hindeutet, daß es keine derartigen Allheilmittel gibt.

diesem Zusammenhang auch darauf hin, daß die gesellschaftlichen Anforderungen an das Bildungswesen derzeit einfach zu hoch sind. Außerdem können selbst grundlegende Veränderungen in den Schulen kein Ersatz für die stattdessen eigentlich notwendigen sozialen und wirtschaftlichen Reformen sein (*Goodland*, 1990, S. 9):

The designation of schools as a major, if not *the* major, instrumentality in solving our social and economical problems in the short run is unrealistic and dysfunctional. Schools can only educate. It is appropriate and sufficient to expect them to do this well. Yet so long as we fail to address today's critical problems through political action directed at economical and social restructuring, schools will continue to be burdened with inappropriate, excessive demands; to disappoint us; and to serve as scapegoats for our incompetence and inadequacies in both domestic and international arenas[66] (*ders.*, S. 2).

4.2.3 Lehrkräfte

Die Bereitschaft der Regelschullehrkräfte und ihre Fähigkeit, sich mit Kindern mit sonderpädagogischem Förderbedarf auseinanderzusetzen, ist einer der kritischsten Punkte bei der Umsetzung der Forderungen von P.L. 94-142. "Teachers are the ones who play an integral role in determining the success or failure of significant school reforms"[67] (*Giangreco*, 1989, S. 146).

Sowohl die "National Education Association" (NEA) als auch die "American Federation of Teachers" (AFT)[68] gaben kurz nach Verabschiedung von P.L. 94-142 Erklärungen zu den Inhalten des Gesetzes ab. Darin wird deutlich, daß diese beiden bedeutsamsten Vereinigungen amerikanischer Lehrkräfte die Intention des Gesetzes zwar befürworten, aber der Ansicht sind, daß bestimmte Rahmenbedingungen gewährleistet sein müssen, um eine sinnvolle Umsetzung zu ermöglichen. Die Regelschullehrkräfte forderten insbesondere eine ausreichende Weiterbildung, Modifikationen in der Klassengröße und in ihren eigenen

---

[66] Die Bestimmung der Schulen zu einem wesentlichen, wenn nicht sogar *dem* wesentlichen Werkzeug für die alsbaldige Lösung unserer sozialen und wirtschaftlichen Probleme ist unrealistisch und steht den eigentlichen Aufgaben der Schulen im Wege. Schulen können nur erziehen und unterrichten. Es ist sowohl angebracht als auch ausreichend, wenn man von ihnen erwartet, daß sie dieser Aufgabe gerecht werden. Solange wir es jedoch versäumen, die heutigen bedrohlichen Probleme mittels politischen Handelns anzugehen, das auf radikale wirtschaftliche und soziale Umstrukturierung gerichtet ist, werden die Schulen weiterhin mit unangemessenen, und unverhältnismäßigen Anforderungen belastet werden; sie werden uns weiterhin enttäuschen; und sie werden weiterhin als Sündenbock für unsere Inkompetenz und unsere Unzulänglichkeiten sowohl auf innenpolitischen als auch auf internationalen Schauplätzen dienen.
[67] Die Lehrkräfte sind diejenigen, die bei der Bestimmung des Erfolgs bzw. des Mißlingens bedeutender Schulreformen eine wesentliche Rolle spielen.
[68] "Nationaler Bildungsverband" bzw. "Vereinigung der Amerikanischen Lehrkräfte"

Arbeitsstunden sowie ausreichende Unterstützung durch Sonderpädagogen und Sonderpädagoginnen bzw. andere Stützkräfte. Ferner als notwendig erachtet wurde eine ausgewogene Zusammenarbeit und gleichberechtigte Mitsprache bei allen Entscheidungen, welche den Unterricht von Schülern und Schülerinnen mit sonderpädagogischem Förderbedarf im Rahmen der Regelklasse betreffen (Abdruck der Resolution der NEA in *Gearheart & Weishahn*, 1980, S. 21; Richtlinien der AFT in *Rauth*, 1981, S. 32-33). Auch neuere Studien zeigen, daß der Wille der Regelschullehrkräfte, Kinder und Jugendliche mit "disabilities" zu integrieren, durchaus vorhanden ist, dabei aber eine ausreichende Unterstützung und Weiterbildung als unentbehrlich angesehen werden (*McIntosh et al.*, 1993, S. 250-251; *Myles und Simpson*, 1989, S. 486-487). Dennoch ist der in der Untersuchung von *Bender* und seinen Kolleginnen ermittelte Anteil von Regelschullehrkräften, die der Integration negativ oder gleichgültig gegenüberstehen mit 13 bzw. 23% noch relativ hoch (*Bender, Vail & Scott*, 1995, S. 90).

Wie bei der Analyse der "Annual Reports" schon dargestellt, ist die Forderung nach einer angemessenen Personalaus- und weiterbildung aber nur ungenügend umgesetzt worden. Ungeachtet dieser Mängel dürfen aber auch andere Einflußgrößen nicht vernachlässigt werden: "The most qualified teacher cannot do justice to her students if she is given too many to teach, inundated with paperwork, or faced with conditions that make effective teaching impossible"[69] (*Greer*, 1992, S. 201). Die Rahmenbedingungen des Lehrerberufs müssen daher ebenfalls berücksichtigt werden (*CEC Ad Hoc Committee*, 1984, S. 490; *Howsam*, 1983, S. 91; *Searl, Ferguson & Biklen*, 1985, S. 5), denn auch hier zeigen sich Problembereiche, welche eine erfolgreiche Umsetzung von P.L. 94-142 erschweren: Geringes Ansehen in der Öffentlichkeit, niedrige Bezahlung, schlechte Aufstiegschancen und unsichere Arbeitsplätze spielen dabei ebenso eine Rolle wie die tagtägliche Überlastung in den Klassenzimmern. Viele Regelschullehrkräfte klagen über zu hohe Stundenzahl, zu große Klassen, Mangel an Unterrichtsmaterialien und fehlende Unterstützung in Form zusätzlichen Personals. Ferner fühlen sie sich auch in ihren Mitbestimmungsmöglichkeiten bei Entscheidungen innerhalb der eigenen Schule oder auch im Rahmen nationaler Reformbemühungen zu sehr eingeschränkt (*Kirst*, 1984, S. 140-147; *Wynn & Wynn*, 1988, S. 88-92). Durch die Forderungen von P.L. 94-142 wurden diesen Lehrkräften nun zusätzliche Belastungen auferlegt, noch dazu, wie man anhand der Literatur den Eindruck hat, ohne ihnen die entsprechend notwendige Unterstützung zu gewähren.

---

[69] Selbst eine außergewöhnlich hoch qualifizierte Lehrkraft kann ihren Schülern und Schülerinnen nicht gerecht werden, wenn sie zu viele Kinder unterrichten muß, mit Verwaltungskram überschwemmt wird, oder mit äußeren Rahmenbedingungen konfrontiert wird, die einen effektiven Unterricht unmöglich machen.

Als zentrales Problem, gerade bei der Integration von Kindern und Jugendlichen mit sonderpädagogischem Förderbedarf in die Regelklassen, erweist sich dabei die Klassengröße. Bei den Bemühungen der Lehrkräfte, vor allem schwächeren Schulkindern gerecht zu werden, ist das Lehrer-Schüler-Verhältnis nämlich ein kritischer Faktor (*Howsam* 1983, S. 91; *Gottlieb et al.*, 1994, S. 460). Inwieweit dieses sich, entsprechend der Forderungen der NEA und der AFT, reduziert hat, wenn Kinder und Jugendliche mit sonderpädagogischem Förderbedarf integriert wurden, wird in den "Annual Reports" nicht erwähnt (vgl. *Algozzine*, 1990, S. 273). Da viele Schulbezirke in den achtziger Jahren aufgrund der knappen Finanzmittel gerade im Personalbereich Kürzungen vorgenommen haben, muß man eher davon ausgehen, daß die Klassengrößen selten verringert wurden und daß häufig auch bei der Bereitstellung von "teacher aides" gespart wurde (vgl. *Singer & Butler*, 1987, S. 135). Hinzu kommt, daß selbst schon genehmigte Stellen für sonderpädagogische Fachkräfte häufig aus Mangel an qualifiziertem Personal unbesetzt blieben, und folglich auch die an der Schule vorhandenen Sonderpädagogen und Sonderpädagoginnen überlastet waren und somit die Regelschullehrkräfte nicht ausreichend unterstützen konnten (vgl. *Ysseldyke et al.*, 1989, S. 105). Demzufolge hat sich die nachstehende, aus dem Jahre 1976 stammende, Befürchtung des ehemaligen Vorsitzenden der NEA bestätigt:

For effective mainstreaming, regular classroom teachers must have the strong and coordinated backing of special education teachers and support personnel. Yet in these economically perilous times, the threat that boards will fire special education teachers as they put handicapped into regular classrooms hangs like a pall[70] (zit. nach *Sarason & Doris*, 1979, S. 372).

Ebenfalls als problematisch erweist sich die Tatsache, daß von den Regelschullehrkräften grundlegende Veränderungen ihres Aufgabengebietes und ihres Rollenverständnisses verlangt wurden. Möglicherweise sahen sie zwar die Vorteile, welche die Verwirklichung von P.L. 94-142 für Schüler und Schülerinnen mit sonderpädagogischem Förderbedarf hatte; inwieweit die von ihnen geforderten Veränderungen auch für sie selbst lohnend sein könnten, konnten sie allerdings nicht feststellen, sie ahnten nur, wie groß die zeitliche Mehrbelastung für sie sein würde (*Welch*, 1989, S. 539). Entsprechend gering war die Innovationsbereitschaft: "For those who make change on a day to day basis, the perceived

---

[70] Um erfolgreiche Integration gewährleisten zu können, müssen die Lehrkräfte in den Regelschulklassen massive und koordinierte Unterstützung durch sonderpädagogische Lehrkräfte und zusätzliches Stützpersonal erhalten. Angesichts der derzeitigen, wirtschaftlich gefährlichen Lage schweben wir jedoch ständig in der Gefahr, daß die lokalen Schulbehörden zwar behinderte Kinder in den Regelklassen unterbringen, während sie gleichzeitig aber sonderpädagogische Lehrkräfte entlassen.

benefits of the change must outweigh the perceived costs, and the benefits must have personal meaning"[71] (*Giangreco*, 1989, S. 144). Entsprechende Probleme ergaben sich auch bei der, für eine sonderpädagogische Förderung in der Regelklasse bzw. in "resource rooms" nötige, Zusammenarbeit der Regelschullehrkräfte mit ihren sonderpädagogischen Kollegen und Kolleginnen. Beide Seiten waren eigentlich persönliche Autonomie und professionelle Unabhängigkeit gewöhnt (*Brown, Long, Udvari-Solner, Schwarz et al.*, 1989, S. 10; *Skrtic*, 1991, S. 173), und auch die verschiedenen Standpunkte und Interessen (*Singer & Butler*, 1987, S. 138), Statusunterschiede und Unklarheiten bzgl. der Zuständigkeiten bereiteten Schwierigkeiten (*Weatherley & Lipsky*, 1977, S. 191). Interessanterweise scheinen diese Probleme besonders gravierend zu sein, wenn die Kinder und Jugendlichen ihre sonderpädagogische Förderung in dem kombinierten Modell von "resource room" und Teilhabe am Unterricht in der Regelklasse erhalten. Nehmen die Schüler und Schülerinnen dagegen den gesamten Schultag am Unterricht in der Regelklasse teil und erhalten innerhalb des Klassenzimmers Unterstützung durch eine sonderpädagogische Fachkraft, führt dies auch zu einer engeren Zusammenarbeit zwischen den Regelschullehrkräften und den Sonderpädagogen und Sonderpädagoginnen: "Those data indicate that close proximity, shared responsibility notwithstanding, stimulated collaboration"[72] (zit. nach *Lovitt*, 1993a, S. 63). Die Regelschullehrkräfte suchen dabei nicht jemanden, der ihnen den Unterricht abnimmt, sondern sie brauchen einen Ansprechpartner, der flexibel ist und ihnen auf vielfältige Weise Rückmeldungen und Unterstützung geben kann (*Ferguson et al.*, 1992, S. 226). Er soll ihnen dabei wichtige, in ihren Unterrichtsstil integrierbare Tips geben, aber andererseits den pädagogischen Freiraum nicht zu sehr einengen (*Snell & Drake*, 1994, S. 397; *Iannaccone*, 1981a, S. 72).

4.2.4 Das Prinzip der Jahresfortgangsklassen

Sicherlich ist es ein großer Vorteil, daß die Struktur des amerikanischen Bildungswesens eingliedrig ist, folglich eher integrativ wirken kann als ein separierendes dreigliedriges Schulwesen, wie beispielsweise das deutsche[73]. Eines

---

[71] Für diejenigen, die Tag für Tag die Veränderungen umsetzen, müssen die wahrgenommenen Vorteile dieser Veränderungen die wahrgenommenen Nachteile übertreffen, und diese Vorteile müssen auch für die betroffenen Personen selbst von Bedeutung sein.
[72] Diese Ergebnisse lassen darauf schließen, daß die unmittelbare Nähe die Zusammenarbeit anregte, und zwar trotz der Probleme, die geteilte Verantwortung häufig mit sich bringt.
[73] Strukturen des Bildungswesens sind zwar nicht allein dafür ausschlaggebend, welche Prozesse stattfinden, sie beeinflussen allerdings sehr stark, welche Prozesse überhaupt möglich sind (vgl. *Mitter*, 1990, S. 126).

der Hauptprobleme bei den Bemühungen, Schüler und Schülerinnen mit sonderpädagogischem Förderbedarf verstärkt in das Regelschulwesen einzugliedern, ist allerdings genau das Strukturmerkmal, welches vor ca. 100 Jahren den Anstoß gab, sie auszugliedern: Die starren Jahresfortgangsklassen (*Stainback et al.*, 1985, S. 146).

Dieses Strukturprinzip geht von der Annahme aus, daß alle Kinder einer Altersgruppe in der Lage sind, dieselben Unterrichtsinhalte in derselben Zeit zu bewältigen (*Stainback et al.*, 1985, S. 147). Aufgrund der dadurch bedingten "rigid, standardized, grade level expectations"[74] (*dies.*, S. 144) fällt es vielen Lehrkräften schwer, ihren Unterricht jenen Kindern, die mit dem Lernen Probleme haben, anzupassen: "The lockstep graded system impedes rather than facilitates the individualization of educational programming"[75] (*dies.*, S. 147). Auch *Little* (1985) beschreibt die Jahresfortgangsklassen als "the enemy of mainstreaming and the agent of failure for children with unique instructional needs"[76] (S. 98).

Obgleich das Prinzip der Jahresfortgangsklassen zumeist damit begründet wird, daß Schüler und Schülerinnen in homogenen Lerngruppen bessere Leistungen erzielen (vgl. *Stainback & Stainback*, 1989, S. 195-198), erhofft man doch auch, den Lehrkräften damit den Unterricht zu vereinfachen (*Howsam*, 1983, S. 89). Außerdem steht die Bevorzugung homogener Gruppen in Einklang mit der Tendenz des Schulwesens, sich durch Arbeitsteilung und Spezialisierung effektiver strukturieren zu wollen (*Oakes*, 1986, S. 65-66; *Skrtic*, 1987, 1991).

Trotz der Möglichkeit, Jahrgänge zu überspringen oder zu wiederholen, wird es in den Jahresfortgangsklassen aber immer Schüler und Schülerinnen geben, die in die etablierte Klassenstruktur nicht "hineinpassen" (*Stainback et al.*, 1985, S. 146). Die Verantwortung dafür wird den Schulkindern zugewiesen, nicht den Lehrkräften (*Little*, 1985, S. 98). Die betroffenen Kinder wurden und werden folglich aus der Regelklasse herausgezogen (*Wang et al.*, 1986, S. 26).

Daran haben auch die Forderungen von P.L. 94-142 nichts ändern können. Ganz im Gegenteil: Die verschiedenen Formen der sonderpädagogischen Förderung ermöglichen es weiterhin, daß die Regelschule die Verantwortung für Schüler und Schülerinnen mit von der Norm abweichendem Lernverhalten an die Sonderpädagogik teilweise oder völlig abgibt (vgl. *Scrtic*, 1991, S. 169).

In diesem Zusammenhang stellt sich sogar die Frage, ob teilintegrative Schulformen, wie z.B. die "resource rooms", wirklich dazu dienen, Schüler und Schülerinnen mit "disabilities", die sonst in separaten Schulformen unterrichtet

---

[74] "strengen, standardisierten Leistungserwartungen in den einzelnen Klassenstufen"
[75] Die unflexiblen Jahresfortgangsklassen verhindern eher die Individualisierung der Unterrichtsplanung, als daß sie diese fördern.
[76] ... Feind der Integration und die Ursache für das Scheitern von Kindern mit einzigartigen Förderbedürfnissen.

wurden, einzugliedern. Es entsteht der Eindruck, daß sie eher verstärkt dafür genutzt werden, jene Schulkinder, die nicht in die Verhaltens- und Leistungsnormen der Regelklasse passen, noch häufiger auszugliedern. Insbesondere die schon beschriebene sehr weit gefaßte Definition von "learning disabilities" ermöglicht es, jene Kinder und Jugendlichen, die in der Regelklasse nicht mitkommen - oder mit denen die Lehrkräfte nicht zurechtkommen - , als "handicapped" zu diagnostizieren und die Verantwortung für diese Schülergruppe der Sonderpädagogik zu übergeben: "Many, if not most, of the mildly handicapped students in categories such as learning disabilities, educably mentally retarded, and emotionally disturbed are in fact mis-diagnosed *curriculum casualities*"[77] (*Tucker*, 1989, S. 458).

Nach Ansicht von *Gartner und Lipsky* (1987) hat sich seit Verabschiedung von P.L. 94-142 die Bandbreite dessen, was in den Regelklassen als "normal" erachtet wird, eher noch weiter verringert (S. 382). Nochmals verwiesen werden muß in diesem Zusammenhang auf die "excellence"-Bewegung der achtziger Jahre. Die daraus resultierten, erhöhten akademischen Anforderungen in den Regelklassen haben die Tendenz, "to refer difficult children to special education"[78] (*Shephard*, 1987, S. 328) und die Neigung zu "simplistic, low-cost differentiated tracking"[79] (*Moran*, 1984, S. 2) nämlich noch verstärkt, und es ist zu befürchten, daß diese Tendenz weiter anhält. Außerdem gilt es zu bedenken, daß unabhängig davon, wieviele Schüler und Schülerinnen bereits aus einer gegebenen Regelschulklasse herausgenommen wurden, in dieser wiederum Kinder verbleiben, deren Schulleistungen schwächer sind. *Edgar und Hayden* (1984) nennen dies das "end-of-the-line phenomen - whenever you remove `the worst´ from a group `a worst´ remains"[80] (S. 535).

Anstatt einzugestehen, daß die Bildung homogener Lerngruppen einfach nicht möglich ist, ist durch die Ausgliederung einer immer größeren Zahl an Schülern und Schülerinnen ein "second system"[81] im Erziehungswesen entstanden (*Reynolds et al.*, 1993, S. 294). Gerade in innerstädtischen Schulbezirken, in denen Schüler und Schülerinnen besonders häufig in, teilweise sogar mehreren verschiedenen, separaten Programmen kompensatorisch, sonderpädagogisch oder zweisprachig gefördert werden, entsteht dadurch bürokratisches Chaos und

---

[77] Viele, wenn nicht sogar die meisten, der Schüler und Schülerinnen mit `mild handicaps´, wie jene mit `learning disabilities´, `educable mental retardation´ und `emotional disturbance, sind in Wirklichkeit fehldiagnostizierte *Opfer des Curriculums*.
[78] "schwierige Kinder an die Sonderpädagogik zu überweisen"
[79] "übertrieben vereinfachender, kostensparender Aufteilung in differenzierte Leistungsgruppen"
[80] "Ende-der-Schlange Phänomen - Wann immer du `die Schlechtesten´ von einer Gruppe entfernst, werden stattdessen andere Schulkinder `die Schlechtesten´ bleiben.
[81] "zweites, untergeordnetes System"

pädagogische Desorganisation (*Cross & Cross*, 1993; *Kaestle & Smith*, 1982, S. 406; *Lipsky & Gartner*, 1989d, S. xxiv). In P.L. 94-142 war einfach zu wenig berücksichtigt worden "that the artifice of delivery systems in schools might drive the maintenance of separate services and keep students from the mainstream"[82] (*Walker*, 1987, S. 109). In dieser Hinsicht zeigen die Richtlinien des Gesetzes "a certain tendency among special educators and school psychologists to try to put new wine [operating in accord with new policies] in old bottles [old predictive schemas and rejection processes]"[83] (*Reynolds*, 1989, S. 8). Auch *Skrtic* (1987) kritisiert, daß P.L. 94-142 an die Schulen Anforderungen stellt, die ohne eine völlige Neuorganisation des gesamten Systems nicht erfüllbar sind (S. 18; vgl. auch *Ferguson*, 1989, S. 30). Diese grundlegende Neugestaltung hat jedoch in den seltensten Fällen stattgefunden: "Organizational changes necessary to include students with disabilities into the mainstream were not made"[84] (*Witkin & Fox*, 1992, S. 326).

4.2.5 Unterrichtsmethoden und Inhalte

Wie schon in Kapitel 3.8.8.2 kurz erwähnt, fällt es vielen Regelschullehrkräften in den USA schwer, die Lehrpläne und Methoden des Unterrichts den Bedürfnissen von Schülern und Schülerinnen mit Behinderungen bzw. Lernproblemen anzupassen. Dies liegt nicht etwa daran, daß die pädagogische Forschung zu wenig Vorschläge erarbeitet hätte (vgl. *Deno*, 1994, S. 385). Genannt werden soll hier beispielsweise die wissenschaftliche Begleitung von Unterrichtsmethoden wie "adaptive instruction" (z.B. *Wang*, 1989; *Wang & Zollers*, 1990), "cooperative learning" (z.B. *Slavin*, 1994; *Johnson & Johnson*, 1986; *Tateyama-Sniezek*, 1990), und "peer-tutoring" (z.B. *Eliot, Delquardi & Greenwood*, 1994; *Maheady, Sacca & Harper*, 1987; *Beirne-Smith*, 1991) oder auch die Diskussion um die weitverbreiteten Unterrichtspraktiken "curriculum-based assessment" (*Deno & Espin*, 1994) und "direct instruction" (*Rosenshine & Meister*, 1994), die inzwischen aber auch immer häufiger kritisiert werden (siehe dazu *Heshusius*, 1991; *Hammill*, 1993, S. 304-305)[85]. Auch viele Monographien

---

[82] ..., daß das raffiniert durchdachte Überweisungsverfahren in den Schulen dazu beitragen würde, separate Maßnahmen aufrechtzuerhalten und die Schüler und Schülerinnen vom 'mainstream' fernzuhalten.

[83] ... eine gewisse Tendenz bei Sonderpädagoginnen und Schulpsychologen, zu versuchen, neuen Wein (Befolgen neuer Richtlinien) in alte Flaschen zu füllen (herkömmliche Vorurteile und Ablehnungsverfahren).

[84] Die, für eine Eingliederung der Schüler und Schülerinnen mit Beeinträchtigungen in den 'mainstream' notwendigen, schulorganisatorischen Veränderungen, haben nicht stattgefunden.

[85] "Adaptive instruction" könnte vielleicht als "anpassungsfähiger Unterricht" übersetzt werden, also als ein Unterricht, der sich methodisch und inhaltlich an die individuellen

enthalten in leicht verständlicher Darstellung Anregungen dazu, wie der Regelschulunterricht auf Bedürfnisse von Schulkindern mit Behinderungen bzw. Lernproblemen besser abgestimmt werden kann (z.B. *Bos & Vaughn*, 1988; *Gaylord-Ross*, 1989; *Mann, Suiter & McClung*, 1992; *Stainback & Stainback*, 1992a; *Reynolds & Birch*, 1988). Dennoch erreichen all diese Erkenntnisse einfach zu selten "the firing-line level"[86] (*Deno*, 1994, S. 385), u.a. weil es gar nicht so einfach ist, die entsprechenden Vorschläge praktisch umzusetzen und in die bisherige Unterrichtsstruktur und -methodik einzubinden (*Malouf & Schiller*, 1995, S. 422). Viele Lehrkräfte sehen Forschungsergebnisse für ihre tagtäglichen Unterrichtsprobleme als irrelevant, widersprüchlich und als zu realitätsfern an und angesichts ihrer sowieso schon hohen Belastung sehen sie auch keine Möglichkeiten, sich überhaupt kundig zu machen und Experimente zu wagen (*dies.*, S. 418-419). Hinzu kommt die schon beschriebene Problematik eines bürokratisch organisierten, eher reformresistenten Schulsystems, das aufgrund des Einflusses sozialer, politischer und wirtschaftlicher Faktoren immer weniger dazu in der Lage ist, entsprechende Vorschläge flexibel umzusetzen und sich den immer heterogener werdenen individuellen Lernbedürfnissen seiner Schülerschaft anzupassen (*Deno*, 1994, S. 385).

Nach Ansicht von *Glasser* (1992) trauen sich aber auch zahlreiche Lehrkräfte, selbst wenn sie die entsprechenden Möglichkeiten hätten, nicht, etwas anderes auszuprobieren als "the `safe´ but ineffective methods they always have used"[87] (S. 61). Außerdem scheint sich bei vielen Regelschullehrkräften die Bereitschaft

---

Leistungsfähigkeiten und Förderbedürfnisse der Kinder anpaßt (vgl. dazu auch die Beschreibung des "Adaptive Learning Environment Models" in Kap. 5.2). "Cooperative learning" ist trotz der gleichen Wortwahl nicht unbedingt mit dem deutschen Begriff des "kooperativen Lernens" gleichzusetzen, da in den USA "cooperative learning" zumeist deutlich strengeren Regeln bzgl. der Wahl der Lerninhalte, der Zusammensetzung der Gruppen und der Bewertung der Leistungen der Gruppenmitglieder unterliegt. Unter "peer tutoring" versteht man eine Unterrichtskonzeption, bei der ein Schulkind einen Klassenkameraden, oder auch ein Kind aus einer anderen Klasse, unterrichtet, dieses Schulkind in bestimmten Fächern und Unterrichtsphasen also quasi als "Tutor" fungiert. "Curriculum based assessment" ist eine Form der Diagnose von individuellen Leistungen und Förderbedürfnissen, die sich stark an den Lerninhalten des Unterrichts orientiert, auf der Grundlage genauer Beobachtung des Unterrichtsgeschehens erfolgt und konkrete Anregungen für zukünftige Unterrichtsgestaltung geben soll. Unter "direct instruction" wird in obigem Zusammenhang eine Unterrichtsmethode verstanden, die sich zum einen durch ihre starke Lehrerzentrierung, zum anderen aber auch durch die systematische, schrittweise Erarbeitung eines Unterrichtsinhaltes auszeichnet, und inbesondere im Lese- und Mathematikunterricht vielfach eingesetzt wird. Eine Beschreibung zweier dieser Unterrichtsstrategien, nämlich von "peer tutoring" und von einer speziellen Form des "cooperative learnings" liefern in der deutschen Literatur *Benkmann und Pieringer* (1990, S. 132-144).

[86] sinngemäß: "die pädagogische Schußlinie" [Unterrichtsalltag]

[87] ... die `abgesicherten´ aber unwirksamen Methoden, derer sie sich bisher immer bedient haben.

zur Anpassung ihres Unterrichtsstils auch auf solche Maßnahmen zu beschränken, die, wie z.B. häufiges Loben und Ermutigen, leicht durchführbar sind. Die, gerade für die Integration von schwächeren Schülern und Schülerinnen, so wichtigen, allerdings substantiellen, Veränderungen der Lerninhalte und -materialien oder des Schwierigkeitsniveaus werden dagegen als nicht realisierbar angesehen und daher selten in die Praxis umgesetzt (*McIntosh et al.*, 1993, S. 250; *Munson*, 1986, S. 497; *Bender et al.*, 1995, S. 87-88). "Perhaps the real plea to special educators from their regular education counterparts is to either enable them to *comfortably* serve students with special needs or to remove them"[88] (*Bateman*, 1994, S. 512-513; Hervorh. M.K.).

Nach den Ergebnissen der Studie von *Bender* und dessen Mitarbeiterinnen scheinen interessanterweise jedoch jene Lehrkräfte, die positiv gegenüber der Integration von Schülern und Schülerinnen mit sonderpädagogischem Förderbedarf eingestellt sind, eher dazu bereit zu sein, ihren Unterrichtsstil in vielerlei Hinsicht der heterogenen Schülerschaft in ihrer Klasse anzupassen (*Bender et al.*, 1995, S. 92). Da in der betreffenden Untersuchung allerdings ein Drittel der Klassenlehrkräfte *nicht* zu den Befürwortern von Integration gezählt werden konnte, muß man davon ausgehen, daß zumindest in diesen Klassen der Unterricht selten ausreichend auf die Förderbedürfnisse der integrierten Kinder und Jugendlichen mit "disabilities" abgestimmt war (*dies.*, S. 90).

Man muß also davon ausgehen, daß der Einsatz (sonder-)pädagogisch effektiver Unterrichtsstrategien in den Regelklassen eher "showpiece" als "commonplace"[89] ist (*Maloney*, 1995). Zumeist erleben in die Regelklassen integrierte Schüler und Schülerinnen dort eher traditionelle Unterrichtsformen, gewöhnlich einen Frontalunterricht, der sich durch einen "uniform curriculum at a uniform rate"[90] ausweist (*Little*, 1985, S. 98). Wird der Unterricht aber den Bedürfnissen der Kinder und Jugendlichen mit sonderpädagogischem Förderbedarf nicht angepaßt, so liefert man sie jedoch genau dergleichen Situation aus, in der sie meist schon einmal gescheitert sind (*Reger*, 1974, S. 58). Gerade die "inability of regular education to individualize"[91] (*Bateman*, 1994, S. 513) erweist sich dabei als besonders problematisch. Auch innerhalb der Regelpädagogik ist man sich der mangelnden Individualisierung des Unterrichts bewußt:

---

[88] Vielleicht besteht die Haupterwartung der Regelschullehrkräfte an ihre sonderpädagogischen Kollegen und Kolleginnen darin, daß diese sie entweder dazu befähigen, Kinder mit besonderem Förderbedarf ohne größeren Aufwand in ihren Klassen aufnehmen zu können, oder daß sie diese Kinder entfernen.
[89] "ein seltenes Paradebeispiel" als "alltägliche Praxis"
[90] "Einheitslehrplan in Einheitstempo"
[91] "Unfähigkeit des Regelschulwesens zu individualisieren"

We continue to talk about individual differences. We know that they exist; we have reliable measures of them; we even profess to cherish them. But our educational system fails to provide for individual differences. Most experiments in individualization are soon abandoned, because teachers cannot cope with the extra work - which is *added to* all of their traditional tasks... Strangely enough, our solution has never been to change the system to accomodate individual talents. Rather, our solution has been to try in some way to reduce diversity - through selection of students, narrowing of curricular choices, and limitation of our expectation of schooling to "the basics"[92] (*Cross*, 1984, S. 171).

Allerdings spielen nicht nur die Unterrichtsmethoden eine Rolle, sondern auch die vorrangigen Lernziele. Wie schon beschrieben (vgl. Kap. 4.2.2) ließ die Parole "back to the basics"[93] in den achtziger Jahren im Elementarbereich dem Lesen, Schreiben und Rechnen wieder mehr Bedeutung zukommen. In den "high schools" wurde verstärkt Gewicht auf die Naturwissenschaften, Englisch und Fremdsprachen gelegt. Die Wahlmöglichkeiten wurden eingeschränkt, Lernzielkontrollen häufiger eingesetzt und insgesamt die Anforderungen angehoben. Dies führte wiederum zu "a substantial strengthening of schools´ sorting functions"[94] (*Ferguson*, 1989, S. 31).

Die derzeit vorherrschenden Unterrichtsmethoden und inhaltlichen Vorgaben in den Regelschulklassen scheinen somit nicht nur die Integration von Schülern und Schülerinnen mit sonderpädagogischem Förderbedarf zu erschweren - sie führen, wie schon beschrieben dazu, daß immer mehr Kinder und Jugendliche an den schulischen Anforderungen scheitern: "Uniform standards for achievement and uniform methods of instruction serve to create a group viewed as deviant"[95] (*Gelzheiser*, 1987, S. 147).

---

[92] Immerzu reden wir über individuelle Unterschiede. Wir wissen, daß sie existieren; wir haben zuverlässige Methoden, sie zu messen; wir behaupten sogar, sie wertzuschätzen. Aber unser Schulsystem schafft es nicht, individuellen Unterschieden gerecht zu werden. Die meisten Experimente in Sachen Individualisierung werden schnell wieder aufgegeben, weil die Lehrkräfte die Mehrarbeit - die all ihren traditionellen Aufgaben *hinzugefügt* wird - nicht verkraften können ... Eigenartigerweise bestand unsere Lösung für dieses Problem nie darin, das System so zu verändern, daß es individuellen Begabungen entgegenkommt. Vielmehr bestand unsere Lösung darin, irgendwie zu versuchen, die Heterogenität der Schülerschaft zu reduzieren - durch Auslese der Schüler und Schülerinnen, durch eine Eingrenzung der curricularen Wahlmöglichkeiten, und durch eine Beschränkung unserer Erwartungen an die Schulausbildung auf "das Wesentliche".

[93] "Zurück zum Wesentlichen" [Bezogen auf das Schulsystem, ist damit entweder allgemein die Abkehr von sozialreformerischen Zielsetzungen und eine verstärkte Rückbesinnung auf die traditionelle Funktion des Schulwesens als Lehranstalt gemeint, oder konkret die intensivere Förderung in grundlegenden akademischen Fähigkeiten und Wissensbereichen.]

[94] ... einer beträchtlichen Verstärkung der Selektionsfunktion der Schulen.

[95] Einheitliche Leistungsnormen und einheitliche Unterrichtsmethoden führen zur Entstehung einer Gruppe, die als von der Norm abweichend angesehen wird.

4.2.6 Schlußfolgerungen

Gerade in Bezug auf die Forderung des Gesetzes nach weitgehendster Integration gilt es zu bedenken, daß "the nature and quality of school integration for students with disabilities is inexorably linked to the nature and quality of schooling in general"[96] (*Biklen et al.*, 1989, S. 266). Die nochmalige Betrachtung einzelner Charakteristika des amerikanischen Regelschulwesens hat jedoch verschiedene Bereiche aufgezeigt, die, zusätzlich zu den beschriebenen Mängeln des Gesetzes, für viele Probleme bei der Umsetzung von P.L. 94-142 verantwortlich sein könnten.

Viele Schwierigkeiten entstanden gewiß deshalb, weil das Gesetz so schnell in Kraft trat und somit wenig Zeit für notwendige Vorbereitungen und Veränderungen blieb. Mitte der achtziger Jahre, also nach den ersten Erfahrungen mit der Einhaltung der gesetzlichen Vorschriften, wäre allerdings der Zeitpunkt gewesen, diese ggf. nochmals anzupassen und Veränderungen im Regelschulwesen anzustreben, welche die erfolgreiche Integration von Schülern und Schülerinnen mit sonderpädagogischem Förderbedarf hätten eher gewährleisten können. Diese Phase, die bei *Giangreco* (1989) als "middle ground stage"[97] bezeichnet wird, ist seiner Ansicht nach kritisch für jegliche Reformpozesse, da dann erste Schwierigkeiten in der Durchführung deutlich werden, die zu vollziehenden Veränderungen aber noch nicht institutionalisiert sind (S. 144). Gerade während dieser Zeit hätten die Schulen daher stärker in ihren Reformbemühungen unterstützt und Erfolge und Probleme bei der Umsetzung gewissenhaft evaluiert werden müssen (*ebd.*). In diesem Zeitraum beherrschte allerdings das Streben nach "excellence" die bildungspolitische Diskussion, und angesichts knapper Finanzmittel gerieten dadurch vielerorts die Bemühungen um eine angemessene sonderpädagogische Förderung von Schülern und Schülerinnen mit Behinderungen bzw. Lernproblemen innerhalb des Regelschulwesens leider in den Hintergrund des Interesses.

Manche Autorinnen und Autoren vertreten zwar die Ansicht, daß dennoch auch im *bestehenden* Regelschulsystem Integration sehr wohl erfolgreich umgesetzt werden kann, wenn der entsprechende Wille vorhanden ist (z.B. *Ash*, 1989, S. 204) und "that the limits of educational systems are a great deal more expansive than they sometimes appear"[98] (*Turnbull*, 1990, S. 76). Andere sehen

---

[96] ..., daß die Form und die Qualität schulischer Integration von Schülern und Schülerinnen mit Beeinträchtigungen auf unerbittliche Weise mit der Form und Qualität des Schulwesens im allgemeinen verbunden sind.

[97] sinngemäß: "Stadium, in dem die Veränderungen nur bis zu einem gewissen Grade verwurzelt sind"

[98] ..., daß die Grenzen [der Anpassungsfähigkeit] des Bildungssystems um einiges ausdehnungsfähiger sind, als sie manchmal erscheinen.

die Zielsetzung, verstärkte Integration bei gleichzeitig qualitativ hochwertiger sonderpädagogischer Förderung verwirklichen zu können, angesichts der bestehenden Probleme im Regelschulwesen und der gesamtgesellschaftlichen Lage eher als unrealistisch an. Nach Ansicht von *Kauffman* (1994) hat die Sonderpädagogik vielmehr den Fehler gemacht, mehr zu versprechen, als sie einzuhalten fähig war (S. 610), und dabei fälschlicherweise immer wieder versucht, sich den unbefriedigenden Rahmenbedingungen irgendwie anzupassen: "We have played the fools - not by believing that special education can work, but by believing that we could make it work without all the necessary elements"[99] (S. 611).

Insgesamt wird jedoch deutlich, daß grundsätzliche Mängel des Regelschulwesens gerade dann offenbar werden, wenn man dessen Fähigkeit, auch Schülern und Schülerinnen mit besonderen Förderbedürfnissen gerecht zu werden, analysiert:

The real value of P.L. 94-142 has not been just improvement in the education of students with disabilities. Its real and lasting contribution will be what it has done to expose the inadequacies and contradictions of the current system of public education[100] (*Scrtic*, 1987, S. 19).

Dies ist nach Auffassung von *Skrtic* (1991) dringend nötig, denn die Art und Weise, wie das amerikanische Bildungswesen mit all jenen Schülern und Schülerinnen umgeht, die aus der Norm fallen, wird seiner demokratischen Zielsetzung nicht gerecht (S. 153). Auch *Ash* (1989) betont, daß das Regelschulwesen grundlegend verändert werden muß, und zwar nicht nur im Interesse von Kindern und Jugendlichen mit sonderpädagogischem Förderbedarf: "We want to revamp the educational system for everyone because it is failing millions of poor people, minority youth, youth for whom English is not a first language, and disabled people"[101] (S. 204). Daher wäre es schon längst an der Zeit gewesen, "to raise critical questions regarding current U.S. political, social, and economic priorities; its values; and the actual commitment of the United States to the

---

[99] Wir haben uns zum Narren gemacht - nicht weil wir geglaubt haben, daß die Sonderpädagogik wirksam sein kann, sondern weil wir geglaubt haben, daß wir sie ohne die notwendigen Voraussetzungen wirksam umsetzen könnten.

[100] Die wahre Errungenschaft von P.L. 94-142 ist nicht nur die Verbesserung des Bildungsangebotes für Schüler und Schülerinnen mit Beeinträchtigungen gewesen. Der wesentliche und dauerhafte Beitrag wird vielmehr daran zu messen sein, inwieweit P.L. 94-142 dazu beigetragen hat, die Unzulänglichkeiten und Widersprüche des derzeitigen öffentlichen Bildungswesens aufzudecken.

[101] Wir wollen das Bildungssystem im Interesse aller wiederaufbauen, weil es Millionen armer Menschen, Kinder und Jugendliche der ethnischen Minderheiten, Kinder und Jugendliche, für die Englisch nicht die Muttersprache ist, sowie Menschen mit Beeinträchtigungen im Stich läßt.

education of *all* children, particularly those considered to be at risk"[102] (*Davis*, 1990, S. 351).

4.3 Zum möglichen Einfluß politischer und gesellschaftlicher Rahmenbedingungen

Wie in einzelnen Kapiteln dieser Arbeit teilweise schon ausdrücklich beschrieben, häufig aber auch nur unterschwellig angeklungen, ist das amerikanische Bildungswesen, wie jedes andere auch, "directly vulnerable to shifts in social, political, and economic factors"[103] (*Deno*, 1994, S. 385). Diese gesellschaftlichen Kräfte sind nach Ansicht des Sonderpädagogen *Gallagher* (1994) meist sogar von größerer Bedeutung für die Zukunft des Schulwesens als eventuelle Reformvorschläge und Auseinandersetzungen innerhalb der pädagogischen Fachdisziplinen (S. 529). Bezogen auf sonderpädagogische Bildungspolitik wagen *Ysseldyke und Algozzine* (1990) sogar die folgende Behauptung: "In a liberal or progressive political climate, special education services tend to become more available; the resources for delivering services are greater. In a conservative political climate, efforts are made to limit services"[104] (S. 439). Sicherlich simplifiziert diese These den komplizierten Zusammenhang zwischen politischem Klima und Bildungspolitik etwas zu stark und vernachlässigt zudem den Einfluß der wirtschaftlichen Probleme des Landes. Dennoch kann man davon ausgehen, daß der allgemein neokonservative Trend der achtziger Jahre unter den Administrationen Reagan und Bush (*Brockhaus*, 1994, S. 184), der die Periode starken sozialen Engagements in den siebziger Jahren ablöste, für die Verwirklichung der Zielsetzungen von P.L. 94-142 alles andere als förderlich war. Auch wenn es schwierig ist, rückblickend, und nochdazu als ausländische Betrachterin, konkrete Zusammenhänge herauszuarbeiten, sollen im folgenden zumindest einzelne Aspekte, die eine Rolle gespielt haben könnten, beschrieben werden:

---

[102] ... um kritische Fragen hinsichtlich der gegenwärtigen politischen, sozialen und ökonomischen Prioritäten der USA zu stellen, ihrer vorherrschenden Werte sowie des tatsächlichen Engagements der Vereinigten Staaten für die Erziehung *aller* Kinder, insbesondere jener, die als gefährdet gelten.
[103] ... unmittelbar anfällig für Veränderungen in den sozialen, politischen und wirtschaftlichen Gegebenheiten.
[104] In einem liberalen oder fortschrittlichen politischen Klima werden sonderpädagogische Fördermaßnahmen in der Regel leichter verfügbar; die Ressourcen für die Bereitstellung eines entsprechenden Angebotes sind größer. In einem konservativen politischen Klima werden dagegen Versuche unternommen, die sonderpädagogischen Fördermaßnahmen einzuschränken.

So war es beispielsweise schon beim Amtsantritt Reagans 1981 abzusehen gewesen, daß die Bildungspolitik fortan keine zentrale Rolle spielen würde. Vielmehr standen Reagans Bemühungen, den Einfluß der Bundesregierung insgesamt zu reduzieren und den bürokratischen Staatsapparat abzubauen, eher im Widerspruch zu einem Engagement des Bundes in Fragen des Erziehungswesens (*Iannaccone*, 1981b, S. 56-58). Folglich beschränkten sich die meisten Aktivitäten der Bundesregierung in Reagans Amtszeit auf Versuche, die Verantwortung wieder verstärkt an die Bundesstaaten und lokalen Schulbehörden abzutreten und einige der vom Bund unterstützten schulischen Sonderprogramme zusammenzufassen, um so den Verwaltungsaufwand zu reduzieren und Kosten einzusparen (*Kauffman*; 1989, S. 260; *Verstegen & Clark*, 1988, S. 134). Die Diskussion um "excellence" im amerikanischen Bildungswesen wurde wegen ihrer Öffentlichkeitswirksamkeit von Reagan im Wahlkampf für seine zweite Amtszeit zwar geschickt aufgegriffen (*Toch*, 1991, S. 23-26). Sowohl er als auch sein Nachfolger Bush, der ja eigentlich als "education president"[105] in die Geschichte hatte eingehen wollen (*Spring*, 1993, S. 3), schafften es jedoch auf außerordentlich geschickte Weise, sich einerseits rhetorisch und moralisch an die Spitze der Reformbewegung zu stellen, andererseits jedoch die konkreten Initiativen den Bundesstaaten zu überlassen (*Bacharach*, 1990b, S. 416; *Kauffman*, 1989, S. 261).

Einen relativ hohen Einfluß innerhalb der Diskussion um die Reform des Bildungswesens nahmen, wie schon erwähnt, jedoch verschiedene Vertreter und Vertreterinnen der politischen "New Right"[106] und der Wirtschaft wahr. Ihnen ging es weniger darum, Benachteiligungen einzelner Schülergruppen auszugleichen, sondern eher darum, die schulische Bildung verstärkt den Anforderungen der Wirtschaft anzupassen (*Apple*, 1990, S. 157-158). Vielerorts wurden von konservativ orientierten politischen Verbänden und Wirtschaftskonzernen Forschungsinstitutionen, sog. "think tanks", gegründet, die sich u.a. auch der Analyse des Schulwesens widmeten. Besonders erwähnenswert ist hierbei die von dem Bierproduzenten Coors gegründete "Heritage Foundation", die relativ hohen Einfluß auf die Bundesregierung hatte, zumal aus ihrem Personalstab auch zahlreiche Mitarbeiter und Mitarbeiterinnen der Reagan Administration hervorgingen (*Guggisberg*, 1993, S, 310; *Sapon-Shevin*, 1987, S. 301; *Semel* et al., 1992, S, 466; *Yakes & Akey*, 1980, S. 915). Diese Organisation vertrat beispielsweise die Ansicht, daß die verstärkten Bemühungen des amerikanischen Bildungswesens um Chancengleichheit für verschiedene Minderheitengruppen auf Kosten der Gesamtschülerschaft verwirklicht worden wären (nach *Bacharach*, 1990b, S. 420). Entsprechend kritisch äußerte sich die "Heritage

---

[105] "Bildungs- Präsident"
[106] "neuen Rechten"

Foundation" auch gegenüber der schulischen Förderung von Kindern und Jugendlichen mit "disabilities":

The essence of public education is the transmission of knowledge. Subsidiary goals - no matter how noble the aim - must not be allowed to undermine this primary function ... Public schools should not be required to educate those children who cannot, without damaging the main purpose of education, function in a normal classroom setting"[107] (*Gardner*, 1984, S. 12-13).

In Einklang mit dieser Sichtweise wurden auch die Bemühungen um verstärkte Integration kritisert, denn diese haben angeblich "minimal positive results for that student and generally damaging results for the normal child"[108] (*Gardner*, 1984, S. 2). Generell vertrat die Autorin der hier zitierten Verlautbarung der "Heritage Foundation" die Ansicht, daß die Hauptverantwortung für Menschen mit Behinderungen zu Unrecht der Gesellschaft aufgelastet wird, obwohl sie eher bei der Familie liegen sollte (*dies.*, S. 1). In gewisser Weise entspricht dieser Gedanke sogar dem damaligen Tenor Reagans, der darum bestrebt war, im Sozialbereich möglichst alles freiwilliger Fürsorge, privater Initiative und nachbarlicher Hilfsbereitschaft zu überlassen (*Guggisberg*, 1993, S. 327).

Gesamtgesellschaftlich wurde eine Wende "from primary concern with issues of social justice ... to concern with economic productivity, international competition and national security"[109] (*Pink*, 1989, S. 125) deutlich. Vor diesem Hintergrund gelang es der Administration Reagan auch, massive Kürzungen in verschiedenen Sozialprogrammen und Veränderungen in der Steuerpolitik durchzusetzen. Als Folge vertiefte sich die Kluft zwischen den Einkommensgruppen und sozialen Schichten: "Während viele wohlhabende Amerikaner unter Reagan immer reicher wurden, wurden die meisten Armen noch ärmer" (*Guggisberg*, 1993, S. 327). Leidtragende der Reduzierungen im Bereich der staatlichen Sozialausgaben waren insbesondere auch die Kinder. Über eine Million von ihnen verloren beispielsweise den Anspruch auf staatliche Krankenversicherung, kostenfreie Schulmahlzeiten und den Platz in einem öffentlichen "kindergarten" (*ders.*, S. 311-312). Auch der folgende Präsident Bush war an sozialreformeri-

---

[107] Die wesentliche Aufgabe des öffentlichen Schulwesens ist die Vermittlung von Wissen. Untergeordneten Zielsetzungen - so nobel sie in ihrer Absicht auch sein mögen - darf es nicht erlaubt werden, diese wesentliche Bestimmung zu untergraben... Man sollte vom öffentlichen Schulwesen nicht verlangen, jene Kinder zu erziehen, welche nicht in der Lage sind, in der normalen Regelklasse erfolgreich zu sein, ohne dabei die Hauptaufgabe des Schulwesens zu zerstören.

[108] ... minimale positive Auswirkungen für das betroffene Schulkind und in der Regel nachteilige Folgen für das normale Kind.

[109] ... von dem vorrangigen Interesse an Problembereichen der sozialen Gerechtigkeit ... zu der Besorgnis um ökonomische Produktivität, internationalen Wettbewerb und nationale Sicherheit ...

schen Maßnahmen wenig interessiert und wiederum liefen viele der Konsolidierungsmaßnahmen des Staatshaushaltes während seiner Regierungszeit auf Sparmaßnahmen im sozialen Bereich hinaus (*Guggisberg*, 1993, S. 329, 334). Abgesehen von der zunehmenden Zahl an von Armut und Obdachlosigkeit betroffenen Menschen verstärkten sich die sozialen Spannungen im Land auch aufgrund steigender Kriminalität, der wachsenden Zahl illegaler Einwanderer sowie zunehmender Verbreitung von Gewalt, Bandenwesen, Drogensucht und Aids (*ders.*, 1993, S. 334). Man muß davon ausgehen, daß diese besorgniserregende Verschlechterung der sozialen und wirtschaftlichen Lebensbedingungen vieler Bevölkerungsgruppen verstärkt auch Kinder und Jugendliche mit sonderpädagogischem Förderbedarf betraf, da diese auch in den USA überproportional häufig aus sozio-ökonomisch benachteiligten Familien kommen (vgl. Kap. 3.2.4). Ebenso anzunehmen ist, daß die wachsenden wirtschaftlichen und sozialen Probleme auch zu dem beobachteten Anstieg der Auftretenshäufigkeit bestimmer Lern- und Verhaltensstörungen beigetragen haben (vgl. Kap. 3.4.2.5).

Angesichts des zumeist konservativen Klimas in den achtziger Jahren und den beschriebenen Auswirkungen auf die Lebensbedingungen von Minderheitengruppen, wäre es eigentlich anzunehmen, daß auch erwachsene Menschen mit Behinderungen davon betroffen waren. Hinzu kommt die Tatsache, daß gerade in einer stark leistungsorientierten Gesellschaft der Beitrag, den auch Menschen mit Behinderungen zum Gemeinwohl leisten können, häufig nicht erkannt oder nicht anerkannt wird (*Kunc*, 1992, S. 38). Man kann erfreulicherweise aber feststellen, daß sich in den achtziger Jahren insgesamt gesehen anscheinend eher positive Veränderungen für Menschen mit Behinderungen ergeben haben. So urteilten beispielsweise sechs von zehn Betroffenen in einer Befragung von 1994, daß sich, allgemein betrachtet, die Qualität ihres Lebens in den letzten 10 Jahren verbessert habe (*National Organization on Disability*, 1994, S. 28).

Vielleicht macht es sich doch bemerkbar, daß die erste Generation junger Erwachsener die "colleges" verläßt, die während ihrer gesamten Schullaufbahn eine "free appropriate education" im Sinne von P.L. 94-142 erhalten haben. Diese jungen Menschen mit Behinderungen haben ein deutlich höheres Ausbildungsniveau erreicht als die Generationen vor ihnen und werden nun zu selbstbewußten Fürsprechern des "disability rights movements"[110] und treten engagiert für ihre Belange ein (*Shapiro*, 1993, S. 175).

Auch die Öffentlichkeit wird sich verstärkt der Lebenssituation und Interessen von Menschen mit Behinderungen bewußt. Immerhin knapp die Hälfte der 1991 zu ihren Einstellungen gegenüber Menschen mit Behinderungen befragten, repräsentativ ausgewählten Amerikaner und Amerikanerinnen gaben an, wenig-

---

[110] sinngemäß: "Bewegung zur rechtlichen Gleichstellung von Menschen mit Beeinträchtigungen"

stens einen Menschen mit einer Behinderung persönlich zu kennen (*Louis Harris and Associates*, 1991, S. 5). Die überwiegende Mehrheit der Interviewten hält Menschen mit Behinderungen durchaus für wertvolle Mitglieder der Gesellschaft und meint, daß deren verstärkte Eingliederung in verschiedene Lebensbereiche unbedingt sinnvoll wäre. Beispielsweise waren 53% der Befragten der Ansicht, daß Kinder mit Behinderungen bzw. Lernproblemen Regelschulen besuchen sollten. Nur 22% befürworteten die separate Förderung in Sonderschulen. Die verbleibenden 25% gaben an, sich zu dieser Frage kein Urteil erlauben zu wollen (*dies.*, S. 45). Auch eine vermehrte Integration von Menschen mit Behinderungen in die Arbeitswelt wird von den meisten Amerikanern und Amerikanerinnen befürwortet (*dies.*, S. 51-52). Interessanterweise werden, um dieses Ziel zu erreichen, auch Sondermaßnahmen, vergleichbar mit den derzeit eigentlich umstrittenen "affirmative action"-Programmen für Frauen und ethnische Minderheiten[111], für angebracht gehalten. Die Autoren und Autorinnen der Studie führen dies darauf zurück, daß nach Einschätzung der Öffentlichkeit Menschen mit Behinderungen es derzeit noch eindeutig schwerer haben, und somit keine Chancengleichheit gewahrleistet werden könne, ohne den Arbeitssuchenden mit Behinderungen eine besondere Unterstützung zukommen zu lassen (*dies.*, S. 48). Vielleicht fällt es den amerikanischen Bürgern und Bürgerinnen aber auch leichter, sich mit dieser Minderheit zu identifizieren, weil sie sich durchaus der Tatsache bewußt sind, daß sie selbst einmal von einer Behinderung betroffen sein könnten. Auf die Möglichkeit eines derartigen Schicksals wird oftmals auch von Vertretern der Behindertenorganisationen, wie beispielsweise den Vorsitzenden der "National Organization on Disability", anscheinend ganz bewußt, hingewiesen (in *"The New Competitive Advantage"*, 1994).

Gerade die Medien dürfen hinsichtlich ihrer Einflußnahme auf die Ansichten der Öffentlichkeit nicht unterschätzt werden. Man kann beispielsweise davon ausgehen, daß mehr als die Hälfte der Amerikaner den Film "Rain Man" oder einzelne Teile der Serien "L.A. Law" bzw. "Life goes on" gesehen haben[112], und die Untersuchungsergebnisse von *Louis Harris* und seinem Mitarbeiterstab deuten darauf hin, daß die Sendungen die Einstellungen der Öffentlichkeit gegenüber Menschen mit Behinderungen positiv beeinflußt haben (*Louis Harris and Associates*, 1991, S. 9-12). Ein anderes Beispiel für die Wirksamkeit der Medien ist eine mehrseitige Art "Werbungs"-Beilage, die 1994 auf Initiative der "National Organization on Disability" und gesponsert durch zahlreiche Firmen der auflagenstarken Zeitschrift "Business Week" zugefügt wurde. Diese Beilage

---

[111] vgl. dazu auch die letzten Abschnitte dieses hier vorliegenden Kapitels.
[112] In "L.A. Law" geht es um eine Anwaltskanzlei, die einen Laufburschen beschäftigt, der geistig behindert ist, "Life goes on" beschreibt das Leben einer Familie, die u.a. auch ein Kind mit Down-Syndrom hat.

widmete sich mit zahreichen Beiträgen und Beispielen den Möglichkeiten der Integration von Menschen mit Behinderungen in die Arbeitswelt *("The New Competitive Advantage"*, 1994). Daß sich in einer Modebeilage der "New York Times" ein Mann im Rollstuhl als Modell ablichten läßt, oder daß die neue Miss America taub ist, sind nach Ansicht von *Fuchs und Fuchs* (1995) weitere einzelne, aber nicht unbedeutende, Hinweise darauf, daß Menschen mit Behinderungen sich inzwischen vermehrt auch in die Öffentlichkeit wagen und dort in der Regel auch akzeptiert werden (S. 522).

Besonders erwähnenswert aus dem politischen Sektor ist sicherlich die Verabschiedung des "Americans with Disabilities Act"[113] (P.L. 101-336) im Jahre 1990. Kraft dieses Gesetzes wird die Diskriminierung und Ausgrenzung von Menschen mit Beeinträchtigungen im privaten Arbeitsmarkt, im öffentlichen Personennahverkehr und in allen der Öffentlichkeit zugänglichen Gebäuden und Einrichtungen verboten. Selbst die Telefongesellschaften werden dazu verpflichtet, ein flächendeckendes Angebot an Telekommunikationsmöglichkeiten für gehörlose Menschen bereitzustellen (*CEC*, 1990a; U.S. Dep. of Ed., 1992a, S. 123-130)[114]. Bei der Unterzeichnung des Gesetzes würdigte President Bush dieses wie folgt: "Today, America welcomes into the mainstream of life all people with disabilities. Let the shameful wall of exclusion finally come tumbling down"[115] (zit. nach *CEC*, 1990a).

Daß es, jedenfalls bisher, auch kraft dieses Gesetzes jedoch nicht gelungen ist, die Teilhabe der Menschen mit Behinderungen an dem gesellschaftlichen und wirtschaftlichen Leben in den USA wesentlich zu verbessern, zeigen die Ergebnisse der neuesten Studie der "National Organization on Disability": Weiterhin ist die überwiegende Mehrheit der Menschen mit Behinderungen ohne Arbeit, hat deutlich schlechtere Verdienstmöglichkeiten und nimmt auch am öffentlichen Leben nur sehr begrenzt teil (*National Organization on Disability*, 1994, S. 9-11, 26). Folglich heißt es in der Zusammenfassung der Untersuchung wie folgt: "The main message is ... that the participation gap is wide. The survey further shows that, with few exceptions, the participation gap is not closing"[116] (*dies.*, S.

---

[113] sinngemäß: "Gesetz, die Belange von amerikanischen Bürgern und Bürgerinnen mit Beeinträchtigungen betreffend"

[114] Eine ausführliche, deutschsprachige Beschreibung der Inhalte des Gesetzes findet sich in dem Tagungsbericht der *Interessensvertretung "Selbstbestimmt Leben"* (1992, S. 73-107).

[115] Heute heißt Amerika alle Menschen mit Beeinträchtigungen im ´mainstream´ des gesellschaftlichen Lebens willkommen. Laßt diese schändliche Mauer der Ausgrenzung endlich umstürzen.

[116] Die wesentliche Botschaft besteht darin, ... daß die Kluft im Ausmaß der Teilhabe tief ist. Die Untersuchung zeigt ferner, daß, mit einigen Ausnahmen, sich diese Kluft auch nicht zu schließen scheint [Als Vergleichsmaßstab hierfür dienen die Ergebnisse einer ebenfalls von der "National Organisation on Disability" in Auftrag gegebenen, ähnlich angelegten Untersuchung von "Louis Harris and Associates" aus dem Jahre 1986].

3). Eine Ausnahme bilden die schon erwähnten Ergebnisse bzgl. der Verbesserungen im Bildungsstand von Menschen mit Behinderungen (*dies.*, S. 4; vgl. Kap. 3.10) sowie die leichtere Zugänglichkeit von öffentlichen Einrichtungen (*dies.*, S. 23-24). Wahrscheinlich muß man sich aber auch darüber bewußt sein, daß kein Gesetz jemals in der Lage sein wird, alle Diskriminierungen abzuschaffen und alle Probleme von Menschen mit Behinderungen zu lösen (*Golden*, 1992, S. 30).

Inwieweit durch die Regierungsübernahme Clintons der von ihm versprochene und von der Nation erhoffte "change"[117] verwirklichbar sein wird, und ob sich dieser auf die schulische Förderung von Kindern und Jugendlichen mit Behinderungen bzw. Lernproblemen oder den Alltag von erwachsenen Menschen mit Behinderungen auswirkt, bleibt derzeit noch abzuwarten. Allerdings sieht es doch so aus, als ob Clinton viele der in ihn gesetzten Erwartungen nicht erfüllen kann. Unter anderem sind seine Handlungsmöglichkeiten auch dadurch eingeschränkt, daß, nach anfänglicher demokratischer Mehrheit in beiden Häusern des Kongresses, die Republikaner bei den Kongreßwahlen im Herbst 1994 einen Wahlsieg erringen konnten (*Buhl*, 1995). Zwar hat Clinton beispielsweise versprochen, sich gegen die Versuche der Republikaner, erneut hauptsächlich bei den Sozialausgaben zu sparen und somit "das soziale Gefüge der Vereinigten Staaten auszuhöhlen", zu wehren (*"Republikaner wollen Etat ausgleichen"*, 1995). Inwieweit dies überhaupt im Rahmen seines Einflußbereiches liegt, ist fraglich. Insgesamt gibt es zwar Anzeichen erster positiver Veränderungen, wie sinkende Gewaltkriminalität, steigende Aktien, Wirtschaftswachstum und den beginnenden Abbau der Verschuldung einzelner Bundesstaaten - die Kluft zwischen arm und reich wird dennoch weiterhin tiefer (*Buhl*, 1995). Der ehemalige Präsident der Harvard University beklagt zumal, daß dies großen Teilen der Öffentlichkeit weitgehend gleichgültig ist: "Instead of a popular outcry to end urban violence, poverty, homelessness and the hunger of children, the loudest clamor we hear from the public is `no new taxes'"[118] (zit. nach *Lovitt*, 1993b, S. 265).

In einer derartigen "period of fiscal austerity and social mean-spiritedness"[119] werden die von Herrnstein und Murray in ihrem 1994 erschienenen Buch "The Bell Curve"[120] vertetenen Thesen - trotz der heftiger Kritik an dem Werk in akademischen Kreisen - von vielen Politikern und Politikerinnen nur allzugerne angenommen (*Farrell, Johnson, Sapp & Jones*, 1995, S. 77). Zentraler Schwer-

---

[117] "(gesellschaftliche) Wandel"
[118] Statt eines öffentlichen Aufschreis, der Gewalttätigkeit in den Großstädten, der Armut, der Obdachlosigkeit sowie dem Hunger der Kinder ein Ende zu setzen, ist das lauteste Geschrei, das wir von der Öffentlichkeit hören: `keine neuen Steuern´.
[119] "Phase staatlicher Sparmaßnahmen und gesellschaftlichen Geizes"
[120] sinngemäß: "Die Normalverteilungskurve"

punkt des Buches ist die angeblich "unumschränkte Macht des IQ". Dieser bestimmt nach Ansicht der Autoren nicht nur maßgeblich den persönlichen Erfolg eines Menschen, sondern die niedrige Intelligenz weiter Bevölkerungsschichten ist angeblich auch Schuld an der Verslummung der Städte, dem Anstieg der Zahl der Verbrechensdelikte sowie der Zerrüttung der Familien (nach *"Platz unter der Glocke"*, 1994, S. 196). Teilweise erinnern die Aussagen des Buches auch stark an die Thesen von Arthur Jensen (*Feuerstein & Kozulin*, 1995, S. 71), denn die Autoren kommen zu dem Schluß, daß Schwarze von Natur aus dümmer seien als Weiße und folglich, ungeachtet aller Bemühungen in der Sozial- und Bildungspolitik, zur Armut verdammt seien (nach *"Platz unter der Glocke"*, 1994, S. 196). Nach Einschätzung von Murray und Herrnstein muß sich die Gesellschaft endlich darüber klar werden, daß viele der kompensatorisch geförderten Kinder und Jugendlichen nie so viel werden lernen können, als daß sich die Mehrkosten für diese Sonderprogramme lohnen würden. Folglich halten die Autoren es für sinnvoller, die Ausgaben und das Engagement bei der Förderung benachteiligter Kinder zu drosseln und stattdessen verstärkt etwas für hochbegabte Kinder zu tun (nach *Molnar*, 1995, S. 69-70). Die Diskussion über das Buch in den Medien, auch wenn die Kritiken zumeist negativ ausfielen, hat diesem zumindest eine hohe öffentliche Aufmerksamkeit beschert. Beispielsweise widmete die Zeitschrift "Newsweek" im Oktober 1994 der Erscheinung von "The Bell Curve" die Titelgeschichte (*"Platz unter der Glocke"*, 1994, S. 194). Zwar bezeichnete die "New York Times" Murray als den "gefährlichsten Konservativen Amerikas"[121] (zit. nach "Platz unter der Glocke," 1994, S. 194), dennoch muß man befürchten, daß die Thesen des Buches gerade von jenen als Argumentationshilfe herangezogen werden könnten, "who are looking for every excuse to do less and less for those who are less fortunate"[122] (zit. nach *Lacayo*, 1994, S. 81).

Bedenklich ist auch der zunehmende Zorn innerhalb der weißen Mittelschicht, deren typisch amerikanische Träume vom eigenen Haus und einer guten College-Erziehung für ihre Kinder an der derzeitigen Realität scheitern: "Der republikanische Wahlsieg fußte ohne Zweifel auch auf dem Aufstand derjenigen, die sich über all dem Interesse an den Minoritäten vergessen fühlten" (*Buhl*, 1995). Schon im Laufe der siebziger Jahre hatte die amerikanische Öffentlichkeit verstärkt kritisiert, daß durch die vielen Gesetzesinitiativen zur Förderung von Minderheiten die demokratischen Parteiprogramme zu "special interest giveaways"[123] verkommen waren (*Iannaccone*, 1981b, S. 56). Inzwischen gerät

---

[121] Der Koautor Herrnstein verstarb kurz vor Erscheinen des Buches ("Platz unter der Glocke", 1994, S. 194).
[122] ... die nach jeder nur möglichen Ausrede suchen, um immer weniger für jene tun zu müssen, die nicht auf der Sonnenseite des Lebens stehen.
[123] "Geschenkpaketen für spezielle Interessensgruppen"

"affirmative action"[124], die noch unter Präsident Nixon verabschiedete Gesetzgebung zur Förderung der Frauen und ethnischer Minderheiten in der Ausbildung und an den Arbeitsplätzen, immer mehr ins Kreuzfeuer der Kritik und scheint sich zu einem der zentralen Themen für den nächsten Präsidentschaftswahlkampf zu entwickeln (*"Clinton verteidigt Sonderprogramme"*, 1995; *"Minderheitenförderung beendet"*, 1995). Hauptargumente gegen diese Antidiskriminierungsgesetze sind insbesondere die angebliche Gefahr einer "umgekehrten Diskriminierung" und die Mißachtung von individuellen Freiheitsrechten im Namen der Fairneß (*"Clinton verteidigt Sonderprogramme"*, 1995; *Fineman*, 1995).

Weiterhin drängt die republikanische Kongreßmehrheit, sowohl aus ideologischen als auch aufgrund finanzieller Überlegungen, auf eine fortschreitende Rückübertragung von Bundesentscheidungen auf die Einzelstaaten (*Buhl*, 1995) und fordert in diesem Zusammenhang auch eine Abschaffung des "U.S. Department of Education" (*"Republikaner wollen Etat ausgleichen"*, 1995). Auch die Bürger und Bürgerinnen sollen nach Ansicht der konservativen Kräfte im Sinne der Subsidiarität wieder verstärkt selbst Verantwortung für ihr eigenes Wohlergehen und das der Nation übernehmen. Der republikanische Sprecher des Repräsentantenhauses ließ sich sogar zu der folgenden Äußerung hinreißen: "Wenn du nicht bereit bist, persönliche Verantwortung zu schultern, dann bist du nicht vorbereitet, an der amerikanischen Zivilisation teilzuhaben" (zit. nach *Buhl*, 1995). Angesichts derartiger Bekenntnisse, die noch dazu von der amerikanischen Öffentlichkeit mit Zustimmung oder allenfalls Gleichmut aufgenommen werden, zieht *Buhl* folgendes Fazit: "Benachteiligte Minderheiten haben es schwer im Amerika dieser Tage" (*Buhl*, 1995).

Noch lassen sich die Auswirkungen des gegenwärtigen politischen Klimas auf das Leben von Menschen mit Behinderungen weder beschreiben noch vorhersagen. Es ist allerdings doch zu befürchten, daß die beschriebene Trendwende in dem Land "of equal opportunity" sich zukünftig sowohl auf die Bildungsangebote für Kinder und Jugendliche mit Behinderungen bzw. Lernproblemen als auch auf die allgemeinen Lebensbedingungen von Menschen mit Behinderungen negativ auswirken könnte.

---

[124] sinngemäß: "bestärkende, direkt unterstützende Maßnahme"

5. Zukunftsperspektiven der Sonderpädagogik in den USA: Reformen ohne Ende?

Die beschriebenen Probleme bei der Umsetzung von P.L. 94-142 haben in den USA seit Mitte der achtziger Jahre zu einer erneuten Reflexion der Wesensmerkmale und Verfahrensweisen der Sonderpädagogik und deren Verhältnis zur Regelschulpädagogik geführt. Beispielsweise heißt es in einem Diskussionsbeitrag von *Wang* und ihre Kollegen aus dem Jahre 1986 wie folgt: "The present approach to providing educational support for students with special learning needs is not working acceptably"[1] (*Wang et al.*, 1986, S. 28). *Walker* (1987) bemängelte darüber hinaus, daß es selbst auf der Grundlage von P.L. 94-142 nicht geschafft wurde, die Barrieren zwischen Sonder- und Regelschulpädagogik abzubauen (S. 109). *Reynolds* und seine Kollegen und Kolleginnen propagierten daher umfangreiche strukturelle Veränderungen, ansonsten wäre "special education ... destined to become more of a problem, and less of a solution, in providing education for children who have special needs"[2] (*Reynolds et al.*, 1987, S. 391). Andere forderten sogar eine völlige Neuorganisation des Verhältnisses zwischen den beiden Systemen, die darauf abzielen sollte, "one system" mit "one purpose"[3] (*Stainback & Stainback*, 1986) zu schaffen.

Trotz gewisser Unterschiede in der Argumentationslinie und in der Radikalität ihrer Forderung können als Hauptvertreter der unter dem Namen "Regular Education Initiative"[4] ("REI", oder auch "General Education Initiative") bekannt gewordenen Reformbewegung der achtziger Jahre vier Autorenpaare genannt werden, die aber auch einzeln oder zusammen mit anderen Autoren und Autorinnen ihre Standpunkte publiziert haben: Maynard Reynolds und Margaret Wang, M. Stephen Lilly und Marleen Pugach, Alan Gartner und Dorothy Kerzner Lipsky, sowie Susan und William Stainback (*Skrtic*, 1991, S. 158, 198; *Fuchs & Fuchs*, 1994b, S. 296). Unterstützung erhielt die "REI" bezüglich vieler ihrer Forderungen auch von Madeleine Will, die während der Amtszeit Reagans als "Assistant Secretary", eine Art stellvertretende Abteilungsleiterin, im "U.S. Office of Special Education and Rehabilitation Services" tätig war (*Will*, 1986; *Kauffman*, 1989, S. 260)[5].

---

[1] Die Art und Weise, in der derzeit versucht wird, Schülern und Schülerinnen mit besonderen Lernbedürfnissen schulische Unterstützung zukommen zu lassen, funktioniert nicht akzeptabel.

[2] ... die Sonderpädagogik ... dazu bestimmt, sich eher zu einem Problem, und weniger zu einer Lösung, für das Bildungsangebot für Kinder mit besonderen Bedürfnissen zu entwickeln.

[3] "Ein System mit einer Zielsetzung"

[4] "Regelschul-Initiative"

[5] Zur Beschreibung des "Office of Special Education and Rehabilitation Services" vgl. die Fußnote 2 in der Einführung von Kapitel 3.1. Eine nähere Auseinandersetzung mit den

Im folgenden sollen die Hauptkritikpunkte und Reformvorschläge der "REI" sowie die fachinterne Diskussion, welche diese Initiative in der Sonderpädagogik ausgelöst hat, dargestellt werden. Auch wenn die "Regular Education Initiative" als solche heute nicht mehr besteht (vgl. Kap. 5.4), haben eigentlich alle der in den achtziger Jahren diskutierten Problembereiche selbst Mitte der neunziger Jahre noch nichts an Aktualität verloren[6].

5.1 Kritikpunkte an der bisherigen sonderpädagogischen Praxis

Als Hauptproblembereiche der in den achtziger Jahren, und auch heute noch, geltenden sonderpädagogischen Verfahrensweisen wurden von Wang und ihren Kollegen die Diagnostik und die Bevorzugung der Förderung in "pull-out"-Programmen[7] genannt (*Wang et al.*, 1986, S. 26; ähnlich auch *Lilly*, 1989, S. 149-150).

Die Kritikpunkte der Vertreter und Vertreterinnen der "REI" am Diagnoseprozeß decken sich mit den an anderer Stelle schon ausführlich beschriebenen Problemen im Bereich der Diagnostik (vgl. Kap. 3.4): Der in P.L. 94-142 festgelegte Überweisungs- und Diagnoseprozeß sei zu kompliziert, zeitintensiv und zu teuer (*Wang et al.*, 1986, S. 26-27). Die Einteilung in Behinderungskategorien, insbesondere die der "learning disabilities" sei ungenau (*Lipsky & Gartner*, 1989c, S. 13-14), und verleite zudem zu starken Verallgemeinerungen und reduzierten Erwartungen bzgl. des Lernpotentials der betroffenen Kinder (*Lilly*, 1989, S. 149-150).

Die "pull-out" Methode hat sich nach Einschätzung der "REI"-Bewegung für den Unterrichtsablauf als störend erwiesen, und gerade die Vielzahl der kompensatorischen und sonderpädagogischen Programme habe zu einer Fragmentierung schulischen Lernens und unnötigem bürokratischem Aufwand geführt (*Lilly*, 1989, S. 149-150; *Reynolds et al.*, 1987, S. 392). *Lipsky und Gartner* (1989d) nennen hierzu als Extrembeispiel New York City: Dort wurden in den achtziger Jahren von insgesamt einer Million Schülerinnen und Schülern fast die Hälfte, zumindest zeitweise, in sonderpädagogischen, kompensatorischen oder zweisprachigen Spezial-Programmen betreut (S. xxiv). Diese grundsätzliche Proble-

---

Standpunkten Madeleine Wills und ihrer Bedeutung für die "REI" findet sich bei *Opp* (1993, S. 93-99).

[6] Obgleich die "REI" daher inzwischen als "Geschichte" betrachtet werden kann, erschien es daher wenig sinnvoll, wenn nicht sogar unmöglich, die einzelnen Positionen konsequent in der sprachlichen Form der Vergangenheit zu schildern. Die anhaltende Debatte über diese, zunächst von der "REI" geäußerten, inzwischen aber grundsätzlichen Streitpunkte innerhalb der Sonderpädagogik ist auch die Erklärung dafür, daß zahlreiche Diskussionsbeiträge aus den neunziger Jahren in den inhaltlichen Zusammenhang mit eingeflochten wurden.

[7] "separate Förderprogramme"

matik, daß die Sonderpädagogik sich immer mehr zu einem immer größeren "second system" des Bildungswesens entwickelt (vgl. Kap. 4.2.4), wird auch in den neunziger Jahren noch diskutiert: *Davis* (1990) verweist darauf, daß es aufgrund der anhaltenden sozio-ökonomischen Krise und demographischer Entwicklungen in den USA abzusehen sei, daß die Zahl der Kinder und Jugendlichen mit gesundheitlichen oder emotionalen Problemen, Verhaltensauffälligkeiten und Lernschwierigkeiten in den nächsten Jahren sogar noch weiter steigen wird (S. 350). Angesichts derartiger Zukunftsperspektiven werden Regelschulwesen und Sonderpädagogik gemeinsam Wege finden müssen, auch diesen Schülern und Schülerinnen innerhalb der Regelklassen gerecht zu werden, denn in einem demokratischen Regelschulwesen kann es nicht angehen, daß immer größere Anteile der Schülerschaft gesondert gefördert werden müssen (*Snell & Drake*, 1994, S. 397). Auch *Sage und Burrello* (1994) weisen in diesem Zusammenhang darauf hin, daß angesichts der stetig steigenden Zahl an Schülern und Schülerinnen mit Beeinträchtigungen und Lernproblemen auch die Sonderpädagogik ihr Selbstverständnis neu überdenken müsse: "How much of the territory of the educational system can special education encompass while still remaining *special?*"[8] (S. 41).

Eine weitere Schwierigkeit, welche die "pull-out"-Methode fast zwangsläufig mit sich bringt, ist die Tatsache, daß selbst eine nur stundenweise separate Förderung von Kindern mit Lernschwierigkeiten die Regelschullehrkräfte in gewissem Maße schon ihrer Verantwortlichkeit enthebt: "The more special educators try to solve regular educators´ problems, the less likely and less capable are regular educators to assume these responsibilities"[9] (*Edgar & Hayden*, 1984, S. 536). Allzu leicht wird dadurch bei den Lehrkräften auch die Auffassung bestätigt, daß man den Förderbedürfnissen mancher Kinder in der Regelklasse einfach nicht gerecht werden kann (*Lilly*, 1989, S. 149-150). Dadurch wird einerseits die Verantwortlichkeit für schulische Probleme dem betroffenen Kind bzw. Jugendlichen zugeschrieben und die Bedeutung der schulischen Umgebung für Lernerfolge vernachlässigt (*Wang et al.*, 1986, S. 26). Zudem verlangt man von den Schülern und Schülerinnen, daß sie sich dem System anpassen, anstatt daß dieses sich auf die Bandbreite der individuell unterschiedlichen Förderbedürfnisse seiner Klienten einstellt (*Stainback et al.*, 1985, S. 147).

Die Unterrichtsmethoden für verschiedene Kinder unterscheiden sich auch nicht so stark, als daß eine Trennung in Klassen oder Leistungsgruppen gerechtfertigt wäre (*Stainback & Stainback*, 1984, S. 102-104). Ferner hat sich gezeigt,

---

[8] Wie groß darf der Verantwortungsbereich sein, den die Sonderpädagogik innerhalb des Bildungswesens einnimmt, wenn sie weiterhin eine *besondere* Pädagogik bleiben will?

[9] Je mehr Sonderpädagogen und Sonderpädagoginnen versuchen, Probleme der Regelschullehrkräfte zu lösen, umso weniger sind Regelschullehrkräfte wahrscheinlich gewillt und fähig, dieser ihrer Verantwortlichkeiten selbst gerecht zu werden.

daß jene Kinder, die in separaten Klassen gefördert werden, dort nur mit einem "watered-down curriculum"[10] konfrontiert werden (*Wang & Walberg*, 1988, S. 131; ähnlich auch *Stainback & Stainback*, 1984, S. 105-106), so daß das Ehepaar *Stainback* diese Form der Förderung als "unfair" und "inefficient"[11] beschreibt (*Stainback & Stainback*, 1986, S. 12). Sie halten die Einteilung von Schülern und Schülerinnen in "besondere" und "normale" Gruppen generell für äußerst fragwürdig, denn ihrer Ansicht nach sind *alle* Kinder hinsichtlich ihrer kognitiven Fähigkeiten, körperlichen Merkmale und charakterlichen Besonderheiten derart unterschiedlich, daß eigentlich jedes von ihnen einen individuell angepaßten Unterricht benötigt (*Stainback & Stainback*, 1984, S. 109).

Trotz der zweigleisigen Form der Förderung in Sonderklassen bzw. "resource rooms" bei zumindest zeitweiser Teilhabe am Unterricht in der Regelklasse, charakterisierte *Will* (1984) die Sonder- und Regelschulpädagogik in den achtziger Jahren als zwei "somewhat artificially compartmentalized service delivery systems"[12] (S. 13), wobei diese Beschreibung sicherlich auch heute noch zutreffend wäre. Die Zusammenarbeit zwischen Regelschul- und Sonderpädagogik hat sich nicht wesentlich verbessert (*Gartner & Lipsky*, 1987, S. 368), und entsprechend wurde auch die gesonderte Organisation und Finanzierung der für die jeweiligen Schülergruppen zuständigen Systeme beibehalten (*dies.*, S. 388), eine Trennung, die sich in der Personalausbildung und den Berufsverbänden fortsetzt (*Stainback & Stainback*, 1984, S. 109).

Dieses "dual system"[13], das geschichtlich gesehen sicherlich eine notwendige Entwicklungsstufe für die Sonderpädagogik war, hat sich nach Ansicht mancher Vertreter und Vertreterinnen der "REI" inzwischen als überholt erwiesen: "The point isn´t that special education is flawed and regular education is perfect. The point is that schools cannot operate successfully with a dual system; we must create a new reality"[14] (*Sapon-Shevin*, 1988, S. 105). Während *Wang, Reynolds und Walberg* 1986 eher vorsichtig empfahlen, daß Regelschul- und Sonderpädagogik ihre Verfahrensweisen besser koordinieren sollten (S. 28, vgl. auch *Kauffman*, 1989, S. 259), vertraten *Stainback und Stainback* (1984) schon damals eine radikalere Position: "The time has arrived for special and regular

---

[10] "verwässertes [also anspruchsloses] Curriculum"
[11] "ungerecht und ineffektiv"
[12] "auf ziemlich unnatürliche Weise von einander getrennte Dienstleistungssysteme"
[13] "zweigeteilte System"
[14] Es geht weniger darum, daß die Sonderpädagogik makelhaft und die Regelschulpädagogik perfekt wäre. Es geht vielmehr darum, daß Schulen auf der Grundlage eines zweigeteilten Systems nicht erfolgreich tätig sein können, wir müssen eine neue Realität schaffen.

education to merge into one unified system structured to meet the unique needs of all students"[15] (S. 102; ähnlich auch *Gartner & Lipsky*, 1987, S. 368).

5.2 Notwendige Modifikation der bisherigen Praxis

Ein derartiger Zusammenschluß von Regelschulwesen und Sonderpädagogik hätte natürlich vielerlei Konsequenzen: "We fully realize that based on present-day realities, there are likely to be many obstacles, battles, wars, and bloodbaths along the way and it is likely to take a very long time"[16] (*Stainback & Stainback*, 1985, S. 520). Die Vertreter und Vertreterinnen der "REI" waren sich darüber einig, daß das derzeitige Regelschulsystem grundlegend verändert werden müßte, wenn es den Bedürfnissen von Kindern mit "disabilities", und jenen mit anderen schulischen Problemen, besser gerecht werden soll (vgl. *Davis*, 1989, S. 440): "A successful merger must create a *new* education system - *not* simply return students to what is now called *regular* education"[17] (*Sapon-Shevin*, 1988, S. 105). Gerade weil das Regelschulwesen bis dato nur widerwillig die Verantwortung für Kinder mit besonderen Förderbedürfnissen übernommen hatte, war es *Stainback und Stainback* (1984) durchaus bewußt, daß derartige Veränderungen weder problemlos noch schnell zu bewerkstelligen sind (S. 11). Dennoch stellte das Autorenpaar die berechtigte Frage: "Should we give up on our ideals and goals because present-day reality dictates that they will be difficult to achieve?"[18] (*Stainback & Stainback*, 1985, S. 520).

Notwendige Voraussetzungen für den vom Ehepaar *Stainback* 1985 geforderten "merger of special and regular education"[19] wären die grundlegende Reflektion und auch Modifikation der bisherigen Aufgaben des Personals, der gesamten Finanzierung, sowie der traditionellen Unterrichtsinhalte und -methoden (*Stainback & Stainback*, 1986, S. 13).

---

[15] Die Zeit ist reif, daß Sonder- und Regelschulpädagogik zu einem vereinten System verschmelzen, einem System, daß so strukturiert ist, daß es den einzigartigen Bedürfnissen aller Schüler und Schülerinnen gerecht wird.

[16] Wir sind uns der Tatsache völlig bewußt, daß, ausgehend von der heutigen Realität, höchstwahrscheinlich viele Hindernisse, Kämpfe, Kriege und Gemetzel vor uns liegen und daß der Weg zum Ziel wahrscheinlich lange Zeit beanspruchen wird.

[17] Ein erfolgreicher Zusammenschluß muß zu der Schaffung eines *neuen* Schulwesens führen - *nicht* einfach nur Schüler und Schülerinnen an jene Institution, die derzeit *Regel*schulwesen genannt wird, zurückschicken.

[18] Sollten wir unsere Ideale und Ziele aufgeben, weil diese angesichts der derzeitigen Realität zwangsläufig schwierig zu erreichen sind?

[19] "Verschmelzung von Sonder- und Regelschulpädagogik"

Die Befürworter und Befürworterinnen der "REI" wiesen beispielsweise ausdrücklich darauf hin, daß auf die Bereitstellung von sonderpädagogischen Stützmaßnahmen weiterhin nicht verzichtet werden könne (*Wang & Walberg*, 1988, S. 128). Insofern wäre es auch bei einer "Verschmelzung" von Regelschul- und Sonderpädagogik notwendig, daß sich manche Lehrkräfte in bestimmten Bereichen, wie z.B. Braille und Zeichensprache, aber auch bzgl. der Individualisierungsmöglichkeiten des Unterrichts, in Diagnostik oder in Elternarbeit Spezialkenntnisse aneignen (*Stainback & Stainback*, 1986, S. 14; *Sapon-Shevin*, 1988, S. 105). "But the need for diversity in expertise and content ... does not require ... that we continue to label some students, educators, and programs as special or `different` while maintaining regular or `normal` status for others"[20] (*Stainback & Stainback*, 1987, S. 68). Ein Zusammenschluß und eine Zusammenarbeit der Lehrerverbände wäre daher ebenfalls erstrebenswert (*Stainback et al.*, 1985, S. 149).

Unbedingt erforderlich wäre zudem eine Neugestaltung des bisherigen Finanzierungsmodus, denn die an kategoriale Diagnostik gebundene Form der Finanzmittelverteilung hat sich nicht nur als überaus aufwendig, sondern auch als innovationshemmend erwiesen (*Wang & Reynolds*, 1985, S. 501; vgl. Kap. 3.7.4.3). Da man sich über die Gefahren der Zuschußverteilung mittels "block grants" im klaren war (*Wang et al.*, 1986, S. 30), hielt man die Bezuschussung von besonderen Programmangeboten, wie z.B. Sprachtherapie oder Einzelförderung, für am ehesten praktikabel (*Stainback & Stainback*, 1984, S. 108). *Wang* und ihre Mitarbeiter empfahlen, diesen Modus zunächst in einzelnen lokalen Schulbehörden mittels Sondergenehmigung auszuprobieren und dabei Erfolge und Probleme dieser Verfahrensweise zu beobachten (*Wang et al.*, 1986, S. 30).

Wichtig zu betonen ist jedoch, daß die der "REI" zugeordneten Autoren und Autorinnen sich nicht ganz einig darüber waren, welche Kinder und Jugendlichen verstärkt integriert werden sollten, und in welchem Ausmaß dies wünschenswert sei. Folglich fehlte eine einheitliche Klärung der Grundpositionen der "REI", und logischerweise kam es daher bei der Diskussion über die Reformvorschläge häufig zu Unklarheiten (*Lieberman*, 1990). Lilly und Pugach und auch Wang, Reynolds und Walberg engagierten sich hauptsächlich für Regelschulkinder mit Lernproblemen sowie Schüler und Schülerinnen mit "mild disabilities" und forderten für diese eine vollständige Aufnahme in die Regelklasse. Dagegen zogen insbesondere das Ehepaar Stainback, aber auch Gartner und Lipsky, Kinder und Jugendliche mit schwerwiegenderen Beeinträchtigungen ebenfalls in ihre Überlegungen mit ein und propagierten auch deren Aufnahme in

---

[20] Aber die notwendige Verschiedenheit im fachlichen Können und Wissen ...macht es nicht erforderlich..., daß wir weiterhin manche Schulkinder, Lehrkräfte und Förderprogramme als etwas besonderes oder `anders` klassifizieren, während wir für andere weiterhin einen regulären oder `normalen` Status beibehalten.

die Sprengelschulen, bei zumindest zeitweiser Integration in die Regelklassen (*Fuchs & Fuchs*, 1994b, S. 296; *Skrtic*, 1991, S. 158). Wie weit der Verzicht auf separate sonderpädagogische und kompensatorische Förderung in "pull-out" Programmen auch gehen mag, bedeutet er jedoch immer, daß, entgegen der bisherigen Praxis, die Schülerschaft in den Regelklassen um einiges heterogener werden würde (*Stainback & Stainback*, 1984, S. 107). Somit stellt sich insbesondere die Frage, "what changes could be made in the traditional structure of the schools to help teachers adapt instruction to a wide range of student characteristics and needs"[21] (*Stainback et al.*, 1985, S. 144).

Als Beispiel dafür, wie der Unterricht in den Regelklassen verändert werden kann, um den individuellen Bedürfnissen von Kindern in heterogenen Klassengruppen zu entsprechen, wurde im Zusammenhang mit der "REI" das "Adaptive Learning Environment Model"[22] (ALEM) am häufigsten genannt. Dabei handelt es sich um ein an der Universität Pittsburgh entwickeltes Konzept für Unterrichtsorganisation im Elementarbereich (*Wang & Birch*, 1984, S. 391), bei dem verschiedene effektive Unterrichtsmethoden der Regelschul- und Sonderpädagogik, wie z.B. "cooperative learning", "mastery learning" oder auch die Anleitung zu "self-monitoring"[23], kombiniert werden (*Wang & Walberg*, 1988, S. 132). Auf diese Weise versucht man, der Tatsache gerecht zu werden, "that students learn in different ways and at different rates"[24] (*Wang & Zollers*, 1990, S. 7). Die Fortschritte und Probleme der Schüler und Schülerinnen werden regelmäßig überprüft und sind Grundlage der Unterrichtsplanung. Jedes Kind hat einen individuellen Lehrplan, in dem die Lernziele und Aufgaben in den Kernfächern relativ streng vorgeschrieben sind, während in anderen Bereichen mehr Freiraum bleibt. Zwar hat die Einzelarbeit mit Freiarbeitsmaterialien einen hohen Stellenwert, aber auch Gruppenaktivitäten wird große Bedeutung beigemessen. Wichtig ist insbesondere auch eine schrittweise Hinführung zu eigenverantwortlichem und selbstbestimmtem Lernen (*Wang & Zollers*, 1990, S. 7, 14). Diese

---

[21] ... welche Veränderungen der traditionellen Struktur der Schulen möglich wären, um die Lehrkräfte dabei zu unterstützen, den Unterricht den sehr unterschiedlichen Persönlichkeitsmerkmalen und Bedürfnissen der Schüler und Schülerinnen anzupassen.
[22] "Modell einer anpassungsfähigen Lernumgebung"
[23] Zur Erläuterung von "cooperative learning" vgl. die Fußnote 86 in Kapitel 4.2.5. "Mastery learning" beschreibt das von Bloom entwickelte Modell des "zielerreichenden Lernens", bei welchem die ausreichende Gewährung von Lernzeit bei gleichzeitiger Abstimmung der Anforderungen des Lernstoffes an die Vorkenntnisse des Kindes wesentlich ist. Die positiven Effekte einer Überwachung (und Regulierung) des eigenen Arbeits- und Lernverhaltens durch die Schulkinder selbst ("self monitoring"), haben in den USA zu der Entwicklung zahlreicher Trainingsprogramme geführt (siehe z.B. *Reid*, 1988, S. 53-58). Auch in der deutschen Sonderpädagogik werden die Anwendungsmöglichkeiten metakognitiver Entwicklungsförderung inzwischen diskutiert (z.B. *Lauth*, 1991; *Schröder & Neukäter*, 1994).
[24] ..., daß Schulkinder auf unterschiedliche Weise und in unterschiedlichem Tempo lernen.

Form der Unterrichtsorganisation kann natürlich nur dann erfolgreich umgesetzt werden, wenn auch entsprechende Rahmenbedingungen geschaffen werden. Besonders relevant ist dabei die systematische Vorbereitung und Weiterbildung aller betroffenen Regelschullehrkräfte, speziell hinsichtlich ihrer Fähigkeit zur Arbeit im Team, als auch deren Unterstützung durch ausreichend vorhandenes sonderpädagogisch ausgebildetes Personal (*Wang & Zollers*, 1990, S. 12-13). Zahlreiche Schulen arbeiten schon länger nach dem "Adaptive Learning Environment Model" (*Wang & Walberg*, 1988, S. 134), und die Begleitforschung ermittelte, jedenfalls nach Aussage von *Wang* und ihren Kollegen und Kolleginnen, durchweg positive Ergebnisse bzgl. der Umsetzungsmöglichkeiten des Konzepts und seiner Auswirkungen auf die Lernerfolge der Schulkinder (*Wang & Birch*, 1984, S. 395-397; *Wang & Walberg*, 1988, S. 133-134; *Wang & Zollers*, 1990, S. 15-16)[25].

5.3 Bewertung der "Regular Education Initiative" innerhalb der amerikanischen Sonderpädagogik

Die "Regular Education Initiative" war in der Sonderpädagogik ziemlich umstritten und spaltete die Disziplin in zwei Lager: "Either one is *for* or *against* what has commonly become known as the Regular Education Initiative"[26] (*Davis*, 1989, S. 440; ähnlich auch *Sapon-Shevin*, 1988, S. 104). Die Diskussion wurde ziemlich emotional geführt (*Keogh, 1988a*, S. 19), was teilweise auch in der Wortwahl der verschiedenen Autoren und Autorinnen deutlich wird (vgl. zu dieser Beobachtung auch *Keogh, 1988a*, S. 19). Während die Vertreter und Vertreterinnen der "REI" von "segregationism", "slavery" und "apartheid"[27] im Schulwesen sprachen (hier nach *Fuchs & Fuchs*, 1994c, S. 24; *Kauffman*, 1989, S. 262), hielt z.B. *Mesinger* (1985) die Bemühungen zu einem Zusammenschluß von Regelschul- und Sonderpädagogik für ebenso riskant, wie "having the lion lay down with the lamb"[28].

So kontrovers war die Auseinandersetzung sicherlich auch deshalb, weil die Forderungen der "REI" teilweise doch massiv an den Grundfesten der sonderpädagogischen Theorie und Praxis rüttelten: "For some, it clearly may be an

---

[25] Zu einer ausführlicheren Beschreibung der ALEM-Konzeption und ihrer Begleitforschung in der deutschsprachigen Literatur siehe *Benkman und Pieringer* (1990, S. 119-125).
[26] Entweder ist man *für* oder man ist *gegen* das, was im allgemeinen unter dem Namen 'Regular Education Initiative' bekannt geworden ist.
[27] "Trennungspolitik", "Sklaverei" und "Apartheit"
[28] "es zuzulassen, daß sich der Löwe mit dem Lamm niederlegt"

issue of feeling threatened or losing an established professional identity"[29] (*Davis*, 1989, S. 443). Beispielsweise sieht sich *Morse* (1994) in seiner Reflektion der anhaltenden Reformbemühungen innerhalb der Sonderpädagogik genötigt festzustellen, daß es sehr wohl noch zahlreiche Sonderpädagoginnen und Sonderpädagogen gäbe, "who see special education as health producing rather than as a fatal disease"[30] (S. 535; ähnlich auch *Fuchs & Fuchs*, 1994a, S. 303; *Lieberman*, 1990, S. 562).

Teilweise richtete sich die Kritik an der "REI" dagegen, daß sich angeblich viele ihrer Wortführer und Wortführerinnen zu wenig um empirische Belege bemüht bzw. die wissenenschaftlichen Standards der Auseinandersetzung nicht beachtet hätten: "Its favored form of argument ... is moral and polemic rather than empirical"[31] (*Semmel, Gerber & MacMillan*, 1994, S. 488; ähnlich auch *Keogh, 1988a*, S. 19). Nach Ansicht von *Kauffman* (1989) haben z.B. einige Autoren und Autorinnen bei der Interpretation der Effektivitätsstudien, die sie zur Unterstützung der "REI"-Argumentation immer wieder herangezogen hatten, eine unakzeptable "cavalier attitude"[32] gezeigt, da sie die tatsächlichen Ergebnisse häufig in völlig falschem Licht darstellten (S. 273; vgl. auch *Hallahan, Keller, McKinney, Lloyd & Bryan*, 1988, S. 29-31), ein Vorwurf, der Kauffman selbst von anderer Seite aber auch gemacht wurde (*McLeskey, Skiba & Wilkox*, 1990, S. 322). Auch die ALEM-Feldforschung läßt sich methodisch aus vielfältigen Gründen kritisieren, z.B. weil bzgl. der genauen Charakteristika der untersuchten Schulprogramme bzw. der einzelnen Schüler und Schülerinnen zu wenig Informationen gegeben wurden (*Hallahan et al.*, 1988, S. 31). Die von der "REI" propagierten radikalen Reformen sollten jedoch nach der Überzeugung von *Kauffman* (1989) erst dann durchgeführt werden, wenn eindeutige empirische Beweise vorlägen. Solange dies nicht der Fall sei, wäre es zumindest angebracht, wenn logische Analysen und nicht "presumptive assertions of moral superiority"[33] so wichtige Entscheidungen bestimmten (S. 275).

Interessanter ist allerdings die Diskussion um die *inhaltlichen* Forderungen der "REI":

Obgleich *Singer* (1988) viele der von der "REI" vorgetragenen Kritikpunkte als berechtigt ansah, warnte sie dennoch davor, das bestehende System aufzugeben, bevor nicht eine nachweislich bessere Alternative gefunden wäre (S. 420;

---

[29] Für manche mag es ganz klar der Punkt sein, sich bedroht zu fühlen oder ein angestammtes berufliches Selbstverständnis zu verlieren.
[30] ..., welche die Sonderpädagogik als heilsam, und weniger als unheilvolle Krankheit, ansehen.
[31] Die von der REI bevorzugte Argumentationsform ... ist moralisch und polemisch, und weniger empirisch.
[32] "arrogante Einstellung"
[33] "unterstelltes Vorhandensein moralischer Überlegenheit"

vgl. *Davis*, 1990, S. 350). Immer wieder wurde - und wird auch heute noch - darauf verwiesen, daß die Sonderpädagogik sich nämlich gerade deshalb so entwickelt habe, *weil* das Regelschulwesen Kindern und Jugendlichen mit sonderpädagogischem Förderbedarf bisher nicht gerecht wurde (*Keogh, 1988a*, S. 20; *Liebermann*, 1985, S. 514; *Semmel et al.*, 1994, S. 483; *Singer*, 1988, S. 416). Daher erschien es vielen Kritikern und Kritikerinnen auch wenig logisch, dem Regelschulwesen die alleinige Verantwortung für diese Schüler und Schülerinnen wieder anzuvertrauen, insbesondere da jenes mit seinen eigenen Problemen bereits völlig überlastet sei (*Carnine & Kameenui*, 1990, S. 142; *Kauffman & Hallahan*, 1993, S. 83; *Singer*, 1988, S. 416). Ähnlich befürchtete auch *Mesinger* (1985), daß die Ausgangsbedingungen für einen Zusammenschluß einfach noch nicht gegeben wären: "I am reluctant to abandon special education as a system until I see *evidence* of a drastic improvement in regular education teacher training and professional practice in the public schools"[34] (S. 512).

Anlaß zur Kritik ergab sich in diesem Zusammenhang speziell aufgrund der Tatsache, daß die "Regular Education Initiative", anders als die Bezeichnung vermuten lassen würde, keine Initiative der Regelschulpädagogik war, sondern ihre Vertreter und Vertreterinnen fast ausschließlich aus dem Bereich der Sonderpädagogik kamen (*Kauffman*, 1989, S. 268; *Liebermann*, 1990, S. 561). Auch an der Diskussion um die "REI" haben sich Regelschullehrkräfte kaum beteiligt (*Sapon-Shevin*, 1988, S. 106-107). *Fuchs und Fuchs* (1994b) deuten dieses Desinteresse der Regelschulpädagogik als mögliches Anzeichen dafür, daß die Sonderpädagogik in den USA immer noch als ein separater Bereich des Bildungswesens angesehen wird, bzw. daß dem Streben nach "excellence" in den Regelschulen seit den achtziger Jahren mehr Bedeutung beigemessen wird als den Bemühungen um Chancengleichheit (S. 299). Was auch immer der wirkliche Grund sein mag, die Tatsache, daß die Regelschullehrkräfte wieder einmal nicht nach ihrem Einverständnis zu den Reformbemühungen gefragt wurden (vgl. *Singer*, 1988, S. 410), kann als zentrales Manko der "REI" angesehen werden. *Liebermann* (1985) verglich die Bemühungen um einen Zusammenschluß von Sonder- und Regelschulpädagogik daher mit einer Hochzeit ohne Einverständnis der Braut: "We cannot drag regular educators kicking and screaming into a merger with special education"[35] (S. 513).

Gerade, weil das Schulwesen ein sehr komplexes System ist, kann die simplistische Forderung nach einer "Verschmelzung" von Regelschul- und Sonderpädagogik riskant sein (*Morse*, 1994, S. 534). Insbesondere bestünde die

---

[34] Es widerstrebt mir, die Sonderpädagogik als autonomes System aufzugeben, bevor ich nicht *Beweise* für eine durchgreifende Verbesserung in der Ausbildung der Regelschullehrkräfte sowie in der beruflichen Arbeit an den öffentlichen Schulen sehe.

[35] Wir können keine mit den Füßen tretenden und kreischenden Regelschullehrkräfte in einen Zusammenschluß mit der Sonderpädagogik hineinziehen.

Gefahr, daß die Sonderpädagogik so ihre schwer erkämpfte Stellung und den damit verbundenen Einfluß verlieren würde (*Gallagher*, 1994, S. 527; *Kauffman & Hallahan*, 1993, S. 98; *Keogh, 1988a*, S. 20) und dann niemand die Verantwortung für Kinder und Jugendliche mit sonderpädagogischem Förderbedarf zuverlässig übernehmen würde (*Carnine & Kameenui*, 1990, S. 142). Auch viele der in P.L. 94-142 verankerten Rechte, wie z.B. die Individualisierung der Förderung, wären dann nicht mehr garantiert (*Singer*, 1988, S. 410-411). Dieser "natural instinct to `hold on to what has been won´"[36] (*Hagerty & Abramson*, 1987, S. 320) ist durchaus verständlich, wenn man bedenkt, daß unter der Administration Reagan ja tatsächlich Versuche unternommen worden waren, einzelne Zugeständnisse des Gesetzes wieder zurückzunehmen.

Entsprechend abgelehnt wurde daher von vielen Sonderpädagogen und Sonderpädagoginnen auch die Forderung nach "rights without labels" (vgl. Kap. 3.4.3), denn diese Vorgehensweise erhöhe das Risiko, daß die unterschiedlichen Förderbedürfnisse mißachtet werden: "We ignore what we do not label"[37] (*Kauffman*, 1989, S. 264). Obgleich man sich der grundsätzlichen Probleme im Bereich der Diagnostik und der damit verknüpften Zuschußverteilung bewußt war, hielten die Gegner und Gegnerinnen der "REI" die gesetzlichen Verfahrensweisen dennoch für legitim, weil dadurch zumindest ein eigener, nur für die Förderung von Kindern und Jugendlichen mit "disabilities" bestimmter, Finanzetat garantiert sei: "The necessity for this identification is as obvious to us as the necessity of budget lines for `national defense´ and `education´"[38] (*Kauffman, Gerber & Semmel*, 1988, S. 10). Angesichts einer Bundespolitik während der Reagan-Busch Ära, die stark darauf bedacht war, die Einflußnahme des Bundes und seine finanzielle Beteiligung an den Ausgaben für das Erziehungswesen zu drosseln (*Kauffman*, 1989, S. 256), und in Anbetracht der Tatsache, daß das finanzschwache Regelschulwesen stark an zusätzlichen Mitteln interessiert war, um die Vorschläge der "excellence"-Bewegung auch umsetzen zu können (*Kauffman & Hallahan*, 1993, S. 98), sind auch diese Befürchtungen durchaus nachvollziehbar.

Auch die von der "REI" propagierte verstärkte Eingliederung von Schülern und Schülerinnen mit sonderpädagogischem Förderbedarf in die Regelklassen wurde von vielen Sonderpädagogen und Sonderpädagoginnen als gefährlich angesehen, da zu befürchten war, daß viele lokale Schulbehörden nicht dazu in der Lage sein würden, die für eine gelungene Integration notwendigen Geldmittel für Stützmaßnahmen aufzubringen (*Kauffman et al.*, 1988). Abgesehen von den knappen Finanzmitteln wurde aber auch auf den verstärkten Leistungs-

---

[36] "natürliche Instinkt, `an dem festzuhalten, was bisher erreicht wurde´"
[37] Wir ignorieren, was wir nicht etikettieren.
[38] Die Notwendigkeit dieser klaren Zuweisung ist für uns genauso offensichtlich wie die Notwendigkeit eindeutig zugewiesener Budgets für `nationale Verteidigung´ bzw. `Bildung´.

druck, der sich in den achtziger Jahren angesichts der "excellence"-Bewegung in den Regelschulen abzeichnete, hingewiesen. Angesichts derartiger Rahmenbedingungen erschien es vielen Kritikern und Kritikerinnen nämlich mehr als fragwürdig, ob die Regelschullehrkräfte den Schülern und Schülerinnen mit besonderen Förderbedürfnissen auch ausreichend Zeit und Aufmerksamkeit widmen könnten und würden (*Kauffman*, 1989, S. 266).

Kauffman (1989) hat in seiner provokativen Bewertung der "REI"[39] darauf hingewiesen - allerdings ziemlich überspitzt -, daß die von der "REI" vorgelegten Forderungen und Reformvorschläge sich teilweise mit der konservativen Ideologie der Reagan-Bush Administration decken und dem Prinzip der "trickle-down-theory"[40] entsprechen: Propagiert wurden nicht nur größere Freiheiten für die lokalen Schulbehörden und somit weniger Einflußnahme durch den Bund, sondern auch eine Verbesserung der Bildung für alle Schüler und Schülerinnen. Dabei ging man davon aus, daß sich auf diese Weise auch die Qualität des Schulbesuchs für Schulkinder mit sonderpädagogischem Förderbedarf verbessern würde (*Kauffman*, 1989, S. 256). Die Forderung nach verstärkter Integration und nach dem Verzicht auf "labeling" entspricht zwar eher liberalem Gedankengut (*ders.*, S. 273), aber dennoch befürchteten einige Sonderpädagogen und Sonderpädagoginnen, daß die "REI" konservativen Kräften eine willkommene Chance bieten könnte, ihre eigenen Interessen durchzusetzen:

The biggest risk with the Regular Education Initiative is that it gives ammunition to the naysayers who would do nothing at all for children with mild to moderate handicaps. For many of these people, the real intent of the merger is to eliminate or reallocate supplemental funds from children with mild and remediable problems and to return to a pre-P.L. 94-142 world[41] (*Singer*, 1988, S. 420).

---

[39] Ein interessanter Kommentar zu diesem sehr polemischen Diskussionsbeitrag Kauffmans findet sich bei *McLeskey et al.* (1990).
[40] Die "trickle-down-theory" (Theorie des "Durchsickerns") beschreibt eigentlich die Wirtschaftspolitik Ronald Reagans, welche Unternehmern Steuererleichterungen gewährleistet und stattdessen die Unterstützung von Bedürftigen gekürzt hat. Der Grundgedanke bestand darin, daß angeblich auch die Armen davon profitieren, wenn die Reichen mehr verdienen, der "Segen sickert nach unten" (*Pleitgen*, 1991, S. 381).
[41] Die größte Gefahr, welche die `Regular Education Initiative´ mit sich bringt, besteht darin, daß sie den ewigen Neinsagern, die für Kinder mit `mild´ bzw. `moderate handicaps´ am liebsten gar nichts tun würden, Munition liefert. Für viele dieser Leute besteht der wahre Zweck eines Zusammenschlusses darin, die zusätzlich bewilligten Finanzmittel den Kindern mit leichteren und behebbaren Lernproblemen zu streichen oder diese Gelder erneut zu verteilen und zu einer `vor-P.L. 94-142-Welt´ zurückzukehren.

5.4 Die "Inclusive Schools"-Bewegung - eine Radikalisierung der sonderpädagogischen Reformbemühungen?

Das geringe Interesse der Regelschulpädagogik an der "REI" und die teilweise feindselige Ablehnung der Reformbemühungen innerhalb der Sonderpädagogik hat laut *Fuchs und Fuchs* (1994b) dazu geführt, daß sich die eher moderaten Anhänger und Anhängerinnen der "Regular Education Initiative" enttäuscht und entnervt aus der Diskussion zurückgezogen haben (S. 299). Bei anderen Fürsprechern und Fürsprecherinnen, insbesondere bei dem Ehepaar Stainback und bei Gartner und Lipsky, konnte dagegen im Laufe der Jahre eine Radikalisierung ihrer Forderungen beobachtet werden *(Fuchs & Fuchs,* 1994b, S. 300). So hatten *Stainback und Stainback* 1984 die zumindest stundenweise separate Förderung von Schülern und Schülerinnen entsprechend ihrer unterschiedlichen Förderbedürfnisse noch befürwortet (S. 108), acht Jahre später erfolgte durch dieselben jedoch eine grundsätzliche Ablehnung separater Förderung *(Stainback & Stainback,* 1992b, S. 34).

Aus den Grundgedanken der "REI" hat sich inzwischen eine neue Reformbewegung entwickelt, die nunmehr nach "inclusive schools"[42] strebt *(Alvarez et al.,* 1995, B7; vgl. auch *Murphy & Goetze,* 1993). Es muß jedoch darauf hingewiesen werden, daß, ähnlich wie schon bei den Begriffen "integration" oder "mainstreaming", auch der Terminus "inclusion" unterschiedlich verwendet wird (vgl. *Roberts & Mather,* 1995, S. 46-49). Während die ursprünglichen Befürworter und Befürworterinnen von "inclusion" betonen, daß dies die Aufnahme *aller* Kinder und Jugendlicher in die *Regelklassen* bedeute *(Pearpoint & Forest,* 1992, S. xv), finden sich im Gegensatz dazu auch Autoren und Autorinnen, die ausdrücklich darauf hinweisen, daß dies nicht unbedingt bedeute, daß die betroffenen Kinder nie separat gefördert würden *(Van Dyke et al.,* 1995, S. 476). Um diese Unklarheiten zu vermeiden, wird in der Fachliteratur daher inzwischen häufig auch von "full inclusion" gesprochen, wenn damit die vollständige Aufnahme aller Schüler und Schülerinnen mit sonderpädagogischem Förderbedarf in die Regelklassen gemeint ist *(Roberts & Mather,* 1995, S. 48). Eher verwirrend sind allerdings andere begriffliche Ergänzungen des Terminus, wie beispielsweise "responsible inclusion"[43], insbesondere wenn darunter dann doch wieder die Bereitstellung eines Kontinuums an Förderformen verstanden wird (siehe *Vaughn & Schumm,* 1995, S. 265). Entsprechend schwierig ist folglich auch die Abgrenzung von "mainstreaming" bzw. "integration" (vgl. Kap. 2.3.5.2). Im Grunde kann man jedoch davon ausgehen, daß zumindest der Begriff "full

---

[42] "einbeziehende Schulen", vergleichbar mit dem Begriff und der Konzeption der "Schulen ohne Aussonderung" in Deutschland.
[43] "verantwortungsvolle Einbeziehung"

inclusion" eine eindeutigere und radikalere Bedeutung als "mainstreaming" bzw. "integration" impliziert, als darunter die ganztägige Aufnahme in die Regelklasse verstanden wird (*Roberts & Mather*, 1995, S. 47). Relativ häufig wird auch darauf hingewiesen, daß in "inclusive classrooms"[44] die Kinder und Jugendlichen mit sonderpädagogischem Förderbedarf zwar ihren gesamten Schultag mit ihren nichtbehinderten Altersgenossen verbringen, daß von ihnen in der Regel allerdings *nicht* erwartet wird, mit den schulischen Leistungen der Klassenkameraden in allen Bereichen mithalten zu können. Bei den Bemühungen um "mainstreaming" war die Möglichkeit, den lernziel*gleichen* Unterricht beibehalten zu können, dagegen in den meisten Fällen als notwendige Voraussetzung für die Aufnahme in die Regelklasse angesehen worden (*Alvarez et al.*, 1995, B7; *Brucker*, 1994, S. 581).

Eine führende Rolle in dem "Inclusive Schools Movement" spielt "The Association for Persons with Severe Handicaps" (TASH)[45]. In der von TASH herausgegebenen Zeitschrift, in der 1994 eine komplette Ausgabe der Thematik gewidmet wurde (*Journal of the Association for Persons with Severe Disabilities*, 19(4)), war schon seit Beginn der achtziger Jahre eine verstärkte Integration auch von Schülern und Schülerinnen mit schweren Beeinträchtigungen propagiert worden. Von besonderem Einfluß war dabei die Autorengruppe um Lou Brown (vgl. *Sailor*, 1989, S. 54), die sich für eine integrative Förderung von Kindern und Jugendlichen mit schweren Beeinträchtigungen innerhalb der Regelklassen der Sprengelschulen einsetzt hat (*Brown, Long, Udvari-Solnar, Davis et al.*, 1989; *Brown, Long, Udvari-Solner, Schwarz et al.*, 1989), die Bereitstellung von alternativen Unterrichtsangeboten, auch außerhalb des Klassenzimmers, aufgrund der intensiven Förderbedürfnisse dieser Schüler und Schülerinnen gleichwohl für notwendig hielt (*Brown et al.*, 1991). TASH hatte auch schon 1986 das Prinzip des Kontinuums kritisiert und den Zusammenschluß von Regelschul- und Sonderpädagogik gefordert (*TASH*, 1993b, S. 10). In der 1988 erstmals verabschiedeten und 1993 überarbeiteten "Resolution on inclusive education"[46] bekennt sich TASH zu der Überzeugung, "that students with disabilities belong in general education classrooms"[47] (*TASH*, 1993a), fordert jedoch, daß sie dort auch angemessene Unterstützung erhalten müssen, um von dieser Form der Förderung profitieren zu können. Eigentlich ist TASH ja eine Organisation, welche die Interessen einer Minderheit der Schüler und Schülerinnen mit sonderpädagogischem Förderbedarf vertritt. Dennoch hat sie es

---

[44] "einbeziehende Klassenzimmer"
[45] "Vereinigung zur Interessensvertretung von Menschen mit schweren Behinderungen"
[46] "Beschlußfassung in Sachen `einbeziehende Erziehung`"
[47] ..., daß Schüler und Schülerinnen mit Beeinträchtigungen in Klassenzimmer der Regelklassen gehören.

mittels geschickter Rhetorik und Öffentlichkeitsarbeit geschafft, in den Medien[48] und auch im politischen Bereich hohen Einfluß auszuüben (*Fuchs & Fuchs*, 1994b, S. 300) und dabei den Eindruck zu erwecken, als spräche sie im Interesse *aller* Schüler und Schülerinnen mit sonderpädagogischem Förderbedarf (*dies.*, S. 303-304).

Weitere Befürworter von "full inclusion" aus dem sonderpädagogischen Bereich sind laut einer Veröffentlichung der "American Federation of Teachers" u.a. das "Office of Special Education and Rehabilative Services"[49], "The Arc" und die Vereinigung "United Cerebral Palsy". Aber auch die "National Association of School Psychologists" und die "National PTA", die größte Elternorganisation der USA, bekennen sich zu einer vollständigen Aufnahme aller Schüler und Schülerinnen mit sonderpädagogischem Förderbedarf in die Regelklassen, ebenso einige administrative Verbände wie die "National Association of State Directors of Special Education", der "Council of Chief State School Officers", und die "National Association of State Boards of Education"[50] (*Alvarez et al.*, 1995, D2; vgl. auch *Fuchs & Fuchs*, 1994b, S. 300).

Der Einfluß der "inclusion" Bewegung scheint sich in manchen Bereichen schon abzuzeichnen. Zum einen haben einige Fachzeitschriften, die der Regelschulpädagogik zugeordnet werden können, der Thematik inzwischen komplette Ausgaben gewidmet (*Educational Leadership*, 52(4); *Phi Delta Kappan*, 76(7)), was angesichts der Tatsache, daß die Verabschiedung von P.L. 94-142 und dessen Umsetzung nie ein derartig umfangreiches Echo gefunden hatte, doch bemerkenswert erscheint. Auch der Kongreß, der sich derzeit wieder mit einer Überarbeitung des "Individuals with Disabilities Education Acts" beschäftigt, diskutiert darüber, die Forderung nach voller Integration aufzunehmen (*Shanker*, 1994a, S. 21) und bis 1993 hatten sich immerhin schon fünf Bundesstaaten dem Ziel "full inclusion" verpflichtet (*Sage & Burrello*, 1994, S. 11).

---

[48] *Fuchs und Fuchs* (1994) verweisen hier auf den Dokumentarfilm "Educating Peter". In diesem werden die Bemühungen geschildert, einen zehnjährigen Jungen mit Down Syndrom in eine Regelklasse zu integrieren. 1993 erhielt dieser Film in der Kategorie Dokumentarischer Kurzfilm den Oskar und wurde wiederholt im Fernsehen gesendet (S. 300).

[49] Dieses hat 1992 eines seiner regelmäßig erscheinenden Magazine der Thematik "inclusion" gewidmet, in dessen Geleitwort sich der damalige stellvertretende Abteilungsleiter Davila zur Forderung nach "inclusion" bekennt (*Davila*, 1992).

[50] genannte Vereinigungen: "Vereinigung zur Interessenvertretung von Menschen mit 'mental retardation'" ("The Association for Retarded Citizens"); "Zusammenschluß der Vereinigungen zur Interessensvertretung von Menschen mit Zerebralparese"; "Nationale Vereinigung von Schulpsychologen und Schulpsychologinnen"; "Nationale Elternvereinigung"; sinngemäß: "Nationale Vereinigung der Staatlichen Bevollmächtigten für Fragen der sonderpädagogischen Förderung"; sinngemäß: "Zusammenschluß der Leiter und Leiterinnen der Staatlichen Schulbehörden"; "Nationale Vereinigung der Staatlichen Schulbehörden";

Aber auch in der Praxis scheint das "Inclusive School Movement" schon einiges bewegt zu haben. So hält *Yell* (1995) es durchaus für möglich, daß diese Bewegung auch die Bundesberufungsgerichte beeinflußt hat, die in den letzten Jahren verstärkt zugunsten der Aufnahme in der Regelklasse entschieden haben (S. 400; vgl. auch *Sage & Burrello*, 1994, S. 87-88). Auch die schon beschriebene Beobachtung, daß sich der Anteil jener Schüler und Schülerinnen, die innerhalb der Regelklasse sonderpädagogisch gefördert werden, in den letzten Jahren erhöht hat, könnte ein Indiz dafür sein, daß die "REI" und das "Inclusive School Movement" sehr wohl das Denken und Handeln der in den Schulen vor Ort Tätigen geprägt hat (vgl. Kap. 3.8.5 und *Sawyer et al.*, 1994, S. 213). Wie der Alltag in solchen "inclusive schools" dann aussehen kann, wird in zahlreichen Artikeln lebendig beschrieben (siehe beispielsweise *Phi Delta Kappan*, Band 76).

Erwartungsgemäß ist die Forderung nach "full inclusion" jedoch sehr umstritten: "Educational inclusion is not the solution"[51] (*Gottlieb et al.*, 1994, S. 464). Immer wieder wird betont, daß ein "one-size-fits-all approach"[52] (*Shanker*, 1994a, S. 19) den individuell unterschiedlichen Förderbedürfnissen nicht gerecht werden kann, und daher am Angebot eines Kontinuums an möglichen Schulformen unbedingt festgehalten werden muß (z.B. *Gottlieb et al.*, 1994, S. 464; *Kauffman*, 1993, S. 11). Diese Position wird auch in der folgenden Äußerung von *Bateman* (1994) deutlich: "To insist that any one placement must be the only one for all children, regardless of unique needs or disabilities, is contrary to common sense and to law"[53] (S. 520). Außerdem bestünde dann die Gefahr, daß immer mehr Schüler und Schülerinnen mit sonderpädagogischem Förderbedarf von solchen Lehrkräften unterrichtet werden, die dazu weder willens noch genügend qualifiziert sind (*dies.*, S. 35).

Entsprechend heißt es in der diesbezüglichen offiziellen Stellungnahme des "Council for Exceptional Children" (CEC), der sich schon zur "REI" aufgrund deren mangelnder wissenschaftlicher Belege nicht bekennen wollte (*CEC*, 1990b) zwar: "The concept of inclusion is a meaningful goal to be pursued in our schools and communities"[54] (*CEC*, 1993). Gleichzeitig wird aber betont, daß das gesetzlich garantierte Angebot verschiedener Förderungsformen dennoch aufrechterhalten werden muß (*CEC*, 1993). Diese Position wird auch von anderen sonderpädagogischen Verbänden geteilt, beispielsweise von allen bedeutenden

---

[51] Eine vollständige schulische Einbeziehung ist nicht die Lösung.
[52] "eine Betrachtungsweise nach dem Motto `für alle (Konfektions-)Größen passend´"
[53] Darauf zu bestehen, daß irgendeine Organisationsform schulischer Förderung die einzige für alle Kinder sein soll, ungeachtet der individuellen Bedürfnisse oder Beeinträchtigungen, widerspricht jedem gesunden Menschenverstand und auch den gesetzlichen Vorschriften.
[54] Der Grundgedanke der `inclusion´ ist ein bedeutsames Ziel, daß in unseren Schulen und Gemeinden verfolgt werden sollte.

Organisationen zur Vertretung von Kindern und Erwachsenen mit "learning disabilities" (*Council for Learning Disabilities*, 1993; *Learning Disabilities Association of America*, 1993; *National Joint Committee on Learning Disabilities*, 1993b) oder der "National Association of the Deaf" und der "National Federation of the Blind"[55] (*Alvarez et al.*, 1995, D2; vgl. auch *Fuchs & Fuchs*, 1994b, S. 300-301).

Es fällt somit doch auf, daß die Befürworter von "full inclusion" innerhalb der Sonderpädagogik eher jene sind, welche die Interessen von Schulkindern mit schwereren Beeinträchtigungen vertreten. Dies läßt sich vielleicht damit erklären, daß sich für jene Kinder und Jugendlichen auf der Grundlage von P.L. 94-142 das Ausmaß der Teilhabe am Unterricht in der Regelklasse alles andere als verbessert hat. Schüler und Schülerinnen mit "learning disabilities" werden dagegen auch heute schon außergewöhnlich häufig innerhalb der Regelklassen gefördert. Die große Skepsis gegenüber "full inclusion" und die vehemente diesbezügliche Diskussion gerade innerhalb der für diese Schülergruppe zuständigen Disziplin hängt wohl eher damit zusammen, daß Kinder und Jugendliche mit "learning disabilities" erst seit den siebziger Jahren überhaupt als sonderpädagogisch förderbedürftig anerkannt werden. Zwar ist diese Kategorie der Sonderpädagogik inzwischen die größte, gleichzeitig aber auch "the least likely to be seen as legitimate, necessary or meritorious"[56] (*Kauffman*, 1994, S. 610), und die Disziplin fühlt sich daher in ihrer Existenz bedroht (*Mather & Roberts*, 1994). Folglich wird das Recht auf sonderpädagogische Förderung für Schüler und Schülerinnen mit "learning disabilities" als große Errungenschaft angesehen, das unbedingt verteidigt werden muß, und zwar in der ganzen Bandbreite möglicher Organisationsformen. Gerade weil die Lernprobleme bei diesen Schülern und Schülerinnen nicht ganz so offensichtlich sind wie bei den anderen Kindern und Jugendlichen mit "disabilities", befürchten viele Autoren und Autorinnen wohl auch, daß die speziellen Probleme und Förderbedürfnisse dieser Schülergruppe von den Lehrkräften allzu leicht übersehen und von den zuständigen Behörden aus Kostengründen mißachtet werden könnten. Daher finden sich im Rahmen der Diskussion um "inclusion" auch zahlreiche Beiträge, die nicht nur betonen, daß an dem Angebot verschiedener Förderungsformen festgehalten werden muß, sondern ferner auch bestimmte Kriterien beschreiben, die erfüllt sein müssen, um eine "verantwortungsbewußte" Eingliederung in die Regelklasse zu gewährleisten (*National Joint Committee on Learning Disabilities*, 1993a; *Vaughn & Schumm*, 1995).

---

[55] "Nationale Vereinigung der Gehörlosen"; "Nationaler Dachverband der Blinden"
[56] "jene, bei der es am wenigsten wahrscheinlich ist, daß sie als legitimiert, notwendig oder anerkennenswert angesehen wird"

Die beiden größten amerikanischen Lehrerverbände, nämlich die "American Federation of Teachers" (AFT) und die "National Education Association" (NEA) wehren sich ebenfalls gegen Reformen, die darum bemüht sind, alle Schüler und Schülerinnen mit sonderpädagogischem Förderbedarf, ohne Berücksichtigung der Schwere der Behinderungen, in die Regelklassen aufzunehmen (*AFT*, 1994; *Alvarez et al.*, 1995, D2)[57]. Nach Ansicht der AFT sollte immer mit bedacht werden, inwieweit das jeweilige Kind mit sonderpädagogischem Förderbedarf in der Regelklasse tatsächlich "funktionieren" kann und insbesondere auch, welche möglicherweise negativen Auswirkungen seine Aufnahme auf die anderen Klassenkameraden hat (*Shanker*, 1994b, S. 5). Wo dies nicht der Fall ist, besteht in den Augen des Vorsitzenden der AFT, *Albert Shanker*, die Gefahr, daß die Interessen der Regelschulkinder zu kurz kommen und die Reformbemühungen der "excellence" Bewegung zunichte gemacht werden (*Shanker*, 1994b, S. 9-10). Zu selten wird bei der Forderung nach "full inclusion" auch bedacht, daß die Ausgangsbedingungen dafür in vielen Schulen nicht ausreichend sind (*Brandt*, 1994), andererseits ist die Gewährung umfangreicher Stützmaßnahmen bei einer Aufnahme von Schulkindern mit sonderpädagogischem Förderbedarf in die Regelklasse eher die Ausnahme denn die Regel (*Shanker*, 1994a, S. 19).

Die mancherorts unüberlegte und allzu hastige Umsetzung der Forderungen nach "inclusion", bei der z.B. zu viele Kinder mit sonderpädagogischem Förderbedarf, noch dazu ohne Unterstutzung von außen, in einer Regelklasse untergebracht wurden (*Alvarez et al.*, 1995, AA2-3), empört gerade auch die Eltern von Schülern und Schülerinnen ohne Behinderungen. Ihr Ärger über das öffentliche Schulwesen könnte u.a. auch dazu führen, daß sie verstärkt versuchen, ihre Kinder in Privatschulen unterzubringen: "In the name of inclusion, we may end up getting the most separated and segregated school system that we can possibly have in this country"[58] (*Shanker*, 1994b, S. 6). Ähnlich wie dies schon im Zusammenhang mit der Diskussion um die "REI" erörtert wurde, wird von der AFT aber auch auf die Gefahr hingewiesen, daß viele lokale Schulbehörden "inclusion" als willkommene Möglichkeit ansehen könnten, den Verwaltungsaufwand zu vereinfachen und die Kosten sonderpädagogischer Förderung zu reduzieren (*Alvarez et al.*, 1995, C6; *Shanker*, 1994a, S. 18). Daß Kosteneinsparungen, jedenfalls dann, wenn "full inclusion" sinnvoll verwirklicht werden soll, eigentlich nicht möglich sind, wird in Berichten aus der Praxis allerdings betont: "Inclusion is *not* a program that a school system should consider as a way to

---

[57] Trotz mehrmaliger Aufforderung wurde von der NEA leider keine eigene Stellungnahme zugesandt.

[58] Es ist durchaus möglich, daß uns im Namen von 'inclusion' letztendlich das am stärksten separate und abgesonderte Schulsystem zuteil wird, das in diesem Land überhaupt möglich ist.

save money. To do it right will cost more money"[59] (*Van Dyke et al.*, 1995, S. 478; ähnlich auch *Raison, Hanson, Hall & Reynolds*, 1995, S. 482).).

Albert Shanker zitiert einen Leserbrief, den er aufgrund seiner Kritik an der "inclusion"-Bewegung erhalten hat, und der seines Erachtens die Problematik adäquat pointiert: "The inclusion movement is both politically correct, namely satisfying the liberals, and cost-effective, namely satisfying the conservatives ... But please don't try to tell me it's good for the kids"[60] (in *Shanker*, 1994b, S. 12-13). Besonders fraglich erscheint manchen Kritikern und Kritikerinnen auch, ob man die hehren Ziele verstärkter Chancengleichheit und sozialen Lernens wirklich mittels "full inclusion" erreichen kann: "All of this for the sake of the idea that social equality is a by-product of sitting alongside someone else"[61] (*Smelter, Rasch & Yudewitz*, 1995, S. 485).

Nach der Einschätzung von *Fuchs und Fuchs* (1994b) findet das "inclusive schools movement" zwar derzeit noch hohe öffentliche Anerkennung. Halten deren Befürworter und Befürworterinnen jedoch an ihren extremen Positionen, nämlich der vollen Integration aller Schüler und Schülerinnen und einer schrittweisen Auflösung der Sonderpädagogik als eigenständiger Disziplin, fest, kann sich das schnell ändern. Auch die Regelschulpädagogik wird nach Ansicht des Autorenpaars ihr gerade erst gewonnenes Interesse an den sonderpädagogischen Reformvorschlägen unter Umständen wieder verlieren. Die bei vielen Anhängern und Anhängerinnen von "inclusion" nach Aussage von *Fuchs und Fuchs* (1994b) zu beobachtende einseitige Betonung der Sozialisationsfunktion der Schule und die ausschließliche Bevorzugung prozeßorientierter Lernformen bei gleichzeitiger Absage an einheitliche Lehrpläne und akademische Standards läßt sich nämlich eigentlich mit den derzeitigen Grundsätzen der Regelschulreform nicht verbinden (301-304).

Eindeutig ist jedoch, daß der provokative Argumentationstil und die geschickte Auswahl wissenschaftlicher Belege, die *Fuchs und Fuchs* (1994b) ihrerseits den Befürwortern von "inclusion" vorwerfen, gleichermaßen auch bei dem Autorenpaar selbst beanstandet werden muß. Es zeichnet sich ab, daß die "inclusion"-Debatte abermals die Spaltung der Sonderpädagogik in zwei Lager forciert (siehe beispielsweise die Auseinandersetzung von *Taylor*, 1994 und *Fuchs & Fuchs*, 1994a), was leider, wie das Ehepaar *Fuchs* (1994b) selbst

---

[59] `Inclusion´ ist *keine* schulische Organisationsform, die ein Schulsystem als eine Möglichkeit der Kosteneinsparung betrachten sollte. `Inclusion´ auf angemessene Art und Weise zu verwirklichen, wird mehr Geld kosten.

[60] Die `Inclusion-Bewegung´ ist sowohl politisch korrekt, indem sie nämlich die Liberalen zufriedenstellt, als auch kosteneffektiv, was wiederum den Konservativen entgegenkommt ... Aber versucht bitte nicht, mir weiszumachen, es wäre gut für die Kinder.

[61] Und all dies um der Vorstellung willen, daß soziale Gleichheit ein zwangsläufiges Nebenprodukt des `Nebeneinandersitzens´ sei.

schon angemerkt hat, auch der Einflußgewinnung reaktionärer Kräfte innerhalb der Sonderpädagogik Vorschub leistet (S. 305). Außerdem besteht die Gefahr, daß die Vertreter und Vertreterinnen der Sonderpädagogik sich nur noch mit ihren fachinternen Streitigkeiten beschäftigen. Dies hätte, wie schon in den ersten Jahren des Aufkommens der "REI", zur Folge, daß die Disziplin abermals die Chance versäumt, sich an den im Regelschulwesen ja immer noch geführten Reformdiskussionenen konstruktiv und im Interesse der auf ihre Fürsprache angewiesenen Kinder und Jugendlichen mit sonderpädagogischem Förderbedarf gewinnbringend zu beteiligen (vgl. *McLeskey et al.*, 1990, S. 323).

Insgesamt sieht es also so aus, als ob zwanzig Jahre nach Verabschiedung von P.L. 94-142 die amerikanische Sonderpädagogik noch zu keinem Konsens bezüglich der speziellen Aufgaben und Verfahrensweisen ihrer Disziplin sowie ihres Verhältnisses zur Regelschulpädagogik gekommen ist: "We can clearly see that there is no `final word´ on what special education is, can be, or should be"[62] (*Hehir & Latus*, 1992, S. ix). Zwar herrscht in der Literatur relative Übereinstimmung darüber, daß sich in den letzten zwanzig Jahren für amerikanische Schüler und Schülerinnen mit Behinderungen bzw. Lernproblemen einiges verbessert hat, allerdings ist man sich auch darüber einig, daß vieles noch im Argen liegt. Darüber, wie diese noch bestehenden Problembereiche am chesten zu beheben sind, wird jedoch heftig debattiert: "Do we need more of special education as we know it? Should the current system be reformed - that is. streamlined or reorganized? Or is the best solution to abolish special education altogether, while radically restructuring the entire public school system?"[63] (*Hehir & Latus*, 1992, S. ix). Gerade die Enttäuschungen bei der Verwirklichung der Kerninhalte von P.L. 94-142 haben dazu geführt, daß viele Eltern und Fachleute von dem System frustriert sind und daher in ihren Forderungen radikaler geworden sind (vgl. *Alvarez et al.*, 1995, C6; *Bateman*, 1992, S. 29). Die vielbeschriebene Besonderheit, daß "most reform movements in education have led to disappointment and predictable reversal of direction, rather than to progress - the familiar phenomenon desribed as cycle, pendulum, or wave"[64] (*Kauffman*, 1993, S. 6), läuft somit Gefahr, sich auch für die sonderpädagogischen Reformbemühungen zu bewahrheiten:

---

[62] Es ist offensichtlich, daß es keine endgültige Antwort darauf gibt, was die Sonderpädagogik ist, sein könnte oder sein sollte.

[63] Brauchen wir mehr sonderpädagogische Förderung, so wie wir sie gegenwärtig kennen? Sollte das derzeitige System reformiert werden - d.h. wirkungsvoller und rationeller gemacht werden oder neugestaltet werden? Oder wäre es die beste Lösung, die Sonderpädagogik vollständig aufzulösen und gleichzeitig das gesamte öffentliche Schulwesen völlig umzustrukturieren?

[64] ..., daß die meisten Reformbewegungen im Bildungswesen zu Enttäuschungen und eher zu vorhersehbaren Kehrtwendungen als zu Fortschritten geführt haben - das bekannte Phänomen, beschrieben als Kreis, Pendel oder Welle.

A century ago, overenthusiasm for the institution as the sole placement option for people with disabilities resulted in great injustices and needless exclusion of many individuals from regular schools and communities. Perhaps overenthusiasm for the regular school and the regular classroom as the sole placement option for students with disabilities has the potential for creating an equal tyranny[65] (*Kauffman, Lloyd, Baker & Riedel*, 1995, S. 546).

---

[65] Vor einem Jahrhundert führte die zu enthusiastische Begeisterung für Institutionen als einzige Möglichkeit der Unterbringung von Menschen mit Beeinträchtigungen zu großer Ungerechtigkeit und unnötiger Ausgrenzung vieler Individuen aus den Regelschulen und den Gemeinden. Vielleicht birgt die übergroße Begeisterung für die Regelschule und das Regelschulklassenzimmer als einziges schulisches Förderangebot für Schüler und Schülerinnen mit Beeinträchtigungen die Möglichkeit, eine vergleichbare Tyrannei zu schaffen.

6. Implikationen der dargestellten amerikanischen Erfahrungen für die deutschen Integrationsbemühungen

Im folgenden soll erörtert werden, ob und inwieweit bestimmte der dargestellten Erfahrungen bei der Umsetzung der Integrationsbemühungen in den USA auch für die integrativen Bestrebungen in Deutschland von Bedeutung sein könnten.

Grenzen der Vergleichbarkeit
Diesen Überlegungen muß natürlich der Hinweis vorangestellt werden, daß eine *direkte* Übertragbarkeit der Ergebnisse der hier vorgelegten Arbeit auf die Situation in Deutschland nicht möglich ist. Zur Verdeutlichung dazu einige Beispiele:
- Der Anteil, der in den USA sonderpädagogisch geförderten Schüler und Schülerinnen ist nicht nur mehr als doppelt so hoch wie jener, der in deutschen Sonderschulen geförderten Kinder und Jugendlichen, auch die Verteilung auf die verschiedenen Behinderungskategorien läßt sich, u.a. aufgrund der unterschiedlichen Definitionen einzelner Behinderungskategorien in den Vereinigten Staaten und der Bundesrepublik, nicht vergleichen (*Bleidick*, 1994, S. 655; *U.S. Dep. of Ed.*, 1994, A 55).
- Die Ausgangsbedingungen für die Integrationsbemühungen in den siebziger Jahren waren in den USA und Deutschland völlig unterschiedlich: In Deutschland war die sonderpädagogische Förderung mittels eines hochdifferenzierten und eigenständigen Sonderschulsystems grundsätzlich für alle Kinder und Jugendliche mit Behinderung gesichert (*Kultusministerium NRW*, 1994, S. 9). Dagegen galt es in den USA zwar noch, die Garantie sonderpädagogischer Förderung für alle Kinder und Jugendliche mit "disabilities" rechtlich zu verankern, andererseits wurde aber auch vielerorts die sonderpädagogische Förderung zumindest schon in Sonderklassen innerhalb des Regelschulgebäudes realisiert, was laut *Opp* (1993a) als förderliche Basis für die Bemühungen um integrative Beschulung beurteilt werden kann (S. 119).
- Auch die Eingliedrigkeit des amerikanischen Schulwesens bietet für Integrationsbemühungen grundsätzlich ganz andere Ausgangsbedingungen als die Mehrgliedrigkeit des Bildungswesens in Deutschland. *Kniel* (1980) vertritt beispielsweise in seinen Überlegungen zur Übertragbarkeit von Erfahrungen aus dem Ausland die Ansicht, daß das amerikanische Schulwesen aufgrund seines Gesamtschulcharakters grundsätzlich eine größere Toleranz gegenüber der Heterogenität der Schülerschaft aufweisen müsse und dadurch eine Innovationsfähigkeit eher gewährleistet sei (S. 617).
- Sicherlich ebenso zu bedenken gilt es, daß seit der Gründung der USA die ethnische, religiöse und sprachliche Heterogenität ein konstitutives Merkmal der dortigen Gesellschaft ist und man daher zumindest annehmen könnte, daß

die Aufgeschlossenheit amerikanischer Bürger und Bürgerinnen gegenüber den Belangen und Interessen von Minderheiten höher ausgeprägt ist als in Deutschland.

Die amerikanischen Erfahrungen als Beispiel für allgemeingültige Probleme und Möglichkeiten einer "Integration per Gesetz"?
Aufgrund der genannten Vorbehalte ist es daher am ehesten gerechtfertigt, jene Problembereiche bei der Umsetzung von P.L. 94-142 nochmals herauszuarbeiten und in ihrer Bedeutung für die deutschen Integrationsbemühungen zu beleuchten, die sich als *allgemeingültige* Probleme bei dem Versuch, eine "Integration per Gesetz" (vgl. *Kleber*, 1982) sinnvoll zu verwirklichen, herauszukristallisieren scheinen[1]. Die USA gelten als Land der angeblich "unbegrenzten Möglichkeiten", den Menschen dort wird häufig eine ganz besondere Begeisterungsfähigkeit und persönliche Einsatzbereitschaft zugeschrieben und überdies, wie in der obigen Aufzählung beschrieben, können auch die Ausgangsbedingungen für integrative Bemühungen aufgrund der Strukturmerkmale und der geschichtlichen Entwicklung des Regelschulwesens und der Sonderpädagogik sowie der gesellschaftlichen Rahmenbedingungen als vergleichsweise positiv eingeschätzt werden. Gerade daher erscheint es durchaus legitim, einzelne Erfahrungen in den USA gleichsam als Paradebeispiel für allgemeingültige Schwierigkeiten bei der Verwirklichung einer gesetzlichen Forderung nach Integration von Kindern und Jugendlichen mit Behinderungen in das öffentliche Schulwesen anzusehen.

Reflektiert man nochmals die Vielzahl der in dieser Arbeit dargestellten teils positiven teils negativen Erfahrungen bei der Umsetzung von P.L. 94-142, so muß man eingestehen, daß es nahezu unmöglich ist, eine klare Quintessenz über die Erfolge der amerikanischen Integrationsbemühungen zu ziehen. Man kann nämlich weder sagen, daß die Bemühungen um Integration in den USA eindeutig gescheitert wären, noch daß sie zweifellos geglückt wären. Insgesamt kann man nur feststellen, daß es sehr wohl einige Schulen gibt, an denen Integration beispielhaft umgesetzt wurde. Andere Schulen scheinen sich dagegen gar nicht erst um eine verstärkte Eingliederung von Kindern und Jugendlichen bemüht zu haben. Am bedenklichsten ist aber wahrscheinlich die Beobachtung, daß viele Schulen Kinder und Jugendliche mit sonderpädagogischem Förderbedarf zwar integriert haben, die dazu notwendige entsprechende Bereitschaft des Personals allerdings nicht immer gegeben war, und entsprechende Stützmaßnahmen bzw. Modifikationen im Unterricht und Schulleben nicht durchgeführt wurden. Zu einem ähnlichen Urteil kam *Radigk* schon wenige Jahre nach Inkrafttreten von

---

[1] Parallelen und wesentliche Unterschiede in der geschichtlichen Entwicklung der Integrationsbemühungen in den USA und in der Bundesrepublik Deutschland sowie Ähnlichkeiten bzgl. der Inhalte und der Rhetorik der Integrationsdiskussion wurden bereits von *Opp* (1993a, S. 114ff.) herausgearbeitet.

P.L. 94-142: "Das Beispiel USA zeigt deutlich, daß Integration machbar ist. Es zeigt aber auch, daß nicht nur Vorteile, sondern auch Nachteile mit dieser Lösung einhergehen" (*Radigk*, 1982, S. 666).

Wie die vorherigen Kapitel verdeutlicht haben, ist P.L. 94-142 ein außergewöhnlich umfassendes Gesetz, dem man sicherlich zugestehen muß, daß die einzelnen darin enthaltenen Forderungen im Interesse einer für alle Beteiligten gewinnbringenden Integration sowohl sinnvoll sind als auch relativ umsichtig aufeinander abgestimmt wurden. Dennoch hat P.L. 94-142 im Grunde doch nicht die Wirkung erzielen können, die erwartet wurde.

Gesetzliche Kontrolle versus Grundsatz der Freiwilligkeit
Als *eine* grundsätzliche Schwierigkeit hat sich in den USA dabei die Tatsache herauskristallisiert, daß eine "Integration per Gesetz", und zwar unabhängig von den in dem jeweiligen Gesetz enthaltenen Richtlinien, generell problematisch ist. Diese Erkenntnis wird auch in Deutschland diskutiert: "Integration ist keinesfalls eine problemlose Angelegenheit. Sie läßt sich nicht durch gesetzliche oder organisatorische Regelungen erzwingen" (*Radigk*, 1982, S. 666). "Integration bedeutet auch Umdenken, Umorientieren, und Neulernen. Sie läßt sich daher nur bedingt verordnen" (*Eberwein*, 1994, S. 300).

In den USA hat sich beispielsweise gezeigt, daß Integration nämlich nur dann erfolgreich verwirklicht werden kann, wenn alle Beteiligten von diesem Ziel überzeugt und daher zu entsprechendem Mehrengagement bereit sind. Auch in der deutschen Integrationsdiskussion ist man sich dessen bewußt: "Ohne eine entsprechende Überzeugung von der Relevanz innovativer Maßnahmen scheint eine effektive Veränderung zweifelhaft" (*Theis-Scholz & Thümmel*, 1993, S. 376).

Der Grundsatz der Freiwilligkeit aller an den Integrationsbemühungen beteiligten Mitarbeiter und Mitarbeiterinnen, wie er beispielsweise in den deutschen Schulversuchen die Regel ist, würde eher garantieren, daß diese Überzeugung von dem Ziel "Integration" und entsprechend auch die Einsatzbereitschaft, dieses zu erreichen, gewährleistet sind (*Bach*, 1994, S. 545). Aber auch daraus ergibt sich ein Dilemma: Überläßt man alles nur der Freiwilligkeit der Schulen, wird sich nur punktuell etwas verändern, bzw. der Prozeß einer grundlegenden, bundesweiten Umstrukturierung sonderpädagogischer Förderung sehr lange dauern. Versucht man dagegen die Forderung nach Integration mittels "organisatorischen Zwangs" durchzusetzen, wird das Problem sicherlich auch nicht gelöst werden (vgl. *Möckel*, 1983, S. 21). Vielmehr ist zu erwarten, daß, wie in den USA, jene Schulen, die wenig von der integrativen Zielsetzung überzeugt sind, versuchen, die gesetzlichen Richtlinien nur so weit umzusetzen, wie sie unbedingt müssen, d.h. mit entsprechend wenig Engagement. Dies ginge wiederum sicherlich zu Lasten der an diesen Schulen integrierten Kinder und Jugendlichen, und es ist fraglich, ob somit das lang erkämpfte Recht auf eine adäquate sonderpädagogische Förderung von Schülern und Schülerinnen mit Behinderungen nicht letztlich aufgegeben würde.

Den beschriebenen Konflikt bemüht man sich in Brandenburg dadurch zu entschärfen, daß man die 1991 schulgesetzlich verankerte Forderung nach Integration mittels eines komplexen Ansatzes "der pädagogischen System-Erneuerung" (*Preuss- Lausitz*, 1994, S. 304) auf den vier Ebenen Unterricht, Einzelschule, Kreis und Landesebene umzusetzen versucht:

Damit ist die Einführung und Verwirklichung der gemeinsamen Erziehung im Land Brandenburg keine bloße Reformpolitik "von oben", aber auch kein schlichtes Vertrauen auf die innovativen Kräfte "von unten". Vielmehr sind verschiedene Handlungsebenen ... miteinander verzahnt und gegenseitig abhängig - deshalb aber auch um so erfolgreicher" (*Preuss- Lausitz*, 1994, S. 308).

Wie die praktische Umsetzung dieses Ansatzes genau aussehen kann, und wie erfolgreich man dabei sein wird, bleibt noch abzuwarten. Auf jeden Fall zeigen die Erfahrungen in den USA, daß zentralistisch verordnete Reformen, bei denen die nächstübergeordnete Verwaltungsbehörde die unteren wenig *unterstützt*, sondern im Grunde nur *kontrolliert*, vielerorts wenig erfolgreich sind und stattdessen eher Widerstände hervorrufen.

Das Prinzip des "least restrictive environment": Königsweg, Kompromiß oder Irrweg?
Wendet man sich nun nochmals den *Inhalten* von P.L. 94-142 zu, so muß man jedoch einräumen, daß einige Forderungen, trotz aller Verbindlichkeit, den Beteiligten in den Schulen vor Ort zumindest doch auch einige Freiräume lassen. Das deutlichste Beispiel, welches hier bzgl. seiner Implikationen für die deutsche Sonderpädagogik auch am ausführlichsten diskutiert werden soll, ist die gesetzliche Forderung nach sonderpädagogischer Förderung in der "am wenigsten einschränkenden Umgebung".

Diese Konzeption, sich nämlich weder für eine "Konservierung" noch eine "ersatzlose Auflösung" der Sonderschulen zu entscheiden (*Bach*, 1995, S. 6-7), und stattdessen ein Angebot verschiedener schulischer Organisationsformen sonderpädagogischer Förderung zu gewähren, findet auch in Deutschland immer mehr Zustimmung. Dies zeigt sich beispielsweise an der Integrationsverordnung des Saarlandes (in *Kanter*, 1991, S. 95-96) oder in dem Überblick von *Stoellger* (1992), der die verschiedenen, derzeit in Deutschland existierenden Formen sonderpädagogischer Förderung beleuchtet.

Man scheint sich von einer derartigen "Öffnung der bestehenden Organisationsformen" (*Kanter*, 1991, S. 103) eine höhere "Flexibilität der Förderangebote" (*Kultusministerkonferenz*, 1994, S. 485) zu versprechen. Sicherlich eröffnen die unterschiedlichen Organisationsformen sonderpädagogischer Förderung theoretisch die Möglichkeit, für jedes Kind individuell die passende Form der Förderung "auszuwählen" und dabei auch die Wünsche der Eltern zu berücksichtigen (*Stoellger*, 1992, S. 453). Vielleicht erscheint deshalb der Grundgedanke eines Kontinuums an Möglichkeiten auch auf den ersten Blick so attraktiv. Wie die Erfahrungen in den USA gezeigt haben, sind mit der Übernahme dieses Prinzips aber auch einige bedenkliche Aspekte verbunden.

Insbesondere die Zielsetzung, daß mittels dieses "Subsidiaritätssystems" sowohl insgesamt, als auch für jedes einzelne Schulkind, die Schwerpunkte der Förderung sich zunehmend zu den integrativeren Formen hin verlagern lassen (*Bach*, 1994, S. 546-547), erweckt, jedenfalls wenn man sich die Erfahrungen in den USA vor Augen hält, wahrscheinlich falsche Hoffnungen. Zwar gilt es zu bedenken, daß schon vor Verabschiedung von P.L. 94-142 ein beträchtlicher Anteil von Kindern und Jugendlichen mit "disabilities" in den USA innerhalb der Regelschulen gefördert worden war, aber dennoch bleibt es Tatsache, daß sich am *bestehenden Ausmaß* der Integration bundesweit, jedenfalls für Schüler und Schülerinnen vieler Behinderungskategorien, selbst in dem Zeitraum von sechzehn Jahren relativ wenig verändert hat.

In diesem Zusammenhang ist es auch wichtig zu berücksichtigen, daß sich P.L. 94-142 *eindeutig* zugunsten integrativer Erziehung äußert und die Schulen dazu *verpflichtet* werden, sich den Förderbedürfnissen der Kinder und Jugendlichen mit Behinderungen bzw. Lernproblemen anzupassen, indem entsprechende Rahmenbedingungen für eine sinnvolle Integration *geschaffen* werden. Vergleicht man diese gesetzlichen Forderungen nunmehr mit jenen Regelungen oder Empfehlungen, die in den letzten Jahren in Deutschland erarbeitet wurden, so fällt doch ein wesentlicher Unterschied auf:

Beispielsweise heißt es im Niedersächsischen Schulgesetz von 1993, daß Integration nur dann ermöglicht werden kann, "wenn auf diese Weise dem individuellen Förderbedarf der Schülerinnen und Schüler entsprochen werden kann und soweit es die organisatorischen, personellen und sächlichen Gegebenheiten erlauben" (zit. nach *Füssel & Kretschmann*, 1994, S. 331). Auch in dem Sonderschulentwicklungsgesetz von Nordrhein-Westfalen, das im März 1995 verabschiedet wurde, findet sich eine nahezu identische Formulierung. Dort heißt es, daß "die sonderpädagogische Förderung auch in der Grundschule erfolgen [kann], soweit die Grundschule hierfür über die erforderliche personelle und sächliche Ausstattung verfügt (*"Neue Rechtsgrundlage für die sonderpädagogische Förderung in NRW"*, 1995; §7[2]). Die Frage nach dem Ausmaß integrativer Förderung wird in vielen Gesetzesgrundlagen somit "von den Rahmenbedingungen, den personellen und sachlichen Fördermöglichkeiten, ergo den Ressourcen der allgemeinen Schulen abhängig gemacht" (*Bleidick, Rath & Schuck*, 1995, S. 261). Dabei wird weder eindeutig geklärt, welche Ressourcen als erforderlich gelten sollen (*Füssel & Kretschmann*, 1993, S. 20), noch ob sich diese Klausel auf die derzeit existierenden Verhältnisse bezieht, oder eine entsprechende Anpassung der örtlichen Gegebenheiten möglich bzw. sogar erstrebenswert wäre (*Füssel & Kretschmann*, 1994, S. 332; *Wittmann*, 1995). Etwas klarer ist zwar die Ausdrucksweise in den Empfehlungen der Kultusministerkonferenz, in welcher zumindest von "gegebenen bzw. bereitstellbaren Rahmenbedingungen" gesprochen wird (*Kultusministerkonferenz*, 1994, S. 488). Dennoch ist all diesen Regelungen gemein, daß "der Entscheidungsfaktor nicht mehr im Kind sondern im System selber festgemacht wird" (*Speck*, 1995, S. 172).

In den USA sollten dagegen die Interessen und Förderbedürfnisse des Kindes im Vordergrund stehen und die Schulen sich nachweislich bemühen, diesen gerecht zu werden. Die Schulen wurden geradezu verpflichtet, wenn natürlich auch hier in gewissen Grenzen, ihr Möglichstes zu tun, um die notwendigen Rahmenbedingungen zu schaffen. Die Erfahrungen in den USA zeigen, daß es viele Schulen trotz dieser weitaus unmißverständlicheren Vorgaben geschafft haben, sich ihrer Verpflichtung zur Anpassung an die Förderbedürfnisse der Kinder zu entziehen. Es fragt sich daher, welcher Innovationsantrieb von den vergleichsweise unverbindlichen deutschen Regelungen ausgehen soll. Daher verweist *Begemann* (1995) wohl zu Recht darauf, daß man "mit diesen Bestimmungen ... jede Einweisung eines `behinderten´ Kindes in eine Klasse der Allgemeinen Schule verhindern [kann], sofern man das will und die Bedingungen dort nicht schaffen möchte" (S. 391). Auch nach Berichten aus dem Saarland hat sich die dort ebenfalls "ressourcenbedingte Einschränkung" von Integrationsbemühungen als "faktische Hürde" für eine flächendeckendere Ausweitung des Angebots an integrativen Schulformen erwiesen (*Bleidick et al.*, 1995, S. 262).

Die Abhängigkeit der Organisationsform sonderpädagogischer Förderung von den Förderbedürfnissen des Kindes bei gleichzeitiger Berücksichtigung der lokalen Bedingungen beinhaltet aber nicht nur die Gefahr, daß sich am gesamtdeutschen Ausmaß der Integration wenig, oder nur sehr langsam etwas ändern wird. Ebenso zu erwarten ist, daß Kinder und Jugendliche mit nahezu identischen Förderbedürfnissen, wie in den USA, je nach Wohnort in völlig unterschiedlichen Schulformen untergebracht werden. Auf dieses Problem hat auch schon *Stoellger* (1992) hingewiesen: "Unser System der konkurrierenden Organisationsformen sonderpädagogischer Förderung geht gegenwärtig mit einer immensen Ungleichbehandlung nach Art und Umfang durchaus vergleichbar behinderter Kinder einher" (*Stoellger*, 1992, S. 455). Ihm ging es dabei hauptsächlich um den berechtigten Anspruch der betroffenen Schüler und Schülerinnen auf "Gleichausstattung", speziell die Bedeutung der Verfügbarkeit von Lehrerstunden pro Kind. Diese grundsätzliche Schwierigkeit, wie man trotz unterschiedlicher Schulformen eine einigermaßen vergleichbare Qualität der sonderpädagogischen Förderung wahren kann, bedarf der Erörterung. Aber muß man sich nicht auch fragen, insbesondere wenn man soziale Integration als ein Grundrecht ansieht (*Muth*, 1991, S. 1), inwieweit es mit dem Gleichheitsgrundsatz zu vereinbaren ist, wenn ein Kind in einem beliebigen Schulbezirk integriert wird, ein anderes, mit einer vergleichbaren Behinderung die Chance aber nicht bekommt, nur weil es in einem anderen Schulsprengel wohnt, in dem die entsprechenden Rahmenbedingungen nicht vorhanden sind bzw. die Schulbehörde nicht willens oder in der Lage ist, diese bereitzustellen?

In den über 16 Jahren, in denen in den USA nunmehr das Prinzip des "least restrictive environment" bundesweit die Auswahl der Schulform leitet, hat sich ferner gezeigt, daß, bis auf vereinzelte Ausnahmen, Schüler und Schülerinnen mit schwereren Behinderungen weiterhin in separateren Schulformen verblieben sind. Dies kann als eindeutiges Zeichen dafür gewertet werden, daß in den USA, ähnlich wie in den meisten deutschen Bundesländern, lernzielgleiche Integration bereitwilliger akzeptiert wird als lernzieldifferente. Auf die deutsche Diskussion über diese beiden Formen schulischer Integration soll hier nicht eingegangen werden. Interessant ist jedoch, daß eine derartige, thematisch und vom Gewicht her vergleichbare Auseinandersetzung in der amerikanischen Sonderpädagogik nicht stattfindet. Das Beispiel soll an dieser Stelle vielmehr darauf hinweisen, daß die Abhängigkeit der Schulform von den Förderbedürfnissen der betroffenen Kinder wahrscheinlich zwangsläufig zu einer Aufspaltung der sonderpädagogischen Schülerschaft führen wird und zwar in jene, die integriert werden, und jene, die weiterhin separat, vielleicht sogar in so etwas wie "Rest-Sonderschulen" (vgl. *Eberwein*, 1994, S. 296), gefördert werden. Zugespitzt könnte man das so deuten, daß im Interesse der ersten Gruppe die andere noch mehr diskriminiert wird. Erste Anzeichen dafür gibt es auch in Deutschland schon. Einigkeit besteht beispielsweise darüber, daß Kinder mit Sprachbehinderungen relativ problemlos in die Regelschulen integriert werden können (*Diederichsen*, 1995, S. 79), und daher wird für diese Schülergruppe "in absehbarer Zeit ein Auslaufen gesonderter Betreuung" erwartet (*Expertengruppe 3*, 1992, S. 20). Dagegen zeigt sich, daß Schüler und Schülerinnen, die aufgrund ihrer Behinderung in den Regelklassen nur lernzieldifferent gefördert werden können, in Integrationsklassen häufig unterrepräsentiert sind (*Gehrmann & Hüwe*, 1992, S. 806). Somit besteht

... die eigentliche Trennungslinie ... nicht ... zwischen behinderten und nichtbehinderten Schülern, sondern zwischen den Statusgruppen der bildungserfolgreichen Schüler der weiterführenden Schulen und der Restgruppe der von den Chancen des qualifizierenden Schulabschlusses weitgehend abgeschnittenen Absolventen der Schulen für Geistigbehinderte, Lernbehinderte und den Mehrfachbehinderten der übrigen Sonderschultypen (*Bleidick et al.*, 1995, S. 260).

Für diese Trennung zwischen angeblich "integrierbaren" und "nicht integrierbaren" Kindern gibt es keine ethische Rechtfertigung (*Füssel & Kretschmann*, 1993, S. 24). *Möckel* (1983) hat zu Recht auch darauf hingewiesen, daß man eigentlich nicht von "Integration" reden dürfe, wenn einzelne Gruppen von Kindern aus der Diskussion ausgeklammert werden, sondern dies höchstens als "Teilintegration" bzw. in Anlehnung an die Holländer als eine Ausweitung der "Sorgebreite" der Regelschulen bezeichnen sollte (S. 22).

Die Erfahrungen in den USA zeigen ferner, daß mit zunehmendem Alter der Schüler und Schülerinnen ihre Chancen, integrativ unterrichtet zu werden, sinken und das, obgleich die eingliedrige "high-school" zumindest vergleichsweise bessere Ausgangsbedingungen liefert als das mehrgliedrige deutsche Schulwesen. Auch in Deutschland ist das Problem der Integration im Sekundarbereich noch ungelöst. Beispielsweise ist sowohl in Hessen als auch in Nordrhein-Westfalen nur zielgleiche Integration erlaubt, was in der Praxis bedeutet, daß Jugendliche mit Lernbehinderungen oder geistiger Behinderung höchstens im Rahmen eines Schulversuches integrativ gefördert werden können (*Füssel*, 1995, S. 350-351; "*Neue Rechtsgrundlage für die sonderpädagogische Förderung in NRW*", 1995; §7[3]). Wiederum bleibt also eine bestimmte Gruppe der Schüler und Schülerinnen außen vor.

Integration - und die Zahl der sonderpädagogisch förderbedüftigen Schüler und Schülerinnen steigt?
Ein weiteres in den USA zu beobachtendes Phänomen, das höchstwahrscheinlich ebenfalls mit dem flexibleren Angebot an verschiedenen Organisationsformen sonderpädagogischer Förderung in Zusammenhang zu bringen ist, sollte in der deutschen Integrationsdiskussion thematisiert werden. Gemeint ist hier die seit der Verabschiedung von P.L. 94-142 explosionsartig gestiegene Zahl jener Kinder und Jugendlichen, die aufgrund einer "specific learning disability" sonderpädagogische Förderung erhalten. Sicherlich gab es für den großen Anstieg der Schülerzahlen innerhalb dieser Kategorie mehrere Gründe. Ein wesentlicher war aber höchstwahrscheinlich auch die auf der Grundlage von P.L. 94-142 entstandene leichtere Verfügbarkeit sonderpädagogischer Unterstützung innerhalb der Regelschulen, insbesondere mittels der "resource rooms". Diese Form der speziellen Hilfe wurde von vielen Regelschullehrkräften noch dazu als weniger stigmatisierend angesehen als die bis dato zumeist übliche Förderung in separaten Sonderklassen. Folglich war bei vielen Lehrkräften die Hemmschwelle, Kinder und Jugendliche mit Lernschwierigkeiten an die Sonderpädagogik zu überweisen, wahrscheinlich gesunken, und um so bereitwilliger nahmen sie die Gelegenheit wahr, Unterstützung von seiten der Sonderpädagogik anzufordern und somit nicht nur angeblich das Beste für die Förderung der

betroffenen Schüler und Schülerinnen zu tun, sondern gleichzeitig auch ihre eigene Unterrichtstätigkeit zu entlasten. Während man eine derartige Vorgehensweise vielleicht insofern als positiv werten könnte, als diese Schüler und Schülerinnen nun immerhin zusätzliche Hilfe erhalten, muß man sich grundsätzlich der Gefahr bewußt sein, daß auch in Deutschland die Zahl der sonderpädagogisch betreuten Kinder und Jugendlichen in den kommenden Jahren deutlich ansteigen könnte. Erste Anzeichen für derartige Tendenzen scheint es schon zu geben. Beispielsweise berichtet *Stoellger* (1992), daß in Berlin die "Förderausschußregelung" im Jahre 1990 dazu führte, daß die Zahl der sonderpädagogisch geförderten Kinder deutlich anstieg (*Stoellger*, 1992, S. 450). Auch bei *Bleidick et al.* (1995) finden sich einige Verweise darauf, daß dort, wo Integration praktiziert wird, die Zahl der als sonderpädagogisch förderbedürftig gemeldeten Kinder merklich zunimmt (S. 257). Nach Ansicht von *Schröder* (1993) wäre es realistisch, davon auszugehen, "daß schulische Integrationsmodelle von vornherein für durchschnittlich 10% ... aller Schüler besondere Förderung in unterschiedlicher Form und abgestufter Intensität und Dauer vorsehen müssen" (S. 140). Dieser Anteil entspricht beispielsweise auch der bisherigen Verfahrensweise in Integrationsklassen, die sich von der Konzeption her an dem Beispiel der Ueckermark-Grundschule orientieren, in welcher zwei von zwanzig Schulkindern einer Klasse sog. "Gutachtenkinder" sind (*Preuss-Lausitz*, 1991, S. 51; *Stoellger*, 1992, S. 451).

Von seiten der Schulpolitik und Schulverwaltung mögen derartige Schätzungen insbesondere deshalb als beunruhigend angesehen werden, weil der erste Gedanke den finanziellen Kosten gilt, die ein derartiger Anstieg der sonderpädagogischen Schülerschaft mit sich bringen würde. Viel bedenklicher ist jedoch die Tatsache, daß die verstärkten Bemühungen der Sonderpädagogik um Integration anscheinend auch dazu führen, daß die Bandbreite dessen, was innerhalb der Regelschulen als "normal" angesehen wird, nicht weiter sondern vielmehr enger wird. Die Gefahr besteht, daß dadurch der Regelschulpädagogik Wege und Mittel eröffnet werden, sich ihrer Verantwortung, nämlich eigentlich *allen* Kindern gerecht zu werden, immer mehr zu entziehen. Gerade angesichts der Tatsache, daß allein schon aufgrund der sich verändernden sozialen, wirtschaftlichen, demographischen und auch ökologischen Lebensumstände, wie in den USA wahrscheinlich auch in Deutschland, die Zahl der Kinder und Jugendlichen mit Verhaltensauffälligkeiten, gesundheitlichen Problemen, Lernschwierigkeiten oder solcher aus sozio-ökonomisch benachteiligten Familien bzw. ethnischen Minderheiten weiter steigen wird, erscheint diese Warnung berechtigt. Es fragt sich nämlich, wie groß der Anteil der Schülerschaft, der angeblich sonderpädagogische Förderung - egal in welcher Organisationsform - benötigt, werden darf, wenn sich nicht sowohl das Regelschulwesen als auch die Sonderpädagogik selbst unglaubwürdig machen wollen.

Die Problematik steigender Schülerzahlen im Bereich der sonderpädagogischen Förderung hängt, abgesehen von der leichteren Verfügbarkeit sonderpädagogischer Maßnahmen, auch mit Fragen der Überweisungsdiagnostik zusammen. Unter diesem Aspekt sollte auch der sich in Deutschland vermehrt durchsetzende, aber häufig unklare Begriff des "sonderpädagogischen Förderbedarfs" nochmals diskutiert werden. Da dieser Terminus häufig sehr weitgefaßt interpretiert wird, steht auch hier zu befürchten, daß er, ähnlich wie die Begriffsbestimmung der "specific learning disabilities" in den USA, zu einer vermehrten Meldung von Schülerinnen und Schülern, die angeblich sonderpädagogischer Unterstützung bedürfen, verleiten könnte. Die Frage ist, ob es normative Verfahrensregelungen gibt, die derartigen Entwicklungen entgegensteuern könnten.

Diagnostik
Reflektiert man die Gesamterfahrungen in den Vereinigten Staaten mit Fragen der Diagnostik, so hat man verstärkt den Eindruck, daß es auch in diesem Bereich keine idealen Lösungen zu geben scheint. So erweisen sich selbst die in P.L. 94-142 verankerten strengen Verfahrensvorschriften zur Diagnose als unzureichend, um in der alltäglichen Schulpraxis eine verantwortungsvolle und gewissenhafte Durchführung des Diagnoseprozesses zu gewährleisten und Diskriminierungen zu vermeiden. Auch die kategoriale Klassifikationspraxis, die das Gesetz verlangt, ist in den USA zwar heftig umstritten, bisher hat man allerdings keine Alternativen gefunden, um eine vergleichbar gesicherte Finanzmittelzuweisung für die sonderpädagogische Förderung zu gewährleisten. Diesem Konflikt, den *Füssel und Kretschmann* (1993) als "Etikettierungs-Resourcen-Dilemma" umschreiben (S. 43ff.), muß sich auch die deutsche Sonderpädagogik stellen, denn alle, wahrscheinlich berechtigten, Bemühungen um Dekategorisierung dürfen den rechtlichen Anspruch auf sonderpädagogische Ressourcen nicht verspielen (*Benkmann*, 1994; S. 10; ähnlich auch *David*, 1994, S. 114). Der Vorschlag, Finanzmittel und Personal systembezogen den integrativen Lerngruppen in der Grundschule zuzuweisen, ist nur bedingt realisierbar. Zum einen muß man Wege finden, den Mißbrauch dieser pauschal bewilligten Ressourcen zu verhinden. Zum anderen müssen in Einzelfällen, beispielsweise für die integrative Förderung von Kindern mit organischen bzw. geistigen Behinderungen, welche intensiverer Hilfen und Förderangebote bedürfen, zusätzlich dann doch noch, schulkindbezogen, besondere Personal- und Sachmittel zur Verfügung gestellt werden (vgl. *Füssel & Kretschmann*, 1993, S. 49-51, 101-104).

Verfahrensvorschriften
Ähnlich ambivalent sind auch die amerikanischen Erfahrung mit den in P.L. 94-142 enthaltenen außerordentlich präskriptiven Verfahrensvorschriften und Kontrollmechanismen. Obgleich der damit verbundene immense Zeitaufwand und der für amerikanische Verhältnisse außergewöhnlich starke Eingriff in die Autonomie der lokalen Schulbehörden häufig kritisiert und nur widerwillig akzeptiert wird, muß man sich dennoch auch darüber im klaren sein, daß diese, teilweise übertrieben wirkenden, Reglementierungen andererseits auch notwendig sind, um die Verwirklichung der gesetzlichen Forderungen überprüfbar zu machen. Diese Möglichkeit der administrativen Kontrolle erscheint unbedingt notwendig, wenn man sicherstellen will, daß das lang erkämpfte Recht auf individualisierte sonderpädagogische Förderung unabhängig von der jeweiligen Schulform gewährleistet bleibt, und verhindern will, daß beispielsweise finanzielle und organisatorische Überlegungen das Ausmaß und die Organisationsform sonderpädagogischer Förderung bestimmen. Eine Gesetzesgrundlage und Finanzmittelverteilung zu erarbeiten, die einerseits den Schulen Freiräume für eigene Initiative offenhält und ihnen dabei auch Unterstützung zukommen läßt, die andererseits aber auch die Bereitstellung angemessener sonderpädagogischer Förderung garantiert, erscheint also außerordentlich diffizil.

Einbeziehung der Eltern
Die, verglichen mit deutschen Verhältnissen, außergewöhnlich starke Einbeziehung der Eltern in Fragen der sonderpädagogischen Förderung im Rahmen von P.L. 94-142 ist bemerkenswert. Daß die gesetzliche Verankerung elterlicher Mitentscheidungsrechte nicht automatisch zu einer vertrauensvollen und gleichberechtigten Zusammenarbeit von Lehrkräften und Erziehungsberechtigten führen würde, und die Elternbereitschaft zur Mitarbeit unterschiedlich hoch sein würde, war vorhersehbar, mindert deshalb aber noch nicht den Wert dieser gesetzlichen Forderung. Bedenklich bleibt jedoch, daß bei dem erwiesenermaßen hohen Einfluß eventueller elterlicher Initiativen auf die Qualität der bereitgestellten sonderpädagogischen Förderung jene Kinder und Jugendliche, deren Eltern - aus welchen Gründen auch immer - sich nicht an den schulischen Entscheidungsprozessen beteiligen, Gefahr laufen, deutlich benachteiligt zu sein. Dies gilt es auch in Deutschland zu bedenken, wenn man, wie beispielsweise in Brandenburg, versucht, dem Stellenwert der elterlichen Mitwirkung durch Rechtsgrundlagen höhere Bedeutung zukommen zu lassen (vgl. *Rudnick*, 1993, S. 349-350).

Der IEP: Kein Garant für eine individualisierte sonderpädagogische Förderung
Die Zielsetzung des Kongresses, mittels der in P.L. 94-142 verankerten Forderung nach einem "Individual Educational Program" in allen Schulformen eine individualisierte und somit angemessene sonderpädagogische Förderung zu garantieren, konnte ebenfalls nur bedingt erfüllt werden. Wahrscheinlich liegt das nicht nur daran, daß die gesetzlich geforderten Inhalte des "IEPs" sich zu einseitig auf die Ziele der Förderung konzentrieren und methodische Aspekte vernachlässigen und daß zudem in der Praxis die Erstellung der "IEPs" häufig in einen reinen Verwaltungsakt ausartet. Sicherlich ebenso bedeutsam mag die Tatsache sein, daß aufgrund der durchaus verständlichen und sinnvollen Konzentration auf die individuellen Förderbedürfnisse jedes einzelnen Kindes allgemein gültige Normen darüber, was eine angemessene Förderung ausmacht, fehlen. Dieser Begriff ist folglich äußerst dehnbar, und dadurch besteht die Gefahr, daß die "Angemessenheit" durch die Austattung der Schulen und die Einsatzbereitschaft des Personals bestimmt wird. Die Frage, durch welche gesetzlichen Regelungen gewährleistet werden kann, daß die Qualität sonderpädagogischer Förderung in allen Schulformen den Bedürfnissen des Kindes entspricht, ist somit noch ungelöst, es ist eher fraglich, ob dies überhaupt möglich ist.

Fragen der Finanzierung
Auf die Gefahr, daß finanzielle Überlegungen allzu sehr die Wahl der Schulform und die Bereitstellung von Stützmaßnahmen beeinflussen können, ist in dieser Arbeit wiederholt hingewiesen worden. Auch hier erscheint es zweifelhaft, ob man derartigem Vorgehen mittels gesetzlicher Regelungen entgegenwirken und somit beispielsweise verhindern könnte, daß Schüler und Schülerinnen überwiegend aus Gründen der Kostenersparnis integrativ erzogen werden, dann natürlich *ohne* entsprechend notwendige Unterstützung wie z.B. eine pädagogische Zweitkraft. In Deutschland besteht nach Ansicht mancher Integrationsbefürworter ebenfalls die Gefahr, "den gemeinsamen Unterricht behinderter und nichtbehinderter Kinder und Jugendlicher als Sparmodell zu mißbrauchen" (*"Organisationsformen sonderpädagogischer Förderung in den Bundesländern"*, 1994, S. 735), und dies, obgleich wiederholt darauf hingewiesen wurde, daß sinnvolle Integration, insbesondere in der Übergangsphase, in der auch Sonderschulen noch finanziert werden müssen, nicht ohne Zusatzkosten möglich ist (z.B. *Expertengruppe 3*, 1992, S. 27). Ähnlich wie in den USA, müssen derzeit auch in Deutschland die Schulen aufgrund eingefrorener Etats um die vorhandenen Gelder konkurrieren. Angesichts dieser finanzwirtschaftlichen Rahmenbedingungen hat man sich beispielsweise in Nordrhein-Westfalen zum Ziel gesetzt, "daß der gemeinsame Unterricht vorrangig so durchgeführt werden soll, daß sich der Lehrerpersonalaufwand gegenüber dem Unterricht in den Sonderschulen

nicht erhöht" (*"Gesetzentwurf der Landesregierung"*, 1994, S. 2). Wie in Anbetracht solcher Maßgaben eine Ausweitung des gemeinsamen Unterrichts vonstatten gehen soll, ist fraglich: "Solange in den öffentlichen Haushalten nicht die Mittel bereitgestellt werden, um überall in ausreichendem Maße Doppelbesetzungen zu garantieren, läuft Integration Gefahr, nur dem Namen nach zu existieren bzw. auf Behinderte beschränkt zu werden, die wenig personalintensiv gefördert werden können" (*Füssel & Kretschmann*, 1993, S. 43). In diesem Zusammenhang verweist der Hauptpersonalrat Sonderschulen in Nordrhein-Westfalen beispielsweise darauf, daß aufgrund der Haushaltsbestimmungen von 1995 sich allein schon die Förderbedingungen von über der Hälfte jener Kinder, die in Schulversuchen integrativ unterrichtet werden, deutlich verschlechtert haben. Die Sprecherin des Personalrats äußert ferner die Befürchtung, daß das Sonderschulentwicklungsgesetz bei vielen Eltern und Lehrkräften Hoffnungen auf verstärkte Integration weckt, die aus finanziellen Gründen entweder gar nicht erfüllt werden können oder wenn, dann nur, indem bei der Qualität der sonderpädagogischen Förderung Abstriche gemacht werden (*"Sonderschulentwicklungsgesetz"*, 1995, S. 7). Eine derartig unzulängliche Umsetzung der Integrationsbemühungen ginge zu Lasten der betroffenen Schulkinder und würde andererseits wahrscheinlich auch "die in konservativen Kreisen gehegte Erwartung, daß schulische Integration zum Scheitern verurteilt ist" (*Eberwein*, 1994, S. 300), begünstigen.

Zwei Aspekte integrativer sonderpädagogischer Förderung, die in P.L. 94-142 nur ungenügend geklärt wurden, gilt es noch hervorzuheben:

Veränderungen in der Lehrerbildung
Wie anhand der Analyse der "Annual Reports" und der Fachliteratur offenbar wurde, hat das Fehlen verbindlicher Regelungen bzgl. der notwendigen Veränderungen in den Ausbildungsinhalten sowohl bei den Regelschullehrkräften als auch bei den Sonderpädagogen und Sonderpädagoginnen für die praktische Umsetzung der Gesetzesinhalte nachteilige Folgen gehabt. Modifikationen in diesem Bereich mehr oder weniger der Initiative der einzelnen Bundesstaaten zu überlassen, während andere Aspekte der sonderpädagogischen Förderung im Gesetzestext peinlichst genau vorgegeben wurden, erscheint im nachhinein fast unverständlich. Der Deutsche Bildungsrat hat sich schon 1973 dafür ausgesprochen, daß zumindest bei Grundschullehrkräften die Beschäftigung mit sonderpädagogisch relevanten Inhalten 10% des Umfangs der Regelstudien betragen sollte (*Deutscher Bildungsrat*, 1973, S. 128). Auch in neueren Beiträgen zur Integrationsdiskussion wird die Notwendigkeit grundsätzlicher Veränderungen in der Lehrerbildung immer wieder betont (z.B. *Eberwein & Michaelis*, 1993; *Lumer*, 1995; *Penné*, 1995). Derartigen Empfehlungen wird aber auch in den meisten deutschen Gesetzesregelungen oder Empfehlungen leider nicht ausrei-

chend entsprochen. So wird beispielsweise im Zusammenhang mit dem Sonderschulentwicklungsgesetz von Nordrhein-Westfalen die Lehrerbildung überhaupt nicht genannt (vgl. *Wittmann*, 1995).

Regelschulwesen
In der amerikanischen Gesetzesgrundlage ferner zu wenig berücksichtigt wurde die Rolle des Regelschulwesens für die Integrationsbemühungen. Inwieweit die vorhandenen Ausgangsbedingungen für einen gemeinsamen Unterricht von Kindern und Jugendlichen mit und ohne Behinderungen ausreichend waren, bzw. welche konkreten Veränderungen für eine verstärkte Integrationsfähigkeit des Regelschulwesens notwendig wären, wird im Gesetzestext nirgends erörtert. Diesen Fehler, nämlich die "Rechnung ohne den Wirt" (*Möckel*, 1983) zu machen, sollte man in Deutschland sowohl auf der Ebene der Fachdiskussion als auch im politischen und gesetzlichen Bereich zu vermeiden suchen.

Noch eine weitere Lehre läßt sich aus den amerikanischen Erfahrungen ziehen: Bei den derzeitigen Integrationsbemühungen sollte man sich stets vor Augen halten, daß bei einer verstärkten Aufnahme von Kindern und Jugendlichen mit Behinderungen in die Regelschulen diese Schüler und Schülerinnen zwangsläufig auch von allen *zukünftigen* Reformbewegungen im *Regelschulwesen* betroffen sein werden. Eine ähnliche Warnung findet sich auch bei *Füssel und Kretschmann* (1993), welche die Frage in den Raum stellen, "ob politisch-pädagogische Konstruktionen, die jetzt realisiert werden, in einem veränderten bildungspolitischen Klima nicht in ihr Gegenteil verkehrt werden können" (S. 55). Daher sollten die Vertreter und Vertreterinnen der deutschen Sonderpädagogik, wollen sie nicht die Fehler ihrer amerikanischen Kollegen und Kolleginnen wiederholen, ihre Funktion als "Wächter und Interessenvertretung" (*Füssel & Kretschmann*, 1993, S. 56) weiterhin wahrnehmen. Das heißt, sie sollten nicht nur die möglichen Auswirkungen sämtlicher Reformbewegungen innerhalb des Regelschulwesens für Schüler und Schülerinnen mit Behinderungen kritisch beleuchten, sondern sich unbedingt auch aktiv und unüberhörbar in die jeweilige Diskussion *innerhalb der Regelschulpädagogik* einbringen. Ferner gilt es auch zu überlegen, ob es irgendeine Möglichkeit gäbe, in gesetzlichen Richtlinien zur integrativen Erziehung Sicherheitsmaßnahmen zu verankern, die garantieren, daß allen Kindern und Jugendlichen mit Behinderungen das Recht auf eine ihren Bedürfnissen entsprechende sonderpädagogische Förderung auch in Zukunft erhalten bleibt, und zwar unabhängig davon, in welcher Richtung sich die Regelschulen in den nächsten Jahren bzw. Jahrzehnten verändern werden.

Fazit
Die beschriebenen Überlegungen bzgl. der Erfahrungen bei den amerikanischen Integrationsbemühungen verdeutlichen eigentlich alle, daß der Wunsch nach einem unmißverständlichen "Integrations-Gesetz", der auch in Deutschland laut wird (z.B. *Schrage*, 1994), nicht so einfach zu erfüllen ist. Die Erstellung eines solchen umfassenden Gesetzestextes, mit sinnvoll aufeinander abgestimmten und unmißverständlichen Inhalten und realisierbaren sowie finanzierbaren Forderungen, erweist sich nämlich als äußerst diffizil. So findet sich beispielsweise bei *Füssel und Kretschmann* (1993) im Anschluß an ihre differenzierten pädagogischen und juristischen Überlegungen zur derzeitigen Integrationspraxis und deren gesetzlichen Grundlagen ein eigens erarbeiteter, verglichen mit derzeit in Deutschland gültigen Gesetzen ausführlicher und ausgereifter, Gesetzesvorschlag mit Erläuterungen (S. 105-117). Zum einen vernachlässigt dieser jedoch einige der in dem hier vorliegenden Kapitel beschriebenen Problembereiche. Zum andern bleiben in dem Entwurf oftmals wichtige Aspekte noch allzu unklar. Wie in Gesetzestexten durchaus üblich, wird nämlich die für die praktische Verwirklichung der Zielvorgaben in den Schulen so wichtige Konkretisierung der propagierten Bestimmungen den Rechtsverordnungen überlassen und für diese machen die beiden Autoren bedauerlicherweise keine Vorschläge.

Wahrscheinlich muß man sich sogar der Tatsache stellen, daß es eine *allen* Problembereichen und *sämtlichen* Schülern und Schülerinnen mit sonderpädagogischem Förderbedarf gerecht werdende Regelung über integrative Beschulung vermutlich gar nicht geben kann. Der Traum von "großzügigen und leicht zu handhabenden Lösungen" (*Tamblé*, 1995, S. 83) erscheint somit nicht verwirklichbar. Vielmehr zeigt sich auch bzgl. der Integrationsdebatte der Wahrheitsgehalt einer amerikanischen Redensart, die da lautet: "For every complex issue there is a simple answer, and it´s wrong"[2] (zit. nach *MacMillan et al.*, 1994, S. 477). Obgleich die Zielsetzung gemeinsamen Lernens als solche nicht in Frage gestellt werden darf, muß deshalb andererseits doch offen diskutiert werden, daß die Verwirklichung schulischer Integration sehr wohl auch Schwierigkeiten und Folgeprobleme mit sich bringt, für die bisher, weder in den USA noch in Deutschland, völlig zufriedenstellende Lösungsmöglichkeiten gefunden werden konnten.

Simplistische Patentrezepte, auch wenn noch so enthusiastisch vorgetragen, erwecken dagegen falsche Erwartungen und deren zwangsläufige Nichterfüllung birgt außerdem die Gefahr, daß die Integrationsbewegung ihre grundsätzliche Glaubwürdigkeit und somit auch die notwendige Sympathie und Unterstützung der Öffentlichkeit verliert.

---

[2] Für jede komplexe Streitfrage gibt es eine einfache Lösung, und die ist falsch.

7. Literatur:

20 U.S.C.A. (gebundene Version von 1989): §1401-§1485: Education of the Handicapped Act.
34 C.F.R. Appendix C to Part 300. *Federal Register, 57(208)*, 48694-48704.
34 C.F.R. Parts 300 and 301. Assitance to States for the education of children with disabilities program and preschool grants for children with disabilities. *Federal Register, 57(189)*, 44794-44852.
Adamson, P. & Adamson, L. (1994). *Zur Situation der Kinder in der Welt 1994.* Zusgst. und realisiert für Unicef, hrsg. von J.P. Grant. Köln: Kölnische Verlagsdruckerei.
Albrecht, V. (1990). Nationale Einheit und kulturelle Vielfalt in den USA. *Geographische Rundschau, 42(9)*, 488-496.
Algozzine, B. (1990). Observations to accompany analyses of the Tenth Annual Report to Congress. *Exceptional Children, 57(3)*, 271-275.
Algozzine, B., Morsink, C.V. & Algozzine, K.M. (1988). What´s happening in self-contained special education classrooms. *Exceptional Children, 55(3)*, 259-265.
Algozzine, K.M., Ysseldyke, J.E. & Christenson, S. (1983). An analysis of the incidence of special class placement: The masses are burgeoning. *The Journal of Special Education, 17(2)*, 141-148.
Alvarez, C., Bader, B., Ellis, P. & Gordon, B. (1995). *Special Education Source Book, Revised #2.* Washington, D.C.: American Federation of Teachers.
American Federation of Teachers (1994). AFT Resolution: Inclusion of Students with Disabilities. Appendix A in Alvarez, C., Bader, B., Ellis, P. & Gordon, B. (1995), *Special Education Source Book, Revised #2.* Washington, D.C.: American Federation of Teachers.
American Psychological Association (1991). *Publication manual, 3rd edition.* Washington, D.C.: Author.
Antor, G. (1988). Zum Verhältnis von Gleichheit und Verschiedenheit in der pädagogischen Förderung Behinderter. *Zeitschrift für Heilpädagogik, 39(1)*, 11-20.
Apple, M.W. (1990). Creating inequality: The political/economic context. What reform talk does: Creating new inequalities in education. In S.B. Bacharach (Ed.), *Education Reform: Making sense of it all.* Boston, MA: Allyn and Bacon.
Artiles, A.J. & Trent, S.C. (1994). Overrepresentation of minority students in special education: A continuing debate. *The Journal of Special Education, 27(4)*, 410-437.
Ash, A. (1989). Has the law made a difference? What some disabled students have to say. In D.K. Lipsky & A. Gartner (Eds.), *Beyond separate education - Quality education for all.* Baltimore, ML: Paul H. Brookes Publishing Co.
Bach, H. (1994). Bilanz eines Schulversuchs. *Zeitschrift für Heilpädagogik, 45(8)*, 544-551.
Bach, H. (1995). Sonderschule gestern, heute, morgen: Perspektiven schulischer Förderung beeinträchtigter Kinder und Jugendlicher. *Zeitschrift für Heilpädagogik, 46(1)*, 4-7.
Bacharach, S.B. (1990a). Education Reform: Making sense of it all. In S.B. Bacharach (Ed.), *Education Reform: Making sense of it all.* Boston, MA: Allyn and Bacon.
Bacharach, S.B. (1990b). Putting it all together. Education reform: Making sense of it all. In S.B. Bacharach (Ed.), *Education Reform: Making sense of it all.* Boston, MA: Allyn and Bacon.
Baker, J.M. & Zigmond, N. (1990). Are regular education classes equipped to accomodate students with learning disabilities? *Exceptional Children, 56(6)*, 515-526.
Ballard-Campbell, M. & Semmel, M.I. (1981). Policy research and special education: Research issues affecting policy formation and implementation. *Exceptional Education Quaterly, 2(2)*, 59-68.

Barloewen, C. von (1989). *Werte in der Kulturphilosophie Nord- und Lateinamerikas: Ein systematischer Beitrag zur Geistesgeschichte des amerikanischen Doppelkontinents.* Frankfurt am Main: Athenäum.

Bartlett, L. (1989). Disciplining handicapped students: Legal issues in light of Honig vs. Doe. *Exceptional Children, 55(4)*, 357-366.

Bateman, B.D. (1992). Learning disabilities: The changing landscape. *Journal of Learning Disabilities, 25(1)*, 29-36.

Bateman, B.D. (1994). Who, how, and where: Special education's issues in perpetuity. *The Journal of Special Education, 27(4)*, 509-520.

Becker-Gebhard, B. (1990). Begründung und Zielsetzung integrativer Erziehung im Elementarbereich. In Staatsinstitut für Frühförderung und Familienforschung, München (Hrsg.), *Handbuch der integrativen Erziehung behinderter und nichtbehinderter Kinder.* München, Basel: Ernst Reinhardt Verlag.

Begemann, E. (1995). Anmerkungen und Fragen zur "sonderpädagogischen" Situation. *Zeitschrift für Heilpädagogik, 46(8)*, 388-397.

Beirne-Smith, M. (1991). Peer tutoring in arithmetic for children with learning disabilities. *Exceptional Children, 57(4)*, 330-337.

Bell, T.H. (1993). Reflections one decade after "A Nation at Risk". *Phi Delta Kappan, 74(8)*, 592-597.

Bender, W.N., Vail, C.O. & Scott, K. (1995). Teacher's attitudes toward increased mainstreaming: Implementing effective instruction for students with learning disabilities. *Journal of Learning Disabilities, 28(2)*, 87-94, 120.

Benkmann, R. (1990). Probleme sozialen Verhaltens lernauffälliger und nichtauffälliger Kinder als Aufgabe schulischer Integrationsforschung. Ein Überblick unter besonderer Berücksichtigung US-amerikanischer Untersuchungen. *Zeitschrift für Heilpädagogik, 41(6)*, 369-388.

Benkmann, R. (1994). Dekategorisierung und Heterogenität - Akutelle Probleme schulischer Integration von Kindern mit Lernschwierigkeiten in den Vereinigten Staaten und der Bundesrepublik. *Sonderpädagogik, 24(1)*, 4-13.

Benkmann, R. & Pieringer, G. (1990). *Gemeinsame Erziehung behinderter und nichtbehinderter Kinder und Jugendlicher in der allgemeinen Schule. Entwicklungsstand und Forschung im In- und Ausland.* Berlin: Pädagogisches Zentrum.

Berg, M. (1992). Die innere Entwicklung der USA seit dem Zweiten Weltkrieg. In W.P. Adams, E.O. Czempiel, B. Ostendorf, K.L. Shell, P.B. Spahn & M. Zöller (Hrsg.), *Länderbericht USA, 2., aktualisierte und ergänzte Auflage (Band 2).* Bonn: Bundeszentrale für politische Bildung.

Bernstein, C.D. (1993). Financing the educational delivery system. In J.I. Goodland & T.C. Lovitt (Eds.), *Integrating general and special education.* New York: Merrill.

Bernstein, M.E. & Martin, J. (1992). Informing parents about educational options: How well are we doing? *American Annals of the Deaf, 137(1)*, 31-39.

Betteridge, H.T. (1986). *Cassell's German-English, English-German Dictionary.* New York: MacMillan Publishing Company.

Beyer, H.A. (1989, September). Education for All Handicapped Children Act 1975-1989. A judical history. *Exceptional Parent*, 52-58.

Biklen, D. (Ed.). (1985a). *Achieving the complete school. Strategies for effective mainstreaming.* New York: Teachers College Press.

Biklen, D. (1985b). Getting started. In D. Biklen (Ed.), *Achieving the complete school. Strategies for effective mainstreaming.* New York: Teachers College Press.

Biklen, D. (1989). Redefining schools. In D. Biklen, D. Ferguson & A. Ford (Eds.), *Schooling and Disability.* Chicago, IL: The University of Chicago Press.

Biklen, D., Ford, A. & Ferguson, D. (1989). Elements of Integration. In D. Biklen, D. Ferguson & A. Ford (Eds.), *Schooling and Disability*. Chicago, IL: The University of Chicago Press.
Biklen, D., Lehr, S., Searl, S.J.Jr., & Taylor, S.J. (1987). *Purposeful integration...Inherently equal*. Washington, D.C.: U.S. Government Printing Office.
Biklen, D. & Searl, S.J.Jr. (1985). Parents. In D. Biklen (Ed.), *The complete school. Strategies for effective mainstreaming*. New York: Teachers College Press.
Billingsley, B.S. (1993). Teacher retention and attrition in special and general education: A critical review of the literature. *The Journal of Special Education, 27(2)*, 137-174.
Blackhurst, A.E. (1985). The growth of special education. In W.H. Berdine & A.E. Blackhurst (Eds.), *An introduction to special education (2nd ed.)*. Toronto: Little, Brown & Company.
Blackhurst, A.E., Bott, D.A. & Cross, D.P. (1987). Noncategorical special education personnel preparation. In M.C. Wang, M.C. Reynolds & H.J. Walberg (Eds.), *Handbook of special education. Research and practice (Volume 1)*. Elmsford, NY: Pergamon Press.
Blackman, H.P. (1989). Special education placement: Is it what you know or where you live? *Exceptional Children, 55(5)*, 459-462.
Blatt, B. & Kaplan, F. (1966). *Christmas in purgatory: A photographic essay on mental retardation*. Boston, MA: Allyn and Bacon.
Blatt, B. (1972). Public policy and the education of children with special needs. *Exceptional Children, 38(5)*, 537-545.
Blatt, B. (1984). Biography in autobiography. In B. Blatt & R.J. Morris (Eds.), *Perspectives in special education: Personal orientations*. Glenview, IL: Scott, Foresman & Company.
Blatt, B. (1987). *The conquest of mental retardation*. Austin, TX: Pro Ed.
Bleidick, U. (1982). Grundrichtungen der Pädagogik in Ost und West. *Zeitschrift für Heilpädagogik, 33(1)*, 19-32.
Bleidick, U. (1994). Allgemeine Übersicht: Begriffe, Bereiche, Perspektiven. *Zeitschrift für Heilpädagogik, 45(10)*, 650-657.
Bleidick, U., Rath, W. & Schuck, K.D. (1995). Die Empfehlungen der Kultusministerkonferenz zur pädagogischen Förderung in den Schulen der Bundesrepublik Deutschland. *Zeitschrift für Pädagogik, 41(2)*, 247-264.
Board of Education vs. Rowley, 1982. In Appendix C in Data research (1990). *Handicapped students and special education*. Rosemount, MN: Data research.
Bogdan, R. (1983). `Does mainstreaming work?´ is a silly question. *Phi Delta Kappan, 64(6)*, 427-428.
Bollnow, O.F. (1982). *Studien zur Hermeneutik. Band I: Zur Philosophie der Geisteswissenschaften*. Freiburg/München: Verlag Karl Alber.
Bos, C.S. & Vaughn, S. (1988). *Strategies for teaching students with learning and behavior problems*. Boston, MA: Allyn and Bacon.
Bowles, S. & Gintis, H. (1976). *Schooling in capitalist America. Educational reform and the contradiction of economic life*. New York: Basic Books.
Bracey, G.W. (1994). The fourth Bracey report on the condition of public education. *Phi Delta Kappan, 76(2)*, 115-127.
Brady, M.P., McDougall, D. & Dennis, H.F. (1989). The schools, the courts, and the integration of students with severe handicaps. *The Journal of Special Education, 23(1)*, 43-58.
Brandt, R. (1994). Overview: What is best?. *Educational Leadership, 52(4)*, 3.
Brockhaus Enzyklopädie in 24 Bänden. (1994). Vereinigte Staaten von Amerika. Band 23. Mannheim: Brockhaus.

Brown vs. Board of Education, Topeka, excerpts. Appendix A in H.R. *Turnbull* III. (1990). *Free appropriate public education: The law and children with disabilities, 3rd edition.* Denver, CO: Love Publishing Company.

Brown, L., Long, E., Udvari-Solner, A., Davis, L., VanDeventer, P., Ahlgren, C., Johnson, F., Gruenewald, L. & Jorgensen, J. (1989). The home school: Why students with severe disabilities must attend the schools of their brothers, sisters, friends, and neighbors. *The Journal of the Association for Persons with Severe Handicaps, 14(1)*, 1-8.

Brown, L., Long, E., Udvari-Solner, A., Schwarz, P., VanDeventer, P., Ahlgren, C., Johnson, F., Gruenewald, L. & Jorgensen, J. (1989). Should students with severe intellectual disabilities be based in regular or in special education classrooms in home schools? *The Journal of the Association for Persons with Severe Handicaps, 14(1)*, 8-12.

Brown, L., Schwarz, P., Udvari-Solner, A., Kampshroer, E.F., Johnson, F., Jorgensen, J. & Gruenewald, L. (1991). How much time should students with severe intellectual disabilities spend in regular education classrooms and elsewhere. *The Journal of the Association for Persons with Severe Handicaps, 16(1)*, 39-47.

Brucker, P.O. (1994). The advantage of inclusion for students with learning disabilities. *The Journal of Learning* Disabilities, *27(9)*, 581-582.

Brugger, W. (1987). *Grundrechte und Verfassungsgerichtbarkeit in den Vereinigten Staaten von Amerika.* Tübingen: J.C.B. Mohr.

Budoff, M. (1975). Engendering change in special education practices. *Harvard Educational Review, 45(4)*, 507-526.

Budoff, M. & Orenstein, A. (1981). Special education appeals hearings: Are they fair and are they helping? *Exceptional Education Quaterly, 2(2)*, 37-48.

Buhl, D. (1995, 4. August). Die Mehrheit will nicht länger schweigen. *Die Zeit*, S. 28.

Burello, L.C. (1981). Selecting strategies for the full implementation of PL 94-142. *The Journal of Special Education, 15(1)*, 39-41.

Buttlar, A. (1982). Gewährung einer freien, angemessenen Bildung für alle Behinderten: Integrationsbemühungen in den USA. In V.von Blumenthal, B. Nieser, H. Stübig & B. Willmann in Verbindung mit L. Froese (Hrsg.), *Behinderte in ausländischen Schulen - Wege zur Integration. Marburger Beiträge zur Vergleichenden Erziehungswissenschaft und Bildungsforschung, Band 17.* München: Minerva Publikation.

Buttlar, A. (1990). Behinderte Schüler in amerikanischen Regelschulen. *Pädagogik und Schule in Ost und West, 38(3)*, 143-150.

Callahan, J.F. & Clark, L.H. (1983). *Introduction to American Education (2nd edition).* New York: MacMillan Publishing Co.

Carlberg, C. & Kavale, K. (1980). The efficacy of special versus regular class placement for exceptional children: A meta-analysis. *The Journal of Special Education, 14(3)*, 295-309.

Carnegie Forum on Education and the Economy (1986). *A Nation Prepared: Teachers for the 21st Century.* Washington D.C.: Author.

Carnine, D.W. & Kameenui, E.J. (1990). The General Education Initiative and children with special needs: A false dilemma in the face of true problems. *Journal of Learning Disabilities, 23(3)*, 141-145.

CEC (1990a). Americans with Disabilities Act of 1990: What should you know? *Exceptional Children, 57(2, Supplement).*

CEC (1990b). Resolution regarding the Regular Education Initiative. In *Exceptional Children, 57(1)*, 87.

CEC (1993). *Policy on Inclusive Schools and Community Settings.* Reston, VA: Author.

CEC Ad Hoc Committee to Study and Respond to the 1983 Report of the National Commission on Excellence in Education (1984). Reply to "A nation at risk" report. *Exceptional Children, 50(5)*, 484-494.

Center for Education Statistics (1987). *Digest of Education Statistics 1987.* Washington, D.C.: U.S. Government Printing Office.
Chaffin, J.D. (1974). Will the real "mainstreaming" program please stand up! (or ... should Dunn have done it? *Focus on Exceptional Children, 6(5),* 1-20.
Chaikind, S., Danielson, L.C. & Brauen, M.L. (1993). What do we know about the costs of special education? A selected review. *The Journal of Special Education, 26(4),* 344-370.
Clinchy, E. (1993). Needed: A Clinton crusade for quality and equality. *Phi Delta Kappan, 74(8),* 605-612.
Clinton verteidigt Sonderprogramme (1995, 21. Juli). *Süddeutsche Zeitung,* S. 5.
Clurman, B. (1987, May). Fighting for education rights: Severely disabled children can benefit from education. *The Exceptional Parent,* 48-56.
Connelly, J.B. (1985). Published tests: Which ones do special education teachers perceive as useful? *The Journal of Special Education, 19(2),* 149-156.
Cornett, L.M. (1995). Lessons from 10 years of teacher improvement reform. *Educational Leadership, 52(5),* 26-30.
Council for Learning Disabilities (1993). Concerns about the full inclusion of students with learning disabilities in regular education classrooms. *Journal of Learning Disabilities, 26(9),* 595.
Courtnage, L. & Smith-Davis, J. (1987). Interdisciplinary team training: A national survey of special education teacher training programs. *Exceptional Children, 53(5),* 451-458.
Craig, P.A. (1981). Provision of related services: A good idea gone awry. *Exceptional Education Quaterly, 2(2),* 11-15.
Crosby, E.A. (1993). The "at-risk" decade. *Phi Delta Kappan, 74(8),* 598-604.
Cross, C.T. & Cross, S.N. (1993). Will Congress save our schools from the tyranny of red tape? *Phi Delta Kappan, 74(8),* 651-653.
Cross, K.P. (1984). The rising tide of school reform reports. *Phi Delta Kappan, 66(2),* 167-172.
Cross, L.H. & Billingsley, B.S. (1994). Testing a model of special educators' intent to stay in teaching. *Exceptional Children, 60(5),* 411-421.
Cruickshank, W.M., Morse, W.C. & Grant, J.O. (1990). *The Individual Education Planning Committee: A step in the history of special education.* Ann Arbor, MI: The University of Michigan Press.
Cutler, B.C. (1993). *You, your child and "special education": A guide to making the system work.* Baltimore, MD: Paul H. Brookes Publishing Co.
Danielson, L.C. & Bellamy, L.C. (1989). State variation in placement of children with handicaps in segregated environments. *Exceptional Children, 55(5),* 448-455.
Data research (1990). *Handicapped students and special education.* Rosemount, MN: Data research.
David, D. (1994). Nonkategoriale Sonderpädagogik. *Sonderpädagogik, 24(2),* 108-115.
Davila, R.R. (1992). A message from the assistant secretary. The empowerment of people with disabilities. *Office of Special Education and Rehabilitative Services, News in Print, 5(2),* 2, 40.
Davis, W.E. (1986). *Resource guide to special education: Terms, laws, assessment procedures, organizations.* Boston, MA: Allyn and Bacon.
Davis, W.E. (1989). The Regular Education Initiative Debate: Its promises and problems. *Exceptional Children, 55(5),* 440-446.
Davis, W.E. (1990). Broad perspectives on the Regular Education Initiative: Response to Byrnes. *Exceptional Children, 56(4),* 349-351.

Demmer-Dieckmann, I. (1989). Zum Stand der Realisierung "schulischer Integration" im Schuljahr 1987/88 in der Bundesrepublik Deutschland und West-Berlin. *Behindertenpädagogik, 28(1)*, 4-48.

Dempsey, S. & Fuchs, D. (1993). "Flat" versus "weighted" reimbursement formulas: A longitudinal analysis of statewide special education funding practices. *Exceptional Children, 59(5)*, 433-443.

Deno, E. (1970). Special Education as developmental capital. *Exceptional Children, 37(3)*, 229-237.

Deno, E. (1994). Special education as developmental capital revisited: A quarter century appraisal of means versus ends. *The Journal of Special Education, 27(4)*, 375-392.

Deno, S.L. & Espin, C.A. (1994). Curriculum-based assessment. In T. Husén & T.N. Postlethwaite (Eds.), *The international encyclopedia of Education, 2nd edition (Volume 3)*. London u.a.: Pergamon Press.

Deutscher Bildungsrat. (1973). Empfehlungen der Bildungskommission: *Zur pädagogischen Förderung behinderter und von Behinderung bedrohter Kinder und Jugendlicher*. Bonn: Autor.

Dichanz, H. (1990). Wer kontrolliert Amerikas Schulen? Zur pädagogischen und bildungspolitischen Bedeutung der "School Boards". *Die Deutsche Schule, 82(3)*, 323-334.

Dichanz, H. (1991). *Schulen in den USA - Einheit und Vielfalt im einem flexiblen Schulsystem*. Weinheim und München: Juventa.

Dichanz, H. & Grahn, U. (1994). Nationale Bildungsziele in den USA. *Pädagogik, 46(11)*, 58.

Dichanz, H. & Podeschi, R.L. (1986). Krise im amerikanischen Schulwesen? *Zeitschrift für Pädagogik, 32(1)*, S. 51-68.

Diederichsen, K.C. (1995). Zur Standortanalyse von Sonderschulen. Die Sprachheilschule im Bremer Verdichtungsraum. *Zeitschrift für Heilpädagogik, 46(2)*, 74-79.

Dobberstein, M. & Dobberstein, I. (1980). Zu einer international vergleichenden Sonderpädagogik - Gegenwärtiger Stand und heuristische Funktion. *Sonderpädagogik, 10(2)*, 81-90.

Downing, J. (1988). Active versus passive programming: A critique of IEP objectives for students with the most severe disabilities. *Journal of the Association for Persons with Severe Handicaps, 13(3)*, 197-201.

Dudley-Marling, C. (1985). Perceptions of the usefulness of the IEP by teachers of learning disabled and emotionally disturbed children. *Psychology in the schools, 22(1)*, 65-67.

Dunn, L.M. (1968). Special education for the mildly retarded: Is much of it justifiable? *Exceptional Children, 35(1)*, 5-22.

Dybwad, G. (1980). Avoiding misconceptions of mainstreaming, the least restrictive environment, and normalization. *Exceptional Children, 47(2)*, 85-88.

Eberwein, H. (1989). Zum gegenwärtigen Stand der Integrationspädagogik. *Grundschule, 21(9)*, 10-15.

Eberwein, H. (1994). Konsequenzen des gemeinsamen Lernens behinderter und nichtbehinderter Kinder für das Selbstverständnis der Sonderpädagogik und der Förderschulen. *Zeitschrift für Heilpädagogik, 45(5)*, 289-301.

Eberwein, H. & Michaelis, E. (1993). Welche spezifischen Qualifikationen brauchen "Sonder"-Pädagogen in Integrationsschulen? *Zeitschrift für Heilpädagogik, 44(6)*, 395-401.

Eckstein, M.A. (1985). United States: System of Education. In T.Husen & T.N. Postlethwaite (Eds.), *The International Encyclopedia of Education*. Elmsford, NY: Pergamon Press.

Eckstein, M.A. (1988). Concepts and theories in comparative education. In T.N. Postlethwaite (Ed.), *The encyclopedia of comparative education and national systems of education*. Elmsford, NY: Pergamon Press.

Edgar, E. & Hayden, A.H. (1984). Who are the children special education should serve and how many children are there? *The Journal of Special Education, 18(4)*, 523-539.

Elam, S.M. (1989). The second Gallup/Phi Delta Kappa Poll of Teachers' Attitudes toward the Public Schools. *Phi Delta Kappan, 70(10)*, 785-798.

Elam, S.M., Rose, L.C. & Gallup, A.M. (1993). The 25nd Annual Phi Delta Kappa/Gallup Poll of the Public's Attitudes toward the Public schools. *Phi Delta Kappan, 75(2)*, 137-152.

Elam, S.M., Rose, L.C. & Gallup, A.M. (1994). The 26th Annual Phi Delta Kappa/Gallup Poll of the Public's Attitudes toward the Public Schools. *Phi Delta Kappan, 76(1)*, 41-56.

Ellger-Rüttgardt, S. (1994). Sonderpädagogische Förderung in Frankreich. *Zeitschrift für Heilpädagogik, 45(9)*, 588-602.

Elliot, M., Delquardi, J. & Greenwood, C.R. (1994). Peer tutoring. In T. Husén & T.N. Postlethwaite (Eds.), *The international encyclopedia of Education, 2nd edition (Volume 8)*. London u.a.: Pergamon Press.

Epstein, E.H. (1990). Bildung und Erziehung in den Vereinigten Staaten in den neunziger Jahren. *Bildung und Erziehung, 44(2)*, 151-166.

Expertengruppe 3, "Elementar- und Primarstufe; Integration Behinderter, Ganztagserziehung". (1992, Januar). *Integration von behinderten Kindern in das Regelschulwesen*. Arbeitsergebnis zur Vorlage der A-Koordinierung in Bonn am 20. Februar 1992.

Fairchild, T.N. & Henson, F.O., II. (1976). *Mainstreaming Exceptional Children*. Austin, TX: Learning Concepts.

Farrar, D. (1991). The federal education budget and you. *Teaching exceptional children, 23(2)*, 5, 65.

Farrell, W.C. Jr., Johnson, J.H., Sapp, M. & Jones, C.K. (1994). The Bell Curve: Ringing in the contract with America. *Phi Delta Kappan, 76(8)*, 77-79.

Feinberg, W. (1985). Fixing the schools: The ideological turn. *Issues in Education, 3(2)*, 113-138.

Fend, H. (1990). Bilanz der empirischen Bildungsforschung. *Zeitschrift für Pädagogik, 36(5)*, 687-709.

Ferguson, D. (1989). Severity of need and educational excellence: Public school reform and students with disabilities. In D. Biklen, D. Ferguson, & A. Ford (Eds.), *Schooling and disability*. Chicago, IL: The University of Chicago Press.

Ferguson, D., Meyer, G., Jeanchild, L., Juniper, L. & Zingo, J. (1992). Figuring out what to do with the grown-ups. *Journal of the Association for Persons with Severe Handicaps, 17(4)*, 218-226.

Ferguson, P.M. & Ash, A. (1989). Lessons from life: Personal and parental perspectives on school, childhood, and disability. In D. Biklen, D. Ferguson, & A. Ford (Eds.), *Schooling and disability*. Chicago, IL: The University of Chicago Press.

Feuerstein, R. & Kozulin, A. (1995). The Bell Curve: Getting the facts straight. *Phi Delta Kappan, 76(8)*, 71-74.

Feuser, G. (1988). Aspekte einer integrativen Didaktik unter Berücksichtigung tätigkeitstheoretischer und entwicklungspsychologischer Erkenntnisse. In H. Eberwein (Hrsg.), *Behinderte und Nichtbehinderte lernen gemeinsam - Handbuch der Integrationspädagogik*. Weinheim und Basel: Beltz.

Fineman, H. (1995, 31. Juli). The Rollback begins. California: Killing affirmative action in time for '96. *Newsweek*, S. 30.

Firestone, W., Fuhrman, S. & Kirst, M. (1990). An overview of education reform since 1983. In J. Murphy (Ed.), *The educational reform movement of the 1980s. Perspectives and cases*. Berkeley, CA: McCutchan Publishing Corporation.

Friend, M. & McNutt, G. (1984). Resource room programs: Where are we now? *Exceptional Children, 51(2)*, 150-155.

Froese, L. (1983). *Ausgewählte Studien zur Vergleichenden Erziehungswissenschaft. Position und Probleme*. München: Minerva-Publikation.

Fuchs, D. & Fuchs, L.S. (1994a). Counterpoint: Special education - Ineffective? Immoral? *Exceptional Children, 61(3)*, 303-306.

Fuchs, D. & Fuchs, L.S. (1994b). Inclusive schools movement and the radicalization of special education reform. *Exceptional Children, 60(4)*, 294-309.

Fuchs, D. & Fuchs, L.S. (1994c). Sometimes separate is better. *Educational Leadership, 52(4)*, 22-26.

Fuchs, D. & Fuchs, L.S. (1995). What's `special' about special education? *Phi Delta Kappan, 76(7)*, 522-530.

Funk, R. (1987). Disability rights: From caste to class in the context of civil rights. In A. Gartner & T. Joe (Eds.), *Images of the disabled, disabling images*. New York: Praeger Publishers.

Füssel, H.P. (1995). Rechtliche Rahmenbedingungen für den gemeinsamen Unterricht in der Sekundarstufe I. *Zeitschrift für Heilpädagogik, 46(7)*, 349-352.

Füssel, H.P. & Kretschmann, R. (1993). *Gemeinsamer Unterricht für behinderte und nichtbehinderte Kinder . Pädagogische und juristische Voraussetzungen*. Witterschlick/Bonn: Wehle.

Füssel, H.P. & Kretschmann, R. (1994). Rechtsfragen der Integration behinderter Schüler auf der Grundlage des Niedersächsischen Schulgesetzes. *Zeitschrift für Heilpädagogik, 45(5)*, 331-341.

Futrell, M. (1989). Mission not accomplished: Educational reform in retrospect. *Phi Delta Kappan, 71(1)*, 8-14.

Gallagher, J.J. (1994). The pull of societal forces on special education. *The Journal of Special Education, 27(4)*, 521-530.

Gallup, G.H. (1983). The 15th Annual Gallup Poll of the Public's Attitudes toward the Public Schools. *Phi Delta Kappan, 65(1)*, 33-47.

Gallup, G.H. & Clark, D.L. (1987). The 19th Annual Gallup Poll on the Public's Attitudes toward the Public Schools. *Phi Delta Kappan, 69(1)*, 17-30.

Gallup, G.H. & Elam, S.M. (1988). The 20th Annual Gallup Poll of the Public's Attitudes toward the Public Schools. *Phi Delta Kappan, 70(1)*, 33-46.

Gardner, E.M. (1984, 11. Mai). The education crisis: Washington shares the blame. *The Heritage Foundation Backgrounder*, 1-14.

Gartner, A. & Lipsky, D.K. (1987). Beyond special education: Toward a quality system for all students. *Harvard Educational Review, 57(4)*, 376-395.

Gaylord-Ross, R. (1987). School integration for students with mental handicaps: A cross-cultural perspective. *European Journal of Special Needs Education, 2(2)*, 117-129.

Gaylord-Ross, R. (1989). *Integration strategies for students with handicaps*. Baltimore, MD: Paul H. Brookes Publishing Co.

Gearheart, B.R. & Weishahn, M.W. (1980). *The handicapped student in the regular classroom (2nd edition)*. St. Louis, MO: C.V. Mosby Company.

Gehrmann, P. & Hüwe, B. (1992). Zahlen weisen den Weg: Forschungsbericht "Integration in Nordrhein-Westfalen". *Zeitschrift für Heilpädagogik, 43(12)*, 803-809.

Gelzheiser, L.M. (1987). Reducing the number of students identified as learning disabled: A question of practice, philosophy, or policy? *Exceptional Children, 54(2)*, 145-150.

Gent, P.J., & Mulhauser, M.B. (1988). Public integration of students with handicaps: Where it's been, where it's going, how it's getting there. *Journal of the Association of Persons with Severe Handicaps, 13(3)*, 188-196.

Gerber, M.M. (1981). Economic considerations of "appropriate" education for exceptional children. *Exceptional Education Quaterly, 2(2)*, 49-57.

Gerber, M.M. (1984). The Department of Education's 6th Annual Report to Congress on PL 94-142: Is Congress getting the full story? *Exceptional Children, 51(3)*, 209-224.

Gerber, M.M. & Levine-Donnerstein, D. (1989). Educating all children: Ten years later. *Exceptional Children, 56(1)*, 17-27.

Gersten, R., Darch, C., Davis, G. & George, N. (1991). Apprenticeship and intensive training of consulting teachers: A naturalistic study. *Exceptional Children, 57(3)*, 226-236.

Gesetzentwurf der Landesregierung (1994, Mai). *Gesetz zur Weiterentwicklung der sonderpädagogischen Förderung (SoSchEntwG)*. Landtag Nordrhein-Westfalen, 11. Wahlperiode (Drucksache 11/7186).

Giangreco, M.F. (1989). Facilitating integration of students with severe disabilities. Implications of "planned change" for teacher preparation programs. *Teacher Education and Special Education, 12(4)*, 139-147.

Giangreco, M.F., Dennis, R.E., Edelman, S.W. & Cloninger, C.J. (1994). Dressing your IEPs for the general education climate. Analysis of IEP goals and objectives for students with multiple disabilities. *Remedial and Special Education, 15(5)*, 288-296.

Gibbs, N. (1991, 15. April). Starving the schools. *Time*, S. 38-39.

Gilhool, T.K. (1989). The right to an effective education: From *Brown* to PL 94-142 and beyond. In D.K. Lipsky & A. Gartner (Eds.), *Beyond separate education - Quality education for all*. Baltimore, MD: Paul H. Brookes Publishing Co.

Gillespie, E.B. & Turnbull, A.P. (1983). It's my IEP: Involving students in the planning process. *Teaching Exceptional Children, 16(1)*, 26-29.

Glasser, W. (1992). The quality school. In R.A. Villa, J.S. Thousand, W. Stainback & S. Stainback (Eds.), *Restructuring for caring and effective education. An administrative guide to creating heterogeneous schools*. Baltimore, MD: Paul. H. Brookes Publishing Co.

Goetze, J. (1991). Konzepte zur integrierten Unterrichtung von Schülern mit Verhaltensstörungen - dargestellt an Ergebnissen der amerikanischen Mainstreamingforschung. *Vierteljahresschrift für Heilpädagogik und ihre Nachbargebiete, 60(1)*, 6-17.

Goldberg, I.I. & Cruickshank, W.M. (1958). The trainable but non-educable: Whose responsibility? *National Education Association Journal, 47(Dezember)*, 622-623.

Goldberg, S.S. & Kuriloff, P.J. (1991). Evaluating the fairness of special education hearings. *Exceptional Children, 57(6)*, 546-555.

Golden, M. (1992). Anti-Diskriminierungsgesetzgebung für Behinderte in den USA. In Interessenvertretung "Selbstbestimmt Leben" (Hrsg.), *Gleichstellung Behinderter. Vergleich: USA-BRD, Tagungsbericht*. Kassel: Verein zur Förderung der Autonomie Behinderter.

Göllner, P. (1991). Erfahrungsbericht aus dem anglo-amerikanischen Schulsystem (II). Das amerikanische Schulsystem. *Pädagogische Welt, 45(3)*, 133-136.

Goodland, J.I. & Field, S. (1993). Teachers for renewing schools. In J.I. Goodland & T.C. Lovitt (Eds.), *Integrating general and special education*. New York: Merrill.

Goodland, J.I. (1990). *Teachers for our nation's schools*. San Francisco, CA: Jossey-Bass Publishers.

Goodman, J.F. & Bond, L. (1993). The individualized education program: A retrospective critique. *The Journal of Special Education, 26(4)*, 408-422.

Gottlieb, J., Alter, M., Gottlieb, B.W., Wishner, J. (1994). Special education in urban America: It's not justifiable for many. *The Journal of Special Education, 27(4)*, 453-465.

Greenburg, D. (1989). The tenth annual report to Congress: One more ride on the merry-go-round? *Exceptional Children, 56(1)*, 10-13.

Greenwood, C.R. (1985). Settings or setting events as treatment in special education? A review of mainstreaming. *Advances in Developmental and Behavioral Pediatrics, 6*, 205-239.

Greer, J.V. (1992). Commentary: Quality is the eye of the beholder. *Exceptional Children, 58(3)*, 200-201.

Grondin, J. (1991). *Einführung in die philosophische Hermeneutik*. Darmstadt: Wissenschaftliche Buchgesellschaft.

Guggisberg, H.R. (1993). *Geschichte der USA*, .3., überarb. und erw. Auflage. Stuttgart u.a.: Kohlhammer.

Hadden, B. (1992). Das Bildungswesen. In W.P. Adams, E.O. Czempiel, B. Ostendorf, K.L. Shell, P.B. Spahn & M. Zöller (Hrsg.), *Länderbericht USA, 2., aktualisierte und ergänzte Auflage (Band 2)*. Bonn: Bundeszentrale für politische Bildung.

Haeberlin, U. (1991). Wertgeleitete Integrationsforschung. *Heilpädagogische Forschung, 17(1)*, 34-42.

Hagerty, G.J. & Abramson, M. (1987). Impediments to implementing national policy change for mildly handicapped students. *Exceptional Children, 53(4)*, 315-323.

Hallahan, D.P. (1992). Some thoughts on why the prevalence of learning disabilities has increased. *Journal of Learning Disabilities, 25(8)*, 523-528.

Hallahan, D.P. & Kauffman, J.M. (1994). Toward a culture of disability in the aftermath of Deno and Dunn. *The Journal of Special Education, 27(4)*, 496-508

Hallahan, D.P., Keller, C.E., McKinney, J.D., Lyold, J.W. & Bryan, T. (1988). Examining the research base of the regular education Initiative: Efficacy studies and the Adaptive Learning Environment Model. *Journal of Learning Disabilities, 21(1)*, 29-35.

Hammill, D.D. (1993). A brief look at the learning disabilities movement in the United States. *Journal of Learning Disabilities, 26(5)*, 295-310.

Hardman, M.L., Drew, C.J. & Egan, M.W. (1987). *Human Exceptionality*. Boston, MA: Allyn and Bacon.

Haring, K., Farron-Davis, F., Goetz, L. Karasoff, P., Sailor, W. & Zeph, L. (1992). LRE and the placement of students with severe disabilities. *Journal of the Association for Persons with Severe Handicaps, 17(3)*, 145-153.

Harry, B.(1993). Restructuring the participation of african-american parents in special education. *Exceptional Children, 59(2)*, 123-131.

Harry, B., Allen, N. & McLaughlin, M. (1994). Communication versus compliance: African-american parents' involvement in special education. *Exceptional Children, 61(4)*, 364-377.

Hasazi, S.B., Johnston, A.P., Liggett, A.M. & Schattman, R.A. (1994). A qualitative policy study of the least restrictive environment provision of the Individuals with Disabilities Act. *Exceptional Children, 60(6)*, 491-507.

Hehir, T. & Latus, T. (1992). Introduction. In T. Hehir & T. Latus (Eds.), *Special education at the century's end. Evolution of theory and practice since 1970*. Cambridge, MA: Harvard Educational Review (Reprint Series No. 23).

Heinemann, E. (1994). Menschen mit Beeinträchtigungen in Palau (Pazifik). *Zeitschrift für Heilpädagogik, 45(8)*, 536-544.

Helms, E. (1985). Steht das US-amerikanische Schulwesen vor einer Wende? *Die Deutsche Schule, 77(2)*, 141-155.

Helms, E. (1993). *USA: Staat und Gesellschaft. Werden und Wandel, 9. Auflage*. Hannover: Fackelträger.

Herda, E.A. (1980). Aspects of general education governance and PL 94-142 implementation. *Focus on Exceptional Children, 12(5)*, 1-12.

Heshusius, L. (1991). Curriculum-based assessment and direct instruction: Critical reflections on fundamental assumptions. *Exceptional Children, 57(4)*, 315-328.
Heyer, P. (1992). Aktueller Stand der Integration in den Bundesländern. *Die Grundschulzeitschrift, 58(1)*, 22-25.
Hodgkinson, H. (1991). Reform versus reality. *Phi Delta Kappan, 73(1)*, 9-16.
Holmes, B. (1988). Causality, determinism and comparative education as a social science. In J. Schriewer & B. Holmes (Eds.), *Theories and methods in comparative education*. Frankfurt am Main: Verlag Peter Lang.
Holzner, L. (1990). Stadtland USA. *Geographische Rundschau, 42(9)*, 468-475.
Honig, B. (1990). The state level: The view from California. The key to reform: Sustaining and expanding upon initial success. In S.B. Bacharach (Ed.), *Education Reform: Making sense of it all*. Boston, MA: Allyn and Bacon.
Howe, H., II., (1984). Symposium on the year of the reports: Responses from the educational community. Introduction. *Harvard Educational Review, 54(1)*, 1-5.
Howsam, R.B. (1983). Public education: A system to meet its needs. *Policy Studies Review, 2(Special #1)*, 85-108.
Hübner, E. (1989). *Das politische System der USA: Eine Einführung*. München: Beck.
Huefner, D.S. (1988). The consulting teacher model: Risks and opportunities. *Exceptional Children, 54(5)*, 403-414.
Hunt, P. & Farron-Davis, F. (1992). A preliminary investigation of IEP quality and content associated with placement in general education versus special education classes. *Journal of the Association for Persons with Severe Handicaps, 17(4)*, 247-253.
Iannaccone, L. (1981a). Problems in legislation as a vehicle for educational change. *Exceptional Education Quaterly, 2(2)*, 69-79.
Iannaccone, L. (1981b). The Reagan Presidency. *Journal of Learning Disabilities, 14(2)*, 55-59.
Idstein, P. (1993). Swimming against the mainstream. *Phi Delta Kappan, 75(4)*, 336-340.
Interessenvertretung "Selbstbestimmt Leben" (1992). *Gleichstellung Behinderter. Vergleich: USA-BRD, Tagungsbericht*. Kassel: Verein zur Förderung der Autonomie Behinderter.
Irvin, T. (1976). Implementation of PL 94-142. *Exceptional Children, 43(2)*, 135-137.
Irving Independent School District vs. Tatro, 1984. In Appendix C in Data research (1990). Handicapped students and special education. Rosemount, MN: Data research.
Jacobsen, S.L. (1994). Monetary incentives and the participation and engagement of teachers in the U.S. *Zeitschrift für internationale erziehungs- und sozialwissenschaftliche Forschung, 11(1)*, 123-140.
Jenkins, J.R. & Heinen, A. (1989). Students preferences for service delivery: Pull-out, in-class, or integrated models. *Exceptional Children, 55(6)*, 516-523.
Joe, T. & Farrow, F. (1983). Guides for future education policy. *Policy Studies Review, 2(Special #1)*, 213-225.
Johansen, J.H., Collins, H.W. & Johnson, J.A. (1990). *American Education. An introduction to teaching, 6th edition*. Dubuque, IA: Wm. C. Brown Publishers.
Johnson, D.W. & Johnson, R.T. (1986). Mainstreaming and cooperative learning strategies. *Exceptional Children, 52(6)*, 553-561.
Johnson, G.O. (1962). Special education for the mentally handicapped - A paradox. *Exceptional Children, 29(2)*, 62-69.
Kaestle, C.F. & Smith, M.S. (1982). The federal role in elementary and secondary education, 1940-1980. *Harvard Educational Review, 52(4)*, 384-408.
Kanter, G. O. (1991). Kennzeichnung der aktuellen Situation des Bildungswesens und Zukunftsperspektiven der Behindertenpädagogik. *Zeitschrift für Heilpädagogik, 42(2)*, 92-103.

Kaschade, H.J. (1992). *Die Integration Behinderter in der amerikanischen und kanadischen Vorschulpädagogik: Ein Bericht.* Münster/New York: Waxmann.

Katsiyannis, A. (1990). Provision of related services: State practices and the issue of eligibility criteria. *The Journal of Special Education, 24(2),* 246-252.

Katsiyannis, A. (1992). Timothy W.: The zero reject principle revisited. *Journal of Developmental and Physical Disabilities, 4(1),* 91-95.

Katsiyannis, A. & Conderman, G. (1994). Serving individuals with traumatic brain injury. A National survey. *Remedial and Special Education, 15(5),* 319-325.

Katsiyannis, A. & Ward, T.J. (1992). Parent participation in special education: Compliance issues as reported by parent surveys and state compliance reports. *Remedial and Special Education, 13(5),* 50-55, 62.

Kauffman, J.M. (1981). Introduction: Historical trends and contemporary issues in special education in the United States. In J.M. Kauffman & D.P. Hallahan. *Handbook of special education.* Englewood Cliffs, NJ: Prentice Hall.

Kauffman, J.M. (1989). The Regular Education Initiative as Reagan-Bush education policy: A trickle-down theory of education of the hard-to teach. *The Journal of Special Education, 23(3),* 256-278.

Kauffman, J.M. (1993). How we might achieve the radical reform of special education. *Exceptional Children, 60(1),* 6-16.

Kauffman, J.M. (1994). Places of change: Special education's power and identity in an era of educational reform. *Journal of Learning Disabilities, 27(5),* 610-618.

Kauffman, J.M., Gerber, M.M., & Semmel, M.I. (1988). Arguable assumptions underlying the Regular Education Initiative. *Journal of Learning Disabilities, 21(1),* 6-11.

Kauffman, J.M. & Hallahan, D.P. (1993). Toward a comprehensive delivery system for special education. In J.I. Goodland & T.C. Lovitt (Eds.), *Integrating general and special education.* New York: Merrill.

Kauffman, J.M., Lloyd, J.W., Baker, J. & Riedel, T.M. (1995). Inclusion of all students with emotional or behavioral disorders? Let's think again. *Phi Delta Kappan, 76(7),* 542-546.

Kearney, C.A. & Durand, M.V. (1992). How prepared are our teachers for mainstreamed classroom settings? A survey of post-secondary schools of education in New York State. *Exceptional Children, 59(1),* 6-11.

Keogh, B.K. (1988a). Improving services for problem learners: Rethinking and restructuring. *Journal of Learning Disabilities, 21(1),* 19-22.

Keogh, B.K. (1988b). Learning disability: Diversity in search of order. In M.C. Wang, M.C. Reynolds & H.J. Walberg (Eds.), *Handbook of special education: Research and practice (Volume 2).* Elmsford, NY: Pergamon Press.

Khoi, L.T. (1986). Toward a general theory of education. *Comparative Education Review, 30(1),* 12-29.

Khoi, L.T. (1988). Conceptual problems in intercultural comparisons. In J. Schriewer & B. Holmes (Eds.), *Theories and methods in comparative education.* Frankfurt am Main: Verlag Peter Lang.

Kirp, D.L. (1974). Student classification, public policy and the courts. *Harvard Educational Review, 44(1),* 7-52.

Kirst, M.W. (1984). *Who controls our schools? American values in conflict.* Stanford, CA: Stanford Alumni Association.

Kirst, M.W. (1990). The crash of the first wave. Recent state education reform in the United States: Looking backward and forward. In S.B. Bacharach (Ed.), *Education Reform: Making sense of it all.* Boston, MA: Allyn and Bacon.

Kirst, M.W. (1993). Strengths and weaknesses of American education. *Phi Delta Kappan, 74(8),* 613-618.

Klafki, W. (1986). Hermeneutische Verfahren in der Erziehungswissenschaft. In W. Klafki et al. (Hrsg.), *Erziehungswissenschaft 3*. Frankfurt am Main: Fischer.

Klauer, K.J. & Mitter, W. (1987). Grundfragen einer vergleichenden Sonderpädagogik. In K.J. Klauer & W. Mitter (Hrsg.), *Vergleichende Sonderpädagogik. Handbuch der Sonderpädagogik, Bd. 11*. Berlin: Marhold.

Kleber, E.W. (1982). Integration behinderter Kinder und Jugendlicher in die allgemeinen Schulen in den USA 1980 - Integration per Gesetz. *Zeitschrift für Heilpädagogik, 33(4)*, 204-216.

Klein, N.K. (1978). Least restrictive alternative: an educational analysis. *Education and Training of the Mentally Retarded, 13(1)*, 102-114.

Kniel, A. (1980). Lassen sich Erfahrungen des Auslands mit Alternativen zur Schule für Lernbehinderte auf die Verhältnisse in der Bundesrepublik Deutschland übertragen? *Zeitschrift für Heilpädagogik, 31(9)*, 613-619.

König, A. (1984). "The right of habilitation". Eine sozialpolitische Diskussion in den USA. *Zeitschrift für Heilpädagogik, 35(8)*, 550-553.

König, A. (1986). *Normalisierung und Bürgerrechte. Geistig behinderte Erwachsene in den USA*. Frankfurt am Main: AFRA-Druck

Kozol, J. (1988) *Rachel and her children: Homeless families in America*. New York: Crown Publishers.

Kozol, J. (1991). *Savage inequalities: Children in America's schools*. New York: Crown Publishers.

Kultusministerium des Landes Nordrhein-Westfalen (1994). *Gemeinsamer Unterricht für behinderte und nichtbehinderte Kinder in der Grundschule. Abschlußbericht zu den Schulversuchen*. Schriftenreihe des Kultusministeriums ("Strukturförderung im Bildungswesen des Landes Nordrhein-Westfalen"), Heft 53. Düsseldorf: Autor.

Kultusministerkonferenz (1994). Empfehlungen zur sonderpädagogischen Förderungen in den Schulen der Bundesrepublik Deutschland. Beschluß der Kultusministerkonferenz vom 6. Mai 1994. In: *Zeitschrift für Heilpädagogik, 45(7)*, 484-494.

Kunc, N. (1992). The need to belong. Rediscovering Maslow´s hierarchy of needs. In R.A. Villa, J.S. Thousand, W. Stainback & S. Stainback (Eds.), *Restructuring for caring and effective education. An administrative guide to creating heterogeneous schools*. Baltimore, MD: Paul. H. Brookes Publishing Co.

Lacayo, R. (1994, 31. Oktober). For whom the bell curves. *Time*, S. 80-81.

Lander, J. (1988, 28.8.). Amerikaner und Deutsche - zwei Welten? Ein Beitrag zur Völkerpsychologie. Manuskript zur Sendung im Bayerischen Rundfunk, 1. Programm.

Langfeldt, H.P. (1991). Integration und empirische Forschung. *Heilpädagogische Forschung, 17(1)*, 1-2.

Lauth, G.W. (1991). Entwicklungsförderung bei sozial-kognitiver Retardierung. *Heilpädagogische Forschung, 17(4)*, 174-183.

Lazerson, M. (1987). Introduction: American education in the twentieth century. In M. Lazerson (Ed.), *American education in the twentieth century*. New York: Teachers College Press.

Learning Disabilities Association of America (1993). Position paper on full inclusion of all students with learning disabilities in the regular classroom. *Journal of Learning Disabilities, 26(9)*, 594.

Leinhardt, G. & Pallay, A. (1982). Restrictive educational settings: Exile or haven? *Review of Educational Research, 52(4)*, 557-578.

Levin, H.M. (1982). Federal grants and educational equity. *Harvard Educational Review, 52(4)*, 444-459.

Lewis, D.R., Bruininks, R.H., Thurlow, M. & McGrew, K. (1988). Using benefit-cost analysis in special education. *Exceptional Children, 55(5)*, 203-214.
Lewis, R.B. & Doorlag, D.H. (1983). *Teaching special students in the mainstream*. Columbus, OH: Merrill Publishing Company.
Lichtenberger, E. (1990). Die Auswirkungen der Ära Reagan auf Obdachlosigkeit und soziale Probleme in den USA. *Geographische Rundschau, 42(9)*, 476-481.
Lieberman, L.M. (1985). Special education and regular education: A merger made in heaven? *Exceptional Children, 51(6)*, 513-516.
Lieberman, L.M. (1990). REI: Revisted ... again. *Exceptional Children, 56(6)*, 561-562.
Lilly, M.S. (1970). Special education: A teapot in the tempest. *Exceptional Children, 37(1)*, 43-49.
Lilly, M.S. (1989). Teacher preparation. In D.K. Lipsky & A. Gartner (Eds.), *Beyond separate education - Quality education for all*. Baltimore, MD: Paul H. Brookes Publishing Co.
Lipsky, D.K. (1989). The roles of parents. In D.K. Lipsky & A. Gartner (Eds.), *Beyond separate education - Quality education for all*. Baltimore, MD: Paul H. Brookes Publishing Co.
Lipsky, D.K. & Gartner, A. (1987). Capable of achievement and worthy of respect: Education for handicapped children as if they were full-fledged human beings. *Exceptional Children, 54(1)*, 69-74.
Lipsky, D.K. & Gartner, A. (Eds.). (1989a). *Beyond separate education - Quality education for all*. Baltimore, MD: Paul H. Brookes Publishing Co.
Lipsky, D.K. & Gartner, A. (1989b). Building the future. In D.K. Lipsky & A. Gartner (Eds.), *Beyond separate education - Quality education for all*. Baltimore, MD: Paul H. Brookes Publishing Co.
Lipsky, D.K. & Gartner, A. (1989c). The current situation. In D.K. Lipsky & A. Gartner (Eds.), *Beyond separate education - Quality education for all*. Baltimore, MD: Paul H. Brookes Publishing Co.
Lipsky, D.K. & Gartner, A. (1989d). Introduction. In D.K. Lipsky & A. Gartner (Eds.), *Beyond separate education - Quality education for all*. Baltimore, MD: Paul H. Brookes Publishing Co.
Little, D.M. (1985). A crime against childhood - uniform curriculum at a uniform rate: Mainstreaming reexamined and redefined. *Canadian Journal of Special Education, 2(1)*, 91-107.
Louis Harris and Associates (1989). *The ICD Survey III: A report card on special education* (Study No. 864009). New York: International Center for the Disabled.
Louis Harris and Associates (1991). *Public attitudes toward people with disabilities* (Study No. 912028). Washington, D.C.: National Organization on Disability.
Lovitt, T.C. (1993a). Recurring issues in special and general education. In J.I. Goodland & T.C. Lovitt (Eds.), *Integrating general and special education*. New York: Merrill.
Lovitt, T.C. (1993b). Retrospect and prospect. In J.I. Goodland & T.C. Lovitt (Eds.), *Integrating general and special education*. New York: Merrill.
Lumer, B. (1995). Integration, Kooperation und Beratung als zentrale Aufgaben von Lehrern und Lehrerinnen in Europa. Konsequenzen für die Lehrerbildung. *Zeitschrift für Heilpädagogik, 46(2)*, 56-61.
Lynch, E.C. & Beare, P.L. (1990). The quality of IEP objectives and their relevance to instruction for students with mental retardation and behavioral disorders. *Remedial and Special education, 11(2)*, 48-55.
Lynch, E.W. & Stein, R.C. (1987). Parent participation by ethnicity. A comparison of hispanic, black, and anglo families. *Exceptional Children, 54(2)*, 105-111.

Lynd, R. (1963). Contradiction in american ideals. In W.W. Kallenbach & H.M. Hodges, Jr. (Eds.), *Education and Society*. Columbus, OH: Charles E. Merril Books.
Lynn, L.E., JR. (1983). The emerging system for educating handicapped children. *Policy Studies Review, 2 (Special #1)*, 21-58.
Lytle, J. (1988). Is special education serving minority students? (Letter to the editors). *Harvard Educational Review, 58(1)*, 116-120.
Macchiarola, J.D. (1989). Foreword. In D.K. Lipsky & A. Gartner (Eds.), *Beyond separate education. Quality Education for all*. Baltimore, MD: Paul H. Brookes Publishing Co.
Macmann, G.M., Barnett, D.W., Lombard, T.J., Belton-Kocher, E. & Sharpe, M.N. (1989). On the actuarial classification of children: Fundamental studies of classification agreement. *The Journal of Special Education, 23(2)*, 127-150.
MacMillan, D.L. (1971). Special education for the mildly retarded: servant or savant? *Focus on Exceptional Children, 2(9)*, 1-11.
MacMillan, D.L., Semmel, M.I. & Gerber, M.M. (1994). The social context of Dunn: Then and now. *The Journal of Special Education, 27(4)*, 466-480.
Maheady, L., Sacca, M.K. & Harper, G.F. (1987). Classwide student tutoring teams: The effect of peer-mediated instruction on the academic performance of secondary mainstreamed students. *The Journal of Special Education, 21(3)*, 107-121.
Maikowski, R. & Podlesch, W. (1988). Bausteine für eine integrative Didaktik. In Projektgruppe Integrationsversuch (Hrsg.), *Das Flähming Modell - Gemeinsamer Unterricht für behinderte und nichtbehinderte Kinder an der Grundschule*. Weinheim und Basel: Beltz.
Maloney, J. (1995). A call for placement options. *Educational Leadership, 52(4)*, 15.
Malouf, D.B. & Schiller, E.P. (1995). Practice and research in special education. *Exceptional Children, 61(5)*, 414-424.
Mann, P. H., Suiter, P. A. & McClung, R. M. (1991). *Guide for educating mainstreamed students*. Boston, MA: Allyn and Bacon.
Margolis, H. & Tewel, K. (1990). Understanding the least restrictive environment: A key to avoiding parent-school conflict. *Urban-Review, 22(4)*, 283-298.
Martin, E.W.Jr., LaVor, M., Bryan, T. & Scheflin, R. (1970). The Elementary and Secondary Education Act Amendments of 1969: Title VI, The Education of the Handicapped Act. *Exceptional Children, 37(1)*, 53-56.
Mather, N. & Roberts, R. (1994). Learning disabilities: A field in danger of extinction? *Learning Disabilities Research and Practice, 9(1)*, 49-58.
McCarthy, E.F. & Sage, D.D. (1982). State special education fiscal policy: The quest for equity. *Exceptional Children, 48(4)*, 414-419.
McDonnel, A.P. & Hardman, M.L. (1989). The desegregation of America's special schools: Strategies for change. *Journal of the Association of Persons with Severe Handicaps, 14(1)*, 68-74.
McGehee, C.L. (1988). Demokratisches Bildungssystem gleich demokratische Bildung? Zu einigen Widersprüchen des amerikanischen Bildungswesens. In F. Unger (Hrsg.), *Amerikanische Mythen: Zur inneren Verfassung der Vereinigten Staaten*. Frankfurt a.M.: Campus Verlag.
McIntosh, R., Vaughn, S., Schumm, J.S., Haager, D. & Lee, O. (1993). Observations of students with learning disabilities in general education classrooms. *Exceptional Children, 60(3)*, 249-261.
McLaughlin, K.J., Valdivieso, C.H., Spence, K.L. & Fuller, B.C. (1988). Special education teacher preparation: A synthesis of four research studies. *Exceptional Children, 55(3)*, 215-221.

McLaughlin, M.J. & Owings, M.F. (1992). Relationships among states fiscal and demographic data and the implementation of P.L. 94-142. *Exceptional Children, 59(3),* 247-261.

McLeskey, J., Skiba, R. & Wilcox, B. (1990). Reform and special education: A mainstream perspective. *The Journal of Learning Disabilities, 24(3),* 319-325.

McLoughlin, J.A., Edge, D., Petrosko, J., Strenecky, B. & Bryant, B. (1985). What information do parents of handicapped children need? *The Journal of Special Education, 19(2),* 237-257.

Meier, R. & Heyer, P. (1988). Grundschule - Schule für alle Kinder. Voraussetzungen und Prozesse zur Entwicklung integrativer Arbeit. In H. Eberwein (Hrsg.), *Behinderte und Nichtbehinderte lernen gemeinsam - Handbuch der Integrationspädagogik.* Weinheim und Basel: Beltz.

Mercer, J.R. (1974). A policy statement on assessment procedures and the rights of children. *Harvard Educational Review, 44(1),* 125-141.

Merulla, E. & McKinnon, A. (1982). "Stuck" on Deno's cascade. *Journal of Learning Disabilities, 15(2),* 94-96.

Mesinger, J.F. (1985). Commentary on "A rationale for the merger of special and regular education" or *Is it now time for the lamb to lie down with the lion? Exceptional Children, 51(6),* 510-512.

Meyer, L.M. (1994). Editor's introduction: Understanding the impact of inclusion. *Journal of the Association for Persons with Severe Handicaps, 19(4),* 251-252.

Milkowsky, C.D. (1974). Why special education isn't special. *Harvard Educational Review, 44(4),* 437-458.

Minderheitenförderung beendet (1995, 22./23. Juli) *Süddeutsche Zeitung,* S. 5.

Möckel, A. (1983). Integration in der Grundschule - eine Rechnung ohne den Wirt? *Grundschule, 15(10),* 19-22.

Moffeit, J. (1994). On to the past. Wrong-headed school reform. *Phi Delta Kappan, 75(8),* 584-590.

Molnar, A. (1995). The Bell Curve: For whom it tolls. *Phi Delta Kappan, 76(8),* 69-70.

Moran, M.R. (1984). Excellence at the cost of instructional equity? The potential impact of recommended reforms upon low achieving students. *Focus on Exceptional Children, 16(7),* 1-12.

Morse, W.C. (1994). Comments from a biased viewpoint. *The Journal of Special Education, 27(4),* 531-542.

Müller, W. (1990). Die Schule für Lernbehinderte am Scheideweg - Notwendigkeiten und Möglichkeiten einer pädagogischen Fundierung und Weiterentwicklung. *Behindertenpädagogik in Bayern,* 33(4), 413-437.

Munson, S.M. (1986). Regular education teacher modifications for mainstreamed mildly handicapped students. *The Journal of Special Education, 20(4),* 489-502.

Murphy, A. & Goetze, H. (1993). "Full inclusion" - Vollintegration in den Vereinigten Staaten. *Sonderpädagogik, 23(4),* 232-233.

Murphy, J. (1990). The educational reform movement of the 1980s: A comprehensive analysis. In J. Murphy (Ed.), *The educational reform movement of the 1980s. Perspectives and cases.* Berkeley, CA: McCutchan Publishing Corporation.

Murray, L.B. (1993). Putting it all together at the school level: A principal's perspective. In J.I. Goodland & T.C. Lovitt (Eds.), *Integrating general and special education.* New York: Merrill.

Muth, J. (1983). Die Empfehlungen des Deutschen Bildungsrates von 1973 und ihre Wirkungen. *Grundschule, 15(10),* 15-18.

Muth, J. (1991). Zehn Thesen zur Integration von behinderten Kindern. *Vierteljahresschrift für Heilpädagogik und ihre Nachbargebiete, 60(1)*, 1-5.
Muuss, R.E. (1990). Neue Gesetzgebung der USA für Frühintervention bei behinderten Kindern. *Heilpädagogische Forschung, 16(2)*, 86-92.
Myles, B.S. & Simpson, R.L. (1989). Regular educators' modification preferences for mainstreaming mildly handicapped children. *Journal of Special Education, 22(4)*, 479-489.
Nash, P. (1971). Excellence and equality in education. In L.C. Deighton (Ed.). *The Encyclopedia of Education.* New York: Macmillan Company & The Free Press.
Nathan, J. (1991). *Free to teach: Achieving equity and excellence in schools.* New York: The Pilgrim Press.
National Commission on Excellence in Education. (1984). *A Nation at Risk. The full account.* Cambridge, MA: USA Research.
National Council on Disability (1993). *Serving the nation's students with disabilities: Progress and prospects. A report to the President and the Congress of the United States.* Washington, DC: Author.
National Joint Committee on Learning Disabilities (1992). School reform: Opportunities for excellence and equity for individuals with learning disabilities. *Journal of Learning Disabilities, 25(5)*, 276-280.
National Joint Committee on Learning Disabilities (1993a). Providing education for students in regular education classrooms. *Journal of Learning Disabilities, 26(5)*, 330-332.
National Joint Committee on Learning Disabilities (1993b). A reaction to full inclusion: A reaffirmation of the right of students with learning disabilities to a continuum of services. *Journal of Learning Disabilities, 26(9)*, 596.
National Organization on Disability (1994). *Closing the gap - Expanding the participation of Americans with disabilities. The N.O.D./Harris Survey of Americans with Disabilities - A summary.* Washington, DC: Author.
Neue Rechtsgrundlagen für die sonderpädagogische Förderung in Nordrhein-Westfalen. Änderung des Schulpflichtgesetzes in der vom Landtag NRW im März beschlossenen Fassung. Sonderpädagogische Förderung Schulpflichtiger (§7). In: *Zeitschrift für Heilpädagogik, 46(6)*, 302.
Neuwinger, E. (1987). "Lernbehinderte" studieren. Ein Bericht aus den USA. *Sonderpädagogik, 17(2)*, 87-92.
Nevin, A. & Thousand, J. (1987). Avoiding or limiting special education referrals: Changes and Challenges. In M.C. Wang, M.C. Reynolds & H.J. Walberg (Eds.), *Handbook of special education. Research and practice (Volume 1).* Elmsford, NY: Pergamon Press.
Noah, H.J. (1988). Methods in comparative education. In T.N. Postlethwaite (Ed.), *The encyclopedia of comparative education and national systems of education.* Elmsford, New York: Pergamon Press.
Noonan, M.J. & Reese, R.M. (1984). Educability: Public policy and the role of research. *The Journal of the Association for Persons with Severe Handicaps, 9(1)*, 8-15.
O'Neil, J. (1995). On lasting school reform: A conversation with Ted Sizer. *Educational Leadership, 52(5)*, 4-9.
Oakes, J. (1985). *Keeping track: How schools structure inequality.* New Haven, MI: Yale University Press.
Oakes, J. (1986). Tracking, inequality and the rhetoric of reform: Why schools don't change. *Journal of Education, 168(1)*, 60-80.
Office of Special Education and Rehabilitation Services. (1994). *Information about the Office of Special Education and Rehabilitation Services.* Washington, D.C.: U.S. Department of Education.

Ohanian, S. (1990). PL 94-142: Mainstream or quicksand? *Phi Delta Kappan, 72(3),* 217-222.
Ohe, W. von der (1992a). Armut. In W.P. Adams, E.O. Czempiel, B. Ostendorf, K.L. Shell, P.B. Spahn & M. Zöller (Hrsg.), *Länderbericht USA, 2., aktualisierte und ergänzte Auflage (Band 2).* Bonn: Bundeszentrale für politische Bildung.
Ohe, W. von der (1992b). Rassen und Ethnien. In W.P. Adams, E.O. Czempiel, B. Ostendorf, K.L. Shell, P.B. Spahn & M. Zöller (Hrsg.), *Länderbericht USA, 2., aktualisierte und ergänzte Auflage (Band 2).* Bonn: Bundeszentrale für politische Bildung.
Opp, G. (1984). *Mainstreaming. Versuche zu einer kritischen Reflexion der schulischen Integration behinderter Kinder und Jugendlicher in der amerikanischen Schule.* Dissertation. Ludwig-Maximilians-Universität, München.
Opp, G. (1991). Frühförderung in den USA: Gesetzliche Grundlagen, Problemstellungen, Forschungsergebnisse und Perspektiven. *Frühförderung interdisziplinär, 10,* 97-115.
Opp, G. (1993a). *Mainstreaming in den USA. Heilpädagogische Integration im Vergleich.* München: Ernst Reinhardt Verlag.
Opp, G. (1993b). Verhaltensgestörtenpädagogik in den Vereinigten Staaten: Fragestellungen, Begriffsdiskussion - Implikationen für die deutsche Diskussion. *Sonderpädagogik, 23(2),* 60-78.
Organisationsformen sonderpädagogischer Förderung in den Bundesländern - Schleswig-Holstein (1994). In: *Zeitschrift für Heilpädagogik, 45(10),* 734-736.
Osborne, A.G. Jr. (1992). Legal standards for an appropriate education in the Post-Rowley-Era. *Exceptional Children, 58(6),* 488-494.
P.L. 101-476. Education of the Handicapped Act Amendments of 1990. 30. Oktober 1990. *104 Stat.* 110-1151
P.L. 102-119. Individuals with Disabilities Education Amendments Act of 1991. 7. Oktober 1991. *105 Stat.* 587-608.
Passow, A.H. (1990). How it happened, wave by wave. Whither (or wither?) school reform. In S.B. Bacharach (Ed.), *Education Reform: Making sense of it all.* Boston, MA: Allyn and Bacon.
Pauly, E. (1991). *The classroom cruicible: What really works, what doesn't and why.* New York: Basic Books.
Pearpoint & Forest (1992). Foreword. In S. Stainback & W. Stainback (Eds.), *Curriculum considerations in inclusive classrooms. Facilitating learning for all students.* Baltimore, MD: Paul H. Brookes Publishing Co.
Penné, K.J. (1995). Kooperation im Kontext der Professionalisierung. *Zeitschrift für Heilpädagogik, 46(6),* 275-281.
Perabo, C. (1993). Neue Ansätze der Integration von behinderten Menschen in den Vereinigten Staaten von Amerika. *Behindertenpädagogik, 32(4),* 338-371.
Pink, W.T. (1989). The new equity: competing visions. In C.M. Shea, E. Kahane, & P. Sola (Eds.), *The new servants of power.* Westport, CT: Greenwood Press.
Platz unter der Glocke (1994, 24. Oktober). *Der Spiegel,* S. 194-198.
Pleitgen, F. (1991). Glanz und Elend im Weißen Haus. Politik und Wirtschaft der Vereinigten Staaten von 1945 bis heute. In: ADAC (Hrsg.), *Das Bild unserer Welt, Band 1: Amerika. Von Alaska bis Feuerland.* Stuttgart, München: ADAC Verlag und Deutscher Bücherbund.
Polifka, J.C. (1981). Compliance with Public Law 94-142 and consumer satisfaction. *Exceptional Children, 48(3),* 250-253.
Polloway, E.A. & Smith J.D. (1988). Current status of the mild mental retardation construct: Identification, placement and programs. In M.C. Wang, M.C. Reynolds & H.J. Walberg (Eds.), *Handbook of special education: Research and practice (Volume 2).* Elmsford, NY: Pergamon Press.

Postlethwaite, T.N. (1988). Preface. In T.N. Postlethwaite (Ed.), *The encyclopedia of comparative education and national systems of education.* Elmsford, NY: Pergamon Press.

Preuss-Lausitz, U. (1991). Erforschte Integration - Das wohnortnahe Modell der Uckermarck-Grundschule auf dem Prüfstand. *Heilpädagogische Forschung, 18(1)*, 50-60.

Preuss-Lausitz, U. (1994). Die Entwicklung der Integration in Brandenburg als mehrstufige System-Innovation. *Zeitschrift für Heilpädagogik, 45(5)*, 302-309.

Price, M. & Goodman, L. (1980). Individualized education programs: A cost study. *Exceptional Children, 46(6)*, 446-454.

Price, R. & Domanski, D. (1992). Wirtschaftspotential und Struktur wirtschaftlicher Aktivität. In W.P. Adams, E.O. Czempiel, B. Ostendorf, K.L. Shell, P.B. Spahn & M. Zöller (Hrsg.), *Länderbericht USA, 2., aktualisierte und ergänzte Auflage (Band 1).* Bonn: Bundeszentrale für politische Bildung.

Pugach, M.C. (1982). Regular classroom teacher involvement in the development and utilization of IEPs. *Exceptional Children, 48(4)*, 371-374.

Pugach, M.C. (1985). The limitations of federal special education policy: The role of classroom teachers in determining who is handicapped. *The Journal of Special Education, 19(1)*, 123-137.

Pugach, M.C. (1987). The national education reports and special education: Implications for teacher preparation. *Exceptional Children, 53(4)*, 308-314.

Pugach, M.C. & Johnson, L.J. (1989). Prereferral interventions: Progress, problems and challenges. *Exceptional Children, 56(3)*, 217-226.

Pugach, M.C. & Sapon-Shevin, M. (1987). New agendas for special education policy: What the national reports haven´t said. *Exceptional Children, 53(4)*, 295-299.

Pulliam, J.D. (1987). *History of education in America (4th edition).* Columbus, OH: Merrill Publishing Company.

Radigk, W. (1982). Integration Behinderter in den USA. Public Law 94-142; Möglichkeiten, Realitäten und Ergebnisse. *Zeitschrift für Heilpädagogik, 33(9)*, 662-667.

Raison, J., Hanson, A., Hall, C. & Reynolds, M.C. (1995). Another school´s reality. *Phi Delta Kappan, 76(6)*, 480-482.

Ramsey, R.S. & Algozzine, B. (1991). Teacher competency testing: What are special education teachers expected to know? *Exceptional Children, 57(4)*, 339-350.

Randoll, D. (1991). Wirkungen der integrativen Beschulung im Urteil Lernbehinderter und ihrer Lehrer. *Vierteljahresschrift für Heilpädagogik und ihre Nachbargebiete, 60(1)*, 18-29.

Rath, W. (1985). Systematik und Statistik von Behinderungen. In U. Bleidick (Hrsg.), *Theorie der Behindertenpädagogik. Handbuch der Sonderpädagogik, Bd. 1.* Berlin: Carl Marhold.

Rauth, M. (1981). What can be expected of the regular education teacher? Ideas and realities. *Exceptional Education Quaterly, 2(2)*, 27-36.

Ravitch, D. (1983). *The troubled crusade: American education 1945-1980.* New York: Basic Books.

Ravitch, D. (1985). *The schools we deserve: Reflections on the educational crises of our times.* New York: Basic Books.

Reger, R. (1974). What does "mainstreaming" mean? *Journal of Learning Disabilities, 7(8)*, 513-515.

Reid, D.K. (1988). *Teaching the learning disabled child. A cognitive developmental approach.* Boston, MA: Allyn and Bacon.

Reimann, C. (1991). Denn sie wissen nicht, was sie tun - Fragen an die Spiegelfechter der "neuen Disziplin" Vergleichende Sonderpädagogik. *Behindertenpädagogik, 30(3)*, 239-247.

Reinartz, A. (1977). Internationaler System- und Theorievergleich in der Sonderpädagogik. Notwendigkeit, Möglichkeiten und Grenzen. In A. Bürli (Hrsg.), *Sonderpädagogische Theoriebildung / Vergleichende Sonderpädagogik*. Luzern: Verlag Schweizerische Zentralstelle für Heilpädagogik.

Republikaner wollen Amerikas Etat bis zum Jahr 2002 ausgleichen (1995, 11. Mai). *Frankfurter Allgemeine Zeitung*, S. 17.

Reschly, D.J. (1987). Learning characteristics of mildly handicapped students: Implications for classification, placement and programming. In M.C. Wang, M.C. Reynolds & H.J. Walberg (Eds.), *Handbook of special education. Research and practice (Volume 1)*. Elmsford, NY: Pergamon Press.

Reschly, D.J. (1988). Minority mmr overrepresentaion: Legal issues, research finding, and reform trends, In M.C. Wang, M.C. Reynolds & H.J. Walberg (Eds.), *Handbook of special education. Research and practice (Volume 2)*. Elmsford, NY: Pergamon Press.

Reynolds, M.C. (1962). A framework for considering some issues in special education. *Exceptional Children, 28(4)*, 367-370.

Reynolds, M.C. (1976). Mainstreaming: Historical perspectives. In P.A. O'Donnel & R.H. Bradfield (Eds.), *Mainstreaming: Controversy and consensus*. San Rafael, CA: Academic Therapy Publications.

Reynolds, M.C. (1989). An historical perspective: The delivery system of special education to mildly disabled and at-risk students. *Remedial and Special education, 10(6)*, 7-11.

Reynolds, M.C. & Balow, B. (1972). Categories and variables in special education. *Exceptional Children, 38(3)*, 357-366.

Reynolds, M.C. & Birch, J.W. (1988). *Adaptive mainstreaming: a primer for teachers and principals, 3rd edition*. White Plains, NY: Longman.

Reynolds, M.C. & Lakin, K.C. (1987). Noncategorical Special Education: Models for research and practice. In M.C. Wang, M.C. Reynolds, H.J. Walberg (Eds.), *Handbook of special education: Research and practice (Volume 1)*. New York: Pergamon Press.

Reynolds, M.C., Wang, M.C., & Walberg, H.J. (1987). The necessary restructuring of special and regular education. *Exceptional Children, 53(5)*, 391-398.

Reynolds, M.C., Zetlin, A.G. & Wang, M.C. (1993). 20/20 Analysis: taking a close look at the margins. *Exceptional Children, 59(4)*, 294-300.

Riciutti, J.R. (1987a). Bureau of Indian Affairs In C.R. Reynolds & L. Mann (Eds.), *Encyclopedia of special education*. New York: Wiley.

Riciutti, J.R. (1987b). Elementary and Secondary Education Act. In C.R. Reynolds & L. Mann (Eds.), *Encyclopedia of special education*. New York: Wiley.

Rights without labels. (1987, 27, Mai). *Education Week*, S. 22.

Roberts, R. & Mather, N. (1995). The return of students with learning disabilities to regular classrooms: A sellout? *Learning Disabilities Research and Practice, 10(1)*, 46-58.

Rogers, J.J. (1994). Is special education free? *Remedial and Special Education, 15(3)*, 171-176.

Röhrs, H. (1992). Vergleichende Erziehungswissenschaft. In J. Petersen & G.B. Reinert (Hrsg.), *Pädagogische Konzeptionen. Eine Orientierungshilfe für Studium und Beruf*. Donauwörth: Ludwig Auer Verlag.

Rosenshine, B. & Meister, C. (1994). Direct instruction. In T. Husén & T.N. Postlethwaite (Eds.), *The international encyclopedia of Education, 2nd edition. (Volume 3)*. London u.a.: Pergamon Press.

Rothstein, L.F. (1990). *Special education law*. White Plains, NY: Longman.

Rudnik, M. (1993). Innovative Verfahren zur Feststellung des individuellen sonderpädagogischen Förderbedarfs - Darstellung der Brandenburger Förderausschußkonzeption. *Zeitschrift für Heilpädagogik, 44(5)*, 348-352.

Rutte, V. (1984). Mainstreaming-Strategie der Normalisierung. Gegenwärtige Maßnahmen zur schulischen Integration in den USA. *Sonderpädagogik, 14(4)*, 160-166.
Sabatino, D.A. (1981). Are appropriate educational programs operational achievable under mandated promises of PL 94-142?. *The Journal of Special Education, 15(1)*, 9-23.
Sadovnik, A.R., Cookson, P.W. Jr. & Semel, S.F. (1994). *Exploring education. An introduction to the foundations of education.* Boston, MA: Allyn and Bacon.
Sage, D.D. & Burrello, L.C. (1986). *Policy and management in special education.* Englewood Cliffs, NJ: Prentice-Hall.
Sage, D.D. & Burrello, L.C. (1994). *Leadership in educational reform. An administrators guide to changes in special education.* Baltimore, MD: Paul H. Brookes Publishing Co.
Sailor, W. (1989). The educational, social, and vocational integration of students with the most severe disabilities. In D.K. Lipsky & A. Gartner (Eds.), *Beyond separate education - Quality education for all.* Baltimore, MD: Paul H. Brookes Publishing Co.
Sailor, W., Gee, K., Goetz, L. & Graham, N. (1988). Progress in educating students with the most severe disabilities: Is there any? *The Journal of the Association for Persons with Severe Handicaps, 13(2)*, 87-99.
Salend, S.J. (1984). Factors contributing to the development of successful mainstreaming programs. *Exceptional Children, 50(5)*, 409-416.
Salend, S.J. (1990). *Effective mainstreaming.* New York: MacMillan Publishing Company.
Salisbury, C. & Evans, I.M. (1988). Comparison of parental involvement in regular and special education. *The Journal of the Association for Persons with Severe Handicaps, 14(4)*, 268-272.
Sansone, J. & Zigmond, N. (1986). Evaluating mainstreaming through an analysis of students' schedules. *Exceptional Children, 52(5)*, 452-458.
Sapon-Shevin, M. (1987). The National Reports and special education: Implications for students. *Exceptional Children, 53(4)*, 300-306.
Sapon-Shevin, M. (1988). Working towards merger together: Seeing beyond trust and fear. *Teacher Education and Special Education, 11(3)*, 103-110.
Sapon-Shevin, M. (1989). Mild disabilities: In and out of special education. In D. Biklen, D. Ferguson, & A. Ford (Eds.), *Schooling and disability.* Chicago, IL: The University of Chicago Press.
Sarason, S.B. (1983). *Schooling in America: Scapegoat and salvation.* New York: The Free Press.
Sarason, S.B. (1990). *The predictable failure of educational reform: Can we change course before its too late?* San Francisco, CA: Jossey-Bass Publishers.
Sarason, S.B. & Doris, J. (1979). *Educational handicap, public policy and social history. A broadened perspective on mental retardation.* New York: The Free Press.
Sawyer, R.J., McLaughlin, M.J. & Winglee, M. (1994). Is integration of students with disabilities happening? An analysis of national data trends over time. *Remedial and Special Education, 15(4)*, 204-215.
Scheuch, E.K. & Scheuch, U. (1992). Sozialökonomische Bevölkerungsstruktur. In W.P. Adams, E.O. Czempiel, B. Ostendorf, K.L. Shell, P.B. Spahn & M. Zöller (Hrsg.), *Länderbericht USA, 2., aktualisierte und ergänzte Auflage (Band 2).* Bonn: Bundeszentrale für politische Bildung.
Schindele, R. (1975). *Behinderte Kinder in verschiedenen Unterrichts- und Erziehungsprogrammen.* Rheinstetten: Schindele Verlag.
Schloss, P.J. (1987). Cross categorical programming. In C.R. Reynolds & L. Mann (Eds.), *Encyclopedia of special education.* New York: Wiley.

Schönberger, F. (1988). Die Integration Behinderter als moralische Maxime. In H. Eberwein (Hrsg.), *Behinderte und Nichtbehinderte lernen gemeinsam - Handbuch der Integrationspädagogik*. Weinheim und Basel: Beltz.

Schrage, F. (1994). Plädoyer für ein Integrationsentwicklungsgesetz. *Zeitschrift für Heilpädagogik, 45(7)*, 477-482.

Schröder, U. (1993). Alle reden von Integration - und die Zahl der Sonderschüler steigt!? *Sonderpädagogik, 23(3)*, 130-141.

Schröder, U. & Neukäter, H. (1994). Metakognition - ein Konzept zur Förderung von Lernbehinderten und Verhaltensgestörten. *Vierteljahresschrift für Heilpädagogik und ihre Nachbargebiete, 63(2)*, 408-412.

Schulte, A.C., Osborne, S.S. & McKinney, J.D. (1990). Academic outcomes for students with learning disabilities in consultation and resource programs. *Exceptional Children, 57(2)*, 162-172.

Searl, S.J.Jr., Ferguson, D.L. & Biklen, D. (1985). The front line ... teachers. In D. Biklen (Ed.), *The complete school. Strategies for effective mainstreaming*. New York: Teachers College Press.

Semel, S.F., Cookson, P.W.Jr. & Sadovnik, A.R. (1992). United States. In P.W. Cookson, Jr., A.R. Sadovnik & S.F. Semel (Eds.), *International Handbook of Educational Reform*. Westport, CT: Greenwood Press.

Semmel, M.I., Gerber, M.M. & MacMillan, D.L. (1994). Twenty-five years after Dunn's article: A legacy of policy analysis research in special education. *The Journal of Special Education, 27(4)*, 481-495.

Shanker, A. (1994a). Full inclusion is neither free nor appropriate. *Educational Leadership, 52(4)*, 18-21.

Shanker, A. (1994b, January). *Where we stand on the rush to inclusion*. Speech given at AFT Conference on Full Inclusion, Washington, D.C.

Shapiro, J.P. (1993). *No Pity. People with disabilities forging a new civil rights movement*. New York: Times Books.

Sharpes, D.K. (1987). *Education and the US government*. London & Sydney: Croom Helm.

Shears, L.W. & Matthews, J.K. (1984). *Curriculum: An international perspective*. A report to the Honourable Robert Fordham M.P., Minister of Education. Melbourne, Australia: Victoria coordinator General of Education. (ERIC Document Reproduction Service N0. ED 257172).

Shell, P.M. (1981). Straining the system: Serving low-incidence handicapped children in an urban school system. *Exceptional Education Quaterly, 2(2)*, 1-10.

Shepard, L.A. (1987). The new push for excellence: Widening the schism between regular and special education. *Exceptional Children, 53(4)*, 327-329.

Shrybman, J.A. & Matsoukas, G. (1982). *Due process in special education*. Rockville, MD: Aspen Systems Corporation.

Sigafoos, J., Cole, D.A., & McQuarter, R.J. (1987). Current Practices in the assessment of students with severe handicaps. *Journal of the Assosiation for Persons with Severe Handicaps, 17(4)*, 264-273.

Singer, J.D. (1988). Should special education merge with regular education? *Educational policy, 2(4)*, 409-424.

Singer, J.D. (1992). Are special educators' career paths special? Results from a 13-year longitudinal study. *Exceptional Children, 59(3)*, 262-279.

Singer, J.D. & Butler, J.A. (1987). The Education for all Handicapped Children Act: Schools as agents of social reform. *Harvard Educational Review, 57(2)*, 125-152.

Singer, J.D., Butlar, J.A., Palfrey, J.S. & Walker, D.K. (1986). Characteristics of special education placements: Findings from probability samples in five metropolitan school districts. *The Journal of Special Education, 20(3)*, 319-337.

Singer, J.D., Palfrey, J.S., Butler, J.A. & Walker, D.K. (1989). Variation in special education classification across school districts: How does where you live affect what you are labeled? *American Educational Research Journal, 26(2)*, 261-281.

Skrtic, T.M. (1987). An organizational analysis of special education reform. *Counterpoint, 8(2)*, 15-19.

Skrtic, T.M. (1991). The special education paradox: Equity as a way to excellence. *Harvard Educational Review, 61(2)*, 148-206.

Slavin, R.E. (1994). Cooperative learning. In T. Husén & T.N. Postlethwaite (Eds.), *The international encyclopedia of Education, 2nd edition (Volume 2)*. London u.a.: Pergamon Press.

Smelter, R.W., Rasch, B.W. & Yudewitz, G.J. (1995). The times, they are a-changin'. *Phi Delta Kappan, 76(6)*, 484-485.

Smith, C.R. & Knoff, H.M. (1981). School psychology and special education students' placement decisions: IQ still tips the scale. *The Journal of Special Education, 15(1)*, 55-64.

Smith, D.S. & Rivera, D.P (1995). Discipline in special education and general education settings. *Focus on Exceptional Children, 27(5)*, 1-14.

Smith, S.W. (1990a). Comparison of individualized education programs (IEPs) of students with behavioral disorders and learning disabilities. *The Journal of Special Education, 24(1)*, 85-100.

Smith, S.W. (1990b). Individualized Education Programs (IEPs) in special education - From intent to acquiesence. *Exceptional Children, 57(1)*, 6-14.

Snell, M.E. & Drake, G.P.Jr. (1994). Replacing cascades with supported education. *The Journal of Special Education, 27(4)*, 393-409.

Sonderschulentwicklungsgesetz - Weiterentwicklung oder Mogelpackung? (1995; 14. Februar). *Neue Deutsche Schule, 47(3)*, 6-8.

Special ed costs hold steady: About twice the price of regular ed (1988). *Education of the Handicapped, 14(25)*, 1, 3, 4.

Speck, O. (1995). Aktuelle Fragen sonderpädagogischer Förderung. *Die Sonderschule, 40(3)*, 166-181.

Spring, J. (1993). *Conflict of interests. The politics of american education, 2nd edition*. White Plains, NY: Longman.

Stainback, S. & Stainback, W. (1985). The merger of special and regular education: Can it be done? A response to Lieberman and Mesinger. *Exceptional Children, 51(6)*, 517-521.

Stainback, S. & Stainback, W. (1987). Integration vs. Cooperation: A commentary on "Educating children with learning problems: a shared responsibility". *Exceptional Children, 54(1)*, 66-68.

Stainback, S. & Stainback, W. (1989). Integration of students with mild and moderate handicaps. In D.K. Lipsky & A. Gartner (Eds.), *Beyond separate education - Quality education for all*. Baltimore, MD: Paul H. Brookes Publishing Co.

Stainback, S. & Stainback, W. (1992a). *Curriculum considerations in inclusive classrooms: Facilitating learning for all students*. Baltimore, MD: Paul H. Brookes Publishing Co.

Stainback, S. & Stainback, W. (1992b). Schools as inclusive communities. In W. Stainback & S. Stainback (Eds.), *Controversial issues confronting special education. Divergent perspectives*. Needam Heights, MA: Allyn & Bacon.

Stainback, S., Stainback, W. & Forest, M. (Eds.) (1989). *Educating all students in the mainstream of regular education*. Baltimore, MD: Paul H. Brookes Publishing Co.

Stainback, W. & Stainback, S. (1984). A rationale for the merger of special and regular education. *Exceptional Children, 51(2)*, 102-111.
Stainback, W. & Stainback, S. (1986). One system, one purpose: The integration of special and regular education. *Entourage, 1(3)*, 12-15.
Stainback, W., Stainback, S., Courtnage, L., & Jaben, T. (1985). Facilitating mainstreaming by modifying the mainstream. *Exceptional Children, 52(2)*, 144-152.
State Education Department, Office for Education of Children with Handicapping Conditions (1987, 26.2.). *Regulations of the Commissioner of Education Subchapter P. Pursuant to Sections 207 and 4403 of the Education Law. Part 200 - Children with handicapping conditions*. Albany, NY: Author.
Stoellger, N. (1990). Schulische Integration zwischen Wunsch und Wirklichkeit. Buchbesprechung zu U. Haeberlin et al. (1990): Die Integration von Lernbehinderten. *Zeitschrift für Heilpädagogik, 41(11)*, 780-782.
Stoellger, N. (1992). Von der Sonderschule zum Sonderpädagogischen Förderzentrum. *Zeitschrift für Heilpädagogik, 43(7)*, 445-458.
Strike, K.A. (1985). Is there a conflict between equity and excellence ? *Educational Evaluation and Policy Analysis, 7(4)*, 409-416.
Tamblé, I. (1995). Der lohnende Blick nach Ostasien. Lehrreiches aus dem Sonderschulwesen von Hong Kong. *Zeitschrift für Heilpädagogik, 46(2)*, 80-83.
Tanner, D. (1993). A nation 'truly' at risk. *Phi Delta Kappan, 75(4)*, 288-297.
TASH (1993a). *Resolution on Inclusive Education*. Washington, D.C: Author.
TASH (1993b). *Resolutions and policy statements*. Washington, D.C: Author.
Tateyama-Sniezek, K.M. (1990). Cooperative learning: Does it improve the academic achievement of students with handicaps? *Exceptional Children, 56(5)*, 426-437.
Taylor, R.L. & Sternberg, L. (1989). *Exceptional Children. Integrating research and teaching*. New York: Springer Verlag.
Taylor, S.J. (1988). Caught in the continuum: A critical analysis of the principle of the least restrictive environment. *Journal of the Association for Persons with Severe Handicaps, 13(1)*, 41-53.
Taylor, S.J. (1994). On rhetoric: A response to Fuch and Fuchs. *Exceptional Children, 61(3)*, 301-302.
The new competitive advantage. Expanding the participation of people with disabilities in the American work force. (1994, 30. Mai). Washington, D.C.: National Organization on Disability (Reprinted from *Business Week*, Special advertising section).
Theis-Scholz, M. & Tümmel, I. (1993). Handlungsorientierungen von Grund- und Sonderschullehrern: Einstellungen zur Integration. *Zeitschrift für Heilpädagogik, 44(6)*, 375-382.
Thousand, J.S. & Villa, R.A. (1992). Collaborative teams. A powerful tool in school restructuring. In R.A. Villa, J.S. Thousand, W. Stainback & S. Stainback (Eds.), *Restructuring for caring and effective education. An administrative guide to creating heterogeneous schools*. Baltimore, MD: Paul. H. Brookes Publishing Co.
Thurman, S.K. (1981). Least restrictive environments: Another side of the coin. *Education and Training of the Mentally Retarded, 16(1)*, 68-70.
Timar, T.B. & Kirp, D.L. (1987). Educational reform and institutional competence. *Harvard Educational Review, 57(3)*, 308-330.
Tindal, G. & Rodden-Nord, K. (1987). Public school and special education. In C.R. Reynolds & L. Mann. (Eds.), *Encyclopedia of special education*, New York: Wiley.
Toch, Thomas (1991). *In the name of excellence. The struggle to reform the nation's schools, why it's failing and what should be done*. New York: Oxford University Press.
Tucker, J.A. (1989). Less required energy: A response to Danielson and Bellamy. *Exceptional Children, 55(5)*, 456-458.

Turnbull, H.R. (1990). *Free appropriate public education: The law and children with disabilities, 3rd edition.* Denver, CO: Love Publishing Company.
U.S. Bureau of the Census (1992). *Statistical Abstract of the United States: 1992, 112th edition.* Washington, DC: U.S. Government Printing Office.
U.S. Department of Education (1980-84). *"To assure the free appropriate public education of all handicapped children". Annual Reports to Congress on the Implementation of Public Law 94-142: The Education for All Handicapped Children Act.* Washington, DC: Author.
U.S. Department of Education (1985-1990). *"To assure the free appropriate public education of all handicapped children". Annual Reports to Congress on the Implementation of The Education of the Handicapped Act.* Washington, DC: Author.
U.S. Department of Education (1991a). *America 2000 - An education strategy.* Washington, DC: Author.
U.S. Department of Education (1991b). *"To assure the free appropriate public education of all handicapped children". Thirteenth Annual Report to Congress on the Implementation of The Individuals with Disabilities Education Act.* Washington, DC: Author.
U.S. Department of Education (1992a). *Summary of existing legislation affecting people with disabilities.* Washington, DC: Author.
U.S. Department of Education (1992b). *"To assure the free appropriate public education of all handicapped children". Fourteenth Annual Report to Congress on the Implementation of The Individuals with Disabilities Education Act.* Washington, DC: Author.
U.S. Department of Education (1993-94). *"To assure the free appropriate public education of all handicapped children". Annual Reports to Congress on the Implementation of The Individuals with Disabilities Education Act.* Washington, DC: Author
U.S. Department of Education, National Center for Education Statistics (1994). *The Condition of Education, 1994.* Washington, DC: U.S. Government Printing Office.
U.S. Department of Health, Education and Welfare (1979*). Progress toward a free appropriate public education. A report to Congress on the Implementation of Public Law 94-142: The Education for All Handicapped Children Act.* Washington, DC: Author.
Valverde, G.A. (1994). United States: System of Education. In T. Husén & T.N. Postlethwaite (Eds.), *The international encyclopedia of education, 2nd edition (Volume 10).* Elmsford, NY: Pergamon Press.
Van Dyke, R., Stallings, M.A. & Colley, K. (1995). How to build an inclusive school community. A success story. *Phi Delta Kappan, 76(6),* 475-479.
Van Reusen, A.K. & Bos, C.S. (1994). Facilitating student participation in individualized education programs through motivation strategy instruction. *Exceptional Children, 60(5),* 466-475.
Vaughn, S., Bos, C.S., Harrell, J.E. & Lasky, B.A. (1988). Parent participation in the initial placement/IEP conference ten years after mandated involvement. *Journal of Learning Disabilities, 21(2),* 82-89.
Vaughn, S. & Schumm, J.S. (1995). Responsible inclusion for students with learning disabilities. *Journal of Learning Disabilities, 28(5),* 264-270, 290.
Verstegen, D.A. & Clark, D.L. (1988). The diminution in federal expenditures for education during the Reagan administration. *Phi Delta Kappan, 70(2),* 134-138.
Vetter, K. F. (1990). Zur Behindertenproblematik in den USA. *Zeitschrift für Heilpädagogik, 41(3),* 166-170.
Villa, R.A. & Thousand, J.S. (1992). Restructuring public school systems. Strategies for organizational change and progress. In R.A. Villa, J.S. Thousand, W. Stainback & S. Stainback (Eds.), *Restructuring for caring and effective education. An administrative guide to creating heterogeneous schools.* Baltimore, MD: Paul. H. Brookes Publishing Co.

Villa, R.A., Thousand, J.S., Stainback, W. & Stainback,S. (Eds.). (1992). *Restructuring for caring and effective education. An administrative guide to creating heterogeneous schools*. Baltimore, MD: Paul. H. Brookes Publishing Co.
Voltz, D.L., Ellitott, R.N. Jr. & Harris, W.B. (1995). Promising practices in facilitating collaboration between resource room teachers and gerenal education teachers. *Learning Disabilities Research and Practice, 10(2)*, 129-136.
Walker, D.K., Singer, J.D., Palfrey, J.S., Orza, M., Wenger, M. & Butler, J.A. (1988). Who leaves and who stays in special education. *Exceptional Children, 54(5)*, 393-402.
Walker, L.J. (1987) Procedural rights in the wrong system: Special education is not enough. In A. Gartner & T. Joe (Eds.), *Images of the disabled, disabling images*. New York: Praeger.
Wang, M.C. (1989). Adaptive instruction: An alternative for accomodating student diversity through the curriculum. In D.K. Lipsky & A. Gartner (Eds.), *Beyond separate education - Quality education for all*. Baltimore, MD: Paul H. Brookes Publishing Co.
Wang, M.C. & Birch, J.W. (1984). Effective special education in regular classes. *Exceptional Children, 50(1)*, 391-398.
Wang, M.C. & Reynolds, M.C. (1985). Avoiding the "Catch 22" in special education reform. *Exceptional Children, 51(6)*, 497-502.
Wang, M.C., Reynolds, M.C., & Walberg, H.J. (1986). Rethinking special education. *Educational Leadership, 44(1)*, 26-31.
Wang, M.C., Reynolds, M.C. & Walberg, H.J. (1994). Serving students at the margins. *Educational Leadership, 52(4)*, 12-17.
Wang, M.C. & Walberg, H.J. (1988). Four fallacies of segregationism. *Exceptional Children, 55(2)*, 128-137.
Wang, M.C. & Zollers, N.J. (1990). Adaptive instruction: An alternative service delivery approach. *Remedial and Special Education, 11(1)*, 7-21.
Warren, S.A. & Davis, J.E. (1987). Head Start. In C.R. Reynolds & L. Mann (Eds.), *Encyclopedia of special education*. New York: Wiley.
Watzlawick, P. (1989). *Gebrauchsanweisung für Amerika*. München: Piper & Co.
Weatherley, R. & Lipsky, M. (1977). Street level bureaucrats and institutional innovation: Implementing special education reform. *Harvard Educational Review, 47(2)*, 171-197.
Weiner, R. & Hume, M. (1987). *And education for all - Public policy and handicapped children, 2nd edition*. Alexandria, VA: Capitol Publications.
Weintraub, F.J. & Ballard, J. (1982). Introduction: Bridging the decades. In J. Ballard, B.A. Ramirez & F.J. Weintraub (Eds.), *Special education in America: Its legal and governmental foundations*. Reston, VA: The Council for Exceptional Children.
Weiß, M. (1990). Schulreform in den USA. Entwicklungstrends in den 80er Jahren. *Die Deutsche Schule, 83(3)*, 360-372.
Welch, M. (1989). A cultural perspective and the second wave of educational reform. *Journal of Learning Disabilities, 22(9)*, 537-540, 560.
White, F.R. (1994). *Brown* revisited. *Phi Delta Kappan, 76(1)*, 13-20.
Wiedmeyer, D. & Lehman, J. (1991). Approach to collaborative teaching and consultation. *Teaching Exceptional Children, 23(3)*, 6-10.
Will, M.C. (1984). Let us pause and reflect - but not too long. *Exceptional Children, 51(1)*, 11-16.
Will, M.C. (1986). Educating children with learning problems: A shared responsibility. *Exceptional Children, 52(5)*, 411-415.
Wilson, J.Q. (1988). Public policy and personal character. In A. Anderson & D.L. Bark (Eds.), *Thinking about Amerika: The United States in the 1990s*. Stanford, CA: Hoover Institution Press.

Winter, R. (1989). *Ami go home: Plädoyer für den Abschied von einem gewalttätigen Land.* Hamburg: Rasch & Röhring.

Winzer, M.A. (1993). *The history of special education. From isolation to integration.* Washington, DC: Gallaudet University Press.

Witkin, S.L. & Fox, L. (1992). Beyond the least restrictive environment. In R.A. Villa, J.S. Thousand, W. Stainback & S. Stainback (Eds.), *Restructuring for caring and effective education. An administrative guide to creating heterogeneous schools.* Baltimore, MD: Paul. H. Brookes Publishing Co.

Wittmann, B. (1995). Gemeinsamer Unterricht in NRW. *Zeitschrift für Heilpädagogik, 46(8),* 406-407.

Wocken, H. (1991). Ambulante Sonderpädagogik. *Zeitschrift für Heilpädagogik, 42(2),* 104-111.

Wolfensberger, W. (1972). *The principle of normalization in human services.* Toronto: National Institute on Mental Retardation.

Wolman, C., Thurlow, M.L. & Bruininks, R.H. (1989). Stability of categorical designations for special education students: A longitudinal study. *The Journal of Special Education, 23(2),* 213-222.

Wood, D. (1989). *Consultant teacher services in NY.* Unveröffentlichtes Skript für den Kurs "Epsy 460/560". State University of New York at Albany.

Wyche, L.G. Sr. (1989). The Tenth Annual Report to Congress: Taking a significant step in the right direction. *Exceptional Children, 56(1),* 14-16.

Wynn, R. & Wynn, J.L. (1988). *American Education, 9th edition.* New York: Harper & Row.

Yakes, N. & Akey, D. (1980). *The encyclopedia of associations (14th edition). Volume 1: National organizations of the United States.* Detroit, MI: Gale Research Company.

Yanok, J. (1986). Free appropriate public education for handicapped children: Congressional intent and judical interpretation. *Remedial and Special Education, 7(2),* 49-53.

Yatvin, J. (1995). Flawed assumptions. *Phi Delta Kappan, 76(6),* 482-484.

Yell, M.L. (1989). The suspension and expulsion of handicapped students. *Exceptional Children, 56(1),* 60-69.

Yell, M.L. (1995). Least restrictive environment, inclusion, and students with disabilities: A legal analysis. *The Journal of Special Education, 28(4),* 389-404.

Yell, M.L. & Espin, C.A. (1990). The Handicapped Childrens Protection Act of 1986: Time to pay the piper? *Exceptional Children, 56(5),* 396-407.

Yoshida, R.K. (1987) Mainstreaming. In C.R. Reynolds & L. Mann (Eds.), *Encyclopedia of special education.* New York: Wiley.

Ysseldyke, J.E. (1987). Classification of handicapped students. In M.C. Wang, M.C. Reynolds & H.J. Walberg (Eds.), *Handbook of special education. Research and practice (Volume 1).* Elmsford, NY: Pergamon Press.

Ysseldyke, J.E. & Algozzine, B. (1990). *Introduction to Special Education, 2nd edition.* Boston, MA: Houghton Mifflin Company.

Ysseldyke, J.E., Thurlow, M.L. & Wotruba, J.W. (1989). Special education student-teacher ratios for mildly handicapped children. *The Journal of Special Education, 23(1),* 95-106.

Zabel, R.H. (1988). Preparation of teachers for behaviorally disordered students: A review of literature. In M.C. Wang, M.C. Reynolds & H.J. Walberg (Eds.), *Handbook of Special Education. Research and practice (Volume 2).* Elmsford, NY: Pergamon Press.

Zettel, J.J. (1982). Implementing the right to a free appropriate public education. In J. Ballard, B.A. Ramirez, & F.J. Weintraub (Eds.), *Special education in America: It's legal and governmental foundations.* Reston, VA: The Council for Exceptional Children.

Zettel, J.J. & Ballard, J. (1982). The Education for All Handicapped Children Act: Its history, origins, and concepts. In J. Ballard, B.A. Ramirez, & F.J. Weintraub (Eds.), *Special education in America: Its legal and governmental foundations.* Reston, VA: The Council for Exceptional Children.

Zigler, E. & Hall, N. (1986) Mainstreaming and the philosophy of normalization. In C.J. Meisel (Ed.), *Mainstreaming handicapped children: Outcomes, controversies and new directions.* Hillsdale, NJ: Lawrence Erlbaum Associates.

Zigler, E. & Muenchow, S. (1979). Mainstreaming: The proof is in the implementation. *American Psychologist, 34(10),* 993-996.

Zöller, M. (1992). Politische Kultur und politische Soziologie. In W.P. Adams, E.O. Czempiel, B. Ostendorf, K.L. Shell, P.B. Spahn & M. Zöller (Hrsg.), *Länderbericht USA, 2., aktualisierte und ergänzte Auflage (Band 1).* Bonn: Bundeszentrale für politische Bildung.

8. Anhang

8.1 Zur Begriffsbildung in den USA

Education umfaßt die im deutschen Sprachgebrauch unterschiedlichen Bedeutungen von Bildung, Erziehung, Ausbildung, das Schulwesen und die Erziehungswissenschaft. Weit gefaßter Begriff, der alle sozialen Prozesse innerhalb einer Gesellschaft beschreibt, die Wissen, Fertigkeiten und Werte vermitteln.

Schooling beschränkt sich dagegen auf jene Abläufe, die in der Schule stattfinden.

Special education: Im Rahmen dieser Arbeit das Sonderschulwesen und die Sonderpädagogik mit der Zielgruppe von Kindern und Jugendlichen mit "handicaps". In manchen Bundesstaaten der USA gehören allerdings auch hochbegabte Kinder und Jugendliche zur Zielgruppe der "special education" (s.u.).

Exceptional children: Kinder und Jugendliche, welche aufgrund ihrer körperlichen und intellektuellen Merkmale und Fähigkeiten oder ihrer Verhaltensweisen stark von der Norm abweichen; schließt hochbegabte Kinder und Jugendliche ("gifted") ein. Dieser Terminus ist inzwischen in über der Hälfte der US-Bundesstaaten gebräuchlich.

Children with special needs: Gleiche Bedeutung wie "exceptional children", allerdings betont "special needs" die Annahme, daß diese Kinder und Jugendlichen spezielle Förderung benötigen.

Handicapped children, children with disabilities: Behinderte Kinder und Jugendliche bzw. Kinder und Jugendliche mit Beeinträchtigungen, im Gegensatz zu "exceptional children", zu welchen auch hochbegabte Kinder und Jugendliche gehören können.

Zur Unterscheidung von "impairment", "disability" und "handicap"

Dieses, in den USA durchaus übliche, Klassifikationsschema folgt dem dreiteiligen Definitionsvorschlag der WHO aus dem Jahre 1980 (vgl. *Klauer & Mitter*, 1987, S. 8; *Rath*, 1985, S. 27-38).

Impairment (bzw. disorder): Störung oder Schädigung psychischer oder körperlicher Prozesse, umfassender medizinischer Begriff.

Disability: Beeinträchtigung bzw. Unvermögen oder Mangel an Fähigkeiten aufgrund von körperlichen oder intellektuellen Schädigungen; betont die Einschränkung der Person aufgrund dieser Schädigungen und nicht den Umweltaspekt wie "handicap".

Handicap: Abgeleitet von "cap in hand", der Beschreibung des Bettelns von Menschen mit körperlichen Schädigungen; entspricht dem deutschen Begriff der "Behinderung" und betont den Aspekt der Benachteiligung im gesellschaftlichen Leben. Wichtig ist dabei die Rolle der Umwelt, welche oft aus einer "disability" ein "handicap" macht. Die unterschiedliche Konnotation der beiden Termini wird auch in der folgenden Äußerung eines Sprechers der Behindertenbewegung verdeutlicht: "Our bodies make us disabled, but society makes us handicapped" (zit. nach *Sage & Burello*, 1994, S. 38)

(Nach *Betteridge*, 1978; *Hardman et al.*, 1987, S. 13-15; *Sadovnik et al.*, 1994, S. 22; *Sage & Burello*, 1994, S. 38-39, 45)

Schweregrade von Beeinträchtigungen und Schädigungen

"mild - moderate - severe - profound"

Häufig die Bezeichnung für die verschiedenen Schweregrade von "mental retardation", wie z.B. in der Definition der "American Association on Mental Retardation" (zit. nach *Hardman et al.*, 1987, S. 63-65):

mild	IQ von 50-55 bis ca. 70	(auch: educable)
moderate	IQ von 35-40 bis 50-55	(auch: trainable)
severe	IQ von 20-25 bis 35-40	(auch: custodial)
profound	IQ niedriger 20-25	" "

Allerdings auch eine Bezeichnung für Schweregrade von Beeinträchtigungen, unabhängig von der Behinderungskategorie. Diese Art der Aufteilung wird häufig als "cross-categorical" oder "noncategorical" bezeichnet. Beispielsweise Massachusetts und South Dakota benutzen inzwischen nur noch diese Einteilung mit der Begründung, daß die Bedürfnisse und Fähigkeiten von Kindern innerhalb einer dieser Gruppen sehr ähnlich sind, und daher eine Aufteilung in unterschiedliche Kategorien unnötig sei (siehe z.B. *Ysseldyke*, 1987, S. 258).

Die folgenden Begriffsbestimmungen finden sich bei *Hardman et al.* (1987, S. 177, 187, 189-190):

Individuals with *mild learning and behavior disorders* exhibit academic and/or social-interpersonal deficits that range from one to two standard deviations below average on normative- and criterion-referenced assessments. These deficits generally become evident in a school-related setting. The cause of the performance deficit is generally unknown. A student with a mild disorder would remain in the regular classroom setting for the majority, if not all, of the school day. Additional support services beyond those typically offered in a regular setting would be made available.

Individuen mit *leichten Lern- oder Verhaltensstörungen* weisen akademische und/oder soziale Defizite auf, welche sich zwischen einer oder zwei Standardabweichungen unter dem Durchschnitt bewegen, gemessen mit psychometrischen Verfahren. Diese Defizite zeigen sich meist in einer schulischen oder ähnlichen Umgebung. Die Ursache des Leistungsdefizits ist in der Regel unbekannt. Ein Schulkind mit einer "mild disorder" würde den Großteil des Tages, wenn nicht sogar den ganzen, in der Regelklasse bleiben. Zusätzliche unterstützende Maßnahmen, die normalerweise nicht in der Regelklasse angeboten werden, würden angeboten werden.

An individual with *moderate learning or behavior disorders* exhibits intellectual, academic, and/or social-interpersonal performance deficits that range between two and three standard deviations below the average on normative- and criterion-referenced assessments. These performance deficits are not limited to the school setting but are typically evident in the broad spectrum of environmental settings. The cause(s) of the problem(s) may be identified in some cases but typically cannot be precisely determined. Individuals with functional disorders at this level will require substantially altered patterns of service and treatment and may need modified environmental accomodations.

Individuals with *severe and profound/multiple disorders* exhibit physical, sensory, intellectual, and/or social-interpersonal performance deficits that range beyond three standard deviations below average on normative-criterion-referenced assessment. These deficits are not limited to any given setting but are evident in all environmental settings and often involve deficits in several areas of performance. Cause is more likely to be identifiable at this level of functioning, but exact cause may be unknown in a large number of cases. Individuals with functioning deficits at this level will require substantially altered patterns of service and treatment and will require modified environmental accomodations.

Individuen mit *mittel schweren Lern- oder Verhaltensstörungen* weisen intellektuelle, akademische und/oder soziale Leistungsdefizite auf, welche sich zwischen zwei und drei Standardabweichungen unter dem Durchschnitt bewegen, gemessen mit psychometrischen Verfahren. Diese Leistungsdefizite beschränken sich nicht nur auf die schulische Umgebung, sondern zeigen sich in der Regel in allen Lebensbereichen. Es kann sein, daß die Ursachen für diese Probleme in manchen Fällen erkannt wurden, in der Regel können sie allerdings nicht genau bestimmt werden. Menschen mit funktionalen Störungen dieses Schweregrades werden deutlich veränderte Unterstützung und Behandlung sowie die Unterbringung in einer ihren Bedürfnissen angepaßten Umgebung benötigen.

Individuen mit *schwerwiegenden und sehr schwerwiegenden/vielschichtigen Störungen* weisen körperliche und Wahrnehmungsstörungen sowie intellektuelle und soziale Verhaltensdefizite auf, welche sich mehr als drei Standardabweichungen unter dem Durchschnitt bewegen, gemessen mit psychometrischen Verfahren. Diese Defizite beschränken sich nicht auf bestimmte Situationen, sondern zeigen sich in allen Teilbereichen des Lebens und umfassen oft mehrere Funktionsbereiche. Die Ursache ist bei Schädigungen dieses Schweregrades eher zu erklären, genauere Ursachenzusammenhänge können allerdings häufig unklar bleiben. Menschen mit funktionalen Defiziten dieses Schweregrades werden stark veränderte Unterstützung und Behandlung sowie die Unterbringung in einer ihren Bedürfnissen angepaßten Umgebung benötigen.

8.2 Definitionen der Behinderungskategorien

wie sie im "Federal Register" festgelegt worden sind (*34 C.F.R.* §300.7[b]):

[1] "Autism"
means a developmental disability significantly affecting verbal and nonverbal communication and social interaction, generally evident before age 3, that adversely affects a child's educational performance. Other characteristics often associated with autism are engagement in repetitive activities and stereotyped movements, resistance to environmental change or change in daily routines, and unusual responses to sensory experiences. The term does not apply if a child's educational performance is adversely affected primarily because the child has a serious emotional disturbance, as defined in paragraph [b][9] of this section.

Unter "autism" versteht man eine Entwicklungsstörung, die in der Regel vor dem vierten Lebensjahr auftritt, sowohl die verbale als auch die nonverbale Kommunikation deutlich beeinträchigt und die Schulleistungen des Kindes nachteilig beeinflußt. Andere Verhaltensmuster, die häufig im Zusammenhang mit "autism" auftauchen, sind die ständige Wiederholung einer bestimmten Tätigkeit und stereotype Bewegungen, der Widerstand gegen Veränderungen der Umgebung oder des Tagesablaufs sowie ungewöhnliche Reaktionen auf sensorische Erfahrungen. "Autism" liegt nicht vor, wenn die Schulleistungen des Kindes hauptsächlich aufgrund einer "serious emotional disturbance", wie sie in Paragraph [b][9] beschrieben wird, nachteilig beeinflußt werden.

[2] "Deaf-blindness"
means concomitant hearing and visual impairments, the combination of which causes such severe communication and other developmental and educational problems that they cannot be accomodated in special education programs solely for children with deafness or children with blindness.

Unter "deaf-blindness" versteht man das gleichzeitige Vorhandensein von Schädigungen des Gehörs und des Sehvermögens, deren Kombination derartig schwerwiegende Kommunikationsprobleme und auch andere gravierende Schwierigkeiten im Entwicklungsverlauf und Erziehungsprozeß mit sich bringt, daß diesen in ausschließlich auf die Bedürfnisse von Kindern mit "deafness" bzw. "blindness" ausgerichteten sonderpädagogischen Förderprogrammen nicht ausreichend entsprochen werden kann.

[3] "Deafness"
means a hearing impairment that is so severe that the child is impaired in processing linguistic information through hearing, with or without amplification, that adversely affects a child's educational performance.

Unter "deafness" versteht man eine Schädigung des Gehörs, die so schwerwiegend ist, daß das Kind in seiner Fähigkeit, sprachliche Informationen mittels des Gehörs - mit oder ohne Hörgerät - zu verarbeiten, schwer beeinträchtigt ist und welche die Schulleistungen des Kindes nachteilig beeinflußt.

[4] "Hearing impairment"
means an impairment in hearing, whether permanent or fluctuating, that adversely affects a child's educational perfomance but that is not included under the definition of deafness in this section.

Unter "hearing impairment" versteht man eine Schädigung des Gehörs, ob dauerhaft oder schwankend, welche die Schulleistungen des Kindes nachteilig beeinflußt, die aber nicht mit unter die Kategorie "deaf" fällt, wie sie in diesem Abschnitt beschrieben wird.

[5] "Mental retardation" means significantly subaverage general intellectual functioning existing concurrently with deficits in adaptive behavior and manifested during the developmental period that adversely affects a child's educational performance.

[6] "Multiple disabilities" means concomitant impairments (such as mental retardation-blindness, mental retardation-orthopedic impairment, etc.), the combination of which causes such severe educational problems that they cannot be accomodated in special education programs solely for one of the impairments. The term does not include deaf-blindness.

[7]"Orthopedic impairment" means a severe orthopedic impairment that adversely affects a child's educational performance. The term includes impairments caused by congenital anomaly (e.g., clubfoot, absence of some member, etc.), impairments caused by disease (e.g., polyomyelitis, bone tuberculosis, etc.), and impairments from other causes (e.g., cerebral palsy, amputation, and fractures or burns that cause contractures).

[8] "Other health impairment" means having limited strength, vitality or alertness, due to chronic or acute health problems such as a heart condition, tuberculosis, rheumatic feaver, nephritis, asthma, sickle cell anemia, hemophilia, epilepsy, lead poisoning, leukemia, or diabetes that adversely affects a child's educational performance.

Unter "mental retardation" versteht man deutlich unterdurchschnittliche intellektuelle Fähigkeiten, welche mit Defiziten im Anpassungsverhalten einhergehen, sich im Entwicklungsverlauf manifestiert haben und die Schulleistungen des Kindes nachteilig beeinflussen.

Unter "multiple disabilities" versteht man das gleichzeitige Auftreten verschiedener Störungen (wie z.B. von "mental retardation" und "blindness" oder von "mental retardation" und "orthopedic impairments"), deren Kombination derartig schwerwiegende erzieherische Probleme verursacht, daß ihnen in keinem, auf eine einzige Behinderungskategorie ausgerichteten, sonderpädagogischen Programm ausreichend entsprochen werden kann. Die Kategorie schließt "deaf-blindness" nicht mit ein.

Unter "orthopedic impairment" versteht man eine schwerwiegende orthopädische Schädigung, welche die Schulleistung eines Kindes nachteilig beeinflußt. Zu dieser Kategorie gehören Schädigungen aufgrund von angeborenen Anomalien (z.B. Klumpfuß, Fehlen von Körperteilen), Schädigungen, welche durch Krankheit verursacht wurden (z.B. Kinderlähmung, Knochentuberkulose) und Schädigungen anderen Ursprungs (z.B. zerebrale Lähmungen, Amputationen, und Brüche bzw. Verbrennungen, welche Kontrakturen zur Folge haben).

Unter "other health impairments" versteht man den Zustand eingeschränkter Kräfte, Vitalität oder Munterheit, der sich aufgrund akuter oder chronischer Gesundheitsprobleme, wie beispielsweise eines Herzfehlers, von Tuberkulose, Gelenkrheumatismus, Nierenentzündung, Asthma, Sichel-Zell Anämie, Hämophilie, Epilepsie, Bleivergiftungen, Leukämie oder Diabetis, ergibt und welcher die Schulleistungen eines Kindes nachteilig beeinflußt.

[9] "Serious emotional disturbance" is defined as follows:
[i] The term means a condition exhibiting one or more of the following characteristics over a long period of time and to a marked degree that adversely affect a child's educational performance:
(A) An inabilitiy to learn that cannot be explained by intellectual, sensory, or health factors;
(B) An inability to build or maintain satisfactory interpersonal relations with peers and teachers;
(C) Inappropriate types of behavior or feelings under normal circumstances;
(D) A generally pervasive mood of unhappiness or depression; or
(E) A tendency to develop physical symptoms or fears associated with personal or school problems.
[ii] The term includes schizophrenia. The term does not apply to children who are socially maladjusted, unless it is determined that they have a serious emotional disturbance.

[10] "Specific learning disability" means a disorder in one or more of the basic psychological processes involved in understanding or in using language, spoken or written, that may manifest itself in an imperfect ability to listen, think, speak, read, write, spell, or to do mathematical calculations. The term includes such conditions as perceptual disabilities, brain injury, minimal brain dysfunction, dyslexia, and developmental aphasia. The term does not apply to children who have learning problems that are primarily the result of visual, hearing, or motor disabilities, of mental retardation, of emotional disturbance, or of environmental, cultural, or economic disadvantage.

Die Kategorie "serious emotional disturbance" wird wie folgt definiert
[i] Man versteht unter diesem Begriff einen Zustand, bei dem eine oder mehrere der folgenden Besonderheiten über einen längeren Zeitraum hinweg und in ausgeprägtem Maße deutlich werden und welcher die Schulleistungen eines Kindes nachteilig beeinflußt.
(A) Eine Unfähigkeit zu lernen, die nicht durch intellektuelle, sensorische oder gesundheitliche Faktoren zu erklären ist;
(B) Das Unvermögen, zufriedenstellende interpersonale Beziehungen mit Mitschülerinnen und Mitschülern oder Lehrkräften aufzubauen und aufrechtzuerhalten;
(C) Unangemessene Verhaltensweisen oder Gefühle unter normalen Bedingungen;
(D) Ein in der Regel ständig unglücklicher oder depressiver Gemütszustand, oder
(E) Die Tendenz, bei persönlichen oder schulischen Problemen körperliche Symptome oder Ängste zu entwickeln.
[ii] Zu dieser Kategorie gehört auch Schizophrenie. Der Begriff bezieht sich jedoch nicht auf milieugestörte Kinder, außer wenn es erwiesen ist, daß diese tatsächlich unter einer "serious emotional disturbance" leiden.

Unter einer "specific learning disability" versteht man eine Störung in einem oder mehreren der für das Sprachverständnis und den Sprachgebrauch, ob mündlich oder schriftlich, grundlegenden psychologischen Prozesse. Eine derartige Störung kann sich beispielsweise in einer mangelhaften Fähigkeit zuzuhören, zu denken, zu sprechen, zu lesen, zu schreiben, zu buchstabieren oder zu rechnen äußern. Mit unter diese Kategorie fallen auch Störungen der Wahrnehmungsfähigkeit, neurologische Schäden, minimale cerebrale Dysfunktion, Dyslexie und Entwicklungsaphasie. Nicht zu dieser Kategorie gehören solche Kinder, deren Lernschwierigkeiten sich hauptsächlich aufgrund einer Beeinträchtigung des Sehvermögens oder des Gehörs, motorischer Einschränkungen, einer "mental retardation" oder einer "emotional disturbance" bzw. aufgrund umweltbedingter, kultureller oder ökonomischer Benachteiligung ergeben.

[11] "Speech or language impairment" means a communication disorder such as stuttering, impaired articulation, a language impairment, or a voice impairment that adversely affects a child's educational performance.

[12] "Traumatic brain injury" means an acquired injury to the brain caused by an external physical force, resulting in total or partial functional disability or psychosocial impairment, or both, that adversely affect a child's educational performance. The term applies to open or closed head injuries resulting in impairments in one or more areas such as cognition; language; memory; attention; reasoning; abstract thinking; judgment; problem-solving; sensory, perceptual and motor abilities; psychosocial behavior; physical functions; information processing; and speech. The term does not apply to brain injuries that are congenital or degenerative, or brain injuries induced by birth trauma.

[13] "Visual impairment including blindness" means an impairment in vision that, even with correction, adversely affects a child's educational performance. The term includes both partial sight and blindness.

Unter "speech or language impairment" versteht man eine Kommunikationsstörung, wie z.B. Stottern, gestörte Artikulation, Sprachentwicklungsstörungen oder Stimmstörung, welche die Schulleistungen eines Kindes nachteilig beeinflußt.

Unter "traumatic brain injury" versteht man eine erlittene Verletzung im Schädelbereich, die eine vollständige oder begrenzte Funktionsstörung bzw. eine psychosoziale Beeinträchtigung, oder beides, nach sich zieht und die Schulleistungen eines Kindes nachteilig beeinflußt. Dieser Begriff gilt für offene oder geschlossene Kopfverletzungen, die zu Schädigungen in einem oder mehreren Bereichen wie dem Erkenntnisvermögen, der Sprache, dem Gedächtnis, der Aufmerksamkeit, dem schlußfolgernden und dem abstrakten Denken, dem Urteilsvermögen, der Problemlösefähigkeit, der Funktionstüchtigkeit der Sinne, Wahrnehmung und Motorik, dem psychosozialen Verhalten, der körperlichen Funktionstüchtigkeit, der Informationsverarbeitung und der Sprache. Nicht in diese Kategorie mit einbezogen werden Kopfverletzungen, die angeboren oder degenerierender Form sind, oder solche Kopfverletzungen, die durch ein Geburtstrauma hervorgerufen wurden.

Unter "visual impairment including blindness" versteht man eine Störung der Sehfähigkeit, die, selbst im Falle einer Korrektur, die Schulleistungen eines Kindes nachteilig beeinflußt. Diese Kategorie beinhaltet Kinder mit Sehbehinderungen und Sehrest sowie völlig blinde Kinder.